Fehlentscheidungen in der Strafjustiz – Wenn die Rechtsprechung Unrecht spricht

Schriften zum Strafrecht und Strafprozeßrecht

Herausgegeben von Manfred Maiwald
und Carsten Momsen

Band 139

PETER LANG

Berlin - Bruxelles - Chennai - Lausanne - New York - Oxford

Marius Braun (Hrsg.)

Fehlentscheidungen in der Strafjustiz – Wenn die Rechtsprechung Unrecht spricht

Eine Analyse der „klassischen“ und „modernen“ Fehlerquellen strafrechtlicher Fehlentscheidungen sowie der Möglichkeiten für deren künftige Vermeidung

PETER LANG

Berlin - Bruxelles - Chennai - Lausanne - New York - Oxford

Bibliografische Information der Deutschen Nationalbibliothek
Die Deutsche Nationalbibliothek verzeichnet diese Publikation
in der Deutschen Nationalbibliografie; detaillierte bibliografische
Daten sind im Internet über http://dnb.d-nb.de abrufbar.

Zugl.: Berlin, Freie Univ., Diss., 2024

D 188
ISSN 0938-6181
ISBN 978-3-631-92522-5 (Print)
E-ISBN 978-3-631-92530-0 (E-PDF)
E-ISBN 978-3-631-92531-7 (E-PUB)
DOI 10.3726/b22234

Verlegt durch: Peter Lang GmbH, Berlin, Deutschland

info@peterlang.comwww.peterlang.com

Diese Publikation wurde begutachtet.

Anschließend findet eine vertiefte Auseinandersetzung mit einzelnen „klassischen" Fehlerquellen statt (Kapitel 3). Die Auseinandersetzung mit den klassischen Fehlerquellen, insbesondere mit der Personalbeweisschwäche (falsche Geständnisse, Falschaussagen von Zeugen) und gerichtlichen Aufklärungsfehlern, dient sodann als Anknüpfungspunkt für eine Untersuchung vermuteter und hier so bezeichneter, „moderner" Fehlerquellen (Kapitel 4).[21] Gesetzgeberische Reformen hin zur Einführung der strafprozessualen Verständigung (§ 257c StPO)[22] und der strafrechtlichen Kronzeugenregelung (§ 46b StGB)[23] sowie dem Strafbefehlsverfahren könnten ein erhöhtes – auch klassischen Fehlerquellen wie der Personalbeweisschwäche innewohnendes – Gefahrenpotential für falsche Judikate aufweisen. Es stellt sich die Frage, ob der Gesetzgeber mit Einführung dieser Normen seine staatliche Aufgabe der gerichtlichen Wahrheitsfindung sehenden Auges auf dem Altar der Prozessökonomie und Gerichtsentlastung geopfert hat. Da es sich bei diesen Normen im Speziellen noch um relativ junge Regelungen handelt, sind sie im Bezug auf eine fehlentscheidungsspezifische Auseinandersetzung noch weitestgehend unerforscht. Die Arbeit soll einen wissenschaftlichen Beitrag für eine Hinwendung der

---

21 Auch wenn neuere Untersuchungen (vgl. *Dunkel*, Fehlentscheidungen in der Justiz, S. 190 ff.) im Hinblick auf die Technisierung der Gesellschaft, die auch vor dem Strafprozess in Form von Cyberkriminalität, neuen Ermittlungsmethoden und neuen Sachbeweisen keinen Halt macht, eine wachsende Relevanz des Sachbeweises bzw. eine möglicherweise einhergehende wachsende Relevanz des Sachbeweises als moderne Fehlerquelle nahelegen, findet eine vertiefte Auseinandersetzung mit technischen Beweismitteln (DNA-Untersuchung, Sammlung digitaler Daten, etc.) nicht statt. Soweit ersichtlich, fehlt es diesbezüglich (noch) an belastbaren Daten, und die Forschung ist darauf angewiesen, neue Methoden zu finden, um diesen Graubereich der Fehlentscheidungsforschung aufzuhellen.

22 Vgl. hierzu *König*, NJW 2012, 1915, 1916; *Strübinger*, JZ 2008, 798, 800; *Eisenberg/Pincus*, JZ 2003, 397, 397 f.; vgl. zu den Anforderungen an die gerichtliche Prüfung des Geständnisses im Rahmen einer Absprache BVerfGE 133, 168, 209 ff.; BGH NStZ 2013, 727, 727. Danach sind an die gerichtliche Geständnisprüfung bei einer Absprache grundsätzlich keine strengeren Anforderungen zu stellen als an ein Geständnis, welches nicht im Rahmen einer Verständigung zustande kam.

23 Vgl. *Dierlamm*, Stellungnahme des Mitglieds des Strafrechtsausschusses der Bundesrechtsanwaltskammer, Protokoll der öffentlichen Anhörung zum Gesetzesentwurf der Bundesregierung, BT-Drs. 16/6268, Web-Archiv des Deutschen Bundestages vom 25.03.2009, S. 5 f. (Onlinequelle).

Fehlentscheidungsforschung zu „modernen“ Fehlerquellen, ihrer Entdeckung und Korrektur[24] leisten.

Um die gewonnenen Erkenntnisse zu verifizieren, einen Einblick in die Erfahrungen im Umgang mit den vermuteten Fehlerquellen und individuelle Gefahreneinschätzungen sowie einen praxisnahen Eindruck von tauglichen Vermeidungsmöglichkeiten zu erhalten, fand im Anschluss an die literaturgestützte Vorauswertung eine eigene empirische Erhebung statt (Kapitel 5). Hierfür wurden zehn leitfadengestützte Experteninterviews mit Richtern des Amtsgerichts Tiergarten und des Landgerichts Berlin durchgeführt und ausgewertet.

Im sodann folgenden Kapitel 6 sollen schließlich Reformvorschläge und Möglichkeiten diskutiert werden, mit denen klassische und moderne Fehlerquellen vermieden werden könnten, bevor in Kapitel 7 ein abschließender Ausblick skizziert wird.

B. BEGRIFFSBESTIMMUNG: WAS IST EINE FEHLENTSCHEIDUNG?

Um sich mit den Ursachen strafgerichtlicher Fehlentscheidungen auseinanderzusetzen und Möglichkeiten zu erarbeiten, solche in der Zukunft zu vermeiden oder jedenfalls das Gefahrenpotential zu minimieren, ist zunächst eine Auseinandersetzung mit der Begrifflichkeit der Fehlentscheidung geboten.

Die bisherige Forschung befasste sich vor allem mit der Begrifflichkeit des Fehlurteils.

Laut Wikipedia ist ein Fehlurteil, welches dort als Synonym für einen Justizirrtum verwendet wird,[25] *„in erster Linie eine strafrechtliche Verurteilung Unschuldiger.“*[26] Diese unter juristischen Laien verwendete Begrifflichkeit des laienhaft-umgangssprachlichen Verständnisses wird von *Barton* auch als naiver-intuitiver Begriff bezeichnet.[27] Aber auch Juristen selbst folgen zum Teil

---

24 Vgl. in diesem Zusammenhang auch der aktuellen Diskussion zur elektronischen Dokumentation der Hauptverhandlung, *Momsen*, Kann das Rechtsmittel der Revision nach geltendem Recht eine Fehlurteilskorrektur und -prävention leisten? Noch unveröffentlichtes Arbeitspapier aus dem Juni 2020. Das Manuskript liegt dem Verfasser vor.

25 Auf das Verhältnis von Justizirrtum und Fehlurteil wird noch in **Kap. 1. B. IV. 1.** eingegangen.

26 *Wikipedia*, Stichwort: Fehlurteil bzw. Justizirrtum (Onlinequelle).

27 *Barton*, in: FS Eisenberg, 15, 17.

Beschlüsse sind daher in die Begriffsbestimmung der Fehlentscheidung einzubeziehen.[50]

Nichts Anderes kann für die richterliche Verfügung gelten,[51] deren Korrekturbedürftigkeit vom Gesetzgeber ebenfalls in § 304 Abs. 1 StPO ihren Niederschlag findet.

Auch das Strafbefehlsverfahren wird in der vorliegenden Arbeit vom Fehlentscheidungsbegriff mit erfasst. Hier stellt die Staatsanwaltschaft im Verfahren vor dem Amtsgericht einen schriftlichen Strafbefehlsantrag, sofern der Akteninhalt einen hinreichenden Tatverdacht vermittelt und es dem Richter möglich ist, nur aufgrund des Akteninhalts und ohne Durchführung einer mündlichen Verhandlung einen Schuldspruch zu fällen und die beantragte Rechtsfolge auszusprechen, § 407 StPO. Geht der Richter vom Zutreffen des beantragten Schuldspruchs und der beantragten Rechtsfolgen aus, erlässt er den Strafbefehl (§ 408 Abs. 3 StPO) und stellt ihn dem Angeklagten zu. Wenn der Strafbefehl aufgrund der Tatsache rechtskräftig wird, dass der Angeklagte keinen Einspruch eingelegt, steht er in seiner Wirkung einem Urteil gleich (§ 410 Abs. 3 StPO). Wird hingegen Einspruch eingelegt, so gibt es zwei Möglichkeiten: Entweder wird er aufgrund von Unzulässigkeit durch Beschluss verworfen (§ 411 Abs. 1 S. 1 StPO) oder das Strafbefehlsverfahren geht in das Verfahren mit Hauptverhandlung über. Der Strafbefehl übernimmt insoweit die Funktion des Eröffnungsbeschlusses.[52] Gegen das in der Hauptverhandlung ergangene Urteil stehen dem Angeklagten die Berufung (§ 312 StPO) zum Landgericht (§ 74 Abs. 3 GVG) oder die Sprungrevision (§ 335 StPO) zum Oberlandesgericht (§§ 335 Abs. 2, 312 StPO, § 121 Abs. 1, Nr. 1 GVG) als Rechtsmittel zur Verfügung. Findet zunächst eine Berufung gegen das vom Strafrichter oder von dem Schöffengericht ergangene Urteil statt, kann der Angeklagte gegen das Urteil vom Landgericht Revision zum Oberlandesgericht einlegen (§ 333 StPO, § 121 Abs. 1, Nr. 1, lit. b GVG). Ist bereits die Rechtskraft eingetreten, so besteht die Möglichkeiten der Korrektur im Rahmen der rechtskraftdurchbrechenden Wiederaufnahme (§ 373a StPO). Der Strafbefehl nimmt dogmatisch eine Zwitterstellung ein, da es sich bei ihm formell um einen Beschluss handelt, aber materiell um ein auf Strafe erkennendes Urteil.[53] Es handelt sich nicht um ein

---

50 So auch *Barton*, in: FS Eisenberg, 15, 17; *Jehle*, FPPK 2013, 221, 222; *Böhme*, Das strafgerichtliche Fehlurteil, S. 48.

51 *Jehle*, FPPK 2013, 221, 222; *Böhme*, Das strafgerichtliche Fehlurteil, S. 48.

52 *Weßlau*, in: SK-StPO, Vor §§ 407 ff., Rn. 4.

53 Vgl. *Roxin/Schünemann*, Strafverfahrensrecht, § 68, Rn. 6.

Urteil im eigentlichen Sinne, da es eine mündliche Verhandlung grundsätzlich nicht gibt (§ 407 Abs. 1, S. 1 StPO). Wegen seines urteilsähnlichen Wesens (vgl. § 410 Abs. 3 StPO) geht er aber in seiner Wirkung über diejenige eines Beschlusses hinaus. Der Strafbefehl kann daher als Entscheidungsform sui generis aufgefasst werden.[54]

Auch beim Strafbefehl ist der Gesetzgeber aufgrund der Palette an Korrekturmöglichkeiten (in Form des formlosen Rechtsbehelfs des § 410 Abs. 1 StPO und der Möglichkeit der Berufung sowie Sprungrevision (s.o.) im Instanzenzug) erkennbar von möglichen Fehlern ausgegangen. Da der Strafbefehl ohne mündliche Verhandlung, mithin ohne Anhörung des Beschuldigten, ergeht und somit die Möglichkeit einer unzureichenden Tatsachenfeststellung besteht, scheint das Strafbefehlsverfahren ein besonders hohes Fehlerpotential zu bergen[55] und ist daher als Bestandteil der Fehlentscheidungsbegrifflichkeit anzusehen.[56]

Zusammenfassend lässt sich sagen, dass Fehlentscheidungen nicht nur in Form von Urteilen im „technischen Sinne"[57] auftreten können. Diese bilden lediglich einen Ausschnitt bzw. eine Teilmenge aller strafrechtlichen Fehlentscheidungen. Fehlentscheidungen umfassen darüber hinaus auch Beschlüsse, Verfügungen sowie den Strafbefehl.[58] Dies sollte sprachlich-begriffliche Berücksichtigung finden.[59] Wird im Zuge der vorliegenden Arbeit daher von Fehlurteilen/Fehlurteilsquellen gesprochen, so bezieht sich dies auf die Entscheidungsform des Fehlurteils im technischen Sinne, während die Terminologie der Fehlentscheidung verwendet wird, wenn eine Fehlerquelle einen besonderen Bezug zu einer bestimmten Entscheidungsform aufweist, bzw. die Entscheidungsform selbst sich als fehleranfällig herausstellen sollte.

Auch im angelsächsischen Raum finden in diesem Zusammenhang alternativ die Termini „wrongful conviction" und „miscarriage of justice" Verwendung.[60] Während der erste Begriff die „fehlerhafte Verurteilung" in Form

54 Vgl. *Temming*, in: BeckOK-StPO, § 409, Rn. 12, m.w.N.

55 *Gilliéron*, Strafbefehlsverfahren und plea bargaining, S. 101 ff.

56 Vgl. auch *Böhme*, Das strafgerichtliche Fehlurteil, S. 49.

57 Ebenda.

58 Vgl. *Barton*, in: FS Eisenberg, 15, 17; *Jehle*, FPPK 2013, 221, 222.

59 Anders exemplarisch *Böhme*, welcher keinen Anlass für eine sprachliche Differenzierung sieht, da das Fehl„urteil" auch andere Entscheidungsformen umfasse. Die enge Begrifflichkeit gehe wohl vielmehr auf eine „sprachliche Tradition" zurück. *Böhme*, Das strafgerichtliche Fehlurteil, S. 50.

60 Vgl. *Jehle*, FPPK 2013, 221, 222.

eines falschen Schuldspruchs meint, geht der zweite deutlich weiter. „Miscariage“ (Wörtlich: „Scheitern“ oder „Fehlgeburt“[61]) stellt eine Fehlentscheidung dar, die zu einer Verletzung von „Justice“ im Sinne materieller Gerechtigkeit und Gleichbehandlung des Betroffenen insgesamt führt.[62] Das Scheitern der Gerechtigkeit umfasst damit unbestimmt auch sämtliche sonstigen Entscheidungsformen.[63]

2. *Besteht das Erfordernis der Rechtskraft bei einem Fehlurteil?*

Klärungsbedürftig ist weiterhin, ob (insbesondere die formelle) Rechtskraft zwingende Voraussetzung für das Vorliegen eines Fehlurteils im technischen Sinne ist.[64]

Die Rechtskraft dient dem deutschen Strafprozess als Ausgleich zwischen der materiell gerechten Konfliktlösung und dem Bedürfnis des (durch eine endgültige Beilegung zu erreichenden) Rechtsfriedens.[65] Es muss daher gewährleistet sein, dass das verfahrensabschließende Urteil „das letzte Wort spricht“, mithin Rechtskraft erlangt.[66]

Mit den Begrifflichkeiten der formellen und materiellen Rechtskraft werden die verschiedenen Wirkungen des Urteils beschrieben.

Mit der formellen Rechtskraft ist die Unanfechtbarkeit einer Entscheidung im Rahmen desselben Prozesses gemeint (sogenannte Beendigungswirkung), daneben führt sie zur Vollstreckbarkeit des Urteils (§ 449 StPO).[67] Sie tritt immer bei Abschluss der Verkündung des Urteils ein und zwar bei Urteilen des Revisionsgerichts (§§ 121, 135 GVG), nach nicht eingelegtem Rechtsmittel innerhalb der Rechtsmittelfrist (§§ 319 Abs. 1, 322 Abs. 1, 346 Abs. 1, 349 Abs. 1 StPO StPO), bei Rechtsmittelverzicht und bei Zurücknahme des Rechtsmittels (vgl. §§ 316, 343 StPO) oder bei unanfechtbaren Beschlüssen (§ 81c

61 *PONS Online-Wörterbuch*, Stichwort: Miscarriage (Onlinequelle).

62 Ebenda.

63 Exemplarisch haben *Walker/McCartney* ausgehend von dieser Typologie weitere Typisierungen von Rechtsverletzungen des Verdächtigen/Angeklagten/Verurteilten vorgenommen, siehe vertiefend *Walker/McCartney*, in: Wrongful Conviction S. 183, 186 f.

64 In ähnlicher Weise stellt sich die Frage, ob ein fehlerhafter Strafbefehl bereits eine Fehlentscheidung ist, wenn der Betroffene noch Einspruch einlegen kann.

65 *Kindhäuser/Schumann*, Strafprozessrecht, § 25, Rn. 27.

66 Ebenda.

67 *Roxin/Schünemann*, Strafverfahrensrecht, § 52, Rn. 1; *Schmitt*, in: M/S-StPO, Einl., Rn. 164; *Fischer*, in: KK-StPO, Einl., Rn. 395.

Abs. 3, S. 4 StPO: Bei der Entscheidung über eine Beschwerde nach §§ 322 Abs. 2, 346 Abs. 2 StPO oder Revisionsverwerfungen nach § 349 Abs. 2 StPO) mit Ablauf des Tages, an dem die Beschlussfassung erfolgte (§ 34a StPO).

Tritt bei einem Urteil die formelle Rechtskraft ein, so ist es auch materiell rechtskräftig. Die materielle Rechtskraft bewirkt einen Strafklageverbrauch hinsichtlich der abgeurteilten prozessualen Tat, d.h. es besteht von diesem Zeitpunkt an eine Sperrwirkung und die abgeurteilte Tat im prozessualen Sinne darf nicht noch einmal Prozessgegenstand eines Strafverfahrens oder eines Sachurteils sein („ne bis in idem", Art. 103 Abs. 3 GG).[68]

Viele Autoren verstehen unter Fehlurteilen (im technischen Sinne) scheinbar nur rechtskräftige Urteile.[69] So bezieht *Hirschberg* den Fehlurteilsbegriff *„[...] ausschließlich [auf] solche Fehlurteile, die [...] rechtskräftig [...] sind."*[70] Eine aufgefächerte Ansicht vertritt *Judex*: *„Dabei denken wir in erster Linie an rechtskräftig gewordene Urteile und nur ausnahmsweise an Entscheidungen, die in einem späteren Verfahren korrigiert [...] worden sind."*[71] Dass in beiden Fällen – also bei rechtskräftigen und bei anfechtbaren Urteilen – Fehler geschehen können und in der Vergangenheit geschehen sind, dürfte außer Frage stehen.[72] Eine Verengung der wissenschaftlichen Auseinandersetzung auf rechtskräftige Urteile hängt mit der gängigen Argumentation zusammen, dass sie aufgrund ihrer Unanfechtbarkeit eine besondere und eingriffsintensive Härte für den Betroffenen darstellen würden.[73] Dies liege daran, dass ihr Zustand, im Gegensatz zu den noch im Instanzenzug anfechtbaren Urteilen, nahezu unveränderlich sei[74] (mit Ausnahme der engen Wiederaufnahme). Ein anfechtbares Urteil erhalte sein Gepräge als Fehlurteil schlussendlich nur dann, wenn ein Rechtsmittelverzicht oder ein Ablauf der Rechtsmittelfrist vorliege bzw. das

68 *Roxin/Schünemann*, Strafverfahrensrecht, § 52, Rn. 6; *Fischer*, in: KK-StPO, Einl. Rn. 397.

69 Vgl. dazu exemplarisch *Peters*, Fehlerquellen im Strafprozeß I, z.B. S. 11 ff. und die generelle Tatsache, dass er sein Augenmerk lediglich auf Wiederaufnahmeverfahren gelegt hat; vgl. auch *Gilliéron*, Strafbefehlsverfahren und plea bargaining, S. 8.

70 *Hirschberg*, Das Fehlurteil im Strafprozeß, S. 11.

71 *Judex*, Irrtümer der Strafjustiz, S. 23. Die Frage, warum das Augenmerk „in erster Linie" auf rechtskräftigen Urteilen liegt oder liegen soll, bleibt allerdings unbeantwortet.

72 *Barton*, in: FS Eisenberg, 15, 22.

73 *Gilliéron*, Strafbefehlsverfahren und plea bargaining, S. 8; *Kleinknecht*, GA 1961, 45, 46.

74 Vgl. Ebenda.

Rechtsmittel erfolglos gewesen sei. *Barton* bezeichnet den Eintritt der Unanfechtbarkeit resümierend als „aufschiebende Bedingung" für die Wirksamkeit eines Fehlurteils.[75] Für das Kriterium der Rechtskraft wird außerdem der Wille des Gesetzgebers angeführt. So sei der Instanzenzug ja gerade die Gewährleistung für eine Kontrolle der Strafjustiz und mache deutlich, dass am Ende das Ergebnis, die korrigierte Entscheidung, zählen müsse.[76]

Allerdings verstehen einige Autoren unter Fehlurteilen auch noch anfechtbare Urteile.[77] Dafür, die Rechtskraft nicht als eine Begrifflichkeitsvoraussetzung des Fehlurteils anzusehen, spricht zunächst einmal das Gesetz selbst. So sieht das Gesetz in Form der Rechtsmittel selbst (nachträgliche) Instrumentarien der Ergebniskorrektur vor. Wie bereits angeklungen, sind diese jedoch nur innerhalb einer Rechtsmittelfrist möglich, an deren Ende die (formelle) Rechtskraft eintritt. Ausweislich der Vorschriften der §§ 337, 338, 339 StPO ist insbesondere die Revision ein Rechtsmittel der Überprüfung und Korrektur eines Urteils auf Rechtsfehler.[78] Gerade der telos der Rechtsmittel verbietet daher eine Umkehrung der Argumentation, wie sie Befürworter des Rechtskraftkriteriums anführen. Weiterhin muss die fehlende Endgültigkeit der noch anfechtbaren Entscheidung nicht zwingend Aussagen darüber enthalten, wie intensiv die Folgen für den Betroffenen sind. So können auch noch nicht rechtskräftige Entscheidungen Tatsachen schaffen, die in ihren faktisch-realen Auswirkungen denen einer rechtskräftigen Entscheidungen gleichstehen.[79] Abgesehen von möglichen gesellschaftlichen, öffentlich-medialen Ächtungen und sozial-familiären Auswirkungen stelle man sich vor, dass ein wohlhabender (Klein-)Unternehmer mit Kontakt und ethnischen Wurzeln in ein Ausland sowie den finanziellen Möglichkeiten einer Flucht, wegen Untreue (§ 266 Abs. 1 StGB) fälschlicherweise zu einer Freiheitsstrafe ohne Bewährung verurteilt wird.[80] Aller Voraussicht nach wird das Gericht in einem solchen Fall

---

75 *Barton*, in: FS Eisenberg, 15, 22.

76 Vgl. *Kleinknecht*, GA 1961, 45, 46; vgl. *Löffler*, ÖZfS 1912, 183, 185 f.; vgl. auch, wenngleich im Ergebnis ablehnend, *Böhme*, Das strafgerichtliche Fehlurteil, S. 52, m.w.N.

77 Exemplarisch *Jehle*, FPPK 2013, 221, 225 ff.; vgl. auch *Eisenberg/Kölbel*, Kriminologie, § 31, Rn. 40 ff., da sie in unstreitiger Darstellung die Frage von Fehlurteilen auch im Hinblick auf durch die Revision (und im Fall von *Jehle* auch auf durch die Berufung) anfechtbare, tatgerichtliche Urteile stellen und untersuchen.

78 *Roxin/Schünemann*, Strafverfahrensrecht, § 55, Rn. 1; vgl. auch *Nagel*, in: R/H-StPO, § 337, Rn. 1; *Schwenn*, FPPK 2013, 258, 259.

79 Vgl. *Böhme*, Das strafgerichtliche Fehlurteil, S. 52.

80 Beispiel leicht abgeändert von *Böhme*, Das strafgerichtliche Fehlurteil, S. 52.

nicht den Eintritt der (formellen) Rechtskraft abwarten, sondern (aufgrund der sich aufdrängenden Fluchtgefahr) einen Haftbefehl erlassen (§ 112 Abs. 1, Abs. 2, Nr. 2 StPO) oder (im Falle eines bestehenden Haftbefehls) die Fortdauer der Untersuchungshaft anordnen (§ 268b StPO). Eine demgegenüber angenommene Korrekturfähigkeit ist daher in manchen Fällen nur theoretischer Natur.[81] Des Weiteren spricht gegen die Einbeziehung eines Rechtskraftkriteriums in den Fehlurteilsbegriff schlichtweg der zufällige Zeitpunkt der Fehlerentdeckung in der Rechtsmittelinstanz, also vor Eintritt der Rechtskraft oder nach Eintritt der Rechtskraft im Wiederaufnahmeverfahren.[82] Dieser ist im Einzelfall abhängig von vielen Faktoren, beispielsweise der Arbeitsweise jedes einzelnen Prozessbeteiligten.[83] *Böhme* ist in seiner Vermutung zuzustimmen, dass das teilweise vertretene Rechtskraftkriterium vielmehr auf eine Tradition der wissenschaftlich-methodischen Auseinandersetzung mit strafprozessualen Fehlerquellen durch empirische Untersuchungen von Wiederaufnahmen[84] zurückzugehen scheint.

Zusammenfassend ist die auf Endgültigkeit und Rechtsfrieden gerichtete Rechtskraft kein notwendiges Kriterium für die Klassifizierung eines Fehlurteils. Auch im Sinne einer umfangreichen Auseinandersetzung mit strafgerichtlichen Fehlurteilen sind anfechtbare Urteile Fehlurteile nach dem hier vorgeschlagenen Begriffsverständnis.

III. Auseinandersetzung mit dem Teilbegriff „Fehl-“

1. Die „Falschheit“ auf Ebene der Sachverhaltsfeststellung und der Rechtsanwendung

Das zentrale Problem des Fehlentscheidungsbegriffs ist die Frage, wann die Entscheidung falsch ist. Anknüpfend an die Begrifflichkeit des Fehlurteils definiert *Peters* ein Fehlurteil als *„[…] ein Urteil, das auf einer unrichtigen Sachverhaltsfeststellung beruht, die im Schuld- und Rechtsfolgenausspruch zu einer sachlich falschen Entscheidung führt.“*[85] Der Schuld- und Rechtsfolgenausspruch kann

81 Vgl. Ebenda.

82 Vgl. *Hellwig*, Justizirrtümer, S. 16, 33; *Peters*, Untersuchungen zum Fehlurteil im Strafprozeß, S. 11, obwohl er aufgrund seiner Untersuchung der Wiederaufnahmeverfahren wohl die Rechtskraft als Definitionsmerkmal bejahen würde.

83 Vgl. auch *Böhme*, Das strafgerichtliche Fehlurteil, S. 53.

84 Vgl. *Peters*, Fehlerquellen im Strafprozeß; vgl. *Kiwit*, Fehlurteile im Strafrecht; vgl. *Lange*, Fehlerquellen im Ermittlungsverfahren, vgl. *Schöneborn*, Strafprozessuale Wiederaufnahmeproblematik; anders *Jehle*, FPPK 2013, 221, 225 ff.

85 *Peters*, in: Handwörterbuch der Kriminologie, 259, 259.

jedoch zweifelsohne auch „sachlich falsch" sein, wenn der Sachverhalt fehlerfrei festgestellt ist, dem Gericht aber auf Rechtsanwendungsebene Fehler unterlaufen. Dies betrifft vor allem Strafzumessungs- und Subsumtionsfehler.

Die Tatsache, dass Fehler nicht nur auf die Ebene der Sachverhaltsfeststellung beschränkt sind, soll an folgenden Beispielen kurz verdeutlicht werden.

Beispiel 1:

A wird wegen der Teilnahme an einem illegalen Autorennen, an dem ein Mensch ums Leben gekommen ist, verurteilt, obwohl er an dem Rennen überhaupt nicht teilgenommen hat.[86] Vorliegend handelt es sich um eine falsche Sachverhaltsfeststellung. Ohne bereits die Detailfragen des Fehlentscheidungsbegriffs geklärt zu haben, geht schon der naiv-intuitive Begriff (der vermeintliche Täter hat die festgestellte Tat nicht begangen) und das allgemeine Gerechtigkeitsgefühl eines Jeden unzweifelhaft von einer Fehlentscheidung (auf Ebene der Sachverhaltsfeststellung) aus.

Fehler können allerdings auch auf Rechtsanwendungsseite vorkommen.

Beispiel 2:

Im gleichen Sachverhalt hat A an dem illegalen Straßenrennen teilgenommen. Vorliegend stellt sich jedoch die Frage, ob A als Fahrer (bedingten) Tötungsvorsatz hatte, mithin wegen fahrlässiger Tötung (§ 222 StGB) oder Mordes (§ 211 Abs. 1 StGB)[87] *zu verurteilen ist.*[88] Hier liegt eine mögliche Fehlerquelle in der Subsumtion des Vorsatzes unter den Sachverhalt. Ist das Urteil bei einer falschen Subsumtion falsch?

Beispiel 3:

Bei gleichem Sachverhalt wird A aufgrund des mangelnden Vorsatzes wegen fahrlässiger Tötung nach § 222 StGB verurteilt. Allerdings wird die Strafe zur Bewährung ausgesetzt, obwohl sie von Rechts wegen hätte vollstreckt werden müssen.[89] Vorliegend handelt es sich möglicherweise um einen Fehler bei der Strafzumessung. Wird die Definition auch auf Fehler bei der Rechtsfolgenbestimmung ausgedehnt?

---

86 Beispiel von *Barton*, in: FS Eisenberg, 15, 21.

87 Vgl. dazu BGH NJW 2018, 1621, 1621 ff.

88 Beispiel von *Barton*, in: FS Eisenberg, 15, 21.

89 So zumindest BGH NJW 2017, 3011, 3011 ff. Beispiel von *Barton*, in: FS Eisenberg, 15, 21.

Beispiel 4:

Nach der Teilnahme an dem illegalen Straßenrennen mit tödlichem Ausgang wird A in seiner polizeilichen Erstvernehmung nicht auf sein Schweigerecht hingewiesen.[90] Schließlich ist klärungsbedürftig, ob Verfahrensfehler oder die falsche Anwendung formellen Rechts allgemein, die auf die materielle Rechtslage durchschlägt, Fehlentscheidungen darstellen.

Die Möglichkeit von Fehlern auf Rechtsanwendungsebene ist ein Faktum. Auch der Wortlaut der Fehlentscheidungen deutet auf eine weite Auslegung und die Einbeziehung von rechtlichen Fehlentscheidungen hin. Daher wird auch aufgrund des Forschungsbedarfs bei der Frage, wann eine gerichtliche Entscheidung „falsch" ist, im Folgenden zwischen der Sachverhaltsfeststellung und der Rechtsanwendung differenziert.[91]

a. Die Ebene der Sachverhaltsfeststellung

aa. Anknüpfungspunkt

Gemäß der in § 244 Abs. 2 StPO kodifizierten Amtsaufklärungspflicht[92] ist die Ermittlung des wahren Sachverhalts das zentrale Anliegen des Strafprozesses.[93] Diese Amtsaufklärungspflicht gibt jedem Prozessbeteiligten einen unabdingbaren Anspruch darauf, dass die Beweisaufnahme auf alle Tatsachen und alle tauglichen und erlaubten Beweismittel erstreckt wird, welche für die Entscheidung von Relevanz sind (sog. entscheidungserheblichen Tatsachen).[94] Die Ermittlung des wahren Sachverhalts ist unverzichtbare Voraussetzung zur Gewährleistung des materiellen Schuldprinzips,[95] welches seinerseits ein

---

90 *Fischer*, in: Vom hochgemuten voreiligen Griff nach der Wahrheit, 253, 263 ff.; *Barton*, in: FS Eisenberg, 15, 21.

91 Für die Differenzierung vgl. *Böhme*, Das strafgerichtliche Fehlurteil, S. 27; vgl. auch *Creifelds*, Rechtswörterbuch, S. 517, wonach „fehlerhafte Entscheidungen" solche sind, *„[...] die auf unrichtigen Tatsachenfeststellungen oder auf Verletzung von sachlichen oder Verfahrensvorschriften beruhen [...].*"; wohl allgemein der Einbeziehung zustimmend *Barton*, in: FS Eisenberg, 15, 21.

92 *Schmitt*, in: M/S-StPO, § 244, Rn. 10; oder auch Untersuchungsgrundsatz: *Sättele*, in: S/S/W-StPO, § 244, Rn. 24.

93 BVerfGE 57, 250, 275 = NJW 1981, 1719, 1722; BVerfGE 63, 45, 61 = NJW 1983, 1043, 1045.

94 BGH 1, 94, 96; 32, 115, 124.

95 Zur Hauptverhandlung als „eigentliches Forum der Wahrheitsfindung", *Wessels*, JuS 1969, 1, 1 f.

wesentliches Element des Rechtsstaatsprinzips (Art. 20 Abs. 3 GG) ist.[96] Um eine ausreichende tatsächliche Grundlage für die richterliche Entscheidungsfindung sicherzustellen, ist das Gericht verpflichtet, die vorhandenen Beweismittel so weit auszuschöpfen, dass die Abwägung der für und wider den Anklagevorwurf streitenden Umstände auf einer möglichst breiten und zuverlässigen Tatsachengrundlage erfolgt.[97] Dabei besteht für das Gericht die Verpflichtung, den Sachverhalt von Amts wegen zu erforschen, d.h. dass das Prozessverhalten der Verfahrensbeteiligten keinen Einfluss auf die Arbeit des Gerichts bezüglich der Bestimmung des Gegenstands und des Umfangs der Aufklärungspflicht hat.[98] Daraus folgt, dass das Gericht die zur Verfügung stehenden Beweismittel gegebenenfalls auch gegen den Willen einzelner oder der übrigen Beteiligten ausschöpfen muss.[99]

Ist allerdings die Wahrheitsfindung das zentrale Anliegen des Strafprozesses, stellt sich die Frage, welche Wahrheit es zu erforschen gilt:[100] *„Wie viel Wahrheit brauch[t] [es], um auf faire Weise zu einem gerechten Urteil zu kommen?“*[101]

Dem deutschen Strafrechtsprozess liegt grundsätzlich das Ziel der Erforschung der sogenannten materiellen Wahrheit[102] zugrunde. Ein Sachverhalt ist danach wahr, mithin die Gerichtsentscheidung richtig, wenn sie in ihren Entscheidungsfeststellungen und im Ergebnis mit der historischen Wirklichkeit übereinstimmt.[103] Aus vielerlei Gründen scheint die Geeignetheit dieses Wahrheitsmaßstabs für die Umsetzung in der Praxis jedoch zweifelhaft. So steht die völlige Übereinstimmung von (historischer) Wirklichkeit und Urteilsinhalt aufgrund verschiedener gesetzlicher und praktischer Gründe in Frage.[104]

---

96 BVerfG, Urteil vom 19.03.2013 – 2 BvR 2628/10, u.a. Rn. 55 f.

97 *Sommer*, in: AnwK-StPO, § 244, Rn. 24; *Sättele*, in: S/S/W-StPO, § 244, Rn. 24.

98 *Fischer*, in: KK-StPO, § 244, Rn. 32; vgl. *Kelnhofer*, in: R/H-StPO, § 244, Rn. 36; vgl. auch *Kindhäuser/Schumann*, Strafprozessrecht, § 4, Rn. 23.

99 BGHSt 56, 6, 10; 34, 209, 210; BGH StV 1991, 245, 245.

100 Eine generelle Auseinandersetzen mit der philosophischen Bedeutung des Wahrheitsbegriffes erfolgt vorliegend nicht. Siehe für eine vertiefende Betrachtung überblicksartig *Stamp*, Die Wahrheit im Strafverfahren, S. 29 ff.

101 *Volk*, Die Wahrheit vor Gericht, S. 346.

102 *Stamp*, Die Wahrheit im Strafverfahren, S. 15 ff., 19; *Roxin/Schünemann*, Strafverfahrensrecht, § 15, Rn. 3; BVerfGE 57, 250, 275.

103 Eine solche Begründung folgt aus der Korrespondenztheorie. Danach ist Wahrheit die Übereinstimmung von Vorstellung und (historischer) Wirklichkeit (vgl. auch „adaequatio rei et intellectus“): *Stamp*, Die Wahrheit im Strafverfahren, S. 37 ff.; vgl. auch *Pfister*, FPPK 2013, 250, 252 f.

104 *Pfister*, FPPK 2013, 250, 252 f.; vgl. auch *Theile*, NStZ 2012, 666, 666.

Das Prinzip der materiellen Wahrheitsfindung weicht an vielerlei Stellen zugunsten anderer Rechtsgüter, denn die Amtsaufklärungspflicht besteht nach dem BGH „*nicht um jeden Preis*".[105] Vielmehr muss die Ermittlung des Tatgeschehens in den Grenzen des Möglichen und Zulässigen in optimaler Weise erfolgen.[106] Im Folgenden sollen daher gesetzliche und tatsächliche Gründe aufgezeigt werden, die dazu führen, dass die materielle Wahrheitsfindung im Einzelfall doch nicht vordergründiges Anliegen der Sachverhaltsfeststellung ist.

bb. Der Rückzug vom Ziel der materiellen Wahrheitsfindung

(1) Gesetzliche Gründe des Rückzugs vom Ziel der materiellen Wahrheitsfindung

Unter dem Grundsatz der Selbstbelastungsfreiheit (nemo tenetur se ipsum accusare) versteht man, dass der Beschuldigte (bzw. in der Hauptverhandlung der Angeklagte) zum Zwecke der Waffengleichheit in keiner Weise verpflichtet ist, an seiner eigenen Überführung mitzuwirken.[107] Dieser Grundsatz ist aus dem allgemeinen Persönlichkeitsrecht (Artt. 2 Abs. 1 i.V.m. 1 Abs. 1 GG) und dem Rechtsstaatsprinzip (Art. 20 Abs. 3 GG) verfassungsrechtlich abzuleiten.[108] Wichtigster Ausdruck ist die Wahlmöglichkeit des Beschuldigten, auszusagen oder die Einlassung zu verweigern, § 136 StPO. Spiegelbildlich verbietet der Grundsatz den staatlichen Behörden, eine aktive Selbstbelastung zu erzwingen, z.B. § 136a StPO. Nimmt der Beschuldigte (oder Angeklagte) sein Schweigerecht in Anspruch, indem er vollumfänglich die Aussage verweigert, dürfen hieraus keine für ihn nachteiligen Schlüsse gezogen werden.[109] Deutlicher wird das Weichen vom Ziel der materiellen Wahrheitsfindung, wenn man bedenkt, dass den Angeklagten nicht einmal die prozessuale Pflicht trifft, sich wahrheitsgemäß zu äußern.[110]

---

105 BGH NJW 1960, 1580, 1582; vgl. auch *Barton*, in: FS Eisenberg, 15, 19, der aus dieser Formulierung den Schluss zieht, dass es der Rechtsprechung für die Beantwortung der Frage, gegen welche „Wahrheit" ein Fehlurteil verstoßen muss, gerade nicht (lediglich) auf die materielle Wahrheit ankomme.

106 *Krehl*, in: KK-StPO, § 244, Rn. 28.

107 *Beulke/Swoboda*, Strafprozessrecht, Rn. 191.

108 BVerfGE 56, 37, 43; BGHSt 38, 214, 220; BGH NStZ 2013, 604, 605.

109 BGHSt 20, 281, 282 f.

110 BGHSt 3, 149, 152; vgl. auch zu der zum Teil geprägten Terminologie des „Lügerechts" *Fezer*, in: FS Stree/Wessels, 663, 681 f.

Weiterhin denkbar ist, dass die Aufklärung der materiellen Wahrheit im Strafverfahren durch verfassungsrechtliche Vorgaben, wie z.B. das Recht auf ein faires Verfahren („fair trial", Art. 6 Abs. 1 EMRK, Art. 20 Abs. 3 GG), eingeschränkt wird.[111] Man denke exemplarisch daran, dass die Polizei Cannabispflanzen aus einer Privatwohnung beschlagnahmen (§ 94 Abs. 2 StPO) möchte und sich zur Umgehung des Richtervorbehalts (§ 98 Abs. 1, S. 1 StPO) einer Privatperson (z.B. eines Nachbarn) bedient.[112]

Die verfassungsrechtlichen Regelungen werden durch einfachgesetzliche Vorschriften ergänzt. Dies betrifft insbesondere die Vorschriften zu den Zeugnis- bzw. Auskunftsverweigerungsrechten in den §§ 52, 53, 53a StPO bzw. § 55 StPO. Das Zeugnisverweigerungsrecht schützt als Verwandte des nemo-tenetur-Grundsatzes[113] den Zeugen (oder den Berufsgeheimnisträger [§ 53 StPO] sowie sonstige Personen [§ 53a StPO]) vor dem Zwang, gegen seinen Angehörigen auszusagen. Das BVerfG formuliert diesbezüglich plakativ zum Zeugnisverweigerungsrecht eines Sozialarbeiters: *„Jede Ausdehnung des strafprozeßualen Zeugnisverweigerungsrechts auf neue Personengruppen schränkt aber die Beweismöglichkeiten der Strafverfolgungsbehörden zur Erhärtung oder Widerlegung des Verdachts strafbarer Handlungen ein und beeinträchtigt deshalb möglicherweise die Findung einer materiell richtigen und gerechten Entscheidung."*[114]

Eine weitere und bedeutende Einschränkung der verfahrensrechtlichen Beweismöglichkeiten resultiert aus den Beweisverboten, mithin den Beweiserhebungs- und Beweisverwertungsverboten. Zur Verdeutlichung dient folgender Sachverhalt:[115]

Nach einem Streit mit seiner Ehefrau hat A seinen Sohn umgebracht. Ursprünglich hat er ausgesagt, sich nicht an die Tat erinnern zu können. Nachdem ihm die Polizei und der Staatsanwalt mehrmals angedroht haben, sie würden ihn, im Falle eines Beharrens auf der bisherigen Aussage, in die Leichenhalle bringen und vor den Leichnam seines Sohnes stellen, legt er ein schriftliches Geständnis ab. Vorliegend stellt die Androhung der Polizei und des Staatsanwalts eine verbotene Vernehmungsmethode in Form der (psychischen) Quälerei dar, § 136a Abs. 1, S. 1, Fall 5, S. 3 StPO. Auch wenn ein Beweiserhebungsverbot

---

111 Vgl. BGHSt 60, 275, 275 ff.; vgl. auch EGMR NStZ 2013, 175, 175 f.; siehe auch *Böhme*, Das strafgerichtliche Fehlurteil, S. 28.

112 *Kindhäuser/Schumann*, Strafprozessrecht, § 23, Rn. 34, 36.

113 *Degener*, StV 2006, 509, 511.

114 BVerfG NJW 1972, 2214, 2216.

115 Gekürzt aus *Volk*, Die Wahrheit vor Gericht, S. 240.

nicht zwangsläufig zu einem Verwertungsverbot des Beweismittels führen muss,[116] ist die Verwertung des schriftlichen Geständnisses vorliegend ausgeschlossen (§ 136a Abs. 3, S. 2 StPO). Die materielle Wahrheitsfindung muss hier hinter der freien Willensentschließung- und -betätigung (§ 136a Abs. 1 StPO) zurücktreten.

Grundrechtliche und rechtsstaatliche Erwägungen führen daher u.U. dazu, dass historisch richtige Feststellungen, die entgegen verfahrens- Regelungen oder verfassungsrechtlichen Wertentscheidungen gewonnen wurden, nicht berücksichtigt werden dürfen.[117]

(2) Tatsächliche Gründe[118] des Rückzugs vom Ziel der materiellen Wahrheitsfindung

Neben die gesetzlichen Beschränkungen der materiellen Wahrheitsfindung treten tatsächliche Probleme bei der richterlichen Sachverhaltsrekonstruktion.

Gemäß § 261 Abs. 1 StPO, dem Grundsatz der freien richterlichen und umfassenden Beweiswürdigung,[119] entscheidet das Gericht über das Ergebnis der Beweisaufnahme nach „seiner“ freien, aus dem Inbegriff der Verhandlung geschöpften Überzeugung. Am Ende der Beweisaufnahme steht jedoch die Wahrheit.[120] Die zunächst stattfindende Beweiswürdigung ist dabei ureigene Aufgabe des Tatrichters.[121] Für die sich anschließende Überzeugungsbildung genügt bereits ein nach Lebenserfahrung ausreichendes Maß an Sicherheit, demgegenüber vernünftige und nicht bloß denktheoretisch begründete Zweifel nicht mehr aufkommen.[122] Ist aber auch nach ständiger Rechtsprechung die allgemeine Lebenserfahrung ein maßgebliches Kriterium, erhalten die eigenen menschlichen Erfahrungen und Erkenntnisse der Richter Einzug in die Würdigung. Daher ist die ermittelte Wahrheit teilweise subjektiv geprägt.[123] So spricht

---

116 Vertiefend zur sog. Abwägungslehre: BGHSt 38, 214, 219; 42, 139, 147 ff.; BGH NJW 2007, 2269, 2271.

117 Vgl. auch *Böhme*, Das strafgerichtliche Fehlurteil, S. 29.

118 Eine weitergehende Vertiefung erfolgt später bei der inhaltlichen Auseinandersetzung mit den einzelnen Fehlurteilsquellen, daher hier nur überblicksartig.

119 Vertiefend *Schmitt*, in: M/S-StPO, § 261, Rn. 6.

120 Vgl. *Böhme*, Das strafgerichtliche Fehlurteil, S. 29.

121 BGHSt 8, 130, 131; BGHSt 29, 18, 20; *Schmitt*, in: M/S-StPO, § 261, Rn. 3.

122 Siehe zur ständigen Rechtsprechung exemplarisch BGH NStZ 2010, 102; 292; *Schmitt*, in: M/S-StPO, § 261, Rn. 2.

123 Vgl. *Schmidt*, in: KK-StPO, Vor § 359, Rn. 2; vgl. *Lamprecht*, DRiZ 2004, 91, 91 ff.; *Trüg*, in: FS Heintschel-Heinegg, 447, 450; vgl. *Böhme*, Das strafgerichtliche Fehlurteil, S. 29.

Schließlich wird auch vertreten, den Zweifelsgrundsatz als Kehrseite des materiellrechtlichen Schuldprinzips anzusehen, denn wenn die Schuld materiellrechtliche Voraussetzung für eine Bestrafung ist, dann müsse auch verfahrensrechtlich der Nachweis dieser Schuld erfolgen.[201]

Ergeht nun ein Freispruch auf Grundlage des Zweifelsgrundsatzes, so bleibt der staatliche Strafanspruch unverwirklicht bzw. er entsteht erst gar nicht. Soeben wurde bereits erläutert, dass Fehlentscheidungen grundsätzlich auch zugunsten des Betroffenen vorkommen können. Vorliegend gestaltet es sich jedoch anders. Rechtsfehlerfreie Freisprüche auf Grundlage des in-dubio-pro-reo-Grundsatzes sind nämlich nicht als Fehlurteile anzusehen, selbst wenn der Freigesprochene die ihm vorgeworfene Tat wirklich begangen hat. Der maßgebliche Anknüpfungspunkt der Beurteilung, die forensische Wahrheit, gilt auch bei Freisprüchen.[202] Hat der Angeklagte die ihm vorgeworfene Tat tatsächlich begangen, wird allerdings aus Mangel an Beweisen frei gesprochen, ist der Freispruch materiell-historisch falsch. Ist das Gericht aber beim Abschluss der – fehlerfrei und „lege artis" durchgeführten – Beweisaufnahme nicht von der Schuld des Angeklagten überzeugt, dann ist der Freispruch forensisch richtig. Zwar liegt dann eine Fehlentscheidung zugunsten des Angeklagten im historisch-materiellen Sinne vor, diese ist allerdings verfahrens- und verfassungsrechtlich vorgesehen bzw. geduldet.[203] Man könnte auch von einem rechtlich korrekten Fehlurteil sprechen. Etwas anderes gilt, wenn das Gericht

---

201 Vgl. *Fischer*, in: KK-StPO, Einl., Rn. 50; so wohl auch die Rechtsprechung, LG Heidelberg NJW 1959, 1932, 1932: *„Aus diesem Grundsatz ‚Keine Strafe ohne Schuld' ergibt sich das strafprozeßrechtliche Prinzip ‚in dubio pro reo', das in § 261 StPO seinen Niederschlag gefunden hat."*

202 Vgl. diesbezüglich *Böhme*, Das strafgerichtliche Fehlurteil, S. 36.

203 Vgl. *Pfister*, FPPK 2013, 250, 253; vgl. *Judex*, Irrtümer der Strafjustiz, S. 22 f.; *Kiwit*, Fehlurteile im Strafrecht, S. 78 f.; *Peters*, Fehlerquellen im Strafprozeß III, S. 33; *Peters*, Untersuchungen zum Fehlurteil im Strafprozeß, S. 9 f.; *Peters*, in: Handwörterbuch der Kriminologie, 259, 259; *Trechsel*, ZStrR 2000, 1, 2; anderer Auffassung jedoch erneut *Schwenn*, FPPK 2013, 258, 259, welcher nur von einem Fehlurteil spricht, *„[…] wenn der vermeintliche Täter die festgestellte Tat nicht begangen hat."*. Mit kritischer Auseinandersetzung *Lange*, Fehlerquellen im Ermittlungsverfahren, S. 4: In einem von ihr untersuchten Fall wegen versuchten Mordes erging Freispruch auf Grundlage des Zweifelssatzes. Nachdem das Urteil jedoch rechtskräftig wurde, gestand der Freigesprochene die Tat. Als daraufhin ein Wiederaufnahmeverfahren eingeleitet wurde (§ 362 Nr. 4 StPO), gab er an, dass er sich mit der Aussage nur habe profilieren wollen und deswegen widerrief er das (ansonsten glaubhafte) Geständnis. Nach *Lange* war das ursprüngliche Urteil kein Fehlurteil, welches sich aber im Nachhinein in ein solches wandelte. Wird das Fehlurteil

im Zuge der Beweisaufnahme nicht alle zur Verfügung stehenden Beweismittel „lege artis“ ausgeschöpft hat, die Sachverhaltsfeststellung also nicht ordnungsgemäß verlief, mithin keine Zweifel (für die Schuld oder auch Unschuld) des Angeklagten bestehen dürften und das Urteil damit auch forensisch falsch ist.[204]

b. Besondere Konstellationen im Zusammenhang mit Freisprüchen

Gerade auch aktuellere Fälle[205] werfen, über den Zweifelsgrundsatz hinaus, Fragen auf, ob im Ergebnis richtige Freisprüche als Fehlurteile zu klassifizieren sind, wenn ein falscher Freispruchgrund[206] vorliegt oder der Betroffene durch einzelne Urteilsfeststellungen im besonderen Maße beeinträchtigt wird.[207]

aa. (Forensisch) Richtiger Freispruch bei falschem Freispruchgrund

Eine solche Konstellation liegt unter anderem vor, wenn das Gericht den Angeklagten auf Grundlage des Zweifelsspruchs freispricht, obwohl die Urteilsgründe auf einen Freispruch wegen erwiesener Unschuld hätten lauten müssen. Bei oberflächlicher Betrachtung könnte man der Ansicht sein, dass sich für den Betroffenen keine (unmittelbare) Benachteiligung ergibt.[208] Eine Beschwer wäre nur gegeben, wenn der Betroffene durch die gerichtliche Entscheidung in seinen eigenen Rechten oder schutzwürdigen Interessen unmittelbar und objektiv beeinträchtigt ist.[209] Dies ist jedoch bei einem Freispruch – aus welchem Freispruchgrund auch immer – nicht der Fall, denn für die Beschwer ist allein der Urteilstenor das maßgebliche Kriterium.[210] Daher kann der Betroffene in einem solchen Fall nach der Rechtsprechung sowie der h.M. in der Literatur auch kein Rechtsmittel einlegen.[211]

---

nach (wirksamem?) Widerruf des Geständnisses dann aber erneut ein fehlerfreies Urteil? Dies ist vom Standpunkt des forensischen Begriffsverständnisses aus abzulehnen.

204 Vgl. *Pfister*, FPPK 2013, 250, 253; vgl. *Peters*, Fehlerquellen im Strafprozeß I, S. 13 und III, S. 33; vgl. *Peters*, in: Handbuch der Kriminologie, 259, 259; *Peters*, Untersuchungen zum Fehlurteil im Strafprozeß, S. 10.

205 Exemplarisch BGH NJW 2016, 728, 728 ff. mit Besprechung von *Jahn*, JuS 2016, 180, 180 f.

206 Vgl. dazu exemplarisch BGHSt 7, 153, 154.

207 Vgl. dazu *Kiwit*, Fehlurteile im Strafrecht, S. 77, 79; vgl. auch BVerfGE 28, 151, 163.

208 Vgl. *Knack*, Rehabilitierung des Beschuldigten im Strafverfahren, S. 11.

209 BGHSt 13, 75, 77; 16, 374, 376; vgl. *Paul*, in: KK-StPO, Vor § 296, Rn. 5.

210 Vgl. *Paul*, in: KK-StPO, Vor §§ 296, Rn. 5a; vertiefend BGH NJW 2016, 728, 728 ff.

211 Vgl. BGHSt 34, 11, 12; vgl. *Beulke/Swoboda*, Strafprozessrecht, Rn. 821; vgl. *Schmitt*, in: M/S-StPO, Vor § 296, Rn. 11; anders wohl *Frisch*, in: SK-StPO, Vor § 296 ff.,

Liegt aber nach der ständigen Rechtsprechung keine unmittelbare Beschwer vor, so könnte allerdings eine mittelbare oder indirekte Beschwer daraus folgen, dass ein nach wie vor bestehender Tatverdacht vorliegt, wenn ein Angeklagter lediglich aus Mangel an Beweisen freigesprochen wird, obwohl der Freispruch aus tatsächlichen Gründen hätte erfolgen müssen.[212] Eine solche Sichtweise ist allerdings abzulehnen. Denn sie verkennt, dass nur der gerichtliche Entscheidungstenor allein und verbindlich die Rechtsfolgen, auf Grundlage des festgestellten Sachverhalts, bestimmt.[213] Auch wird nur der Tenor des Urteils rechtskräftig, nicht auch dessen Begründung („aus Mangel an Beweisen"), insbesondere auch nicht die Tatsachenfeststellung[214]; eine „Feststellungswirkung" in Bezug auf die ermittelten Tatsachen, kommt dem rechtskräftigen Urteil daher gerade nicht zu.[215] Das bedeutet konkret, dass in den Tenor der Entscheidung selbst kein Zusatz aufgenommen wird, der einen Schluss auf den Freispruchgrund (d.h. aus Mangel an Beweisen oder aufgrund erwiesener Unschuld) ermöglicht. Es wird lediglich tenoriert, dass der Angeklagte freigesprochen wird (und die Kosten des Verfahrens sowie die notwendigen Auslagen des Angeklagten der Staatskasse zur Last fallen). Da der Freispruch letztlich auch die Funktion hat, die Unschuldsvermutung zu bekräftigen,[216] würden solche Tenorzusätze nur dafür sorgen, dass der Eindruck besteht, dass das Gericht noch immer einen (nicht ermittelbaren) Tatverdacht hat.[217] Dies würde die Gefahr bergen, dass es zu einer Untergrabung der Unschuldsvermutung kommt und zwei unterschiedliche Arten von Freisprüchen, mit unterschiedlicher Qualität, entstehen könnten.[218] Dies hat sich z.B. im Kachelmann-Prozess gezeigt, aus dessen Freispruch aus Mangel an Beweisen (öffentlich und medial) ein „Freispruch zweiter Klasse" gemacht wurde.[219] Eine solche Differenzierung

---

Rn. 159 ff. für den Fall, dass als falscher Freispruchgrund ein Freispruch aufgrund (nicht vorhandener) Schuldunfähigkeit nach § 20 StGB erfolgt.

212 Dazu kritisch *Böhme*, Das strafgerichtliche Fehlurteil, S. 38 ff.

213 Dazu exemplarisch aus der Rechtsprechung BVerfGE 151, 151, 160.

214 BGHSt 43, 106, 107; BGH NJW 1982, 1239, 1240; *Fischer*, in: KK-StPO, Einl., Rn. 396; vgl. *Beulke/Swoboda*, Strafprozessrecht, Rn. 773.

215 Vgl. *Roxin/Schünemann*, Strafverfahrensrecht, § 52, Rn. 10; siehe zum Begriff der „Tenorbeschwer" auch BGH NJW 2016, 728, 729; *Ott*, in: KK-StPO, § 260, Rn. 25.

216 *Ott*, in: KK-StPO, § 260, Rn. 25.

217 *Heinrichs*, MDR 1956, 196, 197.

218 *Böhme*, Das strafgerichtliche Fehlurteil, S. 39.

219 Siehe stellvertretend anstatt vieler Medien: *Rückert*, Nur ein Freispruch zweiter Klasse, ZEIT ONLINE vom 02.05.2002 (Onlinequelle); *Rath*, Freispruch zweiter Klasse, taz.de vom 31.05.2011 (Onlinequelle).

von „Freispruchsklassen“ ist dem deutschen Strafprozess jedoch fremd. Tenorzusätze verstoßen gegen die Unschuldsvermutung (u.a. Art. 6 Abs. 2 EMRK).[220]

Ein lediglich falscher Freispruchgrund vermag daher noch kein Fehlurteil zu begründen.

In den Entscheidungsgründen (nicht im Tenor) führt das Gericht die Gründe aus, welche zu dem Freispruch geführt haben. Daher könnte man darüber nachdenken, auch auf eine solche Begründung im Rahmen der Entscheidungsgründe zu verzichten.[221] Ein Beispiel dafür, wie auch die Entscheidungsgründe eine Belastung für den Betroffenen darstellen können, liefert *Kempf*.[222] Gegenstand des Beispiels ist die Urteilsverkündung im ersten Wiederaufnahmeverfahren des Landgerichts Gießen vom 24.04.1997. Die wegen Mordes zuvor verurteilte Monika Böttcher wurde schließlich freigesprochen. Bei der Urteilsbegründung jedoch führt der vorsitzende Richter aus, dass *„[...] auch heute noch ein schwerwiegender Tatverdacht gegen Frau Böttcher [...]“* nicht ausgeräumt werden konnte. Im schriftlichen Urteil heißt es auf Seite 139 des Weiteren: *„Insgesamt war trotz verbleibender erheblicher Verdachtsmomente – [...] ein sicherer Schluss auf die Täterschaft der Angeklagten [...] nicht mehr möglich.“*

Aus diesem Gefahrenpotential jedoch den Schluss zu ziehen, generell auf die Angabe des Freispruchsgrundes in den Entscheidungsgründen zu verzichten, wäre verfehlt, da diese wichtige Voraussetzungen dafür sind, dass das Rechtsmittelgericht eine wirksame Kontrolle der freisprechenden Entscheidung durchführen kann.[223] Zunächst muss der individuelle Anklagevorwurf, das heißt die dem Angeklagten zur Last gelegten Straftaten nach Ort, Zeit,

---

220 BGHSt 16, 374, 384; *Ott*, in: KK-StPO, § 260, Rn. 25; *Schmitt*, in: M/S-StPO, § 260, Rn. 17; *Franke*, in: S/S/W-StPO, § 260, Rn. 8.

221 Vgl. zu dieser Überlegung auch *Franke*, Freispruch mangels Beweises, S. 73 ff., 107; vgl. *Stuckenberg*, Untersuchungen zur Unschuldsvermutung, S. 123 f.; vgl. *Kühl*, Unschuldsvermutung, Freispruch und Einstellung, S. 21 ff., welcher eine Verletzung der Unschuldsvermutung darin sieht, wenn die Gründe des Freispruchs im Einzelnen Feststellungen zu einem fortbestehenden Tatverdacht enthalten (vertiefend S. 25), da diese eine „Belastung strafähnlicher Art.“ (S. 29) aufweisen würden, *„[...] weil sie nahezu die gleiche Missbilligung gerichtlicherseits zum Ausdruck bringen und gesellschaftlich bewirken, wie dies Verurteilungen tun.“* Danach solle die Begründungspflicht für Freisprüche zwar nicht abgeschafft werden, diese dürfe jedoch erst „aktuell“ werden, wenn es zu einer staatsanwaltschaftlichen Anfechtung des Freispruchs wegen Zweifeln an der Beweisführung kommen sollte (S. 71); vgl. auch *Böhme*, Das strafgerichtliche Fehlurteil, S. 39 f.

222 *Kempf*, NJW 1997, 1729, 1735.

223 Vgl. *Güntge*, in: S/S/W-StPO, § 267, Rn. 48.

Verantwortungsbereich und Begehungsweise, benannt werden[224] und anschließend erfolgt die Angabe der für erwiesen und für unerwiesen erachteten Tatsachen.[225] Sodann erfolgt die Begründung, warum die erwiesenen Tatsachen zum Nachweis des Anklagevorwurfs nicht ausreichen.[226] Da eine wirksame Kontrolle und Überprüfung der Entscheidung selbstverständlich auch bei freisprechenden Urteilen möglich sein muss, können die Anforderungen an die Begründung eines Freispruchs daher nicht geringer sein, als jene, die an die Begründung einer Verurteilung gestellt werden.[227] Zwar wird dadurch ein zusatzfreier Freispruchtenor durch die Entscheidungsbegründung faktisch mit einem entsprechenden Zusatz versehenen,[228] rechtlich jedoch bleibt der am Ende des Strafverfahrens freigesprochene Angeklagte – durch die Rechtskraft des Tenors – „der Freigesprochene" und nicht „der Freigesprochene mit dem Makel in der Begründung".[229]

bb. Im Einzelfall belastende Urteilsfeststellungen

Weiterhin klärungsbedürftig ist, ob es als ein Fehlurteil einzustufen ist, wenn zwar ein im Ergebnis richtiges Urteil ergeht, der Freigesprochene jedoch durch eine für den Urteilsspruch irrelevante oder gar falsche Feststellung beeinträchtigt wird.[230] Dies ist bei solchen Feststellungen fraglich, die Bewertungen der Person des Angeklagten selbst zum Gegenstand haben und damit das Potential aufweisen, ihn in seinem gesellschaftlichen und wirtschaftlichen Ruf zu

---

224 BGH NJW 1990, 2477, 2477; *Julius/Beckemper*, in: HK-StPO, § 267, Rn. 30.

225 Vgl. *Julius/Beckemper*, in: HK-StPO, § 267, Rn. 30; vgl. *Güntge*, in: S/S/W-StPO, § 267, Rn. 48.

226 BGH NJW 2005, 2322, 2325. Zu den konkreten Begründungsinhalten bei Freisprüchen aus tatsächlichen und rechtlichen Gründen siehe vertiefend *Schmitt*, in: M/S-StPO, § 267, Rn. 33 ff.; *Stuckenberg*, in: L/R-StPO, § 267, Rn. 163 ff.

227 *Stuckenberg*, in: L/R-StPO, § 267, Rn. 163; BGH NStZ 2002, 446, 446; BGH NStZ 2009, 512, 513.

228 *Böhme*, Das strafgerichtliche Fehlurteil, S. 41.

229 Vgl. *Roos*, JR 1951, 200, 201; vgl. auch *Böhme*, Das strafgerichtliche Fehlurteil, S. 41.

230 Klarstellend sei darauf hingewiesen, dass einzelne belastende Urteilsfeststellungen eines im Ergebnis richtigen Urteils kein Spezifikum von Freisprüchen sind. Einzelne Urteilsfeststellungen, die falsch oder irrelevant sind, können ebenso bei Verurteilungen auftreten. Ein besonderes Augenmerk liegt jedoch insbesondere auf Freisprüchen, da der Betroffene hier nur durch die Feststellungen selbst „belastet" sein könnte, während er bei der Verurteilung gerade durch die Verurteilung „belastet" ist.

belasten.[231] Eine solche Gefahr ist auch der Rechtsprechung[232] nicht fremd. So weist der BGH darauf hin, „*[…] daß die Gründe eines freisprechenden Urteils die Ehre des Angeklagten mindern können, wenn sie nicht seine Unschuld feststellen. Ein solches Urteil kann ihm mancherlei Nachteile außerhalb des Strafverfahrens bringen.*"[233] Solch weiterführende Beeinträchtigung betreffe vor allem „Ehre und Ruf" des Freigesprochenen.[234] Zur Illustrierung dient folgendes Beispiel:

> *Der Bäckermeister B wird von dem erstinstanzlichen Gericht vom Anklagevorwurf der sexuellen Nötigung gem. § 177 Abs. 1 StGB an A freigesprochen. In den Urteilsgründen beschreibt das Gericht den B jedoch (sachlich falsch oder ohne jeglichen Bezug zur vorliegenden gerichtlichen Entscheidung) als eine beruflich unzuverlässige Person, in dessen Meisterbetrieb die gängigen Regeln der Hygiene und Sauberkeit nicht eingehalten und dessen Waren im Übrigen auch nicht schmecken würden.* Zweifelsohne bergen die getroffenen Feststellungen die Gefahr von Schädigungen des geschäftlichen Rufs, von wirtschaftlichen Einbußen oder gar von drohendem gewerberechtlichen Einschreiten.

Auch hier gilt jedoch zum Großteil das, was bereits ausgeführt wurde. Da nur der Urteilstenor rechtskräftig und damit rechtlich bindend wird, liegt eine rechtliche Bindung des Freigesprochenen bei Feststellungen in den Urteilsgründen eben nicht vor.[235] Das bereits beschriebene Spannungsverhältnis zwischen dem staatlichen Interesse am Rechtsfrieden einerseits und der vollumfänglichen, materiellen Wahrheitsfindung andererseits, wird auch vorliegend zuungunsten des Freigesprochenen entschieden, da er mangels Beschwer keine Rechtsmittel einlegen kann.[236] Auch hier ist der Freigesprochene kein „Freigesprochener zweiter Klasse". Die Zulässigkeit eines Rechtsmittels in einem solchen Fall würde allerdings genau dies suggerieren und zu einer Entwertung

---

231 Vgl. *Kiwit*, Fehlurteile im Strafrecht, S. 77, 79; vgl. *Böhme*, Das strafgerichtliche Fehlurteil, S. 37, 41 ff.

232 Dazu bereits RG JR 1948, 169, 169: „*Die Freisprechung wegen Geisteskrankheit kann für den Angeklagten den bürgerlichen Tod bedeuten und auch […] die Gefahr, daß die Verwaltungsbehörde diese Freisprechung zur Grundlage von Maßnahmen gegen ihn wegen Gemeingefährlichkeit macht.*" Das RG ging seinerzeit sogar davon aus, dass in einem solchen Fall eine Beschwer als Rechtsmittelvoraussetzung vorliegt.

233 BGHSt 7, 153, 154.

234 Vgl. OLG Braunschweig MDR 1950, 629, 630.

235 Vgl. hierzu BGHSt 43, 106, 107; BGH NJW 1982, 1239, 1240; *Fischer*, in: KK-StPO, Einl., Rn. 341, 396.

236 Vgl. hierzu BGHSt 34, 11, 12; vgl. *Beulke/Swoboda*, Strafprozessrecht, Rn. 821; vgl. *Schmitt*, in: M/S-StPO, Vor § 296, Rn. 11, 13.

des Freispruchs[237] als Ausprägung der Unschuldsvermutung führen. Würde man darin dennoch eine Beschwer des Freigesprochenen sehen, hätte dies darüber hinaus auch fatale Folgen für die Gerichtspraxis. Ein schlichter Freispruch wäre nicht mehr möglich, wenn das Gericht über sämtliche Tatsachen vollumfänglich einen Beweis antreten müsste.[238] Dies hätte erheblichen Einfluss auf die Dauer und den Umfang eines Strafverfahrens und wäre mit dem Gebot einer gründlichen, aber zugleich zügigen Klärung der Schuldfrage nicht mehr vereinbar.[239] Daher muss das Interesse des Freigesprochenen an einer umfangreichen und vollständig fehlerfreien Entscheidung hinter die öffentlichen Interessen an einer verbindlichen Entscheidung, die zu Rechtsfrieden führt sowie einer funktionsfähigen und effizienten Strafjustiz zurücktreten.[240] *Kiwit* zustimmend sei jedoch darauf hingewiesen, dass dies nur gilt, wenn der Freigesprochene durch die Entscheidung lediglich faktisch beeinträchtigt ist, nicht jedoch (auch) rechtlich.[241] Eine, über eine rein faktische Beeinträchtigung hinausgehende, rechtliche Belastung liegt hingegen dann vor, wenn solche Urteilsfeststellungen vorliegen, die sich nicht auf das Verhalten des Angeklagten und damit nicht auf den Gegenstand des Verfahrens beziehen, dem Verfahrensgegenstand nicht angemessen sind oder formale Beleidigungen beinhalten.[242] Dies dürfte auf den Inhalt der Urteilsgründe im obigen Beispiel bereits zutreffen, da die Einhaltung der Hygienevorschriften und die Überzeugung, dass die Waren nicht schmecken würden jeglichen Zusammenhang zum Verfahrensgegenstand (der mutmaßlichen sexuellen Nötigung) vermissen lassen. Zwar besteht auch in diesem Fall keine Beschwer, sodass auch hier die Einlegung eines Rechtsmittels ausscheidet. In solchen Fällen ist jedoch eine willkürliche

---

237 Vgl. BGHSt 7, 153, 154.

238 Vgl. *Böhme*, Das strafgerichtliche Fehlurteil, S. 42.

239 Vertiefend BGHSt 7, 153, 153 ff.; siehe ebenfalls vertiefend *Krack*, Rehabilitierung des Beschuldigten im Strafverfahren, S. 1 ff., 21 ff., 183 ff., 219 ff.

240 So auch BGHSt 7, 153, 154; zustimmend auch *Böhme*, Das strafgerichtliche Fehlurteil, S. 42; anders jedoch noch OLG Stuttgart, NJW 1959, 1840, 1841, welches – im Hinblick auf den Freispruch wegen Schuldunfähigkeit – dem Freigesprochenen ein überwiegendes Interesse einräumt; für das überwiegende Interesse des Freigesprochenen auch *Heinrichs*, MDR 1956, 196, 199, welcher in der aus einem betreffenden Freispruch resultierenden Ehrverletzung einen grundrechtlich nicht rechtfertigungsfähigen Eingriff in die Würde des Menschen aus Art. 1 Abs. 1 GG sieht.

241 Siehe *Kiwit*, Fehlurteile im Strafrecht, S. 79; vgl. auch *Böhme*, Das strafgerichtliche Fehlurteil, S. 42 f.

242 Vgl. *Böhme*, Das strafgerichtliche Fehlurteil, S. 42 f.

Rechtsverletzung des Betroffenen nicht abwegig, welche für ihn erheblich und unzumutbar sowie rechtsstaatlich und grundrechtlich (Abwehrrechte des Bürgers gegen ungerechtfertigte Eingriffe des Staates[243]) nicht hinzunehmen ist. Hier würden dem Betroffenen der Weg zum Bundesverfassungsgericht und die Einlegung der Verfassungsbeschwerde zur Verfügung stehen.[244]

Im Ergebnis sind daher nur Freisprüche mit einzelnen belastenden Urteilsfeststellungen Fehlurteile, die den Freigesprochenen nicht nur faktisch, sondern auch rechtlich belasten.

c. *Zwischenergebnis*

Auch Freisprüche können, auf Grundlage des hier vertretenen forensischen Wahrheitsbegriffs, Fehlurteile sein. Dabei stellt die Verurteilung eines tatsächlich Schuldigen aus Mangel an Beweisen jedoch kein Fehlurteil dar, sofern das Gericht „lege artis" gehandelt hat und die Zweifel somit nicht auszuräumen waren. Sonderkonstellationen, bei denen im Ergebnis ein richtiger Freispruch erfolgt, dieser jedoch auf einem falschen Freispruchsgrund beruht oder der Betroffene durch einzelne belastende Urteilsfeststellungen beeinträchtigt wird, stellen grundsätzlich kein Fehlurteil dar. Etwas anderes gilt nur, wenn die belastende Urteilsfeststellung eine, über die faktische Beeinträchtigung hinausgehende (auch) rechtliche Natur aufweist.

4. *Muss der Fehler kausal für die Entscheidung sein?*

Besonders interessant ist auch die Frage, ob eine Kausalverbindung zwischen dem Fehler und der gerichtlichen Entscheidung am Ende des Verfahrens bestehen muss.[245]

---

243 *Hufen*, Staatsrecht II, § 4, Rn. 3.

244 Vgl. BVerfGE 28, 151, 160 ff.; vertiefend *Jakobs*, JZ 1971, 279, 279 f., welcher die Verfassungsbeschwerde gegen einzelne belastende Urteilsfeststellungen lediglich dann zulassen möchte, wenn die Feststellungen des Gerichts „*[…] so intensive und nachhaltige Demütigungen des betroffenen [Anmerkung: wohl formale Beleidigungen] [aufweisen], daß dieser in einen Zustand der Wehrlosigkeit versetzt wird, der sein Vertrauen in die Zugehörigkeit zur Rechtsgemeinschaft in Frage stellt, [was jedoch] unter der Herrschaft des Grundgesetzes kaum denkbar [ist].*"; vgl. auch *Heinrichs*, MDR 1956, 196, 201.

245 Dabei handelt es sich um eine Frage, die von den klassischen Arbeiten der zentralen Fehlurteilsforschern nicht geklärt wurde. Vgl. dazu die zentralen Arbeiten von *Hirschberg*, Das Fehlurteil im Strafprozeß; *Kiwit*, Fehlurteile im Strafrecht; *Peters*, Fehlerquellen im Strafprozeß I; anders *Böhme*, das strafgerichtliche Fehlurteil,

Zur Verdeutlichung soll folgendes Beispiel dienen:

T hat seinen Bekannten B umgebracht, um einen privaten Kredit nicht zurückzahlen zu müssen. Er wird wegen Mordes (§§ 211, 212 StGB) angeklagt. Neben den Fingerabdrücken des T auf der Mordwaffe sowie der Aussage der Nachbarin N als Augenzeugin, liegt dem Gericht auch ein Geständnis des T vor, welches er im Rahmen der polizeilichen Vernehmung abgegeben hat. Dieses ist jedoch unter Verstoß gegen § 136a StPO zustande gekommen. Das Gericht verurteilt den T ohne Kenntnis des vorliegenden Beweisverwertungsverbots.

Nach den bisherigen Ausführungen zum forensischen Wahrheitsbegriff ist das Urteil ein Fehlurteil. Das Gericht hat vorliegend das rechtsstaatswidrig erlangte Geständnis verwertet, obwohl ein Beweisverwertungsverbot vorlag (§ 136a Abs. 1, Abs. 2, S. 2 StPO). Allerdings hätte das Gericht vorliegend (wohl) die gleiche Entscheidung ebenfalls getroffen, wenn es der Beweiswürdigung lediglich die Zeugenaussage und die Fingerabdrücke auf der Mordwaffe zugrunde gelegt hätte. Daher ist klärungsbedürftig, ob auch solche Fehler zu einer Fehlentscheidung führen, die hinweggedacht werden können, ohne dass sich etwas am Ergebnis änderte.[246] Zur Beantwortung dieser Frage gibt die StPO an einigen Stellen selbst Aufschluss. So findet sich in der Regelung der Revision des § 337 Abs. 1 StPO ein erster gesetzlicher Anknüpfungspunkt. Danach kann die Revision nur darauf gestützt werden, dass das Urteil auf einer Verletzung des Gesetzes beruht. Darüber, was konkret mit „beruhen" gemeint ist, gibt das Gesetz zwar keine Auskunft, aber es stellt klar, dass ein in einem Urteil enthaltener Rechtsfehler nicht allein für den Erfolg des Rechtsmittels genügend ist. Ausreichend ist daher nicht, dass ein Fehler gemacht worden ist, sofern er keinen Einfluss auf das Ergebnis hatte.[247] Die Gesetzesverletzung muss daher mit der Entscheidung in einem Ursachenzusammenhang[248] stehen. Nach wohl

S. 43 ff., wonach Kausalität zwischen dem Fehler und der Entscheidung nötig sei, da der der Fehler ansonsten zwar *„in der Entscheidung enthalten [ist], ohne aber auf ihr Ergebnis Einfluss zu nehmen und den Betroffenen zu belasten."* (S. 45).

246 Vgl. zu dieser Formulierung die sog. Äquivalenztheorie („conditio-sine-qua-non-Formel"), wonach im materiellen Strafrecht jede Handlung kausal für die Tatbestandsverwirklichung ist, wenn sie nicht hinweggedacht werden kann, ohne dass der Erfolg in seiner konkreten Form entfiele: anstatt vieler *Rengier*, Strafrecht AT, § 13, Rn. 3.

247 Vgl. *Roxin/Schünemann*, Strafverfahrensrecht, § 55, Rn. 33; BGH NStZ 1986, 130, 130 für den Fall, dass ein Zeuge zu Unrecht vereidigt worden ist, in der Urteilsbegründung jedoch ausgeführt ist, dass das Gericht ihm nicht geglaubt hat.

248 Vgl. dazu *Roxin/Schünemann*, Strafverfahrensrecht, § 55, Rn. 34, welche explizit von einem Kausalzusammenhang sprechen.

herrschender Auffassung reicht diesbezüglich aus, dass das Urteil ohne die Gesetzesverletzung möglicherweise anders ausgefallen wäre; eine „rein theoretische" Möglichkeit soll allerdings außer Betracht bleiben.[249] Zweck des Beruhens ist der telos des Rechtsmittels der Revision als solcher. Zweck der Revision ist die Wahrung der Rechtseinheit und die Herbeiführung einer gerechten Entscheidung im Einzelfall,[250] mit anderen Worten auch die Rechtsverwirklichung des Betroffenen. Ist eine Entscheidung allerdings trotz eines Fehlers richtig, dann ist ein (Revisions-)Verfahren, welches zum Zwecke der Rechtsverwirklichung vorgesehen ist, schlichtweg unnötig.[251] Einen weiteren gesetzlichen Anknüpfungspunkt bietet die Vorschrift über das Wiederaufnahmeverfahren in § 364 StPO. Zwar ergibt sich dieser nicht unmittelbar aus dem Wortlaut der Norm. Nach ihrem Sinn und Zweck müssen sich die mit dem Wiederaufnahmeverfahren angegriffenen (fehlerhaften) Urkunden bzw. Zeugen- und Sachverständigenaussagen jedoch auf das rechtskräftige Urteil ausgewirkt haben.[252]

Diese gesetzlichen Anknüpfungspunkte sowie deren Sinn und Zweck sprechen zusammenfassend dafür, dass ein ursächlicher Zusammenhang zwischen dem Fehler und der gerichtlichen Entscheidung notwendig ist. Dies kann als Kausalitätserfordernis bezeichnet werden.[253] Wirkt sich ein Fehler nicht in der Entscheidung aus, so ist er nicht kausal. Da beide Verfahren der Rechtsverwirklichung und der Herbeiführung materieller Gerechtigkeit dienen, kann ihr Zweck nicht erreicht werden, wenn eine unrechtmäßige Rechtsbeschränkung auf Seiten des Betroffenen gar nicht besteht. Dann ist der Fehler zwar

---

249 BGHSt 1, 346, 350; 22, 278, 280; vgl. schon RGSt 1, 254, 255; 9, 69, 70; 42, 105, 107; *Roxin/Schünemann*, Strafverfahrensrecht, § 55, Rn. 34; *Beulke/Swoboda*, Strafprozessrecht, Rn. 853; *Schmitt*, in: M/S-StPO, § 337, Rn. 37; *Gericke*, in: KK-StPO, § 337, Rn. 33; anders jedoch *Frisch*, in: SK-StPO, § 337, Rn. 187; *Frisch*, in: FS Rudolphi, 609, 611 ff., welcher nicht eine Kausalität, sondern einen normativen Zusammenhang fordert. Danach sei zu fragen, ob unter Zugrundelegung eines hypothetisch fehlerfreien Verfahrens eine andere als die getroffene Entscheidung möglich erscheint (S. 616 f.).

250 *Schmitt*, in: M/S-StPO, Vor § 333, Rn. 4; vgl. *Momsen/Momsen-Pflanz*, in: S/S/W-StPO, Vor, § 333, Rn. 6.

251 Vgl. *Frisch*, in: SK-StPO, § 337, Rn. 186; vgl. auch *Böhme*, Das strafgerichtliche Fehlurteil, S. 44.

252 Vgl. dazu BGH 31, 365, 371 = BGH NStZ 1983, 424, 425; *Schmidt*, in: KK-StPO, § 364, Rn. 5; *Pfeiffer*, StPO, § 364, Rn. 1; *Böhme*, Das strafgerichtliche Fehlurteil, S. 44.

253 Vgl. *Böhme*, Das strafgerichtliche Fehlurteil, S. 44.

in der Entscheidung (mit) enthalten, *„ohne aber auf ihr Ergebnis Einfluss zu nehmen und den Betroffenen zu belasten.“*[254] Wie im obigen Beispiel des T, wird der Betroffene in jedem Fall der gleichen Belastung durch die gerichtliche Entscheidung ausgesetzt. Daher kann eine Fehlentscheidung nur vorliegen, wenn in ihr (zumindest) ein kausaler Fehler enthalten ist.[255]

5. *Muss ein Fehler vermeidbar sein?*

Schließlich ist im Rahmen der Untersuchung des Teilbegriffs „Fehl-“ der Frage nachzugehen, ob die Vermeidbarkeit eines Fehlers ein zwingendes Definitionsmerkmal der Fehlentscheidung darstellt. Mit anderen Worten, ob Fehlentscheidungen nur solche sind, denen ein vermeidbarer Fehler zugrunde liegt oder ob auch dann eine Fehlentscheidung anzunehmen ist, wenn der Fehler ein unvermeidbarer war.

a. Der Grundsatz der Vermeidbarkeit

Der Wortlaut der objektiven Fehlentscheidung lässt zunächst keinen Schluss darauf zu, dass die Vermeidbarkeit von Fehlern zwingende Begrifflichkeitsvoraussetzung ist. Gegen das Kriterium der Vermeidbarkeit spricht darüber hinaus die Schutzbedürftigkeit des Betroffenen.[256] Für seine Interessen dürfte es irrelevant sein, ob das Gericht (oder andere Prozessbeteiligte) den Fehler vermeiden konnte(n), denn die belastenden Wirkungen, welche mit einer fehlerhaften Verurteilung verbunden sind, sind davon völlig unabhängig. *Böhme* zustimmend gebietet eine umfassende Untersuchung des Phänomens der Fehlentscheidung zudem, dass eine Verengung des Begriffs auf vermeidbare Fehler nicht stattfindet.[257] Ein Forschungsbedarf besteht sicherlich in beiden Fällen, völlig unabhängig von der Vermeidbarkeit. *Böhme* weist weiterhin zurecht auf

254 *Böhme*, Das strafgerichtliche Fehlurteil, S. 45.

255 Zum gleichen Ergebnis kommend hat *Böhme* darüber hinaus darauf aufmerksam gemacht, dass von nicht kausalen Fehlern allerdings eine „faktische Folgemöglichkeit“ ausgehen könnte. So nennt er exemplarisch das Gericht, welches ohne Kenntnis von der rechtswidrigen Erlangung eines Geständnisses, den Umfang der Beweisaufnahme gerade aufgrund des Geständnisses begrenzt. Nach *Böhme* bestehe daher wenigstens abstrakt das Gefahrenpotential, dass sich auch nicht kausale Fehler auf den Fortgang eines Verfahrens auswirken könnten, *Böhme*, Das strafgerichtliche Fehlurteil, S. 45, Fn. 97.

256 Vgl. hierzu schon *Mangold*, Iniuria iudicis, S. 6 ff.; vgl. auch *Böhme*, Das strafgerichtliche Fehlurteil, S. 45.

257 Vgl. *Böhme*, Das strafgerichtliche Fehlurteil, S. 45.

praktische Probleme bei Bestimmung der Vermeidbarkeit hin. Danach gebe es unzählige Grenzfälle, in denen eine nachträgliche Festlegung der (hypothetischen) Vermeidbarkeit des Fehlers schlichtweg nicht möglich sei.[258] Auch die Rechtsmittelverfahren kennen das Kriterium der Vermeidbarkeit nicht.[259]

Wendet man das in dieser Arbeit vertretene Überprüfungskriterium der forensischen Wahrheit an, d.h. der ermittelbaren und „lege artis" ermittelten Wahrheit, so wird deutlich, dass für die Beantwortung der Frage, ob es einer Vermeidbarkeit bedarf, erneut zwischen Fehlentscheidungen im engeren und im weiteren Sinne unterschieden werden muss.[260] Bei der Fehlentscheidung im engeren Sinne, das heißt in solchen Fällen, in denen die getroffenen Feststellung nicht der forensischen (gerichtlich ermittelbaren) Wahrheit entspricht, muss der Fehler konsequenterweise vermeidbar gewesen sein. Das Gericht hat in solchen Fällen schließlich nicht „lege artis" gearbeitet. Genau umgekehrt verhält es sich dann aber bei Fehlentscheidungen im weiteren Sinne. Gerichtliche Feststellungen, die im Ergebnis der historischen Wahrheit widersprechen, obwohl das Gericht prozessordnungsgemäß gehandelt hat, d.h. ohne Fehler, bedürfen für die begriffliche Einordnung als Fehlentscheidung aber keiner Vermeidbarkeit des Fehlers.[261]

b. Beurteilung der (relativen) Vermeidbarkeit im historischen Kontext

Die Vermeidbarkeit von Fehlern in einem Strafprozess ist kardinal davon geprägt, welche technischen Möglichkeiten der Aufklärung bestehen. Diese Möglichkeiten sind davon abhängig, auf welchem Stand der Forschung sich die jeweiligen technischen Instrumentarien, insbesondere die der Forensik und die in ihr enthaltenen Teilwissenschaften der forensischen Psychologie, Psychiatrie und Kriminaltechnik, befinden.[262] Deswegen kann die Vermeidbarkeit stets nur als eine relative angesehen werden, d.h. im Kontext der jeweiligen

258 Ebenda.

259 Siehe dazu die Revision, bei der es nur darauf ankommt, ob das Urteil auf der Verletzung des Gesetzes beruht, § 337 Abs. 1 StPO.

260 *Böhme*, Das strafgerichtliche Fehlurteil, S. 45 nimmt diese Unterscheidung konsequenterweise auch hier vor, indem er für das Dilemma, welches im Rahmen der forensischen Wahrheit besteht, wenn ein Gericht lege artis entschieden hat, aber die Feststellung nicht der historische Wahrheit entspricht, die Begrifflichkeiten des Fehlurteils im weiteren Sinne prägt.

261 Zusammenfassend auch *Böhme*, Das strafgerichtliche Fehlurteil, S. 45 f.

262 Vgl. *Böhme*, Das strafgerichtliche Fehlurteil, S. 46.

historischen Begebenheit und des jeweiligen Stands der Wissenschaft und Technik.[263] Man bedenke nur die, in der heutigen Zeit der Digitalisierung und Vernetzung, gegebenen Möglichkeiten der Informationsgewinnung über die Informationstechnik. Auch ist heute überall im Alltag das Mobiltelefon zugegen. Häufig können Fotos und Videoaufnahmen in Augenschein genommen werden, während man früher noch auf die Aussagen von Augenzeugen angewiesen war, welche u.a. die Gefahren von Wahrnehmungsverzerrungen, äußeren Beeinflussungen und Erinnerungslücken[264] bergen. Zudem war der genetische Fingerabdruck vor einigen Jahrzehnten noch nicht erforscht und bekannt. Heute stellt er eines der wichtigsten Instrumentarien der Forensik dar, mit dessen Hilfe (in Form von DNA-Abgleichen) nicht nur eine Vielzahl von Fehlentscheidungen nachträglich aufgedeckt werden, sondern vermutlich auch präventiv vermieden werden konnte. Popularität bei nachträglicher Aufklärung von Fehlurteilen hat insofern das sog. „Innocence Project" erlangt. Dabei handelt es sich um eine 1992 von Peter Neufeld und der Barry Scheck Cardozo School of Law gegründete, gemeinnützige Organisation, die es sich zur Aufgabe gemacht hat, fehlerhaft Verurteilten – mit nun möglichen DNA-Abgleichen – zu helfen und Reformanstöße für eine künftige Vermeidbarkeit von Fehlentscheidungen im US-amerikanischen Strafjustizsystem zu liefern.[265] Auf ihrer Homepage gibt es eine Auflistung aller bisherigen Erfolge. Nach eigenen Angaben konnten so bereits Hunderte Fehlurteile aufgeklärt und damit Hunderte Freilassungen von Personen bewirkt werden, welche zu Unrecht inhaftiert waren.[266] Allein auf Seite 1 der Fallauflistung verbüßten die Betroffenen bereits Haftstrafen mit einer Dauer von 12 bis 38 Jahren (Stand: Juli 2021).[267] Die Anzahl der

---

263 Vgl. *Hellwig*, Justizirrtümer, S. 19; vgl. auch *Böhme*, Das strafgerichtliche Fehlurteil, S. 46.

264 Zur Schwäche des Personalbeweises später vertiefend, insbesondere **Kap. 3. A.**

265 Siehe dazu die Informationen auf der Homepage des „Innocence"-Projekts, abrufbar unter: https://www.innocenceproject.org/about/ (Onlinequelle). Auf Initiative von *Momsen*, *Drenkhahn*, *König* und *Ambos* möchte nun auch ein vergleichbares und noch sehr junges Projekt in Deutschland den Versuch einer systematischen Aufdeckung und Korrektur von Fehlentscheidungen wagen. Siehe dazu die Informationen vom „Projekt: Fehlurteil und Wiederaufnahme" auf der Homepage des Projekts, abrufbar unter: https://www.wiederaufnahme.com/das-projekt (Onlinequelle).

266 Siehe dazu die Informationen auf der Homepage des Projekts, abrufbar unter: https://www.innocenceproject.org/all-cases/1 (Onlinequelle).

267 Ebenda.

Fälle, für die die Möglichkeit einer nachträglichen Aufklärung durch DNA-Testverfahren zu spät kam, sei es durch vollständige Verbüßung der Haftstrafe, durch natürlichen Tod in der Haft oder sogar durch Vollstreckung der in einigen Bundesstaaten vorgesehenen Todesstrafe, vermag man sich nicht vorzustellen. Gerade jene tragischen Justizopfer stehen als Sinnbild für die herausragende Bedeutung der forensischen Wissenschaft im Strafprozess und verdeutlichen die relative Vermeidbarkeit nach dem jeweiligen Wissensstand. Daher muss sich die Beurteilung der Vermeidbarkeit stets an der (historischen) Aufklärungsmöglichkeit orientieren und darf nicht ex-post und anhand neuer Möglichkeiten der Erkenntnisgewinnung geschehen.

IV. Abgrenzung des Fehlurteils vom Justizirrtum und vom sog. Skandalurteil

1. Der Justizirrtum

Die Begrifflichkeit des Justizirrtums wird in der rechtswissenschaftlichen Literatur unterschiedlich verwendet. So sehen manche Autoren in ihr ein Synonym für das Fehlurteil bzw. die Fehlentscheidung.[268] So geht beispielsweise auch der von *Barton* beschriebene „naiv-intuitive“[269] Fehlurteilsbegriff, also die strafrechtliche Verurteilung eines Unschuldigen, davon aus, dass es keinen Unterschied zwischen dem Fehlurteil (bzw. der Fehlentscheidung) und dem Justizirrtum gibt. Das Verhältnis beider Begriffe soll nun kurz aufgearbeitet werden.

Einerseits könnte man den Justizirrtum als Oberbegriff zum Fehlurteil sehen. Dies wird teilweise von jenen Autoren vertreten, die der Ansicht sind, dass das Fehlurteil in seinem technischen Sinne zu verstehen sei, während der Justizirrtum weitergehend auch andere Entscheidungsformen, wie den Beschluss, die Verfügung oder den Strafbefehl sowie Entscheidungen von anderen Verfahrensbeteiligten (wie jene des Staatsanwalts [z.B. § 170 Abs. 2 StPO]), umfasse.[270] Dies vermag jedoch nicht zu überzeugen, wenn man eine eindeutige Differenzierung nach Fehlentscheidung und Fehlurteil vornimmt. Wenn

---

268 So u.a. *Judex*, Irrtümer in der Strafjustiz, Titel und S. 22 f.; *Hellwig*, Justizirrtümer, Titel und S. 2 ff.; *Hirschberg*, Das Fehlurteil im Strafprozeß, S. 11 ff.; ausdrücklich aus neuerer Zeit auch *Gilliéron*, Strafbefehlsverfahren und plea bargaining, S. 3; *Gilliéron/Killias*, in: FS Riklin, 379, 385 f.

269 *Barton*, in: FS Eisenberg, 15, 17.

270 Vgl. *Kleinknecht*, GA 1961, 45, 46; *Wimmer*, in: FS Schorn, 99, 99 ff., welcher Fehlurteile *„aus gemischt tatsächlich-rechtlichen Gründen“* als Sondergruppe von Justizirrtümern versteht.

vorliegend nach den Entscheidungsformen differenziert wird, dann braucht es die zusätzliche und nur begrenzt klarstellende Terminologie des Justizirrtums nicht. Gegen das Verständnis von einem Über- und Unterordnungsverhältnis der Begriffe zueinander spricht überdies auch die Bedeutung eines Irrtums im Allgemeinen. Ein Irrtum beinhaltet schon begrifflich die Wertung, dass der Fehler jedenfalls fahrlässig, höchstens leichtfertig, denkbar ist.[271] Wie bereits die Existenz der materiell-rechtlichen Regelung der Rechtsbeugung (§ 339 StGB) verdeutlicht, sind Fehlentscheidungen und Fehlurteile allerdings auch vorsätzlich möglich. Fraglich ist zudem, wie es zu beurteilen ist, wenn dem Gericht Fehler unterlaufen, ohne sich im Wortsinn zu „irren".[272] Man denke daran, dass sich das Gericht zu einem bestimmten Punkt überhaupt keine Gedanken gemacht hat. Legt man einen einheitlichen Irrtumsbegriff zugrunde, dann gilt wie im materiellen Recht (grundsätzlich): *„Wer sich keine Gedanken macht, irrt nicht!"*.[273] Wenn aber schon der Begriff des vermeintlichen Unterbegriffs des Fehlurteils in diesem Zusammenhang weitergehender ist als der des Justizirrtums, kann der Justizirrtum denklogisch keinen tauglichen Oberbegriff darstellen; ein zwingendes Hierarchieverhältnis liegt nicht vor.[274]

Zusammenfassend wird es oftmals dazu kommen, dass die Begriffe Fehlentscheidung und Justizirrtum oder Fehlurteil und Justizirrtum gleichartige Phänomene bezeichnen, in einigen Fällen allerdings unterschiedliche Bedeutungen aufweisen. Es ist kein Grund ersichtlich, warum der Begriff des Justizirrtums bei einem weiten Fehlentscheidungsverständnis sowie der teilweise vertretenen Verwendung als Synonym überhaupt von Nöten ist.[275]

2. *Das Skandalurteil*

Die Begrifflichkeit des Skandalurteils findet zwar in der rechtswissenschaftlichen Auseinandersetzung – soweit ersichtlich – keine Verwendung, doch ist es häufig Gegenstand öffentlich-medialer und gesellschaftlicher

271 Vgl. *Böhme*, Das strafgerichtliche Fehlurteil S. 50; andeutend auch *Hellwig*, Justizirrtümer, S. 13, wenn er von „eigentlichen Justizirrtümern" spricht.

272 *Böhme*, Das strafgerichtlich Fehlurteil, S. 51; anderer Ansicht jedoch *Hellwig*, Justizirrtümer, S. 14, welcher den Irrtumsbegriff sogar noch weiter ausdehnt und Strafzumessungsfehler mit einbeziehen möchte.

273 Vgl. zum ausnahmsweise ausreichenden sachgedanklichen Mitbewusstsein im Rahmen des § 263 StGB *Rengier*, Strafrecht BT I, § 13, Rn. 43.

274 So auch *Böhme*, Das strafgerichtliche Fehlurteil, S. 50 f.

275 So auch *Böhme*, Das strafgerichtliche Fehlurteil, S. 51, wonach man auf den Begriff „ohne Zwänge" verzichten könne.

Auseinandersetzung. Nach *Schleif* weist ein Skandalurteil regelmäßig zwei Merkmale auf:[276] Zum einen handelt es sich fast ausschließlich um Urteile der Strafjustiz. Insoweit besteht zunächst kein Unterschied zum naiv-intuitiven Begriff. Zum anderen sind es jedoch Strafurteile, die als außergewöhnlich milde empfunden werden und zwar derart milde, dass sie dem natürlichen Gerechtigkeitsempfinden von Juristen und juristischen Laien gleichermaßen zuwider laufen.[277] Dazu beispielhaft ein Urteil des AG Würzburg vom 23.10.2019:[278]

> *Das Gericht hatte einen 21-jährigen Angeklagten, der nach einem Weinfest mit einer BAK von knapp unterhalb von 3,0 Promille eine andere Person angefahren und dadurch getötet hat, zu einer Geldstrafe von 5.000 € und einem Jahr Führerscheinentzug verurteilt. Der öffentlich-mediale Aufschrei, insbesondere in den sozialen Medien, war enorm.* Der Angeklagte konnte vorliegend jedoch nicht für die Tötung belangt werden, weil das Gericht (auf Grundlage eines glaubhaften Sachverständigengutachtens) zu der Überzeugung kam, dass er zum Zeitpunkt der Tat schuldunfähig war. Daher war nur noch eine Strafbarkeit wegen fahrlässigen Vollrausches gegeben.[279]

Sog. Skandalurteile sind in den vergangenen fünf bis zehn Jahren[280] verstärkt zu beobachten, insbesondere aufgrund der allgegenwärtigen Präsenz der sozialen Medien.[281] Dabei müssen solche Skandalurteile jedoch nicht zwingend – wie auch hier – Fehlurteile sein, wenn der Sachverhalt forensisch richtig ermittelt und die Rechtsfolge richtig bestimmt wurde. Zwar bergen solche Urteile schnell den Verdacht eines Strafzumessungsfehlers auf Rechtsanwendungsebene. Allerdings offenbart ein zweiter Blick häufig gegenteiliges. Zusammenfassend kann gesagt werden, dass jedes Fehlurteil ein „Skandal" im eigentlichen Wortsinne darstellt, ein Skandalurteil jedoch nicht zwangsläufig ein Fehlurteil ist, sofern die gerichtlichen Feststellungen der forensischen Wahrheit entsprechen und auf Rechtsanwendungsebene eine ordnungsgemäße Strafzumessung

---

276 *Schleif*, Urteil: Ungerecht, S. 15.

277 Ebenda.

278 *Beck-Online* vom 25.10.2019, AG Würzburg: Empörung nach mildem Urteil gegen Todesfahrer (Onlinequelle).

279 Ebenda.

280 Siehe hierzu auch die jüngste Skandalisierung im Fall Christoph Metzelder durch die Presse: *stern.de* vom 30.04.2021, Lebenslänglich trotz Bewährung – so urteilt die Presse über den Metzelder-Schuldspruch (Onlinequelle). Siehe ausführlich zur Medienöffentlichkeit als mögliche moderne Fehlerquelle in **Kap. 4. D.**

281 *Schleif*, Urteil: Ungerecht, S. 15.

stattgefunden hat. Auf die Begrifflichkeit des Skandalurteils kann daher in der wissenschaftlichen Auseinandersetzung weiterhin verzichtet werden.

V. Zusammenfassung

Eine abschließende oder die „einzig richtige"[282] Definition der Fehlentscheidung kann auch nach intensiver Auseinandersetzung nicht präsentiert werden. Doch lässt sich die Fehlentscheidung in ihren Dimensionen und Komponenten beschreiben. Die Fehlentscheidung umfasst nicht nur das Fehlurteil im technischen Sinne, sondern auch andere Entscheidungsformen. Dabei bildet die Begrifflichkeit der Fehlentscheidung den weitgefassten Oberbegriff, währenddessen das Fehlurteil dem Urteil im technischen Sinne vorbehalten ist. Im Folgenden wird daher je nach Fehlerquelle und Erscheinungsform genau differenziert, ob es sich um eine Fehlentscheidung oder ein Fehlurteil handelt. Eine Entscheidung ist dann falsch, wenn sie der forensischen, also der gerichtlich ermittelbaren Wahrheit, nicht entspricht. Sie können sowohl zuungunsten als auch zugunsten des Betroffenen erfolgen. Dabei muss jedoch zwischen Fehlentscheidungen im engen und im weiten Sinne unterschieden werden. Bei Fehlentscheidungen im engen Sinne, die der forensischen Wahrheit nicht entsprechen, ist dem Gericht ein kausaler und vermeidbarer Fehler auf Ebene der Sachverhaltsermittlung oder der Rechtsanwendung unterlaufen, welcher sich auf den Schuldspruch oder die Strafzumessung bezieht. Bei Fehlentscheidungen im weiten Sinne, bei denen das Gericht fehlerfrei und lege artis gearbeitet hat, die aber nicht der historischen Wahrheit entsprechen, ist dem Gericht ein kausaler, aber unvermeidbarer Fehler auf Ebene der Sachverhaltsermittlung oder Rechtsanwendung unterlaufen, welcher sich auf den Schuldspruch oder die Strafzumessung bezieht.

C. EMPIRISCHEN ERKENNTNISSE ZUM FEHLENTSCHEIDUNGSVORKOMMEN

Im Folgenden wird der Versuch unternommen, einen Überblick darüber zu gewinnen, wie häufig Fehlentscheidungen in der deutschen Strafjustiz vorkommen.

Zunächst fällt auf, dass es eine ablesbare Statistik nicht gibt. Vielmehr gibt es seit Beginn der wissenschaftlichen Auseinandersetzungen Vermutungen und Schätzungen unterschiedlichster Art über die Häufigkeit von falschen Judikaten. Auch ist bemerkenswert, dass sich diese Vermutungen oftmals auf

282 *Barton*, in: FS Eisenberg, 15,17.

das Fehlurteil beschränken und sonstige Entscheidungsformen außer Betracht lassen. Um einen Annäherungswert zu erhalten, soll daher zunächst eine Darstellung verschiedener historischer Schätzungen erfolgen. Im Anschluss sollen verschiedene moderne Daten und bereits erfolgte Erhebungen, im Hinblick auf ihre Aussagekraft und ihren repräsentativen Gehalt, kritisch überprüft werden.

I. Historische Schätzungen zum Vorkommen von Fehlentscheidungen

Mangels existierender Daten war die Rechtswissenschaft bei der Auseinandersetzung mit dem Phänomen der Fehlentscheidung seit jeher auf Mutmaßungen angewiesen, welche sich in ihren Befunden teils erheblich unterschieden. Frühe Schätzungen aus dem Beginn des 19. Jahrhunderts gehen zum Teil noch davon aus, dass Fehlurteile in erster Linie ein theoretisches Phänomen seien. So ging der französische Justizminister und Generalprokurator des Kassationshofs *Merlin* davon aus, dass die Schwurgerichte zu jener Zeit in dreißig Jahren keinen einzelnen Unschuldigen verurteilt hätten.[283] Konkreter noch attestierte die Zeitung La Gazette des tribunaux 1851 der französischen Strafjustiz, dass „*[…] dank den Garantien, die unsere Strafgesetze zugunsten der Angeklagten geschaffen haben, […] heutigen Tages die Verurteilung eines Unschuldigen fast unmöglich […]*“ sei.[284] Anders jedoch und von der rechtspraktischen Existenz von Fehlurteilen überzeugt, formulierte schon damals der Berliner Strafrechtler *von Holtzendorff*, dass man bei einer eingehenden kritischen und wissenschaftlichen Auseinandersetzung mit falschen Judikaten „*die […] Gewissheit erhalten [wird], daß die Anzahl der Justizmorde bedeutend genug ist*“ und weiterhin seien ihm „*mindestens zehn unzweifelhaft irrige Todesurteile aus der letzten Vergangenheit*“[285] bekannt. Im Zuge einer Hinwendung zur wissenschaftlichen und

283 Nachweis bei *Oppen*, Archiv des Criminalrechts, Neue Folge, 1832, 180, 182. *Merlin* geht davon aus, dass Fehlurteile nur solche seien, die zulasten und nicht auch zugunsten des Betroffenen ergehen.

284 Im Original: „*Grâce aux garanties que notre législation pénale stipule en faveur des accusés, la condamnation d'un innocent est, aujourd'hui, chose presque impossible.*“: Nachweis bei *Sello*, Irrtümer der Strafjustiz, S. 6 sowie *Judex*, Irrtümer der Strafjustiz, S. 28.

285 *Holtzendorff*, Allgemeine Deutsche Strafrechtszeitung, 1862, 407, 412; *Sello*, Irrtümer der Strafjustiz, S. 7 m.w.N.

öffentlichen Auseinandersetzung zum Ende des 19. bzw. Beginn des 20. Jahrhunderts wurde die praktische Möglichkeit von Fehlurteilen nicht nur nicht mehr verleugnet,[286] sondern auch immer häufiger Gegenstand von Untersuchungen, Fallsammlungen und Abhandlungen.[287] Dabei beschränken sich die Werke jedoch in der Regel auf das Zusammentragen von Beispielsfällen aus dem In- und Ausland sowie die Benennung von Fehlerquellen, wobei eine Schätzung oder Ermittlung einer empirischen Häufigkeit, mit Hinweis auf die fehlende Schätzbarkeit und Ermittelbarkeit, unterbleibt[288] oder lediglich die generelle Benennung eines Annäherungswerts erfolgt.[289] So pointiert *Judex* für die damalige Zeit plakativ, dass es *„zwar höchst bedauerlich, aber keinesfalls erstaunlich [ist], daß es keine Möglichkeit gibt, diese Frage auch nur annähernd genau, wenigstens größenordnungsmäßig zu beantworten.“*[290]

---

286 Als Beispiel für anderslautende Ansichten sei der Straf- und Staatsrechtsprofessor *Kahl* genannte, welcher insistierte, dass ihm kein einziger Fall bekannt sei, bei dem sich ein Justizirrtum zugetragen hätte und ein Unschuldiger verurteilt worden wäre, solche Irrtümer schlichtweg nicht existieren würden: Nachweis bei *Sello*, Irrtümer der Strafjustiz, S. 6 f. sowie *Judex*, Irrtümer der Strafjustiz, S. 28.

287 So u.a. *Löffler*, Die Opfer mangelhafter Justiz von 1868–1870; *Holtzendorff*, Das Verbrechen des Mordes und die Todesstrafe von 1875; *Katscher*, Schuldlos verurteilt! von 1895; *Sello*, Irrtümer in der Strafjustiz von 1908; *Alsberg*, Justizirrtum und Wiederaufnahme von 1913; *Hellwig*, Justizirrtümer von 1914.

288 Vgl. stellvertretend für viele: *Hellwig*, Justizirrtümer, S. 21; *Kleinknecht*, GA 1961, 45, 46; *Judex*, Irrtümer der Strafjustiz, S. 34; vgl. exemplarisch aus dem neueren Schrifttum *Gilliéron*, Strafbefehlsverfahren und plea bargaining, S. 11.

289 So *Hirschberg*, Das Fehlurteil im Strafprozeß, S. 11, wonach es zu Fehlurteilen „in großer Zahl“ komme; *Holtzendorff*, Das Verbrechen des Mordes, S. 366, Anm. 115, wonach die Anzahl der Justizmorde (in Bezug auf die Todesstrafe) „bedeutend gering“ sei; *Peters*, Zeugenlüge und Prozeßausgang, S. 172, wonach „jährlich Tausende“ betroffen seien; *Judex*, Irrtümer der Strafjustiz, S. 36 ff., Fn. 50, welcher auf Grundlage der Mitteilung des Reichsministeriums an den Rechtsausschuss des Reichstages über die Gewährung von Entschädigungszahlungen von im Wiederaufnahmeverfahren Freigesprochenen eine Fehlurteilsquote für erstinstanzliche Strafurteile in Preußen von 1927 bis 1929 von 0,046 % ermittelte. Dabei weist Judex jedoch daraufhin, dass diese Werte nur als „ungefährer“ Wegweiser zu verstehen seien, da sowohl der dreijährige Erhebungszeitraum, als auch die räumliche Beschränkung auf das Staatsgebiet von Preußen nur eine begrenzt repräsentative Aussagekraft für das gesamte Hoheitsgebiet aufweisen könne (S. 38).

290 *Judex*, Irrtümer der Strafjustiz, S. 34.

II. Moderne Schätzungen der Häufigkeit eines fehlerhaften Judikats

Nach gut einem Jahrhundert finden sich im deutschen Schrifttum noch immer lediglich annähernde Aussagen zu dem Vorkommen von Fehlentscheidungen.[291] So hat *Ralf Eschelbach* (Richter am Bundesgerichtshof) für öffentlich-mediale Aufmerksamkeit gesorgt, als er in einer Tageszeitung 2015 die Schätzung abgab, dass jedes vierte und damit 25 % aller Urteile ein Fehlurteil darstellten.[292]

III. Kritische Auseinandersetzung mit vorhandenen Daten und erhobenen Studien

Allerdings sind im Schrifttum auch Bestrebungen festzustellen, anhand vorhandener und öffentlicher Daten eine empirische Einordnung in Form einer rechnerischen Quotenberechnung vorzunehmen.[293] Diese Erhebungen, welche auf die Auswertung vorhandener Daten zur Berufung, zur Revision, zur Wiederaufnahme sowie erfolgter Entschädigungszahlungen zurückgreifen, sollen auf ihre Aussagekraft, auch im Hinblick auf die hier vertretene Fehlentscheidungsdefinition, untersucht werden.

1. Vorhandene Daten der Statistik Rechtspflege Strafgerichte zum Erfolg der Rechtsmittel Berufung und Revision[294] und der Jahresstatistik über den Geschäftsgang bei den Strafsenaten des Bundesgerichtshofs

Die Überlegung, für die Bestimmung der Häufigkeit von Fehlurteilen an die vorhandenen Daten der Rechtsmittel der Berufung und der Revision

---

291 Vgl. dazu u.a. *Eisenberg*, Beweisrecht der StPO, Rn. 2, m.w.N., Rn. 913, welcher auf methodische Probleme der Berechnung hinweist, aber davon ausgeht, dass es sich bei falschen Freisprüchen oder Verurteilungen *„nicht nur [um] Ausnahmen“* handele; vgl. auch *Eschelbach*, in: BeckOK-StPO, 20. Ed., § 261, Rn. 63–63.5, welcher die Fehlurteilsquote in streitigen Strafsachen *„unter Abzug eines Sicherheitsabschlags grob geschätzt bei einem Viertel“* sieht; sich später selbst korrigierend *Eschelbach*, BeckOK-StPO, 29. Ed., § 261, Rn. 67–67.5, *„im zweiziffrigen Prozentbereich“*; *Mosbacher*, FPPK 2015, 82, 86, der die Quote der Fehlurteile im unteren Prozent- bzw. „Promillebereich“ sieht.

292 *Janisch*, Ohne jeden Zweifel, sueddeutsche.de vom 17.05.2015 (Onlinequelle).

293 *Jehle*, FPPK 2013, 221, 225 ff.; Übersicht bei *Geipel*, Handbuch der Beweiswürdigung, § 3, Rn. 8 ff., 49 ff.; *Böhme*, Das strafgerichtliche Fehlurteil, S. 65 ff.

294 Vgl. zu dieser Herangehensweise auch *Jehle*, FPPK 2013, 221, 225 ff.; *Böhme*, Das strafgerichtliche Fehlurteil, S. 58 ff.

anzuknüpfen, ist in der Fehlurteilsforschung nicht neu.[295] Anders als bei der Wiederaufnahme (vgl. **Kap. 4. C. III. 3.**), liegen für die Rechtsmittel der Berufung und der Revision Daten zum Erfolg der jeweiligen Anfechtung vor. Da die Rechtsmittel auf Herbeiführung einer richtigen gerichtlichen Entscheidung durch Korrektur von Fehlern bei der Sachverhaltsfeststellung und der Rechtsanwendung abzielen,[296] könnten aus der Erfolgsrate Rückschlüsse auf das statistische Vorkommen von Fehlurteilen zu ziehen sein. Ist der Prozentsatz erfolgreicher Rechtsmittel deckungsgleich mit dem Prozentsatz an erfolgten Fehlurteilen?

Dabei können die Daten der Statistik Rechtspflege Strafgerichte verwendet werden. Diese Darstellungen stellen empirisch die bundesweite Tätigkeit der Strafgerichte dar und präsentieren (mittels Tabellen für die einzelnen Instanzen) den Geschäftsanfall und die Geschäftserledigung von Straf- und Bußgeldsachen nach Bundesländern.[297] Demgemäß hat u.a. *Jehle* 2013 anhand der Daten zur Berufung in der Vergangenheit eine Fehlerquelle von 0,5 % und anhand derer zur Revision eine Fehlurteilsquote von 0,4 % berechnet.[298]

a. Berufungen

Tabelle 1: Erfolgsquote der vor dem Landgericht als Berufungsinstanz in den Jahren 2015 bis 2019 erledigten Berufungen

Jahr	**2015**	**2016**	**2017**	**2018**	**2019**
Zahl der Beschuldigten	47.049	48.178	47.768	47.947	46.447
Erfolgreiche Berufungen	19.737	19.798	19.420	19.592	19.031
Erfolg in %	41,95 %	41,09 %	40,65 %	40,95 %	40,97 %

Quelle: Statistik Rechtspflege Strafgerichte für die Jahre 2015 bis 2019, Fachserie 10, Reihe 2.3, jeweils Tabellen 5.3; Absolute Anzahlen der erfolgreichen Berufungen und Prozentangaben anhand eigener Berechnung.

---

295 Überblicksartig *Geipel*, Handbuch der Beweiswürdigung, § 3, Rn. 8 ff., 49 ff.; vgl. auch *Jehle*, FPPK 2013, 221, 225 ff.; kritisch zur Aussagekraft dieser Daten *Böhme*, Das strafgerichtliche Fehlurteil, S. 59 f., 61 f.

296 Vgl. *Paul*, in: KK-StPO, Vor § 296, Rn. 1; vgl. *Schmitt*, in: M/S-StPO, Vor § 296, Rn. 2.

297 Statistik Rechtspflege Strafgerichte 2019, Fachserie 10, Reihe 2.3, Vorbemerkungen, S. 9 (Onlinequelle).

298 *Jehle*, FPPK 2013, 221, 225 ff., wobei er seinem rechnerischen Ergebnis bei der Berufung und der Revision nur solche Entscheidungen der Rechtsmittelinstanz zugrunde legte, die in einem Freispruch für den Angeklagten geendet sind.

Tabelle 1 stellt die absoluten Zahlen der eingelegten und erfolgreichen Berufungen[299] sowie den prozentualen Anteil erfolgreicher Berufungen im Fünfjahresvergleich dar. Ersichtlich ist, dass das Rechtsmittel der Berufung in der Regel einen Erfolg von ca. 41 % hat. Jährliche Abweichungen im Bereich der absoluten Häufigkeit, bei der Zahl der eingelegten Berufungen und der Zahl erfolgreicher Berufungen, sind marginal. Man kann daher – jedenfalls im vorliegenden Betrachtungszeitraum – von einer gefestigten Konstanz der Zahlen sprechen. Wenn allerdings ca. 41 % aller jährlichen Berufungen erfolgreich sind, kann daraus sodann die Folgerung gezogen werden, dass es sich bei 41 % der Strafurteile um Fehlurteile handelt?

Gemäß § 312 StPO ist die Berufung als Rechtsmittel nur gegen Urteile des Strafrichters und des Schöffengerichts statthaft. Insoweit ergibt sich aus den Daten der Berufung nicht der Anteil der strafgerichtlichen Fehlurteile, welche in erster Instanz vor dem Landgericht (oder in Ausnahmefällen vor dem Oberlandesgericht) gefällt wurden. Zwar wird zugestanden, dass amtsgerichtliche Urteile die mit Abstand größte Zahl strafgerichtlicher Entscheidungen bilden.[300] Trotzdem stellen sie insoweit nur eine Teilmenge dar. Des Weiteren können von der Statistik nur solche Fehlurteile erfasst werden, die auch tatsächlich mit der Berufung angefochten wurden. Aus den Zahlen der Statistik Rechtspflege Strafgerichte geht jedoch hervor, dass ein großer Anteil der Urteile des Strafrichters und des Schöffengerichts ohne Einlegung eines Rechtsmittels in Rechtskraft erwächst.[301] Zu einem ähnlichen Befund kommt auch eine Studie von *Becker/Kinzig*. In einer rechtstatsächlichen Erhebung wird eine außerordentlich hohe Zufriedenheitsquote mit der amtsgerichtlichen Rechtsprechung festgestellt.[302] Hinzu tritt das Risiko, dass der Verurteilte, wenn er die Erfolgsquote als gering

---

299 Dabei wurden bei der Berechnung der erfolgreichen Berufungen folgende Aussprüche berücksichtigt: Die Aufhebung des Urteils der Vorinstanz und die Verweisung an das zuständige Gericht (§ 328 Abs. 2 StPO), die Aufhebung des erstinstanzlich freisprechenden Urteils und der Verurteilung, die Aufhebung des erstinstanzlich verurteilenden Urteils und des Freispruchs, die Abänderung/Ergänzung des Urteilsausspruchs bei gleichzeitiger Verwerfung der Berufung bzw. der Aufhebung im Übrigen sowie die Fälle der Verfahrenseinstellung, inklusive der Klagerücknahme.

300 Vgl. Statistik Rechtspflege Strafgerichte jeweils für die Jahre 2015, 2016, 2017, 2018, 2019, Fachserie 10, Reihe 2.3, jeweils Tabelle 2.1 (Onlinequellen).

301 Vgl. Statistik Rechtspflege Strafgerichte jeweils für die Jahre 2015, 2016, 2017, 2018, 2019, Fachserie 10, Reihe 2.3, jeweils Tabelle 2.2, Zeile 5 (Onlinequellen).

302 *Becker/Kinzig*, Rechtsmittel im Strafrecht II, S. 58 f.

einschätzt oder die hohen Kosten scheut, auf die Einlegung des Rechtsmittels verzichten könnte, ganz gleich, ob er sich als zu Unrecht oder zu hart bestraft empfindet.[303] Inwieweit diese Anzahl angefochtener Urteile repräsentativ für die Gesamtmenge strafgerichtlicher Fehlurteile steht, bleibt letztlich unbekannt.[304] Weiterhin stellen Verfahrenseinstellungen nach der hiesigen Berechnung der Anzahl „erfolgreicher Berufungen" einen großen Anteil dar. Jene können als Erfolg der Berufung angesehen werden, da sie einen anderen Verfahrensausgang als in der erstinstanzlichen Entscheidung bewirken.[305] Schlussendlich käme es bei einer Gleichsetzung erfolgreicher Berufungen mit Fehlurteilen zudem zu einem Konflikt mit dem hier vertretenen Fehlurteilsbegriff. Anders als die Revision, ist die Berufung eine gänzlich neue Tatsacheninstanz, was bedeutet, dass das Rechtsmittelgericht bei der Berufung auf Grundlage einer neuen Beweisaufnahme den Anklagevorwurf in tatsächlicher und rechtlicher Sicht neu verhandelt.[306] Ein Verbot der Rekonstruktion der Hauptverhandlung gibt es gerade nicht. Dann allerdings muss ein abweichendes Ergebnis des Berufungsgerichts nicht zwangsläufig auf einen Fehler des Ausgangsgerichts hinweisen.[307] Vielmehr können sich entscheidungserhebliche Tatsachen seit Einlegung der Berufung derart verändert haben, dass sie eine andere Entscheidung in der Rechtsmittelinstanz rechtfertigen.[308] Entsprach das erste Urteil jedoch der gerichtlich ermittelbaren und forensischen Wahrheit, dann kann nicht von einem Fehlurteil gesprochen werden. Wie hoch der Anteil solcher Entscheidungen auf veränderter Tatsachengrundlage ist, ist bisher völlig unklar.

---

303 Vgl. *Jehle*, FPPK 2013, 221, 225.

304 Vgl. *Böhme*, Das strafgerichtliche Fehlurteil, S. 60.

305 Vgl. zur hiesigen Berechnung der Anzahl erfolgreicher Berufungen auch das Vorgehen bei *Böhme*, Das strafgerichtliche Fehlurteil, S. 59, Fn. 141, S. 60; vgl. wohl auch *Jehle*, FPPK 2013, 221, 225 f., welcher für das Jahr 2011 in einer ähnlichen Größenordnung ca. 42 % „begründete" Revisionen ermittelte.

306 *Brunner*, in: S/S/W-StPO, Vor §§ 312 ff., Rn. 1 f.

307 *Schulz*, in: FS Schwind, 431, 436 ff.

308 Vgl. *Böhme*, Das strafgerichtliche Fehlurteil, S. 60, welcher in diesem Zusammenhang das Beispiel ins Feld führt, dass ein Angeklagter in der Eingangsinstanz zu einer Freiheitsstrafe verurteilt wurde, deren Vollstreckung nicht zur Bewährung ausgesetzt wurde (vgl. § 56 StGB). Hat der Täter den Schaden in der Zwischenzeit wieder vollständig rückgängig gemacht, indem er eine finanzielle Entschädigung geleistet und/oder sich aufrichtig entschuldigt und seine Lebensverhältnisse stabilisiert hat, dann lässt gegebenenfalls die Entscheidung des Berufungsgericht, die Freiheitsstrafe nun zur Bewährung auszusetzen, keine Rückschlüsse darauf zu, dass sie Entscheidung des Ausgangsgerichts ein Fehlurteil war.

b. Revisionen

Tabelle 2: Erfolgsquote der vor dem Oberlandesgericht als Revisionsinstanz in den Jahren 2015 bis 2019 erledigten Revisionen

Jahr	**2015**	**2016**	**2017**	**2018**	**2019**
Zahl der Beschuldigten	6.021	5.975	5.943	5.917	5.796
Erfolgreiche Revisionen	1.179	1.116	1.085	1.009	1.055
Erfolg in %	19,58 %	18,68 %	18,26 %	17,05 %	18,20 %

Quelle: Statistik Rechtspflege Strafgerichte für die Jahre 2015 bis 2019, Fachserie 10, Reihe 2.3, jeweils Tabellen 8.3; Absolute Anzahlen der erfolgreichen Revisionen und Prozentangaben anhand eigener Berechnung.

Tabelle 2 enthält zum einen die absoluten Zahlen von eingelegten und erfolgreichen Revisionen,[309] zum anderen die Darstellung des prozentualen Anteils der erfolgreichen Revisionen an der Gesamtmenge in den Jahren von 2015 bis 2019. Vorliegend liegt die Erfolgsquote in dem Betrachtungszeitraum bei knapp einem Fünftel und damit lediglich ca. halb so hoch, wie bei der Berufung vor dem Landgericht. Dies könnte daran liegen, dass der Großteil der Revisionen (im Jahr 2019 immerhin 4.128 von 5.796 Verfahren und damit in 69,8 % der Fälle[310]) durch Beschluss nach § 349 Abs. 2 StPO als „offensichtlich unbegründet" verworfen wird, ohne dass es einer näheren Begründung bedarf.[311] Auf diese Weise wird den Gerichten ermöglicht, ihre Belastungen effektiv zu reduzieren und sich auf die erfolgsversprechenden Fälle zu konzentrieren.[312] Auffällig ist ein geringer, wenn auch stetiger, Rückgang der eingelegten Revisionen. Dies spiegelt sich teilweise auch in der Erfolgsquote wieder. Von 2015

309 Dabei wurden bei der hiesigen Berechnung der erfolgreichen Revisionen folgende Aussprüche berücksichtigt: die Aufhebung des Urteils und die Verweisung an das zuständige Gericht (§ 355 StPO), die Aufhebung des Urteils und die Zurückweisung (§ 354 Abs. 2 StPO), die Aufhebung des Urteils und die eigene Sachentscheidung (§ 354 Abs. 1 StPO), die Abänderung bzw. die Ergänzung des Urteilsausspruchs bei gleichzeitiger Verwerfung der Revision bzw. der Aufrechterhaltung des Urteils im Übrigen, die Aufhebung des angefochtenen Urteils nach § 349 Abs. 4 StPO sowie die Einstellung des Verfahrens.

310 Vgl. Statistik Rechtspflege Strafgerichte 2019, Fachserie 10, Reihe 2.3, Tabelle 8.3, Zeile 12 (Onlinequelle).

311 Vgl. *Jehle*, FPPK 2013, 221, 226.

312 Vgl. Ebenda.

bis 2018 nahm die Erfolgsquote für Revisionen um etwa 2,5 % ab,[313] während sie 2019 jedoch um einen guten Prozentpunkt stieg. Analog zur obigen kritischen Auseinandersetzung mit dem Aussagegehalt der Daten zur Berufung, ist auch hier klärungsbedürftig, inwieweit diese Darstellung Rückschlüsse auf das Vorkommen von Fehlurteilen zulässt. Ist die vorliegende Fehlerkorrekturrate von durchschnittlich knapp 18,5 % derart zu verstehen, dass knapp 18,5 % der Strafurteile als Fehlurteile anzusehen sind?

Auch hier gilt erneut, dass sich die abgebildeten Revisionen nur gegen eine Teilmenge aller Urteile richten bzw. richten können. Die dargestellten Daten zeigen nur die Revisionen gegen die Berufungsurteile der kleinen und großen Strafkammern der Landgerichte (§ 121 Abs. 1, Nr. 1, lit. b) GVG) beziehungsweise gegen Urteile des Strafrichters und des Schöffengerichts (§ 335 Abs. 1, Abs. 2 StPO). Weiterhin gilt auch vorliegend, dass nur diejenigen Urteile vor dem Oberlandesgericht als Revisionsinstanz zur Entscheidung kommen, die auch tatsächlich angefochten werden. Ein nicht unerheblicher Teil der Urteile des Strafrichters und des Schöffengerichts sowie der Strafkammern des Landesgerichts erwachsen ohne Einlegung eines Rechtsmittels in Rechtskraft.[314] Die Gefahr, dass der Verurteilte aus Angst vor geringen Erfolgsaussichten oder auf ihn zukommenden Kosten von der Einlegung des Rechtsmittels absehen könnte, besteht genauso wie bei der Berufung. Inwieweit die Erfolgsquote der – ungleich kleineren Anzahl an – eingelegten Revisionen repräsentativ für die Gesamtmenge an strafgerichtlichen Entscheidungen steht, kann auch hier nicht beurteilt werden. Schließlich geht ein Teil der erfolgreichen Revisionen auf Darstellungs- oder Darlegungsfehler zurück. Diese stellen „handwerkliche" Mängel des Gerichts der Vorinstanz bei der Darstellung vom Tatbestand oder der Entscheidungsgründe im Urteil dar. Solche Urteile mögen fehlerhaft sein, aber keine Fehlurteile im Sinne der hier vertretenen Begriffsbestimmung (Vgl. **Kap. 1. B. V.**).[315] Das fehlerhafte an solchen Urteilen ist oftmals nämlich

---

313 Dies scheint eine schon länger andauernde Tendenz zu sein. Bereits im Zeitraum von 2011 bis 2015 war eine Minderung um etwa 2 % bei der Erfolgsquote von Revisionen zu verzeichnen, vgl. Statistik Rechtspflege Strafgerichte jeweils für die Jahre 2011–2015, Fachserie 10, Reihe 2.3, jeweils Tabelle 8.3 (Onlinequellen); vgl. auch *Böhme*, Das strafgerichtliche Fehlurteil, S. 61.

314 Vgl. analog zur Berufung erneut Statistik Rechtspflege Strafgerichte jeweils für die Jahre 2015–2019, Fachserie 10, Reihe 2.3, jeweils Tabelle 2.2, Zeile 5 sowie Tabelle 4.2, Zeile 3 (Onlinequellen).

315 Auf Grundlage des forensischen Wahrheitsbegriffs auch *Böhme*, Das strafgerichtliche Fehlurteil, S. 62.

nicht der Inhalt, sondern lediglich die Darstellung.[316] Mit welcher Häufigkeit dieser Aufhebungsgrund in die Auflistung der Statistik Rechtspflege Strafgerichte von 2015 bis 2019 Einzug gefunden hat, kann vorliegend nicht beantwortet werden. Insoweit muss auch den vorhandenen Daten zur Revision ihre fehlurteilsspezifische Aussagekraft abgesprochen werden.

c. Zwischenergebnis

Die Daten der Statistik Rechtspflege Strafgerichte und die aus ihr gewonnenen Erkenntnisse vermögen keine zielführenden Aussagen zu der Häufigkeit von Fehlurteilen zu treffen. Insbesondere die Tatsache, dass es ein großes Dunkelfeld an nicht angefochtenen Entscheidungen gibt, führt zu einer großen Minderung der Aussagekraft. Auf der anderen Seite können nicht alle erfolgreichen Berufungen und Revisionen als Fehlurteile eingestuft werden, da sonst Konflikte mit dem hier vertretenen Fehlurteilsbegriff entstehen würden. Auf Grundlage des forensischen Wahrheitsbegriffs sind insbesondere solche erfolgreichen Berufungen, welche auf einer veränderten Tatsachengrundlage fußen und solche erfolgreichen Revisionen nicht erfasst, die ihren Aufhebungsgrund in Darstellungsfehlern haben.

2. Vorhandene Daten der Jahresstatistik über den Geschäftsgang bei den Strafsenaten des Bundesgerichtshofs

Tabelle 3: Erfolgsquote der bei den Strafsenaten des Bundesgerichtshof als Revisionsgericht in den Jahren 2015 bis 2019 erledigten Revisionen

Jahr	**2015**	**2016**	**2017**	**2018**	**2019**
Erledigte Revisionen	2.920	2.941	3.208	3.007	3.223
Erfolgreiche Revisionen	597	650	651	721	881
Erfolg in %	20,45 %	22,10 %	20,29 %	17,05 %	27,33 %

Quelle: Jahresstatistik über den Geschäftsgang bei den Strafsenaten des Bundesgerichtshofs für die Jahre 2015 bis 2019, jeweils S. 3, 6; Absolute Anzahlen der erfolgreichen Revisionen und Prozentangaben anhand eigener Berechnung.

316 Vgl. zur Darstellungsrüge überblicksartig *Roxin/Schünemann*, Strafverfahrensrecht, § 55, Rn. 32; vertiefend zur sog. erweiterten Revision in **Kap. 1. D. II. 1. a. cc.**

Tabelle 3 zeigt einerseits die absoluten Zahlen der bei den Strafsenaten des Bundesgerichtshofs erledigten sowie erfolgreichen Revisionen[317] und andererseits den prozentualen Anteil der erfolgreichen Revisionen. Dabei zeigt sich, anders als bei den Revisionen zum Oberlandesgericht, keine Tendenz von jährlich abnehmenden Zahlen erledigter Revisionen und sinkenden Erfolgsquoten, sondern ein leichtes Schwanken der erfolgreichen Revisionen in den absoluten Zahlen von 597 bis 881. Die Erfolgsquote schwankt um die 20 %, fällt im Betrachtungsjahr 2018 auf 17,05 % ab und steigt 2019 auf den hohen Wert von 27,33 %.[318] Der Mittelwert der Fehlerkorrekturrate von gut 21 % ähnelt dabei der Darstellung der Erfolgsquote von Revisionen vor dem Oberlandesgericht, wenngleich er etwas höher liegt.

Allerdings kann auch bei dem vorliegenden Fünftel nicht davon ausgegangen werden, dass es sich bei diesen Verfahren zwangsläufig um Fehlurteile der Vorinstanz handelt. Insofern kann zum Großteil auf die Gründe bei der Analyse der Aussagekraft der Statistik Rechtspflege Strafgerichte verwiesen werden. Bei den vorliegenden Daten handelt es sich um Revisionen gegen landgerichtliche oder oberlandesgerichtliche Urteile, welche (anders als die amtsgerichtlichen Verfahren) ihrerseits nur einen marginalen Teil der Gesamtheit aller strafgerichtlichen Verfahren ausmachen.[319] Ein nicht unerheblicher Teil landgerichtlicher und oberlandesgerichtlicher Entscheidungen wird des Weiteren erst gar nicht mittels Revision angefochten.[320] Nur diese können allerdings in die Darstellung Einzug erhalten. Inwieweit die Anzahl angefochtener Urteile stellvertretend für die Gesamtmenge fehlerhafter Entscheidungen steht, bleibt weiterhin unklar. Auch hier gilt das in **Kap. 1. C. III. 1. b.** erläuterte Spezifikum, dass ein Teil der erfolgreichen Revisionen möglicherweise auf Darstellungsfehler zurückgeht. Diese sind jedoch (auf Grundlage des forensischen Wahrheitsbegriffs) keine

317 Dabei wurden bei der hiesigen Berechnung der erfolgreichen Revisionen folgende Aussprüche berücksichtigt: die begründeten Revisionen nach den §§ 349 Abs. 4, 349 Abs. 2 i.V.m. Abs. 4 sowie 349 Abs. 5 StPO, d.h. Urteile auf Abänderung bzw. Aufhebung und Zurückweisung.

318 Die hohe Erfolgsquote der Revisionen ist insbesondere darauf zurückzuführen, dass 2019 (677) deutlich mehr Revisionen durch Beschluss nach § 349 Abs. 2 und 4 StPO als 2018 (507) erledigt wurden, siehe Jahresstatistik über den Geschäftsgang bei den Strafsenaten des Bundesgerichtshofs 2018 und 2019 (Onlinequellen), jeweils S. 3. Woran genau dies liegt, ist aus den Daten jedoch nicht ersichtlich.

319 Vgl. hierzu Statistik Rechtspflege Strafgerichte jeweils für die Jahre 2015–2019, Fachserie 10, Reihe 2.3, Tabellen 4.1, 5.1, 7.1 (Onlinequellen).

320 Vgl. hierzu Statistik Rechtspflege Strafgerichte jeweils für die Jahre 2015–2019, Fachserie 10, Reihe 2.3, Tabellen 4.2, 7.2, jeweils Zeile 3 (Onlinequellen).

Fehlurteile, da sie nicht zwangsläufig inhaltlich falsch sein müssen.[321] Deren Umfang und Anteil an der Gesamtmenge der erfolgreichen Revisionen lässt sich auch anhand der Jahresstatistik über den Geschäftsgang bei den Strafsenaten des Bundesgerichtshofs nicht ausmachen. Damit können auch diese Daten keine zielführende Aussage über das empirische Vorkommen von Fehlurteilen ermöglichen.

3. Vorhandene Daten zum Wiederaufnahmeverfahren

Da sich die zentralen Untersuchungen zur Erforschung klassischer Fehlerquellen in der Regel mit dem Rechtsinstitut der Wiederaufnahme beschäftigen, liegt es nahe, den Versuch zu unternehmen, aus den dazu vorhandenen Daten Rückschlüsse auf das Vorkommen von Fehlentscheidungen zu ziehen. Dazu könnte erneut die jährlich erscheinende Statistik Rechtspflege zu den Strafgerichten Auskunft geben. Dabei erfasst die statistische Darstellung des entsprechenden Jahres jeweils die Arten der Verfahrenseinleitung und daher auch die Einleitung des Verfahrens durch Antrag auf Wiederaufnahme des Verfahrens (zugunsten oder zuungunsten des Beschuldigten), gemäß § 366 StPO.

Tabelle 4: Anteil der Wiederaufnahmeverfahren an der Gesamtheit erledigter Strafverfahren im Jahr 2019

Gericht	Amtsgericht	Landgericht in erster Instanz	Landgericht als Berufungsinstanz	Oberlandesgericht in erster Instanz
Erledigte Verfahren	660.816	14.039	43.975	26
Davon Wiederaufnahmeverf.	1095: davon 331 zuungunsten u. 764 zugunsten	132: davon 16 zuungunsten u. 116 zugunsten	109: davon 22 zuungunsten u. 87 zugunsten	1 zuungunsten
Anteil in %	0,17 %	0,94 %	0,23 %	1,41 %

Quelle: Statistik Rechtspflege Strafgerichte für das Jahr 2019, Fachserie 10, Reihe 2.3, Tabellen 2.1, 4.1, 5.1 und 7.1; Prozentangaben anhand eigener Berechnung.

Die vorliegende Darstellung zeigt exemplarisch für das Betrachtungsjahr 2019, dass lediglich 0,17 % aller Verfahren, welche vor dem Amtsgericht erledigt wurden, Wiederaufnahmen darstellten.[322] Der Anteil von

321 Erneut auf Grundlage des forensischen Wahrheitsbegriffs *Böhme*, Das strafgerichtliche Fehlurteil, S. 62 f.

322 Statistik Rechtspflege Strafgerichte 2019, Fachserie 10, Reihe 2.3, Tabelle 2.1 (Onlinequelle), Prozentangabe anhand eigener Berechnung.

Wiederaufnahmeverfahren an den erledigten Verfahren vor dem Landgericht in erster Instanz ist mit 0,94 % etwas höher.[323] Vor dem Landgericht als Berufungsinstanz waren es hingegen nur 0,23 %.[324] Im hier untersuchten Jahr 2019 wurde lediglich ein Wiederaufnahmeverfahren vor dem Oberlandesgericht in erster Instanz erledigt.[325] Dabei fällt auf, dass die Zahl der Anträge auf Wiederaufnahme des Verfahrens nach Eintritt der Rechtskraft zugunsten des Beschuldigten stets deutlich höher als zu seinen Ungunsten ausfällt.

Tabelle 5: Anteil der Wiederaufnahmeverfahren an der Gesamtheit erledigter Strafverfahren im Jahr 2018

Gericht	Amtsgericht	Landgericht in erster Instanz	Landgericht als Berufungsinstanz	Oberlandesgericht in erster Instanz
Erledigte Verfahren	648.918	13.327	45.387	52
Davon Wiederaufnahmeverf.	1061: davon 285 zuungunsten u. 776 zugunsten	141: davon 24 zuungunsten u. 117 zugunsten	123: davon 16 zuungunsten u. 107 zugunsten	0
Anteil in %	0,16 %	1,06 %	0,27 %	0,00 %

Quelle: Statistik Rechtspflege Strafgerichte für das Jahr 2018, Fachserie 10, Reihe 2.3, Tabellen 2.1, 4.1, 5.1 und 7.1; Prozentangaben anhand eigener Berechnung.

Tabelle 6: Anteil der Wiederaufnahmeverfahren an der Gesamtheit erledigter Strafverfahren im Jahr 2017

Gericht	Amtsgericht	Landgericht in erster Instanz	Landgericht als Berufungsinstanz	Oberlandesgericht in erster Instanz
Erledigte Verfahren	654.537	12.933	45.186	52
Davon Wiederaufnahmeverf.	1055: davon 318 zuungunsten u. 737 zugunsten	139: davon 19 zuungunsten u. 120 zugunsten	100: davon 22 zuungunsten u. 78 zugunsten	0
Anteil in %	0,16 %	1,07 %	0,22 %	0,00 %

Quelle: Statistik Rechtspflege Strafgerichte für das Jahr 2017, Fachserie 10, Reihe 2.3, Tabellen 2.1, 4.1, 5.1 und 7.1; Prozentangaben anhand eigener Berechnung.

---

323 Statistik Rechtspflege Strafgerichte 2019, Fachserie 10, Reihe 2.3, Tabelle 4.1 (Onlinequelle), Prozentangabe anhand eigener Berechnung.

324 Statistik Rechtspflege Strafgerichte 2019, Fachserie 10, Reihe 2.3, Tabelle 5.1 (Onlinequelle), Prozentangabe anhand eigener Berechnung.

325 Statistik Rechtspflege Strafgerichte 2019, Fachserie 10, Reihe 2.3, Tabelle 7.1 (Onlinequelle), Prozentangabe anhand eigener Berechnung.

Die Tabellen 5 und 6 zeigen darüber hinaus, dass es sich bei der ersten Darstellung nicht nur um ein Phänomen bezogen auf das Betrachtungsjahr 2019 handelt. Die Daten für die Jahre 2018 und 2017 sind in Bezug auf die Prozentzahlen nahezu identisch und weisen in der Regel nur marginale Abweichungen in der Dezimalstelle auf. Geringe Unterschiede über einem Prozentpunkt ergeben sich lediglich bei einem etwas geringeren Anteil der Wiederaufnahmeverfahren vor dem Landgericht in erster Instanz 2019 (0,94 % im Vergleich zu 1,06 % und 1,07 % in den Jahren 2018 und 2017) und bei dem höheren Anteil der Wiederaufnahmeverfahren vor dem Oberlandesgericht in erster Instanz 2019 (1,41 % im Vergleich zu jeweils 0 % in den Jahren 2018 und 2017). Letzterer Unterschied ist darauf zurückzuführen, dass im Jahr 2019 immerhin ein Wiederaufnahmeverfahren vor dem Oberlandgericht geführt wurde, während dies in den anderen Betrachtungsjahren nicht der Fall war. In solch kleinen Größenordnungen wirken sich minimale Unterschiede sogleich merklich auf die Statistik aus. Ebenso wie im Jahr 2019 ist jedoch auch in den anderen Betrachtungsjahren zu beobachten, dass die Anzahl der Anträge, welche zuungunsten des Beschuldigten eingelegt wurden, stets deutlich geringer war, als die zu seinen Gunsten.

Fraglich ist nun, welche Schlussfolgerungen man daraus ziehen kann. Unglücklicherweise werden, über die bloße Anzahl der Wiederaufnahmeverfahren hinaus, momentan keinerlei Statistiken darüber geführt, zu welchem Ergebnis das Verfahren gekommen ist. Weder liegen Daten darüber vor, wie viele Wiederaufnahmeverfahren zulässig oder begründet sind (vgl. dazu §§ 368, 369, 370 StPO), noch darüber, wie häufig es gegebenenfalls zu einer erneuten Anordnung der Hauptverhandlung nach den §§ 370 Abs. 2, 373 StPO kommt. Auch wenn freilich die (theoretische) Möglichkeit besteht, dass auch der Ausgang der erneut angeordneten Hauptverhandlung eine Fehlentscheidung ist, so wären eben diese Daten möglicherweise für die empirische Fehlentscheidungsforschung von großer Wichtigkeit.[326] Für die hier vertretene Begriffsdefinition dürften Daten über den erfolgreichen Ausgang eines Wiederaufnahmeverfahrens gleichwohl nicht aussagekräftig sein. Solche Daten würden lediglich die Anzahl solcher Fehlurteile darstellen, welche nach Ablauf der Rechtsmittelfrist in Rechtskraft erwachsen sind und anschließend durch das Institut der Wiederaufnahme überhaupt angegriffen werden können. Auf Grundlage der hier vertretenen Begriffsdefinition ist die Rechtskraft jedoch kein zwingendes Kriterium für ein Fehlurteil (vgl. **Kap. 1. B. II. 2.**). Solche fehlerhaften Urteile, welche

326 Vgl. im Kontext der fehlerspezifischen Auseinandersetzung mit dem Strafbefehl *Kemme/Dunkel*, StV 2020, 52, 55; vgl. auch *Böhme*, Das strafgerichtliche Fehlurteil, S. 57 f.

bereits in der Rechtsmittelinstanz aufgehoben und korrigiert wurden, würden in der Statistik keinen Niederschlag finden.[327] Eine damit weiterhin bestehende „Dunkelziffer" würde der Bestimmung einer (annähernden) Häufigkeit noch immer im Wege stehen. Darüber hinaus würde eine zweite unbekannte „Dunkelziffer" für die Fälle bestehen, in denen gar kein Antrag auf Wiederaufnahme des Verfahrens gestellt wird. Wie schon *Hirschberg* anmerkte, können erfolgreiche Wiederaufnahmen daher nur einen Teil der tatsächlich vorhandenen Fehlurteile (bzw. Fehlentscheidungen) der Strafgerichte darstellen.[328] Wirft man schließlich einen Blick auf die gesetzlichen Regelungen der Wiederaufnahme in §§ 359 und 362 StPO, wird darüber hinaus deutlich, dass eine Durchbrechung der Rechtskraft nur in sehr restriktiven und absoluten Ausnahmefällen möglich ist. Der vorhandene Fehlerkatalog erlaubt lediglich eine Überprüfung bei einzelnen Fehlern, welche in der Regel auf Ebene der Sachverhaltsfeststellung liegen, Rechtsfehler sind nur ausnahmsweise (§ 359 Nr. 6 StPO, § 79 Abs. 1 BVerfGG) erfasst.[329] Abseits des Urteils ist auch eine Korrektur von sonstigen Fehlentscheidungen in nur seltenen Fällen möglich (z.B. beim Strafbefehl, § 373a StPO). Laut *Böhme* könne man sich das Wiederaufnahmeverfahren daher wie einen Trichter vorstellen, durch dessen Ende nur Fehlurteile (bzw. ausnahmsweise Fehlentscheidungen) mit bestimmten Fehlern gelangen könnten.[330] Somit wären Daten über den konkreten Ausgang eines solchen Verfahrens, selbst im Falle ihres Vorliegens, nur begrenzt geeignet und lediglich dazu im Stande, *„ein wenig Licht ins Dunkel der Häufigkeitsfrage"*[331] zu bringen.

4. *Untersuchung der Daten über erbrachte Entschädigungen nach dem Gesetz über die Entschädigung für Strafverfolgungsmaßnahmen nach* Böhme

Einen neueren Ansatz zur Untersuchung der Häufigkeit von Fehlentscheidungen wählte *Böhme*. Dieser versuchte, über die Zahl des jeweiligen Entschädigungsumfangs bzw. die Zahl der absoluten Entschädigungsfälle, Rückschlüsse auf das statistische Vorkommen falscher Judikate zu ziehen.[332]

327 Vgl. *Hirschberg*, Das Fehlurteil im Strafprozeß, S. 12; vgl. auch *Böhme*, Das strafgerichtliche Fehlurteil, S. 58.

328 Vgl. *Hirschberg*, Das Fehlurteil im Strafprozeß, S. 12.

329 Zu weiteren strukturellen Schwächen der Wiederaufnahme siehe später in **Kap. 1. D. II. 2. d.**

330 *Böhme*, Das strafgerichtliche Fehlurteil, S. 58.

331 Ebenda.

332 Vgl. *Böhme*, Das strafgerichtliche Fehlurteil, S. 64 ff.

a. Ausgangspunkt

Böhmes erster Versuch, anhand der Daten der Staatshaushaltspläne von Baden-Württemberg in den Jahren von 2009 bis 2016, die absolute Zahl von Entschädigungszahlen und damit die Anzahl an sicher aufgedeckten Fehlentscheidungen zu ermitteln, scheiterte, da die Daten zwar Entschädigungszahlungen an Beschuldigte darstellen, jedoch nicht nach den Gründen des StrEG differenzierten.[333] So gibt es in §§ 1 und 2 StrEG mehrere Entschädigungsgründe:

- § 1 Abs. 1 StrEG: Entschädigung aufgrund einer fehlerhaften Verurteilung
- § 1 Abs. 2 StrEG: Entschädigung aufgrund einer fehlerhaften Anordnung einer Maßregel der Besserung und Sicherung bzw. einer Nebenfolge ohne Verurteilung
- § 2 Abs. 1, 1. Fall StrEG: Entschädigung aufgrund des erfolgten Vollzugs der Untersuchungshaft bevor es zu einem Freispruch, einer Verfahrenseinstellung oder einer Ablehnung der Eröffnung des Hauptverfahrens kam
- § 2 Abs. 1, 2. Fall StrEG: Entschädigungen aufgrund anderer Strafverfolgungsmaßnahmen (Abs. 2).

Die dargestellten Entschädigungszahlungen im Staatshaushalt von Baden-Württemberg stellen jedoch alle Zahlungen auf Grundlage der §§ 1 und 2 StrEG dar. Nach hiesigem Fehlentscheidungsbegriff[334] sind für die Häufigkeit von Fehlentscheidungen jedoch nur Entschädigungen nach § 1 Abs. 1 StrEG, d.h. solche, aufgrund einer fehlerhaften Verurteilung, und nach § 1 Abs. 2 StrEG maßgeblich, d.h. solche, aufgrund fehlerhaften Anordnung einer Maßregel der Besserung und Sicherung bzw. einer Nebenfolge. Auf Anfrage von *Böhme* teilten die Generalstaatsanwaltschaften in Karlsruhe und Stuttgart mit, es sei nur möglich, die Gesamtzahlen der Verfahren und die Beträge eines Jahrgangs zu ermitteln; eine Differenzierung nach den Ansprüchen des StrEG sei nicht möglich.[335]

Nach § 1 Abs. 1 StrEG wird derjenige aus der Staatskasse entschädigt, der durch eine strafgerichtliche Verurteilung bzw. durch die Anordnung einer Maßregel der Besserung und Sicherung oder einer Nebenfolge (Abs. 2) einen Schaden erlitten hat, soweit die Verurteilung bzw. die Anordnung der Maßregel der Besserung und Sicherung oder die Nebenfolge (Abs. 2) nach Eintritt der Rechtskraft der Entscheidung in einem Strafverfahren fortfällt oder gemildert

---

333 *Böhme*, Das strafgerichtliche Fehlurteil, S. 64 f.
334 So auch *Böhme*, Das strafgerichtliche Fehlurteil, S. 65.
335 Ebenda.

Sicherungsmechanismen dargestellt werden, welche gerichtliche Fehlentscheidungen präventiv vermeiden oder nachträglich korrigieren sollen.

I. Vorhandene Sicherungsmechanismen zur präventiven Vermeidung strafgerichtlicher Fehlentscheidungen

1. Die Ausschließung und Ablehnung einer Gerichtsperson, gem. §§ 22 ff. StPO

Die Vorschriften der §§ 22 ff. StPO dienen vom Regelungszweck her der Garantie des Grundsatzes auf ein faires Verfahren sowie der Garantie des in Art. 101 Abs. 1, S. 2 GG verankerten Rechts auf einen gesetzlichen Richter.[359] Gerade zweiterer Grundsatz soll der Gefahr entgegenwirken, dass die rechtsprechenden Organe durch Manipulation sachfremden Einflüssen ausgesetzt werden,[360] denn die Garantie des gesetzlichen Richters ist gerade nicht mehr gewahrt, wenn der Rechtssuchende vor einem Richter steht, der die gebotene Unvoreingenommenheit vermissen lässt.[361] Sowohl das Rechtsinstitut des Ausschlusses eines Richters von der Mitwirkung an einer Entscheidung (§§ 22 und 23 StPO) als auch das der Richterablehnung (§ 24 StPO) dienen daher gleichermaßen dem Ziel, die Richterbank von jenen Richtern[362] freizuhalten, die dem zu entscheidenden Strafverfahren und den daran Beteiligten nicht mehr mit der für die richterliche Unparteilichkeit notwendigen, sachlichen und persönlichen Distanz einer unbeteiligten und am Verfahrensergebnis nicht privat interessierten Person gegenüberstehen.[363] Dabei unterscheiden sich die Ausschließung und die Ablehnung jedoch inhaltlich und in ihrer Wirkung.

Bei der Ausschließung nach §§ 22 und 23 StPO tritt die Wirkung kraft Gesetzes ein und der gerichtliche Beschluss stellt diese nur deklaratorisch fest.[364] Die Ausschließung will somit, mit Rücksicht auf das Vertrauen und das Ansehen der Strafrechtspflege, bereits den bösen Anschein eines Verdachts der Parteilichkeit vermeiden, indem alle Personen von der Mitwirkung ausgeschlossen

---

359 BVerfGE 21, 139, 145 ff.; BVerfGE 30, 149, 153; vgl. auch *Kudlich/Noltensmeier-von Osten*, in: S/S/W-StPO, § 22, Rn. 1.

360 BVerfGE 17, 294, 299 = NJW 1964, 1020; vgl. auch *Kudlich/Noltensmeier-von Osten*, in: S/S/W-StPO, § 22, Rn. 1, m.w.N.

361 BVerfGE 21, 139, 146; 30, 149, 153.

362 Siehe für Schöffen und Urkundsbeamte § 31 StPO, für die Ablehnung von Sachverständigen § 74 StPO i.V.m. §§ 22 ff. StPO.

363 BVerfGE 21, 139, 145 f.; 46, 34, 37; siehe auch *Scheuten*, in: KK-StPO, § 22, Rn. 1.

364 Vgl. *Scheuten*, in: KK-StPO, § 22, Rn. 1; *Kudlich/Noltensmeier-von Osten*; in: S/S/W-StPO, § 22, Rn. 2; *Pfeifer*, StPO, § 22, Rn. 4; *Schmitt*, in: M/S-StPO, Vor § 22, Rn. 1.

werden, bei denen auch nur eine abstrakten Gefahr der Unvoreingenommenheit besteht.[365] Dass in bestimmten Gründen bereits die abstrakte Gefahr ausreichen muss, zeigt bereits ein Blick auf die gesetzlich kodifizierten Fälle der Ausschließung. Die in den §§ 22 und 23 StPO abschließend geregelten Fälle[366] sind aufgrund ihrer Wirkung (kraft Gesetzes) restriktiv auszulegen.[367] Sie stellen typische Konstellationen dar, welche den Richter in einen Interessenskonflikt bringen.[368] So muss eine Ausschließung auch ohne das Vorliegen eines vorangegangenen Antrags erfolgen, wenn u.a. der Richter selbst durch eine Straftat verletzt ist (§ 22 Nr. 1 StPO), wenn der Richter ein Ehegatte, Lebenspartner, Vormund oder Betreuer des Beschuldigten oder Verletzten ist oder gewesen ist (§ 22 Nr. 2 StPO) oder er mit dem Beschuldigten oder Verletzten sonst verwandt oder verschwägert ist (§ 22 Nr. 3). Ebenso besteht schon die abstrakte Gefahr einer Voreingenommenheit, wenn ein Richter in der Rechtsmittelinstanz entscheidet, obwohl er bereits in der Vorinstanz an der Entscheidung mitgewirkt hat (§ 23 Abs. 1 StPO). Selbiges gilt für das Verfahren der Wiederaufnahme (§ 23 Abs. 2 StPO).

Die mit der Ausschließung systemverwandte Ablehnung der Gerichtsperson wird hingegen erst durch einen gerichtlichen Beschluss bewirkt. Das bedeutet, dass konstitutiv über das Vorliegen der Besorgnis der Befangenheit (vgl. § 24 Abs. 1) zu entscheiden ist.[369] Das Ablehnungsrecht steht dabei der Staatsanwaltschaft, dem Privatkläger und dem Beschuldigten zu (§ 24 Abs. 3 StPO); auch eine Selbstanzeige ist möglich (§ 30 StPO). Da die Ablehnung eines Richters – neben der Besorgnis der Befangenheit – auch auf die Fälle gestützt werden kann, in denen der Richter bereits kraft Gesetzes von der Ausübung des Amtes ausgeschlossen ist, kann bei den Ausschließungsgründen auch von „verdichteten Befangenheitsgründen"[370] gesprochen werden. Befangenheit ist die innere Haltung eines Richters, welche seine Neutralität, Distanz und Unparteilichkeit gegenüber den Verfahrensbeteiligten störend beeinflusst,[371] indem sie ein

365 Vgl. BGHSt 31, 358, 359.

366 BVerfGE 46, 34, 38; siehe auch *Schmitt*, in: M/S-StPO, § 22, Rn. 3.

367 BGHSt 44, 4, 7; *Scheuten*, in: KK-StPO, § 22, Rn. 1; *Schmitt*, in: M/S-StPO, § 22, Rn. 3; *Kudlich/Noltensmeier-von Osten*, in: S/S/W-StPO, § 22, Rn. 2; *Pfeiffer*, StPO, § 22, Rn. 1.

368 Vgl. *Kudlich/Noltensmeier-von Osten*, in: S/S/W-StPO, § 22, Rn. 2.

369 Vgl. *Scheuten*, in: KK-StPO, § 22, Rn. 1.

370 So *Beulke/Swoboda*, Strafprozessrecht, Rn. 111; vgl. auch *Volk/Engländer*, Grundkurs StPO, § 19, Rn. 2.

371 BVerfGE 21, 139, 146.

persönliches, parteiliches Interesse (wirtschaftlicher, ideeller, politischer oder persönlicher Art) des Richters am Verfahrens(aus)gang begründet.[372] Gemäß § 24 Abs. 2 StPO findet wegen Besorgnis der Befangenheit eine Ablehnung statt, wenn ein Grund vorliegt, der geeignet ist, Misstrauen gegen die Unparteilichkeit zu rechtfertigen. Das Vorliegen ist stets unter Würdigung aller Gesamtumstände des Einzelfalles zu erforschen. Entscheidend sind der Standpunkt eines objektiven und vernünftigen (ablehnungsberechtigten) Prozessbeteiligten und die Vorstellungen, die er sich bei einer ihm zumutbaren Prüfung der Sachlage machen kann.[373] Es kommt daher weder auf den subjektiven Eindruck des Ablehnungsberechtigten an, noch darauf, ob der Richter selbst tatsächlich befangen ist oder sich für befangen hält.[374] Auch fordert das Gesetz nicht den Nachweis der Befangenheit.[375]

Ob die §§ 22 ff. StPO auch für den Ausschluss und die Ablehnung von Staatsanwälten gelten, ist in der Literatur teilweise sehr umstritten.[376] Weder für den Ausschluss, noch für die Ablehnung, sieht die Strafprozessordnung entsprechende Vorschriften vor. Da die Staatsanwaltschaft jedoch auch weitgehende Entscheidungskompetenzen hat (vgl. zum Beispiel §§ 153 Abs. 1, 170 Abs. 1, Abs. 2, S. 2 StPO), könnte man die Ansicht vertreten, dass insoweit eine planwidrige Regelungslücke und eine vergleichbare Interessenlage für eine Analogie bestehen würde. Eine solche Ansicht ist jedoch nach der wohl herrschenden Meinung in der Literatur sowie in der Rechtsprechung abzulehnen,[377] sodass daraus kein Recht der Prozessbeteiligten auf Ablehnung eines „ausgeschlossenen" oder „befangenen" Staatsanwalts folgt. Allerdings muss aufgrund der staatsanwaltschaftlichen Verpflichtung, das Verfahren justizförmig zu gestalten, folgen, dass er beim Vorliegen bestimmter Gründe nicht mitwirken darf. Für die Bestimmung solcher Fälle kann in den §§ 22 ff. StPO ein Anhaltspunkt gesehen werden.[378] Dennoch müssen die besonderen verfahrensrechtlichen

---

372 Vgl. *Scheuten*, in: KK-StPO, § 24, Rn. 3.

373 BGHSt 24, 336, 338 = NJW 1972, 1288, 1289; *Scheuten*, in: KK-StPO, § 24, Rn. 3a.

374 BGHSt 2, 4, 11 = NJW 1951, 271, 272; *Kudlich/Noltensmeier-von Osten*, in: S/S/W-StPO, § 24, Rn. 6.

375 Zu den entwickelten Fallgruppen, wann Gründe vorliegen, die generell geeignet sind, an der Unparteilichkeit und Unvoreingenommenheit eines Richters im Allgemeinen zu zweifeln, siehe überblicksartig *Scheuten*, in: KK-StPO, § 24, Rn. 5 ff.

376 Vgl. für eine entsprechende Anwendung mit der Wirkung, dass das Gericht ggf. den Staatsanwalt ausschließen oder ablehnen muss: *Artloth*, NJW 1983, 207, 207 ff.

377 Vgl. dazu BVerfGE 25, 336, 345; BGHSt 14, 265, 265; 21, 85, 89; BGH NJW 1980, 845, 1907; *Schmitt*, in: M/S-StPO, Vor § 22, Rn. 3, m.w.N.

378 Vgl. *Scheuten*, in: KK-StPO, Vor §§ 22 ff., Rn. 1.

Stellungen und die unterschiedlichen Aufgaben von Richtern und Staatsanwälten berücksichtigt werden.[379] Im Gegensatz zum Richter ist der Staatsanwalt ein weisungsgebundener Beamter und in eine behördliche Hierarchie eingebunden. Ein Staatsanwalt, bei dem ein solcher Grund vorliegt, der bei einem Richter zur Ausschließung führte, kann nach § 145 Abs. 1 GVG vom Vorgesetzten ersetzt werden. Dies kann auf Antrag eines Verfahrensbeteiligten oder von Amts wegen durch die vorgesetzte Behörde (ohne förmliches Verfahren) geschehen.[380] Wird eine solche Ersetzung nicht vorgenommen, kann die Mitwirkung des Staatsanwalts (wohl) im Rahmen einer Revision gerügt werden.[381] Es besteht daher keine Notwendigkeit, die §§ 22 ff. StPO auch für Staatsanwälte heranzuziehen. Dennoch wäre eine gesetzgeberische Klarstellung durch Einführung eines auf die Ablehnung und Ausschließung eines Staatsanwalts gerichteten Instruments angesichts der wachsenden Bedeutung des Ermittlungsverfahrens wünschenswert.

Den Normen über den Ausschluss und die Ablehnung von Gerichtspersonen kommt eine zentrale Bedeutung bei der Vermeidung von (auch bewussten und/oder unterbewussten) Fehlentscheidungen zu, da die Erforschung des Sachverhalts bei einer Voreingenommenheit in besonderem Maße gefährdet sein kann. Gleichzeitig sieht das Gesetz eine nachträgliche Korrekturmöglichkeit vor, wenn ein Ablehnungsgesuch des Ablehnungsberechtigten als unzulässig verworfen oder durch Beschluss als unbegründet zurückgewiesen wird, welches die Ablehnung eines nicht erkennenden Richters zum Gegenstand hatte. Gem. § 28 Abs. 2, S. 1 StPO steht dem Ablehnungsberechtigten in einem solchen Falle das Rechtsmittel der sofortigen Beschwerde (§§ 304 ff. StPO) zur Verfügung.[382] Anders verhält es sich bei einem Ablehnungsgesuch bezüglich eines erkennenden Richters, also eines Richters, welcher dazu berufen ist, in der Hauptverhandlung mitzuwirken.[383] In einem solchen Fall kann die Entscheidung nur zusammen mit dem Urteil angefochten[384] werden.

---

379 Vertiefend BGH NJW 1984, 1907, 1907 ff.

380 *Scheuten*, in: KK-StPO, Vor § 22, Rn. 2.

381 BGH NStZ, 1983, 135, 135 f.; 1990, 24, 25; *Scheuten*, in: KK-StPO, Vor §§ 22 ff., Rn. 2; *Schmitt*, in: M/S-StPO, Vor § 22, Rn. 6.

382 Spiegelbildlich sieht § 28 Abs. 1 StPO jedoch vor, dass die Beschwerdemöglichkeit hingegen nicht greift, wenn ein Ablehnungsgesuch für begründet erklärt wird.

383 Vgl. *Scheuten*, in: KK-StPO, § 28, Rn. 5; vgl. auch *Pfeiffer*, StPO, § 28, Rn. 3.

384 BGH NJW 1977, 1829, 1929: *„Es ändert sich insoweit aus Gründen der Zweckmäßigkeit [Anmerkung: i.d.R. eine beabsichtigte Verzögerungen des Rechtsmittelführers zu verhindern; vgl. Scheuten, in: KK-StPO, § 28, Rn. 5; Pfeiffer, StPO, § 28, Rn. 3 f.]*

2. Die Wahrheits- und Eidespflicht von Zeugen, sachverständigen Zeugen und Sachverständigen gem. §§ 48, 57, 59, 72, 79, 85 StPO

Die Wahrheits- und Eidespflicht von Zeugen ist in den §§ 48, 57 und 59 StPO geregelt. Die gleichen Pflichten gelten nach § 85 StPO auch für sachverständige Zeugen sowie nach §§ 72, 79 StPO für Sachverständige.

Unter einem Zeugen versteht man eine Person, die in einer nicht gegen sie gerichteten Strafsache persönliche Wahrnehmungen durch eine Aussage bekunden soll.[385] Der Sachverständige ist dagegen eine Person, welche bezüglich der zu beweisenden Einzeltatsachen eine dem Richter fehlende Sachkunde besitzt.[386] Ein sachverständiger Zeuge nimmt eine Zwischenposition ein. Es handelt sich um einen Zeugen, auf den gem. § 85 StPO die Vorschriften über den Zeugenbeweis anwendbar sind, der von Tatsachen oder Zuständen berichten kann, zu deren Wahrnehmung zwar besondere Sachkunde erforderlich ist, bei dem allerdings kein spezieller Gutachtenauftrag vorliegt.[387] Seit jeher kommt den Aussagen von Zeugen und Sachverständigen als Beweismittel im Strafprozess eine ganz besondere Bedeutung zur Ermittlung des geschehenen Sachverhalts zu. Schon historisch wurde der Zeugenbeweis als ein zentrales Beweismittel angesehen. So war es exemplarisch in der „Constitutio Criminalis Carolina" des Heiligen Römischen Reiches Deutscher Nationen von 1531 vorgeschrieben, dass eine Verurteilung nur erfolgen konnte, wenn es zwei glaubwürdige Zeugen oder ein Geständnis für die Tat gab, Art. 67 CCC.[388] Auch wenn diese Regelung heute freilich nicht mehr gilt, schätzt *Neuhaus*, dass *„[…] in mehr als 90 % aller Strafverfahren […] der Zeuge das entscheidende Beweismittel [ist].“*[389] Dieser herausragenden Rolle wird u.a. in Form der Wahrheits- und Eidespflicht Rechnung getragen. Die Wahrheitspflicht umfasst einerseits die Pflicht zur Aussage, d.h. sich zu allen erheblichen Tatsachen umfassend zu äußern[390] und andererseits die Pflicht zur Wahrheit i.e.S., d.h. dass die Angaben des Zeugen zur Person und zur Sache vollständig sein und der Wahrheit

---

nur der Instanzenzug. Die Sache selbst bleibt die gleiche. Das Rechtsmittel bleibt seiner Natur nach auch Beschwerde.“

385 RGSt 52, 289, 289; BGHSt 22, 347, 348; *Roxin/Schünemann*, Strafverfahrensrecht, § 26, Rn. 1.

386 Vgl. *Beulke/Swoboda*, Strafprozessrecht, Rn. 304.

387 Ebenda.

388 Vgl. vertiefend im Kontext der Erwirkung eines Geständnisses durch Folter, *Volk*, Die Wahrheit vor Gericht, S. 47 ff.

389 *Neuhaus*, in: MAH Strafverteidigung, § 15, Rn. 25.

390 *Kindhäuser/Schumann*, Strafprozessrecht, § 21, Rn. 29 f.

entsprechen müssen.[391] Die Eidespflicht verlangt vom Zeugen, seine Aussage auf Verlangen des Gerichts zu vereiden.[392] Zeugen werden lediglich vereidigt, wenn es das Gericht wegen der ausschlaggebenden Bedeutung der Aussage oder zur Herbeiführung einer wahren Aussage nach seinem Ermessen für notwendig erachtet.[393] Dies kann dann der Fall sein, wenn die Zeugenaussage das berühmte „Zünglein an der Waage“[394] darstellt, der Zeugenbeweis das einzige verfügbare Beweismittel ist[395] oder aber auch, wenn das Gericht auf Grundlage von konkreten Anhaltspunkten davon ausgehen darf, dass der aussagende Zeuge nicht wahrheitsgemäß oder unvollständig ausgesagt hat bzw. aussagen wird und dies unter dem Druck des Eides berichtigen wird bzw. davon absieht.[396] Die Nichtvereidigung stellt heute den Regelfall dar.[397] Diese Pflichten werden flankiert von Vorschriften, die ein Zuwiderhandeln sanktionieren. So werden einem ordnungsgemäß geladenen Zeugen, im Falle seines Nichterscheinens, die dadurch verursachten Kosten auferlegt (§ 51 Abs. 1, S. 1 StPO), zugleich wird ein Ordnungsgeld oder sogar Ordnungshaft festgesetzt (§ 51 Abs. 1, S. 2 StPO). Weiterhin sieht § 51 Abs. 1, S. 3 StPO auch die Möglichkeit einer zwangsweisen Vorführung vor.

Die Einhaltung der Wahrheits- und Eidespflicht soll überdies mithilfe einer Reihe materiell-rechtlicher Vorschriften sichergestellt werden.[398] Dazu zählen insbesondere die sog. Aussagedelikte der falschen uneidlichen Aussage nach § 153 StGB und der Meineid nach § 154 StGB, welcher aufgrund seiner Strafandrohung sogar Verbrechenscharakter hat (§ 12 Abs. 1 StGB). Unter Strafe gestellt ist, wenn der Zeuge oder der Sachverständige vor Gericht oder einer anderen zur eidlichen Vernehmung zuständigen Stelle uneidlich falsch aussagt (§ 153 StGB) oder falsch schwört (§ 154 Abs. 1 StGB). Ergänzt werden diese Vorschriften durch die weiteren Rechtspflegedelikte, insbesondere die falsche Verdächtigung (§ 164 Abs. 1 StGB), die Vortäuschung einer Straftat (§ 145d Abs. 1 und 2 StGB) sowie die Strafvereitelung (§ 258 Abs. 1 StGB). Kommt es

391 Vgl. *Kindhäuser/Schumann*, Strafprozessrecht, § 21, Rn. 31.
392 Ausführlich *Roxin/Schünemann*, Strafverfahrensrecht, § 26, Rn. 39 ff.
393 *Beulke/Swoboda*, Strafprozessrecht, Rn. 294.
394 BGHSt 16, 99, 103.
395 *Volk/Engländer*, StPO, § 21, Rn. 7.
396 BGHSt, 16, 99, 103, *Gercke*, in: HK-StPO, § 59, Rn. 4.
397 *Pfeiffer*, StPO, § 59, Rn. 1; *Beulke/Swoboda*, Strafprozessrecht, Rn. 294.
398 Vertiefend zum Schutzzweck der Aussagedelikte, dem Schutz der inländischen staatlichen Rechtspflege: *Rengier*, Strafrecht BT II, § 49, Rn. 1; *Lackner/Kühl*, StGB, Vor § 153, Rn. 2.

infolge einer vorsätzlichen Falschaussage zur Verurteilung zu einer Freiheitsstrafe, deren Vollstreckung nicht zur Bewährung ausgesetzt wird, macht sich der Falschaussagende darüber hinaus wegen Freiheitsberaubung in mittelbarer Täterschaft strafbar (§§ 239 Abs. 1, (ggf. Abs. 3, Nr. 1), 25 Abs. 1, 2. Alt. StGB).

Wie an späterer Stelle noch darzustellen ist, wird dem Personalbeweis seit jeher eine besondere Fehleranfälligkeit zugeschrieben. Als ein zentrales Beweismittel führt allerdings oft kein Weg daran vorbei, Zeugen oder Sachverständige zu vernehmen. Die dargestellten Normen stellen die Grundlage des Bestrebens nach weitgehend fehlerfreien Aussagen dar. Insbesondere die die Wahrheits- und Eidespflicht flankierenden strafprozessualen Sanktionsmöglichkeiten (§ 51 Abs. 1 StPO) sowie die materiell-rechtlichen Strafbarkeiten nach den Aussage- und Rechtspflegedelikten stellen daher Sicherungsmechanismen zur Vermeidung von Fehlentscheidungen (in der Regel auf Ebene der Tatsachenfeststellung[399]) dar. Ob diese Pflichten (allein) wirksame Mittel zur Vermeidung von Fehlentscheidungen und Fehlurteilen darstellen, darf jedoch erheblich angezweifelt werden.

3. *Einzelne Verteidigungsrechte und Aufklärungspflichten*

Auch wenn nicht alle Normen, welche dem Beschuldigten/Angeschuldigten/Angeklagten Rechte vermitteln, die Fehlervermeidung zum alleinigen Ziel haben,[400]

399 Vgl. auch *Böhme*, Das strafgerichtliche Fehlurteil, S. 86.

400 So stellt sich die schwierige Frage, ob in den Beweisverboten ein präventives Instrument zur Vermeidung von Fehlentscheidungen gesehen werden kann. Der Untersuchungsgrundsatz aus § 244 Abs. 2 StPO, wonach zur umfassenden Aufklärung des für die Entscheidung bedeutsamen Sachverhalts durch grundsätzlich alle erreichbaren Beweismittel herangezogen werden müssen, erfährt durch die Beweisverbote eine bedeutsame Einschränkung (vgl. *Beulke/Swoboda*, Strafprozessrecht, Fn. 700). Die Werteordnung des Grundgesetzes fordert, dass die Wahrheitserforschung *„nicht um jeden Preis“* (BGHSt 14, 358, 365) geschehen darf und unter Umständen hinter höherrangige Rechtsgüter und Interessen, wie der Gewährleistung und bestimmter Grund- und Menschenrechte (insbesondere Art. 1 Abs. 1 und Art. 19 Abs. 2 GG) und den Anforderungen an ein rechtsstaatliches Verfahren zurücktreten muss (*Roxin/Schünemann*, Strafverfahrensrecht, § 24, Rn. 19 f.). Beweisverbote können daher unter Umständen auch dazu führen, dass in einem Verfahren die materielle Wahrheit gerade nicht zu Tage geführt wird. Gesteht ein Beschuldigter im Ermittlungsverfahren unter dem Einfluss einer angedrohten Folter und ist das Geständnis das einzige vorhandene Beweismittel im späteren Hauptverfahren, so kann das Geständnis aufgrund des Beweisverwertungsverbots in § 136a Abs. 3, S. 2 StPO (vgl. § 69 Abs. 3 StPO für die Vernehmung von Zeugen und Sachverständigen) nicht verwendet werden. Der Angeklagte muss

zielen gleichwohl einige[401] (auch) darauf ab.[402] Ein solcher Schutzzweck kann zumindest auch in der Belehrungspflicht nach §§ 136 Abs. 1, S. 2, 1. Hs., 163 Abs. 4, S. 2 StPO gesehen werden.[403] Danach ist der Beschuldigte darauf hinzuweisen, dass es ihm frei steht, sich zu der Beschuldigung zu äußern oder nicht zur Sache auszusagen. Weiterhin ist er darauf hinzuweisen, dass er das Recht hat, bereits zu einem frühen Zeitpunkt Beweisanträge zu stellen (§§ 136 Abs. 1, S. 3, 163a Abs. 4, S. 2 StPO), um ihn entlastende Tatsachen in das Ermittlungsverfahren einzubringen und eine effektive Verteidigung aufzubauen (§ 136 Abs. 2 StPO; § 219 StPO für den Angeklagten). Auch wenn man wegen des Wortlauts von § 136 Abs. 1 StPO, der davon spricht, dass dem Beschuldigten die Gelegenheit gegeben werden soll, die gegen ihn vorliegenden Verdachtsgründe zu beseitigen und die zu seinen Gunsten sprechenden Tatsachen geltend zu

---

dann unter Umständen freigesprochen werden, auch wenn er die Tat tatsächlich begangen hat. In **Kap. 1. B. III. 1. a. bb.** wurde bereits dargelegt, warum die materielle Wahrheit jedoch als Maßstab zur Klassifikation einer Fehlentscheidung ungeeignet ist. Die Klassifikation der Beweisverbote als Vorkehrung zur Vermeidung von Fehlentscheidungen ist jedoch auch im Hinblick auf die forensische Wahrheit fraglich. Wie bereits ausgeführt (**Kap. 1. B. III. 1. a. cc.**), liegt danach eine Fehlentscheidung vor, wenn der Sachverhalt nicht der gerichtlich ermittelbaren Wahrheit entspricht bzw. nicht „lege artis" ist. Was gerichtlich ermittelbar und „lege artis" ist, wird jedoch u.a. durch Beweisverbote konkretisiert. Es läge dann aber ein gewisser Zirkelschluss vor, wenn man sagte, dass Beweisverbote die Erforschung der forensischen Wahrheit sicherstellte, welche ihrem Inhalt nach wiederum durch Beweisverbote ausgestaltet wird. Beweisverbote stellen nach hier vertretener Ansicht daher primär keine Vorkehrung zur Vermeidung von Fehlentscheidungen dar. Gleichwohl wird nicht in Abrede gestellt, dass die Abwehr von Gefahren für die Wahrheitsermittlung im Einzelfall eine Nebenfunktion sein kann (so auch *Beulke/Swoboda*, Strafprozessrecht, Rn. 700). Vor dem Hintergrund dessen, dass dem Geständnis, welches unter dem besonderen Druck einer Folterandrohung erlangt wurde, ein besonderes Fehlerpotential innewohnt (so bereits *Hirschberg*, Das Fehlurteil im Strafprozeß, S. 17 ff.), kann das Beweisverbot des § 136a Abs. 3, S. 2 StPO im Einzelfall verhindern, dass ein Unschuldiger falsch gesteht.

401 Siehe überblicksartig zu den hier nicht gesondert angesprochenen weiteren Beschuldigtenrechten in *Beulke/Swoboda*, Strafprozessrecht, Rn. 183 ff.; *Roxin/Schünemann*, Strafverfahrensrecht, § 18, Rn. 2 ff.

402 So auch *Böhme*, Das strafgerichtliche Fehlurteil, S. 87. Ginge man davon aus, dass die Fehlerfreiheit das alleinige Ziel sei, dann müsste man davon ausgehen, dass Fehlentscheidungen im Strafprozess die Regel und die Fehlerfreiheit lediglich die Ausnahme bilden würde.

403 Vgl. auch *Böhme*, Das strafgerichtliche Fehlurteil, S. 87.

machen, davon ausgehen könnte, dass die Vorschrift lediglich dem Schutz des Beschuldigten gilt, so wird der Normzweck dennoch auch in der Wahrheitsermittlung und richtigen Sachverhaltsaufklärung sowie der Beweissicherung gesehen.[404] Da der Beschuldigte nicht nur Rechtssubjekt, sondern auch Beweismittel im materiellen Sinne ist, soll sichergestellt werden, dass seine Angaben ausreichenden Einfluss auf die Sachverhaltsrekonstruktion haben.[405]

Gem. §§ 136 Abs. 1, S. 2, 2. Hs., 163 Abs. 4, S. 2 StPO ist der Beschuldigte zudem darauf hinzuweisen, dass er bereits vor der ersten Vernehmung einen Verteidiger konsultieren darf. Dies kann insbesondere dann einer Fehlervermeidung dienen, wenn dem Beschuldigten selbst nicht bewusst ist, dass er zu gegen ihn erhobenen Vorwürfen schweigen darf und eine Belehrung seitens der Strafverfolgungsbehörden ausgeblieben ist. Nicht nur die Möglichkeit, sondern auch die Pflicht zur Verteidigerkonsultation besteht bei der sog. notwendigen Verteidigung in den Fällen der §§ 140, 141, 145 StPO. Dort geht der Gesetzgeber davon aus, dass der Beschuldigte – ungeachtet seiner Vermögensverhältnisse – bei bestimmten Tatvorwürfen zwingend von einem Verteidiger vertreten werden muss, um seine Rechte und Interessen zu wahren, diese effektiv in das Verfahren einzubringen und um den Ausgang des Verfahrens beeinflussen zu können.[406]

Eine Fortführung erhalten die Rechte des Beschuldigten im Zwischenverfahren (nunmehr Angeschuldigter) in Form des Antragsrechts zur Vornahme einzelner Beweiserhebungen vor der gerichtlichen Entscheidung über den Eröffnungsbeschluss und in Form von Einwendungen gegen die Eröffnung der Hauptverhandlung (§ 201 Abs. 1, S. 1 StPO). Im Hauptverfahren steht dem Angeklagten unter anderem das Fragerecht nach § 240 Abs. 2 i.V.m. Abs. 1 StPO zur Verfügung.

Spiegelbildlich zu den soeben dargestellten Rechten des Beschuldigten, existieren Belehrungspflichten (§ 136 StPO) auf Seiten der Strafverfolgungsbehörden. Auch Zeugen und Sachverständige sind auf ihre Rechte hinzuweisen (§§ 52 Abs. 2, S. 1; 55 Abs. 2, 57, 61, 2. Hs. StPO). Eine weitere und praxisrelevante Belehrungspflicht stellt § 257c Abs. 4 StPO dar, wonach der Angeklagte über die Möglichkeit einer konsensualen Erledigung in Form der – später vertiefend zu untersuchenden – Absprache zu belehren ist. Ein bedeutender Fall einer

404 *Eschelbach*, in: S/S/W-StPO, § 136, Rn. 5; *Diemer*, in: KK-StPO, § 136, Rn. 1; vgl. auch *Böhme*, Das strafgerichtliche Fehlurteil, S. 87.

405 Vgl. Ebenda.

406 Vgl. *Schmitt*, in: M/S-StPO, § 140, Rn. 1; vgl. *Willnow*, in: KK-StPO, § 140, Rn. 1.

Aufklärungspflicht besteht zudem in Form des § 35a StPO. Dieser regelt die Pflicht, dass der Betroffene nach einer Entscheidung, die nur mit befristeten Rechtsmitteln angefochten werden kann, über die Fristen und Formen aufzuklären ist.[407] Aufklärungs- und Unterrichtungspflichten zugunsten des Angeklagten sind weiterhin § 231a Abs. 2 StPO (Unterrichtung des durch vorsätzlich herbeigeführte Verhandlungsunfähigkeit Abwesenden über den wesentlichen Inhalt der Hauptverhandlung während der Abwesenheit), § 247 S. 4 StPO (Unterrichtung des Angeklagten vom wesentlichen Inhalt der Vernehmung, wenn er aufgrund der Vernehmung von Zeugen oder Mitangeklagten das Sitzungszimmer verlassen musste) und § 265 Abs. 1 StPO (Unterrichtung von der Bestrebung des Gerichts, den Angeklagten aufgrund einer anderen als in der Anklage beinhalteten Straftat zu verurteilen und Einräumung der Verteidigungsmöglichkeit; vgl. a. Abs. 2[408]).

Da Belehrungs- und Aufklärungspflichten somit in der Regel eine effektive Verteidigung des Angeklagten zu gewährleisten versuchen, leisten sie einen bedeutenden Beitrag zur gerichtlichen Wahrheitsfindung[409] und Sachverhaltsaufklärung. Damit können sie als vorhandene Sicherungsmechanismen aufgefasst werden, die der präventiven Fehlervermeidung auf Ebene der Tatsachenfeststellung[410] dienen.

---

407 Dabei handelt es sich eigentlich um eine Vorkehrung der Fehlerkorrektur, welche jedoch unter dem Punkt der Belehrungs- und Aufklärungspflichten behandelt wird.

408 Dies soll den Angeklagten vor nachteiligen Überraschungen schützen, indem ihm eine umfassende Verteidigung zugesichert wird (*Kuckein/Bartel*, in: KK-StPO, § 265, Rn. 1; BGHSt 2, 371, 373; 13, 320, 323 f.; 23, 95, 96) Schließlich war die ursprüngliche Verteidigungsstrategie nur anhand des ursprünglichen Anklagevorwurfs entwickelt worden. In der Hauptverhandlung soll er die Möglichkeit haben auch zu ggf. neuen Vorwürfen effektiv Stellung zu nehmen (§§ 240 Abs. 2 i.V.m. Abs. 1, 257, 258, 265 Abs. 3, Abs. 4 StPO). § 265 wird daher auch als gesetzlich geregelter Fall der gerichtlichen Fürsorgepflicht und als Ausfluss des Gebotes eines fairen Verfahrens und des Grundsatzes auf Gewährung rechtlichen Gehörs angesehen, *Pfeiffer*, StPO, § 265, Rn. 1.

409 Vgl. zum § 265 *Stuckenberg*, in: L/R-StPO, § 265, Rn. 7; vgl. *Kuckein/Bartel*, in: KK-StPO, § 265, Rn. 1; vgl. *Pfeiffer*, StPO, § 265, Rn. 1.

410 Vgl. *Böhme*, Das strafgerichtliche Fehlurteil, S. 90: „Sachverhaltsebene“.

II. Vorhandene Sicherungsmechanismen zur nachträglichen Korrektur[411] von strafgerichtlichen Fehlurteilen

1. *Die ordentlichen Rechtsbehelfe*

a. *Die Rechtsmittel*

Im dritten Buch (§§ 296–358) regelt die Strafprozessordnung die Rechtsmittel. In dem offensichtlichen Bewusstsein, dass dem Gericht sowohl bei der Feststellung des Sachverhalts, als auch bei der Rechtsanwendung, Fehler unterlaufen können, hat der Gesetzgeber ein vielschichtiges Rechtsmittelsystem geschaffen, welches darauf abzielt, fehlerhafte Entscheidungen abzuändern und die richtige Entscheidung herbeizuführen.[412] Sie gewähren den Verfahrensbeteiligten die Möglichkeit, nicht rechtskräftige (vgl. dazu §§ 316 Abs. 1, 343 Abs. 1 und 307 Abs. 1 StPO) gerichtliche Entscheidungen anzufechten und die ihr zugrundeliegende Strafsache ganz oder zum Teil einem anderen Spruchkörper zur nochmaligen Entscheidung zu unterbreiten.[413] Mit der Überprüfung von Gerichtsentscheidungen in tatsächlicher und rechtlicher Hinsicht sollen die unterschiedlichen Rechtsmittel der StPO die materielle Gerechtigkeit im Einzelfall, die Justizförmigkeit des Verfahrens und die Einheitlichkeit der Rechtsanwendung zur Verwirklichung der Gleichheit vor dem Gesetz gewährleisten.[414] Sie stellen daher bedeutende Mechanismen zur Korrektur von Fehlurteilen bzw. Fehlentscheidungen dar. Neben dieser weitreichenden Korrekturfunktion kann den Rechtsmitteln jedoch auch eine faktische bzw. praktische Warnfunktion attestiert werden. Denn sie sollen den Richter zumindest auch vor voreiligen Schlussfolgerungen und Entscheidungen bewahren und ihn, aufgrund des allgegenwärtigen Bewusstseins um eine potentielle Kontrolle seiner Entscheidung, zu einer besonderen Gründlichkeit und Sorgfalt anhalten.[415] Ob dies in

---

411 Mit Korrektur ist in diesem Zusammenhang die Korrektur des Ergebnisses für den Betroffenen gemeint, da laut Definition die Rechtskraft kein Definitionsmerkmal des Fehlurteils ist.

412 *Hoch*, in: S/S/W-StPO, Vor §§ 296 ff., Rn. 1.

413 *Paul*, in: KK-StPO, Vor § 296, Rn. 1.

414 *Hoch*, in: S/S/W-StPO, Vor §§ 296 ff., Rn. 1.

415 *Hoch*, in: S/S/W-StPO, Vor § 296, Rn. 2; vgl. auch *Schleif*, Urteil: Ungerecht, S. 59 ff., welcher darauf hinweist, dass eine Urteilsaufhebung durch den Bundesgerichtshof für einen Richter als *„eine große Blamage, als persönliche Niederlage"* angesehen werde; vgl. auch *Werle*, ZRP 1985, 1, 2.

jedem Einzelfall auf den Richter zutrifft, hängt jedoch vermutlich von der Persönlichkeit eines jeden Richters selbst ab.[416]

Die StPO regelt die Rechtsmittel der einfachen (§ 304 StPO), sofortigen (§ 311 StPO) und weiteren (§ 310 StPO) Beschwerde, der Berufung (§§ 312 ff. StPO) und der Revision (§§ 333 ff. StPO). Den drei Rechtsmitteln des dritten Buchs der StPO ist gemein, dass die Zuständigkeit eines höheren Gerichts für die Überprüfung der angefochtenen Entscheidung begründet wird (sog. Devolutiveffekt).[417] Die Einlegung der Berufung und der Revision hat weiterhin zur Folge, dass der Eintritt der Rechtskraft der angefochtenen Entscheidung sowie deren Vollstreckbarkeit gehemmt wird (sog. Suspensiveffekt).[418] Gemäß § 307 Abs. 1 StPO gilt dies jedoch nicht für das Rechtsmittel der Beschwerde gegen Verfügungen und Beschlüsse.

In den §§ 296–303 StPO werden für die Beschwerde, die Berufung und die Revision allgemein und gemeinsam geltende Vorschriften geregelt. Ein Rechtsmittel ist dann zulässig, wenn es statthaft und von einem Beteiligten, der durch die Entscheidung beschwert[419] ist, form- und fristgerecht eingelegt wird. Eine gegenwärtige und fortdauernde Beschwer, welche auch gleichzeitig den Regelungszweck der Rechtsmittel aufzeigt, ist dann gegeben, wenn die Rechte und geschützten Interessen des Rechtsmittelführers durch die angegriffene Entscheidung unmittelbar beeinträchtigt sind[420]; dass sich der Rechtsmittelführer lediglich beeinträchtigt fühlt, reicht – wie bereits erwähnt – nicht aus.[421]

Ein Urteil, gegen welches das Rechtsmittel der Berufung oder der Revision eingelegt worden ist, darf darüber hinaus in Art und Höhe der Rechtsfolgen der Tat nicht zum Nachteil des Angeklagten geändert werden, wenn lediglich der

---

416 Vgl. *Mannheim*, Beiträge zur Lehre von der Revision, S. 22 f.; vgl. *Jesse*, in: L/R-StPO, Vor § 296, Rn. 7, mit Hinweis darauf, dass das Bewusstsein einer möglichen Kontrolle einen gegenteiligen Effekt haben könnte. Denn das Bewusstsein, dass die eigene, noch anfechtbare Entscheidung lediglich vorläufig ist, könne auch zu einem geringeren Maß an Gründlichkeit und Hingabe führen; ähnlich auch *Frisch*, in: SK-StPO, Vor § 312, Rn. 4; *Schünemann*, in: FS Geppert, 649, 654; *Tröndle*, GA, 1967, 161, 173 f.

417 *Beulke/Swoboda*, Strafprozessrecht, Rn. 817; *Roxin/Schünemann*, Strafverfahrensrecht, § 53, Rn. 4.

418 Ebenda.

419 BGHSt 7, 153, 153; 16, 374, 374; 28, 327, 330.

420 *Schmitt*, in: M/S-StPO, Vor § 296, Rn. 8 f.; *Hoch*, in: S/S/W-StPO, Vor §§ 296 ff., Rn. 16.

421 *Hoch*, in: S/S/W-StPO, Vor § 296, Rn. 16.

Tatgeschehnissen aus dem Gedächtnis heraus Stellung nehmen soll und sich möglicherweise (noch) schlechter als im Ausgangsverfahren erinnert[436] oder die Inaugenscheinnahme einer Tatortspur, welche nicht mehr oder nur noch in verschlechtertem Zustand vorhanden ist.[437] Dem ist jedoch entgegenzuhalten, dass jedenfalls der Schwäche des Personalbeweises damit begegnet werden kann, dass die Möglichkeit besteht, dem Zeugen gegenüber formlose Vorhalte zu machen, Fragen zu stellen oder die Aussage mit derjenigen in der Vorinstanz zu vergleichen. Insoweit bestehen womöglich sogar bessere Aufklärungschancen als in der Eingangsinstanz. Übereinstimmungen, Widersprüche, Ergänzungen oder Auslassungen bei den Aussagen können dann dazu dienen, die Glaubwürdigkeit der Aussage zu würdigen und damit einen Beitrag zur Wahrheitsfindung leisten.[438] Darüber hinaus kann der Zeuge in der Berufungsinstanz auch zu Inhalten befragt werden, welche in der ersten Tatsacheninstanz noch unberücksichtigt blieben,[439] weil sie eventuell jetzt erst zum Vorschein gekommen sind.[440] Der Zeitablauf allein vermag daher nicht per se eine schlechtere Wahrheitsfindung zu begründen als in der Vorinstanz,[441] vielmehr ist aufgrund des geringeren Geschäftsaufkommens in der Regel sogar eine eingehendere Auseinandersetzung mit dem Verfahren möglich.[442]

cc. Die Revision

Die Revision stellt die letzte rechtsmittelrechtliche Anfechtungsmöglichkeit eines Urteils dar. Wird sie nicht fristgerecht eingelegt oder verläuft erfolglos, erwächst das Urteil in (formeller) Rechtskraft. Sie ist gem. §§ 333, 335 StPO gegen alle erstinstanzlichen Urteile des Amtsgerichts, des Landgerichts und des Oberlandesgerichts und gegen alle Berufungsurteile der kleinen Strafkammer des Landgerichts zulässig. Revisionen gegen erstinstanzliche Urteile, mit denen

---

436 *Böhme*, Das strafgerichtliche Fehlurteil, S. 96.

437 Vgl. *Peters*, Lehrbuch Strafprozeß, S. 623.

438 Vgl. BGHSt 45, 164, 170 ff.; vertiefend *Jansen*, Zeuge und Aussagepsychologie, Rn. 731 ff.; vgl. auch *Böhme*, Das strafgerichtliche Fehlurteil, S. 96 f.

439 Insofern ist die Einführung einer Dokumentation der Hauptverhandlung diskutabel, vgl. *Momsen*, Kann das Rechtsmittel der Revision nach geltendem Recht eine Fehlurteilskorrektur und -prävention leisten? Noch unveröffentlichtes Arbeitspapier aus dem Juni 2020, welches dem Verfasser vorliegt; siehe später vertiefend.

440 Vgl. *Frisch*, in: SK-StPO, Vor § 312, Rn. 3.

441 *Frisch*, in: SK-StPO, Vor § 312, Rn. 4; so auch *Böhme*, Das strafgerichtliche Fehlurteil, S. 96 f.

442 Vgl. *Becker/Kinzig*, ZRP 2000, 321, 322; *Böhme*, Das strafgerichtliche Fehlurteil, S. 97.

das Rechtsmittel der Berufung „übersprungen" wird, nennt man Sprungrevision (§ 335 StPO). Zuständig ist das OLG bei Berufungsurteilen des LG (§ 121 Abs. 1, Nr. 1, lit. b GVG), bei erstinstanzlichen Urteilen des AG (Sprungrevision, § 335 StPO, §§ 74 Abs. 3, 121 Abs. 1, Nr. 1, lit. b GVG) sowie bei erstinstanzlichen Urteilen des LG, wenn die Revision ausschließlich auf die Verletzung einer in den Landesgesetzen enthaltenen Rechtsnorm gestützt wird (§ 121 Abs. 1, Nr. 1, lit. c GVG). Hingegen ist der BGH zuständig für die Entscheidung über die Revision gegen erstinstanzliche Urteile des LG und des OLG (§ 135 Abs. 1 GVG) sowie bei Entscheidungen über Vorlagen gem. § 121 Abs. 2 GVG.

Während die Berufung eine zweite Tatsacheninstanz darstellt, wird in der Revision nur geprüft, ob eine Verletzung eines Gesetzes vorliegt (§ 337 Abs. 1 StPO). Dies ist der Fall, wenn eine Rechtsnorm im Sinne des § 7 EGStPO nicht oder nicht richtig angewandt wurde. Im Rahmen der Revision ist die Tatsachenfeststellung der Vorinstanz von der Überprüfung ausgeschlossen, d.h. das Revisionsgericht prüft nur, ob das Urteil verfahrensrechtlich ordnungsgemäß zustande gekommen ist und ob das materielle Recht richtig angewandt worden ist,[443] vgl. § 337 Abs. 1 StPO. Da das Revisionsgericht daher den vom Tatgericht festgestellten Sachverhalt nicht in Frage stellt, eine Wiederholung oder Ergänzung der Beweisaufnahme mithin ausscheidet, spricht man auch vom *„Verbot der Rekonstruktion der Beweisaufnahme/der Hauptverhandlung"*.[444] In ihrer gesetzlichen Ausgestaltung als reine Rechtsrüge zur lediglich rechtlichen Korrektur eines Urteils und des dem Urteil zugrundeliegenden Verfahrens, kennt sie (eigentlich) nur zwei Rügeformen. Wendet sich der Revisionsführer gegen die fehlerhafte Anwendung materiellen Rechts, spricht man von einer Sachrüge, wendet er sich hingegen gegen die prozessordnungswidrige Art und Weise des Zustandekommens des angefochtenen Urteils, so spricht man von einer Verfahrensrüge (§§ 337 Abs. 2, 344 Abs. 2 StPO). Eine in der Praxis jedoch komplizierte Abgrenzung von Tat- und Rechtsfrage hat in jüngerer Vergangenheit dazu geführt, dass die Rechtsprechung, insbesondere im Bezug auf die Sachrüge, eine im Hinblick auf das ursprüngliche Konzept

443 *Beulke/Swoboda*, Strafprozessrecht, Rn. 847; *Roxin/Schünemann*, Strafverfahrensrecht, § 55, Rn. 1; *Momsen/Momsen-Pflanz*, in: S/S/W-StPO, Vor §§ 333 ff., Rn. 2.

444 *Beulke/Swoboda*, Strafprozessrecht, Rn. 563, m.w.M.; *Roxin/Schünemann*, Strafverfahrensrecht, § 55, Rn. 24, m.w.N. Das Verbot selbst ist der StPO gleichwohl selbst nicht zu entnehmen, vgl. BGHSt 43, 212, 214; BGH NStZ-RR 2007, 20, 20; BGH NStZ 2012, 344, 344; *Bartel*, Das Verbot der Rekonstruktion der Hauptverhandlung, S. 19 ff.

des Rechtsmittels wesentlich erweiterte Revision geschaffen hat.[445] Denn das Revisionsgericht prüft den festgestellten Sachverhalt darauf, ob er geeignet ist, das Urteil zu überprüfen. Der Sachverhalt muss so konkret festgestellt worden sein, dass er unter die jeweilige gesetzliche Vorschrift subsumiert werden kann und zwar derart, dass, im Falle einer Strafbarkeit, auf dieser Grundlage eine gerechte Rechtsfolgenbestimmung erfolgen kann.[446] Im Rahmen dieser Darstellungsprüfung ist dies nicht mehr der Fall, wenn der Sachverhalt unklar, widersprüchlich oder lückenhaft festgestellt ist und bei solchen Darstellungen, die Denkgesetze der Logik, den allgemeinen Erfahrungssätzen und naturwissenschaftlichen Gesetzen widersprechen oder sie in ihrer Gedankenfindung unschlüssig sind.[447] In zunehmendem Maße prüft das Revisionsgericht auch, ob sich der Tatrichter im Rahmen der Beweiswürdigung und auf dem Weg zu seinen tatsächlichen Annahmen mit den nach dem Erfahrungswissen naheliegenden oder möglichen abweichenden Erklärungen, Geschehensabläufen und Sachverhaltsgestaltungen befasst hat.[448] Das Revisionsgericht prüft daher, abweichend von der ursprünglichen Konzeption als ausschließliche Rechtsrüge, zunächst den festgestellten Sachverhalt auf seine Klarheit, Widersprüchlichkeit oder Lückenhaftigkeit und anschließend die Beweiswürdigung bzw. den tatrichterlichen Ablauf der Überzeugungsbildung auf alternative Geschehensabläufe und Erklärungen bezüglich der Eignung als Grundlage der Rechtsanwendung und Rechtsfolgenbestimmung.[449] Ob das Tatgericht die tatsächlichen und historischen Tatabläufe richtig festgestellt hat, prüft das Revisionsgericht jedoch nicht. Weicht ein Urteil des Tatgerichts von diesen Anforderungen ab,

---

445 Vgl. *Roxin/Schünemann*, Strafverfahrensrecht, § 55, Rn. 32; *Frisch*, in: SK-StPO, Vor § 333, Rn. 7 ff.

446 Vgl. *Fezer*, Die erweiterte Revision, S. 41 f.; vgl. *Beulke/Swoboda*, Strafprozessrecht, Rn. 559; vgl. *Roxin/Schünemann*, Strafverfahrensrecht, § 55, Rn. 1.

447 Vgl. *Fezer*, Die erweiterte Revision, S. 13 ff; *Fezer*, Möglichkeiten einer Reform der Revision in Strafsachen, S. 94 ff.; vgl. auch exemplarisch BGHSt 19, 82, 84 f. zum allgemeinen Erfahrungssatz der Fahruntüchtigkeit von Fahrradfahrern; vgl. auch OGHBrZ Köln NJW 1950, 308, 308 f. zu allgemein anerkannten wissenschaftlichen Erkenntnissen der Blutgruppenanalyse für die Vaterschaftsfeststellung.

448 *Frisch*, in: SK-StPO, Vor § 333, Rn. 8; vgl. dazu schon RGSt 71, 25, 26; 73, 246, 248; 77, 75, 79 f.; BGHSt 3, 213, 214 f.; 12, 311, 312; 22, 180, 185; BGH GA 1965, 208, 208 f.; vertiefend *Fezer*, Die erweiterte Revision, S. 23 ff.

449 Vgl. *Frisch*, in: SK-StPO, Vor § 333, Rn. 10, welcher die Ursachen für die erweiternde Rechtsprechung des BGH „*nicht zuletzt vor dem Hintergrund [sieht], dass die vom BGH kontrollierten erstinstanzlichen landgerichtlichen Urteile keiner Berufung unterliegen.*“

wird das Urteil vom Revisionsgericht aufgehoben, selbst wenn bezogen auf die „eigentliche" Rechtsanwendung nicht fehlerhaft gehandelt wurde.[450]

Gesetzlich nicht geregelt ist die besondere Sachrüge der Aufklärungsrüge. Diese ermöglicht dem Revisionsführer, eine Entscheidung mit der Begründung anzufechten, dass der Tatrichter seine Verpflichtung zur vollständigen Wahrheitserforschung (§ 244 Abs. 2 StPO) verletzt hat, weil er von sich aufdrängenden weiteren Beweismitteln keinen Gebrauch gemacht hat und deshalb zu einem möglicherweise falschen Beweisergebnis gelangt ist.[451] Dies wird dadurch ermöglicht, dass § 337 Abs. 1 StPO zwar verlangt, dass das Urteil auf einer Verletzung des Gesetzes „beruht",[452] nach einhelliger Meinung dafür jedoch bereits ausreicht, dass das Urteil ohne Gesetzesverletzung „möglicherweise anders" ausgefallen wäre; eine „rein theoretische" Möglichkeit soll jedoch nicht ausreichen.[453] Auch wenn die Aufklärungsrüge oft erhoben wird, sind die Erfolgsaussichten oftmals – wegen der strengen Anforderungen an die Revisionsbegründungen des § 344 Abs. 2, S. 2 StPO – verschwindend gering.[454]

Bisweilen ist es zudem äußerst kompliziert, darzulegen, dass ein Gericht die Verpflichtung hatte, ein Beweismittel zu erheben, welches sich aufdrängte und es pflichtwidrig aber nicht erhoben hat.[455] Dies kann an der Sonderform der Rüge unzureichender Ausschöpfung eines Beweismittels verdeutlicht werden. Diese kann erhoben werden, wenn ein Beweismittel zwar erhoben, aber nicht ausreichend ausgeschöpft wurde,[456] weil einem Zeugen oder einem Sachverständigen exemplarisch eine bestimmte Frage nicht gestellt wurde. Dem Revisionsführer wird es dann in der Regel nicht gelingen, einen solchen Rechtsfehler zu beweisen, da das Hauptverhandlungsprotokoll der Vorinstanz keine Angaben

---

450 Vgl. *Frisch*, in: SK-StPO, Vor § 333, Rn. 7; vgl. zahlreiche Beispiele hierfür bei *Fezer*, Möglichkeiten einer Reform der Revision in Strafsachen, S. 130 ff.

451 Vgl. *Roxin/Schünemann*, Strafverfahrensrecht, § 55, Rn. 34; vgl. *Momsen*, in: S/S/W-StPO, § 337, Rn. 47.

452 Dass ein Urteil, auf einem sachlich-rechtlichen Fehler beruht, kann dem Urteil regelmäßig selbst entnommen werden. In der Regel bedarf es jedoch bei Verfahrensfehlern einer Feststellung des Beruhens (sogenannte relative Revisionsgründe), außer es liegt ein absoluter Revisionsgrund (§ 338 StPO) vor, bei dem das Beruhen unwiderlegbar vermutet wird, *Beulke/Swoboda*, Strafprozessrecht, Rn. 853 ff.

453 *Momsen*, in: S/S/W-StPO, § 337, Rn. 82; BGH NStZ 1985, 135, 135 ff.

454 *Krehl*, in: KK-StPO, § 244, Rn. 215; *Hamm/Pauly*, Die Revision in Strafsachen, Rn. 739.

455 Siehe zu den Begründungserfordernissen *Krehl*, in: KK-StPO, § 244, Rn. 216.

456 *Krehl*, in: KK-StPO, § 244, Rn. 221.

zum Inhalt von Beweiserhebungen macht, weshalb der Beweis in der Regel nur über eine unzulässige Rekonstruktion der Beweisaufnahme zu erbringen wäre.[457] Eine ähnliche Problematik wird auch mit der sog. Inbegriffsrüge in Verbindung gebracht. Mit ihr wird gerügt, dass der Tatrichter seiner Beweiswürdigung solche Beweismittel zugrunde gelegt hat, die tatsächlich nicht (und entgegen von § 261 StPO) erhoben worden sind.[458]

Bei der Verfahrensrüge wird ein Urteil angefochten, welches dadurch Verfahrensrecht verletzt hat, dass eine gesetzlich vorgeschriebene Handlung unterblieben oder fehlerhaft vorgenommen worden ist oder wenn die Handlung gänzlich unzulässig war.[459] Da Verfahrensmängel bewiesen werden müssen, kann die Beachtung der für die Hauptverhandlung vorgeschriebenen Förmlichkeiten nur durch das Protokoll nachgewiesen werden, § 274 StPO.[460] Weil die Frage, ob die Förmlichkeiten eingehalten wurden, nicht Anlass für aufwendige Beweiserhebungen geben soll, normiert § 274 S. 1 StPO eine Beweisregel und schließt in seinem Anwendungsbereich andere Beweise für die Beweisführung aus (formelle Beweiskraft).[461] Dabei ist die Beweiskraft des Protokolls sowohl positiver als auch negativer Natur, d.h. Vorgänge, die im Protokoll enthalten sind, gelten unwiderlegbar als geschehen, was nicht vermerkt ist, gilt als nicht geschehen.[462] Die Beweiskraft entfällt jedoch bei Meinungsverschiedenheiten zwischen Urkundspersonen über den konkreten Inhalt des Protokolls,[463] wenn eine der oder beide Urkundspersonen den Inhalt des Protokolls nachträglich für unrichtig erklären[464] sowie dann, wenn das Protokoll selbst erkennbare

457 *Krehl*, in: KK-StPO, § 244, Rn. 221; vgl. zu den Schwierigkeiten des Nachweises von Gesetzesverletzungen durch das Hauptverhandlungsprotokoll auch *Momsen*, in: S/S/W-StPO, § 337, Rn. 69.

458 BGH NStZ 2011, 471, 472; BGH NStZ 1984, 329, 330; vgl. auch BGH NStZ 1999, 45, 46.

459 *Beulke/Swoboda*, Strafprozessrecht, Rn. 852; *Schmitt*, in: M/S-StPO, § 337, Rn. 9; *Momsen*, in: S/S/W-StPO, § 333, Rn. 63.

460 BGHSt 2, 125, 126; *Greger*, in KK-StPO, § 274, Rn. 1; *Beulke/Swoboda*, Strafprozessrecht, Rn. 852.

461 *Greger*, in: KK-StPO, § 274, Rn. 1; vertiefend zur formellen Beweiskraft RGSt 43, 1, 6; BGHSt 26, 281, 282 ff.; vertiefend zur Beweisregel BGHSt 51, 88, 95; 51, 298, 303; vertiefend zum Zweck der erleichterten Prüfung von Verfahrensfehlern BGH NJW 1976, 812, 812; BGH NJW 1976, 977, 978.

462 BGH 22, 278, 280; vgl. *Pfeiffer*, StPO, § 274, Rn. 3.

463 Vgl. RGSt 57, 394, 396; *Schmitt*, in: M/S-StPO, § 274, Rn. 16.

464 BGHSt 4, 364, 364 f.; BGH NJW 2001, 3794, 3796; BGH NStZ 2014, 668, 669 f.; *Schmitt*, in: M/S-StPO, § 274, Rn. 16.

Fehler, z.B. offensichtliche Lücken, Unklarheiten oder Widersprüche, aufweist.[465] Die Folge eines Wegfallens der Beweiskraft ist dann jedoch nicht, dass das Vorbringen des Beschwerdeführers automatisch als wahr zu unterstellen ist; vielmehr muss das Rechtsmittelgericht dann im Freibeweis und in freier Beweiswürdigung klären, wie der Verfahrensablauf wirklich war und ist dabei nicht an die Feststellungen des Tatgerichts zu dem Verfahren gebunden.[466]

Insgesamt stellt sich die Revision daher als ein erheblich durch richterliche Rechtsfortbildung geprägtes Rechtsmittel dar. Es ergeben sich zwangsläufig Zweifel, ob die Revision sowie die ausufernde revisionsrechtliche Rechtsprechung zur Kompensation der fehlenden zweiten Tatsacheninstanz bei erstinstanzlichen Urteilen des Landgerichts und Oberlandesgerichts im Stande ist und ob eine effektive Fehlerkorrektur überhaupt möglich ist.[467]

b. Die sonstigen ordentlichen Rechtsbehelfe

aa. Der Einspruch gegen den Strafbefehl, §§ 410 f. StPO

Gegen den erlassenen und aus seiner Sicht fehlerhaften Strafbefehl kann der Angeklagte innerhalb von zwei Wochen nach Zustellung schriftlich oder zu Protokoll der Geschäftsstelle Einspruch einlegen, § 410 Abs. 1 StPO. Der Einspruch kann auf bestimmte Beschwerdepunkte beschränkt werden, § 410 Abs. 2 StPO. Soweit die Einlegung des Einspruchs nicht rechtzeitig erfolgt, steht der Strafbefehl gem. § 410 Abs. 3 StPO einem rechtskräftigen Urteil gleich. Er entfaltet daher bei rechtzeitiger Einlegung einen Suspensiveffekt, hingegen keinen Devolutiveffekt, da das Verfahren dennoch bei dem erlassenen Amtsgericht verbleibt (siehe vertiefend später in **Kap. 4. C. II.**).

---

465 BGH 16, 306, 308; 17, 220, 222; 31, 39, 41, BGH NJW 1976, 977, 978; BGH NJW 1984, 2172, 2172; BGH NJW 2001, 3794, 3796; BGH NStZ-RR 2004, 237, 237; BGH NStZ 2006, 117, 117; *Schmitt*, in: M/S-StPO, § 274, Rn. 17.

466 RGSt 4, 388, 388 f.; BGHSt 16, 164, 167; vgl. *Schmitt*, in: M/S-StPO, § 274, Rn. 18.

467 Eine ausführliche Auseinandersetzung mit einem möglichen Reformbedarf der Revision (bzw. der Fehlerkorrektur im Allgemeinen) ist mit Blick auf die Schwerpunktsetzung der Arbeit leider nicht möglich. Die Erweiterung der Revision durch die Rechtsprechung lässt allerdings vermuten, dass die Frage, ob das aufgeworfene Problem im Ergebnis nach materiellen oder nach verfahrensrechtlichen Gesichtspunkten entschieden wird, oftmals im Ermessen des Revisionsgerichts steht (vertiefend *Momsen*, KriPoZ 2018, 339, 343) und damit letztendlich auch die Aufdeckung möglicher Fehlurteile vom Willen des Revisionsgerichts abhängt (vgl. *Momsen*, in: S/S/W-StPO, § 337, Rn. 49 f.).

bb. Der Zwischenrechtsbehelf, § 238 Abs. 2 StPO

In Form von § 238 Abs. 2 StPO kennt die Strafprozessordnung schließlich noch den Zwischenrechtsbehelf als ordentliches Rechtsmittel. Danach entscheidet das Gericht, wenn eine an der Verhandlung beteiligte Person eine auf die Sachleitung bezügliche Anordnung des Vorsitzenden als unzulässig beanstandet. Nach § 238 Abs. 1 StPO erfolgt die Leitung der Verhandlung, die Vernehmung des Angeklagten und die Aufnahme des Beweises durch den Vorsitzenden. Danach kommt dem Vorsitzenden also die zentrale Aufgabe zu, dass in erster Linie er die für die Durchführung der Hauptverhandlung erforderlichen Anordnungen[468] trifft, und zwar ohne dass die Entscheidung stets durch den gesamten Spruchkörper erfolgen muss.[469] Eine solche Konzentration der Leitungsaufgaben beim Vorsitzenden fördert eine effektive und straffe Durchführung der Hauptverhandlung i.S.d. Beschleunigungsgrundsatzes, weil dadurch zeitraubende Entscheidungen des Spruchkörpers (im Interesse der zügigen Abwicklung der Verfahrensvorgänge) zurückgedrängt werden.[470] § 238 Abs. 2 StPO ist darauf gerichtet, die Entscheidung des gesamten Spruchkörpers herbeizuführen, wenn die Überprüfung der Anordnung ergibt, dass sie einen Verstoß gegen gesetzliche Vorschriften, ungeschriebene Verfahrensgrundsätze oder Ermessensgrenzen darstellt.[471] Sollte ein solcher Verstoß festgestellt werden, wird die Gesamtverantwortung für die Rechtsförmigkeit der Verhandlung auf den gesamten Spruchkörper übertragen und es kommt mithin zu einer frühen Korrektur von Fehlern des Vorsitzenden (im Rahmen der selben Instanz) und (ggf.) zu einer Vermeidung der Revision.[472] Besondere Relevanz erlangt der Zwischenrechtsbehelf im Zusammenhang mit der Revision. Denn die Zulässigkeit einer Verfahrensrüge setzt in diesem Zusammenhang grundsätzlich voraus, dass der Beschwerdeführer von dem Zwischenrechtsbehelf des § 238 Abs. 2 StPO mit dem Ergebnis Gebrauch gemacht hat, dass die Anordnung des Vorsitzenden als rechtmäßig bestätigt wird.[473] Ist dies nicht geschehen,

468 Siehe überblicksartig zu den Aufgaben des Vorsitzenden *Grube*, in: S/S/W-StPO, § 238, Rn. 5.

469 Vgl. *Schneider*, in: KK-StPO, § 238, Rn. 1 f.

470 Vgl. *Frister*, in: SK-StPO, § 238, Rn. 2; *Schneider*, in: KK-StPO, § 238, Rn. 2.

471 Vgl. BGH NStZ 2011, 300, 300 f.; *Schneider*, in: KK-StPO, § 238, Rn. 2, 19.

472 BGHSt 51, 144, 147; *Schmitt*, in: M/S-StPO, § 238, Rn. 10; *Becker*, in: L/R-StPO, § 238, Rn. 16.

473 RG JW 1939, 760, 760; RGSt 71, 21, 23; BGHSt 1, 322, 325; 3, 368, 369 f.; 4, 324, 366; 42, 73, 77 f.; vgl. BGH JZ 1988, 624, 624; BGH NstZ-RR 2005, 208, 208; *Schmitt*, in: M/S-StPO, § 238, Rn. 22. Zur Frage, ob die Rügepräklusion nur bei

verwirkt er insoweit das Recht auf Revision (sog. Rügepräklusion).[474] Obwohl die Präklusion selbst keinerlei Stütze in der Strafprozessordnung hat, wird sie von der Rechtsprechung aus dem telos des § 238 Abs. 2 StPO selbst abgeleitet. Danach verhält sich derjenige widersprüchlich, welcher von der Beanstandungsmöglichkeit des Zwischenrechtsbehelfs weiß, dennoch von ihr keinen Gebrauch macht und erst in der späteren Revisionsinstanz den Fehler des Vorsitzenden rügen möchte.[475] Wenn der Rügeberechtigte die Rüge nach § 238 Abs. 2 StPO unterlässt, sei darin seine innere Haltung zu erkennen, dass er in der Anordnung des Vorsitzenden keinen mit der Revision zu beanstandenden Fehler sehe.[476]

2. *Die außerordentlichen Rechtsbehelfe*[477]

a. *Die Wiedereinsetzung in den vorigen Stand, § 44 ff. StPO*

Als außerordentlicher Rechtsbehelf[478] gewährt die Wiedereinsetzung in den vorigen Stand[479] auf Antrag demjenigen, welcher ohne Verschulden gehindert war, eine Frist einzuhalten, dass das Verfahren in den Zustand versetzt wird, der bestanden hätte, wenn die Frist nicht versäumt worden wäre.[480] Damit dient sie zum einen der Wahrung des Grundsatzes auf rechtliches Gehör und zum

---

Ermessensentscheidungen des Vorsitzenden oder auch bei der Anwendung zwingenden Rechts gilt *Mosbacher*, NStZ 2011, 606, 609; von der Rechtsprechung bisher unbeantwortet, vgl. BGHSt 51, 144, 147 f.

474 Ausnahmsweise soll die Rügepräklusion bei bestimmten Fallgruppen entfallen, vgl. Übersichten bei *Schneider*, in: KK-StPO, § 238, Rn. 30 ff.; *Becker*, in: L/R-StPO, § 238, Rn. 47.

475 Ausführlich BGHSt 51, 144, 147 f.; *Becker*, in: L/R-StPO, § 238, Rn. 43 ff., welcher in dem widersprüchlichen Verhalten einen Rechtsmissbrauch sieht, welcher schließlich zur Unwirksamkeit der Verfahrensrüge führe.

476 Vertiefend BGHSt 51, 144, 147 f.; siehe ausführlich die Darstellung auch abweichender Ansichten zur dogmatischen Herleitung der ungeregelten Rügepräklusion bei *Mosbacher*, JR 2007, 387, 387.

477 Der Vollständigkeit halber sei hier auch auf kostenrechtliche Rechtsbehelfe hingewiesen, § 464 Abs. 3 StPO und § 66 GKG i.V.m. § 1 Abs. 1, Nr. 5 GKG. Aufgrund des allenfalls mittelbaren Bezugs zur Wahrheitsfindung finden diese im Folgenden keine Beachtung mehr.

478 Da die Wiedereinsetzung in den vorigen Stand weder einen Suspensiv-, noch einen Devolutiveffekt gewährt, handelt es sich nicht um ein Rechtsmittel.

479 Vertiefend zu den Voraussetzungen *Pfeiffer*, StPO, § 44, Rn. 1 ff. und § 45, Rn. 1 ff.

480 Vgl. KG StV 16, 545, 547; *Schmitt*, in: M/S-StPO, § 44, Rn. 25.

anderen der Gewährleistung eines effektiven Rechtsschutzes.[481] Die Rechtskraft der Entscheidung steht der Wiedereinsetzung in den vorigen Stand nicht entgegen, sondern soll durch diese gerade beseitigt werden, vgl. § 47 Abs. 3 StPO.[482] Anders als die bisher vorgestellten Rechtsmittel, erstrebt der Betroffene nicht die Nachprüfung einer Entscheidung,[483] mithin die Korrektur eines gerichtlichen Fehlers, sondern vielmehr die Abwehr von jenen Konsequenzen, welche das Gesetz an das Versäumnis von Fristen knüpft. Das (unverschuldete) Versäumnis geht hier also nicht auf das Gericht, sondern auf den Antragssteller selbst zurück. In der Praxis ist dies besonders beim Versäumen von Rechtsmittelfristen von großer Relevanz.[484] Ergeht auf den Wiedereinsetzungsantrag eine verwerfende Entscheidung des Gerichts, so kann der Antragsteller dies mit der Beschwerde anfechten (§ 46 Abs. 3 StPO). Auch wenn die Wiedereinsetzung nicht auf die Korrektur von Fehlentscheidungen nach der hiesigen Definition abzielt, ist sie ein Instrumentarium zur Abwendung einer Entscheidung, welche nicht dem historischen Sachverhalt entspricht.

b. Die Anträge auf Nachverfahren

Eine Korrekturfunktion kann auch den Anträgen auf ein Nachverfahren zugeschrieben werden. Eine solche Möglichkeit sieht exemplarisch § 33a StPO vor.[485] Hat danach das Gericht in einem Beschluss den Anspruch eines Beteiligten auf rechtliches Gehör in entscheidungserheblicher Weise verletzt, und steht ihm gegen den Beschluss keine Beschwerde und kein anderer Rechtsbehelf zu, versetzt das Gericht, sofern der Beteiligte dadurch noch beschwert ist, von Amts wegen oder auf Antrag insoweit das Verfahren durch Beschluss in die Lage zurück, die vor dem Erlass der Entscheidung bestand.[486] Damit dient die Norm der Sicherstellung des allgemeinen Justizgewährungsanspruchs in der Form

---

481 BVerfGE 38, 35, 38; 40, 88, 91; 41, 332, 334; BVerfG NJW 1974, 1902, 1903; BVerfG NJW 1991, 2277, 2277.

482 RGSt 53, 286, 288; *Schmitt*, in: M/S-StPO, § 44, Rn. 1; *Maul*, in: KK-StPO, § 44, Rn. 1.

483 *Schmitt*, in M/S-StPO, § 44, Rn. 1.

484 Vgl. *Rotsch*, in: AnwK-StPO, § 44, Rn. 1 ff.; vgl. auch *Beulke/Swoboda*, Strafprozessrecht, Rn. 305.

485 Vgl. auch § 433 ff. StPO, welche für den Fall der ungerechtfertigten Einziehung die Geltendmachung im Nachverfahren vorsehen.

486 Praktisch bedeutet das, dass die Anhörungsrüge zu einer Wiedereinsetzung in den vorigen Stand führt, welcher jedoch eine Überprüfung im Rahmen des Nachverfahrens vorausgeht.

des Rechts auf richterliches Gehör im fachgerichtlichen Verfahren und bewirkt schließlich eine Fehlerkorrektur, wenn der Sachverhalt unvollständig und ohne hinreichende Berücksichtigung der Beschuldigtenversion aufgeklärt wurde.[487] § 33a StPO ist jedoch nur subsidiär und wird für das Beschwerdeverfahren von § 311a StPO und für das Revisionsverfahren durch § 356a StPO als speziellere Regelungen ersetzt.[488]

c. Anträge auf Entscheidung des Rechtsmittelgerichts

Anträge auf Entscheidung des Rechtsmittelgerichts sind ein Instrument, um sicherzustellen, dass es überhaupt zu einer Fehlerkorrektur kommen kann. Kommt es aufgrund verspäteter Einlegung der Berufung bzw. mangels frist- oder formgerechter Anbringung der Revisionsanträge zu einer Verwerfung als unzulässig (§§ 319 Abs. 1, 346 Abs. 1 StPO) durch den Tatrichter, so besteht für den Rechtsmittelführer die Möglichkeit, die Entscheidung des Rechtsmittelgerichts durch Antrag herbeizuführen (§§ 319 Abs. 2, 346 Abs. 2 StPO). Es handelt sich dabei um Rechtsbehelfe eigener Art.[489] Der Antrag kann vom „Beschwerde"führer (vgl. §§ 319 Abs. 2, S. 1, 346 Abs. 2, S. 1 StPO) innerhalb einer Woche nach Zustellung des Verwerfungsbeschlusses gestellt werden. Wird dem Antrag stattgegeben, gelangt das schon verworfene Rechtsmittel dennoch in die formelle und materielle Prüfung.

d. Die Wiederaufnahme des Verfahrens, §§ 359 ff. StPO

Als letzte Korrekturmöglichkeit der Strafprozessordnung haben die §§ 359 ff. StPO die Wiederaufnahme eines durch rechtskräftiges (Sach-) Urteil[490] abgeschlossenen Verfahrens zum Gegenstand und dienen damit der Beseitigung von Fehlentscheidungen.[491] Die Regelungen sollen den Konflikt

---

487 Vgl. BVerfGE 107, 395, 409.

488 Vgl. *Schmitt*, in: M/S-StPO, § 33a, Rn. 1.

489 Vgl. BGHSt 16, 111, 118 f.; *Schmitt*, in: M/S-StPO, § 319, Rn. 2 und § 346, Rn. 8.

490 Die §§ 359, 362 StPO beziehen sich ihrem Wortlaut nach nur auf (Sach-)Urteile. Ob die Regeln auch bei Beschlüssen anwendbar sind, ist hoch umstritten. Jedenfalls dort, wo der Gesetzgeber den Gerichten aus prozessökonomischen Gründen aber die Möglichkeit gegeben hat, anstelle eines Sachurteils ohne Hauptverhandlung mit dem Beschluss als Entscheidungsform zu handeln (vgl. §§ 349 Abs. 2, 349 Abs. 4, 206b, 371 Abs. 2, 313 Abs. 2, 322a StPO), leuchtet es nicht ein, warum dann die Wiederaufnahmemöglichkeit nicht gegeben sein sollte: vgl. vertiefend *Schmitt*, in: M/S-StPO, Vor § 359, Rn. 5; *Frister*, in: SK-StPO, Vor § 359, Rn. 20 f.

491 Vgl. *Roxin/Schünemann*, Strafverfahrensrecht, § 57, Rn. 1.

zwischen der Verwirklichung materieller Gerechtigkeit auf der einen Seite und der Gewährleistung von Rechtssicherheit bzw. Rechtsfrieden auf der anderen Seite[492] lösen.[493] Das Bestreben nach Rechtssicherheit bzw. Rechtsfrieden soll ausnahmsweise in den Hintergrund treten, wenn es sich um ein rechtskräftiges Urteil handelt, welches unerträgliche Fehler enthält, sodass es niemand verstehen würde, wenn weiterhin der einmal gefällte Richterspruch aufrechterhalten würde.[494] Demnach darf eine Wiederaufnahme des Verfahrens nur in sehr restriktiven und engen Grenzen möglich sein. Obwohl neben den Erkenntnissen über die Häufigkeit der Antragsstellung keine Daten über den tatsächlichen Erfolg solcher Verfahren vorliegen (vgl. schon **Kap. 1. C. III. 3.**), wird die Erfolgsquote von Wiederaufnahmeverfahren als sehr „gering“[495] eingeschätzt.

Diese engen Ausnahmefälle sollen durch die abschließende[496] Aufzählung von Fallgruppen, insbes. der §§ 359, 362 StPO, sichergestellt werden.[497] Eine Wiederaufnahme zugunsten des Verurteilten kann nur bei den in §§ 359 Nr. 1–6 StPO genannten Fallgruppen erfolgen. Neben der Fallgruppe des § 359

492 Kritisch dazu *Frister*, in: SK-StPO, Vor § 359, Rn. 1 f., welcher darauf hinweist, dass diese beiden Schlagworte unpräzise seien. Zum einen sei die Gewährleistung materieller Gerechtigkeit nicht immer gewährleistet, da die Feststellung des Sachverhalts mit zunehmendem zeitlichen Abstand immer schwieriger werde, weshalb eine Wiederaufnahme allein unter diesem Gesichtspunkt nur bei neuen und zusätzlichen Erkenntnisquellen möglich sei (Rn. 1). Zum anderen kollidiere das Bestreben nach Rechtssicherheit bei einer Wiederaufnahme aufgrund zusätzlicher Erkenntnisse vor Allem mit dem durch Art. 103 Abs. 3 GG verfassungsrechtlich garantierten Interesse des Angeklagten, wegen derselben Tat nicht mehrfach mit einem Strafverfahren belastet zu werden (Rn. 2).

493 Vgl. BVerfG MDR 1975, 468, 469; BVerfG NJW 2007, 207, 207 f.; *Schmitt*, in: M/S-StPO, Vor § 359, Rn. 1; *Schmidt*, in: KK-StPO, Vor § 359, Rn. 1; *Frister*, in: SK-StPO, Vor § 359, Rn. 1.

494 *Beulke/Swoboda*, Strafprozessrecht, Rn. 878.

495 So der ehemalige Präsident des Bundesgerichtshofs *Tolksdorf*: *Geiger*, Interview zu Fehlurteilen. „Kein Mensch würde Richter“, stuttgarter-zeitung.de vom 04.11.2012 (Onlinequelle); ähnlich auch *Hellebrand*, NStZ 2008, 374, 376, Fn. 32, der davon spricht, dass das Wiederaufnahmeverfahren nur in „extremen Ausnahmefällen“ erfolgreich sei, wenn ein Gericht überhaupt einmal über die (restriktive) Prüfung der Zulässigkeit eines Wiederaufnahmeantrags hinauskommen sollte.

496 *Beulke/Swoboda*, Strafprozessrecht, Rn. 878.

497 Darüber hinaus sieht das Gesetz eine zusätzliche Wiederaufnahmemöglichkeit in dem Sonderfall des Strafbefehlsverfahrens vor (§ 373a StPO) sowie (abgeleitet aus § 79 Abs. 1 BVerfGG) für den Fall, dass das Strafurteil auf einer Norm beruht, die für verfassungswidrig erklärt worden ist.

Nr. 1 (Vorbringen unechter oder verfälschter Urkunden[498]) ist besonders die Fallgruppe des § 359 Nr. 5 StPO praxisrelevant. Danach ist die Wiederaufnahme möglich, wenn neue Tatsachen oder Beweismittel beigebracht werden, die allein oder in Verbindung mit den früher erhobenen Beweisen die Freisprechung des Angeklagten, eine mildere Bestrafung oder eine wesentlich andere Entscheidung über eine Maßregel der Besserung und Sicherung zu begründen geeignet sind. Eine Wiederaufnahme zuungunsten des Angeklagten ist hingegen nur unter den engen Voraussetzungen des § 362 StPO möglich. Von besonderer Relevanz ist hier § 362 Nr. 4 StPO, wonach eine Wiederaufnahme zulässig ist, wenn von dem (zu Unrecht) Freigesprochenen ein glaubwürdiges Geständnis der Tat abgelegt wird. Ein Äquivalent zu § 359 Nr. 5 StPO, welcher die Wiederaufnahme zuungunsten des Betroffenen wegen des Beibringens neuer Tatsachen und Beweismittel zulässt, fehlt hier jedoch (vgl. auch Art. 103 Abs. 2 GG). Auffällig ist, dass das Gesetz eine Wiederaufnahme, außer in den Fällen der § 359 Nr. 6 StPO und § 79 Abs. 1 BVerfGG wegen Rechtsfehlern, ansonsten nur für Fehler bei der Sachverhaltsfeststellung zulässt.[499] Für Entscheidungen im Wiederaufnahmeverfahren ist i.d.R. ein anderes Gericht mit der gleichen sachlichen Zuständigkeit als das Gericht, gegen dessen Entscheidung sich der Wiederaufnahmeantrag richtet, zuständig (§ 367 Abs. 1, S. 1 StPO i.V.m. § 140a GVG). Das Wiederaufnahmeverfahren vollzieht sich nach Stellung eines Wiederaufnahmeantrags (§ 365 f. StPO) grundsätzlich in drei Abschnitten. Im ersten, sog. Additionsverfahren prüft das Wiederaufnahmegericht die Zulässigkeit des gestellten Wiederaufnahmeantrags im Bezug auf die vorgeschriebene Form und Angabe eines gesetzlichen Wiederaufnahmegrundes sowie auf die Schlüssigkeit[500] des Antrags. Bei Unzulässigkeit wird der Antrag verworfen (§ 368 Abs. 1 StPO). Ist er hingegen zulässig, ergeht ein Zulassungsbeschluss und das Gericht tritt in das sog. Probationsverfahren ein. Hier wird die Begründetheit des Antrags geprüft. Sollte dies erforderlich sein, nimmt ein vom Wiederaufnahmegericht beauftragter Richter eine Beweisaufnahme über den Wiederaufnahmegrund vor (§ 369 StPO) und entscheidet sodann selbst

---

498 So auch im berühmten Fall Mollath, OLG Nürnberg NJW 2013, 2692, 2692 ff.

499 Vgl. *Kasper*, in: S/S/W-StPO, § 359, Rn. 39.

500 Inwieweit bei der Schlüssigkeitsprüfung schon eine vorweggenommene Beweiswürdigung vorgenommen wird, ist umstritten. Nach herrschender Meinung ist zu prüfen, ob vom Standpunkt des erkennenden Gerichts aus dessen Entscheidung bei Berücksichtigung der neuen Beweise anders ausgefallen wäre; die beigebrachten Beweismittel werden insoweit bewertet, als es ohne förmliche Beweisaufnahme möglich ist, *Beulke/Swoboda*, Strafprozessrecht, Rn. 881, m.w.N.

über die Begründetheit. Der Antrag ist nach § 370 Abs. 1 StPO als unbegründet zu verwerfen, wenn die aufgestellte Behauptung keine genügende Bestätigung gefunden hat. „Genügend bestätigt“ und damit begründet, ist das Vorbringen (i.S.v. § 359 Nr. 5 StPO), wenn es „hinreichend wahrscheinlich“ erscheint, dass in einer neuen Hauptverhandlung eine für den Verurteilten günstige Entscheidung ergeht.[501] Sofern der Wiederaufnahmeantrag vom Gericht für begründet befunden wird, ordnet es die Wiederaufnahme des Verfahrens und die Erneuerung der Hauptverhandlung[502] an (§ 370 Abs. 2 StPO), andernfalls wird der Antrag als unbegründet verworfen (§ 370 Abs. 1 StPO). Ausnahmsweise kann in den Fällen des § 371 Abs. 1, Abs. 2 StPO ein Freispruch auch ohne erneute Hauptverhandlung erfolgen.[503] Einen weiteren Sicherungsmechanismus sieht § 372 S. 1 StPO vor, wonach alle Entscheidungen, die aus Anlass eines Antrags auf Wiederaufnahme des Verfahrens von dem Gericht im ersten Rechtszug erlassen werden, mit der sofortigen Beschwerde angefochten werden können. Anders als noch in der a.F. des Gesetzes, ist jedoch der Beschluss, durch den das Gericht die Erneuerung der Hauptverhandlung anordnet, nicht mehr von der Staatsanwaltschaft anfechtbar (§ 372 S. 2 StPO). Damit soll verhindert werden, dass die Staatsanwaltschaft die erneute Durchführung der Hauptverhandlung verhindern kann, obwohl dies durch das Wiederaufnahmegericht als notwendig erachtet wird.[504] Der Gesetzgeber hat damit eine tendenzielle Stärkung zugunsten des Bestrebens nach materieller Wahrheitsfindung und auf Kosten der Rechtssicherheit bzw. des Rechtsfriedens zum Ausdruck gebracht.[505] Wie teilweise auch bei den Rechtsmitteln, regelt § 373 Abs. 2, S. 1 StPO für die Wiederaufnahme das Verschlechterungsverbot. Danach darf das frühere Urteil in Art und Höhe der Rechtsfolgen der Tat nicht zum Nachteil des Verurteilten geändert werden, wenn lediglich der Verurteilte, zu seinen Gunsten die Staatsanwaltschaft oder sein gesetzlicher Vertreter die Wiederaufnahme beantragt

---

501 Vgl. *Schmidt*, in: KK-StPO, § 370, Rn. 5; *Frister*, in: SK-StPO, § 370, Rn. 6; *Beulke/Swoboda*, Strafprozessrecht, Rn. 882, m.w.N.

502 Da das Wiederaufnahmegericht in diesem Fall neu und eigenständig über die Sache entscheidet und dabei nicht an die Feststellungen des rechtskräftigen Urteils gebunden ist (§ 373 Abs. 1 StPO), sehen einige Autoren eine gewisse Ähnlichkeit der Wiederaufnahme zur Berufung: vgl. *Kaspar*, in: S/S/W-StPO, Vor §§ 359, Rn. 24. Verfahrensrechtlich bewirkt die Wiederaufnahme jedoch weder einen Devolutiv- noch einen Suspensiveffekt.

503 *Roxin/Schünemann*, Strafverfahrensrecht, § 57, Rn. 18.

504 Vgl. *Schmidt*, in: KK-StPO, § 372, Rn. 3.

505 Vgl. *Gössel*, in: L/R-StPO, § 372, Rn. 10, m.w.N.

hat. Eine Anordnung der Unterbringung in einem psychiatrischen Krankenhaus oder einer Erziehungsanstalt bleibt jedoch nach § 373 Abs. 2, S. 2 StPO weiterhin möglich.

Das Wiederaufnahmeverfahren steht in der Kritik, teilweise strukturelle Schwächen aufzuweisen, welche es verhindern könnten, dass letztendlich eine Korrektur von Fehlentscheidungen vorgenommen wird.[506] Diese sollen im Folgenden überblicksartig dargestellt werden.[507] Kraft Gesetzes ist der Richter von der Mitwirkung bei Entscheidungen im Wiederaufnahmeverfahren ausgeschlossen, wenn er bei einer durch einen Antrag auf Wiederaufnahme des Verfahrens angefochtenen Entscheidung mitgewirkt hat, § 23 Abs. 2 StPO. Der damit verfolgte Zweck, dem Anschein der Befangenheit entgegenzuwirken und Neutralität herzustellen,[508] stehe nach Ansicht einiger Autoren aber dem praktischen Vorteil entgegen, dass der Richter des Erstverfahrens am Besten zur Beurteilung befähigt sei, ob das Vorbringen neu und dazu geeignet ist, seine bisherige Überzeugung zu erschüttern.[509] Da eine solche Beurteilung schon im Additionsverfahren stattfinden muss, könnte dies dazu führen, dass mangelhaft begründete Wiederaufnahmeanträge abgelehnt werden, obwohl ihnen eine Fehlentscheidung zugrunde liegt.[510] Aufgrund ungenauer Aufzeichnungen des Verhandlungsgeschehens im Ausgangsverfahren stellt die Beurteilung der Neuheit und der Geeignetheit für ein anders lautendes Urteils oftmals eine Herausforderung dar. Hinzu kommt, dass zwischen der Tat und dem Wiederaufnahmeverfahren regelmäßig eine große Zeitspanne liegt und die Wahrheitserforschung dann, z.B. durch Spurenverlust, Gedächtnisprobleme oder verstorbene Zeugen, erschwert wird.[511] Hält der Richter einen

---

506 Vgl. *Dunkel*, Fehlentscheidungen in der Justiz, S. 224.

507 Siehe später vertiefend die Ausführungen von *Alsberg*, *Hirschberg* und *Peters* in **Kap. 2. A. I. 2. c., Kap. 2. A. II. 2. b. dd.** und **Kap. 2. A. IV. 2. b. ee. (2).** Eine eigene vertiefte Auseinandersetzung mit den Schwächen der Fehlerkorrektur kann mit Blick auf den Umfang und die Schwerpunktsetzung der Arbeit leider nur in Ansätzen erfolgen.

508 Vgl. *Strate*, StV 1999, 228, 230; *Dunkel*, Fehlentscheidungen in der Justiz, S. 224.

509 *Eschelbach*, ZAP 2015, 503, 504. Diesem Argument kann jedoch mit einer bereits von *Alsberg* formulierten Befürchtung begegnet werden. Wenn derjenige Richter über den Wiederaufnahmeantrag zu entscheiden hätte, welcher bereits das angegriffene Urteil gefällt hat, dann könnte eine vehemente „Verteidigung eigener Vorwürfe" zu erwarten sein, *Alsberg*, Justizirrtum und Wiederaufnahme, S. 80 ff. Dies scheint einer wirksamen Fehlerkorrektur abträglich.

510 *Dunkel*, Fehlentscheidungen in der Justiz, S. 41 ff., 224 f.

511 *Dunkel*, Fehlentscheidungen in der Justiz, S. 225.

Wiederaufnahmeantrag einmal für begründet, ist er auch der Richter, welcher das weitere Verfahren durchführt. Diese Konstellation führt dazu, dass teilweise angenommen wird, dass die Aussicht auf einen eigenen potentiellen Mehraufwand (sowie die Gefahr, sich bei den Kollegen unbeliebt zu machen), Auswirkungen auf den Ausgang der Prüfung des Wiederaufnahmeantrags haben könnte.[512] Ein weiteres Problem wird in der Rollenverteilung im Wiederaufnahmeverfahren gesehen.[513] Laut *Dunkel* seien Wiederaufnahmeverfahren aufgrund der umfangreichen Recherchearbeiten und der zurückliegenden Tatzeitpunkte für den Strafverteidiger regelrechte „Mammutprojekt[e]".[514] Aufgrund der resultierenden geringen Bereitschaft, sich solch einem Mehraufwand auszusetzen und der oftmals bestehenden Probleme des Betroffenen bei der Finanzierung des Wiederaufnahmeverfahrens, sei es für den Betroffenen sehr schwer, einen Verteidiger zu finden.[515] Eine weitere strukturelle Schwäche, welche der Fehlerkorrektur entgegenstehen könnte, ist die Regelung unzulässiger Wiederaufnahmebegehren des § 363 StPO:[516] *„Warum beispielsweise gemäß § 363 Abs. 2 StPO die Wiederaufnahme nicht begehrt werden kann, wenn es um eine Strafmilderung wegen verminderter Schuldfähigkeit i.S.d. § 21 StGB gehen würde, ist nicht ersichtlich."*[517] Angesichts der praktischen Bedeutung der verminderten Schuldfähigkeit und der teilweise erheblichen Konsequenzen (z.B. Verringerung des erhöhten Mindestmaßes einer Freiheitsstrafe von 10 Jahren auf zwei Jahre, § 49 Abs. 1, Nr. 3 StGB)[518] wird das Bestehenbleiben von schweren Fehlentscheidungen in Kauf genommen.[519]

---

512 Ebenda.

513 Dazu plakativ *Strate*, StV 1999, 228, 229: *„Verteidiger werden zu Ermittlern im Namen der […] Wahrheit, Richter und Staatsanwälte werden zu Verteidigern im Namen der Rechtskraft."*

514 *Dunkel*, Fehlentscheidungen in der Justiz, S. 225.

515 Vgl. *Peters*, Fehlerquellen im Strafprozeß I, S. 17; vgl. *Strate*, StV 1999, 228, 228; vgl. *Dunkel*, Fehlentscheidungen in der Justiz, S. 225 f.

516 Siehe kritisch zur Unzulässigkeit der Wiederaufnahme, wenn das Verfahren zu dem Zweck betrieben wird, eine andere Strafbemessung auf Grund desselben Strafgesetzes herbeizuführen (§ 363 Abs. 1 StPO) *Alsberg*, Justizirrtum und Wiederaufnahme, S. 56 ff.; vgl. auch **Kap. 2. A. I. 2. c. aa. (3).**

517 *Dunkel*, Fehlentscheidungen in der Justiz, S. 226.

518 Ebenda.

519 Für die Regelung sprechen scheinbar nur ökonomische Gesichtspunkte. Vgl. dazu *Schmidt*, in: KK-StPO, § 363, Rn. 11: *„Würde dies [Anmerkung: die Wiederaufnahme zwecks Strafmilderung wegen verminderter Schuldfähigkeit] als Wiederaufnahmegrund zugelassen, so wäre ein erhebliches Ansteigen der Wiederaufnahmeanträge*

3. Exkurs: Korrekturmöglichkeiten außerhalb der Strafprozessordnung

Auch außerhalb der Strafprozessordnung gibt es Möglichkeiten, eine fehlerhafte Entscheidung abzuändern. Die wohl Bedeutendste ist die Verfassungsbeschwerde nach Art. 83 Abs. 1, Nr. 4a GG, §§ 90 ff. BVerfGG. Sie stellt kein Rechtsmittel dar, sondern ist lediglich ein zusätzlicher und subsidiärer (vgl. § 90 Abs. 2, S. 1 BVerfGG) Rechtsbehelf, welcher nach Erschöpfung des Rechtsweges innerhalb eines Monats (§ 9 BVerfGG) eingelegt und nur auf die Behauptung gestützt werden kann, dass der Beschwerdeführer durch die öffentliche Gewalt in seinen Grundrechten oder grundrechtsgleichen Rechten aus Artt. 20 Abs. 4, 33, 38, 101, 103 und 104 GG verletzt worden ist (Art. 90 Abs. 1, Nr. 4a GG i.V.m. § 13 Nr. 8a BVerfGG). Allerdings ist zu beachten, dass es sich beim Bundesverfassungsgericht nicht um eine Superrevisionsinstanz handelt, welche die Verletzung einfachen Rechts (so z.B. die StPO) prüft.[520] Denn das Bundesverfassungsgericht überprüft die Entscheidung nur auf die Verletzung spezifischen Verfassungsrechts, nämlich nach der sog. Heck'schen Formel darauf, *„ob Auslegungsfehler sichtbar werden, die auf einer grundsätzlich richtigen Anschauung von der Bedeutung eines Grundrechts, insbesondere vom Umfang seines Schutzbereichs beruhen und auch in ihrer materiellen Bedeutung für den konkreten Rechtsfall von einigem Gewicht sind.“*[521] Zu den Fachgerichten besteht ein Kooperationsverhältnis, wonach es ihnen obliegt, im Rahmen der Rechtsmittelinstanzen und mithilfe der Rechtsbehelfe eine Kontrolle durchzuführen und Grundrechtsverstöße zu verhindern.[522] Erst wenn diese fachgerichtsinterne Kontrolle bereits vollzogen wurde, kann eine Verfassungsbeschwerde überhaupt zulässig sein (§ 90 Abs. 2, S. 1 BVerfGG). Die (Urteils-)Verfassungsbeschwerde kann sich nur gegen verfahrensabschließende (rechtskräftige) Urteile und Beschlüsse sowie in Ausnahmefällen gegen Entscheidungen in selbstständigen Zwischenverfahren richten, welche über eine wesentliche Rechtsfrage abschließend befinden und in weiteren Instanzen nicht mehr nachgeprüft werden können.[523] Wichtigster Fall einer derart

zu erwarten, da die Behauptung der Voraussetzungen des § 21 StGB unschwer möglich ist.“

520 Vertiefend zur Kontrolle der Judikative mittels Urteilsverfassungsbeschwerde *Hopfauf*, in: S/H/H-GG, Art. 93, Rn. 84.

521 Erstmalige Verwendung in BVerfGE 18, 85, 93.

522 BVerfGE 47, 182, 191; 49 252, 258; 73, 322, 327; vgl. BVerfGE 96, 27, 40; 107, 395, 397.

523 Vgl. BVerfGE 58, 1, 23; vgl. zusammenfassend auch *Hoch*, in: S/S/W-StPO, Vor §§ 296 ff., Rn. 37.

angreifbaren Zwischenentscheidung dürfte die Entscheidung über die Aufrechterhaltung eines Haftbefehls sein.[524] Die Verfassungsbeschwerde ist somit eine Korrekturmöglichkeit für Fehlentscheidungen, die erst greift, wenn die Fehlentscheidung bereits durch das Sicherungsnetz der Rechtsmittel gefallen ist. Wird der Beschwerde stattgegeben, so hebt das BVerfG die Entscheidung auf oder verweist, in den Fällen der nicht gewahrten Rechtswegserschöpfung, zurück an das Fachgericht (§ 95 Abs. 2, S. 1 BVerfGG).

Ein weiteres und erst subsidiär greifendes Sicherungsnetz ist die Individualbeschwerde vor dem EGMR. Nach Art. 34 S. 1 EMRK kann jede natürliche Person, nichtstaatliche Organisation oder Personengruppe den Europäischen Gerichtshof für Menschenrechte mit der Behauptung anrufen, durch eine der Hohen Vertragsparteien (im Kontext der Fehlentscheidungen durch eine Entscheidung des Strafgerichts) in einem der in der EMRK oder den Protokollen dazu anerkannten Rechte verletzt zu sein. Die Individualbeschwerde ist binnen eines Monats nach der endgültigen innerstaatlichen Entscheidung zulässig (Art. 35 EMRK). Jedoch kann der Europäische Gerichtshof für Menschenrechte nicht die innerstaatlichen Entscheidungen der Vertragsparteien aufheben.[525] Vielmehr entfaltet die Entscheidung des EGMR in dem Fall, dass eine Verletzung gegen die Rechte der EMRK oder der Protokolle festgestellt wird, eine zweifache Bindungswirkung. Nach Art. 41 EMRK spricht der EGMR der verletzten Partei eine gerechte Entschädigung aus, sollte dies notwendig sein und wenn die Rechtsverletzung sowie ihre Folgen innerstaatlich nur unvollkommen wieder gut gemacht wurden. Hier von größerer Relevanz ist jedoch, dass nach § 359 Nr. 6 StPO die Wiederaufnahme (national) zulässig ist, wenn der Europäische Gerichtshof für Menschenrechte eine Verletzung der Europäischen Konvention zum Schutze der Menschenrechte und Grundfreiheiten oder ihrer Protokolle festgestellt hat und das Urteil auf dieser Verletzung beruht.[526]

---

524 Vgl. BVerfGE 25, 336, 341 ff.; zusammenfassend auch *Frisch*, in: SK-StPO, Vor §§ 296 ff.; Rn. 43; mit weiteren Beispielen für angreifbare Zwischenentscheidungen auch *Hoch*, in: S/S/W-StPO, Vor §§ 296 ff., Rn. 37.

525 BVerfGE 11, 307, 320; *Limbach*, NJW 2001, 2913, 2915.

526 Siehe aber das berühmte Urteil des EGMR vom 17.12.2009: Dort entschied der EGMR, dass die rückwirkende Aufhebung einer zehnjährigen Höchstdauer einer erstmalig angeordneten Sicherungsverwahrung gegen Artt. 5 Abs. 1, 7 Abs. 1 EMRK verstößt (EGMR NStZ 2010, 263, 263). Allerdings begründete dies keinen Wiederaufnahmegrund nach § 359 Nr. 6 StPO. Die Vorschrift bezieht sich nur auf die Wiederaufnahme von durch Urteil abgeschlossene Verfahren, die Anordnung der Fortdauer der Sicherungsverwahrung stellt dagegen einen

Neben den förmlichen Rechtsbehelfen gibt es noch die formlosen Rechtsbehelfe, welche ebenfalls nicht in der StPO geregelt sind. Bei der Korrektur von strafgerichtlichen Fehlentscheidungen spielen sie praktisch jedoch kaum eine Rolle. Sie sind vereinzelt in anderen Gesetzen normiert (so § 108 Abs. 3 StVollzG). Konkret versteht man darunter die Gegenvorstellung[527] und die Dienstaufsichtsbeschwerde.[528] Sie zeichnen sich dadurch aus, dass sie weder an Fristen, noch Formvorschriften gebunden sind und auf den Verfahrensfortgang keinerlei unmittelbaren Einfluss haben;[529] die Gegenvorstellung verlangt nicht einmal eine persönliche Beschwer.[530]

III. Sicherungsmechanismen zur Gewährung eines verfahrensförmigen Ablaufs des Strafverfahrens

Wie bereits in **Kap. 1. B. III. 1. b. aa.** erarbeitet, sind auch formelle Verfahrensfehler vom hiesigen Fehlentscheidungs- bzw. Fehlurteilsverständnis erfasst. Diesbezüglich hat der Gesetzgeber eine Reihe von Sicherungsmechanismen geregelt, welche neben der Fehlerfreiheit der Entscheidung auch die Fehlerfreiheit des Verfahrens an sich gewährleisten sollen, damit diese Fehler wiederum

Beschluss der Strafvollstreckungskammer dar, vgl. § 463 StPO, § 67e StGB, 78a GVG (vertiefend zur Problematik: *Radtke,* NStZ 2010, 573, 542 ff.; *Kinzig,* NStZ 2010, 233, 238).

527 Die Gegenvorstellung hat für die praktische Fehlerkorrektur kaum eine Bedeutung, da sie lediglich eine formlose Aufforderung an das Gericht darstellt, die eigene Entscheidung nachträglich abzuändern oder aufzuheben. Im Strafrecht kommt es jedoch nur ausnahmsweise vor, dass das angerufene Gericht selbst seine Entscheidung abändern oder aufheben darf (so z.B. bei Haftentscheidungen des OLG), vgl. *Schmitt*, in: M/S-StPO, Vor § 296, Rn. 23 f.; *Hoch*, in: S/S/W-StPO, Vor §§ 296 ff., Rn. 39 f. Zwangsläufig scheiden damit Urteile aus, vertiefend *Frisch*, in: SK-StPO, Vor §§ 296 ff., Rn. 33.

528 Eine Dienstaufsichtsbeschwerde zielt auf die Dienstaufsicht führenden Vorgesetzten ab und ist für die richterliche Tätigkeit in § 26 Abs. 1 DRG geregelt. Aufgrund der Unabhängigkeit des Richteramtes ist eine Dienstaufsicht über die richterliche Tätigkeit jedoch nur in sehr engen Grenzen möglich, nämlich soweit die richterliche Unabhängigkeit nicht beeinträchtigt wird. Aus diesem Grund spielt der formlose Rechtsbehelf in der Praxis der strafgerichtlichen Fehlerkorrektur keine Rolle: *Paul*, in: KK-StPO, Vor § 296, Rn. 4; siehe auch *Frisch*, in: SK-StPO, Vor §§ 296 ff., Rn. 38.

529 *Paul*, in: KK-StPO, Vor §§ 296 ff., Rn. 4.

530 *Schmitt*, in: M/S-StPO, Vor § 296, Rn. 23; *Hoch*, in: S/S/W-StPO, Vor §§ 296 ff., Rn. 39.

keinen Einfluss auf die spätere Entscheidung nehmen können. Da die im Folgenden zu erörternden Regelungen sowohl an eine präventive Vermeidung anknüpfen, als auch an eine nachträgliche Korrektur von Verfahrensfehlern, werden die Vorkehrungen in diesem gesonderten Gliederungspunkt kurz dargestellt.

Möchte sich der Beschuldigte gegen eine fehlerhafte Haftentscheidung wenden, d.h. begehrt er nach der Verhaftung die Aufhebung des Haftbefehls oder die Haftverschonung, so stellt ihm das Prozessrecht in Form der Haftbeschwerde (§§ 304 ff. StPO) und des Antrags auf Haftprüfung (§§ 117 ff. StPO) zweierlei Rechtsbehelfe zur Verfügung.[531] Das Verfahren der Haftbeschwerde richtet sich nach den allgemeinen Regeln der Beschwerde, gem. §§ 304 ff. StPO. Das Gericht kann der Entscheidung entweder abhelfen (§ 306 StPO) oder sie dem Beschwerdegericht (§ 73 GVG) vorlegen (Devolutiveffekt). Ein Suspensiveffekt ist jedoch aufgrund von § 307 Abs. 1 StPO ausgeschlossen. Gegen die Entscheidung des Beschwerdegerichts ist dann die weitere Beschwerde nach § 310 StPO zulässig. Neben der Haftprüfung ist die Beschwerde unzulässig, § 117 Abs. 2, S. 1 StPO. Die sich daraus ergebende Subsidiarität der Haftbeschwerde gilt auch dann, wenn der Haftprüfungsantrag erst nach Einreichung der Beschwerde gestellt wird.[532] Gegen die Entscheidung, die im Haftprüfungsverfahren ergeht, ist jedoch die Beschwerdemöglichkeit nach § 117 Abs. 2, S. 2 StPO gegeben. Im Gegensatz zur Haftprüfung kann die Haftbeschwerde nur einmalig geltend gemacht werden. Der Haftprüfungsantrag, welcher darauf gerichtet ist, eine Überprüfung herbeizuführen, ob der Haftbefehl nach § 120 StPO aufzuheben oder ob der Vollzug nach § 116 StPO auszusetzen ist, entfaltet keinen Devolutiveffekt, d.h. der Haftrichter entscheidet selbst (§ 126 StPO). Der erfolglos gebliebene Haftantrag kann, solange die Untersuchungshaft fortdauert, beliebig oft gestellt werden, selbst bei Verwerfung der Haftbeschwerde (§ 117 Abs. 1 StPO). Gegen gerichtliche Entscheidungen, welche haftgrundbezogene Beschränkungen (§ 119 Abs. 1, S. 2, Nr. 1–5 StPO) der Untersuchungshaft oder sonstige Beschränkungen[533] zum Gegenstand haben,

531 Siehe zur Anwendbarkeit der Rechtsbehelfe auf den Unterbringungsbefehl (§ 275a Abs. 4 StPO) die §§ 304 Abs. 1, Abs. 4, S. 2, Nr. 1, 2. Fall, 305, S. 2 bzw. §§ 275a Abs. 4, S. 4 i.V.m. §§ 117, 118 StPO.

532 Vgl. *Beulke/Swoboda*, Strafprozessrecht, Rn. 337; *Roxin/Schünemann*, Strafverfahrensrecht, § 31, Rn. 65; *Schmitt*, in: M/S-StPO, § 117, Rn. 14.

533 Vertiefend *Schultheis*, in: KK-StPO, § 119, Rn. 13 ff.

kann der Untersuchungsgefangene einen Antrag auf gerichtliche Entscheidung stellen, soweit nicht die Beschwerde statthaft ist (§ 119 Abs. 5 StPO).[534]

Weitere Möglichkeiten zur Korrektur von Verfahrensfehlern sind die vielfältigen Möglichkeiten, die Entscheidung des Gerichts herbeizuführen[535] (so z.B. § 109 Abs. 1 StVollzG). Praktisch bedeutsam ist die Möglichkeit der Anfechtung (fehlerhafter) Justizverwaltungsakte durch die ordentlichen Gerichte, §§ 23 ff. EGGVG. Unter den Justizverwaltungsakten i.S.d § 23 Abs. 1 EGGVG versteht man jedes hoheitliche Handeln einer Justizbehörde zur Regelung einer Einzelangelegenheit (u.a. auch der Strafrechtspflege), welches geeignet ist, bei dem Betroffenen eine subjektive Rechtsverletzung hervorzurufen.[536] Mit dieser Vorschrift wird unter Ausschluss der, ansonsten nach § 40 Abs. 1 VwGO grundsätzlich zuständigen Verwaltungsgerichtsbarkeit der ordentliche Rechtsweg eröffnet, da die ordentlichen Gerichte eine spezifische Sachnähe zu den betreffenden Rechtsfragen aufweisen.[537] Soweit der Antrag eine Angelegenheit der Strafrechtspflege oder des Strafvollzugs zum Gegenstand hat, ist ein Strafsenat des Oberlandesgerichts zur Entscheidung berufen (§ 25 EGGVG). Als Konkretisierung von Art. 19 Abs. 4 GG[538] überprüfen die zuständigen Gerichte den angefochtenen Justizverwaltungsakt vollumfänglich in tatsächlicher und rechtlicher Hinsicht.[539] Die §§ 23 ff. EGGVG gelten jedoch nur für Justizverwaltungsakte und nicht für Akte der Rechtsprechung, welche in richterlicher Unabhängigkeit ausgeübt werden,[540] da dies bereits im Wortlaut von § 23 Abs. 1, Abs. 2 EGGVG angelegt ist und schon historisch keine richterlichen Entscheidungen vom Schutzbereich des Art. 19 Abs. 4 GG erfasst werden („*Schutz durch den Richter, aber nicht gegen den Richter*“[541]).[542]

---

534 Vgl. auch die ähnliche Regelung in § 119a StPO.

535 Vgl. §§ 81g Abs. 5, S. 4, 98 Abs. 2, S. 2, 100 Abs. 7, 111k Abs. 3, 119 Abs. 5, 119a, 132 Abs. 3, S. 2, 147 Abs. 5, S. 2, 161a Abs. 3, S. 1, 163, Abs. 5, S. 1, 172 Abs. 2, 406e Abs. 4, S. 2, 478 Abs. 3 StPO.

536 Vgl. *Schmitt*, in: M/S-StPO, § 23 EGGVG, Rn. 6; vgl. *Mayer*, in: KK-StPO, § 23 EGGVG, Rn. 21.

537 Vgl. *Hoch*, in: S/S/W-StPO, Vor §§ 296 ff., Rn. 36; beachte aber die Subsidiaritätsklausel des § 23 Abs. 3 EGGVG, *Schmitt*, in: M/S-StPO, § 23 EGGVG, Rn. 12.

538 BGH NJW 1994, 1950, 1950; BVerwGE 47, 255, 259.

539 Vgl. *Mayer*, in: KK-StPO, § 23 EGGVG, Rn. 4.

540 Vgl. *Hoch*, in: S/S/W-StPO, Vor §§ 296 ff., Rn. 36.

541 Vgl. BVerfGE 49, 329, 340, m.w.N.; *Sodan/Ziekow*, Grundkurs Öffentliches Recht, § 45, Rn. 3.

542 Siehe zusammenfassend auch *Mayer*, in: KK-StPO, § 23 EGGVG, Rn. 5.

Als ein Sicherungsmechanismus zur Sicherstellung der Justizförmigkeit des Verfahrens kann schließlich der Richtervorbehalt angesehen werden, d.h. der Eingriff in Individualrechtsgüter wird von einer richterlichen Einwilligung bzw. Genehmigung abhängig gemacht.[543] Der Richtervorbehalt stellt in der StPO nicht den Normalfall dar. So ist eine Vielzahl der prozessualen Einzelmaßnahmen nicht an eine richterliche Einwilligung oder Genehmigung geknüpft (vgl. zu den Maßnahmen der Identitätsfeststellung § 163b StPO). Anders ordnet das Gesetz einen Richtervorbehalt u.a. bei der Durchsuchung (§§ 102, 105 Abs. 1, S. 1 StPO), bei der Beschlagnahme (§ 94, 98 Abs. 1, S. 1 StPO) und bei dem Haftbefehl (§§ 112, 114 Abs. 1 StPO) an. Der Sinn und Zweck[544] von Richtervorbehalten lässt sich am Besten anhand einer Vereinigung unterschiedlicher Ansätze erklären: Danach bedarf es eines Richtervorbehalts als verfahrensrechtliche Kompensation durch eine unabhängige Instanz, da der Sachverhalt in den betreffenden Fällen in der Regel noch nicht vollumfänglich oder nur einseitig aufgeklärt ist,[545] die Intensität des Eingriffs für die Grundrechte des Betroffenen besonders empfindlich ist und der Eingriff für gewöhnlich von Ermessensabwägungen getragen wird, welche im Sinne eines schnellen Handelns regelmäßig den Grundsatz auf rechtliches Gehör faktisch vernachlässigen.[546] Als Ausgleich einer Rechtsbeschränkung und als Rechtsschutzgarantie[547] kann man den Richtervorbehalt daher als einen Sicherungsmechanismus zur präventiven Fehlervermeidung bei Eingriffsmaßnahmen sehen,[548] welche

543 Vgl. *Brüning*, ZIS 2006, 29, 29; *Asbrock*, ZRP 1998, 17, 17.

544 Eine Streitdarstellung bezüglich des telos soll vorliegend nicht erfolgen. Siehe vertiefend zu den (möglichen) unterschiedlichen Zwecken des Richtervorbehalts BVerfGE 51, 97, 110; 103, 142, 151 (Schwere des Grundrechtseingriffs); *Nelles*, Kompetenzen und Ausnahmekompetenzen in der Strafprozessordnung, S. 49 f. (Ausgestaltung als Ermessensvorschriften); *Nelles*, Kompetenzen und Ausnahmekompetenzen in der Strafprozeßordnung, S. 52 (faktische Durchbrechung des Grundsatzes der Gewährung rechtlichen Gehörs).

545 Vgl. BVerfGE 9, 89, 97; vgl. auch BVerfGE 103, 142, 151; vertiefend *Nelles*, Kompetenzen und Ausnahmekompetenzen in der Strafprozeßordnung, S. 53. Der Richtervorbehalt dient damit mittelbar auch der Wahrheitsfindung. Den Zweck beschreibt das BVerfG NJW 1959, 427, 428 darin, *„[...] daß die Interessen auch der nicht oder nicht ausreichend gehörten Beteiligten gebührend berücksichtigt und insbes. die gesetzlichen Voraussetzungen derartiger Eingriffe genau beobachtet werden.“*

546 Vgl. *Nelles*, Kompetenzen und Ausnahmekompetenzen in der Strafprozeßordnung, S. 49 ff.; *Welp*, Zwangsbefugnisse der Staatsanwaltschaft, S. 14.

547 *Nelles*, Kompetenzen und Ausnahmekompetenzen in der Strafprozeßordnung, S. 54.

548 Vgl. BVerfGE 103, 142, 151 f.; *Brüning*, ZIS 2006, 29, 30.

sich womöglich später in einer falschen gerichtlichen Entscheidung niederschlagen könnten. Eine spätere Korrektur wäre dann nicht mehr nötig. Diese präventive Vermeidung von Verfahrensfehlern, mithin von Fehlentscheidungen, ist jedoch aufgrund der praktischen Umsetzung eingeschränkt. So kennt das Gesetz unterschiedliche Ausgestaltungen von Richtervorbehalten. Einerseits gibt es solche Einzelmaßnahmen, welche ausschließlich und ausnahmslos vom Richter angeordnet werden können (beispielsweise der Erlass eines Haftbefehls nach § 114 Abs. 1 StPO), andererseits gibt es Richtervorbehalte, welche Eilkompetenzen bei „Gefahr in Verzug" zugunsten der Staatsanwaltschaft (beispielsweise bei der Durchsuchung nach §§ 103 Abs. 1, S. 2, 105 Abs. 1, S. 2 StPO bzw. auch zugunsten ihrer Ermittlungspersonen, z.B. § 105 Abs. 1, S. 1 StPO, § 152 GVG) vorsehen.[549] Diese Systematik stellt zum einen ein Stufenverhältnis der einzelnen Anordnungskompetenzen dar,[550] zum anderen bringt es ein Regel-Ausnahme-Prinzip zum Ausdruck, wonach im Grundsatz der Richter die Anordnungskompetenz innehat und nur ausnahmsweise (beim Vorliegen einer Eilkompetenz und einer im Einzelfall bestehenden Gefahr im Verzug) die Staatsanwaltschaft bzw. ihre Ermittlungspersonen zuständig sind. Gefahr im Verzug liegt vor, wenn die durch die Einschaltung des Richters verursachte Verzögerung das Ziel der Ermittlungen vereiteln könnte.[551] Zweifelsohne kann eine Vermeidung von Verfahrensfehlern im Rahmen der Ermittlungsmaßnahmen und damit eine präventive Fehlentscheidungsvermeidung jedoch nur geschehen, wenn eine restriktive Handhabung der Eilkompetenzen zugunsten der Staatsanwaltschaft (oder deren Ermittlungspersonen) erfolgt.[552]

---

549 Darüber hinaus sieht die StPO auch Anordnungsbefugnisse der Staatsanwaltschaft und ihrer Ermittlungspersonen vor, welche lediglich einer nachträglichen richterlichen Bestätigung bedürfen, um in Kraft zu bleiben (§ 163a Abs. 3, S. 3 StPO). Insoweit zeigt sich der Richtervorbehalt teilweise auch als ein Sicherungsmechanismus zur nachträglichen Korrektur von Fehlern im Ermittlungsverfahren.

550 Vgl. *Asbrock*, ZRP 1998, 17, 18.

551 Vgl. RGSt 23, 334, 334; BVerfGE 51, 97, 111. Ältere Studien lassen eine häufige Durchbrechung des Regel-Ausnahme-Prinzips zugunsten von Eilkompetenzen vermuten, *Nelles*, Kompetenzen und Ausnahmekompetenzen in der Strafprozessordnung, S. 182 ff. Modernere Erhebungen bestätigen diese Vermutung indes nicht, vgl. *Brüning*, Der Richtervorbehalt im strafrechtlichen Ermittlungsverfahren, S. 196 ff., 200 ff., 208 f., 209 ff.; vgl. auch *Backes/Gusy*, StV 2003, 249, 250.

552 Gründe für eine mögliche – statistisch jedoch nicht konkret nachweisbare – Umkehrung des Regel-Ausnahme-Prinzips könnten in einer *„Verpolizeilichung des Ermittlungsverfahrens"* (*Brüning*, Der Richtervorbehalt im strafrechtlichen Ermittlungsverfahren, S. 216 ff., 221 ff.) und einer vermehrten Annahme der

IV. Zusammenfassung

Der deutsche Gesetzgeber hat in der Strafprozessordnung und ergänzend in anderen Gesetzen eine beachtliche Vielzahl an Vorkehrungen zur präventiven Vermeidung und nachträglichen Korrektur von strafgerichtlichen Fehlentscheidungen kodifiziert. Solche Vorschriften finden sich in jedem Verfahrensabschnitt. Flankiert werden die gesetzlichen Vorkehrungen zur Fehlervermeidung und -korrektur durch solche Vorschriften, die das verfahrensförmige Verfahren sicherstellen und damit mittelbar eine Fehlentscheidung verhindern sollen. Teilweise sind die Sicherungsmechanismen als doppelte Sicherungsmechanismen, als eine Art „Sicherungsnetz" ausgestaltet, indem die Entscheidungen, die im Rahmen von Rechtsmittel- oder Rechtsbehelfsverfahren getroffen werden, einer erneuten Überprüfung zugänglich gemacht werden (vgl. §§ 304 ff. i.V.m. § 117 Abs. 2, S. 2 StPO). Es kann daher resümiert werden, dass der Gesetzgeber zumindest die Gefahr vielseitiger Fehlerquellen gesehen hat und um eine Eindämmung bemüht ist. Gegenüber euphorischen Zuschreibungen, dass der deutsche Gesetzgeber bei der Ausgestaltung des Verfahrensrechts *„einer strengen Fehlervermeidungs- und Fehlerkorrekturphilosophie"*[553] gefolgt sei, ist jedoch eine gewisse Zurückhaltung geboten, da zweifelhaft bleibt, ob diese Vorkehrungen, insbesondere die des Rechtsmittelrechts, eine ausreichende Gewähr für die Fehlerkorrektur darstellen.

Gefahr in Verzug (vertiefend *Nelles*, Kompetenzen und Ausnahmekompetenzen in der Strafprozessordnung, S. 256 ff.) liegen.

553 *Böhme*, Das strafgerichtliche Fehlurteil, S. 131.

Kapitel 2: Die „klassischen" Fehlerquellen

Um sich einer umfassenden Aufarbeitung strafgerichtlicher Fehlerquellen anzunähern und schließlich Möglichkeiten der Vermeidung aufzuzeigen, soll das Hauptaugenmerk zunächst auf den hier so bezeichneten „klassischen" Fehlerquellen liegen. Diesbezüglich sollen die zentralen Arbeiten des 20. Jahrhunderts von *Alsberg*, *Hirschberg*, *Kiwit* und *Peters* dienen. Die Auswahl dieser Werke und Autoren hat mehrere Gründe. Zum einen ist es aufgrund der Zeitspanne der Werke von 1913[554] bis 1974[555] möglich, dass ein bedeutender Teil der Fehlentscheidungsforschung im vorangegangenen Jahrhundert dargestellt werden kann. Zum anderen zeichnen sich die Werke dadurch aus, dass die Autoren teilweise unterschiedliche Methodiken und forscherische Herangehensweisen angewandt haben sowie vereinzelt unterschiedliche Schwerpunkte gesetzt haben.[556] Vor allem aber handelt es sich um Werke, welche einen wesentlichen Beitrag zur wissenschaftlichen Aufarbeitung von Fehlentscheidungen geleistet haben, noch heute Grundstein wissenschaftlicher Beiträge[557] sind und trotz ihres Alters (*Alsberg* ausgenommen) zu den „aktuelleren"[558] Studien der strafprozessualen Fehlerquellensuche gehören. Die zu untersuchenden Autoren befassen sich fast ausschließlich mit dem Phänomen des Fehlurteils, Fehlentscheidungen im Sinne von anderen Entscheidungsformen spielen nur vereinzelt eine Rolle.[559]

554 *Alsberg*, Justizirrtum und Wiederaufnahme (1913).

555 *Peters*, Fehlerquellen im Strafprozeß (1970–1974).

556 Vgl. *Alsberg*, Justizirrtum und Wiederaufnahme, welcher sein Hauptaugenmerk auf die Schwächen des außerordentlichen Rechtsbehelfs der Wiederaufnahme des Verfahrens gelegt hat.

557 Vgl. *Böhme*, Das strafgerichtliche Fehlurteil, S. 24; vgl. *Dunkel*, Fehlentscheidungen in der Justiz, S. 131 ff. und die Orientierung der Aktenanalyse an der von *Kiwit* und *Peters* (S. 169 ff.).

558 Vgl. ansonsten exemplarisch das unvollständige Werk von *Sello*, Irrtümer der Strafjustiz (1911).

559 Vgl. *Peters*, welcher ca. 10 % der untersuchten erfolgreichen Wiederaufnahmeverfahren auf fehlerhafte Strafbefehle zurückführt, *Peters*, Fehlerquellen im Strafprozeß II, S. 295 ff.

A. DIE „KLASSISCHEN“ FEHLERQUELLEN NACH *ALSBERG, HIRSCHBERG, KIWIT UND PETERS*

I. *Alsberg*, Justizirrtum und Wiederaufnahme (1913)

1. Überblick und Methodik

Im Jahre 1913 wurde das vielbeachtete Werk „Justizirrtum und Wiederaufnahme“ von *Alsberg* veröffentlicht. Seine Arbeit untergliedert sich in zwei Teile. Während er im zweiten Teil Fälle aus der praktischen Arbeit von Strafverteidigern zusammengesammelt hat, stellt er in seinem ersten Teil Vorüberlegungen zu den Fehlerursachen an, welche sich in den späteren Fallbeispielen manifestieren. Mit seiner Analyse im ersten Teil beabsichtigt er *„die Leichtigkeit der Entstehung und die Schwierigkeit der Beseitigung des Fehlurteils“*[560] zu veranschaulichen. Für die nachfolgende Untersuchung soll der Fokus auf der theoretischen Fundamentlegung des ersten Teils liegen. Laut eigener Aussage zielte *Alsberg* nicht darauf ab, eine systematische Ergründung der strafgerichtlichen Fehlerquellen zu unternehmen, da er auf kriminalpsychologische Fehlerquellen nicht einging.[561] Dennoch bietet das Werk einen tiefen Einblick in die von ihm so bezeichneten „prozesstechnischen Fehlerquellen“.[562]

2. Fehlerquellen

Die Fehlerquellen unterteilen sich in allgemeine strafprozessuale Fehlerquellen, Schwächen des Rechtsmittelrechts und Schwächen des Instituts der Wiederaufnahme des Verfahrens.

a. Allgemeine „strafprozessuale“ Fehlerquellen

aa. Das Mündlichkeitsprinzip als Ursache gerichtlicher Übereilung

Da das Prinzip der Mündlichkeit für eine „Konzentration“ derjenigen Vorgänge sorge, die den Inbegriff der Verhandlung ausmachen, führe das schnelle Aufrollen des Entscheidungsstoffes zu einer großen Übereilung der Gerichte, zu der Unmöglichkeit der sorgfältigen Abwägung des Für und Wider des Verhandlungsstoffes und mithin zu Irrtümern.[563] Zudem bestehe die Gefahr, dass

560 *Alsberg*, Justizirrtum und Wiederaufnahme, Vorwort, S. XIV.
561 Ebenda.
562 Ebenda.
563 *Alsberg*, Justizirrtum und Wiederaufnahme, S. 3 f.

Verhandlungsstoff, welcher zu Beginn vorgekommen ist, erst im weiteren Verlauf Relevanz gewinnen und dann dem Urteil nicht mehr zugrunde gelegt werden könnte.[564] Eine solche Gefahr bestehe für den Zivilrichter nicht in der gleichen Form, da das Prinzip der Mündlichkeit dort nicht so streng gelte. Der Zivilrichter könne sich aufgrund umfangreicher Schriftsätze schon bis zur Verhandlung eine Meinung bilden und Beweise würdigen, während die Tätigkeit des Strafrichters *„eigentlich erst mit dem Termin zur mündlichen Verhandlung beginnt.“*[565] Da sich der Verhandlungsstoff erst aus der Verhandlung selbst ergebe, führe dies auch zu verschlechterten Vorbereitungs- und Verteidigungsmöglichkeiten des Angeklagten.[566] Dies werde dadurch verstärkt, dass dem Angeklagten selbst kein Anwesenheitsrecht bei Zeugenvernehmungen und kein Akteneinsichtsrecht bzgl. getätigter Aussagen zustehe.[567] Zweiteres stehe (in jedem Fall nach Eröffnung der Hauptverhandlung) lediglich einem Strafverteidiger zu, welcher allerdings logischerweise nur Akteneinsicht bei zeitlich vor der Hauptverhandlung liegenden Zeugenaussagen verlangen könne.[568]

bb. Die Vernehmung des Angeklagten unter „Ausschaltung seiner Darstellung“

Eine hohe Gefahr wohne der Vernehmung des Angeklagten inne, welche von dem Gericht bisweilen unzutreffend gewürdigt werde. Es bestehe nämlich die Neigung, in den Aussagen des leugnenden Angeklagten (bzw. Zeugen) primär nach Unwahrscheinlichkeiten und Widersprüchen zu suchen und gleichzeitig die Darstellung des Angeklagten auszuschalten.[569] Selbst bei gewissenhafter Würdigung der Aussage des Angeklagten, bestehe eine große Schwierigkeit, dasjenige zu entwirren und zu ordnen, was der Angeklagte *„oft nur in dem instinktiven Empfinden, seiner Verteidigung zu dienen, unbeholfen und ohne erkennbaren Zusammenhang vorträgt“*, was er zudem teilweise in aufgeregter Art und Weise darstelle.[570]

---

564 *Alsberg*, Justizirrtum und Wiederaufnahme, S. 4.
565 *Alsberg*, Justizirrtum und Wiederaufnahme, S. 5.
566 *Alsberg*, Justizirrtum und Wiederaufnahme, S. 6.
567 *Alsberg*, Justizirrtum und Wiederaufnahme, S. 7.
568 Ebenda.
569 *Alsberg*, Justizirrtum und Wiederaufnahme, S. 9.
570 *Alsberg*, Justizirrtum und Wiederaufnahme, S. 10.

cc. *Fehlender Rechtsbehelf des Angeklagten gegen eine unzureichende Anklageschrift; Gefahren im Zusammenhang mit der Änderung der Anklage*

Ähnlich der heutigen Regelungen in § 200 Abs. 2 StPO, sah § 198 StPO a.F. vor, dass die wesentlichen Ergebnisse der Ermittlung in der Klageschrift dargestellt werden müssen, um dem Beklagten eine angemessene Verteidigung zu ermöglichen. Diese Darstellung – von im Einzelfall tatsächlich und rechtlich komplizierten Tatbeständen – falle nach *Alsberg* in der staatsanwaltschaftlichen Praxis jedoch teilweise nur „summarisch“ und „oberflächlich“ aus, eine einheitliche Handhabung fehle.[571] Aus den „meisten Anklageschriften“ würden sich nicht einmal die Beweismittel ergeben oder sie würden nur „katalogartig“ aufgeführt.[572] Eine angemessene Verteidigung aufzubauen, werde dadurch erheblich erschwert. Dem stehe der Angeklagte machtlos gegenüber, da er keinen Rechtsbehelf habe, um die Mangelhaftigkeit der Anklageschrift geltend zu machen.[573] Eine Gefahr bestehe weiterhin bei Änderung der Gesichtspunkte: Grundsätzlich ist der Richter in der Hauptverhandlung an die rechtlichen Auffassung der Anklageschrift gebunden und er darf kein anderes als das in dem Eröffnungsbeschluss aufgeführte Strafgesetz anwenden, vgl. § 265 StPO (§ 264 StPO a.F.). Bezüglich tatsächlicher Änderungen besteht nur die Grenze des § 264 StPO (§ 263 StPO a.F.), wonach es nur darauf ankommt, dass es sich um eine Tat im prozessualen Sinne handelt. Eine diesbezüglich weite Auslegung der Rechtsprechung führe zu geringeren Verteidigungsmöglichkeiten, da der Angeklagte nicht einmal gerichtlich hingewiesen werden müsse.[574] Erst *„durch das Urteil erfährt der Angeklagte in solchen Fällen [...], was man ihm vorwirft.“*[575] Eine von *Alsberg* angeregte „Rüge der Überrumpelung“ kenne die Revision nicht.[576]

---

571 *Alsberg*, Justizirrtum und Wiederaufnahme, S. 12.

572 Ebenda.

573 *Alsberg*, Justizirrtum und Wiederaufnahme, S. 13, insbesondere stehe ihm auch nicht das Rechtsmittel der Revision zu, da das Urteil nicht auf der Anklageschrift beruhe.

574 *Alsberg*, Justizirrtum und Wiederaufnahme, S. 15.

575 *Alsberg*, Justizirrtum und Wiederaufnahme, S. 17.

576 Ebenda.

dd. Die Nichterhebung von Entlastungsbeweisen aufgrund der Unkenntnis des Angeklagten vom Beweisantragsrecht

Nach *Alsberg* sorge das komplizierte Beweisantragsrecht und eine diesbezügliche Rechtsprechung dafür, dass wesentliche Beweise – insbesondere Entlastungsbeweise – möglicherweise nicht erhoben werden könnten.[577] *„Sehr oft entscheide[n] lediglich die Vertrautheit des Antragsstellers mit der Rechtsprechung des Reichsgerichts“* sowie Zufälligkeiten der Antragsstellung[578] *„darüber, ob ein Antrag als Beweisantrag oder als Beweisermittlungsantrag in Erscheinung tritt“*[579] und damit darüber, ob er gerichtlich abgelehnt werden kann. Zudem werde dem Angeklagten das Vorbringen von Entlastungsbeweisen dadurch erschwert, dass das Gericht den Antrag mangels Bestimmtheit des Beweismittels oder der zu beweisenden Tatsache ablehnen könne, selbst wenn eingehende Befragungen und sachgemäße Belehrungen über die (Form-)Erfordernisse eines Beweisantrags im Einzelfall nicht vorliegen würden.[580] Insofern rügt *Alsberg*, dass es einen höheren Grad an gerichtlicher Unterstützung in Form von Hinweisen und Fragen geben müsse, welche Mängel des Antrags beseitigen, bevor es zu einer Ablehnung kommen könnte. Im Gegenteil komme es sogar oft dazu, dass der ablehnende Beschluss des Gerichts schlecht begründet sei, weshalb kaum Möglichkeiten einer Korrektur bestehen würden, um den Antrag erneut zu stellen.[581] Stellt der Angeklagte dennoch weitere Anträge, gerate er in die Gefahr, dass diese wegen Verschleppungsabsicht abgelehnt werden könnten.[582]

ee. Die „Überspannung“ der freien richterlichen Beweiswürdigung

Die freie richterliche Beweiswürdigung bedeutet, dass das Gericht nicht an formelle Beweisregeln gebunden ist. Anders als bei dem Zivilrichter fordere das Gesetz in § 267 StPO (§ 266 StPO a.F.) allerdings nicht von dem Strafgericht, die Beweismittel und deren Wert in den Urteilsgründen zu erörtern. Laut *Alsberg* sei die StPO diesbezüglich *„zur freien Stellung des Richters in der Angabe der Urteilsgründe gelangt.“*[583] Dies erschwere den Nachweis, dass die Entscheidung

577 *Alsberg*, Justizirrtum und Wiederaufnahme, S. 18 ff.
578 *Alsberg*, Justizirrtum und Wiederaufnahme, S. 20.
579 Ebenda.
580 *Alsberg*, Justizirrtum und Wiederaufnahme, S. 21 f.
581 *Alsberg*, Justizirrtum und Wiederaufnahme, S. 22.
582 *Alsberg*, Justizirrtum und Wiederaufnahme, S. 23.
583 *Alsberg*, Justizirrtum und Wiederaufnahme, S. 27.

auf einer gründlichen und unparteiischen Würdigung des in der Verhandlung erörterten Materials beruht[584] und man könne im Einzelfall nicht das Entscheiden nach einem „Gesamteindruck“ ausschließen.[585] Da das Erfordernis formeller Beweisregeln nicht mehr bestehe, sei die Möglichkeit geschaffen worden, nach der allgemein gehaltenen Überzeugung zu urteilen.[586] Insgesamt plädiert er zu einer verbesserten Urteilsbegründung. Anders noch als in den Motiven der StPO[587] geschrieben, ergebe sich *„nur dort, wo der Richter von dem Gesamteindruck ausgeht, […] die Schwierigkeit, über die einzelnen Beweistatsachen und Beweismittel Rechenschaft zu geben.“*[588]

ff. Die fehlerhafte Sachverhaltsfeststellung aufgrund der Zeugenbeweisschwäche

Diese Fehlerquelle nennt *Alsberg* auch das *„notwendige Irrtumsrisiko des Strafrichters“.*[589] Damit bringt er die seiner Meinung nach unmögliche oder eingeschränkte Vermeidbarkeit der Fehlerquelle zum Ausdruck, da *„Bosheit und Leichtsinn des Zeugen, der den Angeklagten zu Unrecht belastet, […] auch dem schärfsten Richterauge verborgen bleiben [können].“*[590] Die Gefahr von mutwillig falsch aussagenden Zeugen sei offensichtlich. Das Risiko einer falschen Aussage und der unerkannten Zugrundelegung beim Urteil sei aber auch bei wahrheitswilligen Zeugen gegeben, welche leichten oder unerkannten Störungen in der Wahrnehmung oder Gedächtnislücken unterliegen könnten.[591] Des Weiteren sage auch der wahrheitswillige Zeuge nur das aus, was er für relevant hält.[592] Ob dies immer lückenlos erfolge oder bei einem parteinahen Zeugen „Wahrheit oder Dichtung“ vorliege, könne der Richter dem Zeugen nicht „von der Stirn“ ablesen.[593] Ein besonderes Gefahrenpotential gehe vom

---

584 Ebenda.
585 *Alsberg*, Justizirrtum und Wiederaufnahme, S. 28.
586 *Alsberg*, Justizirrtum und Wiederaufnahme, S. 29.
587 Danach sei *„es häufig unmöglich […], durch eine schriftliche Darstellung zu veranschaulichen, wie diejenige Geistesoperation sich vollzogen hat, aus welcher schließlich die Überzeugung hervorging“*, *Alsberg*, Justizirrtum und Wiederaufnahme, S. 27 f.
588 *Alsberg*, Justizirrtum und Wiederaufnahme, S. 28.
589 *Alsberg*, Justizirrtum und Wiederaufnahme, S. 29.
590 *Alsberg*, Justizirrtum und Wiederaufnahme, S. 30.
591 Ebenda.
592 Ebenda.
593 Ebenda.

sog. „urteilenden Zeugen“ aus, welcher seiner Aussage Sympathie oder Antipathie gegenüber dem Angeklagten zugrunde lege. Dieser Zeuge fühle sich dazu berufen, in einer bestimmten Richtung bei der Feststellung des Sachverhalts mitzuwirken.[594] Nach *Alsberg* müsse der Richter diese Aussage seinem Urteil zugrunde legen, selbst wenn das daraus entstandene Bild ein *„in wesentlichen Punkten […] trügerisches“* wäre. Man dürfe von dem Richter nicht das Wissen um die „Unmöglichkeit des Gegenteils“[595] verlangen, sondern nur einen hohen Wahrscheinlichkeitsgrad, nicht volle Gewissheit.[596]

b. Schwächen des bestehenden Rechtsmittelrechts

Im Wesentlichen lassen sich die von *Alsberg* beschriebenen Mängel wie folgt zusammenfassen: Einerseits sehe das Gesetz keine zweite Tatsacheninstanz (Berufung) für erstinstanzliche Urteile vor den Strafkammern und dem Schwurgericht vor[597] und andererseits sei die Revision (aufgrund noch näher zu beschreibenden Mängeln) in solchen Fällen nicht geeignet, als einziges Rechtsmittel die Gewähr für eine angemessene Korrektur zu bieten.[598] Zunächst sei es problematisch, dass die Sachverhaltsfeststellung der Vorinstanz für das Revisionsgericht „unantastbar“ sei.[599] Ebenso seien Verfahrensverstöße in der Revisionsinstanz irrelevant, wenn sie sich nicht durch das Protokoll (oder das Urteil) nachweisen lassen würden; was insbesondere noch dadurch begünstigt werde, dass das Protokoll in der Regel nur den trivialen Ablauf beinhalte: *„Je kürzer Protokoll und Urteil, umso mehr ist der Revisionsinstanz die Nachprüfung verwehrt.“*[600] Noch schwieriger gestalte sich die Nachvollziehbarkeit der Urteilsgrundlagen anhand des Urteils, da *„nur das […] Gegenstand einer Urteilsrüge werden [kann], was in das Urteil aufzunehmen der Urteilsverfasser für richtig gehalten hat.“*[601] Ein vollkommenes, abgeschlossenes und objektives Verhandlungsbild sei aber selten,

---

594 *Alsberg*, Justizirrtum und Wiederaufnahme, S. 31.

595 *Alsberg*, Justizirrtum und Wiederaufnahme, S. 32; anders jedoch *Hirschberg*, Das Fehlurteil im Strafprozeß, S. 101 (siehe sogleich vertiefend).

596 *Alsberg*, Justizirrtum und Wiederaufnahme, S. 32. Vielmehr müsse der Strafrichter *„bewusst […] das Risiko eines Irrtums auf sich nehmen.“*

597 *Alsberg*, Justizirrtum und Wiederaufnahme, S. 34.

598 *Alsberg*, Justizirrtum und Wiederaufnahme, S. 34 ff.

599 *Alsberg*, Justizirrtum und Wiederaufnahme, S. 34. Zu den hohen Anforderungen, welche die Rechtsprechung an „neue“ Beweismittel stellt, siehe später in **Kap. 2. A. I. 2. c. bb. (1).**

600 *Alsberg*, Justizirrtum und Wiederaufnahme, S. 35.

601 *Alsberg*, Justizirrtum und Wiederaufnahme, S. 38.

da oftmals nur das aufgeführt werde, was zu einer „Rechtfertigung“ des Urteils [ggf. gegenüber der Rechtsmittelinstanz] führe.[602] Dies werde durch eine weitreichende Rechtsprechung des RG bezüglich § 267 StPO (§ 266 StPO a.F.) begünstigt, welche sich für die Ausführung der für erwiesen erachteten Tatsachen mit formularmäßigen Darstellungen und stereotypen Redensarten begnüge, anstatt konkrete Darlegungen zu fordern.[603] Schließlich verweist *Alsberg* auf die „außerordentlichen Revision“ in Österreich, welche auch dann zulässig sei, wenn zwar keine „Gesetzesverletzung“ vorliege, jedoch die Richtigkeit des Urteils in der Tatfrage bedenklich sei.[604]

c. „Der begrenzte Wert“ der Wiederaufnahme des Verfahrens

aa. normative Schwächen

(1) Geringe praktische Bedeutung aufgrund restriktiver Wiederaufnahmegründe

Aus den Motiven der StPO gehe hervor, dass der Rechtsbehelf der Wiederaufnahme des Verfahrens als Kompensation bzw. Ersatz für die fehlende Berufungsinstanz angedacht gewesen sei.[605] Die Fälle, in denen eine Wiederaufnahme möglich ist, sind abschließend in § 359 StPO (§ 399 StPO a.F.) geregelt. Diese engen Wiederaufnahmegründe (aufgrund falscher Beweise nach § 359 Nr. 1, 2, 4 StPO [§ 399 Nr. 1, 2, 4 StPO a.F.], aufgrund strafbarer Verletzung einer Amtspflicht nach § 359 Nr. 3 StPO [§ 399 Nr. 3 StPO a.F.] und aufgrund nicht erschöpfender Sachverhaltsermittlung nach § 359 Nr. 5 StPO [§ 399 Nr. 5 StPO a.F.]) seien jedoch ungeeignet, die „unentbehrliche Berufung“ zu ersetzen: *„Selten hat aber wohl eine gesetzgeberische Schöpfung so wenig die Idee ihres Schöpfers verwirklicht als diese.“*[606]

(2) Das Erfordernis „neuer“ Tatsachen und Beweismittel i.S.v. § 359 Nr. 5 StPO

Der Wiederaufnahmegrund des § 359 Nr. 5 StPO sei dadurch beschränkt, dass nur Tatsachen und Beweismittel zulässig seien, die der Verurteilte in

---

602 Er geht sogar so weit, dass tatsächliche Feststellungen „frisiert“ würden, um das Urteil „revisionssicher“ zu machen, *Alsberg*, Justizirrtum und Wiederaufnahme, S. 38 f.

603 Als Beispiel nennt er die formelhafte Darlegung, dass der Täter die „Tat als eigene gewollt“ hätte, um die Feststellung der Mittäterschaft dadurch „revisionssicher“ zu machen, *Alsberg*, Justizirrtum und Wiederaufnahme, S. 40.

604 *Alsberg*, Justizirrtum und Wiederaufnahme, S. 44 f.

605 *Alsberg*, Justizirrtum und Wiederaufnahme, S. 50.

606 *Alsberg*, Justizirrtum und Wiederaufnahme, S. 47, 50 ff.

dem früheren Verfahren (auch in der Berufungsinstanz) nicht gekannt habe oder ohne Verschulden nicht habe geltend machen können.[607] Ausgeschlossen sind damit solche Tatsachen und Beweismittel, die er kannte und absichtlich oder fahrlässig nicht vorbrachte. Dies könne laut *Alsberg* zu einer „ungerechten Härte“ führen, wenn der Angeklagte im früheren Verfahren gewisse Tatsachen/Beweismittel nicht vorgetragen haben sollte, weil er sie für irrelevant gehalten haben könnte[608] oder er sich über die Bedeutung und Richtung der gegen ihn erhobenen Anklage geirrt haben könnte.[609]

(3) Der Ausschluss der Wiederaufnahme zum Zwecke der Strafmilderung bei Anwendung desselben Gesetzes

Die Wiederaufnahme ist auch heute noch zum Zwecke des Freispruchs oder der geringeren Bestrafung aufgrund eines anderen Gesetzes möglich. Für den Fall einer erstrebten Strafmilderung fordert § 359 Nr. 5 StPO (§ 399 Nr. 5 StPO a.F.), dass ein anderes Gesetz ein milderes ist. Das bedeutet, dass die Wiederaufnahme zum Zwecke der Strafmilderung ausgeschlossen ist, wenn dasselbe Strafgesetz angewandt wird (§ 363 StPO; § 403 StPO a.F.). Dies könne laut *Alsberg* im Einzelfall schwere Folgen für den Betroffenen haben, wenn die Strafzumessung viel zu hart ausgefallen sei, weil man ihm beispielsweise mildernde Umstände versagt habe, obwohl neue Tatsachen oder Beweise deren Gewährung geboten hätten.[610] *Alsberg* vermutet den Zweck der Regelung in der Schwierigkeit des Nachweises, wann sich der Richter erheblich im Strafmaß vergriffen haben könnte.[611] Dies führe unter Umständen zu formalisierten Ergebnissen, je nachdem, ob beispielsweise ein besonders schwerer Fall zusammen mit dem Grundtatbestand oder in einem eigenen Paragraphen geregelt sei.[612] Eine besondere Gefahr bestehe auch dort, wo ein Strafgesetz mehrere Begehungsformen alternativ unter Strafe stelle.[613] Auch hier verweist *Alsberg*

---

607 Siehe zu den genauen Anforderungen in der Praxis und den damit verbundenen Risiken später in **Kap. 2. A. I. 2. c. bb. (1).**

608 *Alsberg*, Justizirrtum und Wiederaufnahme, S. 53.

609 Vgl. dazu schon **Kap. 2. A. I. 2. a. bb.** und **cc.**; *Alsberg*, Justizirrtum und Wiederaufnahme, S. 53.

610 *Alsberg*, Justizirrtum und Wiederaufnahme, S. 56.

611 *Alsberg*, Justizirrtum und Wiederaufnahme, S. 57; vgl. in diesem Zusammenhang auch die Schwierigkeiten bei der Definition eines Strafzumessungsfehlers im Rahmen der Definition einer Fehlentscheidung (**Kap. 1. B. III. 1. b. aa.**).

612 *Alsberg*, Justizirrtum und Wiederaufnahme, S. 59 f.

613 *Alsberg* nennt das Beispiel, dass der Täter sich nach §§ 223 Abs. 1, 224 Abs. 1, Nr. 2 StGB strafbar gemacht hat. Der Richter geht zusätzlich noch von den Qualifikationsmerkmalen des § 224 Abs. 1, Nr. 2 und Nr. 5 StGB aus, welche die Strafe

schließlich auf das in § 410 a.F. der österreichischen StPO geregelte „Strafmilderungsverfahren“.[614]

(4) Zu kurze Beschwerdefrist[615]

Lehnt das Gericht den Antrag auf Wiederaufnahme des Verfahrens durch Beschluss ab, so verweist § 372 StPO (§ 412 StPO a.F.) auf die Regelungen der sofortigen Beschwerde und damit auf die Wochenfrist ab Bekanntgabe nach § 311 Abs. 1 und 2 StPO. Die Frist der sofortigen Beschwerde sei jedoch „völlig ungenügend“, da die Ergänzung der Beweisantritte selbst bei einem Rechtsbeistand, der sich zeitlich nur dieser Beschwerde widmen sollte, kaum möglich sei.[616] Noch komplizierter sei es, wenn der Antragssteller den Beschluss nicht sofort seinem Vertreter aushändigen sollte.[617]

(5) Die unterlegende Stellung des Antragsstellers und die erschwerte Beweisführung, dass das beigebrachte Material neu und wesentlich ist

Über § 365 StPO (§ 405 StPO a.F.) gelten die allgemeinen Vorschriften über Rechtsmittel auch für den Antrag der Wiederaufnahme und damit der § 296 StPO (§ 338 StPO a.F.), welcher auch der Staatsanwaltschaft ausdrücklich die Befugnis einräumt, zugunsten des Verurteilten die Wiederaufnahme zu betreiben. Diese Regelung bestehe allerdings nur „auf dem Papier“,[618] da überall *„die durch nichts zu erschütternde Überzeugung der Staatsanwaltschaft [vorliegt], daß kein Zweifel an der Richtigkeit des rechtskräftigen Urteils besteh[t]“*[619] und sie *„meist ihre ganze Kraft daran [setzt], dem entgegenzuarbeiten.“*[620] Weiterhin wird beklagt, dass es zwischen der Staatsanwaltschaft und dem Antragssteller keine Waffengleichheit gebe. Während sich die Staatsanwaltschaft der

---

(wesentlich) erhöhen. Sollte sich der wahre Sachverhalt später herausstellen, könne der Verurteilte keine Wiederaufnahme zwecks Strafmilderung betreiben, *Alsberg*, Justizirrtum und Wiederaufnahme, S. 60 f.

614 *Alsberg*, Justizirrtum und Wiederaufnahme, S. 61.

615 Unter diesem von *Alsberg* als „formale Erschwerungen“ bezeichneten Punkt geht er auf die fehlende Möglichkeit der Übernahme von Rechtsanwalts- und Verteidigerkosten für Mittellose ein (S. 62), obwohl diese Personen für die Antragsstellung nötig seien (§ 366 Abs. 2 StPO). Diese Problematik hat sich inzwischen durch die Einführung der §§ 346a, b StPO, insbesondere des § 364b Abs. 1, Nr. StPO erübrigt.

616 *Alsberg*, Justizirrtum und Wiederaufnahme, S. 66.

617 *Alsberg*, Justizirrtum und Wiederaufnahme, S. 67, z.B. bei Zustellung in der JVA.

618 *Alsberg*, Justizirrtum und Wiederaufnahme, S. 68.

619 *Alsberg*, Justizirrtum und Wiederaufnahme, S. 69.

620 *Alsberg*, Justizirrtum und Wiederaufnahme, S. 68.

Polizei bediene, um den Angeklagten zu überführen und um Gegenbeweise für den Antrag der Wiederaufnahme aufzubringen, stehe „kein Polizeibeamter“ dem Antragssteller bei der Ermittlung von Entlastungsbeweisen zur Seite.[621] Sollte es der Antragssteller dennoch geschafft haben, Entlastungsbeweise zu sammeln, ergebe sich dennoch die große Herausforderung, nachzuweisen, dass das beigebracht Material „neu und wesentlich“ sei.[622] Hier bestehe erneut die Problematik, dass sich die Neuheit einer Tatsache oder eines Beweises nur aus dem Urteil selbst (oder dem Protokoll) ergebe, welches wiederum das Resultat freier, richterlicher Beweiswürdigung sei.[623] Erschwert werde der Nachweis auch bei der gerichtlichen Auffassung, dass sich das neue Bekunden nicht wesentlich von dem Vorbringen in erster Instanz unterscheiden würde oder andere, als die nun angegriffenen Verhandlungsergebnisse die gerichtliche Überzeugungsbildung von seiner Schuld begründet hätten.[624]

bb. Praktische Schwächen

(1) Die Abneigung der Gerichte gegen die Wiederaufnahme im Allgemeinen
Da die Existenz des Wiederaufnahmeverfahrens die Fehlbarkeit des einzelnen Richters und der Justiz insgesamt aufzeige, werde die Wiederaufnahme als Angriff gegen das Ansehen der Rechtsprechung schlechthin aufgefasst, weshalb Richter (als *„Schützer der Autorität der Rechtspflege“*) dem Verfahren grundsätzlich (unterbewusst) kritisch gegenüber eingestellt seien.[625] Das Prinzip der Rechtskraft und des Rechtsfriedens werde in der Praxis (gegenüber der Fehlurteilskorrektur) seit jeher als „übermächtig“ angesehen, weshalb *„[...] die Aufhebung rechtskräftiger Urteile als ein möglichst zu vermeidendes Übel [...]“* gelte.[626] Diese Einstellung werde praktisch dadurch zum Ausdruck gebracht,

621 *Alsberg*, Justizirrtum und Wiederaufnahme, S. 70.

622 Ebenda.

623 Vgl. in diesem Zusammenhang schon die Ausführungen in **Kap. 2. A. I. 2. b.**; siehe auch *Alsberg*, Justizirrtum und Wiederaufnahme, S. 71.

624 *Alsberg*, Justizirrtum und Wiederaufnahme, S. 71.

625 *Alsberg*, Justizirrtum und Wiederaufnahme, S. 84. Nach *Alsberg* liege überdies die Gefahr vor, dass es im Rahmen des Wiederaufnahmeverfahrens zu einer voreingenommenen „Verteidigung eigener Vorwürfe“ kommen könnte, da derjenige Richter über den Wiederaufnahmeantrag entscheide, welcher bereits das angegriffene Urteil gefällt habe, *Alsberg*, Justizirrtum und Wiederaufnahme, S. 80 ff. Dies ist allerdings heute nicht mehr der Fall, § 367 Abs. 1 StPO i.V.m. § 140a GVG.

626 *Alsberg*, Justizirrtum und Wiederaufnahme, S. 85 f.

dass es zu einer „Überwertung“ der Grundlagen des angegriffenen Urteils einerseits und zu einer „Unterwertung“ des neuen Vorbringens andererseits komme.[627] Die Unterbewertung des neuen Vorbringens zeige sich bei der Beurteilung der Geeignetheit des Beweismittels. Sollte es „ausnahmsweise“ einmal zu einer Beweisaufnahme kommen, so werde bei der Beweiswürdigung von den neu erhobenen Beweisen die lückenlose und völlig unzweifelhafte Richtigkeit der dargestellten Behauptung verlangt.[628] Die Anforderungen an das Vorbringen des Antragsstellers seien also erhöht. Nach *Alsberg* dürfe es allerdings keine anderen Anforderungen als bei einem normalen Verfahren geben, bei welchem schon der Zweifel an der Schuld des Angeklagten zu einem Freispruch führe; mit anderen Worten müsse ausreichend sein, wenn die wesentliche Grundlage des Urteils erschüttert werden sollte.[629]

(2) Die strengen praktischen Anforderungen an die „Neuheit“ des Beweismittels

Weiterhin seien zu strenge Anforderungen der Praxis an die Neuheit des Beweismittels ein Grund dafür, dass eine Fehlerkorrektur im Nachhinein unmöglich gemacht werde. All dasjenige sei nicht als neu anzusehen, was bereits in den Akten enthalten sei, selbst wenn es in der Hauptverhandlung zu keiner Erörterung gekommen sein sollte.[630] Seine These untermauert er durch zahlreiche Beispiele aus der Rechtsprechung.[631]

(3) Die Abhängigkeit einer Wiederaufnahme wegen falscher Zeugenaussagen von einer rechtskräftigen Verurteilung

Als „praktisch bedeutungsvollste“ Fessel des Verfahrens bezeichnet *Alsberg* die Tatsache, dass die „Mehrzahl“ der Gerichte in der Praxis[632] eine Wiederaufnahme aufgrund einer falschen Zeugenaussage im früheren Verfahren von

---

627 *Alsberg*, Justizirrtum und Wiederaufnahme, S. 87. Ein eindrucksvolles Beispiel für diese Über- bzw. Unterwertung von Beweismitteln stellt der von *Alsberg* geschilderte Fall Ziethen dar, siehe *Alsberg*, Justizirrtum und Wiederaufnahme, S. 87 ff.

628 *Alsberg*, Justizirrtum und Wiederaufnahme, S. 100.

629 *Alsberg*, Justizirrtum und Wiederaufnahme, S. 70.

630 *Alsberg*, Justizirrtum und Wiederaufnahme, S. 104.

631 So sei es nicht als „neuer“ Beweis anzusehen, wenn ein Zeuge (zum Zwecke der Korrektur der Aussage wegen einer Verwechselung) erneut vernommen werden soll, sofern er nicht zu einer „anderen“ Tatsache aussagen sollte, *Alsberg*, Justizirrtum und Wiederaufnahme, S. 105 ff. „Generell“ werde auch dem neuen Gutachten die Eigenschaft eines neuen Beweismittels für das Wiederaufnahmeverfahren abgesprochen (S. 110 f.).

632 *Alsberg*, Justizirrtum und Wiederaufnahme, S. 120.

der rechtskräftigen Verurteilung des Zeugen wegen Eidesverletzung abhängig machen würde.[633] Diese – auf § 364 StPO (§ 404 StPO a.F.) gestützte – Ansicht solle Doppelprüfungen des Gerichts vermeiden. Allerdings sei *„die Forderung der Vermeidung zweier nebeneinander laufender Verfahren [Anmerkung: Wiederaufnahme- und Meineidsverfahren] [...] nur zu erfüllen, wenn man bereit ist, zahllose, berechtigte Wiederaufnahmegesuche dieser Forderung zum Opfer zu bringen.“*[634] Letztlich liege die Verfolgung und Anklage des Aussagedelikts in der Hand der Staatsanwaltschaft.[635] Auch sei es problematisch, wenn sich der Zeuge schuldlos und damit straflos geirrt haben (falsches Wiedererkennen des Täters[636]) oder wenn das neue Vorbringen lediglich die Glaubwürdigkeit des Zeugen betreffen sollte.[637] *Alsberg* führt aus, dass auch im Rahmen der Wiederaufnahme die gleichen Anforderungen wie im gewöhnlichen Verfahren gelten müssten. Es brauche für den Richter nicht festzustehen, ob die Zeugenaussage tatsächlich falsch sei, vielmehr müssten Zweifel an der angegriffenen Aussage genügen.[638] Daher fordert er eine „völlige Unabhängigkeit“ des Wiederaufnahmeverfahrens von einem etwaigen Strafverfahren.[639]

3. *Zusammenfassung und Würdigung*

Mit dem Werk „Justizirrtümer und Wiederaufnahme“ lieferte *Alsberg* einen der ersten und größeren Beiträge in der deutschen Fehlentscheidungsforschung. Seine Analyse von strafprozessualen und gesetzlichen Mängeln macht die Ausgestaltung der Wiederaufnahme des Verfahrens als zentrale Schwäche aus. Er selbst gesteht ein, er habe keine *„Ergründung der Fehlerquellen der strafrichterlichen Urteilsfindung“* bezweckt.[640] Dies legt auch seine methodische Vorgehensweise nahe, welche man aus heutiger Sicht weniger als eine Untersuchung, sondern als eine Zusammenstellung von Fehlerquellen, bezeichnen

633 *Alsberg*, Justizirrtum und Wiederaufnahme, S. 112.
634 *Alsberg*, Justizirrtum und Wiederaufnahme, S. 121.
635 *Alsberg*, Justizirrtum und Wiederaufnahme, S. 114.
636 Dazu das illustrierende Beispiel des Steinewerfers X, *Alsberg*, Justizirrtum und Wiederaufnahme, S. 117.
637 *Alsberg*, Justizirrtum und Wiederaufnahme, S. 115. Auch weist *Alsberg* darauf hin, dass der Wiederaufnahmegrund des § 359 Nr. 2 StPO regelmäßig auch mit Nr. 5 zusammen vorliege und der Grund des § 359 Nr. 5 StPO dann indirekt den Hürden der Nr. 2 unterliege (S. 116).
638 *Alsberg*, Justizirrtum und Wiederaufnahme, S. 119.
639 *Alsberg*, Justizirrtum und Wiederaufnahme, S. 122.
640 *Alsberg*, Justizirrtum und Wiederaufnahme, Vorwort, S. XIV.

würde.[641] Wie später auch *Kiwit* erkannte,[642] spricht Einiges dafür, dass sich *Alsberg* ausgehend von einer vorgefassten Meinung (im theoretischen Teil der Arbeit) über Entstehung, Art und Anzahl von Fehlentscheidungen und -urteilen, entsprechendes Fallmaterial zusammengesucht hat.[643] Besonders wertvoll ist das Werk von *Alsberg* dennoch insoweit, dass das Institut der Wiederaufnahme schwerpunktmäßig behandelt und weit ausführlicher beleuchtet wird, als bei den folgenden Autoren. Auf gesetzliche Reformen und die (fehlende) Aktualität einiger Befunde wurde an der jeweiligen Stelle hingewiesen. Insgesamt eignen sich die Ergebnisse als wertvoller Ausgangspunkt für die Erforschung klassischer strafprozessualer Fehlerquellen.

II. *Hirschberg*, Das Fehlurteil im Strafprozeß (1960)

1. Überblick und Methodik

In seinem 1960 veröffentlichten Werk „Das Fehlurteil im Strafprozeß" untersucht Hirschberg anhand von 48 „klinischen" Fällen aus Deutschland, den USA, England und Frankreich die Ursachen für Fehlurteile und stellt das *„Fehlurteil als Pathologie der Strafjustiz"* dar.[644] Dabei beschränkt sich seine Untersuchung auf solche Fehlurteile, die in Wiederaufnahmeverfahren (oder in einem ausländischen Äquivalent dazu) aufgehoben wurden.[645] Er unterscheidet in seinem Werk zwischen Fehlurteilen in gewöhnlichen und politischen Strafprozessen.[646] Zweitere sollen vorliegend außer Betracht gelassen werden. Für eine Kategorisierung der von Hirschberg aufgezeigten Fehlerquellen wird nachfolgend eine Unterteilung in *„Menschliche Fehlerquellen"* (insbesondere Personalbeweisschwäche und richterliche Aufklärungsfehler) und *„Mängel des Gesetzes als Fehlerquellen"* vorgeschlagen.

641 Vgl. *Böhme*, Das strafgerichtliche Fehlurteil, S. 152.

642 *Kiwit*, Fehlurteile im Strafrecht, S. 1.

643 Noch drastischer formuliert *Dunkel*, Fehlentscheidungen in der Justiz, S. 121: *„Die Auseinandersetzung mit den realen Fällen ist eher ein Zusatz und soll die theoretischen Beiträge stützen."*

644 *Hirschberg*, Das Fehlurteil im Strafprozeß, S. 13, 15.

645 *Hirschberg*, Das Fehlurteil im Strafprozeß, S. 11.

646 *Hirschberg*, Das Fehlurteil im Strafprozeß, S. 13.

2. *Fehlerquellen*

a. *Menschliche Fehlerquellen*

Die vorliegenden – unter den Punkten **aa.–dd.** und **ff.** ausgeführten – Fehlerquellen[647] zeichnen sich dadurch aus, dass sie einerseits allesamt auf das dem Personalbeweis innewohnende Risiko zurückzuführen sind. Andererseits macht *Hirschberg* durch seine Ausführungen spiegelbildlich deutlich, dass bei der Beweiswürdigung auch richterliche Aufklärungsfehler[648] zum Tragen kommen. Dieses Zusammenspiel (z.B. falsches Geständnis und unkritische gerichtliche Geständniswürdigung) sorge schlussendlich für ein Fehlurteil.

aa. *Unkritische Bewertung von Geständnissen*

Die unkritische Bewertung von (falschen) Geständnissen führe zu einer Fülle von Fehlurteilen, weil es historisch und auch heute noch den *„meisten Richtern als die Krone des Beweises“* gelte.[649] Dies sei darauf zurückzuführen, dass die Auffassung bestehe, der Angeklagte würde das Geständnis primär als einen Reueakt zur Erleichterung des eigenen Gewissens auffassen.[650] Daher gelte für das Richtertum, das Geständnis zum Gegenstand der eigenen Bestrebungen zu machen, ganz gleich auf welchen Beweggründen es beruhen könnte.[651] Die Motive und Gründe für Geständnisse seien jedoch vielseitig: z.B. die Geisteskrankheit des Angeklagten, die Furcht vor der Vernehmung, der Untersuchungshaft oder der Strafe, die Suggestion (in der Vernehmung) und Einschüchterung, die Abgabe zur Verdeckung eines schwereren Verbrechens oder aber wegen der Inaussichtstellung einer geringeren Strafe.[652] Des Weiteren nennt er Fallbeispiele, in denen der unschuldige Angeklagte infolge von Folteranwendung (entgegen des heutigen § 136a StGB)[653] oder aus Angst vor der Lynchjustiz der Gesellschaft[654] ein Geständnis abgelegt habe.

647 Die *„wichtigsten Ursachen der Fehlurteile“*: *Hirschberg*, Das Fehlurteil im Strafprozeß, S. 16.

648 Vgl. exemplarisch die Formulierung der „unkritischen Bewertung“, *Hirschberg*, Das Fehlurteil im Strafprozeß, u.a. S. 16 f.

649 *Hirschberg*, Das Fehlurteil im Strafprozeß, S. 17.

650 Ebenda.

651 *„Ein Geständnis zu erreichen, heißt einen Erfolg erzielen.“*: Ebenda.

652 *Hirschberg*, Das Fehlurteil im Strafprozeß, S. 22 f.

653 *Hirschberg*, Das Fehlurteil im Strafprozeß, S. 17 ff.

654 *Hirschberg*, Das Fehlurteil im Strafprozeß, S. 21 f.

bb. Unkritische Bewertung der Belastung durch Mitangeklagte

An die vorigen Ausführungen anschließend, bestehe das hohe Risiko der falschen Beschuldigung durch einen Mitangeklagten. Dieser handele regelmäßig aus Rache, Bosheit oder in der Hoffnung, sich durch die Belastung des Angeklagten einen Vorteil zu schaffen.[655] Auch hier werde die Belastung durch den Mitangeklagten häufig unkritisch als glaubhaft unterstellt, da dies als Zeigen der eigenen Reue aufgefasst werde.[656] Als besonders „primitiv“ und „gefährlich“ bezeichnet *Hirschberg* das amerikanische Verfahren, in dem die Staatsanwaltschaft versucht sei, einen Mitangeklagten gegen Inaussichtstellung einer Verfahrenseinstellung oder Strafmilderung als Belastungszeugen zu gewinnen.[657]

Ein ähnliches Phänomen zeige sich bei der Belastung durch einen schuldigen, aber – aufgrund von durchweg eingleisigen Ermittlungen – nicht mitangeklagten Zeugen.[658]

cc. Unkritische Bewertung von Zeugenaussagen

Als *„eine der wichtigsten Ursachen für Fehlurteile“* nennt *Hirschberg* die unkritische Bewertung der bewusst falsch aussagenden Zeugen (Meineid) und gutgläubig, aber irrig aussagenden Zeugen.[659] Insbesondere verhindere die Angst vor der Strafandrohung der Aussagedelikte nur wenige – der sehr häufig geschätzten[660] – Meineide, da insbesondere auch der Staatsanwaltschaft nicht daran gelegen sei, den „eigenen Belastungszeugen“ (nach Verurteilung des Angeklagten wegen Meineids) zu verfolgen.[661] Die Gefahr, welche den Aussagen gutgläubiger, aber irrig falsch aussagender Zeugen (insbesondere dem falschen Wiedererkennen, s.u.) innewohne, werde dadurch verstärkt, wenn es (teilweise schon im Ermittlungsverfahren) zu Suggestivfragen,[662] insbesondere

---

655 *Hirschberg*, Das Fehlurteil im Strafprozeß, S. 25: Daher sei *„[…] die Beschuldigung durch einen Mitangeklagten öfter unwahr als wahr.“*

656 *Hirschberg*, Das Fehlurteil im Strafprozeß, S. 26.

657 *Hirschberg*, Das Fehlurteil im Strafprozeß, S. 33. Siehe zur Kronzeugenregelung als vermutete moderne Fehlerquelle später **Kap. 4. B.**

658 *Hirschberg*, Das Fehlurteil im Strafprozeß, S. 26 f.

659 *Hirschberg*, Das Fehlurteil im Strafprozeß, S. 34. Siehe zur besonderen Gefahr bei minderjährigen Zeugen *Hirschberg*, Das Fehlurteil im Strafprozeß, S. 33.

660 Trotz geringer Verurteilungszahlen gingen historische Schätzungen von bis zu 35.000 jährlichen Meineiden oder Meineiden in 90 % aller Verhandlungen aus, *Hirschberg*, Das Fehlurteil im Strafprozeß, S. 34, m.w.N.

661 *Hirschberg*, Das Fehlurteil im Strafprozeß, S. 34 f.

662 *Hirschberg*, Das Fehlurteil im Strafprozeß, S. 37.

bei Sensationsprozessen in der Presse, kommen sollte.[663] Zeugenaussagen seien „generell“ als unzuverlässig anzusehen.[664]

dd. Falsches Wiedererkennen des Täters

Als „häufigsten und folgenschwersten“ Fall der gutgläubig, aber irrig aussagenden Zeugen bezeichnet *Hirschberg* das falsche Wiedererkennen.[665] Eine besondere Gefahr bestehe dann, wenn die Zeugen beabsichtigen sollten, den Täter unbedingt wiederzuerkennen[666] oder sie im Ermittlungsverfahren oder in Sensationsprozessen Suggestionen ausgesetzt sein sollten.[667] Für das Gericht sei dies sehr schwer zu erkennen, da solche Zeugen oft immer genauer werdende Angaben machen könnten[668] und es kaum möglich sei, das falsche Wiedererkennen durch Realbeweis zu widerlegen.[669] Insgesamt plädiert *Hirschberg* dazu, den Zeugenbeweis nie als vollen Schuldbeweis (unabhängig von der Zeugenzahl, da die Gefahr der Suggestion bestehe) aufzufassen, stets den Charakter, das Vorleben und das Motiv des Zeugen zu prüfen und eine Hinwendung zu einer wissenschaftlichen Untersuchung der Beobachtung (z.B. die Entfernung, Lichtverhältnisse und Zeitdauer der Beobachtung) zu vollziehen.[670]

ee. Die Lüge als Schuldbeweis[671]

Nach *Hirschberg* komme es vor, dass das Gericht einem bei einer Lüge überführten Angeklagten gar nichts mehr glaube und eine vorgefasste Meinung von seiner Schuld habe, obwohl die Gründe für eine Lüge vielseitig seien.[672] So könne oft auch in einem wahren Geständnis eine Lüge stecken, um besonders intime Tatumstände zu verschleiern (z.B. Sexualkontakte), um einen Mittäter zu schützen oder um eine mildere Strafe zu erlangen.[673] Auch der unschuldige Angeklagte lüge, um sich von vorgetragenen Scheinbeweisen zu befreien.[674]

---

663 *Hirschberg*, Das Fehlurteil im Strafprozeß, S. 38.
664 *Hirschberg*, Das Fehlurteil im Strafprozeß, S. 37.
665 *Hirschberg*, Das Fehlurteil im Strafprozeß, S. 38.
666 *Hirschberg*, Das Fehlurteil im Strafprozeß, S. 48.
667 *Hirschberg*, Das Fehlurteil im Strafprozeß, S. 45.
668 Ebenda.
669 *Hirschberg*, Das Fehlurteil im Strafprozeß, S. 47.
670 *Hirschberg*, Das Fehlurteil im Strafprozeß, S. 51 f.
671 Dies hat heute wohl nur noch eine geringe Bedeutung, da die Annahme mittlerweile als falsch gilt, vgl. *Böhme*, Das strafgerichtliche Fehlurteil, S. 152.
672 *Hirschberg*, Das Fehlurteil im Strafprozeß, S. 53.
673 *Hirschberg*, Das Fehlurteil im Strafprozeß, S. 54.
674 *Hirschberg*, Das Fehlurteil im Strafprozeß, S. 54 ff.

Dies gehe so weit, dass bereits Körperreaktionen, wie Erröten, Zittern, Stammeln oder Erbleichen (zu Unrecht) als Anzeichen gelten könnten.[675] Zudem werden teilweise auch die Lügen eines Entlastungszeugen als Schuldbeweis des Angeklagten aufgefasst.[676]

ff. Unkritisches Bewerten von Sachverständigengutachten

In besonderem Maße zeige sich eine unkritische Bewertung durch das Gericht bei Sachverständigengutachten, da ein *„blinder Glaube [...] an die Weisheit der [...] Sachverständigen"* bestehe.[677] Dieser gelte insbesondere gegenüber dem Amtsarzt, welcher aufgrund seiner Stellung ein hohes Ansehen genieße, mangels Spezialisierung auf ein Fachgebiet (wie Spezialärzte) jedoch über weniger Fachwissen verfüge.[678] Eine besondere Gefahr gebe es dann, wenn ein Sachverständiger seine Kompetenzen als objektiver Begutachter überschreiten sollte, indem er sich (indirekt) in die Beweiswürdigung einmischt.[679] Eine hohe Fehleranfälligkeit zeige sich zudem bei Schriftsachverständigen[680] sowie bei psychologischen Begutachtungen der Schuldfähigkeit (welche u.U. durch die öffentliche Meinung beeinflusst sein könnte).[681] Viele Fehler seien bereits dadurch vermeidbar, wenn das Gericht über ein höheres Maß an psychologischer Schulung verfügte.[682] Dem hartnäckigen Beharren des Gerichts auf dem Gutachten und der unkritischen Zugrundelegung könne damit begegnet werden, wenn der Verteidiger des Angeklagten dem falschen Gutachten selbst begegnen oder sich verstärkt der Hilfe von Sachverständigen bedienen würde.[683]

gg. Mangelhafte richterliche Überzeugungsbildung

(1) Urteilsfindung anhand von Wahrscheinlichkeit anstatt Gewissheit

Als *„die tiefste Ursache der Fehlurteile"* beschreibt *Hirschberg* die *„verhängnisvolle Neigung der Richter, sich mit Wahrscheinlichkeit zu begnügen, statt Gewissheit zu verlangen."*[684] Die freie richterliche Beweiswürdigung erfolge viel

---

675 *Hirschberg*, Das Fehlurteil im Strafprozeß, S. 56.
676 *Hirschberg*, Das Fehlurteil im Strafprozeß, S. 56 ff.
677 *Hirschberg*, Das Fehlurteil im Strafprozeß, S. 59.
678 Ebenda.
679 *Hirschberg*, Das Fehlurteil im Strafprozeß, S. 60.
680 *Hirschberg*, Das Fehlurteil im Strafprozeß, S. 61 ff.
681 *Hirschberg*, Das Fehlurteil im Strafprozeß, S. 64 ff.
682 *Hirschberg*, Das Fehlurteil im Strafprozeß, S. 66.
683 *Hirschberg*, Das Fehlurteil im Strafprozeß, S. 60, 64.
684 *Hirschberg*, Das Fehlurteil im Strafprozeß, S. 79; anders jedoch *Alsberg*, Justizirrtum und Wiederaufnahme, S. 32.

zu oft auf der Grundlage von bloßen Wahrscheinlichkeiten, Hypothesen und Fiktionen[685]; es erfolge eine gefühlsmäßige Beeinflussung anhand des persönlichen Eindrucks und keine „verstandesgemäßen Beurteilung“.[686] Dafür gebe es mehrere Gründe. Als „größte Gefahr“ bezeichnet *Hirschberg* das Vorurteil, d.h. wenn sich der Richter infolge des Aktenstudiums und schon vor der Hauptverhandlung auf eine Wahrscheinlichkeit festgelegt habe.[687] Dann könne es zu eingleisigen Ermittlungen kommen.[688] Verstärkt werde eine subjektive Voreinstellung (auch von Zeugen) durch die Medienöffentlichkeit.[689] Habe sich der Richter erst einmal auf eine Wahrscheinlichkeit festgelegt, so verteidige er diese gegen jedwedes Vorbringen und mache das Urteil revisionssicher.[690] Begünstigt werde diese Beobachtung durch die teilweise vorherrschende Ansicht, dass es die absolute Gewissheit im Strafprozess nicht geben könne.[691] Diese Annahme sei jedoch „irrig“; die Gewissheit – d.h. *„die Überzeugung von der notwendigen kausalen Verknüpfung, von der Unmöglichkeit des Andersseins“* – müsse die Grundlage eines jeden Strafurteils bilden.[692]

(2) Fehlendes (kriminal-)psychologisches Bewusstsein und „Arbeitshetze“

Hirschberg kritisiert die mangelnde Anwendung von (kriminal-)psychologischen Erkenntnissen zur Erlangung von Gewissheit im Strafprozess. Diese beinhalte zwei Wirkrichtungen. Zum einen lasse sich mit Hilfe der (Kriminal-)Psychologie zuverlässiger die Persönlichkeit des Angeklagten und seine Tatmotive erforschen;[693] auch die (eitle, geltungsbedürftige, eigensinnige) Persönlichkeit des Zeugen könne Rückschlüsse auf seine Glaubwürdigkeit zulassen.[694]

---

685 *Hirschberg*, Das Fehlurteil im Strafprozeß, S. 93 f.

686 *Hirschberg*, Das Fehlurteil im Strafprozeß, S. 130: *„Die innere Überzeugung ist das Ergebnis.“*

687 *Hirschberg*, Das Fehlurteil im Strafprozeß, S. 104 f.: *„Der Richter betrachtet die Anklage nicht als eine Hypothese, die verifiziert werden soll, sondern als ein Theorem, das bewiesen werden soll.“*

688 Vgl. *Hirschberg*, Das Fehlurteil im Strafprozeß, S. 82 ff., siehe anschaulich Fallbeispiel 26.

689 Vgl. illustrierend das Fallbeispiel 34, *Hirschberg*, Das Fehlurteil im Strafprozeß, S. 130 ff.

690 *Hirschberg*, Das Fehlurteil im Strafprozeß, S. 98, 104 f.

691 Vgl. *Hirschberg*, Das Fehlurteil im Strafprozeß, S. 88 f.

692 *Hirschberg*, Das Fehlurteil im Strafprozeß, S. 104. Siehe sogleich dazu, wie Gewissheit im Einzelfall zu erlangen sei und zu den praktischen Defiziten.

693 *Hirschberg*, Das Fehlurteil im Strafprozeß, S. 142 f.

694 *Hirschberg*, Das Fehlurteil im Strafprozeß, S. 143.

Die „wichtigsten Erkenntnisse“ liefere eine verstärkte Hinwendung zur Kriminalpsychologie jedoch zum anderen für die Richter- und Entscheidungspsychologie.[695] Da sich psychische Geschehen und damit auch die Gründe der Urteilsfindung vor allem im Unterbewusstsein abspielen würden, müsse sich der Strafrichter die *„wissenschaftliche Psychologie der Entscheidungsfindung“* vergegenwärtigen.[696] Nicht nur das Ergebnis der Beweisaufnahme, sondern die gesamte Richterpersönlichkeit, sein Gesundheitszustand oder seine Übermüdung, entscheide über Verurteilung oder Freispruch.[697] Diese Gefahr bestehe besonders bei langjährigen Berufsrichtern, welche in ihrer Arbeitsroutine im schlimmsten Fall nur noch *„den Akt und nicht mehr das persönliche Schicksal“* sehen könnten.[698] Eine Vermeidung solch „unbewusster Triebe“ sei nur möglich, wenn sich der Richter diese Triebe ständig bewusst mache. Dies gelte insbesondere auch für die Gefahr einer Suggestion durch Zeugen und einer Massensuggestion durch die Presse.[699] Die Anwendung von kriminalpsychologischen Erkenntnissen scheitere in der Praxis jedoch oft an dem Entscheidungsdruck und der „Arbeitshetze“ der Gerichte.[700] So werde beispielsweise von der Möglichkeit, die Urteilsverkündung nach Schluss der Verhandlung vorläufig auszusetzen (§ 268 Abs. 2 StPO; § 268 Abs. 1 StPO a.F.), viel zu selten Gebrauch gemacht; die Folge sei eine ungenügende Prüfung und Beratung.[701]

b. Mängel des Gesetzes als Fehlerquellen

aa. Die Vorbefassung des Richters

Als einen erheblichen Mangel[702] beschreibt *Hirschberg* die Übertragung der Vernehmung des Angeklagten und der Beweiserhebung auf den Vorsitzenden Richter. Da sich dieser in der Regel mithilfe der Ermittlungsakten bereits eine vorläufige Meinung von der Schuld des Angeklagten gebildet habe, werde er

---

695 Ebenda.

696 *Hirschberg*, Das Fehlurteil im Strafprozeß, S. 138 ff., 142 ff.

697 *Hirschberg*, Das Fehlurteil im Strafprozeß, S. 144 f.

698 *Hirschberg*, Das Fehlurteil im Strafprozeß, S. 144.

699 *Hirschberg*, Das Fehlurteil im Strafprozeß, S. 146 ff.

700 *Hirschberg*, Das Fehlurteil im Strafprozeß, S. 137: *„Die Überlastung der Strafrichter [ist] eine der Hauptursachen der Fehlurteile […].“*

701 Ebenda.

702 *Hirschberg* beschränkt die in diesem Abschnitt untersuchten gesetzlichen Mängel auf solche Gesetze, *„[…] die die objektive Wahrheitsfindung gefährden oder verhindern.“*: *Hirschberg*, Das Fehlurteil im Strafprozeß, S. 106.

fast zu einem *„Organ der Strafverfolgung"*.[703] Die beschriebenen Aufgaben seien kaum mit der Aufgabe der Beweiswürdigung in Einklang zu bringen.[704] Nach *Hirschberg* gebe es einige Richter, die den Angeklagten dann nur noch „überführen" wollen und Entlastungsbeweise vernachlässigen würden; dies sei teilweise auch auf eine „Berufsbefangenheit" zurückzuführen, da viele Richter in ihrem Werdegang zuvor Staatsanwälte gewesen seien.[705] *Hirschberg* schlägt eine richterliche Beweiswürdigung nach amerikanischem Vorbild des Kreuzverhörs der Anklage und der Verteidigung vor, wo der – nicht an der Beweiserhebung beteiligte – Richter wie ein „Schiedsrichter" entscheide.[706]

bb. Die fehlende Waffengleichheit zwischen Staatsanwaltschaft und Verteidigung

Die fehlende Waffengleichheit zwischen der Staatsanwaltschaft und der Verteidigung sei nach *Hirschberg* der „wichtigste Gesetzesmangel", da die Möglichkeiten der Ermittlung und Aufklärung nicht vergleichbar seien.[707] Dies zeige sich einerseits im Ermittlungsverfahren, da die Vorschriften zum Verkehr mit dem Beschuldigten sowie die Akteneinsichtsrechte nicht geeignet seien, eine effektive Verteidigung zu gewährleisten.[708] Andererseits bestehe eine mangelnde Gleichstellung in der Hauptverhandlung, da das Gericht häufig Beweisanträge unsachgemäß ablehne (Ablehnung des Beweisantrags wegen Prozessverschleppung, Offenkundigkeit, Unerheblichkeit, Ungeeignetheit, wegen eigener Sachkunde des Gerichts, Unterstellung als wahr oder weil es sich um einen Beweisermittlungsantrag handelt).[709] Jede Beschränkung der Beweisaufnahme (auch oder insbesondere die Ablehnung der Beweisanträge) bringe „schwerste Gefahren" für die Wahrheitsfindung mit sich.[710] Auch hier plädiert *Hirschberg* für eine Hinwendung zum angloamerikanischen Kreuzverhör, bei dem es insbesondere keine Möglichkeit der Ablehnung von Beweisanträgen gebe.[711]

---

703 *Hirschberg*, Das Fehlurteil im Strafprozeß, S. 106.
704 Ebenda.
705 *Hirschberg*, Das Fehlurteil im Strafprozeß, S. 107.
706 *Hirschberg*, Das Fehlurteil im Strafprozeß, S. 108 ff.; kritische jedoch S. 110.
707 *Hirschberg*, Das Fehlurteil im Strafprozeß, S. 110 ff.
708 *Hirschberg*, Das Fehlurteil im Strafprozeß, S. 111 ff.
709 *Hirschberg*, Das Fehlurteil im Strafprozeß, S. 113 ff.
710 *Hirschberg*, Das Fehlurteil im Strafprozeß, S. 118.
711 *Hirschberg*, Das Fehlurteil im Strafprozeß, S. 107 f., 112.

cc. Die Fehlende zweite Tatsacheninstanz gegen Urteile des LG und des OLG

Weiterhin kritisiert *Hirschberg* das Fehlen einer zweiten Tatsacheninstanz gegen erstinstanzliche Urteile des Land- und Oberlandesgerichts. Es sei paradox, dass eine Berufung bei „leichteren Delikten“ beim Amtsgericht zulässig sei, nicht jedoch bei schwersten Verbrechen, bei denen es um „Leben und Existenz“ gehe.[712] Dort bleibe nur die Revision, bei der keine neue Tatsachenfeststellung möglich sei.[713] In diesem Zusammenhang werden auch die wechselseitigen instanziellen Bindungswirkungen kritisiert. Es sei unsinnig, dass das Revisionsgericht an die tatsächlichen Feststellungen des angefochtenen Urteils und dass das Tatgericht an die Beurteilung der Revisionsinstanz gebunden sei.[714]

dd. Mängel des Wiederaufnahmeverfahrens

Die gesetzlichen Vorschriften der Wiederaufnahme des Verfahrens bezeichnet Hirschberg als *„Mißgeburt der Gesetzgebung“*.[715] Er beschreibt einen häufigen psychischen Widerstand des Gerichts gegen die Wiederaufnahme, da sich das mit dem Tatgericht identische Wiederaufnahmegericht als *„Richter in eigener Sache“* fühle und das Urteil bis aufs Äußerste verteidige.[716] Weitere Mängel seien, dass der Wiederaufnahmegrund des § 359 Nr. 2 StPO die rechtskräftige Verurteilung des Zeugen wegen Verletzung der Eidespflicht fordere (vgl. § 364 StPO), die restriktiven und strengen Anforderungen der Praxis an die „Neuheit“ von Tatsachen und Beweismitteln im Sinne des § 359 Nr. 5 StPO, der Ablauf der Beweisaufnahme nach § 369 StPO, welche sich weitgehend ohne

---

712 *Hirschberg*, Das Fehlurteil im Strafprozeß, S. 120 f.

713 *Hirschberg* verweist insbesondere auf die Regelung der „außerordentlichen Revision“ in Österreich, welche zulässig sei, wenn Bedenken gegen die Richtigkeit der dem Urteil zugrunde liegenden Tatsachen bestehen, *Hirschberg*, Das Fehlurteil im Strafprozeß, S. 122 ff.

714 Siehe zur Aufweichung der Regelungen durch das RG, welche teilweise eine Überprüfung von reinen Tatfragen in der Revision ermöglichte: *Hirschberg*, Das Fehlurteil im Strafprozeß, S. 122 ff., m.w.N. Die Bindung des Revisionsgericht an tatsächliche Feststellungen des Tatgerichts, aber die gleichwohl bestehende Möglichkeit einer Überprüfung bei Verstößen gegen Erfahrungssätze, Denkgesetze und Auslegungsregeln findet heute weitgehend in der Ausgestaltung der „erweiterten Revision“ Berücksichtigung.

715 *Hirschberg*, Das Fehlurteil im Strafprozeß, S. 124.

716 Ebenda. Siehe zur heutigen Zuständigkeitsregelung jedoch § 367 Abs. 1 StPO i.V.m. § 140a GVG.

Beteiligung der Verteidigung vollziehe (insbes. ohne Anwesenheitsrecht bei der Vernehmung von Zeugen) sowie die Anfechtungsbefugnis (nur) der Staatsanwaltschaft gegen Beschlüsse, durch die das Gericht die Wiederaufnahme für zulässig oder für begründet erklärt hat.[717]

3. *Zusammenfassung und Würdigung*

Zusammengefasst macht *Hirschberg* den Personalbeweis, gerichtliche Aufklärungsfehler (insbesondere die Beweiswürdigung) und gesetzliche Mängel des Rechtsmittelrechts und der Wiederaufnahme des Verfahrens als zentrale Fehlerquellen aus. Auch bei *Hirschberg* kann die Vermutung aufgestellt werden, dass seine - von ihm selbst so bezeichnete - „Untersuchung“ bzw. „Analyse“[718] aus heutiger Sicht als eine bloße Sammlung von Fehlerquellen anzusehen sein könnte. Sein methodisches Vorgehen legt nahe, dass auch er seine Fallsammlung anhand von vorher festgelegten Gedanken zusammengetragen hat und damit seine theoretischen Vorüberlegungen zu stützen versuchte.[719] Im Gegensatz zu *Alsberg*, und auch zu späteren Aktenauswertungen, bietet das Werk von *Hirschberg* allerdings den Vorteil, dass es sich weder auf eine besondere Fehlerquelle spezialisiert, noch die Fälle auf einen bestimmten Verfahrensgang (typischerweise die Wiederaufnahme des Verfahrens) beschränkt. Damit ermöglicht „Das Fehlurteil im Strafprozeß“ einen tiefen Einblick in eine Vielzahl möglicher Fehlerquellen sowie strafprozessuale und gerichts- und kriminalpsychologische Gesichtspunkte.[720] Auf Reformen des Gesetzes oder der Rechtsprechung und die jeweilige Aktualität einiger Befunde *Hirschbergs* wurde an der jeweiligen Stelle hingewiesen. Insgesamt stellen sich *Hirschbergs* Erkenntnisse als äußerst wertvolle Grundlage für die weitere Erforschung von strafrechtlichen Fehlerquellen dar.

III. *Kiwit*, Fehlurteile im Strafrecht (1965)

1. *Überblick und Methodik*

Mit seinem 1965 erschienenen Werk „Fehlurteile im Strafrecht“ lieferte *Kiwit* den ersten großen empirischen Beitrag zur Erforschung strafrechtlicher

---

717 *Hirschberg*, Das Fehlurteil im Strafprozeß, S. 125 ff. Das Beschwerderecht der Staatsanwaltschaft existiert heute nicht mehr, vgl. § 372 StPO.

718 So u.a. *Hirschberg*, Das Fehlurteil im Strafprozeß, S. 7, 13, 15.

719 Vgl. *Kiwit*, Fehlurteile im Strafrecht, S. 1; *Dunkel*, Fehlentscheidungen in der Justiz, S. 121; *Böhme*, Das strafgerichtliche Fehlurteil, S. 152.

720 Vgl. hierzu auch *Peters*, JZ 1960, 230, 230.

Fehlurteile in Deutschland. Er machte es sich zur Aufgabe, die Gründe für strafgerichtliche Fehlurteile und deren Gesetzesmäßigkeit zu untersuchen sowie Möglichkeiten der Vermeidung zu erarbeiten.[721] Diesbezüglich wertete er die Akten von 100 Wiederaufnahmeverfahren aus dem Oberlandesgerichtsbezirk Hamm im Zeitraum von 1950 bis 1958 aus.[722] Im Folgenden werden die von ihm benannten Fehlerquellen im dritten Abschnitt des zweiten Teils seines Werks dargestellt.

2. Fehlerquellen

Eine erste Differenzierung nimmt *Kiwit* vor, indem er zwischen Fehlurteilen, *„die durch Personen entstanden sind, die an der Tat unmittelbar beteiligt waren bzw. in einem persönlichen Verhältnis zu einem Beteiligten gestanden haben“* (Angeklagter, Zeugen, Leumundszeugen) einerseits und Fehlurteilen, *„die durch objektive bzw. an der Tat, den beteiligten Personen und den Umständen uninteressierten Beweismitteln entstanden sind“* (Real- und Sachverständigenbeweis) andererseits unterscheidet.[723]

a. Fehlende und fehlerhafte Beweismittel bzw. deren fehlerhafte Auswertung

Neben den sogleich folgenden Fehlerquellen macht *Kiwit* das Fehlen eines Beweismittels – in 54 % der untersuchten Fälle – als den *„häufigste[n] Grund für die Fehlurteile“* aus.[724]

aa. falscher Personalbeweis

Der Personalbeweis bringe für *Kiwit* allgemein „viel mehr Unsicherheiten“ mit sich, als der Realbeweis: so hat er in den Wiederaufnahmeakten 23 Fälle von vorsätzlichen Falschaussagen festgestellt, welche zumindest mitursächlich für das Fehlurteil seien. Diese würden sich einerseits in vorsätzlichen Falschaussagen von Zeugen (16 Fälle) zeigen, weil sich der Zeuge selbst oder Andere habe schützen oder weil er dem Angeklagten habe schaden oder nützen wollen.[725] Andererseits wurden 7 Fälle festgestellt, in denen eine falsche Angeklagteneinlassung vorgelegen habe, welche den Richter getäuscht oder (bei verbliebenen

---

721 *Kiwit*, Fehlurteile im Strafrecht, S. 1 ff.

722 Ebenda.

723 *Kiwit*, Fehlurteile im Strafrecht, S. 83.

724 *Kiwit*, Fehlurteile im Strafrecht, S. 84, i.d.R. bezogen auf einen fehlenden Sach(verständigen)beweis.

725 *Kiwit*, Fehlurteile im Strafrecht, S. 85.

Zweifeln) ein Urteil auf Grundlage des „in dubio pro reo“-Grundsatzes erzwungen habe.[726]

In weiteren 9 Fällen sei es zu irrigen Falschaussagen eines Zeugen gekommen. Die Ursachen sieht er u.a. darin, dass es mit der Zeit zu einer Abweichung von Vorstellungsbild und Wirklichkeit gekommen sei, der Zeuge einer Suggestion durch vorige Zeugen ausgesetzt gewesen sei, er den Täter falsch wiedererkannt habe oder der Zeuge unzurechnungsfähig gewesen sei.[727] Problematisch sei auch die missverständliche Vermittlung einer Aussage gegenüber dem Richter aufgefallen.[728] Schon aus der Vielzahl der unterschiedlichen Gründe für eine irrige Falschaussage folge, dass der Personalbeweis insgesamt als „außerordentlich problematisch“ anzusehen sei.[729] Laut *Kiwit* sei es in 19 Fällen in der Wiederaufnahme des Verfahrens zu einer Erschütterung der Glaubwürdigkeit einer Person gekommen; davon in 16 Fällen wegen einer vorsätzlichen Falschaussage und nur in 3 Fällen wegen einer irrtümlichen Falschaussage.[730] Daraus schließt er, dass es eine höhere Dunkelziffer an Fehlurteilen gebe, welche aufgrund unbewusster Fehler der Zeugen *„nicht feststellbar und daher nicht zu beseitigen“* seien.[731] Eine besondere Fehleranfälligkeit attestiert er in diesem Zusammenhang den Aussagen von Kindern. In 4 von 9 Fällen, in denen ein Kind als Zeuge ausgesagt habe, sei die Aussage falsch gewesen.[732] Bei dem Zeugenbeweis durch Kinder bestehe neben den „normalen Unsicherheiten“ des Beweises, welche es auch bei Erwachsenen gebe, das Risiko „zusätzlicher Fehlerquellen“, wie z.B. die Beeinflussung der Aussage durch die Eltern oder das fehlende kindliche Verständnis von Begriffen und Lebensvorgängen.[733] In 2 Fällen sei es zu einem falschen Wiedererkennen des Täters aufgrund schlechter Sichtverhältnisse gekommen.[734] Wie schon *Hirschberg*, plädiert auch *Kiwit* für eine kriminalwissenschaftliche Ermittlung der Sichtverhältnisse

726 *Kiwit*, Fehlurteile im Strafrecht, S. 86; vgl. zum hiesigen Fehlurteilsverständnis **Kap. 1. B. III. 3. a.**

727 *Kiwit*, Fehlurteile im Strafrecht, S. 87.

728 *Kiwit*, Fehlurteile im Strafrecht, S. 88.

729 Ebenda.

730 *Kiwit*, Fehlurteile im Strafrecht, S. 89.

731 *Kiwit*, Fehlurteile im Strafrecht, S. 89 f.

732 *Kiwit*, Fehlurteile im Strafrecht, S. 91.

733 *Kiwit*, Fehlurteile im Strafrecht, S. 91 f., so schildert *Kiwit* einen Fall mit der kindlichen Zeugenaussage, dass es „unsittlich berührt“ worden sei, ohne jedoch die Bedeutung der Unsittlichkeit zu kennen.

734 *Kiwit*, Fehlurteile im Strafrecht, S. 93.

und Betrachtung aller Umstände des Einzelfalls bei der Überprüfung der Zeugenaussage.[735]

Schließlich sei das Fehlurteil in 2 Fällen auf ein falsches Geständnis zurückzuführen, weil der Angeklagte entweder durch ein kleines Zugeständnis versucht habe, ein größeres Delikt zu verheimlichen oder weil er sich eine Strafmilderung erhofft habe.[736] *Kiwit* fordert stets eine kritische Prüfung *„dieses vielleicht wertvollste[n] Beweismittel[s]“*, da auch die Gefahr eines psychischen oder körperlichen Zwangs bestehen könne.[737]

bb. falscher Sachverständigenbeweis

In den von *Kiwit* untersuchten Akten seien 15 Fälle von einem falschen Sachverständigenbeweis aufzufinden gewesen, von denen zumindest 14 mitursächlich für das Fehlurteil gewesen seien.[738] Die Gründe könne man auf Seiten des Sachverständigen u.a. in einer oberflächlichen Gutachtenerstellung (7 Fälle), einer fachlichen Überforderung, in einer Täuschung des zu Untersuchenden, der Tatsache, dass der Sachverständige Spezialist eines anderen Fachgebiets sei (insbes. bei verbeamteten Ärzten) oder in anderen (fachlichen) Irrtümern finden.[739] Daraus, dass Gutachten *„von Menschen erstellt werden“* und aus der Vielzahl der Gründe für falsche Gutachten, ergebe sich, *„[…] daß sich falsche Gutachten nie ganz vermeiden lassen […].“*[740] Das Risiko könne allerdings verringert werden, wenn man eine zweite Fehlerquelle vermeide, nämlich die der fehlerhaften Bewertung eines Sachverständigengutachtens und das blinde Vertrauen daran durch die Gerichte.[741] Zu der Fehlerquelle der unkritischen Bewertung eines (offensichtlich[742]) falschen Urteils trete zusätzlich, dass teilweise gänzlich davon abgesehen werde, einen Sachverständigen anzufordern, obwohl dies im Einzelfall angezeigt sein könnte.[743]

---

735 Ebenda.

736 *Kiwit*, Fehlurteile im Strafrecht, S. 93 f.

737 *Kiwit*, Fehlurteile im Strafrecht, S. 94.

738 *Kiwit*, Fehlurteile im Strafrecht, S. 94 ff.

739 *Kiwit*, Fehlurteile im Strafrecht, S. 95 ff.

740 *Kiwit*, Fehlurteile im Strafrecht, S. 95 f.

741 *Kiwit*, Fehlurteile im Strafrecht, S. 96 f.

742 So geht aus *Kiwits* Fallregistern im ersten und zweiten Abschnitt hervor, dass einige Sachverständigengutachten für das Gericht offensichtlich als falsch zu erkennen gewesen wären, *Kiwit*, Fehlurteile im Strafrecht, S. 4 ff., 81 f.

743 *Kiwit*, Fehlurteile im Strafrecht, S. 125.

cc. Fehlerhafte Auswertung von Beweismitteln

Neben die beschriebenen Schwächen von den Beweismitteln würden zusätzlich Fehler bei der Auswertung von Beweismitteln durch das Gericht, die Staatsanwaltschaft und die Verteidigung treten. Diesbezüglich nennt er beim Gericht u.a. die fehlende oder ungenügende Überprüfung der Glaubwürdigkeit von Zeugen, Vorurteile gegenüber dem Angeklagten (und damit gegenüber Entlastungsbeweisen) aufgrund belastender Indizien, seines Vorlebens, seines Verhaltens, seiner politischen Anschauung, aufgrund der Übernahme der Voreingenommenheit von Zeugen und aufgrund des unvollständigen Nachweises aller Tatbestandsvoraussetzungen.[744] Bei der Staatsanwaltschaft kritisiert *Kiwit* einseitige Ermittlungen, die (unkritische) Übernahme polizeilicher Ermittlungsergebnisse sowie Ermittlungsfehler und -unzulänglichkeiten.[745] Bei der Verteidigung wird die zu geringe Beschäftigung mit der Persönlichkeit des Angeklagten und mit der Tat, die ungenügende Kommunikation mit dem Mandanten und das unzureichende Reagieren des Verteidigers auf einen unvollständigen Tatnachweis durch das Gericht moniert.[746]

dd. Fehlerhafte Auswertung von Indizien

In 6 Fällen sei nach *Kiwit* aus einem Beweisstück bzw. aus einer Tatsache ein falscher Schluss gezogen worden.[747] Eine falsche Auswertung und Bewertung der Indizien sei mit Ausnahme eines Falles dadurch begünstigt worden, dass zuvor entweder überhaupt keine oder eine fehlerhafte Beweismittelfeststellung erfolgt sei, sodass dem Gericht schon der Sachverhalt fehlerhaft oder unvollständig zur Entscheidung vorgelegen habe.[748]

b. Fehlerhafte Beurteilung der Zurechnungsfähigkeit des Angeklagten

Als Einzelursache, welche in den untersuchten Wiederaufnahmeverfahren *„mit Abstand an der Spitze“* der Fehlurteile stehe, macht *Kiwit* die fehlerhafte

744 *Kiwit*, Fehlurteile im Strafrecht, S. 124 ff.

745 *Kiwit*, Fehlurteile im Strafrecht, S. 142 ff.

746 *Kiwit*, Fehlurteile im Strafrecht, S. 148 ff.

747 *Kiwit*, Fehlurteile im Strafrecht, S. 97.

748 *Kiwit*, Fehlurteile im Strafrecht, S. 97 ff.: So wurde beim Angeklagten in Fall 11, der den Schlüssel aus dem Zündschloss zog, ausgelegt, dass er das Opfer zu berauben gedachte. Tatsächlich wollte er nur das Fahren eines Volltrunkenen verhindern. Die falsche Auswertung des Indizes sei nach *Alsberg* dadurch begünstigt worden, dass der Fahrer keinem Alkoholtest unterzogen wurde.

Bewertung der Zurechnungsfähigkeit des Angeklagten aus.[749] Die festgestellte Anzahl von 28 Fällen mache 29 % aller untersuchten Wiederaufnahmeverfahren und einen Anteil von 54 % an der Gesamtzahl von fehlenden bzw. fehlerhaften Sach- bzw. Sachverständigenbeweisen aus.[750] Die Zahl der 28 Fälle setze sich aus 12 Verfahren zusammen, in denen es zu einem Irrtum wegen eines fehlerhaften Gutachtens gekommen sei und 16 Verfahren, in denen das Gericht es unterlassen habe, eine sachverständige Untersuchung zu veranlassen.[751] Gerade der zweiten Fehlerquelle sei dadurch vorzubeugen, dass man *„[...] jeden Angeklagten eingehend nach seinem Vorleben, Lebenslauf, Krankheiten [...]“* von Fachleuten untersuchen lasse und allen Anzeichen und Behauptungen geistiger Defekte nachgehe.[752] Um darüber hinaus zu verhindern, dass nicht *„durch die Wiederaufnahme ein Fehlurteil“* entstehen könnte, sei zusätzlich relevant, ob die festgestellte Geisteskrankheit einen maßgeblichen Zusammenhang mit der Tat – sowohl zeitlich als auch nach Art des Delikts – aufweisen könnte, da einige Geisteskrankheiten in Schüben auftrete und keinen Einfluss auf die Zurechnungsfähigkeit bei einigen Deliktsarten haben könnten.[753]

c. Verstöße gegen das Verbot ungesicherter Überzeugungsbildung und fehlerhafte bzw. unterlassende Anwendung des „in dubio pro reo“-Grundsatzes

Die Nichtbeachtung des Verbots ungesicherter Überzeugungsbildung sei *„ein sehr wesentlicher Grund für Justizirrtümer“*.[754] *Kiwit* thematisiert die objektiven Anforderungen an die richterliche Überzeugungsbildung, ohne jedoch abschließend Stellung zu beziehen, welche Anforderungen an die richterliche Überzeugungsbildung zu stellen sind – Gewissheit (*Hirschberg*) oder ein hoher Grad an Wahrscheinlichkeit (*Alsberg*) – sowie die subjektiven Anforderungen der Überzeugungsbildung, wonach beim Verbleiben von Zweifeln nach Ausschöpfung aller Beweismittel freizusprechen sei. Auf dieser Grundlage gebe es mindestens 5 Fälle, in denen eine für die Verurteilung ausreichende richterliche Überzeugung nicht vorgelegen habe bzw. nicht habe vorliegen dürfen.[755]

749 *Kiwit*, Fehlurteile im Strafrecht, S. 102.
750 *Kiwit*, Fehlurteile im Strafrecht, S. 101 f.
751 *Kiwit*, Fehlurteile im Strafrecht, S. 102.
752 *Kiwit*, Fehlurteile im Strafrecht, S. 102 f.
753 *Kiwit*, Fehlurteile im Strafrecht, S. 103 ff.
754 *Kiwit*, Fehlurteile im Strafrecht, S. 106.
755 *Kiwit*, Fehlurteile im Strafrecht, S. 108 f.

d. *Fehlende zweite Tatsacheninstanz bei erstinstanzlichen Verfahren des LG und OLG*

In den von *Kiwit* untersuchten Akten sei es nur in 29 Fällen zu einer Einlegung von Rechtsmitteln gekommen, wovon lediglich 2 erfolgreich gewesen seien.[756] Nach seiner Untersuchung und Berechnung habe bei 22 % der erstinstanzlichen Fehlurteile des LG durch eine zweite Tatsacheninstanz die Möglichkeit der Vermeidung bestanden.[757] Umgerechnet auf die Gesamtmenge der untersuchten Wiederaufnahmeverfahren mache dies einen Anteil von 11 % aller Fehlurteile aus.[758] Über die bloße Möglichkeit hinaus, geht *Kiwit* davon aus, dass diese tatsächlich vermieden worden wären. Die Untersuchung amtsgerichtlicher Urteile zeige, dass sich durch das Urteil belastet gefühlte Verurteilte, sollten sie glauben, den Fehler nachweisen zu können, dort vom Rechtsmittel der Berufung Gebrauch gemacht hätten.[759]

3. *Zusammenfassung und Würdigung*

Die Aktenanalyse von *Kiwit* identifiziert den Personalbeweis, den Sachverständigenbeweis sowie gerichtliche Aufklärungsfehler (insbesondere die Beweiswürdigung und die fehlerhafte Beurteilung der Schuldunfähigkeit) als zentrale Fehlerquellen. Ein nicht unbeachtlicher Teil der Fehlurteile hätte nach *Kiwit* durch eine zweite Tatsacheninstanz korrigiert werden können. Mit seiner wissenschaftlichen Untersuchung wollte *Kiwit* der „Statistik das Wort“ geben.[760] Im Gegensatz zu den vorherigen methodischen Vorgehensweisen von *Alsberg* und *Hirschberg* hat die Aktenanalyse den Vorteil, dass Aussagen über einen längeren Zeitraum gefunden wurden und die Daten hierbei konstant unverändert bleiben.[761] Auch ist eine geringere Gefahr der Verzerrung durch ein gefasstes Vorstellungsbild und damit ein höherer Grad an Objektivität gewährleistet.[762] Daraus kann eine höhere Zuverlässigkeit der aus der Aktenanalyse resultierenden Befunde geschlossen werden.[763] Teilweise weist die Arbeit jedoch eine begrenzte Aussagekraft (insbesondere) hinsichtlich äußerer Einflüsse auf

756 *Kiwit*, Fehlurteile im Strafrecht, S. 114 f.
757 *Kiwit*, Fehlurteile im Strafrecht, S. 114 ff., 122a.
758 *Kiwit*, Fehlurteile im Strafrecht, S. 122a.
759 Ebenda.
760 *Kiwit*, Fehlurteile im Strafrecht, S. 1.
761 *Eisenberg/Kölbel*, Kriminologie, § 13, Rn. 15.
762 Vgl. selbst *Kiwit*, Fehlurteile im Strafrecht, S. 1.
763 Vgl. *Eisenberg/Kölbel*, Kriminologie, § 13, Rn. 15.

das Urteil auf, wie beispielsweise innere Stimmungen und Emotionen, das individuelle Auftreten der Beteiligten und subjektive Vorstellungen, Wünsche, charakterliche Eigenschaften oder Erfahrungen des Richters, welche in der Aktenauswertung keinerlei Berücksichtigung finden können.[764] Da Fehler auf Rechtsebene nur im (engen) Fall des § 359 Nr. 6 StPO erfasst sind, beschränkt sich die Aktenauswertung naturgemäß und primär auf tatsächliche Fehler. Insoweit führt die Untersuchungsmethode schon vorab zu einer Vorauswahl ermittelbarer Fehlerquellen.[765] Zudem merkt *Kiwit* selbst die begrenzte repräsentative Aussagekraft der Untersuchung ausgewerteter Wiederaufnahmeakten (100) an[766] und erhebt überdies keinen Anspruch auf die Vollständigkeit des Aktenmaterials hinsichtlich aller Wiederaufnahmen im Oberlandesgerichtsbezirks Hamm von 1950–1958.[767] Dennoch ist die Arbeit ein Meilenstein der empirischen Fehlurteilsforschung, mit der es *Kiwit* gelang, einen sichtbaren und großen Teil von strafprozessualen Fehlerquellen aufzudecken und darzustellen. Nur die Aufdeckung sichtbarer Fehlerquellen macht es schließlich möglich, zu noch Unbekanntem vorzudringen.

IV. *Peters*, Fehlerquellen im Strafprozeß

1. Überblick und Methodik

Peters' Werk „Fehlerquellen im Strafprozeß“ in drei Bänden stellt das zentrale Werk der Fehlentscheidungsforschung in der Bundesrepublik Deutschland dar. Mit seinem Forschungsteam wertete er an der „Forschungsstelle Strafprozeß“ 1.115 Wiederaufnahmeverfahren – in welchen der Wiederaufnahmeantrag nach § 370 Abs. 2 StPO für begründet erklärt worden war – im Rahmen einer Vollerhebung aus den Jahren von 1951 bis 1964 aus.[768] *Peters'* Arbeit unterteilt sich in drei Bände: Der erste Band (1970) enthält die theoretischen Grundlagen des Fehl„urteils“, die Dokumentation der einzelnen Wiederaufnahmeverfahren und die jeweilige Benennung der „Hauptprobleme“; der zweite Band (1972) widmet sich der näheren Untersuchung von Fehlerquellen und Möglichkeiten der Vermeidung; der dritte Band (1974) behandelt das Institut der Wiederaufnahme des

---

764 *Kiwit*, Fehlurteile im Strafrecht, S. 1; vgl. auch *Böhme*, Das strafgerichtliche Fehlurteil, S. 158 f.

765 *Kiwit*, Fehlurteile im Strafrecht, S. 1.

766 *Kiwit*, Fehlurteil im Strafrecht, S. 2.

767 *Kiwit*, Fehlurteil im Strafrecht, S. 2 f.

768 Vertiefend *Peters*, Fehlerquellen im Strafprozeß I, S. 3 f.

Verfahrens. Vorliegend soll das Hauptaugenmerk auf den ersten beiden Bänden liegen.

2. *Fehlerquellen*

a. *Auswertung der „Hauptprobleme“ anhand des Fallverzeichnisses*

Am Ende des ersten Bandes (S. 521–569) sowie am Ende des zweiten Bandes (S. 357–358) hat *Peters* ein Fallverzeichnis zu den untersuchten Wiederaufnahmeverfahren angelegt. Diese umfassen insgesamt 1.183 Fälle, einschließlich erfolgloser Wiederaufnahmen.[769] Im Verzeichnis wird neben der Straftat, wegen welcher verurteilt wurde, und dem Spruchkörper, auch das jeweilige „Hauptproblem“ des Falles dargestellt.[770] Auf eine Kategorisierung hat *Peters* weitestgehend verzichtet. So sind die „Hauptprobleme“ sehr konkret bezeichnet. Um einen Überblick über das Vorkommen einzelner Fehlerquellen zu erhalten, werden nachfolgend Hauptprobleme kategorisiert und gemeinsamen sowie teilweise selbst gewählten Oberbegriffen zugeordnet. In einigen Fällen handelte es sich um solch spezielle Bezeichnungen eines Hauptproblems, dass eine Zuordnung zu einer konkreten Fehlerquelle nicht ohne Weiteres möglich war. Hier wurde der jeweilige Fall inhaltlich überprüft und anschließend – soweit möglich – einem Oberbegriff zugeordnet. War dies einmal nicht möglich, wurden die Fälle unter „Sonstige Fehlerquellen“ eingeordnet. Im Rahmen der eigenen Darstellung übersteigt die absolute Zahl der Fehlerquellen die Fallzahl. Dies ist einerseits der Tatsache geschuldet, dass *Peters* für einen Fall mehrere Hauptprobleme benannt hat, andererseits hat der Verfasser der Dissertation teilweise ein Hauptproblem mehreren Oberbegriffen zugeordnet. Die nachfolgenden Darstellungen zeigen die aufgetretenen Fehlerquellen anhand der gewählten Oberbegriffe sowie ihren relativen Anteil:

769 *Peters*, Fehlerquellen im Strafprozeß I, S. 521, 567.

770 *Peters*, Fehlerquellen im Strafprozeß I, S. 521 ff.; *Peters*, Fehlerquellen im Strafprozeß II, S. 357 f.

Tabelle 8: *Überführung der „Hauptprobleme" von Peters in die Kategorisierung von Fehlerquellen*

Nummer	Fehlerquelle	Anzahl	Anteil in %
1	Fehlerhafte/Fehlende Prüfung der Schuldfähigkeit	262	21,18
2	Fehlerhafter Zeugenbeweis	243	19,64
3	Gerichtlicher Aufklärungsfehler	184	14,87
4	Fehlerhafter/Fehlender Sachverständigenbeweis	81	6,55
5	Falsches Geständnis/Falsche Einlassung	73	5,9
6	(Polizeiliche) Ermittlungsfehler	55	4,45
7	Doppelverurteilung	51	4,12
(8	Urteile im Zusammenhang mit der NS-Zeit	47	3,80)
9	Personen-, Namens- und Altersverwechselungen	39	3,15
10	Aussagen/Belastungen v. Mitschuldigen/ Mitbeschuldigten/Mitangeklagten	35	2,83
11	Falsches Wiedererkennen	33	2,67
12	Fehlerhafte Indizien/Falscher Indizienbeweis	28	2,26
13	Rückfall[771]	28	2,26
14	Sonstige Fehlerquellen	28	2,26
15	Fehlerhafte gerichtliche Überzeugungsbildung	25	2,02
16	Fehlerhaftes Alibi	14	1,13
17	Falscher Urkundenbeweis	8	0,65
18	Fehler bei Punktesachen[772]	3	0,24
	Gesamtzahl an Fehlerquellen	1237	100

Quelle: Peters, Fehlerquellen im Strafprozeß I, S. 521 ff. und II, S. 357 f.; eigene Zusammentragung, Darstellung und Berechnung:

1. *Fehlerhafte/Fehlende Prüfung der Schuldfähigkeit: Fall-Nr. 6, 15, 16, 30, 43, 50, 61, 62, 69, 70, 80, 82, 83, 84, 86, 87, 101, 102, 104, 108, 118, 137, 142, 147, 148, 152, 158, 159, 163, 173, 183, 191, 193, 194, 202, 203, 206, 207, 209, 214, 215, 216, 217, 220, 236, 238, 243, 251, 254, 264, 269, 274, 284, 285, 302, 305, 315, 322, 327, 345, 358, 359, 360, 368, 371, 372, 373, 374, 379, 380, 382, 397, 403, 404, 416, 420, 421, 426, 427, 430, 432, 433, 439, 448, 461, 462, 466, 473, 478, 489, 521, 522, 523, 524, 530, 533, 534, 538, 539, 546, 547, 550, 553, 553a, 554, 555, 559, 564, 569, 570, 571, 572, 573, 577, 584, 603, 608a, 614, 621, 636, 646, 647, 648, 649, 653, 654, 662, 667, 668, 669, 675, 884, 685, 686, 689, 694, 695, 703, 705, 706, 709, 710, 711, 712, 715, 717, 722, 723, 726, 729, 730, 731, 734, 735a,*

771 Darunter ist die fehlerhafte Annahme eines Rückfalls durch Gerichte zu verstehen (z.B. die Vorstraftat besteht nicht [mehr]) und eine entsprechende strafschärfende Berücksichtigung im Rahmen der Strafzumessung, *Peters*, Fehlerquellen im Strafprozeß II, S. 316 ff.

772 Hierbei handelt es sich um Fälle, in denen dem Angeklagten mehrere Taten zur Last gelegt werden und es zu Irrtümern, Verwechselungen, etc. kommt, *Peters*, Fehlerquellen im Strafprozeß II, S. 10, 23, 35.

Tabelle 8: Fortsetzung

736, 740, 744, 749, 754, 758, 760, 761, 763, 765, 768, 774, 778, 781, 782, 790, 794, 816, 817, 818, 820, 830, 831, 832, 839, 840, 848, 855, 857, 858, 859, 868, 870, 871, 875, 876, 878, 885, 890, 896, 903, 915, 920, 921, 922, 924, 927, 932, 936, 937, 942, 943, 945, 947, 948, 949, 951, 954, 956, 957, 960, 963, 965, 981, 989, 992, 994, 996, 1003, 1004, 1005, 1009, 1010, 1016, 1018, 1019, 1022, 1027, 1037, 1038, 1039, 1040, 1043, 1044, 1045, 1046, 1056, 1059, 1064, 1065, 1079, 1080, 1081, 1082, 1088, 1089, 1092, 1096a, 1105, 1130, 1133, 1134, 1145, 1155, 1162, 1164

2. Falscher Zeugenbeweis: Fall-Nr. 1, 10, 12, 18, 20, 21, 22, 32, 34, 35, 37, 45, 51, 55, 57, 68, 71, 72, 75, 85, 92, 94, 96, 97, 109, 111, 112, 115, 121, 127, 128, 130, 138, 141, 143, 144, 157, 160, 169, 169a, 170, 175, 176, 177, 178, 179, 180, 189, 196, 212, 221, 230, 241, 246, 246a, 257, 252, 255, 256, 258, 262, 263, 272, 273, 277, 278, 281, 287, 297, 300, 303, 310, 313, 319, 323, 324, 325, 328, 330, 334, 335, 336, 337, 350, 364, 369, 377, 383, 384, 391, 392, 405, 410, 411, 417, 418, 424, 428, 438, 441, 451, 452, 465, 467, 471, 472, 474, 479, 495, 502, 504, 505, 506, 509, 510, 511, 513, 515, 536, 541, 543, 549, 551, 565, 567, 568, 578, 585, 588, 589, 592, 593, 594, 598, 605, 606, 607, 609, 609a, 613, 626, 630, 633, 635, 638, 650, 652, 656, 664, 671, 672, 677, 683, 691, 692, 696, 699, 716, 718, 719, 725, 735, 735b, 742, 743, 751, 755, 757, 762, 764, 767, 784, 785, 789, 797, 801, 810, 813, 822, 823, 824, 828, 833, 838, 845, 847, 851, 860, 873, 881, 884, 891, 898, 899, 900, 907, 923, 934, 955, 962, 971, 972, 978, 979, 984, 986, 988, 998, 999, 1012, 1014, 1015, 1026, 1055, 1062, 1063, 1066, 1067, 1074, 1075, 1077, 1091, 1094, 1095, 1096, 1099, 1102, 1108, 1109, 1111, 1113, 1116, 1117, 1122, 1123, 1136, 1139, 1141, 1148, 1156, 1159, 1166

3. Gerichtlicher Aufklärungsfehler: Fall-Nr. 2, 9, 14, 17, 19, 22, 33, 34, 36, 39, 42, 52, 60, 66, 73, 76, 93, 98, 106, 124, 129, 136, 139, 145, 151, 163, 184, 186, 208, 210, 242, 245, 252, 253, 260, 268, 270, 275, 280, 295, 296, 298, 299, 301, 306, 307, 311, 312, 314, 318, 320, 331, 340, 342, 344, 353, 362, 376, 381, 385, 389, 393, 395, 399, 400, 409, 415, 434, 435, 437, 446, 447, 449, 455, 456, 457, 460, 470, 476, 481, 482, 496, 497, 498, 516, 525, 516, 560, 562, 566, 576, 579, 587, 590, 591, 610, 628, 629, 639, 641, 642, 643, 644, 651, 655, 661, 674, 679, 680, 704, 707, 708, 720, 727, 748, 752, 772, 773, 786, 787, 791, 793, 796, 807, 812, 821, 826, 834, 835, 837, 841, 842, 844, 849, 861, 862, 865, 866, 872, 874, 879, 887, 908, 912, 913, 914, 918, 919, 925, 928, 929, 968, 969, 975, 982, 990, 992, 997, 1002, 1006, 1021, 1023, 1024, 1029, 1031, 1032, 1033, 1034, 1041, 1048, 1049, 1053, 1157, 1058, 1159, 1161, 1163, 1068, 1071, 1072, 1076, 1090, 1093, 1127, 1140

4. Fehlerhafter/Fehlender Sachverständigenbeweis: Fall-Nr. 26, 38, 41, 49, 90, 103, 113, 131, 135, 151, 154b, 168, 182, 187, 211, 219, 240, 255, 259, 266, 273, 317, 323, 324, 354, 355, 356, 386, 394, 396, 402, 429, 464, 485, 532, 542, 552, 557, 558, 574, 595, 597, 611, 612, 615, 670, 681, 693, 697, 732, 751, 755, 756, 819, 853, 867, 880, 897, 916, 925, 926, 931, 953, 958, 976, 977, 991, 1000, 1008, 1011, 1013, 1052, 1054, 1100, 1107, 1121, 1124, 1126, 1128, 1141, 1142

5. Falsches Geständnis/Falsche Einlassung: Fall-Nr. 24, 26, 48, 60, 110, 122, 132, 133, 134, 140, 197, 222, 225, 227, 232, 233, 242, 261, 265, 276, 277, 291, 326, 386, 406, 408, 450, 458, 468, 483, 540, 581, 582, 586, 600, 627, 627a, 663, 739, 759, 771, 777, 799, 800, 803, 804, 808, 811, 815, 823, 827, 829, 856, 877, 889, 892, 904, 939, 959, 988, 1007, 1017, 1030, 1036, 1042, 1103, 1112, 1131, 1138, 1141, 1144

6. Ermittlungsfehler: Fall-Nr. 8, 32, 63, 81, 116, 123, 153, 161, 171, 213, 231, 250, 278, 297, 321, 348, 351, 357, 391, 412, 413, 459, 486, 494, 500, 520, 537, 556, 608, 619, 632, 673, 701, 737, 742, 743, 766, 769, 770, 783, 802, 846, 906, 930, 952, 970, 987, 995, 1097, 1098, 1119, 1126, 1128, 1137, 1146

7. Doppelverurteilung: Fall-Nr. 4, 56, 125, 129, 149, 167, 192, 201, 204, 205, 226, 228, 267, 286, 346, 347, 349, 361, 363, 378, 388, 398, 407, 422, 425, 436, 445, 453, 454, 475, 493, 561, 599, 623, 624, 625, 698, 700, 728, 733, 792, 882, 901, 938, 1104, 1120, 1148, 1149, 1153, 1170

(wird auf nächster Seite fortgeführt)

Tabelle 8: Fortsetzung

8. Urteile im Zusammenhang mit der NS-Zeit: Fall-Nr. 45, 46, 81, 169, 279, 283, 297, 375, 414, 438, 443, 444, 468, 503, 542, 543, 562, 580, 588, 629, 660, 661, 663, 679, 702, 705, 735b, 764, 784, 810, 891, 962, 1032, 1033, 1034, 1062, 1063, 1099, 1101, 1113, 1119, 1136, 1140, 1147, 1154, 1160. Diese Fehlerquelle steht in Klammern, da dieser Punkt zwar eindeutige Fehlurteile enthält, die in einem spezifischen Zusammenhang zum nationalsozialistischen Unrecht stehen [Abwesenheitsurteil, Nr. 46], aber auch Fehlerquellen vorliegen, die unter andere Oberbegriffe gefasst wurden und nicht sicher ist, dass es sich dabei um ein Spezifikum der NS-Zeit handelt (ungenügende Ermittlungen [Nr. 81], Zeugenbeweisschwäche [Nr. 138]).

9. Personen-, Namens- und Altersverwechselung: Fall-Nr. 7, 47, 77, 88, 89, 165, 189, 237, 239, 244, 248, 249, 271, 292, 352, 390, 431, 440, 443, 444, 469, 480, 491, 492, 501, 514, 517, 518, 529, 535, 580, 583, 658, 660, 721, 909, 917, 946, 966

10. Aussagen/Belastungen v. Mitschuldigen/Mitbeschuldigten/Mitangeklagten: Fall-Nr. 117, 126, 185, 229, 276, 297a, 338, 365, 419, 526, 527, 528, 601, 640, 737, 738, 745, 746, 747, 769, 779, 780, 825, 836, 852, 894, 940, 1001, 1057, 1061, 1114, 1115, 1125, 1156, 1165

11. Falsches Wiedererkennen: Fall-Nr. 23, 29, 53, 54, 105, 120, 150, 166, 171, 282, 339, 375, 442, 620, 631, 652, 659, 665, 750, 788, 795, 806, 813, 854, 869, 893, 964, 985, 999, 1084, 1151, 1152, 1167

12. Fehlerhafte/r Indizien/Indizienbeweis: Fall-Nr. 171, 401, 419, 563, 604, 622, 645, 666, 676, 690, 724, 775, 798, 805, 809, 815, 829, 883, 1000, 1007, 1008, 1069, 1070, 1087, 1101, 1106, 1143, 1144

13. Rückfall: Fall-Nr. 5, 156, 198, 200, 234, 293, 294, 308, 309, 329, 366, 487, 490, 505, 519, 602, 617, 618, 713, 714, 741, 902, 911, 993, 1025, 1169, 1085, 1086

14. Sonstige Fehlerquellen: Fall-Nr. 27, 59, 79, 91, 114, 154, 154a, 155, 162, 164, 172, 316, 332, 333, 341, 370, 463, 488, 575, 850, 886, 980, 983, 1047, 1050, 1051, 1135, 1158

15. Fehlerhafte gerichtliche Überzeugungsbildung: Fall-Nr. 67, 78, 100, 182, 257, 289, 290, 304, 387, 414, 423, 477, 503, 544, 545, 637, 678, 702, 753, 864, 895, 973, 1020, 1073, 1078

16. Fehlerhaftes Alibi: Fall-Nr. 31, 375, 465, 616, 631, 634, 776, 814, 854, 909, 961, 1.028, 1.035, 1.036

17. Falscher Urkundenbeweis: Fall-Nr. 50, 507, 508, 719, 822, 1.094, 1.095, 1.096

18. Fehler bei Punktesachen: Fall-Nr. 298a, 933, 1.030.

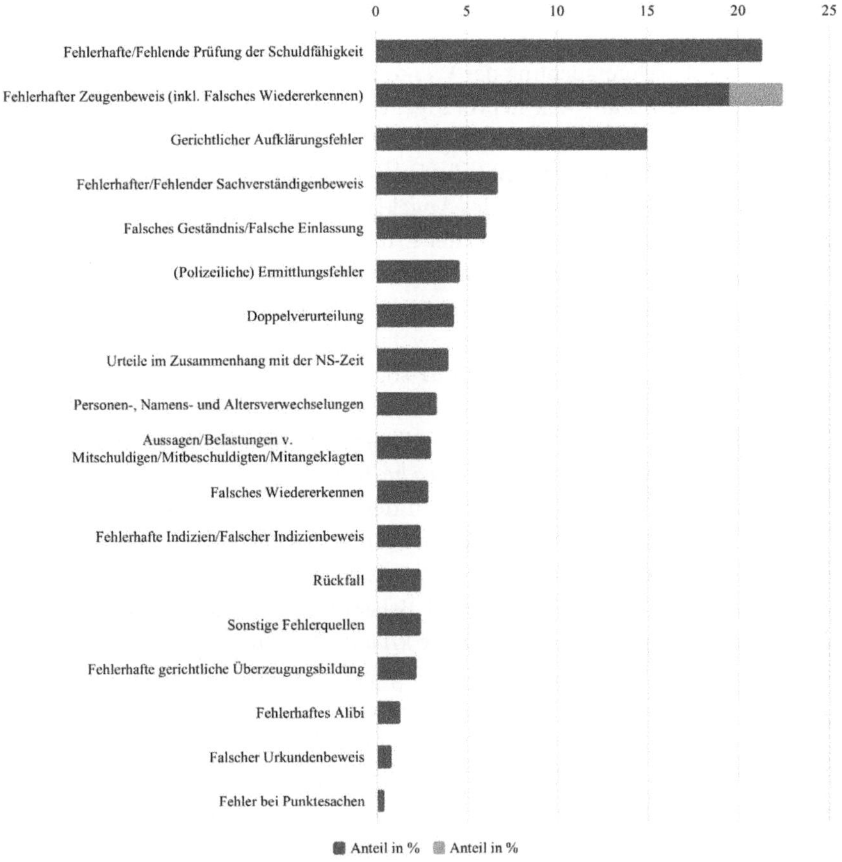

Schaubild 1: Überführung der „Hauptprobleme“ von Peters in die Kategorisierung von Fehlerquellen

Quelle: Peters, Fehlerquellen im Strafprozeß I, S. 521 ff. und II, S. 357 f.; eigene Zusammentragung, Darstellung und Berechnung (s.o. Tabelle 8).

Tabelle 8 und Schaubild 1 visualisieren die Hauptprobleme von *Peters*, welche zu selbst gewählten Oberbegriffen zusammengefasst wurden sowie ihren prozentualen Anteil. Als Hauptfehlerquellen können die fehlende und/oder gänzlich unterlassene Prüfung der Schuldfähigkeit, die Schwäche des Zeugenbeweises sowie gerichtliche Aufklärungsfehler ausgemacht werden. Im Rahmen der Darstellung in Tabelle 8 stellt die Prüfung der Schuldfähigkeit als Einzelursache den größten Anteil aller Fehler dar. Dies wird jedoch noch von der Zeugenbeweisschwäche übertroffen (vgl. Schaubild 1), wenn man sich vergegenwärtigt, dass auch das falsche Wiedererkennen (2,67 %) davon erfasst wird. Da aus der Untersuchung der Werke anderer Autoren jedoch eine besonders hohe Fehleranfälligkeit hervorzugehen scheint, wurde dies zunächst als eigenständiger Punkt dargestellt. In gut 15 % der Fälle kam es zu gerichtlichen Aufklärungsfehlern, d.h. der ungenügenden oder fehlenden Klärung des Sachverhalts oder der Persönlichkeit des Angeklagten. Die mangelhafte Aufklärung kann teilweise schon auf Fehler bei der Ermittlung zurückzuführen sein. Diesbezüglich ergab die Auswertung des Fallverzeichnisses einen Fehleranteil von knapp 6 %. Etwas höher liegt der Anteil beim Sachverständigenbeweis (6,53 %) und bei falschen Geständnissen bzw. falschen Einlassungen des Angeklagten (5,89 %). Des Weiteren konnten 51 sog. Doppelverurteilungen festgestellt werden. Darunter versteht *Peters* „Pseudowiederaufnahmeverfahren“, weil dies Verfahren seien, die im Wege der Wiederaufnahme des Verfahrens erfolgt seien, *„obwohl rechtlich ein anderer Weg hätte begangen werden müssen.“*[773] Die 47 Fälle, welche im Zusammenhang mit der NS-Zeit stehen, sollen vorliegend außer Betracht gelassen werden, da sich in ihnen in der Regel andere und konkrete Fehlerquellen manifestieren (s.o.). Als nicht unerheblich stellt sich auch der Anteil an falschen Aussagen und Belastungen von Mitangeklagten und ähnlichen Personen heraus. Auch diese knapp 3 % können der Zeugenbeweisschwäche hinzugerechnet werden. Eine gesonderte Darstellung erfolgte auch hier aufgrund der vermuteten hohen Fehleranfälligkeit.[774] In etwas mehr als 3 % der Fälle kam es zu Personen-, Namens- oder Altersverwechselungen. Einen marginalen Anteil kommt dem Indizienbeweis, dem Rückfall, der gerichtlichen Überzeugungsbildung, dem Alibibeweis, dem Urkundenbeweis und den Punktesachen zu. Insbesondere der Anteil der fehlerhaften gerichtlichen Überzeugungsbildung fällt überraschend gering aus (2,02 %). 28 Fälle konnten trotz inhaltlicher Überprüfung nicht eindeutig einer Kategorie zugeführt werden.[775]

b. Fehlerquellen nach Peters im Einzelnen

Nach *Peters* beruhe die Fehlerhaftigkeit zentral *„auf einer misslungenen Beweisaufnahme“*.[776] Die Gründe dafür seien: 1. Mangelhafte Beweismittel und eine mangelhafte Beweismittelbewertung; 2. ungenügende Ermittlungen und eine

---

773 *Peters*, Fehlerquellen im Strafprozeß I, S. 6.

774 Vgl. *Peters*, Fehlerquellen im Strafprozeß II, S. 38.

775 Dies betrifft einmalige oder seltene Fälle, z.B. zivilrechtliche Problemstellungen, etc.

776 *Peters*, Fehlerquellen im Strafprozeß II, S. 2.

fehlerhafte Beweiserhebung aufgrund schlechter Beweistaktik und Beweistechnik; 3. die tatsächliche oder rechtliche Unmöglichkeit der Beweiserhebung; 4. summarische Verfahrensarten.[777]

aa. Personalbeweis

Unter den Personalbeweis fasst *Peters* Beschuldigte, Mitbeschuldigte, Zeugen und Sachverständige, welche durch ihre Aussagen und ihr Verhalten die Sachverhaltsfeststellung beeinflussen könnten.[778]

(1) Der Beschuldigte

Eine zentrale Fehlerquelle sieht *Peters* in falschen Geständnissen. Ein solches könne auf unrichtigen Vernehmungsmethoden, dem Druck in der Verhörsituation, dem Erhoffen von Vorteilen für den weiteren Prozessverlauf sowie auf inneren Gründen (z.B. einer psychopathisch oder intellektuell herabgesetzten Veranlassung oder Emotionen, wie Angst und Scheu vor der Verhaftung, der Hauptverhandlung oder vor sonstigen Nachteilen) beruhen.[779] Hinzu komme die Möglichkeit eines falschen Geständnisses aufgrund der erkannten Aussichtslosigkeit des Verfahrens oder der Übermacht von Belastungs„beweisen", sodass der Betroffene ggf. selbst denken könnte, die Tat begangen zu haben sowie die Beweggründe der Verdeckung einer schweren Tat oder der Beschützung des tatsächlichen Täters.[780] Da ein falsches Geständnis von der Persönlichkeit des Betroffenen abhängen könne, attestiert *Peters* insbesondere Jungen, Alten und „Labilen" eine besondere Anfälligkeit.[781] Doch würden nicht nur Gefahren für die Wahrheitsfindung im Zusammenhang mit falschen Geständnissen bestehen, d.h. wenn der Geständige tatsächlich weder Täter noch Teilnehmer an der ihm vorgeworfenen Tat gewesen sei.[782] So bestehe eine Gefahr beim Widerruf eines richtigen Geständnisses, sollte der Geständige die Verschlechterung der Prozesslage erkennen oder sich der Einflussnahme von Angehörigen, Freunden oder Mitangeklagten ausgesetzt haben.[783] Umgekehrt müsse derjenige, der ein falsches Geständnis abgelegt hat und dieses korrigierend widerruft, damit rechnen, dass er einer bereits verfestigten Meinung der

777 *Peters*, Fehlerquellen im Strafprozeß II, S. 2 ff.
778 *Peters*, Fehlerquellen im Strafprozeß II, S. 2.
779 *Peters*, Fehlerquellen im Strafprozeß II, S. 7, 20 f.
780 *Peters*, Fehlerquellen im Strafprozeß II, S. 21 ff.
781 *Peters*, Fehlerquellen im Strafprozeß II, S. 7.
782 Vgl. *Peters*, Fehlerquellen im Strafprozeß II, S. 14.
783 *Peters*, Fehlerquellen im Strafprozeß II, S. 7.

Ermittlungsbeamten gegenüberstehen könnte.[784] Das Risiko, dass ein Falschgeständnis ins Urteil einfließt, werde auf Empfängerseite durch die vorzeitige Festlegung auf die Schuld, das Unterlassen der Ermittlungen in andere Richtungen, die ungenügende Prüfung des Geständnisses bzw. des Widerrufs und die fehlende Sensibilität bei der Aussagewürdigung von Jungen, Alten und „Labilen" begünstigt.[785]

Neben dem Falschgeständnis gebe es auch Gefahren im Zusammenhang mit falschen Einlassungen. Mache der tatsächlich Unschuldige eine falsche Einlassung, um sich gegen Belastungs„beweise" zu wehren und werde die Lüge schließlich aufgedeckt, dann bestehe nicht nur das belastende Indiz fort, sondern es gelte auch der Satz: „*Wer einmal lügt, dem glaubt man nicht.*"[786]

(2) Der Mitbeschuldigte

Die falschen Belastungen von Mitbeschuldigten unterteilt *Peters* grob in zwei Gruppen: 1. Wenn die eigene Schuld feststeht, komme es ggf. zu falschen Belastungen zum Zwecke der Strafmilderung; 2. Wenn die eigene Schuld nicht feststeht, komme es ggf. zu falschen Belastungen zum Zwecke der Verdeckung des eigenen Beitrags.[787] Oftmals gebe es auch Motive wie Rache oder Vergeltung.[788] Schließlich verweist *Peters* auf einen Zusammenhang mit der vorigen Fehlerquelle, denn ein falsches Geständnis könne sich auch auf (vermeintliche) Mittäter/Anstifter auswirken.[789]

(3). Der Zeuge

Einleitend führt *Peters* aus, dass eine richtige Aussage die Bereitschaft zur Wahrheit und die Fähigkeit zur wahrheitsgemäßen Vermittlung voraussetze, was wiederum von Faktoren wie dem Intellekt, dem Charakter (wichtigtuerisch, geltungsbedürftig), der geistigen Reife und der allgemeinen (Lebens-) Erfahrung abhänge.[790] Im Einzelnen wird zwischen Ent- und Belastungszeugen sowie bestimmten Zeugengruppen unterschieden.

---

784 *Peters*, Fehlerquellen im Strafprozeß II, S. 7 f.

785 *Peters*, Fehlerquellen im Strafprozeß II, S. 26.

786 *Peters*, Fehlerquellen im Strafprozeß II, S. 29. In diesem Zusammenhang geht *Peters* auf die Benennung eines unbewusst falschen Alibis ein (S. 31), siehe sogleich vertiefend zum Alibi.

787 *Peters*, Fehlerquellen im Strafprozeß II, S. 38 ff.

788 *Peters*, Fehlerquellen im Strafprozeß II, S. 38, 42 ff., insbes. bei Gruppendiebstählen, welche oftmals nur unter Mitwirkung der anderen Beteiligten aufzuklären seien.

789 *Peters*, Fehlerquellen im Strafprozeß II, S. 40, 42.

790 *Peters*, Fehlerquellen im Strafprozeß II, S. 53, 56 ff.

Bei den Entlastungszeugen – d.h. beim Zeugen, der eine für den Beschuldigten günstige Tatsache bekunde – stelle der Alibibeweis das „Schwergewicht“ dar.[791] Der Alibibeweis sei ein häufig genutzter Weg, um – im Wege der Beweisverfälschung – zu einem ungerechtfertigten Freispruch zu kommen; teilweise auch im Zusammenspiel mit anderen Entlastungsbeweisen.[792] Solche Aussagen seien nach *Peters* stets sorgsam auf Unstimmigkeiten (insbes. bei Aussagen mehrerer Entlastungszeugen) anhand von „Randfragen“ zu überprüfen.[793] Dies erfordere jedoch gerichtliche Kenntnisse im Bereich der Aussagepsychologie und Vernehmungstechnik.[794]

Im Rahmen der ausführlichen Auseinandersetzung mit Belastungszeugen – d.h. mit einem solchen Zeugen, der eine für den Beschuldigten ungünstige Tatsache angebe[795] – differenziert *Peters* wiederum zwischen bewussten und irrigen Falschaussagen. Dem bewusst falsch aussagenden Zeugen gehe es oftmals weniger darum, einen Anderen zu belasten, als sich selbst zu entlasten.[796] Freilich gebe es jedoch auch den Zeugen, der zum Zwecke der Ablenkung von der eigenen Tat handele, einem Anderen die Tat gar anhänge oder zum Schutz von Verwandten oder Freunden handele.[797] Die Häufigkeit von bewusst falschen Aussagen, sowie die Tatsache, dass die Fehlerquelle kein deliktsspezifisches Auftreten aufweise (siehe später), führe dazu, dass sie für die Gerichte kaum erkennbar seien.[798]

Für die Untersuchung der wahrheitswilligen, aber irrig falsch aussagenden Zeugen bedient *Peters* ein Vier-Elemente-Modell. Die richtige Aussage sei abhängig von der: 1. richtigen Wahrnehmung; 2. der Gedächtnisspeicherung; 3. richtigen und vollständigen Erinnerung zur Zeit der Aussage; 4. der Art und Weise der Wiedergabe.[799] Nur das Vorliegen aller Elemente gewährleiste eine richtige Aussage. Allerdings seien die einzelnen Elemente von zahlreichen inneren und äußeren Umständen beeinflusst. So könne die Wahrnehmung

---

791 *Peters*, Fehlerquellen im Strafprozeß II, S. 59 f.

792 *Peters*, Fehlerquellen im Strafprozeß II, S. 60 ff.

793 *Peters*, Fehlerquellen im Strafprozeß II, S. 69 ff. Mit „Randfragen“ meint *Peters* Fragen, die sich nicht auf das Kerngeschehen beziehen, auf das sich falsch aussagende Zeugen explizit vorbereiten würden.

794 *Peters*, Fehlerquellen im Strafprozeß II, S. 69, 74 f.

795 *Peters*, Fehlerquellen im Strafprozeß II, S. 72 f.

796 *Peters*, Fehlerquellen im Strafprozeß II, S. 75.

797 *Peters*, Fehlerquellen im Strafprozeß II, S. 75 ff.

798 *Peters*, Fehlerquellen im Strafprozeß II, S. 74, 83 f.

799 *Peters*, Fehlerquellen im Strafprozeß II, S. 86.

durch optische und akustische Täuschungen, die Einzelfallumstände der Beobachtung (Helligkeit, Nebel, Entfernung, Zeitdauer), suggestive Einflüsse, Wahrnehmung von Bruchstücken oder persönlichen Mängeln (Seh- und Hörvermögen oder situative Umstände wie Ermüdung und Erschöpfung) verzerrt werden.[800] Auch die Gedächtnisspeicherung könne mangelhaft sein. Aufgrund der Fülle der täglichen Eindrücke speichere das Gedächtnis nur das ab, was es im Zeitpunkt der Wahrnehmung für relevant erachte; dies müsse aber nicht zwangsläufig mit dem identisch sein, was für die Sachverhaltsfeststellung relevant sei.[801] Neben dem „Materialverlust“ komme es dann zu (unbewusster) Gedächtnisverdrängung und -verschiebung sowie Verfälschung und Hinzuerfinden, d.h. der Zeuge glaube am Ende wirklich (z.T. aufgrund von Suggestion oder Presseeinflüssen), etwas gesehen zu haben, was er aber tatsächlich nicht gesehen hat.[802] Auf der nächsten Stufe sei eine Erinnerung nur möglich, wenn vorher die Wahrnehmung richtig und die Gedächtnisspeicherung vollständig gewesen sei. Die anschließende Erinnerung bzw. Reproduktion sei allerdings ihrerseits abhängig von der Verhörsituation, der Einfühlungsgabe der Verhörsperson, einer ggf. vorliegenden Suggestion und dem Zeitablauf zwischen Gedächtnisspeicherung und Reproduktion.[803] Schließlich müsse die Art und Weise der Wiedergabe gewährleisten können, dass die Aussage die vollständige und richtige Erinnerung widerspiegelt und dass der Empfänger die Möglichkeit hat, diese dementsprechend aufzunehmen. Die konkrete Art und Weise der Wiedergabe sei abhängig von der individuellen Fähigkeit, das Vorgestellte in Worte zu fassen und von der konkreten Prozesssituation (Gerichtserfahrung, Aufregung, Ehrfurcht, Öffentlichkeit).[804]

Gesondert behandelt *Peters* die Fehlerquelle des falschen Wiedererkennens. Eine besondere Gefahr bestehe dann, wenn der Zeuge nur eine lückenhafte Wahrnehmung gehabt habe/nur einige Merkmale des Täters erkannt habe (aufgrund äußerer Umweltfaktoren oder persönlichen Merkmalen, s.o.) und anschließend versucht sei, die Lücken – durch Überlegen, wer der Täter sein könnte oder durch Suggestiveinflüsse – zu schließen.[805] Das falsche Wiedererkennen sei besonders häufig bei Raub- und Diebstahlstaten sowie Schlägereien zu beobachten, da diese Delikte in der Regel durch die Schnelligkeit ihrer

800 *Peters*, Fehlerquellen im Strafprozeß II, S. 86 f.
801 *Peters*, Fehlerquellen im Strafprozeß II, S. 87 f.
802 Ebenda.
803 *Peters*, Fehlerquellen im Strafprozeß II, S. 88.
804 *Peters*, Fehlerquellen im Strafprozeß II, S. 88 f.
805 *Peters*, Fehlerquellen im Strafprozeß II, S. 91 ff.

Ausführung geprägt seien.[806] *Peters* fordert, dass in solchen Fälle stets eine (kriminal-)wissenschaftliche Untersuchung der objektiven Verhältnisse (unter denen die Beobachtung gemacht wurde) und der persönlichen Umstände des Beobachtenden vorzunehmen sei.[807]

Schließlich befasst sich *Peters* mit bestimmten Zeugen, denen er ein erhöhtes Fehlerpotential attestiert. In diesem Zusammenhang nennt er Aussagen und Auskünfte von Beamten und Behörden.[808] Eine solche Aussage weise zwar keine (generell) höhere Fehleranfälligkeit auf, doch bestehe die Gefahr, dass falsche Aussagen nicht erkannt werden, weil die Gerichte Beamten und Behörden besonderes Vertrauen entgegenbringen und eine kritische Prüfung teilweise nicht oder ungenügend erfolgen könnte.[809] Zwischen den bewusst falsch und den irrig falsch aussagenden Zeugen, verortet *Peters* die *„unüberlegt Aussagenden/blind Aussagenden"*.[810] Darunter seien insbesondere Menschen zu verstehen, die nach einem Macht- und Geltungsgefühl trachten würden, um sich so zum Mittelpunkt des Prozesses und der Prozessgestaltung zu erheben.[811] Konkrete Fälle weist das Aktenmaterial diesbezüglich nicht auf. Ein kurzer Abschnitt wird den „abnormen Zeugen" gewidmet, unter welchen *Peters* geisteskranke, geistesschwache, psychopathische und neurotische Zeugen versteht.[812] Geisteskrankheit und „Schwachsinn" des Zeugen könnten insbesondere dann unerkannt bleiben, sollte eine Persönlichkeitserforschung schon im Ermittlungsverfahren nicht stattfinden und die Heranziehung eines Glaubwürdigkeitsgutachtens in der Hauptverhandlung „die Ausnahme" bleiben.[813] *Peters* weist darauf hin, dass die Wahrnehmung und die kritische Bewertung des Wahrgenommenen bei solchen Zeugen eingeschränkt sein können, (intellektuelle) Missverständnisse bei Vernehmungen möglich seien und es zu bewussten Falschaussagen kommen könne, wenn sich der Zeuge unangenehmen Folgen zu entziehen versuche.[814] Bei psychopathischen Zeugen seien Geltungssucht, Subjektivismus, Halt- und Kontrolllosigkeit und Beeinflussbarkeit

---

806 *Peters*, Fehlerquellen im Strafprozeß II, S. 93 ff.
807 *Peters*, Fehlerquellen im Strafprozeß II, S. 99.
808 *Peters*, Fehlerquellen im Strafprozeß II, S. 100 ff.
809 Ebenda.
810 *Peters*, Fehlerquellen im Strafprozeß II, S. 102.
811 *Peters*, Fehlerquellen im Strafprozeß II, S. 102 ff.
812 *Peters*, Fehlerquellen im Strafprozeß II, S. 106.
813 *Peters*, Fehlerquellen im Strafprozeß II, S. 107 f.
814 *Peters*, Fehlerquellen im Strafprozeß II, S. 107 ff.

als flankierende Faktoren anzusehen.[815] Schließlich seien auch die Aussagen von alten Zeugen stets besonders sorgsam zu prüfen, da die Aussage durch die verminderte Wahrnehmungs-, Verarbeitungs- und Wiedergabefähigkeit, dem verstärkten Festhalten an einem einmal angenommenen Standpunkt und dem Unvermögen des Standhaltens bei starkem (Vernehmungs-)Druck möglicherweise verzerrt sein könnte.[816] Ähnliches gelte auch bei jungen Zeugen.[817]

(4) Der Sachverständige

Im Rahmen der Auseinandersetzung mit dem Sachverständigenbeweis unterscheidet *Peters* zwischen dem Sachverständigen zum Personalbeweis und dem Sachverständigen zum Sachbeweis.[818]

(a) Der Sachverständige zum Personalbeweis

In den untersuchten Wiederaufnahmeverfahren sei in mehr als 20 % die Schuldunfähigkeit falsch festgestellt worden; in diesen Wiederaufnahmeverfahren sei in 70 % der Fälle überhaupt kein Sachverständigengutachten eingeholt worden.[819] Ihm nach sei *„das Problem der Schuldunfähigkeit [...] in erster Linie ein Richterproblem, ein Problem des nicht hinzugezogenen Sachverständigen.“*[820] Besonders häufig zeige sich die Nichtanforderung eines Sachverständigengutachtens in summarischen Verfahren (insbes. Strafbefehlsverfahren), in denen überhaupt keine Persönlichkeitserforschung stattfinden könne.[821] Oftmals enthalten jedoch der Akteninhalt und die Tatbegehung selbst Auffälligkeiten, die auf eine Schuldunfähigkeit hinweisen könnten (abenteuerliche Tatausführung, abrupter Lebenswandel, Besonderheiten des Tatmotivs, Wiederholungstäter, etc.).[822]

Aber auch die Hinzuziehung eines Sachverständigen biete nicht die Gewähr für die Richtigkeit der Feststellung, da Gutachten möglicherweise fehlerhaft sein könnten. Eine kritische Prüfung des Gutachten bleibe indes oftmals aus, da *„die Gerichte der Auffassung des Sachverständigen [in der Regel] und im*

815 *Peters*, Fehlerquellen im Strafprozeß II, S. 112 f.

816 *Peters*, Fehlerquellen im Strafprozeß II, S. 113 ff.

817 *Peters*, Fehlerquellen im Strafprozeß II, S. 148 ff. Siehe sogleich zur problematischen gerichtlichen Aufklärung bei Aussagen von Kindern und Jugendlichen.

818 *Peters*, Fehlerquellen im Strafprozeß II, S. 117 ff., 162 ff.

819 *Peters*, Fehlerquellen im Strafprozeß II, S. 120.

820 Ebenda. Auch diese Fehlerquellen betreffen daher eigentlich eher die gerichtliche Aufklärung.

821 Ebenda.

822 *Peters*, Fehlerquellen im Strafprozeß II, S. 121 ff.

Falle mehrerer Sachverständiger der übereinstimmenden Mehrheit [folgen]."[823] Das Gericht müsse offensichtliche und unausreichende Gutachten erkennen, fachlich geeignete Sachverständige (und nicht nur Amtsärzte) anfordern, den Sachverständigen vollständig mit dem hinreichenden Sach- und Persönlichkeitsmaterial ausstatten und im Anschluss eine kritische Auseinandersetzung mit dem Gutachten vornehmen, was jedoch nur möglich sei, wenn sich der Richter schon vorher über die Untersuchungsmethode und den (u.U. umstrittenen) Standpunkt des Gutachters informiert habe; im Zweifelsfall müsse das Gericht weitere Gutachten anfordern.[824]

Weiterhin spricht *Peters* die Glaubwürdigkeitsprüfung an. Hier fühle sich das Gericht regelmäßig weniger gebunden, als bei Gutachten über die Schuldunfähigkeit, da die Beurteilung der Glaubwürdigkeit als klassische Aufgabe des Richters empfunden werde.[825] Trotz der „ungenügenden" aussagepsychologischen Ausbildung der Richter, seien Glaubwürdigkeitsgutachten bei Erwachsenen in der Praxis selten; höher sei der Anteil bei der Überprüfung der Glaubwürdigkeit von jungen Menschen.[826] Als typische Fehlerquellen bei der Glaubwürdigkeitsprüfung (eigentlich erneut richterliche Aufklärungsfehler) nennt *Peters* die Nichtberücksichtigung geistiger, charakterlicher und sittlicher Defekte, die Nichtberücksichtigung der Einflussnahme Dritter (Überreden, Druck, Suggestion), die Nichtberücksichtigung von Gruppenverhältnissen (Geschwister, Freunde), die Nichtberücksichtigung des Aussagemotivs (Selbstschutz, Ab- oder Zuneigung, Rache), die Überforderung der Aussagefähigkeit (insbes. bei Kindern/Jugendlichen), die ungenügende Auseinandersetzung mit vorgetragenen Bedenken gegen die Glaubwürdigkeit, die fehlende Kontrolle der Aussage, die Nichtberücksichtigung der Zeitspanne zwischen Wahrnehmung und Aussage sowie die ungenügende Skepsis gegenüber Aussagen von jungen Zeugen.[827]

(b) Sachverständige zum Sachbeweis

Neben Gutachten zum Personalbeweis, können Sachverständige auch Gutachten zum Sachbeweis erbringen und zur Klärung des Vorliegens objektiver Tatsachen beitragen. Zu den Fehlerquellen bei der Erstellung des Gutachtens zähle laut *Peters* die mangelnde Materialbeschaffung durch das Gericht, die

---

823 *Peters*, Fehlerquellen im Strafprozeß II, S. 128.
824 *Peters*, Fehlerquellen im Strafprozeß II, S. 129 ff.
825 *Peters*, Fehlerquellen im Strafprozeß II, S. 128, 248 ff.
826 *Peters*, Fehlerquellen im Strafprozeß II, S. 142 ff.
827 *Peters*, Fehlerquellen im Strafprozeß II, S. 148 ff.

unklare Fragestellung an den Sachverständigen, die mangelnde Feststellung durch den Sachverständigen, die Verkennung der Schwierigkeit einer gutachterlichen Äußerung, die ungenügende Sachkenntnis des Gutachters sowie das voreilige Ziehen von Schlüssen und Hypothesen des Sachverständigen (Darstellung von Annahmen als gesicherte Erkenntnis, Überschreitung der Kompetenzen und Einmischung in die gerichtliche Aufklärung).[828] Da (auch) ein Gutachten schließlich die richterliche Überzeugungsbildung ermögliche, könne es auch dort zu Fehlern kommen. Als Fehlerquellen im Zusammenhang mit der gerichtlichen Prüfung (eigentlich erneut gerichtliche Aufklärungsfehler) führt *Peters* aus: die ungenügende Kenntnis von Persönlichkeit und Sachkunde des Sachverständigen (insbes. bei ständiger Zusammenarbeit), die Beweisführung auf Grundlage ungenügender Gutachten bei nicht mehr nachholbaren Untersuchungen, die unkritische Hinnahme des Gutachtens (fehlendes Hinterfragen von Methodik, Anerkanntheit der gutachterlichen Ansicht), die mangelnde gerichtliche Grundlagenkenntnis (welche für eine kritische Prüfung und Stellung von Fragen notwendig sei), das Beimessen eines falschen Beweiswerts (Bewertung als Wirklichkeit, was vom Sachverständigen nur als Annahme ausgeführt sein könnte), die ungenügende Auseinandersetzung mit sich widersprechenden Gutachten, das ungenügende Erkennen einer ungesicherten Begutachtungssituation (Bewusstsein des Richters, dass dem Gutachten objektfremde und subjektive Elemente zugrunde liegen könnten), die Falschauswertung richtiger Gutachten sowie den gänzlichen Verzicht auf den Sachverständigenbeweis trotz Notwendigkeit.[829]

Einen kurzen Abschnitt widmet *Peters* schließlich der Schriftvergleichung. Diese gelte als besonders fehleranfällig, da (neben den soeben beschriebenen Fehlerquellen) zusätzlich angenommen werden könne, dass es keinerlei absolute Unterscheidungsmerkmale der Schrift gebe.[830]

bb. Sachbeweis

Neben spezifischen Fehlerquellen vereine der Sachbeweis zusätzlich noch die beschriebenen Gefahren des Zeugenbeweises (der Ermittler müsse u.U. bezeugen, wo er eine Spur gefunden und wie er die Sachgegebenheit ermittelt und festgehalten hat) und des Sachverständigenbeweises (der Sachbeweis benötige

828 *Peters*, Fehlerquellen im Strafprozeß II, S. 164 ff.
829 *Peters*, Fehlerquellen im Strafprozeß II, S. 168 ff.
830 *Peters*, Fehlerquellen im Strafprozeß II, S. 179 ff.

u.U. einer gutachterlichen Sachbeurteilung).[831] Als Spezifikum des Sachbeweises nennt *Peters* die unterlassene Nachforschung nach Sachbeweisen (bei Vorliegen von Personalbeweisen), Fehler bei der Vornahme des Sachbeweises (fehlerhafte Aufnahme, unklarer, klärungsbedürftiger, mehrdeutiger Sachbeweis), die Möglichkeit der Beweisverfälschung und die Gefahr der Ausräumung des Sachbeweises durch Beweisverfälschung.[832] Trotzdem fordert er eine Ausweitung der Bedeutung des Sachbeweises und eine Verbesserung der kriminalistischen Ausbildung von Juristen, da der Sachbeweis insgesamt sicherer sei, als der Personalbeweis.[833]

cc. Ermittlungs- und Aufklärungsfehler

(1) Ermittlungsfehler
Korrekt durchgeführte Ermittlungen seien besonders wichtig, da sich ein Mangel des Ermittlungsverfahrens in der Hauptverhandlung regelmäßig nicht mehr beseitigen lasse.[834] Als die „wichtigsten Ermittlungsfehler“ (i.e.S.) identifiziert Peters zu spät einsetzende (Beweismittelverlust und Erschwerung der Rekonstruktion) und ungenügend vorbereitete Ermittlungen, die ungenügende Ausschöpfung der Beweismöglichkeiten (unzureichende Spurensuche und -speicherung, unterlassene Inaugenscheinnahme, unterlassene Beiziehung von Beweisunterlagen, unterlassene Gegenüberstellungen, ungenügende Zeugensuche und Irrtümer bei der Nachforschung), die einseitige Ermittlungsführung (Beschränkung auf eine einmal festgelegte Ermittlungslinie, insbes. bei falschen/widerrufenen Geständnissen), die Anwendung unzulässiger Beweismethoden, die unzulängliche Persönlichkeitserforschung (insbes. die Prüfung der Glaubwürdigkeit) sowie den fehlerhaften Umgang mit Sachverständigenbeweisen (Annahme einer Möglichkeit als Tatsache, etc., s.o.).[835]

Neben den Ermittlungsfehlern i.e.S. bemängelt *Peters* die fehlerhafte Kontrolle der polizeilichen Ermittlungsergebnisse durch die Staatsanwaltschaft vor Klageerhebung. Der Staatsanwalt kenne die Ermittlung „nur selten“ aus eigener Mitwirkung, da diese regelmäßig von der Polizei durchgeführt werde.[836]

---

831 *Peters*, Fehlerquellen im Strafprozeß II, S. 186 f.

832 *Peters*, Fehlerquellen im Strafprozeß II, S. 187 ff.

833 Vgl. *Peters*, Fehlerquellen im Strafprozeß II, S. 190.

834 *Peters*, Fehlerquellen im Strafprozeß II, S. 195, in der Hauptverhandlung wiederhole sich lediglich die im Ermittlungsverfahren durchgeführte Beweisführung.

835 *Peters*, Fehlerquellen im Strafprozeß II, S. 196 ff.

836 *Peters*, Fehlerquellen im Strafprozeß II, S. 213 ff., als Sonderfälle nennt er Kapitaldelikte.

Fehler bei der Kontrolle der polizeilichen Ermittlung würden sich aufgrund der tatsächlichen Arbeitsüberlastung ergeben, welche insbesondere bei kleineren Strafsachen zu einer unzureichenden Klärung und häufig zu einer Einstellung führe.[837] Daher sei es unumgänglich, das Beweisergebnis schon vor der Klageerhebung und nicht erst in der Hauptverhandlung eingehend auf Lücken und Beweisfragen zu prüfen, da ein „*ungerechtfertigte[s] Urteil [auf eine] ungerechtfertigte Anklage[...]*" folge.[838]

Kurz geht *Peters* auch auf die mangelhafte Kontrolle im Zwischenverfahren ein. Aus seiner Dokumentation ergebe sich, dass man die Möglichkeiten des Zwischenverfahrens und der Vorbereitung der Hauptverhandlung nicht genügend nutze.[839]

(2) Richterliche Aufklärungsfehler

Neben den bereits problematisierten Aufklärungsfehlern thematisiert *Peters* im Zusammenhang mit dem Zeugen- und Sachverständigenbeweis folgende typische Gefahren: die Übernahme des polizeilichen und staatsanwaltschaftlichen Ermittlungsergebnisses (die Beweisaufnahme werde in bisheriger Ermittlungsrichtung fortgesetzt), die ungenügende Sachverhaltsaufklärung in der Hauptverhandlung (die bisherige Festlegung verhindere das Einlassen auf Entlastungsbeweise), der unvollständige Nachweis von objektiven und subjektiven Tatbestandsmerkmalen, die ungenügende Ausschöpfung des Aktenmaterials, die vorschnelle Ablehnung von Beweisanträgen, die mangelnde Klärung von Widersprüchen, die unkritische Bewertung von Zeugen- und Sachverständigenaussagen im Bezug auf Irrtums- und Verfälschungsmöglichkeiten, die fehlerhafte Verhandlungsführung aufgrund persönlicher Eigenschaften des Richters sowie die mangelnde Prozesspsychologie.[840] Eine zentrale Rolle bei der Aufklärung komme zudem den Zeitspannen zwischen der Tatbegehung und dem ersten Zugriff, zwischen der Tatbegehung und dem Urteil und zwischen dem Grundurteil und dem Wiederaufnahmeverfahren zu, da diese

---

837 *Peters*, Fehlerquellen im Strafprozeß II, S. 214 f., die Arbeitsüberlastung aufgrund zahlreicher „kleiner" Strafsachen sorge zusätzlich zu fehlenden Ressourcen für „größere" Strafsachen.

838 Er spricht hier auch von einer „Vorherbestimmung", *Peters*, Fehlerquellen im Strafprozeß II, S. 217 ff.

839 *Peters*, Fehlerquellen im Strafprozeß II, S. 222 ff., weitere Angaben diesbezüglich macht er indes nicht. Die weitverbreitete Annahme, dass es zu einer Vorbelastung des mit dem Richter in der Hauptverhandlung identischen Richters im Zwischenverfahren gäbe, teilt *Peters* ausdrücklich nicht.

840 *Peters*, Fehlerquellen im Strafprozeß II, S. 226 ff.

möglicherweise zu Verschlechterung, Verfälschung und Verhinderung von Beweismitteln führen könnten.[841]

dd. Richterliche Überzeugungsbildung

Da es eine objektive, mathematische Sicherheit des festgestellte Sachverhalts nicht geben könne, seien an die subjektive Seite ganz besondere Anforderungen zu stellen: Der Richter müsse zu der sicheren Gewissheit kommen, dass die gewonnene Vorstellung über Tat und Persönlichkeit des Angeklagten der Wirklichkeit entspricht; ein sehr hoher Grad an Wahrscheinlichkeit reiche nicht aus.[842] Bei diesen Fehlerquellen unterscheidet *Peters* zwischen Fehlern beim Vorgang der Überzeugungsbildung und der Person des Urteilenden.

Im Zusammenhang mit dem Vorgang der Überzeugungsbildung bemängelt er das Ausfüllen von „Lücken“ bei der Sachverhaltsfeststellung durch Vermutungen und Möglichkeiten.[843] Als „Hauptfehlerquelle“ identifiziert er jedoch die unrichtige Bewertung der erhobenen Beweise.[844] Dazu gehöre das Außerachtlassen anerkannter Beweisregeln und Vorsichtsregeln (Regeln die nicht sicher zur Herleitung eines bestimmten Ergebnisses taugen, aber zur Vorsicht mahnen würden, insbes. frühere Beweisregeln), die unterlassene kritische Wertung einzelner Beweise bei einer Beweishäufung, die Anpassung einzelner Beweise anhand des ausgemachten „Kernbeweises“ sowie die Anfälligkeit für Trugschlüsse.[845]

Typische Fehlerquellen in der Person des Urteilenden seien die ungenügende Sachkenntnis, eine einseitige Grundeinstellung, die generelle oder einzelfallbezogene Voreingenommenheit, die ungenügende Selbstständigkeit und die resultierende Anfälligkeit für den Einfluss „anderer Verfahrenskräfte“ sowie das ausufernde Selbstbewusstsein.[846]

ee. Das Gesetz als Fehlerquelle[847]

Neben den erörterten Schwächen einzelner Beweismittel und den Fehlern auf Seiten des Gerichts, welche man auch als „menschliche

841 *Peters*, Fehlerquellen im Strafprozeß II, S. 283 ff.

842 *Peters*, Fehlerquellen im Strafprozeß II, S. 230 f.

843 *Peters*, Fehlerquellen im Strafprozeß II, S. 232.

844 Ebenda.

845 *Peters*, Fehlerquellen im Strafprozeß II, S. 232 ff.

846 *Peters*, Fehlerquellen im Strafprozeß II, S. 236 ff.

847 Die zunächst bei *Peters* erfolgte Thematisierung von Vorschriften, die die Wahrheitsfindung einschränken (insbes. § 136a StPO sowie Aussage- und Zeugnisverweigerungsrechte), soll vorliegend unberücksichtigt bleiben (*Peters*, Fehlerquellen

Fehler"[848] bezeichnen könnte, thematisiert *Peters* das Fehlerpotential einiger strafprozessualen Vorschriften selbst.

(1) Das Strafbefehlsverfahren
Das untersuchte Wiederaufnahmematerial richte sich nach *Peters* in 10 % der Fälle gegen rechtskräftige Strafbefehle.[849] Als typische Fehlerquellen beschreibt Peters das summarische Ermittlungsverfahren (geringere Sorgfalt, Möglichkeit für die Staatsanwaltschaft, kleinere Strafsachen *„vom Tisch zu bekommen"*), die vorschnelle Erledigung (auch von Strafsachen *„nicht ganz geringer Bedeutung"*), die lückenhafte Klärung des Sachverhalts, welche auch im Wiederaufnahmeverfahren u.U. nicht mehr nachgeholt werden könnte, die unterlassene Klärung der Täterpersönlichkeit bzw. das Nichterkennen der Schuldunfähigkeit, das Übersehen von formalen Voraussetzungen (insbes. Doppelverurteilungen) sowie die Begünstigung des „Ungeschicks" des Beschuldigten (mangels Verständnis vom Strafbefehlsverfahren, stelle sich die Wiederaufnahme oftmals als „nachgeholtes Einspruchsverfahren" dar).[850]

(2) Das Wiederaufnahmeverfahren
Es sei falsch, aus *Peters'* Wiederaufnahmedokumentation herzuleiten, *„daß das geltende Recht [der Wiederaufnahme] die Sicherheit gewährleiste, daß es in allen Teilen, in denen eine Beseitigung der rechtskräftigen Verurteilung oder des rechtskräftigen Freispruchs gerechterweise geboten wäre, zu einer Wiederaufnahme des Verfahrens kommt."*[851] Zu den Schwächen des bestehenden Wiederaufnahmerechts zählt er die zu engen Zulässigkeitsvoraussetzungen bei Stellung eines Wiederaufnahmeantrags zugunsten des Verurteilten (insbes. die hohen Anforderungen an die Neuheit von Tatsachen und Beweismitteln

---

im Strafprozeß II, S. 293 ff.). Der oftmals erhobenen Forderung nach Schaffung einer zweiten Tatsacheninstanz für erstinstanzliche Urteile des LG und OLG schließt sich *Peters* ausdrücklich nicht an. Vielmehr plädiert er für eine Ausweitung der Revision, wie es schon in Form der Aufklärungsrüge geschehen sei (*Peters*, Fehlerquellen im Strafprozeß II, S. 309 f.). Seine Forderung kommt im Ergebnis der Forderung nach Schaffung einer „außerordentlichen Revision" gleich.

848 Vgl. im Zusammenhang mit gerichtlichen Aufklärungsfehlern *Böhme*, Das strafgerichtliche Fehlurteil, S. 300.

849 *Peters*, Fehlerquellen im Strafprozeß II, S. 295 ff.: Er schätzt den Anteil fehlerhafter Strafbefehle weit höher, da eine große Zahl möglicherweise bereits durch Einspruch korrigiert worden sein könnte und/oder weil bei Bagatelldelikten die Geneigtheit bestehe, die Strafe eher hinzunehmen.

850 *Peters*, Fehlerquellen im Strafprozeß II, S. 297 ff.

851 *Peters*, Fehlerquellen im Strafprozeß II, S. 315.

(§ 359 Nr. 5 StPO), die „abstrakte Würdigung" bzw. die „antizipierte Beweisaufnahme" des Gerichts, das Erfordernis der „Erwartung" eines Freispruchs/einer Anwendung eines milderen Gesetzes, was ohne hinreichende Klärung der neuen Tatsachen und Beweismittel gar nicht möglich sei), den Ausschluss der Wiederaufnahme zur Herabsetzung des Strafmaßes bei Anwendung desselben Strafgesetzes, die fehlende Wiederaufnahmemöglichkeit bei lediglich falscher Rechtsanwendung sowie die Unzulässigkeit der Wiederaufnahme zum Zwecke der Strafmilderung wegen verminderter Schuldfähigkeit nach § 363 Abs. 2 StPO, sofern es um absolute Strafen gehen sollte.[852]

Schließlich weist *Peters* jedoch darauf hin, dass die Ausdehnung der Vorschriften zur Wiederaufnahme des Verfahrens gleichzeitig mit einer den Ausnahmecharakter der Rechtskraftdurchbrechung wahrenden Einschränkung einhergehen müsse.[853] Er plädiert für eine eingeschränkte Zuständigkeit bei Bagatellsachen, bei denen Versehen in Kauf zu nehmen wären, wenn der Betroffene den Irrtum nicht rechtzeitig bekämpfen oder sogar veranlasst haben sollte.[854]

c. *Exkurs: Deliktsspezifische Fehlerquellen*

Tabelle 9: Deliktsspezifische Fehlerquellen nach Peters anhand der selbst vorgenommenen Kategorisierung

Deliktsgruppe	Fallanzahl	Spezifische Fehlerquelle
	Delikte gegen die Person	
Tötungsdelikte[855]	47	– Falsche/Fehlerhafte Prüfung der Schuldfähigkeit – Fehlerhafter/Fehlender Sachverständigenbeweis – Fehlerhafte richterliche Überzeugungsbildung (– Urteile im Zusammenhang mit der NS-Zeit)

(wird auf nächster Seite fortgeführt)

852 *Peters*, Fehlerquellen im Strafprozeß II, S. 316 ff.

853 *Peters*, Fehlerquellen im Strafprozeß II, S. 320.

854 Ebenda. Weiterhin regt er den Ausschluss der Wiederaufnahme in Fällen an, in denen im Grundurteil eine Geldstrafe von weniger als 500 DM gefällt wurde, wenn der Verurteilte die Verurteilung mutwillig herbeigeführt oder er es schuldhaft versäumt hat, Tatsachen und Beweismittel vorzulegen.

855 *Peters*, Fehlerquellen im Strafprozeß I, S. 47, 146.

Tabelle 9: Fortsetzung

Deliktsgruppe	**Fallanzahl**	**Spezifische Fehlerquelle**
Sittlichkeitsverfahren[856]	141	– Fehlerhafter Zeugenbeweis – Fehlerhafter/Fehlender Sachverständigenbeweis – Fehlerhafte richterliche Überzeugungsbildung – Gerichtliche Aufklärungsfehler
Beleidigung[857]	24	– Fehlerhafte/Fehlende Prüfung der Schuldfähigkeit
	Delikte gegen das Vermögen	
Brandstiftung[858]	25	– Falsches Geständnis/Fehlerhafte Einlassung – Fehlerhafter Zeugenbeweis – Gerichtliche Aufklärungsfehler
Diebstahl und diebstahlsähnliche Delikte[859]	246	– Fehlerhafter Zeugenbeweis u. falsches Wiedererkennen – Gerichtliche Aufklärungsfehler – Fehlerhafte/Fehlende Prüfung der Schuldfähigkeit – Falsches Geständnis/Fehlerhafte Einlassung
Betrug und betrugsähnliche Delikte[860]	129	– Fehlerhafte/Fehlende Prüfung der Schuldfähigkeit – Gerichtliche Aufklärungsfehler
Unterhaltsverletzung[861]	35	– Gerichtliche Aufklärungsfehler – Fehlerhafte/Fehlende Prüfung der Schuldfähigkeit
	Delikte gegen die Rechtspflege	
Aussagedelikte[862]	52	– Fehlerhafter Zeugenbeweis
Sonst. Delikte gegen die ungestörte Strafverfolgung[863]	36	– Fehlerhafter Zeugenbeweis

856 *Peters*, Fehlerquellen im Strafprozeß I, S. 151 f., 247 ff.

857 *Peters*, Fehlerquellen im Strafprozeß I, S. 47, 251 ff.

858 *Peters*, Fehlerquellen im Strafprozeß I, S. 255 ff.

859 *Peters*, Fehlerquellen im Strafprozeß I, S. 308, 351.

860 *Peters*, Fehlerquellen im Strafprozeß I, S. 366 ff.

861 *Peters*, Fehlerquellen im Strafprozeß I, S. 351, 395 f.

862 *Peters*, Fehlerquellen im Strafprozeß I, S. 396 ff.

863 *Peters*, Fehlerquellen im Strafprozeß I, S. 426 ff.; v.a. Falschverdächtigung und Vortäuschen einer Straftat.

Tabelle 9: Fortsetzung

Deliktsgruppe	Fallanzahl	Spezifische Fehlerquelle
	Delikte gegen die öffentliche Sicherheit	
Sonstige Gewaltdelikte[864]	58	- Fehlerhafter Zeugenbeweis u. falsches Wiedererkennen - Fehlerhafte/Fehlende Prüfung der Schuldfähigkeit
Delikte ggn. Nachkriegsbewirtschaftung[865]	9	- Gerichtliche Aufklärungsfehler
Verkehrsdelikte[866]	135	- Falsches Geständnis/Fehlerhafte Einlassung - Gerichtliche Aufklärungsfehler - Doppelverurteilung - Fehlerhafter Zeugenbeweis
	Delikte gegen die Ordnung	
Kleinkriminalität Anpassungsschwieriger[867]	19	- Fehlerhafte/Fehlende Prüfung der Schuldfähigkeit - Gerichtliche Aufklärungsfehler
Ordnungsdelikte[868]	14	- Fehlerhafte/Fehlende Prüfung der Schuldfähigkeit - Doppelverurteilung

Quelle: Peters, Fehlerquellen im Strafprozeß I, eigene Zusammenstellung.

864 *Peters*, Fehlerquellen im Strafprozeß I, S. 448 ff.; umfasst vorsätzliche Körperverletzung, Widerstand gegen die Staatsgewalt, Hausfriedensbruch, Sachbeschädigung und Freiheitsberaubung.

865 *Peters*, Fehlerquellen im Strafprozeß I, S. 464 ff.

866 *Peters*, Fehlerquellen im Strafprozeß I, S. 468 ff.

867 *Peters*, Fehlerquellen im Strafprozeß I, S. 506, 508 ff.; umfasst groben und politischen Unfug, Landstreicherei, Gewerbsunzucht, mangelhafte Personalausweise, mittelbare Falschbeurkundung, Verstoß gegen Polizeiaufsicht, falsche Titelführung, unbefugtes Ordentragen und Rezeptmissbrauch.

868 *Peters*, Fehlerquellen im Strafprozeß I, S. 512 ff.; unerlaubter Waffenerwerb, nicht genehmigte Rechtsberatung, Verkehr mit Gefangenen, Bauen ohne Genehmigung, Verstoß gegen Versicherungsvorschriften, unerlaubtes Viehtreiben, unerlaubter Erwerb von Zahlungsmitteln, Verletzung der Schulpflicht, Grenzsteinverrückung, Verletzung von Gesundheitsvorschriften, Falsche Namensangabe, Passvergehen, unerlaubte Titelführung.

Tabelle 9 stellt die typischen Fehlerquellen einzelner Deliktsgruppen anhand der Dokumentation von *Peters* und der schon im Rahmen von Tabelle 8 und Schaubild 1 vorgenommenen eigenen Kategorisierung dar. Dabei sind in der Summe jedoch nicht alle 1.100[869] von Peters dargestellten Fälle abgebildet. Nicht berücksichtigt wurden vorliegend Delikte, die keinerlei empirische Relevanz oder sonstige Besonderheiten aufweisen.[870] Die fehlerhafte/fehlende Prüfung der Schuldfähigkeit stellt demnach eine besonders häufige und typische Fehlerquelle bei Tötungsdelikten, Beleidigungen, Betrug und betrugsähnlichen Delikten sowie bei Unterhaltsverletzungen dar. Auch bei sonstigen Gewaltdelikten, „Kleinkriminalität Anpassungsschwieriger“ und Ordnungsdelikten konnte sie festgestellt werden. Der Personalbeweis (insbesondere der Zeugenbeweis) kann bei Sittlichkeitsverbrechen (insbesondere Delikte gegen die sexuelle Selbstbestimmung), sonstigen Gewaltdelikten und Aussagedelikten als das Hauptproblem angesehen werden. In diesem Zusammenhang treten des Öfteren Identifizierungsfehler durch falsches Wiedererkennen auf. Gerichtliche Aufklärungsfehler zeigen sich besonders dort, wo die Verfahren (nicht jedoch zwangsläufig) durch komplizierte Sachverhalte geprägt sein können. Dies ist namentlich bei Diebstahl und diebstahlsähnlichen Delikten, Betrug und betrugsähnlichen Delikten und Verkehrsdelikten der Fall. Gerade die am häufigsten vorkommende Deliktsgruppe des Diebstahls weist jedoch keine spezifische Fehlerquelle auf, da sich in ihr eine Vielzahl unterschiedlicher Fehlerquellen nachweisen lässt. Es lässt sich vorsichtig die Vermutung aufstellen, dass möglicherweise auch andere Deliktsgruppen (z.B. Betrug und betrugsähnliche Delikte, sonstige Gewaltdelikte) eher einen Querschnitt von mehreren Fehlerquellen aufweisen könnten, wenn das Aktenmaterial für die jeweilige Gruppe mehr Fallzahlen vorsehen würde. Ähnliches gilt für die Verkehrsdelikte. Interessant ist die von *Peters* vorgenommene, typische Zuordnung der Doppelverurteilungen zu den Verkehrs- und Ordnungsdelikten. Für *Peters* sei dafür unter anderem das Prozessverhalten des Beschuldigten ursächlich, welcher sich nicht bewusst sei, dass er zweimal in der selben Sache verurteilt wurde.[871] Das

869 Warum nur 1.100 der 1.115 Fälle im Hinblick auf die Deliktsart besprochen wurden, bleibt ungeklärt.

870 Vgl. Fahrlässige Tötung und Körperverletzung (4), Abtreibung (16), Raub (23), Erpressung (3), Unterschlagung und Untreue (37, sowie ähnliche Delikte, wie z.B. Urkundenunterdrückung), sonstige Aneignungsdelikte und Pfändungsdelikte (5), Landfriedensbruch und Aufruhr und Gefangenenmeuterei (11), Beamtendelikte (3), Militär- und Kriegsdelikte (5), Steuerdelikte (9), Tierquälerei (3). Die Zahl in den Klammern steht für die Fallzahl der jeweiligen Deliktsgruppe.

871 *Peters*, Fehlerquellen im Strafprozeß II, S. 35.

Hauptproblem sei jedoch, dass es sich in der Regel um Fälle handele, in denen zwei Strafbefehle nacheinander in Rechtskraft erwachsen seien oder Fälle, in denen ein Strafbefehl erlassen worden und noch vor der Rechtskraft eine weitere Verurteilung in der selben Sache erfolgt sei.[872] Der Betroffene denke in solchen Fällen, dass es sich um ein und dasselbe Verfahren handele und dass es sich bei den unterschiedlichen Schriftsätzen um eine Kopie handele.[873] Ob diese Doppelverurteilungen letztlich auf eine mangelhafte Kommunikation der Verfahrensbeteiligten oder eine fehlerhafte Aktenführung zurückzuführen ist, bleibt indes offen. Insgesamt macht die Übersicht allerdings deutlich, dass die Fehlerquelle bei einigen Delikten abhängig von dem typischen Beweismittel ist.[874] So gibt es bei Delikten gegen die sexuelle Selbstbestimmung häufig nur den Zeugenbeweis des Opfers selbst. Daher kann hier beispielsweise der Zeugenbeweis und das falsche Wiedererkennen als problematisch angesehen werden. Teilweise stellt das Hauptbeweismittel selbst die Fehlerquelle dar. So überrascht es nicht, dass falsche Zeugenaussagen die Hauptfehlerquelle bei Aussagedelikten darstellen.

3. Zusammenfassung und Würdigung

Auch aus den Untersuchungen von *Peters* ergeben sich der Personalbeweis sowie Ermittlungs- und Aufklärungsfehler als zentrale Fehlerquellen im Strafverfahren. Zudem kann eine nicht unerhebliche Anzahl von Fehlentscheidungen auf die richterliche Überzeugungsbildung sowie Schwächen beim Strafbefehls- und Wiederaufnahmeverfahren zurückgeführt werden. Mit dem Werk gelang *Peters* ein Meilenstein in der deutschen Fehlentscheidungsforschung, welches auf größtenteils sehr positive Resonanz stieß. Vereinzelte Kritik ergab sich aufgrund dessen, dass *Peters* seiner Arbeit lediglich Wiederaufnahmeverfahren zugrunde gelegt hat, bei denen die Wiederaufnahme nach § 370 StPO für begründet erklärt worden ist. Diese Auswahl der Wiederaufnahmeverfahren ist für das Thema zwar zweifelsohne zweckmäßig. Die Annahme von Peters, dass sich die aus dem Zeitablauf ergebenden Bedenken dadurch ausgeräumt werden könnten, dass dieser den Erfolg des Wiederaufnahmeverfahrens in etwa gleicher Häufigkeit sowohl fördern als auch hindern würde,[875] wird allerdings

872 Vgl. Ebenda.

873 Vgl. Ebenda.

874 Vgl. ähnlich auch *Böhme*, Das strafgerichtliche Fehlurteil, S. 180.

875 Vertiefend *Peters*, Fehlerquellen im Strafprozeß I, S. 14 ff.

vereinzelt bezweifelt.[876] Auch sei nicht immer zwingend der Schluss von einem aufhebenden Wiederaufnahmeurteil auf die Unrichtigkeit des Grundurteils geboten.[877] Darüber hinaus gelten methodisch die bereits bei *Kiwit* dargestellten Vorteile und Schwächen einer Aktenanalyse, welche sich ausschließlich auf die Auswertung von Wiederaufnahmeakten bezieht, bei *Peters* gleichermaßen. Die festgestellten Fehlerquellen beziehen sich daher primär auf die Tatsachenfeststellung, d.h. auf Fehler bei der Sachverhalts- und Persönlichkeitsfeststellung.[878] Dennoch kann die Auswertung von über 1.000 Wiederaufnahmeakten[879] eine gesicherte Datengrundlage gewährleisten, bei der sich auch denkbare Materialunvollständigkeiten nicht auf die repräsentative Aussagekraft und die Ergebnisse der Untersuchung auswirken würden.[880] Hinzu kommt, dass die Studie laut *Peters* ohnehin keine Häufigkeitsaussagen zu treffen versuchte.[881] Insgesamt stellt *Peters* „Fehlerquellen im Strafprozeß I–III“ noch rund 50 Jahre später das wohl bedeutendste Werk deutscher Fehlentscheidungsforschung dar.

V. Zusammenfassung der Untersuchung „klassischer“ Fehlerquellen nach *Alsberg, Hirschberg, Kiwit* und *Peters*

Die Untersuchung der zentralen Werke zur „klassischen“ Fehlentscheidungsforschung hat ergeben, dass die zentralen Fehlerquellen in der 1. Personalbeweisschwäche, 2. der (gerichtlichen) Aufklärung sowie 3. der (polizeilichen) Ermittlung, 4. der richterlichen Überzeugungsbildung und 5. im Gesetz selbst liegen. Als sehr häufiges Problem kann die Überprüfung der Schuldfähigkeit ausgemacht werden. Da dies aber entweder auf ein Unterlassen der Sachverständigenkonsultation, der falschen Bewertung oder auf eine falsche Begutachtung durch den Sachverständigen zurückzuführen ist, kann dies gleichsam der gerichtlichen Aufklärung und/oder dem Personalbeweis zugeordnet werden.

876 *Koffka*, ZStW 84 (172) 676, 678.

877 *Koffka*, ZStW 84 (172), 676, 679; vgl. auch *Peters* selbst *Peters*, Fehlerquellen im Strafprozeß I, S. 11.

878 Laut *Peters* weise das Aktenmaterial allerdings vereinzelt Fälle auf, in denen auch Rechtsfehler korrigiert worden seien, *Peters*, Fehlerquellen im Strafprozeß I, S. 6.

879 Siehe *Peters*, Fehlerquellen im Strafprozeß I, S. 3.

880 Nach eigenen Schätzungen von *Peters* könne die Zahl der tatsächlichen, aber nicht ermittelten/ermittelbaren Wiederaufnahmeverfahren im Untersuchungszeitraum wohl verdoppelt bzw. verdreifacht werden: *Peters*, Fehlerquellen im Strafprozeß I, S. 9.

881 *Peters*, Fehlerquellen im Strafprozeß, S. 10.

Besonders fehleranfällig erweist sich der Personalbeweis bei Zeugenaussagen sowie bei Geständnissen. Als normative Fehlerquellen können das Fehlen einer zweiten Tatsacheninstanz, Schwächen im Revisionsrecht und die Unzulänglichkeit des Wiederaufnahmeverfahrens festgestellt werden. Auch wenn sich in den vergangenen Jahrzehnten die Rahmenbedingungen des Strafprozesses[882] sowie die Anforderungen an die wissenschaftlichen Methodiken einer Untersuchung[883] verändert haben, können die Befunde der dargestellten Untersuchungen auch aus heutiger Sicht im Wesentlichen als valide angesehen werden. Während die Werke von *Alsberg* und *Hirschberg* aus heutiger Sicht weniger wissenschaftliche Untersuchungen, sondern vielmehr ergebnisorientierte Zusammenstellungen von Fehlerquellen sind, sind die Erhebungen von *Kiwit* und *Peters* auch aus heutiger Sicht methodisch äußerst wertvoll. Ob die formulierten Befunde darüber hinaus noch Aktualität aufweisen, ist sogleich zu klären.[884]

B. ZUR AKTUALITÄT DER BEFUNDE VON *ALSBERG, HIRSCHBERG, KIWIT* UND *PETERS*

Der folgende Abschnitt widmet sich der Frage, ob die im soeben formulierten Zwischenergebnis festgehaltenen Befunde auch heute noch eine Aktualität aufweisen. Die Erkenntnisse dienen sodann als Grundlage für eine Vertiefung einiger klassischer Fehlerquellen als Anknüpfungspunkt für moderne Fehlerquellen. Als ein starkes Indiz für die Aktualität einiger Fehlerquellen kann die anhaltende Thematisierung einiger Fehlerquellen in der fehlentscheidungsspezifischen Literatur, wie beispielsweise die der Personalbeweisschwäche,[885] aufgefasst werden. Im Folgenden werden einige neuere Studien vorgestellt, welche sich unter anderem mit dieser Frage auseinandergesetzt haben.

---

882 Siehe ausführlich zu der Ökonomisierung des Strafprozesses und zu dem Bedeutungszuwachs (quasi-)konsensualer Erledigungsarten in **Kap. 3. B. II.**

883 Vgl. erneut zur kritischen Auseinandersetzung mit den Werken von *Alsberg, Hirschberg, Kiwit* und *Peters* in **Kap. 2. A. I. 3.**; **II. 3.**; **III. 3.** und **IV. 3.**

884 Siehe später vertiefend zur Aktualität auch die hier geführten leitfadengestützten Experteninterviews mit Strafrichtern in **Kap. 5. B. I. 2.**

885 Vgl. exemplarisch *Drews*, Die Königin unter den Beweismitteln?; *Beneke*, Das falsche Geständnis als Fehlerquelle im Strafverfahren; *Bender/Nack/Treuer*, Tatsachenfeststellung vor Gericht; etc.

I. *Dunkel*, Fehlentscheidungen in der Justiz (2018)

1. Übersicht und Methodik

Die neueste Aktenanalyse stammt von *Dunkel*. Im Rahmen ihrer Dissertation hat sie eine systematische Analyse von Wiederaufnahmeverfahren im Hinblick auf ihre Häufigkeit und Risikofaktoren im Zeitraum von November 2003 bis Oktober 2015 an den Gerichten der Hansestadt Hamburg durchgeführt.[886] Sie kam insofern der viel in der Literatur gestellten Forderung nach, dass eine neue systematische Untersuchung von Wiederaufnahmeakten von Nöten sei.[887] Schließlich lag die letzte Erhebung von *Schöneborn* inzwischen fast 40 Jahre zurück.[888] Sie selbst beschreibt ihre Aktenanalyse als einen *„[...] seit Langem überfälligen aktuellen Anhaltspunkt“*.[889] Eine – auch im Hinblick auf diese Arbeit interessante – Besonderheit der Aktenanalyse *Dunkels* liegt darin, dass sie ausdrücklich sowohl Strafbefehle, Beschlüsse und Urteile als auch erfolgreiche und nicht erfolgreiche Wiederaufnahmeverfahren bzw. deren Anträge untersucht hat.[890] Mit Blick auf die Themensetzung dieses Abschnitts, der Untersuchung der Aktualität von Fehlerquellen, sind allerdings nur die erfolgreichen Wiederaufnahmeverfahren relevant.[891]

---

886 *Dunkel*, Fehlentscheidungen in der Justiz, S. 169.

887 Siehe u.a. *Darnstädt*, Der Richter und sein Opfer – Wenn die Justiz sich irrt, S. 14; *Velten*, GA 2015, 387, 408; *Dunkel*, Fehlentscheidungen in der Justiz, S. 169, m.w.N.

888 Vgl. *Schöneborn*, Strafprozessuale Wiederaufnahmeproblematik 1980. Allerdings unterschied sich das Vorgehen *Schöneborn* von denen von *Kiwit* und *Peters*. Seine Untersuchung hatte 64 gescheiterte Wiederaufnahmeverfahren zum Gegenstand und somit hauptsächlich Fälle, bei denen es nicht zu einer erneuten Hauptverhandlung kam.

889 *Dunkel*, Fehlentscheidungen in der Justiz, S. 169.

890 Ebenda.

891 Daneben scheint jedoch eine Feststellung von *Dunkel* interessant zu sein. Im Ergebnis hält sie fest, dass die Erfolgsquote des Wiederaufnahmeantrags „entscheidend“ davon abhänge, wer den Antrag stellt. Während Anträge der Staatsanwaltschaft in fast 90 % der Fälle erfolgreich waren und damit „fast ein Selbstläufer“ seien, lag die Erfolgsquote auf Seiten des Angeklagten bei lediglich 20 %. Die Ursache sieht Dunkel in einer fehlenden Waffengleichheit, da die Staatsanwaltschaft Erfahrung und rechtliche Expertise vereine, während der Angeklagte oftmals schon an den Formerfordernissen der Antragstellung scheitere. In diesem Zusammenhang stelle die gegenwärtige Ausgestaltung des 346b StPO ein Problem dar, welcher die Beiziehung eines Verteidigers in der Vorbereitung des Wiederaufnahmeverfahrens in das Ermessen des Gerichts stellt und außerdem eine hinreichende Erfolgsaussicht

Insgesamt liegen der Verfahrensaktenerhebung und -auswertung 48 Wiederaufnahmeakten zu Grunde (39 Verfahren des AG Hamburg und 9 Verfahren des LG Hamburg).[892] Da hier lediglich die erfolgreichen Wiederaufnahmeverfahren relevant sind, werden nur die 25 erfolgreichen Verfahren thematisiert.[893]

2. *Ergebnisse der Studie*

Tabelle 10: *„Hauptgründe" für fehlerhafte Erstverurteilungen bei erfolgreichen Wiederaufnahmeverfahren nach Dunkel*

Festgestellte Fehlerquelle	Absolute Fallzahl	Anteil in %
Fehlerhafte/Fehlende Prüfung der Schuldunfähigkeit	12	48
Fehlender oder falsch erhobener Sachbeweis	8	32
Doppelverurteilungen	2	8
Sonstige Fehlerquellen	3	12
Insgesamt	25	100

Quelle: Zu einem Großteil übernommen aus Dunkel, Fehlentscheidungen in der Justiz, S. 190 f.

Zur Auswertung der Untersuchung von *Dunkel* kann leider nur ihre eigene Kategorisierung von Fehlerquellen übernommen werden. Eine Überführung in die eigene Systematisierung und Kategorisierung ist nicht möglich, da die untersuchten Fälle nicht dargestellt werden. In fast der Hälfte aller Fälle kam es zu einer fehlerhaften gerichtlichen Entscheidung und einem einhergehenden, erfolgreichen Wiederaufnahmeverfahren, weil eine psychische Erkrankung und damit die Schuldunfähigkeit unerkannt geblieben sei. Mangels Falldarstellung bleibt offen, ob diese Fälle auf (polizeiliche) Versäumnisse im Ermittlungsverfahren, auf eine fehlerhafte gerichtliche Aufklärung (falsche/fehlende Prüfung/Bewertung) oder auf ein falsches Sachverständigengutachten zurückzuführen sind. Die Erfahrung anhand früherer Untersuchungen zeigt, dass

erkennen lassen muss. Dies sorge für voreilige Entscheidungen des Gerichts und schließe von vornherein ein Wiederaufnahmeverfahren und damit die Korrektur einer Fehlentscheidung aus. Siehe *Dunkel*, Fehlentscheidungen in der Justiz, S. 200 ff.

892 *Dunkel*, Fehlentscheidungen in der Justiz, S. 176 ff.

893 Als erfolgreich bezeichnet *Dunkel* ein Wiederaufnahmeverfahren, wenn es zugunsten des Betroffenen in einem Freispruch, einer Einstellung oder einer Strafmilderung endete oder wenn es zu seinen Ungunsten zu einer anderen (höheren) Strafe kam, *Dunkel*, Fehlentscheidungen in der Justiz, S. 176 ff., 188.

eine Prüfung möglicherweise unterlassen sein oder ein Zusammenspiel dieser Gründe vorliegen könnte. Dies kann hier jedenfalls nicht ausgeschlossen werden. Ein ähnliches Problem zeigt sich bei dem Anteil der Sachbeweisfehler von 32 %. Diesbezüglich scheint ein Großteil der Fehler jedoch auf polizeiliche Ermittlungsfehler und gerichtliche Aufklärungsfehler rückführbar zu sein.[894] In 12 % der Fälle lag nach *Dunkel* eine sonstige Fehlerquelle vor, welche einer Zuordnung zu einem der Hauptgründe nicht zugänglich gewesen sei. Jedenfalls einer dieser Fälle kann nach der in dieser Arbeit vorgenommenen Kategorisierung allerdings als ein gerichtlicher Aufklärungsfehler identifiziert werden.[895] 8 % der erfolgreichen Wiederaufnahmeverfahren hatten eine Doppelverurteilung zum „Hauptgrund“. Dies liegt etwas höher als die vorher bei *Peters* ermittelte Quote von gut 4 %. Auffällig und allen bisher thematisierten Untersuchungen zuwiderlaufend scheint es, dass aus der Aktenanalyse *Dunkels* kein Fall eines fehlerhaften Personalbeweises hervorgeht. Wie *Dunkel* jedoch selbst zutreffend ausführt, *„wäre [es] aber falsch“*, daraus schlussfolgern zu wollen, dass Fehlentscheidungen nicht mehr auf falschen oder fehlenden Zeugenaussagen beruhen würden.[896] Zum einen kann die repräsentative Aussagekraft der Erhebung von lediglich 25 erfolgreichen Wiederaufnahmeverfahren erheblich angezweifelt werden – *„Dafür ist die Stichprobe zu klein.“*[897] Gewichtiger dürfte jedoch noch sein, dass der Großteil der untersuchten Verfahren vor dem Amtsgericht stattfand.[898] Hinzu kommt eine Besonderheit der Untersuchung von *Dunkel*. Während Strafbefehlsverfahren bei *Kiwit* überhaupt keine Rolle spielten[899] und bei

---

894 Zum „Sachbeweis“ führt *Dunkel* aus: *„Über die Zeit hinweg scheinen [...] auch wieder die Beweiserhebung bzw. -beurteilung fehleranfällig zu sein. Dies macht auch Sinn und ist logisch, denn eine Strafentscheidung beruht zu einem großen Teil auf den Ergebnissen und Erkenntnissen des Beweisverfahrens. [...]. Da die Beweiserhebung schon im Ermittlungsverfahren durch die Polizeibeamten beginnt, sollte auch die Polizei für das Thema der Fehlentscheidungen sensibilisiert werden.“*, *Dunkel*, Fehlentscheidungen in der Justiz, S. 204.

895 In einem Fall des LG HH handelte es sich um eine Wiederaufnahme zugunsten des Verurteilten. Im Erstverfahren sei es zu einer fehlerhaften Einbeziehung einer Vorverurteilung, welche bereits rechtskräftig zur Bildung einer anderen Gesamtstrafe herangezogen wurde, gekommen (Verstoß gegen „ne bis in idem“), *Dunkel*, Fehlentscheidungen in der Justiz, S. 190.

896 *Dunkel*, Fehlentscheidungen in der Justiz, S. 204.

897 Ebenda.

898 *Dunkel*, Fehlentscheidungen in der Justiz, S. 190 ff., 204 f.

899 *Kiwit* hat in seine Untersuchung ausschließlich Landgerichtsfälle einbezogen, *Kiwit*, Fehlurteile im Strafrecht, S. 1 ff.

Peters lediglich 10 % des untersuchten Aktenmaterials ausmachten,[900] handelte es sich bei *Dunkel* in 60 % der Fälle um fehlerhafte Strafbefehle.[901] Im Rahmen des Strafbefehlsverfahrens wird oftmals kein Zeugenbeweis erhoben. Auch stellt das Verfahren im Bezug auf den Betroffenen eine Ausnahme des Grundsatze der StPO dar, dass eine Strafe nur aufgrund mündlicher Verhandlung verhängt werden darf, in welcher der Beschuldigte von dem erkennenden Gericht gehört wird.[902]

In diesem Bewusstsein appelliert daher auch *Dunkel* zurecht, dass der Personalbeweis bzw. falsche Zeugenaussagen im Speziellen, Gegenstand wissenschaftlicher Untersuchungen bleiben müsse.[903]

Der sehr viel höhere Anteil an falschen Strafbefehlsverfahren kann schließlich auch als der Grund dafür angegeben werden, dass der oben beschriebene Anteil von 48 % hinsichtlich fehlender bzw. fehlerhafter Prüfung der Schuldfähigkeit deutlich höher ausfällt, als noch bei *Kiwit* und *Peters* (knapp über 20 %). Aufgrund dessen, dass das Strafbefehlsverfahren im Grunde ausschließlich schriftlich und auf Grundlage von oftmals lediglich wenigen Dokumenten stattfindet, könnte es im Einzelfall äußerst schwer sein, eine psychische Erkrankung beim Täter und damit eine ggf. vorliegende Schuldunfähigkeit festzustellen.[904] In einem solchen Fall ist eine Auseinandersetzung mit der geistigen Verfassung und den persönlichen Eigenschaften des Betroffenen kaum möglich. Auch lässt sich der höhere Anteil an Doppelverurteilungen wohl mit dem Strafbefehlsverfahren erklären. Schon *Peters* hat darauf hingewiesen, dass es häufig dann zu Doppelverurteilungen kommen könne, wenn der Beschuldigte bereits mit einem Strafbefehl sanktioniert worden sei oder umgekehrt ein Strafbefehl nach bereits erfolgter Verurteilung erlassen werde.[905] Es scheint nur logisch zu sein, dass der Anteil an Doppelverurteilungen steigt, wenn die Anzahl an jährlichen Strafbefehlsverfahren (deutlich) gestiegen ist.

---

900 *Peters*, Fehlerquellen im Strafprozeß II, S. 295 ff.

901 *Dunkel*, Fehlentscheidungen in der Justiz, S. 203 f.

902 Vgl. stellvertretend für Viele: *Roxin/Schünemann*, Strafverfahrensrecht, § 68, Rn. 1; *Maur*, in: KK-StPO, § 407, Rn. 1; *Pfeiffer*, StPO, Vor § 407, Rn. 1.

903 *Dunkel*, Fehlentscheidungen in der Justiz, S. 204 f.

904 *„Wenn ein normaler Strafprozess mit einer Hauptverhandlung und entsprechender Beweisaufnahme (Zeugen, Einlassung des Angeklagten, Sachverständigen, etc.) stattfindet, können psychiatrische Erkrankungen eher erkannt werden als beim Strafbefehlsverfahren.“*: *Dunkel*, Fehlentscheidungen in der Justiz, S. 203 f.

905 Vgl. *Peters*, Fehlerquellen im Strafprozeß II, S. 297 ff.

3. *Zusammenfassung*

Auch wenn die von *Dunkel* verwendete Kategorisierung von Fehlerquellen bzw. „Hauptgründen“ fehlerhafter, gerichtlicher Entscheidungen nicht deckungsgleich mit der hier erarbeiteten Systematisierung ist, so zeigt die Studie doch deutlich, dass sich ein zumindest nicht unerheblicher Teil der zuvor festgestellten Fehlerquellen auch heute noch bestätigen lässt. Wenngleich dies von *Dunkel* nicht so bezeichnet wird (stattdessen „Psychische Erkrankung“ nicht erkannt, Fehlender oder falsch erhobener Sachbeweis, [Doppelverurteilungen]), scheint ein großer Teil der Fehlentscheidungen auf (polizeiliche) Ermittlungsfehler und gerichtliche Aufklärungsfehler zurückzugehen. Dabei sticht erneut insbesondere die fehlende bzw. fehlerhafte Prüfung der Schuldunfähigkeit heraus. Die Personalbeweisschwäche konnte in dieser Studie nicht bestätigt werden. Daraus darf aus den genannten Gründen jedoch nicht die fatale Schlussfolgerung gezogen werden, dass diese heute nicht mehr aktuell wären. Gesetzliche Risikofaktoren zeigen sich insbesondere in der Ausgestaltung des Strafbefehlsverfahrens, welches heute einen viel höheren Stellenwert als noch vor knapp 50 Jahren bei *Peters* aufweist.[906]

II. *Böhme*, Das strafgerichtliche Fehlurteil (2018)

1. *Übersicht und Methodik*

Der Frage der Aktualität älterer Studien[907] hat sich auch *Böhme* im Rahmen seiner Dissertation von 2018 gewidmet.[908] Dabei näherte er sich der Beantwortung dieser Fragestellung jedoch gänzlich anders an als *Dunkel*. Um seine

---

906 Siehe später vertiefend zum heutigen Vorkommen des Strafbefehlsverfahrens und ausführlich zu den mit dem Verfahren einhergehenden Risikofaktoren im Abschnitt über das Strafbefehlsverfahren als vermutete moderne Fehlerquelle, **Kap. 4. C.**

907 Im Rahmen seiner Dissertation hat sich *Böhme* zunächst mit den auch hier thematisierten Untersuchungen von *Hirschberg, Kiwit* und *Peters* auseinandergesetzt, *Böhme*, Das strafgerichtliche Fehlurteil, S. 145 ff.

908 Als Zwischenergebnis hielt er nach der Analyse der genannten Studien fest: *„Die Auswertung der Werke von Hirschberg, Kiwit und Peters hat als Hauptfehlerquellen des Strafprozesses ergeben: den Personalbeweis, die (polizeiliche) Ermittlung, die (gerichtliche) Aufklärung, die richterliche Überzeugungsbildung und Beweiswürdigung und die Ausgestaltung verschiedener gesetzlicher Vorschriften.“*, *Böhme*, Das strafgerichtliche Fehlurteil, S. 181. Insofern kommt er zu einem Zwischenergebnis, welches den in dieser Arbeit resümierten Befunden sehr ähnelt.

Zwischenergebnisse der Vorauswertung zu überprüfen und sie ggf. auf heute zu übertragen, führte er zehn leitfadengestützte Experteninterviews mit Strafrichtern an Rechtsmittelgerichten durch, d.h. mit Richtern aus Berufungskammern der Landgerichte, mit Richtern aus den Revisionssenaten der Oberlandesgerichte und mit Richtern aus den Strafsenaten des Bundesgerichtshofs.[909]

2. *Ergebnisse der Experteninterviews*

Bevor auf die einzelnen Fehlerquellen eingegangen wird, ist schon die offen gestellte Eingangsfrage des Interviewers und deren Beantwortung aufschlussreich. Auf die Frage, worin die Beteiligten die zentralen Fehlerquellen für strafgerichtliche Fehlurteile sehen, geben fünf Experten den Zeitmangel bei der Erledigung von Strafverfahren an.[910] Bereits in den vorangegangenen Untersuchungen konnte das hohe Arbeitsaufkommen und die Knappheit an personellen und sachlichen Ressourcen als ein Umstand ausgemacht werden, welcher gerichtliche Aufklärungsfehler begünstigt. Vier Befragte messen der gerichtlichen Beweiswürdigung sowie der richterlichen Überzeugungsbildung ein hohes Fehlerpotential zu.[911] Eine gleiche Anzahl an Richtern verweist auf den Zeugenbeweis als eine zentrale Fehlerquelle.[912] Jeweils zwei Richter nennen in diesem Zusammenhang eine fehlerhafte bzw. unzulängliche Ermittlungsführung, Verfahrensfehler und – was bisher noch unerörtert blieb – die Komplizierung des Strafrechts und mangelnde Fachkenntnisse in Spezialrechtsgebieten.[913] Jeweils einmal wird die *„Routine in der Fallbearbeitung und das Übersehen der Besonderheiten des Einzelfalls“* oder der Sachverständigenbeweis angeführt.[914]

909 *Böhme*, Das strafgerichtliche Fehlurteil, S. 184. Die Auswahl der Richter begründet er damit, dass sich Strafrichter an Rechtsmittelgerichten schwerpunktmäßig mit der Fehlerkorrektur gerichtlicher Entscheidungen befassen und sich deswegen besonders gut für solche Interviews eignen würden.

910 *Böhme*, Das strafgerichtliche Fehlurteil, S. 190.

911 Ebenda.

912 Ebenda.

913 *Böhme*, Das strafgerichtliche Fehlurteil, S. 190 f.

914 *Böhme*, Das strafgerichtliche Fehlurteil, S. 191.

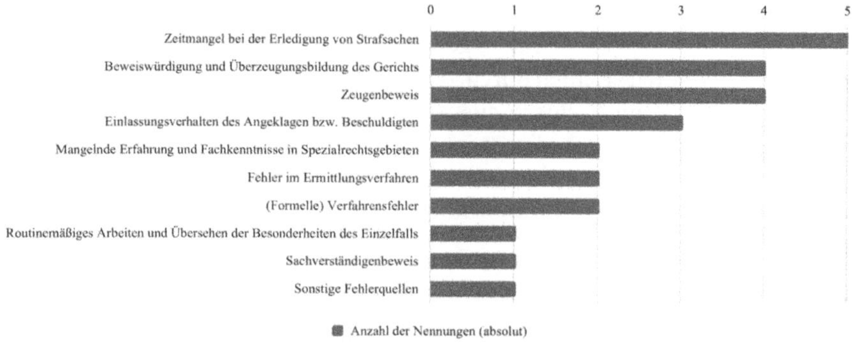

Schaubild 2: *Einschätzungen der zentralen Fehlerquellen strafgerichtlicher Fehlentscheidungen von Strafrichtern an Rechtsmittelgerichten nach Böhme*

Quelle: Antworten aus Böhme, Das strafgerichtliche Fehlurteil, S. 190 ff.; eigene Darstellung und Visualisierung.

Bereits hier wird deutlich, dass die Experten die spontan benannten und zentralen Fehlerquellen in erster Linie auf Ebene der Sachverhaltsfeststellung verorten.[915]

Im Anschluss geht *Böhme* gezielt auf einige Fehlerquellen ein und vertieft diese. Alle befragten Experten teilen eine durchweg negative Einschätzung des Zeugenbeweises, welcher u.a. als der „schlechteste Beweis" oder „eines der schlechtesten Beweismittel" angesehen wird und auf welchen ein Befragter sogar „50 % der Fehlurteile" rückführbar sieht.[916] Ca. die Hälfte weist darauf hin, dass die Gefahr des fehlerhaften Personalbeweises insbesondere dann ansteige, wenn eine (belastende) Aussage eines Zeugen das einzige Beweismittel sei.[917] Der Schwerpunkt wird insgesamt eher bei irrigen Zeugenaussagen gesehen, welche die Befragten auf Wahrnehmungs- (fünf Richter) und Erinnerungsfehler (vier Richter) sowie unbewusstes Ausfüllen von Lücken und Suggestibilität (drei Richter) und Probleme bei der Wiedergabe der Erinnerung (drei Richter) zurückführen.[918] Als weitere Ursachen für Falschaussagen

---

915 Vgl. *Böhme*, Das strafgerichtliche Fehlurteil, S. 191.

916 *Böhme*, Das strafgerichtliche Fehlurteil, S. 200. Einer der Richter formuliert plakativ: *„Dass der Zeuge, also der Personalbeweis an sich, der Schwachpunkt ist, das scheint mir nach wie vor so zu sein."*

917 *Böhme*, Das strafgerichtliche Fehlurteil, S. 200.

918 *Böhme*, Das strafgerichtliche Fehlurteil, S. 201 ff.

werden vereinzelt das Erfüllen einer vermeintlichen Erwartungshaltung des Vernehmenden, der Druck der Vernehmungssituation, das Verfestigen einer ursprünglich unsicheren Erinnerung durch den Befragten und die Verkennung des Gerichts genannt.[919]

Interessant ist, dass sich die Richter bei den Fragen zur Personalbeweisschwäche auf den Zeugenbeweis zu konzentrieren scheinen. Die Einschätzung der Experten kann aber wohl auch auf falsche Geständnisse übertragen werden, beachtet man, dass dort zwar wohl häufiger ein vorsätzliches Geständnis vorkommt, aber die begünstigenden Umstände ähnlich sind.[920]

Insgesamt bestätigen die Experteninterviews von *Böhme* den Befund der vorangegangenen Untersuchungen. Der Personalbeweis scheint demnach auch heute noch eine zentrale Fehlerquelle strafgerichtlicher Entscheidungen darzustellen.

Weniger einheitlich Fallen die Antworten im Bezug auf richterliche Aufklärungsfehler aus. Zwar sei sich eine große Mehrheit der befragten Richter sicher, dass solche Fehler vorkommen könnten, allerdings variieren die Meinungen zu ihrer Bedeutung und ihrem Vorkommen von „bedeutsam“ bis „nicht sehr hoch“/„nicht so groß“.[921] Ein Experte verortet Aufklärungsfehler hingegen vorwiegend im Ermittlungsverfahren.[922] Insgesamt sehen die Hälfte der Experten in Ermittlungsfehlern bzw. Ermittlungsunzulänglichkeiten eine zentrale Fehlerquelle.[923] Zwei Befragte geben an, dass es im Ermittlungsverfahren häufig zu einer einseitigen und für den Beschuldigten nachteiligen Ermittlung komme, da der Verfolgungsdruck und -eifer bei der Polizei stärker als bei dem Gericht ausgeprägt sei.[924] Nach einem Experten fehle es in Ermittlungsberichten, in welchem der Sachverhalte als nahezu abgeschlossen dargestellt werde, oftmals an Beweisen für diese Annahme.[925] Wenn es bei der Staatsanwaltschaft an eigenen Untersuchungen fehle, dann komme es des Öfteren

919 *Böhme*, Das strafgerichtliche Fehlurteil, S. 203.

920 Siehe aber *Böhme*, Das strafgerichtliche Fehlurteil, S. 195 f. Danach sehen die Befragten zumindest das Einlassungsverhalten (insbesondere auch das Schweigen) als die Richtigkeit der Beweisaufnahme gefährdend an.

921 *Böhme*, Das strafgerichtliche Fehlurteil, S. 206.

922 Ebenda. Einige gehen so weit, dass Aufklärungsunzulänglichkeiten in der Hauptverhandlung sogar in der Regel behoben würden: *Böhme*, Das strafgerichtliche Fehlurteil, S. 208.

923 *Böhme*, Das strafgerichtliche Fehlurteil, S. 197.

924 Ebenda.

925 Ebenda.

dazu, dass diese unvollständig ermittelten Sachverhalte die Grundlage einer Anklage bilden würden.[926] Immerhin drei Richter geben als begünstigende Umstände für gerichtliche Aufklärungsfehler Zeitnot bzw. Erledigungsdruck und ein resultierendes beschränktes Untersuchungsprogramm (insbesondere am Amtsgericht) an.[927] Auch sehen drei Experten begünstigende Umstände in einer vorschnellen richterlichen Meinungsbildung, welche zu einer einseitig-hypothesengeleiteten Untersuchung führen könne.[928] Als weitere begünstigende Umstände werden vereinzelt die fehlende Aufklärungsmöglichkeit (z.B. bei Massenschlägereien; zwei Richter), das ungeschickte Einlassungsverhalten des Angeklagten und interessanterweise die „Faulheit“ der Entscheidungsträger (jeweils ein Richter) genannt.[929] Zusammenfassend können die Experteninterviews von *Böhme* den Befund vorheriger Untersuchungen, dass es sich bei gerichtlichen Aufklärungsfehlern um eine der gewichtigsten Fehlerquellen handelt, nur teilweise bestätigen. Zwar erkennen alle Richter deren Existenz und ein Teil nennt begünstigende Umstände, allerdings wird den gerichtlichen Aufklärungsfehlern teilweise auch keine zentrale Bedeutung beigemessen. Insbesondere wird gerichtlichen Aufklärungsfehlern in der Gesamtschau nicht die Bedeutung des Personalbeweises zugemessen. Dies kann womöglich aber (zumindest auch) mit der menschlichen Eigenschaft zusammenhängen, dass man sich nicht eigene Fehler oder Fehler des eigenen Berufsstandes einzugestehen vermag. Ermittlungsfehler bzw. Ermittlungsunzulänglichkeiten konnten hingegen als eine zentrale Fehlerquelle strafgerichtlicher Fehlentscheidungen weitgehend bestätigt werden.

Als besonders fehleranfällig sehen die Richter auch den Vorgang der richterlichen Überzeugungsbildung, welchen ein Befragter sogar als die „wesentlichste“ Fehlerquelle von allen erachtet.[930] Insbesondere sei das erforderliche Maß richterlicher Überzeugung für eine Verurteilung im Einzelfall praktisch schwer zu bestimmen und könne unter Umständen von Richter zu Richter variieren.[931] In Fällen, in welchen die Tatsachengrundlage im Rahmen der rechtlichen Würdigung sowohl als Freispruch als auch als Verurteilung gedeutet

926 Ebenda.
927 *Böhme*, Das strafgerichtliche Fehlurteil, S. 206 f.
928 *Böhme*, Das strafgerichtliche Fehlurteil, S. 204.
929 *Böhme*, Das strafgerichtliche Fehlurteil, S. 204 f.
930 *Böhme*, Das strafgerichtliche Fehlurteil, S. 208.
931 *Böhme*, Das strafgerichtliche Fehlurteil, S. 208 f.

werden könnte, sei in diesem „Graubereich" letztlich die subjektive Einstellung des Richters entscheidend.[932]

Schließlich befragt *Böhme* die Richter noch zu einzelnen strafverfahrensrechtlichen Regelungen und Ausgestaltungen. Hier sind v.a. die Ansichten der Richter zum Strafbefehlsverfahren und zum Rechtsmittel- und Wiederaufnahmerecht relevant. Dem Strafbefehlsverfahren messen immerhin fünf Richter eine erhöhte Fehleranfälligkeit bei.[933] Während auch hier die Meinungen über die Bedeutung auseinander gehen, werden jedoch typische Fehlerquellen in Form der nur einseitigen Sachverhaltsaufklärung durch die Staatsanwaltschaft und der unkritischen Prüfung durch das Gericht (auch bei komplizierten Fällen) zwecks Arbeitsersparnis, in dem Unverständnis für den Betroffenen und dem „Angebotscharakter" des Strafbefehls (zur Vermeidung einer langwierigen und öffentlichen Hauptverhandlung) identifiziert.[934] Bei der Frage der Eignung des bestehenden Rechtsmittelrechts zur Fehlerkorrektur gehen die Meinungen weit auseinander. Während drei Richter der Ansicht sind, dass dieses ausreichend sei und nur ein Experte es als nicht ausreichend bezeichnet, nimmt die große Mehrheit eine vermittelnde Position ein: Das Rechtsmittelrecht weise grundsätzlich eine Eignung zur Fehlerkorrektur auf, habe aber an einigen Stellen ein Verbesserungspotential.[935] Dabei bezieht sich die Kritik in erster Linie auf das Rechtsmittel der Revision. Vier Richter beklagen, dass das Revisionsrecht nicht zulasse, falsche Entscheidungen aufzuheben, sofern sie „handwerklich sauber" seien.[936] Einige Richter seien versucht, ihr Urteil „revisionssicher" zu machen, was dazu führe, dass im Urteil gänzlich andere als in der Hauptverhandlung getroffenen Feststellungen stehen könnten.[937] Vereinzelt wird eine (auf Extremfälle begrenzte) Ausweitung der Revision dahingehend gefordert, dass das Revisionsgericht in begrenztem Maße eine Tatsachenüberprüfung vorsehen müsse.[938] Drei Befragte weisen zudem darauf hin, dass es unlogisch sei, einen Leichtkriminellen, welcher erstinstanzlich vom Amtsgericht verurteilt wurde, mit zwei Rechtsmitteln auszustatten (Berufung und Revision), während dem Schwerkriminellen, der vom Landgericht verurteilt wurde, nur die Revision und eine einzige Tatsacheninstanz zur Verfügung

932 *Böhme*, Das strafgerichtliche Fehlurteil, S. 209.
933 *Böhme*, Das strafgerichtliche Fehlurteil, S. 217.
934 *Böhme*, Das strafgerichtliche Fehlurteil, S. 217 f.
935 *Böhme*, Das strafgerichtliche Fehlurteil, S. 225 f.
936 *Böhme*, Das strafgerichtliche Fehlurteil, S. 226.
937 *Böhme*, Das strafgerichtliche Fehlurteil, S. 226 f.
938 *Böhme*, Das strafgerichtliche Fehlurteil, S. 227 f.

stehe.[939] Die Einführung einer zweiten Tatsacheninstanz wird jedoch von der weit überwiegenden Mehrheit abgelehnt. Es bestehe kein Bedarf, da am Landgericht, aufgrund besserer personeller Ressourcen und weniger Zeitdruck, sehr sorgfältig gearbeitet werde.[940] Außerdem spreche auch die praktische Umsetzbarkeit, mangels personeller und finanzieller Mittel, dagegen.[941] Das Wiederaufnahmeverfahren wird von allen Richtern als wirkungsvolles Instrument zur Fehlerkorrektur angesehen.[942] Die gegenwärtige Ausgestaltung mit Ausnahmecharakter sei richtig, da sonst die Rechtskraft ausgehebelt würde.[943]

3. *Zusammenfassung*

Zusammenfassend konnten die leitfadengestützten Experteninterviews von *Böhme* weitgehend die zentralen Fehlerquellen vorangegangener Untersuchungen bestätigen. Der Zeugenbeweis gilt danach noch immer als besonders fehleranfällig. Zwar weisen die Richter gerichtlichen Aufklärungsfehlern nicht die vermutete, zentrale Rolle zu, aber ihre Existenz wird bejaht und insbesondere sie begünstigende Umstände (der Zeitmangel, aber auch die Komplizierung des Strafrechts) kritisiert. Große Gefahren werden bei (polizeilichen) Ermittlungsfehlern bzw. -unzulänglichkeiten gesehen. Als fehleranfällig wird auch die gerichtliche Überzeugungsbildung empfunden. Die Meinungen zum Strafbefehl gehen auseinander, typische Fehlerquellen werden von der Mehrheit jedoch angeführt. Auf Ebene der Fehlerkorrektur sieht die überwiegende Mehrheit der befragten Experten zwar die grundsätzliche Eignung des Rechtsmittelrechts (insbesondere des Revisionsrechts) zur Korrektur von strafgerichtlichen Fehlentscheidungen, empfindet aber Verbesserungsbedarf im Bezug auf eine eingeschränkte Tatsachenkontrolle. Dem Wiederaufnahmeverfahren wird die Eignung zur Fehlerkorrektur zugeschrieben.

III. Zwischenergebnis

In der Gesamtschau konnte soeben aufgezeigt werden, dass die Befunde der dargestellten klassischen Fehlerquellen, wenngleich sich in den vergangenen

---

939 *Böhme*, Das strafgerichtliche Fehlurteil, S. 228.

940 *Böhme*, Das strafgerichtliche Fehlurteil, S. 236 f. Ein Richter spricht von einer „höheren Richtigkeitsgewähr“.

941 *Böhme*, Das strafgerichtliche Fehlurteil, S. 237 f.

942 *Böhme*, Das strafgerichtliche Fehlurteil, S. 239.

943 Ebenda.

Jahrzehnten die Rahmenbedingungen des Strafprozesses[944] sowie die Anforderungen an die wissenschaftlichen Methodiken einer Untersuchung[945] verändert haben, auch heute noch weitgehend valide sind und eine hinreichende Aktualität aufzuweisen scheinen.[946] Insbesondere der Personalbeweis und die gerichtliche Aufklärung (sowie die Ermittlungsführung) erweist sich weiterhin als fehlerträchtig. Solche Fehler zeigen sich jedoch heute nicht mehr nur in Fehlurteilen, sondern häufig auch in Form von anderen Fehlentscheidungen, insbesondere (quasi-)konsensualen Erledigungsformen wie dem Strafbefehlsverfahren.

944 Siehe ausführlich zu der Ökonomisierung des Strafprozesses und zu dem Bedeutungszuwachs (quasi-)konsensualer Erledigungsarten in **Kap. 3. B. II.**

945 Vgl. erneut zur kritischen Auseinandersetzung mit den Werken von *Alsberg*, *Hirschberg*, *Kiwit* und *Peters* in **Kap. 2. A. I. 3.**; **II. 3.**; **III. 3.** und **IV. 3.** Während die Werke von *Alsberg* und *Hirschberg* aus heutiger Sicht weniger wissenschaftliche Untersuchungen, sondern vielmehr ergebnisorientierte Zusammenstellungen von Fehlerquellen sind, sind die Erhebungen von *Kiwit* und *Peters* auch aus heutiger Sicht methodisch valide.

946 Siehe später vertiefend zur Aktualität auch die hier geführten leitfadengestützten Experteninterviews mit Strafrichtern in **Kap. 5. B. I. 2.**

Kapitel 3: Vertiefung einzelner Fehlerquellen als Anknüpfungspunkte für „moderne“ Fehlerquellen

Das folgende 3. Kapitel soll sich einer Vertiefung ausgewählter klassischer Fehlerquellen, unter Heranziehung neuerer Literatur und Erkenntnisse, widmen. Namentlich sollen die Fehlerpotentiale des Personalbeweises, in Form von falschen Geständnissen und falschen Zeugenaussagen, sowie gerichtliche Aufklärungsfehler beleuchtet werden. Dies hat zum einen den Grund, dass diese sich in den vorangegangenen Untersuchungen der Erforschung „klassischer“ Fehlerquellen als besonders fehleranfällig erwiesen haben. Zum anderen schlägt die Vertiefung eine Brücke zur anschließenden Erforschung „moderner“ Fehlerquellen, in denen sich möglicherweise einige Risiken und begünstigende Umstände für Fehlentscheidungen wiederfinden oder vertiefen könnten.

A. DIE PERSONALBEWEISSCHWÄCHE

I. Falsche Geständnisse

1. Begrifflichkeit und Bedeutung im Strafprozess

Dem Geständnis liegt keine einheitliche Definition zugrunde. Gesetzliche Anknüpfungspunkte bilden lediglich die §§ 254 Abs. 1, 362 Nr. 2 und 257c Abs. 2, S. 2, Abs. 4, S. 3 StPO. Eine Legaldefinition existiert jedoch nicht. Den in der Literatur uneinheitlichen Definitionsvorschlägen ist jedoch gemein, dass es sich dabei um die Einräumung von strafrechtlichen, selbstbelastenden Informationen handelt.[947] Uneinigkeit besteht allerdings weiterhin im Bezug auf den zeitlichen Anknüpfungspunkt. So möchten einige in der Literatur ein falsches Geständnis erst ab dem Zeitpunkt der Klageerhebung (vgl. 254 StPO) bejahen.[948] Eine solche eingeschränkte Auslegung soll vorliegend nicht vorgenommen werden. Vielmehr soll ein Geständnis auch als solches angesehen werden, *„wenn Personen, gegen die bislang kein Tatverdacht bestanden hat, sich selbst*

---

947 Vgl. *Lohsing*, Das Geständnis in Strafsachen, S. 8 ff.; *Hussmann*, Das falsche Geständnis, S. 6 ff.; *Busam*, Das Geständnis im Strafverfahren, S. 21; *Drews*, Die Königin unter den Beweismitteln?, S. 21, jeweils m.w.N.

948 Vgl. *Beneke*, Das falsche Geständnis als Fehlerquelle im Strafverfahren, S. 17, m.w.N.

beschuldigen oder die Begehung einer unentdeckten Tat behaupten und durch dieses Verhalten die Ermittlungen erstmalig auf sich lenken.“[949] Die Ausklammerung der Selbstanzeige oder Selbstbezichtigung aus dem Geständnisbegriff ist aufgrund des gleichfalls bestehenden Forschungsbedarfs und des nicht erkennbaren qualitativen Unterschieds, wann die Kundgabe einer selbstbelastenen Information[950] erfolgte, schlicht unnötig.

Die Bedeutung des Geständnisses im Strafverfahren hat sich im Verlauf der Jahrhunderte erheblich gewandelt. Als Bestandteil des Strafprozesses, schon im römischen und altdeutschen Verfahren,[951] hatte es hierzulande seinen „Höhepunkt“ im Mittelalter (im Inquisitionsverfahren), wo es in das Zentrum des Strafverfahrens rückte.[952] Da im Falle eines abgelegten Geständnisses eine Abwägung mit anderen Beweismitteln und jegliche entlastende Beweisführung ausgeschlossen waren, wurde versucht, es unter Einsetzung aller Mittel zu erlangen.[953] In dem Vertrauen, dass die materielle Wahrheit dadurch gewährleistet wäre, dass Gott dem Betroffenen die Kraft zum Widerstand geben würde, wurde die Folter ein gängiges Mittel zur Geständniserlangung.[954] Dass ein Unschuldiger gestehen könnte, hielt man für undenkbar.[955] Dieses System wurde 1532 mit der Constitutio Criminalis Carolina in der Form durch formelle Beweisregeln abgelöst, dass die Anwendung von Folter nur auf Ausnahmefälle beschränkt wurde und sich einem resultierenden Geständnis immerhin eine Glaubwürdigkeitsprüfung anschließen sollte.[956] Auch wenn die praktische Umsetzung zweifelhaft[957] war, ist hier jedenfalls ein beschränktes Fehlerbewusstsein erkennbar. Das Geständnis galt aber noch immer als „regina probationum“, die Königin der Beweismittel.[958]

---

949 *Beneke*, Das falsche Geständnis als Fehlerquelle im Strafverfahren, S. 17; vgl. auch *Drews*, Die Königin unter den Beweismitteln?, S. 21 f.

950 Vgl. *Drews*, Die Königin unter den Beweismitteln?, S. 22; *Beneke*, Das falsche Geständnis als Fehlerquelle im Strafverfahren, S. 17 f.

951 Vertiefend *Lohsing*, Das Geständnis in Strafsachen, S. 15 ff.

952 Vgl. *Moos*, Das Geständnis im Strafverfahren und der Strafzumessung, S. 23; *Drews*, Die Königin unter den Beweismitteln?, S. 32.

953 *Bruns*, Zur Geschichte des Inquisitionsprozesses, S. 13.

954 Vgl. *Moos*, Das Geständnis im Strafverfahren und der Strafzumessung, S. 23; vgl. auch *Drews*, Die Königin unter den Beweismitteln?, S. 32 f.

955 Vgl. *Drews*, Die Königin unter den Beweismitteln?, S. 33 f.

956 Vgl. *Roxin/Arzt/Tiedemann*, Einführung in das Strafrecht und Strafprozessrecht, S. 105.

957 *Stalinski*, Aussagefreiheit und Geständnisbonus, S. 8.

958 *Drews*, Die Königin unter den Beweismitteln?, S. 35.

Zu einer formellen „Abschaffung" der Folter in allen deutschen Staaten kam es erst zu Beginn des 19. Jahrhunderts,[959] zur einheitlichen Abschaffung des Aussagezwangs 1877 mit der Kodifizierung der Aussagefreiheit (§ 136 Abs. 1 RStPO) und dem Verbot der Geständniserpressung (§ 343 RStGB).[960]

Mit dem Inkrafttreten der StPO (insbes. § 136a StPO sowie die Belehrungspflichten) hat sich die Bedeutung des Geständnisses 1950 erneut gewandelt. Mit Abschaffung der formellen Beweisregeln stellt das Geständnis heute einen auf seinen Beweiswert zu prüfenden Gegenstand der freien richterlichen Beweiswürdigung dar.[961] Aber auch heute scheint das Geständnis als Beweismittel[962] noch eine zentrale Rolle im Strafverfahren zu spielen. So gilt es im Ermittlungsverfahren informell noch immer als „Krone der Ermittlungsarbeit"[963.964] Das gezielte Hinarbeiten auf ein Geständnis kann als eines der wesentlichsten

---

959 Die Abschaffung steht vorliegend in Anführungszeichen, da anstelle der Folter körperliche Ungehorsams- und Lügenstrafen traten, welche damit die Folter durch die Hintertür aufrechterhielten, vgl. *Lohsing*, Das Geständnis in Strafsachen, S. 46; *Moos*, Das Geständnis im Strafverfahren und der Strafzumessung, S. 28.

960 In der Zeit des Nationalsozialismus kam es jedoch erneut zur Aushebelung der Beschuldigtenrechte und vermehrter Folteranwendung im Ermittlungsverfahren, vgl. *Moos*, Das Geständnis im Strafverfahren und der Strafzumessung, S. 37.

961 *Hauer*, Geständnis und Absprache, S. 174; *Drews*, Die Königin unter den Beweismitteln?, S. 38, m.w.N.

962 Eigentlich stellt das Geständnis kein Beweismittel im engeren Sinne dar, da die Beweisaufnahme (§ 244 Abs. 1 StPO) erst nach der Einlassung des Angeklagten beginnt. Daher wird das Geständnis teilweise als Beweismittel im weiten Sinne bezeichnet, vgl. exemplarisch *Beulke/Swoboda*, Strafprozessrecht, Rn. 284.

963 *Steffen*, Analyse polizeilicher Ermittlungstätigkeit, S. 187.

964 In empirischen Studien konnte aufgezeigt werden, dass die Strafverfolgungsbehörden einem Geständnis im Ermittlungsverfahren einen außerordentlich hohen Beweiswert beimessen. Bei einer Untersuchung polizeilicher Ermittlungstätigkeit anhand von Ermittlungsakten kam heraus, dass die Verfahren – je nach Deliktsart – im Falle eines Geständnisses zu 81 % (Betrug) bis 98 % (Ladendiebstahl) als „eindeutig aufgeklärt" angesehen wurden: *Steffen*, Analyse polizeilicher Ermittlungstätigkeit, S. 187, 189. Zu ähnlichen Ergebnissen kam auch eine Untersuchung in Bezug auf die Staatsanwaltschaft, welche einen Fall bei einem Geständnis – je nach Deliktsart – zu 72 % (Unterschlagung) bis 97 % (Diebstahl im Zusammenhang mit KFZ) als anklagefähig befanden: *Steffen*, Analyse polizeilicher Ermittlungstätigkeit, S. 190 f.

Handlungsziele eines Vernehmungsbeamten angesehen werden.[965] Im Hauptverfahren erlangt das Geständnis dadurch Bedeutung, dass nur ein hier kundgegebenes Geständnis zur Urteilsbildung des Gerichts beitragen kann (vgl. § 261 StPO).[966] In der gerichtlichen Praxis nimmt es eine herausragende Rolle ein, da es dem Gericht faktisch ermöglicht, mit geringerem personellen, sachlichen und zeitlichen Aufwand und mit beweissparender Wirkung zu einem „Erfolg" in der Sachverhaltsaufklärung zu kommen.[967] Eine weitere, wichtige Rolle kommt dem Geständnis als Strafmilderungsgrund zu, welcher auf traditionellen Ansichten, wie der sittlichen Leistung des Angeklagten und seiner verantwortungsübernehmenden, reuigen „Unterwerfung" sowie seinem Integrationswillen und den Rechtsfrieden, zurückgeht, sofern es sich bei dem Geständnis nicht bloß um eine rein prozesstaktische Einlassung handelt.[968] Einen neuerlichen Bedeutungszuwachs hat das Geständnis als Beweismittel durch die Einführung der strafprozessualen Absprache in die StPO erhalten.[969]

2. Erscheinungsformen von (falschen) Geständnissen

Geständnisse können viele Erscheinungsformen haben. Systematisch darstellen lassen sie sich am besten in ihren objektiven und subjektiven Dimensionen:[970]

---

965 *Drews*, Die Königin unter den Beweismitteln?, S. 41; vgl. auch *Werner*, Zur Notwendigkeit der Verteidigeranwesenheit während der polizeilichen Beschuldigtenvernehmung, S. 96.

966 Zusammenfassend zur höchstpersönlichen Natur und den von der Rechtsprechung anerkannten Ausnahmen *Drews*, Die Königin unter den Beweismitteln?, S. 43 ff., m.w.N.

967 Im Rahmen einer repräsentativen Umfrage wurden Richter befragt, ob sie ein vom Verteidiger angebotenes Geständnis als Urteilsgrundlage heranziehen würden, auch wenn die bisherigen Zwischenergebnisse der Beweisaufnahme die Schuldfrage noch unerklärt erscheinen lassen. 72 % der Richter bejahten diese Frage: *Schünemann*, Gutachten B für den 58. Deutschen Juristentag, Teil B, S. B 23. Das Geständnis wird in der Praxis daher oftmals als ein *„point of no return"* oder als *„für die Verurteilung richtungsweisend"* angesehen, *Drews*, Die Königin unter den Beweismitteln? S. 46.

968 Vgl. *Drews*, Die Königin unter den Beweismitteln?, S. 47 ff.; vgl. im Kontext der strafprozessualen Absprachen und der strafmildernden Berücksichtigung eines Geständnisses auch BGHSt 43, 195, 209.

969 Vertiefend *Drews*, Die Königin unter den Beweismitteln?, S. 50 ff.

970 Die folgende Auflistung wurde maßgeblich zusammengetragen aus *Beneke*, Das falsche Geständnis als Fehlerquelle im Strafverfahren, S. 35 ff. und *Drews*, Die Königin unter den Beweismitteln?, S. 23 ff.

Im Rahmen der objektiven Dimensionen kann unterschieden werden zwischen einem vollen Schuldanerkenntnis oder einem Teil- bzw. „überschießenden"[971] Geständnis, dem Geständnis mit einer Eigenbelastung und (auch) einer Drittbelastung, zwischen beweiserheblichen und nicht beweiserhebliche Geständnissen, echten/wahren und unechten/falschen Geständnissen (objektiv und subjektiv möglich) sowie einer mündlichen und schriftlichen Geständnisabgabe.

Bei den subjektiven Motivationen kann zwischen emotionalen (Reue, Angst, etc.) und rationalen Beweggründen, internalen Motiven (Gewissensentlastung) und externalen (Befragungsmethode) Gründen, täterbezogenen (Psychopathologie) und tatbezogenen Motiven (Deliktsart und -schwere) sowie dem freien/freiwilligen Geständnis und dem erzwungenen oder unbewussten Geständnis[972] differenziert werden.

3. *Geständniswirkungen*

Geständnisse können zweierlei Wirkung entfalten: eine direkt verfahrensbeeinflussende und eine indirekte Folgewirkung.[973] Während sich ein Geständnis direkt verfahrensbeeinflussend auf das Ermittlungsverfahren (Einleitung, Anklageerhebung, Ausstellung eines Strafbefehls, etc.) und das Hauptverfahren (der Verurteilung zugrundelegen, Verständigung, Strafmilderung) auswirken kann, kann es aber auch die indirekte Wirkung eines „Tunnelblicks" nach sich ziehen.[974] Damit ist die (tendenziell) einseitige Versteifung auf einen bestimmten Beschuldigten gemeint, die zu einer selektiven Beweisaufnahme und Beweisinterpretation führen kann.[975] Das bedeutet, dass anschließende Beweismittel gegebenenfalls lediglich im Lichte des Geständnisses gewürdigt werden oder in dessen Licht überhaupt nicht mehr erhoben werden könnten.[976] Dies kann als eine erhebliche Fehlerquelle bei falschen Geständnisses angesehen

971 In einem solchen Fall gehen die Aussagen inhaltlich über die für den konkreten Anklagevorwurf notwendigen Angaben hinaus, *Drews*, Die Königin unter den Beweismitteln?, S. 25.

972 Siehe sogleich vertiefend die Kategorisierung falscher Geständnisse.

973 Vertiefend *Drews*, Die Königin unter den Beweismitteln?, S. 105.

974 Vgl. *Findley/Scott*, Wisconsin Law Review 2006, 291, 292 f.; aus dem deutschsprachigen Raum *Schwarz*, in: Tatsachenfeststellung vor Gericht, Rn. 1226, welcher vor dem Hintergrund empirischer Erkenntnisse aus den USA vor der Gefahr einer eingleisigen und nur auf Bestätigung abzielenden Ermittlungsführung warnt.

975 Vgl. *Findley/Scott*, Wisconsin Law Review 2006, 291, 292.

976 Vgl. schon *Peters*, Fehlerquellen im Strafprozeß II, S. 26.

werden, was insbesondere im Ermittlungsverfahren gefährlich ist, da eine spätere Korrektur oder Ergänzung der Beweiserhebung oftmals unmöglich ist.[977]

Das Phänomen des Tunnelblicks kann im Wesentlichen auf zwei Ursachen zurückgeführt werden. Zum einen sind die tatsächlichen, prozessualen Rahmenbedingungen zu nennen, d.h. der hohe Arbeitsaufwand und knappe Ressourcen, das Bestreben nach zeitnaher Aufklärung sowie das gezielte Hinarbeiten auf die Erreichung eines Geständnisses im Ermittlungsverfahren oder einer Verständigung im Hauptverfahren.[978] Zum anderen – und wohl noch gewichtiger – liegt eine Ursache in der menschlichen Neigung dazu, kognitiven Fehlschlüssen und Verzerrungen zu unterliegen, welche die Genauigkeit und Interpretation des Wahrgenommenen beeinträchtigen.[979] Konkret bedeutet das, dass dem bisherigen Standpunkt entgegenstehende Informationen (unbewusst) übersehen, geringer bewertet oder der eigenen Vorstellung angepasst werden, während bestätigende Informationen (unbewusst) gesucht, stärker gewichtet und abgespeichert werden.[980] Zudem besteht nicht nur die Gefahr eingleisiger Ermittlung, sondern auch, dass bei der Aufdeckung eines falschen oder falsch gewürdigten Beweises, die (unbewusste) Überzeugung von der Täterschaft bestehen bleibt.[981] In einer US-amerikanischen, experimentellen Studie konnte darüber hinaus nachgewiesen werden, dass nicht nur Personen diesem sog. „Bestätigungsfehler" unterliegen, welchen das Geständnis gegenüber abgegeben wurde, sondern auch Personen, die daraus aus einer anderen Quelle (z.B. aus der Ermittlungsakte) erfahren[982] (ähnlich der wechselseitigen Suggestionswirkung mehrerer Zeugen beim Wiedererkennen des Täters). Diese generelle Neigung zur Fixierung auf ein einmal gewonnenes Vorstellungsbild scheint die Annahme zu rechtfertigen, dass es für das weitere Strafverfahren relevant ist, zu welchem Zeitpunkt ein Geständnis abgelegt wurde[983] – im Ermittlungsverfahren oder Hauptverfahren?

Als weitere subjektive Ursache des Tunnelblicks kann die scheinbar noch immer (teilweise) herrschende Vorstellung angeführt werden, dass es

---

977 Vgl. *Findley/Scott*, Wisconsin Law Review 2006, 291, 295.

978 *Drews*, Die Königin unter den Beweismitteln?, S. 106 f.

979 *Drews*, Die Königin unter den Beweismitteln?, S. 107.

980 Solche „Bestätigungsfehler" oder „confirmation bias" konnten in empirischen Studien nachgewiesen werden, vgl. *Findley/Scott*, Wisconsin Law Review 2006, 291, 311 f., m.w.N.

981 *Drews*, Die Königin unter den Beweismitteln?, S. 108 f., m.w.N.

982 *Hasel/Kassin*, Psychological Science 2009, 122, 122 ff.

983 Vgl. *Drews*, Die Königin unter den Beweismitteln?, S. 110 f.

widersprüchlich oder unnatürlich sei, falsch zu gestehen.[984] Die Ansicht, dass die Motive primär in der individuellen Reue, im Schuldgefühl und weniger in situativen und externen Umständen und Motiven (siehe sogleich) zu suchen seien, könnte vor allem die kritische Prüfung und Beurteilung des Beweismittels beeinträchtigen.[985]

Das (falsche) Geständnis kann daher direkt und indirekt eine wegweisende Stellschraube für den weiteren Verlauf des Strafverfahrens darstellen. Insbesondere die indirekten Wirkungen des Tunnelblicks können den Ausgang des Verfahrens beeinflussen. Dies gilt umso mehr, wenn das Geständnis bereits im Ermittlungsverfahren abgelegt wurde, die weiteren Ermittlungen im Lichte des Einräumens des Schuldvorwurfs geführt werden und die Staatsanwälte und die Richter durch die Ermittlungsakten einer gewissen Vorbefassung unterliegen.[986]

4. *Ursachen, Motive und begünstigende Umstände für die Abgabe falscher Geständnisse*

Die wissenschaftliche Literatur beschäftigt sich seit geraumer Zeit mit den unterschiedlichen Ursachen und Motiven für die Abgabe falscher Geständnisse.[987] Die Motive haben sich im Verlauf der Jahre durch Verfahrensänderungen, die Abschaffung von Druckmitteln bei der Geständniserlangung und der Todesstrafe sowie durch die fortgeschrittenen Erkenntnisse der Aussagepsychologie teilweise wesentlich verändert.[988] Die neuere Literatur zeigt aber auch, dass ein nicht unbeachtlicher Teil der Risikofaktoren noch immer besteht und sogar neue hinzugekommen sind.[989]

---

984 Siehe hierzu plakativ *Fischer*, Die polizeiliche Vernehmung, S. 136: *„Außerdem wird sich kein geistig normaler Mensch ohne jeden Grund selbst beschuldigen [...].“*

985 *Drews*, Die Königin unter den Beweismitteln, S. 113 ff.

986 Siehe zum Einfluss der Ermittlungsakten u.a. *Beneke*, Das falsche Geständnis als Fehlerquelle im Strafverfahren, S. 108; *Schünemann*, ZStW 2002, 1, 20 ff. Siehe noch vertiefend zu kognitiven Verzerrungsfaktoren und Urteilsbeeinflussungsfaktoren in **Kap. 3. B. I.**

987 Vgl. überblicksartig die Zusammentragungen von: *Sello*, Die Irrtümer der Strafjustiz, S. 515; *Hussmann*, Das Falsche Geständnis, S. 36 ff.; *Beneke*, Das falsche Geständnis als Fehlerquelle im Strafverfahren, S. 38 ff.

988 Vgl. *Beneke*, Das falsche Geständnis als Fehlerquelle im Strafverfahren, S. 40.

989 Vgl. *Drews*, Die Königin unter den Beweismitteln?, S. 129 ff.; vgl. im Kontext der Absprache als möglichen neuen Risikofaktor, S. 50 ff.

Im Folgenden werden zunächst die Motive falscher Geständnisse anhand einer – schon aus vorherigen Untersuchungen bekannten – Differenzierung zwischen der bewussten und unbewussten Falschheit vorgestellt. Anschließend werden, auf Grundlage einer Kategorisierung falscher Geständnisse, begünstigende Umstände dargestellt.

a. *Die Motive und Ursachen falscher Geständnisse*

Für die Abgabe falscher Geständnisse sind eine Vielzahl an möglichen Motiven und Ursachen denkbar. Wie *Beneke* zutreffend ausführt, beschränkt sich der *„wissenschaftliche Erkenntnisstand in Bezug auf Falschgeständnisse ausschließlich auf [...] eine weit verstreute Kasuistik, die sich weitgehend aus Berichten über signifikante Einzelfälle und deren Aufdeckung zusammensetzt."*[990] Da eine Darstellung aller möglichen Motivlagen nicht möglich ist, wird nachfolgend auf die in der deutschsprachigen, wissenschaftlichen Forschung besonders häufig thematisierten Motive und Ursachen eingegangen. Dabei muss allerdings beachtet werden, dass bei bewussten und unbewussten Falschgeständnissen oft nicht nur ein Grund, sondern in der Regel eine Motiv- oder Ursachenbündelung vorliegt.[991]

aa. *Bewusst falsche Geständnisse*

Bewusste Falschgeständnisse werden mit dem Wissen abgegeben, dass sich deren Aussagegehalt nicht mit den tatsächlichen Geschehnissen deckt, sodass sie objektiv und subjektiv falsch sind.[992] Als Motive für die Abgabe eines bewussten Falschgeständnisses kommen insbesondere in Betracht:

- *aus Angst* vor einer Verhaftung, der öffentlichen Hauptverhandlung, der Bestrafung und Verurteilung oder vor dem Druck der Vernehmung.[993] Das Geständnis wird in solchen Fällen oft als vermeintliches Mittel zur Abwehr der nachteiligen Konsequenzen angesehen. Besonders häufig scheint es bei solchen Personen vorzukommen, die erstmalig mit der Justiz und/oder einer Vernehmungssituation konfrontiert werden sowie bei Verdächtigen eines Sexualverbrechens.[994] Einen Sonderfall stellt das Falschgeständnis dar, welches aus Angst vor der Untersuchungshaft dazu eingesetzt wird, um den

990 *Beneke*, Das falsche Geständnis als Fehlerquelle im Strafverfahren, S. 40.
991 Vgl. *Drews*, Die Königin unter den Beweismitteln?, S. 129, m.w.N.
992 Vgl. *Drews*, Die Königin unter den Beweismitteln?, S. 129, 133.
993 *Beneke*, Das falsche Geständnis als Fehlerquelle im Strafverfahren, S. 45 ff.
994 Vgl. Ebenda.

Vorwurf der Verdunkelungsgefahr zu entkräften und auf dessen spätere Aufklärung vertraut wird.[995]

- *zur Erlangung eines vermeintlichen Vorteils*: Dieses Motiv stellt oftmals die Kehrseite eines aus Angst abgelegten Falschgeständnisses dar. Unter anderem kann es aber auch in Form eines sog. „Renommier-Geständnisses"[996] vorkommen, um öffentlich-mediale Bekanntheit zu erlangen, um eine finanzielle Entlohnung[997] zu erhalten oder (heute wohl weniger) mit einer Inhaftierung eine sonst nicht gewährleistete Unterkunft und Verpflegung[998] sicherzustellen.
- *zur Verdeckung einer Tatsache:*[999] Der Geständige versucht hier entweder durch ein „Schutzgeständnis" die Täterschaft eines Anderen oder eine eigene schwerere Tat zu verdecken. Teilweise zeigt sich dieses Motiv auch als „Ablenkungsgeständnis",[1000] bei dem der Täter darauf vertraut, dass es später als unwahr aufgedeckt und damit seine Glaubwürdigkeit in Bezug auf ein vorheriges, richtiges Geständnis erschüttert wird.
- *zum Zwecke der Drittbelastung:*[1001] Die wahre oder unwahre Selbstbelastung geht hier mit der falschen Belastung eines Dritten, aus Motiven wie Neid, Rache, Eifersucht oder auch der eigenen Besserstellung (vgl. § 46b StGB), einher. Oftmals wird die Drittbelastung unkritisch gesehen, da sie aufgrund der Selbstbelastung als glaubhaft betrachtet wird.[1002]
- *aufgrund des Drucks in der (polizeilichen) Vernehmung:*[1003] Um eine kurzzeitige Verbesserung seiner Situation zu erreichen, blendet der Geständige die negativen Konsequenzen aus. Das Geständnis wird entweder abgelegt, um

---

995 Vgl. *Moos*, Das Geständnis im Strafverfahren und in der Strafzumessung, S. 183.

996 *Schwarz*, in: Tatsachenfeststellung vor Gericht, Rn. 1314, 1319.

997 *Lohsing*, Das Geständnis in Strafsachen, S. 110; *Hussmann*, Das falsche Geständnis, S. 36 f.

998 *Pantke*, Falsche Selbstanschuldigungen und falsche Geständnisse, S. 10.

999 Vgl. *Beneke*, Das falsche Geständnis als Fehlerquelle im Strafverfahren, S. 60 ff.; *Lange*, Fehlerquellen im Ermittlungsverfahren, S. 92; *Drews*, Die Königin unter den Beweismitteln?, S. 134 ff. Neben der Verdeckung der eigenen, schwereren Tat oder der Tat eines Dritten sind auch Fälle bekannt, in denen der Geständige sich selbst belastet, um ein eigenes oder fremdes straffreies Verhalten zu verdecken, welches allerdings peinlich oder unehrenhaft (z.B. Ehebruch) erscheint, vgl. exemplarisch *Lohsing*, Das Geständnis in Strafsachen, S. 108.

1000 *Schwarz*, in: Tatsachenfeststellung vor Gericht, Rn. 1323.

1001 Vgl. *Drews*, Die Königin unter den Beweismitteln?, S. 136 f.

1002 Siehe vertiefend *Schwarz*, in: Tatsachenfeststellung vor Gericht, Rn. 1327 ff.

1003 *Drews*, Die Königin unter den Beweismitteln?, S. 138 ff.

die Vernehmung zu beenden oder sich des Wohlwollens des Vernehmungsbeamten zu versichern. Der jeweilige Druck in der Vernehmung ist abhängig von der Art und Dauer der Vernehmung, der Vernehmungstechnik sowie der Persönlichkeit vom Vernommenen und dem Vernehmenden.[1004] Dabei muss nicht einmal besonderer Druck seitens der Polizei aufgebaut werden, da allein die Vernehmung als Beschuldigter eine hochgradig stressinduzierende Wirkung entfalten kann.[1005] Auch hier liegt die Vermutung nahe, dass insbesondere bei Personen mit herabgesetzter intellektueller oder emotionaler Leistungsfähigkeit und/oder erhöhter Suggestibilität, wie bei erstmalig Vernommenen sowie jungen und alten Menschen, eine erhöhte Gefahr bestehen könnte.[1006]

- *zur Erreichung eines strafprozessualen Vorteils*: Hier versucht der Geständige in den Genuss einer Strafmilderung zu kommen oder eine strafprozessuale Absprache herbeizuführen[1007] (später vertiefend). Bei dem Spezialfall des jugendlichen oder heranwachsenden Beschuldigten kann das Geständnis nicht nur strafmildernde Wirkung haben, sondern auch zu einer Einstellung führen, §§ 45 Abs. 3, 47 Abs. 1, S. 1, Nr. 3 JGG. Teilweise sind solche Geständnisse Ausfluss von Resignation, d.h. der Geständige sieht sich einer Übermacht an Belastungsbeweisen ausgesetzt und sieht keinen anderen Weg, als das „geringere Übel" des Geständnisses zu wählen.[1008]

bb. Unbewusst/Irrig falsche Geständnisse

Mit unbewusst oder irrig falschen Geständnissen sind solche Selbstbelastungen gemeint, deren objektiver Aussagegehalt nicht mit den tatsächlichen Gegebenheiten übereinstimmt, was dem Geständigen jedoch bei Abgabe des Geständnisses nicht bewusst ist.[1009] Das Geständnis ist in diesem Fall objektiv falsch, jedoch subjektiv richtig. Als Motive für die Abgabe eines unbewussten oder irrigen Falschgeständnisses kommen insbesondere in Betracht:

- *Wahrnehmungs-, Wissens- und Erinnerungsdefizite*: Fehler bei der auditiven oder visuellen Wahrnehmung (typischerweise mangels Fixierung auf die zentralen Aspekte der Handlung im Zeitpunkt der Tat oder aufgrund

---

1004 *Busam*, Das Geständnis im Strafverfahren, S. 66.
1005 *Drews*, Die Königin unter den Beweismitteln?, S. 139.
1006 Vgl. *Benecke*, Das falsche Geständnis als Fehlerquelle im Strafverfahren, S. 49 ff.
1007 *Drews*, Die Königin unter den Beweismitteln?, S. 140 ff.
1008 *Beneke*, Das falsche Geständnis als Fehlerquelle im Strafverfahren, S. 54 ff.
1009 Vgl. *Drews*, Die Königin unter den Beweismitteln?, S. 129, 133.

der Schnelligkeit des Geschehens), bei der Speicherung sowie bei der Reproduktion des (vermeintlich) Wahrgenommenen, können zur Abgabe von Falschgeständnissen führen.[1010] Solche Defizite können bewirken, dass der Geständige der Überzeugung ist, dass sich ein Geschehen tatsächlich so zugetragen hat.[1011]

- *Intoxikation und Substanzmitteleinfluss:*[1012] Der toxikologische Einfluss von Alkohol, Drogen und Medikamenten kann sich sowohl im Zeitpunkt der Wahrnehmung, als auch im Zeitpunkt der Vernehmung falschgeständnisfördernd auswirken. Im Zeitpunkt des tatsächlichen Geschehens können die Substanzen eine wahrnehmungsverzerrende Wirkung entfalten und damit zu den soeben beschriebenen Defiziten führen. Bei der späteren Vernehmung kann eine Intoxikation eine erhöhte Suggestibilität und Realitätsverzerrung sowie einen Kontrollverlust infolge von Entzugserscheinungen[1013] bewirken.
- *Psychische/Psychopathische Erkrankungen:* Auch wenn es an empirischen Daten zur systematischen und wissenschaftlichen Untersuchung fehlt,[1014] so legt die vielfache Thematisierung in der Literatur[1015] nahe, dass es einen Zusammenhang zwischen einer psychischen Erkrankung und der Selbstbelastung geben und es sich nicht nur um eine zufällige Begleiterscheinung handelt könnte.[1016] Manische, zwanghafte oder psychopathische Erkrankungen

---

1010 Vgl. *Peters*, Fehlerquellen im Strafprozeß II, S. 22; *Lange*, Fehlerquellen im Ermittlungsverfahren, S. 92; *Benecke*, Das falsche Geständnis als Fehlerquelle im Strafverfahren, S. 59.

1011 Insbesondere bei Wahrnehmungsfehlern, *Drews*, Die Königin unter den Beweismitteln?, S. 131.

1012 Vgl. *Drews*, Die Königin unter den Beweismitteln?, S. 130 f.

1013 Entzugserscheinungen während einer Vernehmung können auch Krankheitscharakter haben und sich derart auswirken, dass der Geständige seine Aussagen den Erwartungen des Vernehmenden anpasst, um sich seiner Gunst zu versichern, siehe ausführlich *Benecke*, Das falsche Geständnis als Fehlerquelle im Strafverfahren, S. 90 f. Insofern kann nicht ausgeschlossen werden, dass Substanzmitteleinfluss bzw. Sucht auch eine Ursache für bewusste Falschgeständnisse ist.

1014 Vgl. *Benecke*, Das falsche Geständnis als Fehlerquelle im Strafverfahren, S. 78, 84.

1015 Vgl. u.a. *Lohsing*, Das Geständnis in Strafsachen, S. 127 ff.; *Hussmann*, Das falsche Geständnis, S. 53 ff.; *Stalinski*, Aussagefreiheit und Geständnisbonus, S. 130 f.; *Benecke*, Das falsche Geständnis als Fehlerquelle im Strafverfahren, S. 78 ff.; *Drews*, Die Königin unter den Beweismitteln?, S. 129 f.; *Fischer*, Die polizeiliche Vernehmung, S. 137 f.

1016 Vgl. *Fischer*, Die polizeiliche Vernehmung, S. 138.

könnten (nicht jedoch schlechthin) situations- und personenabhängig eine verminderte Wahrnehmungs- und Erinnerungsfähigkeit, übermäßige Suggestibilität sowie ein verstärktes Schuldempfinden bewirken und zur irrigen Annahme eines eigenen Fehlverhaltens führen.[1017]

- *Suggestive Fragetechnik und Täuschung*: Bei einer länger andauernden Vernehmung oder sich wiederholenden Vernehmungen mit ähnlichen Fragen kann die schrittweise Informationsgabe[1018] dazu führen, dass der Geständige schließlich selbst glaubt, die Tat begangen zu haben.[1019] Plausibel erscheint es dem Geständigen, wenn ihm vermeintlich logische Gründe für bestehende Erinnerungslücken (Verdrängung, Schock, Intoxikation) in Aussicht gestellt werden.[1020] Als zusätzliche Risikofaktoren gelten erneut bestimmte Persönlichkeitseigenschaften, wie z.B. eine psychische Erkrankung und/oder eine Intelligenzminderung,[1021] ein geringes Selbstbewusstsein und erhöhte Suggestibilität.[1022]

cc. *Unkritische/Fehlende Prüfung des Geständnisses*

Falsche Geständnisse können in allen Verfahrensstadien vorkommen, vom Ermittlungsverfahren über die Hauptverhandlung, bis hin zum Rechtsmittel- oder Wiederaufnahmeverfahren.[1023] Da sich Fehler und Unzulänglichkeiten, welche im Ermittlungsverfahren auftreten, jedoch nur schwer wieder beheben lassen, wird das Schicksal des Strafverfahrens deshalb häufig schon im Ermittlungsverfahren entschieden.[1024] Viele aus einem falschen Geständnis resultierende „Folgefehler“ (u.a. eingleisige Ermittlungen, zu frühe Aufgabe der Verfolgung anderer Spuren, Interpretation anderer Beweismittel im Lichte des Geständnisses) können auf eine mangelhafte oder gänzlich fehlende Prüfung des Geständnisses zurückgeführt werden.[1025] Dies hat – wie bereits

---

1017 Zusammenfassend *Drews*, Die Königin unter den Beweismitteln?, S. 129 f.

1018 *Benecke* spricht im Zusammenhang mit der Suggestion und „Aussageinduktion“ vom In-den-Mund-Legen der richtigen Antwort anhand bisherigen Überzeugung von der Täterschaft durch die Vernehmungsperson, *Benecke*, Das falsche Geständnis als Fehlerquelle im Strafverfahren, S. 50.

1019 *Drews*, Die Königin unter den Beweismitteln, S. 132 f.

1020 *Volbert*, in: FS Eisenberg, 205, 205 f.

1021 Vgl. *Drews*, Die Königin unter den Beweismitteln?, S. 168 ff., 170 ff.

1022 *Busam*, Das Geständnis im Strafverfahren, S. 81.

1023 Vgl. *Beneke*, Das falsche Geständnis als Fehlerquelle im Strafverfahren, S. 107.

1024 *Peters*, Untersuchungen zum Fehlurteil, S. 15.

1025 Vgl. *Beneke*, Das falsche Geständnis als Fehlerquelle im Ermittlungsverfahren, S. 105 ff.

erörtert – seinen Grund in dem prozessökonomischen Hinarbeiten auf ein Geständnis sowie dem antiquierten Bild des Geständnisses als „Krone des Ermittlungsverfahrens" und als Akt der Reue.[1026] Es ist daher nötig, dass das Geständnis und ggf. sein Widerruf bereits im Ermittlungsverfahren durch die Polizei und (bei Anhaltspunkten eines Versäumnisses) spätestens in der Hauptverhandlung kritisch überprüft werden. Soeben genannte Motive und Ursache für die Abgabe falscher Geständnisse führen erst dann zu Fehlentscheidungen, wenn den Strafverfolgungsbehörden die Motive unbekannt bleiben, weil die Persönlichkeitserforschung und die Abklärung des persönlichen Umfeldes unter Umständen nur unzureichend geschieht oder komplett darauf verzichtet wird.[1027]

b. Kategorisierung der Ursachen und Motive falscher Geständnisse

Wie der vorangegangenen Darstellung unterschiedlicher Ursachen und Motive für die Abgabe eines falschen Geständnisses entnommen werden kann, sind eine Vielzahl (nicht abgeschlossen aufgezählter) Gründe und Fallgruppen denkbar, in denen ein solches zur Entstehung kommen kann. Um nachfolgend eine übersichtliche (auch psychologische) Auseinandersetzung mit begünstigenden Umständen zu ermöglichen, werden diese Motive und Ursachen in eine Kategorisierung überführt. In der wissenschaftlichen Literatur haben sich unterschiedliche Kategorisierungen[1028] herausgebildet, von denen vorliegend die Taxonomie von *Gudjonsson* herangezogen werden soll:

1026 Vgl. *Beneke*, Das falsche Geständnis als Fehlerquelle im Ermittlungsverfahren, S. 57; *Drews*, Die Königin unter den Beweismitteln?, S. 106 ff.

1027 Vgl. *Beneke*, Das falsche Geständnis als Fehlerquelle im Strafverfahren, S. 105 ff.

1028 Die wichtigsten Kategorisierungen aus dem englischsprachigen Raum: *Kassin/Wrightman*, The psychology of evidence and trial procedure, S. 76 ff.; *McCann*, Behavioral Sciences & the Law 1998, 441, 441 ff.; *Gudjonsson*, The Psychology of Interrogations and Confessions, S. 202 ff. Aus dem deutschsprachigen Raum: *Drews*, Die Königin unter den Beweismitteln?, S. 153 f.

Tabelle 11: Die Kategorisierung falscher Geständnisse nach *Gudjonsson*

Typ des falschen Geständnisses	Druckquelle
1. Freiwillig	Internal
2. Druckinduziert-konform	Extern ermittlungsbehördlich oder Extern nicht ermittlungsbehördlich
3. Druckinduziert-internalisiert	Extern ermittlungsbehördlich oder Extern nicht ermittlungsbehördlich

Quelle: Tabelle übernommen aus Drews, Die Königin unter den Beweismitteln?, S. 148.

Die von *Gudjonsson* entwickelte Einteilung falscher Geständnisse[1029] ist eine Fortentwicklung der ebenfalls dreistufigen Kategorisierung von *Kassin/Wrightman.*[1030] Danach könne man falsche Geständnisse zunächst in zwei grobe Gruppen einteilen, den freiwilligen („voluntary") und den (vernehmungs-) druckinduzierten („pressured") Geständnissen. Unter freiwilligen falschen Geständnissen sind nach *Gudjonsson* solche zu verstehen, welche primär auf eine interne Druckquelle bzw. ein inneres Bedürfnis zur Abgabe eines falschen Geständnisses zurückzuführen sind.[1031] Die druckinduzierten Geständnisse[1032] unterteilt er ihrerseits in druckinduziert-konforme („pressured-compliant") und -internalisierte („pressured-internalized") Geständnisse. Dabei seien druckinduziert-konforme Geständnisse solche, die infolge des polizeilichen Vernehmungsdrucks bewusst mit der Intention abgegeben werden, der belastenden Situation zu entkommen, negativen (direkt oder indirekt angedrohten) Konsequenzen zu entkommen oder eine in Aussicht gestellte Belohnung

1029 *Gudjonsson*, The Psychology of Interrogations and Confessions, S. 202 ff.

1030 Vgl. *Kassin/Wrightman*, The psychology of evidence and trial procedure, S. 76 ff.

1031 *Gudjonsson*, The Psychology of Interrogations and Confessions, S. 212. Als denkbare Motive gelten die irrige Annahme der eigenen Tatbegehung, Wahnvorstellungen, die Drittbegünstigungsabsicht, Rache und das Nachkommen eigener tatunabhängiger Schuldgefühle (S. 210).

1032 Im Gegensatz zur Kategorisierung von *Kassin/Wrightman,* The psychology of evidence and trial procedure, S. 76 ff., in der noch von erzwungenen („coerced") Geständnissen die Rede ist, werden von den druckinduzierten Geständnissen auch solche erfasst, welche in außerordentlichen Stresssituationen (intensive Vernehmungsmethoden, manipulierendes Verhalten der Vernehmungsperson, Übermüdung, Entzugserscheinungen, Angst, soziale Isolation, etc.) abgelegt werden, ohne die Schwelle zum Zwang zu überschreiten.

zu erhalten.[1033] Druckinduziert-internalisierte Geständnisse seien hingegen dadurch gekennzeichnet, dass sie infolge der intensiven Vernehmung entweder in dem irrigen Glauben an die Wahrheit oder trotz bestehender Zweifel abgegeben werden.[1034] Die Überzeugung an die eigene Täterschaft (manchmal sogar von vermeintlicher Erinnerung begleitet) gehe danach u.a. auf Ermüdung, ständige Wiederholung, eine einfühlsame, aber beharrlich überredende Befragungstechnik und suggestive Vernehmungsmethoden sowie auf einige (die Suggestibilität fördernde) Persönlichkeitsmerkmale zurück.[1035] Sollte es an einer sicheren Überzeugung fehlen, aber gewichtige Zweifel vorliegen, dann wären Falschgeständnisse nach *Gudjonsson* auf das „Memory Distrust Syndrome" (MSD) zurückzuführen, einen Zustand, in dem Personen ihren eigenen Erinnerungen misstrauen und resultierend auf externale Einflüsse und Suggestionen zurückgreifen.[1036]

Mit seiner letzten Unterscheidung nach der (dominanten) Druckquelle (Spalte 2) differenziert *Gudjonsson* schließlich nach der Richtung, aus der die beeinflussenden Faktoren auf den Geständigen einwirken. Während bei freiwilligen Geständnissen der Anstoß primär aus der Person des Geständigen selbst herrühre, sei bei druckinduzierten Geständnissen zwischen extern ermittlungsbehördlichen („custodial") und extern nicht ermittlungsbehördlichen Druckquellen („non custodial") zu unterscheiden.[1037] Dabei seien aus der Perspektive des Geständigen als nicht ermittlungsbehördliche Druckquellen denkbare Einflüsse aus dem Freundeskreis und der Familie (aber auch verdeckt ermittelnde Polizeibeamte) gemeint.[1038]

c. *Begünstigende Umstände für die Abgabe (druckinduzierter) Falschgeständnisse*

Während bisher primär sog. personale Risikofaktoren betrachtet wurden, d.h. solche, die primär im Geständigen selbst angelegt sind, ist im Folgenden

1033 Vgl. Fortentwicklung der Kategorisierung *Gudjonssons* aus *Kassin/Wrightman*, The Psychology of Evidence and Trial Procedure, S. 78.

1034 *Gudjonsson*, The Psychology of Interrogations and Confessions, S. 205. Im Gegensatz zu den druckinduziert-konformen Geständnissen, bei denen es oftmals im Nachhinein zu einem Widerruf komme, bestehe hier die Gefahr der langfristigen Gedächtnismodifizierung.

1035 *Kassin/Wrightman*, The Psychology of Evidence and Trial Procedure, S. 8 f., 78.

1036 *Gudjonsson*, The Psychology of Interrogations and Confessions, S. 196, 213.

1037 *Gudjonsson*, The Psychology of Interrogations and Confessions, S. 211.

1038 *Gudjonsson*, The Psychology of Interrogations and Confessions, S. 212.

noch genauer auf situative/kontextuelle[1039] Risikofaktoren einzugehen, d.h. solche, die aus der Vernehmungssituation selbst folgen.[1040] Oftmals führt erst ein Zusammenspiel beider Risikofaktoren zu einem Falschgeständnis (sog. multikausales Verursachungsgefüge[1041]).

Wie bereits angesprochen, kann der Vernehmungsdruck als eine Hauptursache für die Abgabe eines Falschgeständnisses angesehen werden. Dabei können druckerzeugende Wirkungen im Hauptverfahren[1042] und im Ermittlungsverfahren bei der polizeilichen Vernehmung erzeugt werden. Welche Wirkungen im Einzelfall bei der polizeilichen Vernehmung auf den Beschuldigten ausgehen, hängt zentral von den Rahmenumständen der Vernehmung und der Vernehmungstaktik sowie -Technik ab.[1043]

Unter den Rahmenumständen der Vernehmung sind all solche situativen Faktoren zu fassen, welche die Vernehmung zwar nicht direkt inhaltlich gestalten, aber trotzdem einen indirekten Einfluss auf den Beschuldigten ausüben können.[1044] Hierunter fallen insbesondere kontextuelle Faktoren, wie z.B. eine nächtliche Vernehmung, eine überlange Vernehmungsdauer oder der durch Isolierung in fremder Umgebung erzeugte Stress, welcher zu einer erhöhten Vulnerabilität gegenüber direktem Vernehmungsdruck führen kann. Eine Beschränkung der Vernehmungsdauer kennt das deutsche Strafprozessrecht bisher nicht und liegt daher im Ermessen des Vernehmungsbeamten. Die Grenze ist lediglich dann überschritten, wenn sich die Erschöpfung des Beschuldigten auf seine Willensentschließung auswirkt (§ 136a Abs. 1 StPO).[1045] Aber auch bevor der Ermüdungsgrad die Grenze des § 136a Abs. 1 StPO erreicht hat, könnte eine lange Vernehmung zu einem nicht unerheblichen

---

1039 Siehe zur Begrifflichkeit *Drews*, Die Königin unter den Beweismitteln?, S. 182.

1040 Vgl. zur Differenzierung *Böhme*, Das strafgerichtliche Fehlurteil, S. 250 ff.

1041 *Volbert*, FPPK 2013, 230, 233 f.

1042 Siehe dazu vertiefend bei der Absprache, **Kap. 4. A. V. 1. a.**

1043 Vgl. *Drews*, Die Königin unter den Beweismitteln?, S. 182 ff.

1044 *Drews*, Die Königin unter den Beweismitteln?, S. 182.

1045 Vgl. *Diemer*, in: KK-StPO, § 136a, Rn. 12. Die Rechtsprechung stellt dabei weniger auf die konkrete Vernehmungsdauer als auf den objektiven Grad der Ermüdung ab. Von einer die Willenskraft beeinträchtigenden Erschöpfung ist auszugehen, wenn der Beschuldigte die letzten 30 Stunden oder mehr vor dem Geständnis keine Gelegenheit zum Schlafen hatte, BGHSt 13, 60, 61, beachte aber BGHSt 38, 291, 292. Ob der Vernehmende den objektiven Zustand der sich auf die Willensfreiheit auswirkenden Ermüdung herbeigeführt hat oder diesen überhaupt erkannt hat, ist gleichgültig, BGHSt 1, 376, 379.

Konzentrations- und Leistungsabfall des Beschuldigten führen,[1046] wodurch der Widerstand gegen falsche Bekundungen möglicherweise geschwächt werden könnte.[1047]

Als zentrales Element der polizeilichen Beschuldigtenvernehmung kann die Interaktion zwischen dem Beschuldigten und der Vernehmungsperson angesehen werden. Die Anwendung bestimmter Vernehmungsmethoden und -taktiken kann die Aussage des Beschuldigten nicht unerheblich beeinflussen und damit die generelle Geständnisbereitschaft[1048] entscheidend lenken.[1049] In der deutschsprachigen Literatur findet sich eine Vielzahl von problematischen Vernehmungsmethoden, welche mit einer erhöhten Gefahr falscher Geständnisse in Verbindung gebracht werden.[1050] Besonders häufig werden dabei die Überraschungs- bzw. Überrumpelungsmethode, die Zermürbungsmethode, die „Gefühls- und Kumpeltour" und die „Kalt- und Warmwassertour" genannt. Bei der Überraschungs- bzw. Überrumpelungsmethode wird dem Beschuldigten von Anfang an die Tatbegehung zur Last gelegt.[1051] Die Konfrontation mit seiner Hilfslosigkeit und die daraus folgende Überrumpelung und Ratlosigkeit soll von den Ermittlungspersonen zu einem schnellen Geständnis ausgenutzt werden.[1052] Bei der Zermürbungsmethode zielt die Vernehmungsperson darauf ab, den Widerstand des Beschuldigten durch psychische „Zermürbung" (unterhalb der Grenze von § 136a Abs. 1 StPO) zu brechen, indem er die Belastung durch wiederholtes Fragen, durch Erörterung bereits abgeschlossener Fragenkomplexe, durch Ausdehnung der Vernehmungsdauer oder durch rasches

1046 Vgl. *Böhme*, Das strafgerichtliche Fehlurteil, S. 268.

1047 Vgl. BGH NJW 2015, 360, 361.

1048 Als extreme Gegensätze können das US-amerikanische REID-Modell und das britische PEACE-Konzept angeführt werden. Nach dem REID-Modell wird der Beschuldigte anhand von Verhaltensmerkmalen vor der Vernehmung zu Beginn als schuldig oder unschuldig eingestuft. Gilt er als schuldig, wird versucht, ihm die Angst vor negativen Konsequenzen eines Geständnisses (durch Minimierung der Auswirkungen) zu nehmen. Das Ziel ist, bei dem Beschuldigten den Anschein zu erwecken, dass das Geständnis die einzige Verhaltensoption sei. Beim Gegenentwurf des PEACE-Modells wird auf aktives Zuhören und offene Fragestellungen gesetzt. Dazu *Böhme*, Das strafgerichtliche Fehlurteil, S. 251 f., m.w.N.

1049 *Drews*, Die Königin unter den Beweismitteln?, S. 183.

1050 Vgl. überblicksartig *Schwarz*, in: Tatsachenfeststellung vor Gericht, Rn. 1249 ff.; *Drews*, Die Königin unter den Beweismitteln?, S. 183 ff.

1051 *Schwarz*, in: Tatsachenfeststellung vor Gericht, Rn. 1249.

1052 Vgl. Ebenda.

Wechseln des Befragungsstils erhöht.[1053] Bei der „Gefühls- und Kumpeltour" nimmt der Vernehmungsbeamte die Rolle eines ruhigen, verständnisvollen und empathischen Kommunikationspartners ein, welcher dem verunsicherten Beschuldigten positiv gegenübertritt.[1054] Das durch entsprechende Mimik, Gestik und aktives Zuhören geschaffene Vertrauensverhältnis soll Fundament einer „goldenen Brücke" zur Abgabe eines Geständnisses bilden.[1055] Die „Kalt- und Warmwassermethode" (auch aus dem englischsprachigen Raum als „Good cop – Bad cop" bekannt) lebt von einem dauernd zwischen aggressiv-konfrontativ und verständnisvoll-empathisch wechselnden Vernehmungsstil (meist mehrerer Vernehmungsbeamter).[1056] Das Ziel ist der systematische Aufbau und die Förderung von Gefühlsspannungen sowie das psychologische Niederdrücken und Wiederaufhelfen des Beschuldigten.[1057]

Experimentelle Studien aus den USA lassen vermuten, dass insbesondere Minimierungstaktiken („Gefühls- und Kumpeltour"), stärker noch die kombinierte Anwendung von Minimierungs- und Maximierungstaktiken („Warm- und Kaltwassertour"), falsche Geständnisse fördern könnten und der geringste Anteil an falschen Geständnissen dann vorliegen würde, wenn keine konkrete Vernehmungstaktik angewandt wird.[1058] In der Praxis liegt die Wahl der Vernehmungsmethode allerdings im Ermessen des jeweiligen Vernehmungsbeamten. Welcher Taktik er letztlich den Vorzug gewährt, hängt schließlich auch davon ab, welchen Eindruck der Ermittler schon vor der Vernehmung von der Schuld oder Unschuld des Beschuldigten gewonnen hat.[1059] Wählt er (bei einer bestehenden Überzeugung von der Schuld) die seiner Ansicht nach am meisten erfolgsversprechende, d.h. „geständnisversprechende" Methode aus, so kann dies falsche Geständnisse noch mehr fördern.[1060] Generell risikobehaftet

1053 *Schwarz*, in: Tatsachenfeststellung vor Gericht, Rn. 1250; vgl. *Werner*, Zur Notwendigkeit der Verteidigeranwesenheit während der polizeilichen Beschuldigtenvernehmung, S. 112.

1054 Vgl. *Schwarz*, in: Tatsachenfeststellung vor Gericht, Rn. 1254 f.; vgl. *Werner*, Zur Notwendigkeit der Verteidigeranwesenheit während der polizeilichen Beschuldigtenvernehmung, S. 112 f.

1055 *Drews*, Die Königin unter den Beweismitteln?, S. 184.

1056 Vgl. *Schwarz*, in: Tatsachenfeststellung vor Gericht, Rn. 1256.

1057 Ebenda.

1058 Vgl. dazu u.a. das „Computerabsturz"-Paradigma von *Kassin/Kiechel*, Psychological Science 1996, 125, 125 ff.; zusammenfassend *Drews*, Die Königin unter den Beweismitteln?, S. 185 ff.

1059 *Drews*, Die Königin unter den Beweismitteln?, S. 190 f.

1060 Ebenda, m.w.N.

erscheinen auch solche Vernehmungsmethoden, welche die Wahrnehmung des Beschuldigten von den Konsequenzen des Geständnisses zu beeinflussen versuchen[1061] (insbesondere bei druckinduziert-internalisierten Geständnissen, s.o.).

Insgesamt zeigt sich, dass die Gefahr der Abgabe eines falschen Geständnisses erheblich mit den kontextuellen Umständen der Vernehmung korrespondiert. Falschgeständnisse werden dadurch begünstigt, wenn bereits durch die situativen Rahmenumstände der Vernehmung indirekter Vernehmungsdruck aufgebaut wird. Eine deutliche Erhöhung der Auftrittswahrscheinlichkeit von Falschgeständnissen geht darüber hinaus mit der Anwendung von geständnisdruckerzeugenden Vernehmungsmethoden einher, insbesondere mit der Anwendung von Maximierungstechniken oder der Kombination von Maximierungs- und Minimierungstechniken.

5. *Der Geständniswiderruf als Fehlerquelle*

Das Geständnis und der Widerruf (als sein „actus contrarius") sind grundsätzlich als beweistechnisch gleichwertig[1062] anzusehen und unterliegen gleichsam der freien richterlichen Beweiswürdigung, § 261 StPO. Wie aber bereits *Peters* anmerkte, wird dem Geständnis in der Praxis eine (weit) höhere Beweiskraft beigemessen als dem Widerruf.[1063] Auch die wissenschaftliche Literatur weist darauf hin, dass das Geständnis zu „untermauern" sei und vor einem Widerruf geschützt werden müsse.[1064] Darin scheint sich die grundsätzliche Annahme eines unglaubwürdigen Widerrufs und das fehlende Problembewusstsein hinsichtlich eines möglicherweise falschen Geständnisses zu manifestieren.[1065] Dies kann im Wesentlichen (wie bereits beim „Tunnelblick" beschrieben) darauf zurückgeführt werden, dass dem Geständnis als selbstschädigende Handlung in der Regel keine zweifelhafte Motivation zugeschrieben werden, während der Geständniswiderruf als eine bloße Schutzbehauptung und insoweit natürliche Reaktion abgetan werden könnte.[1066] Zudem dürften die

---

1061 Siehe *Horgan/Russano/Meissner/Evans*, Psychology, Crime & Law 2012, 65, 65 ff.

1062 *Drews*, Die Königin unter den Beweismitteln?, S. 218.

1063 *Peters*, Fehlerquellen im Strafprozeß II, S. 7.

1064 *Fischer*, Die polizeiliche Vernehmung, S. 139; *Busam*, Das Geständnis im Strafverfahren, S. 41.

1065 Vgl. *Drews*, Die Königin unter den Beweismitteln?, S. 219.

1066 *Peters*, Fehlerquellen im Strafprozeß II, S. 8; *Drews*, Die Königin unter den Beweismitteln?, S. 219.

Gerichte und Strafverfolgungsbehörden ein großes Interesse an einem glaubhaften Geständnis und damit an einer schnellen und einfachen Verfahrenserledigung haben.[1067]

Problematisch ist auch die Begründung des Widerrufs. Mit dem Geständniswiderruf ist eine „faktische Beweislastumkehr" verbunden, da es nun am Betroffenen selbst liegt, glaubhaft darzustellen, warum er falsch gestanden hat.[1068] Dies ist in der Praxis kaum möglich, wenn man bedenkt, dass sich einige Ursachen (z.B. erhöhter Vernehmungsdruck) nicht zwangsläufig aus dem Vernehmungsprotokoll ergeben und wohl kaum ein Vernehmungsbeamter dies bezeugen würde.[1069] Das Geständnis scheint das Verfahren daher in der Praxis oftmals zu einem „point of no return" zu machen.[1070] Dies gilt umso mehr, da eine Verbesserung der Prozesslage auch nicht gewährleistet ist, wenn ein Widerruf für glaubhaft befunden werden sollte, da dann das Risiko besteht, dass die bisherige Beweisaufnahme im Lichte des Geständnisses erfolgte und mit ihr nur die „Absicherung" des Geständnisses angestrebt wurde.[1071]

6. *Zusammenfassung*

Falsche Geständnisse bilden auch heute noch eine zentrale Fehlerquelle für strafgerichtliche Fehlentscheidungen. In ihrer Wirkung können sie das Verfahren nicht nur direkt (z.B. als Grundlage für die Entscheidungsfindung), sondern auch indirekt durch einen „Tunnelblick" beeinflussen. Neben den inneren Motiven für bewusst falsche Geständnisse können auch äußere Faktoren der Vernehmungsführung und der Vernehmungstaktik die Abgabe eines bewussten und unbewussten Falschgeständnisses fördern. Oftmals werden Falschgeständnisse im Nachhinein nicht erkannt, da sie, aufgrund des vermeintlichen Beweggrundes der Reue, teilweise mangelhaft auf ihre Glaubhaftigkeit, z.B. anhand einer Persönlichkeitsuntersuchung, geprüft werden. Als fehleranfällig kann auch der Geständniswiderruf angesehen werden.

1067 *„Ein derartiges Interesse verzerrt jedoch den Blick auf die Beschuldigteneinlassung, so dass den Aussagen mehr Überzeugungskraft zugesprochen wird, welche der eigenen Hypothese und dem gewünschten Ergebnis entspricht."*, *Drews*, Die Königin unter den Beweismitteln?, S. 219.

1068 *Stern*, Der Geständniswiderruf in der Strafverteidigerpraxis, S. 15.

1069 *Drews*, Die Königin unter den Beweismitteln?, S. 219 f.

1070 *Drews*, Die Königin unter den Beweismitteln?, S. 220, m.w.N.

1071 *Busam*, Das Geständnis im Strafverfahren, S. 58; *Drews*, Die Königin unter den Beweismitteln?, S. 220 f.

II. Falsche Zeugenaussagen

Neben den Falschgeständnissen manifestiert sich die Personalbeweisschwäche auch in falschen Zeugenaussagen. Diese sind seit langer Zeit als Fehlerquelle bekannt und weit erforscht.[1072] *Peters* kam schon 1939 – und damit vor seiner umfangreichen Fehlerquellensammlung – in seiner Arbeit „Zeugenlüge und Prozeßausgang" zu dem Ergebnis, dass ca. die Hälfte der von ihm untersuchten „Fehlurteile" auf nicht erkannte falsche Zeugenaussagen hätten zurückgeführt werden können.[1073] Dennoch ist die Zeugenaussage auch im Zeitalter technologischer und forensischer Fortentwicklung nicht hinwegzudenken, da sie „rechtspraktisch unverzichtbar"[1074] ist. Umso mehr ist es nötig, sich die Gefahren falscher Zeugenaussagen vor Augen zu führen.

1. Arten von falschen Zeugenaussagen

Wie bereits bei der Vorauswertung älterer Studien festgestellt (und ähnlich wie bei falschen Geständnissen), kann zwischen mehreren Arten von falschen Zeugenaussagen unterschieden werden. So kann ein Zeuge bewusst oder unbewusst bzw. irrig falsch aussagen.[1075] Zwischen diesen beiden Erscheinungsformen lässt sich die „blinde Lüge" bzw. die unüberlegte Aussage „ins Blaue hinein" verorten.[1076] Hier weiß der Zeuge nicht genau, wie sich das Geschehen zugetragen hat, sagt aber trotzdem aus, da es sich ja immerhin trotzdem so zugetragen haben könnte.[1077]

2. Motive und Ursachen für falsche Zeugenaussagen

a. Motive für bewusst falsche Zeugenaussagen

Die Motive für die bewusste Abgabe einer falschen Zeugenaussage verlaufen zu einem Großteil parallel zu denen des falschen Geständnisses und haben sich im Verlauf der Zeit nicht nachhaltig verändert. Aus Gründen der Übersichtlichkeit

---

1072 Vgl. u.a. *Peters*, Zeugenlüge und Prozeßausgang, S. 161 ff.; vgl. *Lange*, Fehlerquellen im Ermittlungsverfahren, S. 83 ff.; *Kühne*, NStZ 1985, 252, 254; vgl. *Miebach*, NStZ-RR 2014, 233, 233, m.w.N.

1073 *Peters*, Zeugenlüge und Prozeßausgang, S. 161 ff., 171.

1074 *Böhme*, Das strafgerichtliche Fehlurteil, S. 258.

1075 Siehe vertiefend *Lange*, Fehlerquellen im Ermittlungsverfahren, S. 112 ff.

1076 Siehe vertiefend *Häcker*, in: Tatsachenfeststellung vor Gericht, Rn. 526 ff.

1077 Vgl. *Häcker*, in: Tatsachenfeststellung vor Gericht, Rn. 526.

und zur Vermeidung von Wiederholungen wird nachfolgend nur auf die häufigsten Motive eingegangen:

- *zum Zwecke der Drittbelastung* (regelmäßig des Angeklagten) können bewusst falsche Aussagen des Zeugen vorkommen. Diese beruhen häufig auf dem Verlangen nach Rache oder Vergeltung und können in der Regel auf die persönliche Beziehung des Zeugen zum Angeklagten zurückgeführt werden.[1078]
- *zum Zwecke der Entlastung*: Dies bildet die Kehrseite des soeben angeführten Motivs. Der Zeuge versucht durch seine Aussage, einen Anderen, aufgrund der gemeinsamen persönlichen Beziehung, zu schützen.[1079] In der Regel liegt dem eine familiäre oder enge freundschaftliche Bindung der Beteiligten zugrunde. Eine häufige Erscheinungsform ist in diesem Zusammenhang die Bereitstellung eines falschen Alibis (beim Vorliegen anderweitiger Belastungsbeweise) für den Beschuldigten.[1080]
- *zum Selbstschutz*: Ein nicht seltener Grund für die bewusste Falschaussage eines Zeugen ist die Selbstentlastung. Dadurch, dass der Zeuge einen Dritten belastet, möchte er von einem eigenen Tatbeitrag ablenken bzw. diesen verdecken.[1081] Besonders häufig scheint dieses Motiv bei Belastungen durch Mitschuldige/Mitbeschuldigte/Mittäter vorzuliegen.[1082]
- *zur Erreichung eines eigenen strafprozessualen Vorteils*: Seit Einführung des § 46b StGB besteht für Mitschuldige/Mitbeschuldigte/Mittäter die besondere Möglichkeit, durch kooperatives Verhalten bei der Aufklärung der Straftat in den Genuss einer Strafmilderung nach § 49 I StGB zu kommen. Es besteht der Verdacht, dass dies die Abgabe bewusst falscher und fremdbelastender Zeugenaussagen nicht unerheblich erhöhen könnte.[1083]

1078 Vgl. schon *Hirschberg*, Das Fehlurteil im Strafprozeß, S. 25 f.

1079 Vgl. *Peters*, Fehlerquellen im Strafprozeß II, S. 75; vgl. auch *Kiwit*, Fehlurteile im Strafrecht, S. 85.

1080 Vgl. *Peters*, Fehlerquellen im Strafprozeß II, S. 60 ff., der in diesem Zusammenhang vom „Schwergewicht" der entlastenden, falschen Aussagen spricht.

1081 Vgl. *Hirschberg*, Das Fehlurteil im Strafprozeß, S. 33; vgl. *Kiwit*, Fehlurteile im Strafrecht, S. 85; vgl. *Peters*, Fehlerquellen im Strafprozeß II, S. 75.

1082 Vgl. *Peters*, Fehlerquellen im Strafprozeß II, S. 38.

1083 Dazu als „moderne Fehlerquelle" später vertiefend, **Kap. 4. B. IV. 1. a.** Siehe zu dieser Annahme aber schon *Hirschberg*, Das Fehlurteil im Strafprozeß, S. 33, der die diesbezügliche US-amerikanische Regelung als „besonders primitiv" bezeichnet.

- *zur Erreichung eines finanziellen Vorteils*: Ähnlich der Konstellation des Kronzeugen ist die der sog. V-Leute.[1084] V-Leute/V-Personen/V-Männer sind Personen, die, ohne einer Strafverfolgungsbehörde anzugehören, bereit sind, diese bei der Aufklärung von Straftaten auf längere Zeit vertraulich zu unterstützen und deren Identität grundsätzlich geheim gehalten wird.[1085] Da die V-Personen in der Regel von der Polizei oder Nachrichtendiensten bezahlt werden, berge ihr Einsatz nach Ansicht einiger Autoren die Gefahr von *„[...] Sachverhaltsverfälschung durch Falschbelastung oder übermäßige Belastung des Beschuldigten seitens des ‚bezahlten Zeugen' [...].“* Den geringen Beweiswert erkennend, fordert die Rechtsprechung im Umgang mit solchen Vertrauenspersonen nunmehr eine äußerst sorgfältige und zurückhaltende Beweiswürdigung und eine Bestätigung durch weitere und gewichtige Beweisanzeichen.[1086]

b. Ursachen für unbewusste bzw. irrige Falschaussagen

Wie *Häcker* plakativ ausdrückt, ist der *„[...] Irrtum ein größerer Feind der Wahrheit [...], als die Lüge“*, da man den Lügner mit Glaubwürdigkeitskriterien entlarven könne, während einem beim Irrenden nur die Betrachtung der möglichen Irrtumsquellen zur Verfügung stehe.[1087] Unbewusst bzw. irrig falsche Zeugenaussagen können zu einem Großteil auf Faktoren zurückgeführt werden, die im Innern des Zeugen selbst liegen. Diese sind namentlich Wahrnehmungs-, Erinnerungs- und Wiedergabefehler.[1088]

Zu den *Wahrnehmungsfehlern* gehören insbesondere:

- Die Funktionstüchtigkeit und die Grenzen der Sinnesorgane:[1089] Dies betrifft vor allem visuelle und auditive Beschränkungen, welche sich in

---

1084 Siehe ausführlich zur ausgeschlossenen Anwendung von § 110a StPO (analog) BGHSt 41, 42, 44; 45, 321, 330. Nach herrschender Meinung ist der Einsatz von V-Personen durch die Ermittlungsgeneralklausel § 161 Abs. 1, S. 1 i.V.m. § 163 Abs. 1, S. 2 StPO) abgedeckt, *Beulke/Swoboda*, Strafprozessrecht, Rn. 651.

1085 *Beulke/Swoboda*, Strafprozessrecht, Rn. 650.

1086 *„Den Angaben einer V-Person kommt ein lediglich eingeschränkter Beweiswert zu, weshalb sie äußerst sorgfältig und zurückhaltend zu würdigen sind und durch andere gewichtige Beweisanzeichen außerhalb der Aussage bestätigt werden müssen; dabei reicht es nicht aus, andere Beweise lediglich daraufhin zu überprüfen, ob sie den Angaben der V-Person widersprechen.“*: BGH StV 2018, 787, 787.

1087 *Häcker*, in: Tatsachenfeststellung vor Gericht, Rn. 14.

1088 Zwischen der Ebene der Wahrnehmung und Erinnerung fügt *Peters* noch die Ebene der Speicherung ein, *Peters*, Fehlerquellen im Strafprozeß II, S. 86 ff.

1089 Vgl. schon *Peters*, Fehlerquellen im Strafprozeß II, S. 58; vgl. *Kühne*, NStZ 1985, 252, 252.

Form von generellen Beschränkungen (für das Auge das Dämmerungssehen, die Dunkelanpassung und der Zeitbedarf der Erfassung; für das Ohr die unsichere Feststellung der Richtung und Entfernung) und auch individuellen Beschränkungen (für das Auge das Erfordernis einer Brille, das eingeschränkte Sehvermögen nach Alkohol- und Drogenkonsum; für das Ohr die Schwerhörigkeit und die Notwendigkeit/Bereitschaft zum Tragen eines Hörgerätes) zeigen können.[1090]

- Die Selektivität der Wahrnehmung: Darunter versteht man die subjektive Verzerrung von Geschehen und die Abhängigkeit der Wahrnehmung von den individuellen Interessen, Wünschen, Erfahrungen und Stimmungen des Zeugen.[1091] Es ist gar nicht möglich, alle gleichzeitig stattfindenden Sinnesreize wahrzunehmen, weshalb schon bei der Aufnahme von Reizen eine unbewusste Auslese stattfindet.[1092] Wahrgenommene Bruchstücke werden zu einem stimmigen Ganzen aufgefüllt und anhand der Erwartungen, Erfahrungen, Wahrscheinlichkeiten und der Logik ergänzt.[1093]
- Wahrnehmungsverfälschung, -anpassung sowie -vervollständigung:[1094] Wahrnehmungsverfälschungen können dadurch entstehen, dass der Zeuge seine Wahrnehmungen nachträglich mit Fantasieprodukten „anreichert".[1095] Abhängig von der körperlichen sowie geistig-seelischen Verfassung (Alkoholisierung, Kurzsichtigkeit, Schwerhörigkeit), kommt es auch hier zu einer Vervollständigung und Anpassung an die Erwartungen und Erfahrungen.[1096] Eine besondere Ausprägung davon ist der sog. „Hofeffekt", welcher die Neigung beschreibt, einem Menschen, der eine hervorstehende (zuerst wahrgenommene) Eigenschaft hat, automatisch auch andere, dazu passende

1090 Vertiefend *Häcker*, in: Tatsachenfeststellung vor Gericht, Rn. 54 ff.

1091 Vgl. *Kühne*, NStZ 1985, 252, 253.

1092 Vertiefend *Häcker*, in: Tatsachenfeststellung vor Gericht, Rn. 31 ff.

1093 Beispielsweise würde eine aus der Entfernung gesehene Person mit Rock wohl als eine Frau wahrgenommen werden, obwohl es im Einzelfall auch ein Schotte mit Kilt oder ein transsexueller Mann gewesen sein könnte, vgl. *Häcker*, in: Tatsachenfeststellung vor Gericht, Rn. 33.

1094 Vgl. *Kühne*, NStZ 1985, 252, 253; vgl. *Böhme*, Das strafgerichtliche Fehlurteil, S. 260.

1095 BGH StV 1992, 547, 547.

1096 *„Die Erwartung wirkt vor allem stark selektiv; es wird wahrgenommen, was zur Erwartung passt, was nicht dazu passt, wird tendenziell übersehen. Unpassende Details werden erwartungskonsistent verformt. Und die Erwartung gibt die Ausfüllungsrichtung bei an sich nur bruchstückhafter Wahrnehmung vor."*: *Häcker*, in: Tatsachenfeststellung vor Gericht, Rn. 127.

Eigenschaften zuzuordnen.[1097] Schließlich kann auch die individuelle Motivation (in Form von menschlichen, sozialen oder psychischen Trieben) die Wahrnehmung beeinflussen, indem sie zu einer Selbstbeeinflussung (Mitläufereffekt) oder Fremdbeeinflussung (Identifikation mit einer Gruppe oder Führungsperson) führt.[1098]

Erinnerungsfehler können auftreten aufgrund von:

- der Aussonderung von Informationen schon direkt nach der Wahrnehmung: Da nicht alle gleichzeitigen Wahrnehmungen gespeichert werden können, werden Wahrnehmungen, die dem Betrachter (zunächst) nicht wichtig erscheinen (Wochentag, Uhrzeit, örtliche Gegebenheiten, konkrete Bekleidung eines anderen Menschen) bereits auf dem Weg ins Langzeitgedächtnis ausgesondert.[1099] Versucht der Zeuge diese Informationen später zu rekonstruieren, kann dies dazu führen, dass Details miteinander verschmelzen, die zeitliche Reihenfolge durcheinandergebracht wird und frühere Erfahrungen und Wünsche zur Lückenfüllung herangezogen werden.[1100]
- der nachlassenden Erinnerungsfähigkeit mit zunehmender Zeitspanne zwischen Wahrnehmung und Reproduktion:[1101] Grundsätzlich ist zu beobachten, dass die Zuverlässigkeit an eine Erinnerung mit zunehmendem Zeitablauf abnimmt. Dies gilt umso mehr, wenn Wahrnehmungen für nicht so wichtig gehalten wurden und keine (anhaltende) Wiederbeschäftigung stattfindet.[1102]
- der Reproduktion falscher Erinnerungen aufgrund wiederholter Thematisierung: Paradoxerweise ist zu beobachten, dass mit der abnehmenden Erinnerungsfähigkeit (mit zunehmendem Zeitverlauf) oftmals eine wachsende Überzeugung an die Sicherheit und Qualität der Aussage bei Zeugen einhergeht.[1103] Durch wiederholte Befragungen und Thematisierung im Familien- und Freundeskreis verfestigen sich sog. „Pseudoerinnerungen".[1104]

1097 Insoweit spielt auch die zeitliche Reihenfolge der Wahrnehmung einiger Reize eine signifikante Rolle, *Häcker*, in: Tatsachenfeststellung vor Gericht, Rn. 134 f.

1098 *Häcker*, in: Tatsachenfeststellung vor Gericht, Rn. 139 ff., 145 ff.

1099 Vertiefend *Häcker*, in: Tatsachenfeststellung vor Gericht, Rn. 151 ff.

1100 Vertiefend zur „Deformation des Gespeicherten" *Häcker*, in: Tatsachenfeststellung vor Gericht, Rn. 181 ff.

1101 Vgl. *Böhme*, Das strafgerichtliche Fehlurteil, S. 261, m.w.N.

1102 *Häcker*, in: Tatsachenfeststellung vor Gericht, Rn. 152 ff.

1103 *Häcker*, in: Tatsachenfeststellung vor Gericht, Rn. 188 f.

1104 Vgl. *Scholz*, StV 2004, 104, 107, m.w.N.

- individuellen Beeinträchtigungen: Die Erinnerungsfähigkeit kann zudem von der körperlichen und geistigen Verfassung des Zeugen abhängig sein. So ist es denkbar, dass insbesondere alte und junge Zeugen[1105] sowie alkohol- und drogenabhängige Zeugen eine verminderte Erinnerungsfähigkeit aufweisen könnten.

Hat der Zeuge ein Geschehen richtig wahrgenommen und hat sich zutreffend erinnert, so kann es dennoch zu *Wiedergabefehlern bzw. Übermittlungsfehlern* kommen, wenn er nicht in der Lage ist, die gespeicherten Informationen so zu vermitteln, dass sich bei der Vernehmungsperson das gleiche Bild ergibt.[1106] Dies kann zurückzuführen sein auf:

- sprachliche Missverständnisse oder eine (stark) unterschiedliche Sprachkompetenz beim Zeugen einerseits und dem Vernehmenden andererseits:[1107] Diese können dazu führen, dass sich bei der Vernehmungsperson ein gänzlich anderes Bild ergibt.
- einen Gedächtnisverschluss bei der Vernehmung: Wie auch im Alltag kann es insbesondere in einer Vernehmung dazu kommen, dass dem Zeugen (nur) in dieser Situation wichtige Details nicht einfallen und es unterlassen wird, diese Informationen im Nachhinein zu ergänzen.[1108]
- Auslassungen im Bericht: Soll der Zeuge (bei strikter Trennung von Bericht und Verhör) zunächst frei berichten, dann kann es vorkommen, dass er bestimmte Details für irrelevant hält und diese nicht erwähnt, sie nur oberflächlich darstellt oder sie falsch umschreibt.[1109] In solchen Fällen fehlen (grundsätzlich) die Nachfragen und Denkanstöße wie in der Verhörsituation, sodass es schwieriger und praktisch aufwändiger ist, potentielle Missverständnisse auszuräumen.[1110]

Neben Wahrnehmungs-, Erinnerungs- und Wiedergabefehlern können unbewusst bzw. irrig falsche Zeugenaussagen auch auf einer vielfach thematisierten

---

1105 Vgl. *Peters*, Fehlerquellen im Strafprozeß II, S. 113 ff., 148 ff.

1106 Vgl. *Häcker*, in: Tatsachenfeststellung vor Gericht, Rn. 224. Bei der Kommunikation von Gesehenem wird hier auch die plakative Begrifflichkeit des *„visuellen Stille Post-Spiels"* verwendet (Rn. 225).

1107 Siehe dazu schon *Peters*, Fehlerquellen im Strafverfahren, S. 58 f.; vgl. auch *Lange*, Fehlerquellen im Ermittlungsverfahren, S. 113.

1108 *Häcker*, in: Tatsachenfeststellung vor Gericht, Rn. 230.

1109 Vgl. *Artkämper*, Kriminalistik 2009, 417, 417.

1110 Vgl. *Häcker*, in: Tatsachenfeststellung vor Gericht, Rn. 231 ff.

und soeben vereinzelt angedeuteten *Aussagesuggestibilität* des Zeugen beruhen.[1111]

3. *Begünstigende äußere Faktoren für die Abgabe einer falschen Zeugenaussage*

Zu den begünstigenden äußeren Faktoren, also jenen, welche primär von der Seite des Vernehmenden herrühren, gehören unter anderem:

- *ein suggestiver Fragestil und/oder Stereotypinduktion*: Wenn der Vernehmungsbeamte den Beschuldigten („der Verbrecher") oder das Tatgeschehen („der hinterlistige Überfall") gegenüber dem Zeugen bereits einordnet, kann dies dazu führen, dass der Zeuge seine Aussage dem bestehenden Vorstellungsbild anpasst oder er es übernimmt.[1112]
- *eine eingleisige Ermittlung*:[1113] Hat sich die Verhörsperson schon vorher ein Bild von der Schuld oder Unschuld des Beschuldigten gemacht, besteht die Gefahr, dass er bei der Befragung des Zeugen verstärkt versuchen könnte, seine Belastungshypothese zu bestätigen.[1114] Eine resultierende einseitige Befragung kann dann dadurch geprägt sein, dass einerseits eher Argumente, die für die Belastungshypothese sprechen, gesammelt, während andererseits entgegenstehende Informationen verworfen, selektiert oder falsch gewertet werden.[1115]
- *ein ausgeübter Konformitätsdruck*: Parallel zum soeben beschriebenen begünstigenden Umstand hat der Vernehmungsbeamte auch hier ein bereits gewonnenes Bild von der Schuld oder Unschuld des Beschuldigten. Der Vernehmende macht seine Erwartung und Hoffnung auf Bestätigung der Belastungshypothese allerdings direkt oder indirekt gegenüber dem Zeugen deutlich, woraufhin der Zeuge seine Aussage anpasst.[1116]

1111 Vgl. *Lange*, Fehlerquellen im Ermittlungsverfahren, S. 112 f.; vgl. auch *Böhme*, Das strafgerichtliche Fehlurteil, S. 261.

1112 *Bender*, StV 1984, 127, 127; vgl. *Neuhaus*, StV 2015, 185, 189; vgl. auch *Böhme*, Das strafgerichtliche Fehlurteil, S. 259.

1113 Vgl. *Schünemann*, ZStW 114 (2002), 1, 46; vgl. auch *Lange*, Fehlerquellen im Ermittlungsverfahren, S. 24, 124 ff.

1114 Vgl. *Schünemann*, ZstW 114 (2002), 1, 46; *Lange*, Fehlerquellen im Ermittlungsverfahren, S. 124 ff.

1115 Vgl. hierzu schon in ähnlicher Form im Kontext der Folgewirkung des Tunnelblicks bei einem Geständnis, *Findley/Scott*, Wisconsin Law Review 2006, 291, 292.

1116 *Bender*, StV 1984, 127, 127.

- *lange Vernehmungen*: Wie bereits bei falschen Geständnissen angedeutet, kann eine überlange Vernehmungsdauer auch beim Zeugen ein begünstigender Faktor für Falschaussagen sein. Mit zunehmender Dauer der Vernehmung sinkt die Konzentrationsfähigkeit des Zeugen, was bei diesem zu Missverständnissen und widersprüchlichen Bekundungen führen kann.[1117] Eine weitere Gefahr liegt in der Begünstigung von suggestiven Fragestellungen, welche sich mit (potentiell) wachsender Ungeduld des Vernehmungsbeamten erhöht.[1118]
- Schließlich kann auch ein *Verschweigen, Verharmlosen oder Falschdarstellen* der mit einer (falschen) Zeugenaussage einhergehenden Folgen die Aussage des Zeugen beeinflussen.[1119]

4. *Ungenügende Prüfung der Zeugenaussage*

Die zum falschen Geständnis gemachten Ausführungen gelten auch hier, wenngleich scheinbar keine vergleichbare Vorstellung besteht, dass Zeugenaussagen grundsätzlich einen hohen Beweiswert hätten.[1120] Im Gegenteil scheint ein hohes generelles Bewusstsein um die Schwäche des Zeugenbeweises zu bestehen.[1121] Dennoch scheint eine Prüfung der Zeugenaussagen in der Praxis – möglicherweise auch aus ökonomischen Gründen – nicht immer in der nötigen Sorgfalt stattzufinden.[1122] Insbesondere die im Einzelfall erforderliche genaue Durchleuchtung der Persönlichkeit des Zeugen und seiner Beziehung zum Beschuldigten findet nicht immer statt.[1123]

1117 *Banscherus*, Polizeiliche Vernehmung, S. 114 f.

1118 *Banscherus*, Polizeiliche Vernehmung, S. 114 f.; vgl. auch *Böhme*, Das strafgerichtliche Fehlurteil, S. 260.

1119 *Scholz*, StV 2004, 104, 104 f.; *Scholz*, NStZ 2001, 572, 577 f.; vgl. auch *Böhme*, Das strafgerichtliche Fehlurteil, S. 260.

1120 Die Ansicht geht beim Geständnis teilweise darauf zurück, dass dieses ja primär ein Akt der Reue sei, s.o.

1121 Vgl. exemplarisch die Experteninterviews von *Böhme*, in denen befragte Richter den Zeugenbeweis u.a. als „eines der schlechtesten Beweismittel", „immer schwach", als Ursache für „50 % der Fehlurteile" oder als „nennenswerte" bis „sehr groß[e]" Gefahr einordneten: *Böhme*, Das strafgerichtliche Fehlurteil, S. 200. Siehe dazu auch die hiesigen Experteninterviews in **Kap. 5. B. I.**

1122 Vgl. *Lange*, Fehlerquellen im Ermittlungsverfahren, S. 106 ff.

1123 Vgl. *Lange*, Fehlerquellen im Ermittlungsverfahren, S. 106.

5. *Zusammenfassung*

Die falsche Zeugenaussage kann auf einer ganzen Bandbreite von Motiven für bewusste (insbes. Dritt- und Eigenschutz) und Ursachen für unbewusste Zeugenaussagen (insbes. Wahrnehmungs-, Erinnerungs- und Wiedergabedefizite) beruhen. Begünstigt werden sie zudem durch bestimmte äußere Faktoren, die in der Vernehmung selbst (z.B. Vernehmungsdauer) oder in der Vernehmungsführung (z.B. suggestiver Fragestil) liegen. Kommt es zu einer Falschaussage, wird diese oftmals nicht erkannt, wenn eine sorgfältige Überprüfung der Zeugenpersönlichkeit und der Beziehung zum Beschuldigten unterbleibt.

B. FEHLER BEI DER GERICHTLICHEN AUFKLÄRUNG

Neben der Personalbeweisschwäche konnte auch die fehlerhafte gerichtliche Aufklärung als eine zentrale (klassische) Fehlerquelle im Strafverfahren ausgemacht werden. Diese manifestiert sich in erster Linie in Fehlern bei der Sachverhaltsfeststellung. Treffend bezeichnet Böhme diese auch als „menschliche Fehler".[1124] Eine genauere Durchleuchtung aller möglichen Fehler und ihrer Ursachen ist aufgrund der Vielzahl möglicher Erscheinungsformen[1125] nicht möglich. Notwendigerweise wurde vereinzelt schon beim Personalbeweis auf Unzulänglichkeiten (unterlassene/fehlende kritische Würdigung von Zeugenaussagen und Geständnissen, etc.) hingewiesen. Daher wird nachfolgend nur in einem begrenzten Umfang auf kognitive Verzerrungsfaktoren und Urteilsbeeinflussungsfaktoren beim Richter eingegangen. Von besonderer Relevanz sind bei den gerichtlichen Aufklärungsfehlern die begünstigenden Umstände. Namentlich ist darunter die wachsende Ökonomisierung des Strafprozesses und die personelle Arbeitsüberlastung zu zählen.

1124 *„Richtern und anderen Beteiligten des Strafprozesses unterlaufen in der Ausübung ihrer Tätigkeit genauso handwerkliche Fehler wie Vertretern jeder anderen Zunft. Während sich der Koch versalzt, der Mathematiker verrechnet und der Schreiner vermisst, klären die am Strafprozess Beteiligten den Sachverhalt bisweilen fehlerhaft auf."*: *Böhme*, Das strafgerichtliche Fehlurteil, S. 300.

1125 U.a. Unterlassene/Fehlerhafte Prüfung der Schuldunfähigkeit, Eingleisige Untersuchungen, Vorschnelle Ablehnung von Beweisanträgen, Unkritische Würdigung von Zeugenaussagen und Geständnissen, Fehlende Heranziehung von Sachverständigen, Unkritische Übernahme von polizeilichen und staatsanwaltschaftlichen Ermittlungsergebnissen, etc., siehe exemplarisch Fallverzeichnis bei *Peters*, Fehlerquellen im Strafprozeß I, S. 521 ff. und *Peters*, Fehlerquellen im Strafprozeß II, S. 357 ff.

I. Kognitive Verzerrungsfaktoren und Urteilsbeeinflussungsfaktoren

Richter sind bei ihrer Entscheidungsfindung ebenso unterbewussten Vorgängen und Mechanismen ausgesetzt wie Angehörige anderer Berufsgruppen.[1126] Zu diesen unterbewussten Vorgängen zählen zunächst die sog. Kognitionsfehler, dessen typische Erscheinungsformen kurz dargestellt werden sollen:

Eine Erscheinungsform des Kognitionsfehlers ist der Schulterschlusseffekt. Dieser beschreibt das Phänomen, dass Richter oftmals unbewusst durch die Lektüre der Ermittlungsakten (insbesondere im Zwischenverfahren) beeinflusst werden.[1127] Insbesondere in unklaren Situationen findet dann eine Orientierung an der vorherigen Beurteilung statt, sofern diese von einer als kompetent empfundenen Vergleichsperson vorgenommen wurde.[1128] Eine weitere Erscheinungsform, welche im Rahmen des Meinungsbildungs- und Entscheidungsvorgangs auftritt, ist der sog. Confirmation Bias.[1129] Er beschreibt die menschliche Neigung, dass Menschen die Informationssuche an eine bereits gebildete Meinung oder eine vorläufig getroffene Entscheidung anpassen.[1130] Die der bisherigen Meinung/Entscheidung entsprechenden Informationen werden überbewertet und widersprechende Informationen werden weniger gesucht, unterbewertet oder fehlinterpretiert.[1131] Sollte es zu einer kognitiven Dissonanz kommen, d.h. dem Auseinanderfallen zwischen Meinung und (neuem) Wissen, wird versucht, diesen Widerspruch aufzulösen, indem die Ursprungshypothese

1126 Vgl. *Schleif*, Urteil: Ungerecht, S. 48.

1127 *Schünemann*, StV 1998, 391, 392; *Dunkel*, Fehlentscheidungen in der Justiz, S. 65 f.

1128 *Schünemann* konnte in einer experimentellen Studie feststellen, dass sich Strafrichter stark an der Vorbewertung der Staatsanwaltschaft orientieren, *Schünemann*, in: Verfahrensgerechtigkeit 1995, 215, 220 ff.

1129 Siehe ausführlich *Dunkel*, Fehlentscheidungen in der Justiz, S. 66 ff., m.w.N.

1130 Auf bestehende Verzerrungsfaktoren weisen auch *Momsen/Washington* bei erfolglosen Verständigungsgesprächen hin: *„Der Angeklagte könnte gestehen, also weiß das Gericht, dass es keinen Verdächtigen, sondern einen Täter vor sich hat, weiß, dass die Unschuldsvermutung bloße Fiktion ist. […] Die Kenntnis der Geständnisbereitschaft und die weitergehende Kenntnis des Inhalts des angebotenen Geständnisses werden allzu leicht unbewusst steuern, welche Beweise nach den erfolglosen Verständigungsgesprächen noch erhoben werden, und werden genauso die Bewertung eventuell widersprechender Beweise zugunsten der Beweise beeinflussen, die sich mit dem nicht erfolgten Geständnis vereinbaren lassen.“*, *Momsen/Washington*, in: FS Rogall, 593, 607.

1131 Vgl. *Singelnstein*, StV 2016, 830, 832.

überschätzt wird.[1132] Damit in einem engen Zusammenhang stehend, tritt auch der sog. Inertia- bzw. Perseveranzeffekt auf, welcher das beharrliche Festhalten an der Ursprungshypothese beschreibt, selbst wenn konkrete Umstände gegen diese Annahme sprechen.[1133] Konkret kann sich das im Strafverfahren zum Beispiel dahingehend auswirken, dass polizeiliche/staatsanwaltschaftliche Ergebnisse in der Hauptverhandlung übernommen und fortgeführt, Vernehmungen durch Suggestivfragen in eine bestimmte Richtung gelenkt oder Beweislücken übersehen werden.[1134] Schließlich kann auch der sog. Ankereffekt die Entscheidung beeinflussen. Dieser Effekt, welcher zunächst außerhalb des Gerichtssaals erkannt[1135] und heute auch für das Strafverfahren belegt wurde, beschreibt die Beeinflussung von Richtern und ihrer Entscheidungsfindung durch Zahlen aus ihrer gegenwärtigen Umgebung, welche nicht einmal für die Entscheidung relevant sein müssen.[1136] So sollten Richter im Rahmen einer Studie aus dem Jahr 2006[1137] das Strafmaß eines Ladendiebstahls beurteilen. Zuvor sollten sie zwei manipulierte Würfel werfen, welche entweder die Summe drei oder neun ergaben. Durchschnittlich verurteilten die Richter, die eine neun gewürfelt haben, die Täterin zu acht Monaten, während die Richter, die eine drei gewürfelt haben, durchschnittlich zu vier Monaten Haft verurteilten. Dies zeigt die menschliche Tendenz auf, in Richtung vorab präsentierter, teilweise beliebiger oder falscher Standards zu entscheiden.[1138]

Daneben kann das Urteil durch weitere Urteilsbeeinflussungsfaktoren verzerrt werden. Darunter fallen sog. extralegale Merkmale ohne Entscheidungsrelevanz.[1139] Nach dem Stand der Wissenschaft können sich insbesondere bestimmte Merkmale des Täters und Merkmale des Richters unbewusst auf die Schuld- und Strafzumessungsentscheidung sowie die Entscheidung über die Glaubwürdigkeit von Beschuldigten auswirken.[1140] Als (unbewusst)

1132 Vgl. *Singelnstein*, StV 2016, 830, 831. Siehe auch zu kognitiven Dissonanzen, insbesondere Perseveranz- und Inertia-Effekten im Zwischenverfahren *Momsen/Washington*, in: FS Eisenberg, 453, 456.

1133 Vgl. *Singelnstein*, StV 2016, 830, 831.

1134 Ausführlich *Dunkel*, Fehlentscheidungen in der Justiz, S. 68 f.

1135 *Tversky/Kahnemann*, Science 1974, 1124, 1124 ff.

1136 Vgl. *Dunkel*, Fehlentscheidungen in der Justiz, S. 69 f.

1137 *Englich/Mussweiler/Strack*, Personality and Social Psychology Bulletin 2006, 188, 188 ff.

1138 *Schlotthauer/Yundina*, Recht & Psychiatrie 34 (2016), 43, 44.

1139 *Oswald*, in: Lehrbuch der Rechtspsychologie 2014, S. 244 ff.

1140 *Schlotthauer/Yundina*, Recht & Psychiatrie 34 (2016), 43, 44.

beeinflussende Tätermerkmale gelten u.a. die Herkunft und Hautfarbe sowie die Vorstrafen (im Rahmen der Schuldfrage) des Angeklagten.[1141] Zu den urteilsbeeinflussenden Merkmalen des Richters zählen z.B. die politische Ansicht, die Strafzweckzugehörigkeit, die Täter- und Gesellschaftsorientierungen, die Strafzielpräferenz und das Alter.[1142] Auch die Richterpersönlichkeit kann die Aufklärung oder Überzeugungsbildung beeinflussen.[1143]

II. Die Ökonomisierung des Strafverfahrens

> *„Die Ökonomisierung des Strafverfahrens, also das Angehaltensein der Strafverfahrensbeteiligten zum zügigen Arbeiten, kann Fehler hervorrufen."*[1144]

Das Strafverfahren hat sich in den letzten Jahrzehnten von einem klassischen zu einem ökonomischen Strafprozess entwickelt[1145] und diese Tendenz hält auch heute noch an. Laut der Statistik Rechtspflege Strafgerichte 2019 wurden deutschlandweit 660.816 Verfahren vor dem Amtsgericht erledigt, davon allerdings nur 263.333 in Form des Urteils.[1146] Danach machen Urteile nur noch einen Anteil von ca. 39,85 % aller erledigten Strafverfahren aus. Ein großer Teil der Strafverfahren wurde bereits durch eine Einstellung (z.B. §§ 153 Abs. 2, 153a, 154 Abs. 2 StPO) oder durch den Erlass eines Strafbefehls erledigt.[1147] Insbesondere das Strafbefehlsverfahren hat in den letzten Jahren und Jahrzehnten erheblich an Bedeutung gewonnen und wird vielfach als die wichtigste Verfahrensart (für kleinere und mittlere Kriminalität) bezeichnet.[1148] Die genaue Anzahl an jährlich in Deutschland festgesetzten Strafbefehlen wird vom Statistischen Bundesamt nicht erfasst.[1149] Nach Berechnung von *Heinz* hätten im Jahr 2015 ca. 10,9 % aller staatsanwaltschaftlichen Ermittlungsverfahren in einem Strafbefehl geendet.[1150] Auch auf gerichtlicher Ebene nehme

1141 *Dunkel*, Fehlentscheidungen in der Justiz, S. 78 f., m.w.N.

1142 Vertiefend *Dunkel*, Fehlentscheidungen in der Justiz, S. 79 f., m.w.N.

1143 Siehe ausführlich *Dunkel*, Fehlentscheidungen in der Justiz, S. 81 f.

1144 *Dunkel*, Fehlentscheidungen in der Justiz, S. 94.

1145 Vgl. *Ostendorf*, Strafprozessrecht, Rn. 493 ff.

1146 Statistik Rechtspflege Strafgerichte 2019, Fachserie 10, Reihe 2.3, Tabelle 2.2. (Onlinequelle).

1147 Ebenda.

1148 *Roxin/Schünemann*, Strafverfahrensrecht, § 68, Rn. 1.

1149 Dazu vertiefend *Kemme/Dunkel*, StV 2020, 52, 54 ff. Siehe später vertiefend auch in **Kap. 4. C. I.**

1150 *Heinz*, Konstanzer Inventar Sanktionsforschung 2017, Berichtsjahr 2015, S. 64 (Onlinequelle). Danach ist der Anteil von Strafbefehlsverfahren bei

das Verfahren eine bedeutende Position ein, da es sich bei zwei von drei Verurteilungen zu Kriminalstrafen um Strafbefehle handele.[1151] Neben der quantitativen Aufwertung des Strafbefehlsverfahrens ist auch eine kontinuierliche Erweiterung seines Anwendungsbereichs zu beobachten (insbes. Zulassung für Verfahren, in denen das Schöffengericht zuständig ist [§§ 407 Abs. 1, S. 1, 408 Abs. 1, S. 1 StPO] und Ermöglichung der Verhängung einer einjährigen Freiheitsstrafe, sofern sie zur Bewährung ausgesetzt ist [§ 407 Abs. 2, S. 2 StPO]).[1152] Insgesamt soll die Justiz zügig arbeiten.[1153] Bedenkt man, dass ein Staatsanwalt oder Strafrichter (am Amtsgericht) im Jahr mehrere hundert Straffälle zu bearbeiten hat und ein akribisches, lehrbuchmäßiges und im Einzelfall sehr zeitaufwändiges Vorgehen kaum möglich[1154] erscheint, dann verwundert es nicht, dass Fehler vorprogrammiert zu sein scheinen.[1155] *Dunkel* weist zudem darauf hin, dass sich jeder Beteiligte der Strafverfolgungsbehörden in einer quantitativen Bewertungssituation befinde, welche dazu führen könne, dass das einzelne Verfahren zu schnell bearbeitet und erledigt werden könnte.[1156] Die Polizei, Staatsanwälte und Strafrichter zielen darauf ab, ihre Fälle abzuschließen.[1157] Zudem möchten die Polizei und die Staatsanwaltschaft eine hohe Aufklärungs- und Ermittlungsquote erreichen, während Strafverteidiger eine hohe Quote an Freisprüchen oder zumindest an milden Urteilen anstreben.[1158] Dies kann als ein begünstigender Faktor für (gerichtliche) Aufklärungsfehler angesehen werden.

III. Die Personalknappheit der Justiz

Dass die Personaldecke der deutschen (Straf-)Justiz und der Ermittlungsbehörden marode ist,[1159] ist ebenso wenig eine neue Erkenntnis, wie die sich

anklagefähigen Ermittlungsverfahren in den letzten Jahren sogar etwas zurückgegangen, was aber mit einer kontinuierlichen Zunahme von Opportunitätseinstellungen einhergeht. (S. 74).

1151 *Heinz*, Konstanzer Inventar Sanktionsforschung 2017, S. 107 f. (Onlinequelle).

1152 Vgl. zur historischen Entwicklung der Erweiterung des Anwendungsbereichs vom Strafbefehlsverfahren überblicksartig *Kemme/Dunkel*, StV 2020, 52, 52 f.

1153 Vgl. *Dunkel*, Fehlentscheidungen in der Justiz, S. 95.

1154 *Brock et al.*, GA 2013, 328, 332.

1155 *Dunkel*, Fehlentscheidungen in der Justiz, S. 95.

1156 Ebenda.

1157 *Darnstädt*, Der Richter und sein Opfer – wenn die Justiz sich irrt, S. 341.

1158 *Dunkel*, Fehlentscheidungen in der Justiz, S. 95.

1159 Vgl. *Junkmann*, Klage über Personalmangel, sueddeutsche.de vom 03.11.2019 (Onlinequelle); vgl. auch *Badrnejad*, Zu wenig Personal an norddeutschen Gerichten, ndr.de vom 11.06.2019 (Online-Quelle).

turnusmäßig wiederholenden Rufe nach ihrer Aufstockung[1160] eine rechtspolitisch neue Forderung ist. Es ist nur natürlich, dass der Entscheidungsträger mit einer hohen Arbeitsbelastung und dem Druck einer hohen Verantwortung eher zu Fehlern neigt, als wenn die Arbeit auf mehrere Personen aufgeteilt wäre und Zeit bliebe, um sich mit den Details und Besonderheiten des Einzelfalles zu befassen.[1161] Eine Befragung des Instituts für Demoskopie Allensbach von Richtern und Staatsanwälten aus dem Jahr 2018 zeichnet ein verheerendes Bild. Unter den befragten Richtern und Staatsanwälten gaben 77 % ein Leiden unter einer zu hohen Arbeitsbelastung an.[1162] 57 % der Befragten gaben an, dass sich die justiziellen Rahmenbedingungen in den letzten Jahren auch noch verschlechtert hätten.[1163] Weiterhin klagten 60 % der Richter und sogar 76 % der Staatsanwälte darüber, nicht ausreichend Zeit für die Bearbeitung ihrer Fälle zu haben.[1164] Resümierend bewerteten die Richter die Personalsituation zu 64 % „eher schlecht" und zu 18 % „sehr schlecht" (insgesamt 82 % negativ); bei den Staatsanwälten 58 % „eher schlecht" und 34 % „sehr schlecht" (insgesamt 92 % negativ).[1165] Zur künftigen Qualitätssicherung in der Justiz forderten 89 % eine Verbesserung der personellen (und technischen Ausstattung) durch Neueinstellung von weiteren Richtern und Staatsanwälten.[1166] Schon 2015 prangerte der ehemalige Vorsitzende des Deutschen Richterbundes einen akuten Personalmangel an, welcher dafür sorge, dass sich die Justiz „Ventile" wie einen lockereren Umgang mit Einstellungen und Absprachen suche, um die Personallücken auszugleichen.[1167] Zum Ergebnis eines Personalmangels kamen auch die Daten von „PEBB§Y" (Personalbedarfsberechnungssystem der deutschen Justizbehörden), wonach 2018 bundesweit ein quantitatives Defizit von ca. 2.000 Richtern und Staatsanwälten bestand.[1168] Ob der von der Bundesregierung und den

---

1160 Vgl. exemplarisch *SPIEGEL ONLINE* vom 26.02.2017, Kauder beklagt Vernachlässigung der Justiz (Onlinequelle).

1161 Vgl. *Böhme*, Das strafgerichtliche Fehlurteil, S. 300.

1162 *Roland/DRB/IfDA*, Roland Rechtsreport 2019, Sonderbericht, S. 69 (Onlinequelle).

1163 *Roland/DRB/IfDA*, Roland Rechtsreport 2019, Sonderbericht, S. 43 (Onlinequelle).

1164 *Roland/DRB/IfDA*, Roland Rechtsreport 2019, Sonderbericht, S. 49 (Onlinequelle).

1165 *Roland/DRB/IfDA*, Roland Rechtsreport 2019, Sonderbericht, S. 45 (Onlinequelle).

1166 *Roland/DRB/IfDA*, Roland Rechtsreport 2019, Sonderbericht, S. 41 (Onlinequelle).

1167 *Seher*, Justiz beklagt Personalmangel, derwesten.de vom 18.08.2014 (Onlinequelle).

1168 Siehe vertiefend *Deutscher Richterbund*, Pensionierungswelle rollt auf Justiz zu – Tausende Stellen fehlen, drb.de vom 28.12.2018 (Onlinequelle). Schenkt man der aus der Praxis stammenden Kritik Gehör, dass die Berechnungsmethode unseriös sei, da das Programm den Personalbedarf anhand von vorher aufgestellten und festen Zeitansätzen für bestimmte Tätigkeiten berechne (und

Bundesländern geschlossene „Pakt für den Rechtsstaat“, der sich insbesondere den Personalausbau bis zum 31.12.2021[1169] vorgenommen hat, dieses Defizit gänzlich ausgleichen kann/bereits ausgeglichen hat, bleibt noch abzuwarten.[1170]

IV. Zusammenfassung

Gerichtliche Aufklärungsfehler können viele Erscheinungsformen und Ausprägungen haben. Sie treten vor allem auf Ebene der Sachverhaltsfeststellung auf und knüpfen an die menschlichen Defizite des Richters an, die bei ihm ebenso auftreten wie bei anderen Personen. Als menschliche Verzerrungsfaktoren gelten insbesondere Kognitionsfehler (wie der Schulterschlusseffekt, der Confirmation Bias, der Ankereffekt und Inertia- bzw. perseveranzeffekte) sowie extralegale Urteilsbeeinflussungsfaktoren (wie individuelle Merkmale des Angeklagten und des Richters sowie die Richterpersönlichkeit). Begünstigend für die Entstehung von gerichtlichen Aufklärungsfehlern wirkt die Ökonomisierung des Strafverfahrens und die damit zusammenhängende Personalknappheit der Justiz.

---

damit Komplikationen und Besonderheiten des Einzelfalles außer Betracht lassen könnte), dann dürfte der tatsächliche Bedarf an Richtern und Staatsanwälten weit höher sein, vgl. Information zu PEBB§Y vom *Amtsrichterverband* unter https://amtsrichterverband.net/themen/pebbsy.html (Onlinequelle).

1169 *BMJV*, Pakt für den Rechtsstaat, Artikel auf bmjv.de vom 01.02.2019 (Onlinequelle).

1170 Momentan sieht es danach aus, dass die einzelnen Bundesländer die im „Pakt“ vereinbarten Soll-Stellen schaffen, besetzt und teilweise sogar darüber hinaus eingestellt haben: *BMJV*, Pakt für den Rechtsstaat – Bund und Länder ziehen positive Bilanz, Artikel auf bmjv.de am 10.06.2021 (Onlinequelle). Kritik rührt allerdings daher, dass die Befürchtung besteht, in einigen Regionen könnte es aufgrund anstehender Pensionierungswellen, neuen Aufgaben oder starkem Bevölkerungswachstum dennoch nicht ausreichen: vgl. *Anger*, Mehr Personal für die deutsche Justiz – aber es droht eine neue Arbeitsflut, handelsblatt.com vom 02.03.2020 (Onlinequelle).

Kapitel 4: Die „modernen“ Fehlerquellen

A. DIE STRAFPROZESSUALE ABSPRACHE

I. Allgemeiner Überblick und Entwicklung der Absprache in Deutschland

Die strafprozessuale Absprache[1171] wird unter vielen Namen in der Rechtswissenschaft diskutiert - Absprache, Urteilsabsprache, Deal, Vereinbarung, Verständigung.[1172] Während der Gesetzgeber in der zentralen Norm des § 257c StGB von einer Verständigung spricht, kann die Bezeichnung als Absprache in der vorigen Rechtsprechung als vorherrschend angesehen werden.[1173] Gemein ist den Bezeichnungen, dass sie inhaltlich eine Praxis beschreiben, in welcher die Verfahrensbeteiligten im Laufe des Strafverfahrens Vereinbarungen treffen und sich hierbei entweder über die Art und Weise der Verfahrensgestaltung (vor allem im Ermittlungsverfahren) oder das Verfahrensergebnis (vor allem im Hauptverfahren) einigen.[1174] Im wohl bedeutendsten Fall der Urteilsabsprache wird dem Angeklagten die Zusage einer Strafmilderung bzw. eines relativ konkret festgesetzten Strafrahmens seitens des Gerichts gegen die Abgabe eines Voll- oder Teilgeständnisses seitens des Angeklagten gemacht.[1175]

1171 Siehe zu den allgemeinen Legitimationsansätzen *Velten*, in: SK-StPO, Vor §§ 257b–257c ff., Rn. 11 ff.

1172 Vgl. zu den Begrifflichkeiten u.a. *Roxin/Schünemann*, Strafverfahrensrecht, § 17, Rn. 8a f. und § 44, Rn. 64; *Schünemann*, ZRP 2009, 104, 106; *Marsch*, ZRP 2007, 220, 220; *Hettinger*, JZ 2011, 292, 293, m.w.N.

1173 Die generelle Bezeichnung des Abspracheverfahrens als „Deal“ wird wohl nur noch vereinzelt verwendet, so z.B. *Kindhäuser/Schumann*, § 19, Rn. 1. Vielmehr kann der Deal als eine Verständigung außerhalb des - noch zu erläuternden - gesetzlichen Rahmens angesehen werden, vgl. *Schmitt*, in: M/S-StPO, § 257c, Rn. 4; *Pfister*, FPPK 2013, 250, 252; *Moldenhauer/Wenske*, in: KK-StPO, § 257c, Rn. 8a.

1174 *Kindhäuser/Schumann*, Strafprozessrecht, § 19, Rn. 1.

1175 *Beulke/Swoboda*, Strafprozessrecht, Rn. 597. Zwar muss die „Leistung“ des Angeklagten nicht zwingend in der Ablegung eines Geständnisses liegen. Jedoch zeigen auch neueste empirische Erkenntnisse, dass das Geständnis in den allermeisten Fällen Gegenstand der Verständigung ist. So ergab exemplarisch eine aktuelle Aktenanalyse, dass in 94,1 % der untersuchten Strafverfahren mit einer Verständigung das Geständnis des Angeklagten als die von ihm zu erbringende

Absprachen haben in den letzten Jahren eine große Bedeutung erlangt.[1176] Dies gilt insbesondere in *„umfangreichen und schwierigen Verfahren"*, in denen die Urteilsabsprache *„nicht mehr hinweg zu denken"* ist.[1177] Typischerweise spielt die große Absprachepraxis in Wirtschaftsstrafverfahren eine wichtige Rolle.[1178] Trotz der Tatsache, dass die Urteilsabsprache inzwischen ein „unverzichtbares Instrument"[1179] (zur Bewältigung von Wirtschaftsstrafverfahren) zu sein scheint, stellt sich grundsätzlich die Frage der Vereinbarkeit eines Strafverfahrens, welches die gerichtliche Pflicht zur Aufklärung des Sachverhalts und Erforschung der materiellen Wahrheit vorsieht, mit einer verfahrensbeschleunigenden Praxis, die auf die Übereinkunft von Gericht, Staatsanwaltschaft und Angeklagtem abzielt.[1180]

Dem deutschen Strafverfahren liegt ein eigenständiger Prozesstyp zugrunde, welcher sich weder dem strengen Inquisitionsverfahren des altdeutschen Rechts, noch dem Parteienverfahren des angloamerikanischen Rechts zuordnen lässt.[1181] Vielmehr stellt es ein Zusammenwirken des Inquisitionsprozesses und des – durch französischen Einfluss im 19. Jahrhundert bedingten – Anklageprozesses dar.[1182] Elemente des reinen Anklageprozesses liegen darin, dass die Aufgaben der Strafverfolgung und der Urteilsfindung auf zwei voneinander losgelöste Beteiligte verteilt sind, die Staatsanwaltschaft und das Gericht.[1183] Für die Staatsanwaltschaft gilt das sog. Legalitätsprinzip oder auch der Gesetzlichkeitsgrundsatz, welches/r die Staatsanwaltschaft dazu verpflichtet, bei Verdacht einer Straftat den Sachverhalt einerseits zu erforschen und andererseits anzuklagen, wenn ein hinreichender Tatverdacht besteht.[1184] Elemente

---

Leistung vereinbart wurde, *Altenhain/Jahn/Kinzig*, Die Praxis der Verständigung im Strafprozess, S. 163 f.

1176 Siehe ausführlich *Beulke/Swoboda*, Strafprozessrecht, Rn. 594 ff.

1177 Gesetzesentwurf der Bundesregierung zur Regelung der Verständigung im Strafverfahren, BT-Drs. 16/12310 vom 18.03.2009, S. 7.

1178 Vertiefend *Jahn*, JZ 2011, 340, 341 ff.; vgl. auch *Beulke/Swoboda*, Strafprozessrecht, Rn. 594, m.w.N.

1179 *Altenhain/Hagemeier/Haimerl/Stammen*, Die Praxis der Absprachen in Wirtschaftsstrafverfahren, S. 75 f.: Nach ihrer Schätzung würden mehr als die Hälfte solcher Verfahren durch eine Urteilsabsprache enden.

1180 Vgl. dazu kritisch *Pfister*, FPPK 2013, 250, 251.

1181 Vgl. *Roxin/Schünemann*, Strafverfahrensrecht, § 17, Rn. 5.

1182 *Roxin/Schünemann*, Strafverfahrensrecht, § 17, Rn. 6 sprechen auch vom *„Akkusationsprozess mit inquisitorischer Hauptverhandlung"*.

1183 *Roxin/Schünemann*, Strafverfahrensrecht, § 17, Rn. 5.

1184 Vgl. *Kindhäuser/Schumann*, Strafprozessrecht, § 4, Rn. 18.

des Inquisitionsprozesses zeigen sich hingegen darin, dass die Verfahrensherrschaft nach Klageerhebung durch die Staatsanwaltschaft auf den Richter übergeht, welcher sodann (im Zwischen- oder Hauptverfahren) Vernehmungen durchführt, die Beweiserhebung derart von Amts wegen führt, dass alle zur Auffindung der materiellen Wahrheit relevanten Beweise erhoben werden und schließlich das Urteil allein *„aus dem Inbegriff der (Haupt-)Verhandlung“* (vgl. § 261 StPO) fällt.[1185] Dies schließt aus, dass die Staatsanwaltschaft oder die Verteidigung über den Prozessstoff verfügen können (sog. Ermittlungsgrundsatz).[1186]

Seit ca. 100 Jahren ist eine schleichende Lockerung dieses klassischen Strafverfahrens zu erkennen, welche sich in Form von vereinfachten Erledigungsmöglichkeiten manifestiert (Einführung von § 153 StPO in 1924, von § 153a StPO in 1975 (bzw. die Ausweitung 1993, siehe später) und schließlich von der gesetzlichen Absprache 2009).[1187] Dies zeigt sich vor allem in der seit (spätestens) Ende der 1970er Jahre praktizierten strafprozessualen Absprache, welche als Antwort auf die Überlastung der Justiz, die Komplizierung des Verfahrens (insbesondere in Wirtschaftssachen) und die mangelnden personellen und technischen Ressourcen eingeführt wurde.[1188] Dabei handelte es sich (auch schon vor der Kodifizierung) um eine Verfahrensweise, welche es dem Gericht und der Staatsanwaltschaft auf der einen und dem Verteidiger auf der anderen Seite ermöglicht(e), sich über einen einvernehmlichen Abschluss des Verfahrens zu verständigen.[1189] Besonders verbreitet war (auch damals schon) die Abrede *„Bewährung gegen Geständnis“*.[1190] Im Gegensatz zu anderen Vorschriften, welche das Verfahren praktisch vereinfachen sollen (insbes. §§ 153, 153a StPO), fehlte es der Absprache zunächst allerdings an einer gesetzlichen Grundlage und an einem dogmatischen Fundament.[1191] In das Zentrum der rechtswissenschaftlichen Auseinandersetzung geriet diese Praxis 1982 aufgrund eines, unter einem anonymen Pseudonym geschriebenen, kritischen Aufsatzes.[1192] Weitere Publikationen folgten und nur wenige Jahre später kam

---

1185 *Roxin/Schünemann*, Strafverfahrensrecht, § 17, Rn. 5.

1186 Vgl. *Beulke/Swoboda*, Strafprozessrecht, Rn. 51.

1187 *Hettinger* spricht in diesem Zusammenhang von der *„schleichende[n] Auflösung des Legalitätsprinzips“*, *Hettinger*, JZ 2011, 292, 295.

1188 Vgl. *Drews*, Die Königin unter den Beweismitteln?, S. 53.

1189 Vgl. *Hettinger*, JZ 2011, 292, 292.

1190 Vgl. *Moldenhauer/Wenske*, in: KK-StPO, § 257c, Rn. 1, m.w.N.

1191 Ebenda.

1192 *„Detlef Deal“ aus „Mauschelhausen“*, StV 1982, 545, 545 ff.

Schünemann 1986/1987 zu dem Ergebnis, dass prozesserledigende Verständigungen in 16 % aller Urteile, in 27 % aller Einstellungen nach § 153a StPO und in 27 % aller Urteile in Wirtschaftsstrafsachen vorlägen.[1193] Als besonders problematisch wurde vor allem die Praxis beschrieben, dass Verständigungen vielfach in den „Hinterzimmern“ der Justiz zustande gekommen und damit heimlich, verschleiert durchgeführt worden wären, sodass eine öffentliche oder rechtsmittelgerichtliche Kontrolle nicht möglich gewesen wäre.[1194] Einige Zeit verging, in der sich die Rechtsprechung nur punktuell mit der Absprachepraxis befasste, bis der (4. Strafrechtssenat des) BGH im Jahre 1997 erstmals höchstrichterliche Grundsätze für eine rechtmäßige Absprache aufstellte.[1195] Danach mussten auch im Zuge des Verständigungsprozesses der Amtsermittlungsgrundsatz (keine unkritische Übernahme eines Geständnisses), die freie Willensentscheidung des Angeklagten (kein Zwang), der Öffentlichkeits- (keine Hinterzimmerübereinkunft) und Schuldgrundsatz (kein schuldunangemessenes – zu mildes – Strafen) gewährleistet sein. Weiterhin war nach dem BGH eine gerichtliche Bindungswirkung an eine in Aussicht gestellte Strafobergrenze nur gegeben, wenn der Angeklagte tatsächlich ein Geständnis abgibt und sich im Nachhinein keine Umstände ergeben, welche eine andere Beurteilung rechtfertigen würden. In Fortführung dieser Rechtsprechung verbot der Große Senat des BGH für Strafsachen 2005, dass Tatgerichte im Rahmen strafprozessualer Absprachen an der Erörterung eines Rechtsmittelverzichts mitwirken oder auf solch einen hinwirken.[1196] Ein gleichzeitig an die Gesetzgebung gerichteter Appell, die Zulässigkeit und ggf. die Voraussetzungen und Grenzen

---

1193 In einer repräsentativen Umfrage wertete er 1219 von Richtern, Staatsanwälten und Verteidigern beantwortete Fragebögen aus und kam zu solch hohen Zahlen, *Schünemann*, in: Verhandlungen des 58. DJT 1990 I, Gutachten B, S. B 13. Er gehe aufgrund der psychologischen und situativen Bedingungen selbst nur von einer vorsichtigen Schätzung aus und verorte die Daten daher nur an der unteren Grenze des tatsächlichen Vorkommens (S. 13, 17 f.). In diesem Bewusstsein und unter Einbeziehung einer qualitativen Interview-Studie (*Bussmann/Lüdemann*, Klassenjustiz oder Verfahrensökonomie?, 1995) schätze er den relativen Anteil an Erledigungen aufgrund von Verständigungen auf 20–30 % (S. 17 f.). Neuere Erkenntnisse zum statistischen Vorkommen von strafprozessualen Absprachen liegen soweit ersichtlich nicht vor. Ausführlich zu empirischen Untersuchungen *Velten*, in: SK-StPO, Vor §§ 257b–257c ff., Rn. 10.

1194 Vgl. *Moldenhauer/Wenske*, in: KK-StPO, § 257c, Rn. 1.

1195 BGH NStZ 1998, 31, 31 ff.

1196 BGH NStZ 2005, 389, 389 f.; siehe vertiefend zu den von der Rechtsprechung aufgestellten Kriterien *Roxin/Schünemann*, Strafverfahrensrecht, § 17, Rn. 9 ff.

der Urteilsabsprache gesetzlich zu regeln,[1197] führte zu umfangreiche Beratungen im Bundestag und Bundesrat und schließlich zum Inkrafttreten des für die Absprachen zentralen § 257c StPO, im *„Gesetz zur Regelung der Verständigung im Strafverfahren"*[1198] 2009, welches die zuvor richterlich entwickelte Grenzziehung im Wesentlichen übernommen[1199] hat.

II. Die heutige Ausgestaltung des zentralen § 257c StPO

Die *„zentrale Norm für die Verständigung im Strafverfahren"* ist § 257c StPO.[1200] *Velten* zustimmend, liegt der Zweck der Kodifizierung von der strafprozessualen Urteilsabsprache in § 257c StPO nicht nur darin, eine neue Praxis einzuführen, sondern vielmehr darin, eine vorhandene und contra legem entstandene Praxis zu regeln.[1201]

Gemäß Abs. 1, S. 1 kann sich das Gericht in geeigneten Fällen mit den Verfahrensbeteiligten über den weiteren Fortgang und das Ergebnis des Verfahrens verständigen. Bezüglich der Beurteilung, wann ein solch „geeigneter" Fall vorliegt, besteht gerichtliches Ermessen.[1202] Einen Rechtsanspruch auf die Durchführung einer Absprache gibt es daher nicht.[1203] Das Gericht hat im Einzelfall zu erwägen, ob seine Initiative (vgl. auch § 257b StPO) zu einer Verständigung oder das Eingehen auf ggf. vorliegende Vorschläge von Verfahrensbeteiligten im konkreten Fall verfahrensfördernde Auswirkungen hätte.[1204] Die Amtsaufklärungspflicht nach § 244 Abs. 2 StPO wird nach § 257 Abs. 1, S. 2 StPO nicht beeinträchtigt. Dies gilt nach der ständigen Rechtsprechung[1205] selbst für die – typischerweise vorliegenden – Fälle, dass der Angeklagte im Zuge einer Verständigung in der Hauptverhandlung ein Geständnis abgelegt hat. Damit

---

1197 BGHSt 50, 40, 64.

1198 BGBl. 2009 I, S. 2352.

1199 *Pfister*, FPPK 2013, 250, 251.

1200 *Schmitt*, in: M/S-StPO, § 257c, Rn. 1.

1201 *Velten*, in: SK-StPO, § 257c, Rn. 1: *„Daneben ist die Regelung Ausdruck einer Billigung dieser Praxis."*

1202 *Schmitt*, in: M/S-StPO, § 257c, Rn. 6.

1203 *Temming*, in: HK-StPO, § 257c, Rn. 7; *Moldenhauer/Wenske*, in: KK-StPO, § 257c, Rn. 12, m.w.N.; BGH NStZ 2015, 537, 538.

1204 BT-Drs. 16/12310, S. 13. Als ungeeignet kann eine Verständigung jedenfalls dann typischerweise angesehen werden, wenn Zweifel hinsichtlich der Schuldfähigkeit des Angeklagten bestehen (BGH NStZ-RR 2012, 140, 141).

1205 Vgl. zur ständigen Rechtsprechung BVerfG NJW 2013, 1058, 1063; BGH NStZ 2016, 489, 489 ff.; BGH StV 2017, 297, 297 ff.

gelten für das Geständnis im Rahmen einer Verständigung in der Regel die gleichen Anforderungen, wie an ein Geständnis im normalen Verfahren, denn das Geständnis ist selbst beim Fehlen von Zweifeln an der Wahrheit durch das Gericht stets auf seine Zuverlässigkeit hin zu prüfen und muss die gerichtliche Überzeugung tragen.[1206] Der bloße Abgleich mit den Akten reicht regelmäßig nicht aus.[1207] Einem „konsensmaximenkonforme[n]" Verständnis des Amtsaufklärungsgrundsatzes wird damit eine Absage erteilt.[1208] Welche konkreten Anforderungen an die gerichtliche Überprüfung des Geständnisses zu stellen sind, hängt maßgeblich von der Qualität des Geständnisses ab.[1209] Ein qualifiziertes Geständnis (substanziierte Schilderung des Tathergangs) löse „allenfalls" geringere Beweiserhebungspflichten aus und könne die tatgerichtliche Überzeugung allein tragen, während ein bloß schlankes/formales Geständnis (Anklagevorwurf wird lediglich zugestimmt oder ihm wird nicht entgegengetreten) grundsätzlich als nicht ausreichend gelte und ergänzender Aufklärung bedürfe.[1210] Ob die praktische Handhabung diesem Postulat gerecht wird, darf angezweifelt werden[1211] und wird später erneut aufzugreifen sein.

Gegenstand einer Verständigung dürfen nach § 257c Abs. 2, S. 1 StPO sowohl die Rechtsfolgen (insbesondere die Strafzumessung), als auch das Prozessgeschehen im laufenden Verfahren sein.[1212] Gemeint sind damit insbesondere die Strafart und das Strafmaß (nur unter Angabe einer Ober- und einer Untergrenze (vgl. Abs. 3, S. 2), nicht jedoch eine exakte Strafhöhe bzw. eine sog. Punktstrafe[1213]), die Aussetzung einer Freiheitsstrafe zur Bewährung[1214] sowie damit verbundene Auflagen, Einstellungen von Verfahren, Beweiserhebungen durch das Gericht und der Verzicht des Angeklagten auf Beweisanträge.[1215] Zwingende Grundvoraussetzung jeder Verständigung ist zudem die Konnexität, das heißt, dass keine unsachgemäße Verknüpfung zwischen angesonnenem und in Aussicht gestelltem Verhalten stattfindet (z.B. darf dem

1206 BVerfG NJW 2013, 1058, 1058 ff.; BGHSt 50, 40, 49 = NJW 2005, 1440, 1440 ff.
1207 Vgl. BVerfG NJW 2013, 1058, 1058 ff.; anders noch BGHSt, 50, 40, 49.
1208 *Moldenhauer/Wenske*, in: KK-StPO, § 257c, Rn. 13, m.w.N.
1209 Ebenda.
1210 *Schmitt*, in: M/S-StPO, § 257c, Rn. 17.
1211 Vgl. kritisch u.a. *Beulke/Swoboda*, Strafprozessrecht, Rn. 596; *Roxin/Schünemann*, Strafverfahrensrecht, § 44, Rn. 64, m.w.N.
1212 Vgl. *Roxin/Schünemann*, Strafverfahrensrecht, § 44, Rn. 65.
1213 U.a. in BGHSt 51, 84, 86.
1214 *Schmitt*, in: M/S-StPO, § 257c, Rn. 12.
1215 *Hettinger*, JZ 2011, 292, 297, m.w.N.

Angeklagten keine Strafmilderung im Gegenzug dazu in Aussicht gestellt werden, dass er seine Steuerschulden begleicht, die Gegenstand eines anderen Strafverfahrens sind).[1216]

Bestandteil jeder Verständigung soll nach § 257c Abs. 2, S. 2 StPO jedoch das Geständnis sein.[1217] Der wohl häufigste Fall, die Verständigung auf ein verringertes Strafmaß unter Angabe einer Strafober- und Untergrenze, wird weiterhin durch das Gebot des schuldangemessenen Strafens[1218] (Strafe darf nicht zu niedrig ausfallen) und das Verbot der Inaussichtstellung einer unangemessenen Sanktionsschere (kein unverhältnismäßiger Druckaufbau durch eine zu große Differenz zwischen dem Strafmaß mit [z.B. 3 Jahre Freiheitsstrafe] und ohne Verständigung [z.B. 8 Jahre Freiheitsstrafe]) begrenzt. Von einer Verständigung ausgeschlossen sind nach § 257c Abs. 2, S. 3 StPO der Schuldspruch (beispielsweise der Sachverhalt oder das Vorliegen qualifizierender Merkmale – z.B. das Beisichführen eines gefährlichen Werkzeugs oder eine gewerbsmäßiges Begehung) sowie Maßregeln der Besserung und Sicherung.[1219]

Die Verständigung kommt schließlich zustande und entfaltet bindende Wirkung, wenn der Angeklagte und die Staatsanwaltschaft dem Vorschlag des Gerichts zustimmen, § 257c Abs. 3, S. 4 StPO. Ausweislich der Gesetzesmaterialien[1220] entfaltet eine zustande gekommene Verständigung allerdings nur Bindungswirkung für das erkennende Gericht, nicht jedoch für die Rechtsmittelgerichte sowie das Gericht nach Zurückweisung (§ 354 Abs. 2 und 3 StPO).[1221] Für den Fall einer zustande gekommenen Urteilsabsprache sieht das Gesetz das Verbot eines Rechtsmittelverzichts in § 302 Abs. 1, S. 2 StPO vor. Im Falle des Zustandekommens sind der Angeklagte und die Staatsanwaltschaft an ihre Zustimmung gebunden, insbesondere hat die Staatsanwaltschaft keine nachträgliche Möglichkeit der Rücknahme oder Anfechtung.[1222] Der

---

1216 *Beulke/Swoboda*, Strafprozessrecht, Rn. 597.

1217 Damit hängt die Zusicherung eines milderen Strafrahmens (anders als nach der früher gängigen Praxis) nicht mehr zwingend von einem Geständnis ab, vgl. *Kindhäuser/Schumann*, Strafprozessrecht, § 19, Rn. 10. Sonstiges prozessuales Wohlverhalten dürfte sich jedoch auf Ausnahmefälle beschränken, vgl. *Schmitt*, in M/S-StPO, § 257c, Rn. 15 ff.

1218 BGH StV, 2002, 637, 637 ff.; *Beulke/Swoboda*, Strafprozessrecht, Rn. 597.

1219 Da der § 257c Abs. 2, S. 3 StPO nicht abschließend gilt, siehe vertiefend zu den unzulässigen Verständigungsgegenständen *Schmitt*, in: M/S-StPO, § 257c, Rn. 7 ff.

1220 BT-Drs. 16/12310, S. 15.

1221 Vgl. auch *Beulke/Swoboda*, Strafprozessrecht, Rn. 598.

1222 *Schmitt*, in: M/S-StPO, § 257c, Rn. 25, m.w.N.

Angeklagte kann die Verständigung allerdings dadurch zu Fall bringen, dass er kein Geständnis ablegt und damit bewirkt, dass die Bindung des Gerichts entfällt (nach § 257c Abs. 4, S. 2 StPO, da das Prozessverhalten des Angeklagten dann nicht *„der Prognose des Gerichts entspricht“*). Weiterhin entfällt die gerichtliche Bindung, wenn rechtlich oder tatsächlich bedeutsame Umstände vom Gericht übersehen worden sind oder diese sich neu ergeben (§ 257c Abs. 4, S. 1 StPO), da der vom Gericht in Aussicht gestellte Strafrahmen dann nicht mehr tat- und/oder schuldangemessen wäre.[1223] Eine solche „Abweichung“ hat das Gericht unverzüglich mitzuteilen (§ 257c Abs. 4, S. 4 StPO) und führt in beiden Fällen dazu, dass das Geständnis des Angeklagten nicht verwendet werden darf, § 257c Abs. 4, S. 3 StPO. Über diese Möglichkeit muss der Angeklagte ausdrücklich vor der Verständigung belehrt werden, § 257c Abs. 5.[1224]

III. Kritik an der Verständigung und deren Verhältnis zu den Prozessgrundsätzen

Der Gesetzgeber selbst musste bei der Schaffung des *„Gesetzes zur Regelung der Verständigung im Strafverfahren“* eingestehen, dass die einvernehmliche Erledigung des Prozesses nur schwer mit den Prozessmaximen in Einklang zu bringen ist.[1225] So wurde (auch schon vor der Einführung des § 257c StPO) einige Kritik in der rechtswissenschaftlichen Literatur laut, welche im Folgenden ohne Anspruch auf Vollständigkeit skizziert werden soll.

Zunächst seien Verletzungen des Legalitätsprinzips denkbar, wenn mit der Einlassung auf eine Verständigung im Einzelfall eine Preisgabe des an sich indisponiblen staatlichen Strafanspruchs einherginge.[1226] Zudem drohe auf Seiten des Gerichts eine Verletzung des – auf die Ermittlung der materiellen Wahrheit gerichteten – Untersuchungsgrundsatzes,[1227] da die Gefahr bestehe, dass sich das Gericht (bei verbleibenden Zweifeln an der Täterschaft und Schuld des

---

1223 Vgl. BGH NStZ 2017, 373, 374; NStZ 2013, 417, 419; NJW 2012, 3113, 3114; vgl. auch BT-Drs. 16/12310, S. 14.

1224 Nach *Roxin/Schünemann*, Strafverfahrensrecht, § 44, Rn. 65 komme darin *„[...] ein Unverständnis gegenüber den Interaktionsstrukturen des Verfahrens zum Ausdruck, denn die Würfel fallen in den ungeregelt gebliebenen ‚Vorgesprächen‘ in Abwesenheit des Angeklagten, der in der Hauptverhandlung nur noch am Gängelband des Verteidigers zu reagieren und die formellen Schritte zu erledigen hat.“* Ähnliche Kritik auch von *Hettinger*, JZ 2011, 292, 298.

1225 BT-Drs. 16/12310, S. 1; vgl. auch *Beulke/Swoboda*, Strafprozessrecht, Rn. 595.

1226 Vgl. *Beulke/Swoboda*, Strafprozessrecht, Rn. 595.

1227 Vgl. *Roxin/Schünemann*, Strafverfahrensrecht, § 17, Rn. 24.

Angeklagten) mit einem Geständnis begnügen könnte, um sich so eine langwierige Beweisaufnahme und -würdigung zu ersparen.[1228]

Problematisch stelle sich auch das schuldangemessene Strafen dar. So sei es bedenklich, wenn (über die Grenzen der §§ 153 ff. StPO [Opportunitätsprinzip] hinaus) auch für schwerere Straftaten Rechtsfolgen in Aussicht gestellt werden könnten, die in großem Missverhältnis zum Tatvorwurf stehen könnten.[1229] Das Ausmaß der zugesagten Strafmilderung hänge zudem u.a. von dem Umfang der vom Verteidiger (und Angeklagten) angebotenen Verfahrensverkürzung ab, was umgekehrt eine Strafverschärfung für die Ausübung der Verfahrensrechte bedeuten könnte.[1230] Da die Abspracheverhandlung – auch nach Einführung der gesetzlichen Verständigung[1231] – weiterhin und regelmäßig vor bzw. außerhalb der Hauptverhandlung stattfinde und man lediglich die Ergebnisse „zeremoniell“[1232] verkünde, sei der Öffentlichkeitsgrundsatz gefährdet.[1233] Aufgrund dieser Praxis gebe es auch Bedenken im Hinblick auf die Grundsätze der Mündlichkeit und der Unmittelbarkeit und die Verletzung von Anwesenheits- und Mitwirkungsrechten der Prozessbeteiligten.[1234]

Auch gebe es Bedenken hinsichtlich der Wahrung des „fair trials“. So sei die Absprache oftmals Ergebnis einer „Unterwerfung“ des Angeklagten unter die Ergebnisse des Ermittlungsverfahrens, welche mit den Geboten der Fairness und materiellen Wahrheit deswegen schwer zu vereinbaren sei, da der Beschuldigte im Hauptverfahren nur eine schwache Position einnehme.[1235] Ferner könne es zu einer nur vermeintlichen Strafmilderung kommen, weil das Gericht (im Rahmen der gesetzlichen Strafrahmen) die Grenzen in freier Würdigung (vgl. § 257c Abs. 3, S. 2 StPO) wählen und die für ein Geständnis in Aussicht gestellte Milderung schon vorher einkalkulieren könne.[1236] Weiterhin führe die Tatsache, dass jenes Gericht, welches später selbst über

1228 Vgl. *Beulke/Swoboda*, Strafprozessrecht, Rn. 595.

1229 Vgl. Ebenda.

1230 *Hauer*, Geständnis und Absprache, S. 340 ff.; vgl. *Roxin/Schünemann*, § 17, Rn. 21. Siehe zur Praxis der Benennung von Schuldober- und Untergrenzen, welche „die Grundsätze der Verhandlungsgerechtigkeit“ verletze auch *Roxin/Schünemann*, Strafverfahrensrecht, § 17, Rn. 22.

1231 Siehe hierzu *Marxen*, GA 2013, 99, 104.

1232 *Roxin/Schünemann*, Strafverfahrensrecht, § 17, Rn. 23.

1233 Vgl. *Beulke/Swoboda*, Strafprozessrecht, Rn. 595.

1234 Ebenda.

1235 *Roxin/Schünemann*, Strafverfahrensrecht, § 17, Rn. 27.

1236 Vgl. dazu vertiefend *Hauer*, Geständnis und Absprache, S. 164 ff.

die Schuld- und Straffrage entscheide, auch das Gericht sei, welches an den Absprachеverhandlungen beteiligt sei und dieses „nach Willkür“[1237] einleiten oder verweigern könne, dazu, dass das Gericht seine neutrale Stellung verliere.[1238] Schließlich sei eine Verletzung des fair trials dadurch gegeben, dass der Angeklagte ohne Verteidigung – beim Amtsgericht als Eingangsinstanz nur ausnahmsweise notwendig – schlechter gestellt sei, da er seine Absprachemöglichkeiten weder adäquat wahrzunehmen noch die Offerte des Gerichts zu beurteilen im Stande sei.[1239]

IV. Verfassungsmäßigkeit der Norm nach dem Bundesverfassungsgericht

In seinem Urteil vom 19.03.2013 hat das Bundesverfassungsgericht[1240] jedoch festgestellt, dass die gesetzliche Ausgestaltung des § 257c StPO „derzeit“[1241] (noch[1242]) verfassungsgemäß sei.[1243] Im Schrifttum geäußerten Bedenken im Hinblick auf das Prinzip des fairen Verfahrens und des Schuldprinzips (insbesondere das schuldangemessene Strafen)[1244] begegnete das BVerfG, indem

1237 *Roxin/Schünemann*, Strafverfahrensrecht, § 17, Rn. 29.

1238 Das Strafverfahren werde zu einem den Richter zu einer Partei denaturierenden „Interessenkonflikt“, *Schünemann*, in: Verhandlungen des 58. DJT 1990 I, Gutachten B, S. B 50 ff. Dies führe u.U. dazu, dass infolge einer gescheiterten Absprache eine Voreingenommenheit herrsche, welche in eine Überbewertung der Belastungsindizien münde, *Schünemann*, Wetterzeichen vom Untergang der deutschen Rechtskultur, S. 26 f.

1239 *Roxin/Schünemann*, Strafverfahrensrecht, § 17, Rn. 30.

1240 BVerfGE 133, 168, 168 ff. = NJW 2013, 1058, 1058 ff.

1241 Das BMJV hat am 15.12.2017 eine Studie in Auftrag gegeben, in der die Universitäten Düsseldorf, Frankfurt am Main und Tübingen in einem auf mehrere Jahre angelegten Forschungsprojekt die Verständigungspraxis der Gerichte untersucht und überprüft haben, ob ein erhebliches Vollzugsdefizit besteht, welches gesetzgeberischen Handlungsbedarf anzeigen würde. Informationen des BMJV abrufbar unter: https://www.bmjv.de/DE/Ministerium/ForschungUndWissenschaft/EvaluierungVerstaendigungStrafverfahr en/EvaluierungVerstaendigungStrafverfahren_node.html (Onlinequelle). Auf die inzwischen vorliegenden Ergebnisse der Studie wird im weiteren Verlauf wiederholt einzugehen sein, siehe vorab *Altenhain/Jahn/Kinzig*, Die Praxis der Verständigung im Strafverfahren (2020).

1242 Vgl. *Ignor/Wegner*, in: S/S/W-StPO, § 257c, Rn. 12.

1243 Vgl. überblicksartig zu den umfangreichen Anmerkungen und Besprechungen u.a. *Knauer*, NStZ 2013, 433, 433 ff.; *Niemöller*, StV 2013, 420, 420 ff.; *Weigend*, StV 2013, 424, 424 ff.; vgl. auch *Ignor/Wegner*, in: S/S/W-StPO, § 257c, Rn. 12, m.w.N.

1244 Vgl. u.a. *Roxin/Schünemann*, Strafverfahrensrecht, § 17, Rn. 21 f., 28.

es ausführte: *„Der Gesetzgeber hat Verständigungen im Strafprozess lediglich in einem begrenzten Rahmen zugelassen und sein Regelungskonzept mit spezifischen Schutzmechanismen versehen, die bei der gebotenen präzisierenden Auslegung und Anwendung erwarten lassen, dass die verfassungsrechtlichen Anforderungen an die Ausgestaltung des Strafprozesses erfüllt werden."*[1245] Mit anderen Worten sei die Verständigung mit der gerichtlichen Pflicht zum schuldangemessenen Bestrafen aufgrund sorgfältiger Aufklärung des Sachverhalts in Einklang zu bringen, sofern das Gericht die Grundsätze der Amtsaufklärungspflicht (insbesondere die sorgfältige Prüfung eines Geständnisses) beachte.[1246] Dabei war sich das BVerfG der Tatsache bewusst, dass *„[...] hiernach der Raum für Verständigungen – insbesondere mit Blick auf das Ausmaß der ermöglichten Verfahrensabkürzung – spürbar eingeengt wird. Diese Wirkung ist nicht etwa Ausdruck einer unauflösbaren inneren Widersprüchlichkeit der Norm, sondern achtet das ausdrückliche Ziel des Gesetzgebers, die Verständigung mit den Grundsätzen der Amtsaufklärung nach § 244 Abs. 2 StPO und der richterlichen Überzeugungsbildung in Einklang zu bringen. Die Beschränkung des praktischen Anwendungsbereichs von Verständigungen ist die zwangsläufige Konsequenz der Einfügung von Verständigungsmöglichkeiten in das System des geltenden Strafprozessrechts."*[1247] Auch weitere im Schrifttum vorgebrachten Zweifel hinsichtlich des Gleichbehandlungsgrundsatzes nach Art. 3 Abs. 1 GG (Ungleichbehandlung von verteidigten und unverteidigten Angeklagten[1248]), des Rechts auf den gesetzlichen Richter nach Art. 101 S. 2 GG (Vorbereitung der Verständigung vor dem Hauptverfahren unter Nichtberücksichtigung von Laienrichtern[1249]), hinsichtlich der Artt. 92 und 97 GG (Abhängigkeit des Zustandekommens einer Verständigung von der Zustimmung der Staatsanwaltschaft[1250]), der Unschuldsvermutung[1251]

1245 BVerfGE NJW 2013, 1058, 1061 (Rn. 64).

1246 Vgl. *Pfister*, FPPK 2013, 250, 252.

1247 BVerfGE NJW 2013, 1058, 1063 (Rn. 72).

1248 Die gerichtliche Praxis scheint demgegenüber doch tendenziell zu einer Ungleichbehandlung von verteidigten und unverteidigten Angeklagten zu führen. Zwar ist die Verteidigung amtsgerichtlich nicht zwingend erforderlich. Dennoch gaben im Rahmen von leitfadengestützten Interviews 51,3 % der befragten Richter am Amtsgericht an, dass sie mit nicht anwaltlich vertretenen Angeklagten keine Absprache vornehmen würden, *Altenhain/Jahn/Kinzig*, Die Praxis der Verständigung im Strafprozess, S. 352.

1249 *Ignor/Wegner*, in: S/S/W-StPO, § 257, Rn. 13, m.w.N.

1250 Kritisch *Meyer-Goßner*, NStZ 2007, 425, 428.

1251 Im Ergebnis eine Verletzung ablehnend *Ignor/Wegner*, in: S/S/W-StPO, § 257c, Rn. 15, m.w.N.

und der gerichtlichen Neutralitätspflicht[1252] führten nicht dazu, dass das BVerfG die Verfassungswidrigkeit habe feststellen können.[1253] Einer Ungleichbehandlung von verteidigten und nicht verteidigten Angeklagten werde gerade dadurch vorgebeugt, dass der Gesetzgeber bewusst nicht zwischen einem Angeklagten mit und einem ohne Verteidiger unterschieden habe.[1254] Der problematischen Wahrung der Öffentlichkeit und des Rechts auf einen gesetzlichen Richter (Art. 101 Abs. 1, S. 2 GG), aufgrund der Abspracheverhandlungen außerhalb der Hauptverhandlung, werde durch die Protokollierungs- und Mitteilungspflichten (§ 243 Abs. 4 StPO) Genüge getan.[1255] Eine Verletzung von Artt. 92 und 97 GG könne nicht im Zustimmungserfordernis der Staatsanwaltschaft gesehen werden, da die Spruchhoheit beim Gericht verbleibe.[1256] Schließlich werden auch die Unschuldsvermutung und die Neutralitätspflicht des Gerichts bei richtiger Normanwendung (s.o. schon das BVerfG) nicht verletzt.[1257]

V. Die strafprozessuale Absprache als „moderne Fehlerquelle“ im Strafverfahren

Im Folgenden sollen die einzelnen fehlentscheidungsspezifischen Gefahren dargestellt werden, welche dem Verständigungsverfahren anhaften könnten. Im Rahmen der prozessualen Absprache sind Fehler sowohl auf Ebene der Sachverhaltsfeststellung, als auch auf Ebene der Rechtsanwendung möglich. Dabei sind einerseits Fehler denkbar, welche bereits im Rahmen der klassischen Fehlerquellen thematisiert wurden, hier jedoch auch ausgeprägter vorkommen könnten. Dies gilt insbesondere für Falschgeständnisse auf Ebene der Sachverhaltsfeststellung. Darüber hinaus wird andererseits auf Besonderheiten von möglichen Subsumtions- und Strafzumessungsfehlern sowie die potentielle Verringerung nachträglicher Korrekturmöglichkeiten eingegangen.

1252 Kritisch *Meyer-Goßner*, NStZ 2007, 425, 428.

1253 Vgl. ausführlich zu den Zweifeln an der Verfassungsmäßigkeit und deren Ausräumung *Ignor/Wegner*, in: S/S/W-StPO, § 257c, Rn. 12 ff.

1254 Siehe BT-Drs. 16/12310, S. 2. Weiterhin sei die Annahme, dass sich ein Gericht nicht mit einem unverteidigten Angeklagten verständigen wird angesichts der gegenteiligen Praxis der Verfahrensbeendigung nach § 153a StPO anzuzweifeln, *Ignor/Wegner*, in: S/S/W-StPO, § 257c, Rn. 12.

1255 Vgl. *Ignor/Wegner*, in: S/S/W-StPO, § 257c, Rn. 13.

1256 Vgl. *Jahn*, StV 2011, 497, 498 f.; vgl. *Jahn/Müller*, NJW 2009, 2625, 2631.

1257 Vgl. *Ignor/Wegner*, in: S/S/W-StPO, § 257c, Rn. 15.

1. *Fehler auf Ebene der Sachverhaltsfeststellung*

a. *Falschgeständnisse*

Im Rahmen der Falschgeständnisse wird zwischen falschen Geständnissen von unschuldigen und schuldigen Angeklagten unterschieden.

aa. *Falschgeständnisse von unschuldigen Angeklagten*

Führt man sich das Interessengefüge des Absprachеverfahrens vor Augen, so wird deutlich, dass es in erster Linie den Anliegen der Strafverfolgungsbehörden und des Gerichts sowie dem schuldigen Angeklagten mit einem hohen Obstruktionspotential nützt.[1258] Die Absprache ermöglicht der Justiz, ihre schrumpfenden Personalressourcen zu schonen und in schwierigen Verfahren zu einem schnellen und ökonomischen Abschluss zu kommen.[1259] Der schuldige Angeklagte hingegen bezweckt mit seinem Geständnis im Rahmen des Absprachеverfahrens eine mildere Strafe im Vergleich zum normalen kontradiktorisch-inquisitorischen Verfahren (und einen möglichst schnellen[1260] und „stillen" Abschluss des Verfahrens).[1261]

Gefährlich ist jedoch die Situation für unschuldige Angeklagte und diejenigen, die auf eine Strafmaßverteidigung (Verteidigung, die auf eine milde Strafe, den Ausschluss von Qualifikationen oder die Anwendung privilegierter Straftatbestände abzielt[1262]) angewiesen sind: „*Für den unschuldig Angeklagten, bei dem niemand die Legitimität des Freispruchsinteresses bezweifelt, erhöht sich im Absprachеverfahren die Verurteilungswahrscheinlichkeit im Verhältnis zum kontradiktorisch-inquisitorischen Normalverfahren.*"[1263] Dieser wird durch den

---

1258 *Velten*, in: SK-StPO, Vor §§ 257b–257c ff., Rn. 15.

1259 *Jahn/Kundlich*, in: MüKo-StPO, § 257c, Rn. 5; vgl. dazu auch den Großen Strafsenat des BGH, wonach nur eine Ressourcenschonung die Strafrechtspflege aufrecht erhalten kann, BGHSt 50, 40, 53 f.

1260 Es kann nicht ausgeschlossen werden, dass sich der Wunsch des Angeklagten nach einem schnellen Verfahrensende auch derart äußert, dass es zu unüberlegten Geständnissen kommt. Dabei sagt er nicht bewusst wahrheitswidrig aus, sondern macht Angaben „ins Blaue hinein". S.o. bereits bei falschen Zeugenaussagen, vgl. erneut *Häcker*, in: Tatsachenfeststellung vor Gericht, Rn. 526 ff.

1261 Vgl. dazu schon *Altenhain/Dietmaier/May*, Die Praxis der Absprachen in Strafverfahren, S. 28, wonach Strafverteidiger die Strafmilderung als das für sie wichtigste Motiv einer Verfahrensabsprache angaben. Als zweitwichtigstes Motiv wird die Vermeidung einer öffentlichen und belastenden sowie langwierigen Hauptverhandlung benannt.

1262 *Velten*, in: SK-StPO, Vor §§ 257b–257c ff., Rn. 15.

1263 Ebenda.

Strafrabatt tendenziell motiviert, sich der ungerechtfertigten Strafe zu unterwerfen.[1264] Insbesondere, wenn der Angeklagte sich einer Übermacht von belastenden Indizien ausgesetzt und die eigene Verteidigung eingeschränkt sieht, kann vermutet werden, dass dies zu einer Resignation des Angeklagten führen könnte. Wie bereits ausgeführt (**Kap. 3. A. I. 4. a. aa.**), kann die Resignation ein Motiv zur Abgabe von Falschgeständnissen sein.[1265] Bedenkt man die geringe gerichtliche Freispruchquote von konstant unter 5 %,[1266] so kann die Aussichtslosigkeit, insbesondere wenn ihm seitens des Verteidigers und/oder des Gerichts[1267] ein Geständnis zum Erhalt einer Strafmilderung angeraten wird und die (möglicherweise berechtigte) Annahme, dass die Schuldfrage schon vorzeitig zu seinen Lasten geklärt sein könnte, ein erheblicher Motivator sein.[1268]

Die Motivation des Angeklagten, sich selbst zu belasten, hängt auch von der „Sanktionsschere“[1269] ab, d.h. der Differenz zwischen der in Aussicht gestellten Strafe bei einem Geständnis und der drohenden höheren Strafe ohne Geständnis im streitigen Verfahren.[1270] Wenn das Geständnis dann zum Ergebnis einer „kühlen Kalkulation“ (ebenso beim schuldigen Angeklagten) verkommt, besteht die Gefahr, dass er die Begehung einer Tat einräumen könnte, die er

1264 Ebenda.

1265 *Beneke*, Das Falschgeständnis als Fehlerquelle im Strafverfahren, S. 54 ff.

1266 Siehe dazu ausführlich den statistischen Überblick von *Kinzig/Vester*, StV 2015, 261, 261 ff.

1267 In der (teilweise älteren) Literatur wird vereinzelt eine nicht unerhebliche Druckerzeugung durch das Gericht thematisiert, so *Schünemann*, in: Verhandlungen des 58. DJT 1990 I, Gutachten B, S. B 33. Besonders alarmierend sind auch die Daten der Befragung von 190 Strafrichtern (sowie 68 Staatsanwälte und 76 Fachanwälte für Strafrecht) aus dem Jahre 2013 von *Altenhain/Dietmeier/May*, Die Praxis der Absprachen in Strafverfahren, S. 123 f., wonach 35,3 % der Befragten angaben, dass sie dem Angeklagten oder dem Verteidiger neben dem Strafmaß im Falle einer Kooperation auch einmal eine zweite Strafe für den Fall des Scheiterns der Absprache in Aussicht gestellt hätten. Ganze 16 % führten aus, dass sie typischerweise so vorgehen würden (S. 124).

1268 *Drews*, Die Königin unter den Beweismitteln?, S. 140 f., m.w.N.

1269 Extremfälle werden in der Literatur berichtet. So etwa eine Sanktionsdifferenz zwischen 2 Jahren Freiheitsstrafe mit Bewährung im Falle eines Geständnisses und sieben Jahren bei Verweigerung der Verständigung, *Weider*, StV 2002, 397, 397 ff.; *Weßlau*, ZStW 2004, 150, 166, m.w.N.

1270 Vgl. *Pfister*, FPPK 2013, 250, 254; vgl. auch *Velten*, in: SK-StPO, Vor §§ 257b–257c ff., Rn. 15.

nicht oder jedenfalls nicht in den ihm vorgeworfenen Einzelheiten begangen hat.[1271] Während der Angeklagte im Normalverfahren Entlastungsbeweisanträge stellen kann, ohne deswegen die Erhöhung des Strafmaßes befürchten zu müssen, oder Vorwürfe leugnen kann, ohne zugleich als renitent eingestuft zu werden, so kann die gleiche Wahrnehmung dieser Rechte im Absprachever-fahren – obwohl ihm formal die gleichen Rechte zustehen – als problematisch angesehen werden. Setzt er sich gegen die – regelmäßig durch die Anklageerhebung, den Eröffnungsbeschluss und schließlich die gerichtliche Offerte zu einer Verständigung – verfestigte Schuldvermutung zur Wehr, droht ihm (im Falle des Scheiterns) eine Verurteilung zu einer erheblich höheren Strafe.[1272] Es besteht zudem die Gefahr, dass der Angeklagte durch sein Verhalten das Wohlwollen des Gerichts gefährdet, da die durch das Gericht eingeräumte Möglichkeit einer einvernehmlichen Lösung schließlich auch von der Einstellung des Richters zum Angeklagten abhängt.[1273] Es erscheint nicht unwahrscheinlich, dass das Gericht dann versucht sein könnte, die sich im Verständigungsvorschlag manifestierende Schuldhypothese zu verifizieren.[1274] *„Das erhöht nicht nur die Wahrscheinlichkeit des sich verteidigenden Angeklagten, verurteilt zu werden, es erhöht überdies die Wahrscheinlichkeit falscher Geständnisse.“*[1275] Da das Gericht, welches später selbst über Tat- und Schuldfrage entscheidet, gleichzeitig „Partner“ der Abspracheverhandlungen ist, kann befürchtet werden, dass das Gericht seine neutrale Stellung im Falle eines Scheiterns einbüßen

---

1271 *Pfister*, FPPK 2013, 250, 254.

1272 Siehe *Velten*, in: SK-StPO, Vor §§ 257b–257c ff., Rn. 15, welcher darüber hinaus ausführt: *„Wenn er sich dagegen zur Wehr setzt, ohne überzeugen zu können, dann droht ihm eine Strafschärfung von mindestens 1/3.“*

1273 Ebenda. *Schünemann*, StV 1993, 607, 607 weist unter dem Stichwort der „kognitiven Dissonanz“ darauf hin, dass zudem die Gefahr bestehe, dass das Gericht mit der Offerte zum Eintritt in eine Verständigung zunächst nur darauf abziele, die Schuld des Angeklagten zu „testen“, dies sich später jedoch in eine Schuldvermutung umwandele.

1274 *Velten*, in: SK-StPO, Vor §§ 257b–257c ff., Rn. 15. Darin kann auch der Grund gesehen werden, weshalb der Beginn von Abspracheverhandlungen von einigen als „point of no return“ bezeichnet wird, vgl. *Weßlau*, ZStW 2004, 150, 167. Die Wendung vom „point of no return“ ist bereits im Rahmen des Geständnisses im normalen Verfahren bekannt, vgl. *Drews*, Die Königin unter den Beweismitteln?, S. 220, m.w.N. Es scheint, dass dieser Punkt im Rahmen des Verständigungsverfahrens potentiell vorverlegt wird.

1275 *Velten*, in: SK-StPO, Vor §§ 257b–257c ff., Rn. 15.

könnte.[1276] In einem solchen Fall ist eine Voreingenommenheit zu befürchten, welche zu einer „ungebremsten Überschätzung“ der Belastungsindizien führen könnte.[1277] Die unsichere Aussicht auf einen Freispruch und die Erkenntnis, dass ein Leugnen eher kontraproduktiv sein könnte, während die Abgabe eines Geständnisses als kleineres Übel[1278] aufgefasst wird, kann als ursächlich für einen nicht unerheblichen Teil der Falschgeständnisse im Rahmen des Absprachеverfahrens angesehen werden. Empirische Daten weisen zudem darauf hin, dass der Anteil von falschen Geständnissen bei taktischen Geständnissen im Rahmen einer Absprache auf 43 % ansteigt, wenn zusätzlich der Tatvorwurf bagatellisiert wurde.[1279] Schließlich steigt mit zunehmender Vehemenz der Verhörsperson die Anfälligkeit des Angeklagten, einer Suggestion zu unterliegen.[1280] Spiegelbildlich kommt es dann zu einem systematischen „Bias“ (einer schwer vermeidbaren Fehlbeurteilung), da sich selbst der aktiv und mit Nachdruck auf ein Geständnis hinarbeitende Vernehmende nach Ablegung eines Geständnisses kaum vorstellen kann, dass dieses falsch sein könnte und stattdessen zur Überbewertung tendiert.[1281]

Erneut sei auch auf die unterschiedliche Interessenlage der Beteiligten hingewiesen. Nicht nur die Interessen des Gerichts, des Staatsanwalts und des Angeklagten können voneinander abweichen. Auch das Interesse des Verteidigers kann sich von dem des Angeklagten unterscheiden.[1282] Der Verteidiger ist

---

1276 *Schünemann*, in: Verhandlungen des 58. DJT 1990 I, Gutachten B, S. B 50 ff.; vgl. auch *Weßlau*, ZStW 2004, 150, 167.

1277 *Roxin/Schünemann*, Strafverfahrensrecht, § 17, Rn. 29 sprechen in diesem Zusammenhang von einer *„empirisch nachweisbaren Verdoppelung des Inertia-Effekts“*. Unter diesem Effekt versteht man grundsätzlich die Beeinflussung der richterlichen Informationsverarbeitung und Überzeugungsbindung aufgrund zuvor studierter Ermittlungsakten, welche ihrerseits abhängig sind von den sich in den Vernehmungsprotokollen widerspiegelnden Ermittlungshypothesen der Ermittlungsbeamten (*Roxin/Schünemann*, Strafverfahrensrecht, § 1, Rn. 16). Eine Verdoppelung dieses Effekts liege vor, da eine zweifache Beeinflussung, durch die Ermittlungsakten und das Scheitern der Verständigung, gegeben sei. Auf diese Gefahren weisen auch *Momsen/Washington* hin: *„Der Angeklagte könnte gestehen, also weiß das Gericht, dass es keinen Verdächtigen, sondern einen Täter vor sich hat, weiß, dass die Unschuldsvermutung bloße Fiktion ist.“*, *Momsen/Washington*, in: FS Rogall, 593, 607.

1278 *Velten*, in: SK-StPO, Vor §§ 257b–257c ff., Rn. 15, m.w.N.

1279 *Hauer*, Geständnis und Absprache, S. 189.

1280 Vertiefend *Drews*, Die Königin unter den Beweismitteln?, S. 132 f., m.w.N.

1281 Siehe dazu bereits in **Kap. 3. A. I. 3.**

1282 *Velten*, in: SK-StPO, Vor §§ 257b–257c ff., Rn. 16.

grundsätzlich bestrebt, das beste Ergebnis für seinen Mandanten zu erzielen. Dieses Ziel kann jedoch mit dem persönlichen Bestreben des Verteidigers kollidieren, das Verfahren möglichst schnell und unter möglichst geringem Aufwand zu erledigen[1283] sowie dem Interesse, das Fundament für Kooperationen mit dem Gericht im Hinblick auf künftige Mandanten zu gewährleisten.[1284] Dies erhöht die Wahrscheinlichkeit, dass der Verteidiger auf eine konsensuale und einvernehmliche Lösung mit Gericht und Staatsanwalt hinwirkt, dem sich der Angeklagte in der Praxis nur schwerlich entziehen kann[1285] und er auf Anraten des Verteidigers ein Geständnis ablegen könnte.

bb. Falschgeständnisse von schuldigen Angeklagten

Der schuldige Angeklagte verfolgt (je nach objektiver Beweislage und subjektiver Einstellung) entweder das Ziel, einen Freispruch oder (im Falle einer Übermacht von belastenden Indizien) ein möglichst mildes Urteil durch Strafmaßverteidigung zu erreichen.[1286] Gerade bei zweiterem Bestreben kann sich die Absprache aus Sicht des Angeklagten als ein zielführendes Instrument erweisen. Während sich das Geständnis beim tatsächlich unschuldigen Angeklagten zu seinen Ungunsten auswirkt, kann das Geständnis beim schuldigen Angeklagten eine begünstigende Wirkung haben.[1287] Es verliert damit gänzlich den Charakter eines selbstkritischen und reuigen Schuldeingeständnisses und verkommt zum Ergebnis kühler Kalkulation und Berechnung.[1288] Die Annahme darf geäußert werden, dass es in solchen Fällen nicht unüblich sein könnte, dass das Geständnis hinter dem in der Anklageschrift enthaltenen

1283 *Schünemann*, in: Verhandlungen des 58. DJT 1990 I, Gutachten B, S. B 48 ff.

1284 *Velten*, in: SK-StPO, Vor §§ 257b–257c ff., Rn. 16.

1285 Ebenda.

1286 Vgl. *Velten*, in: SK-StPO, Vor §§ 257b–257c ff., Rn. 17. Allerdings weist *Velten* darauf hin, dass das Abspracheverfahren bei einem vollumfänglichen Geständnis ungeeignet sein könnte. Ihm nach seien in dem gerichtlichen Sanktionsvorschlag (welcher regelmäßig ein bereits um 1/3 reduziertes Strafmaß aufweise), der auf Basis der Akten erfolge, die strafmaßrelevanten Faktoren erfahrungsgemäß überhaupt nicht enthalten. Wenn der Angeklagte deren Einbeziehung erreichen möchte, verbleibe ihm oftmals nur der Weg in das normale streitige Verfahren, was vielfach mit dem Verlust des „Kooperationsbonus'" einhergehe. *„Die Strafe für Renitenz plus Nachweis des Strafmilderungsgrundes wird vielfach den Bonus für Kooperation ohne Strafmilderungsgrund nicht ‚einholen'."* Darin bestehe zu einer hohen Wahrscheinlichkeit eine Benachteiligung.

1287 Vgl. *Pfister*, FPPK 2013, 250, 254.

1288 Ebenda.

Tatvorwurf zurückbleibt: z.B. gesteht der Angeklagte den schweren Raub, gibt aber an, dass die Pistole, welche als Drohmittel eingesetzt wurde, nicht geladen war.[1289] Während der besonders schwere Raub eine Mindestfreiheitsstrafe von 5 Jahren verlangt, ist die Mindestfreiheitsstrafe beim schweren Raub bereits auf 3 Jahre herabgesetzt (hinzu kommt ggf. noch die strafmildernde Wirkung des Geständnisses im Abspracheverfahren). Eine Gefahr für Falschgeständnisse besteht weiterhin im umgekehrten Fall, dass die Anklageschrift hinter dem Umfang der tatsächlichen Straftat zurückbleibt. Der Angeklagte verschweigt in solch einem Fall belastende, qualifizierende und strafschärfende Umstände. Prototyp eines solchen Geständnisses sind sog. „Pauschalgeständnisse“[1290] oder „schlanke Geständnisse“[1291] (siehe sogleich zur Zulässigkeit von schlanken Geständnissen im Rahmen des Abspracheverfahrens).

Im besonderen Maße besteht in Absprachеverfahren bei einem schuldigen Angeklagten die Gefahr drittbelastender Angaben, d.h. die Übertreibung des Tatbeitrags Dritter, unter gleichzeitiger Verharmlosung des eigenen Tatbeitrags.[1292] Auch dies birgt für den Geständigen gleich einen zweifachen Vorteil: Einerseits kann das Geständnis beim Gericht zur Annahme einer geringeren Tatbegehung führen, zusätzlich kann der schuldige Angeklagte andererseits in den Genuss einer zugesicherten Strafmilderung gelangen.[1293] Die Verteidigungsmöglichkeiten des belasteten Dritten sind zudem dann herabgesetzt, wenn beide im selben Verfahren angeklagt sind und wenn die Transparenz- und Informationsregelungen nicht akkurat eingehalten werden, der Dritte somit keine genaue Kenntnis darüber erlangt, was in den „Hintergrundgesprächen“ genau besprochen wurde.[1294]

b. Die ungenügende gerichtliche Prüfung des Geständnisses

Wie § 257 Abs. 1, S. 2 StPO anordnet, bleibt § 244 Abs. 2 StPO, d.h. die Amtsaufklärung, unberührt. Damit gelten grundsätzlich die gleichen Anforderungen

---

1289 Beispiel ebenfalls aus *Pfister*, FPPK 2013, 250, 254.

1290 Vgl. *Schwarz*, in: Tatsachenfeststellung vor Gericht, Rn. 1339.

1291 Siehe u.a. *Drews*, Die Königin unter den Beweismitteln?, S. 52; *Pfister*, FPPK 2013, 250, 254; vgl. auch *Schwarz*, in: Tatsachenfeststellung vor Gericht, Rn. 1335.

1292 *Pfister*, FPPK 2013, 250, 254.

1293 Ebenda.

1294 *Pfister*, FPPK 2013, 250, 254. Zu dem Ergebnis, dass die Transparenz- und Dokumentationspflichten nicht immer eingehalten werden, kam auch die aktuelle Studie von *Altenhain/Jahn/Kinzig*, Die Praxis der Verständigung im Strafprozess, S. 533.

an die Überprüfung eines Geständnisses im Absprachеverfahren wie bei einem Geständnis im Normalverfahren[1295] und das Geständnis muss auf seine Richtigkeit bzw. Glaubhaftigkeit überprüft werden.[1296] Nach Ansicht einiger Autoren stelle die formelle Absage an die Einführung des Konsensprinzips jedoch nur ein bloßes Lippenbekenntnis dar.[1297] In welchem Umfang die Ermittlungspflicht besteht, hängt nach allgemeiner Ansicht im Einzelfall von der Qualität des Geständnisses ab, d.h. vom Inhalt und Umfang der Angeklagteneinlassung.[1298] Das Gesetz macht hierzu keinerlei Angaben.[1299] Folgt man den (wohl) in der Rechtsprechung und in weiten Teilen der Literatur entwickelten Leitlinien, dann ist ein qualifiziertes Geständnis zu fordern, das substanziierte Angaben zum Tathergang beinhaltet und kein Aufkommen von Zweifelsgründen zulässt.[1300] Damit wird deutlich, dass ein Geständnis als sog. „guilty plea" wie im anglo-amerikanischen Raum nicht ausreicht, d.h. erklärt der Angeklagte sinngemäß lediglich, er bekenne sich im Sinne der Anklage für schuldig und akzeptiert das Gericht ein solches inhaltsleeres Formalgeständnis als Grundlage einer Verurteilung, ohne eine umfangreiche Sachverhaltsschilderung zu veranlassen, verstößt das Gericht gegen die Amtsaufklärungspflicht.[1301] Der Amtsaufklärungsgrundsatz wird ferner (wohl) verletzt, wenn sich die Beweisaufnahme lediglich auf ein „schlankes Geständnis" beschränkt, welches inhaltlich nur eine begrenzte Sachverhaltsdarstellung enthält.[1302] Gleiches gilt (wohl) für die indirekte Form des schlanken Geständnisses durch vom Verteidiger verlesene Sacheinlassungen.[1303] Aber auch ein qualifiziertes und substanziiertes

---

1295 *„Wenn man ihren Gehalt [Anmerkung: der Amtsaufklärungspflicht] auch für das Normalverfahren richtig versteht, zeigt sich, dass sie mit unverändertem Inhalt angewendet werden kann und muss."*, *Velten*, in: SK-StPO, § 257c, Rn. 34.

1296 BT-Drs. 16/12310, S. 13; BVerfGE 133, 168, 201, 204 ff., 209; BGH NStZ 2014, 170, 170; BGH NJW 2014, 872, 873; vgl. aber auch BGHSt 43, 195, 207, 209; 50, 40, 47, wonach ein Geständnis nur auf seine Glaubhaftigkeit zu untersuchen ist.

1297 Anstatt Vieler *Jahn*, ZStW 2006, 427, 441, m.w.N.

1298 *Drews*, Die Königin unter den Beweismitteln?, S. 52. Siehe ausführlich *Velten*, in: SK-StPO, § 257c, Rn. 22, 34 ff.

1299 Kritisch zu den fehlenden Anforderungen im Gesetz *Fezer*, NStZ 2010, 177, 180 f.

1300 *Schünemann*, in: FS Baumann, S. 361, 374; *Drews*, Die Königin unter den Beweismitteln?, S. 52. Zur nicht eindeutigen Haltung des BGH siehe *Velten*, in: SK-StPO, § 257c, Rn. 36.

1301 *Velten*, in: SK-StPO, § 257c, Rn. 34a, m.w.N.

1302 BGH NStZ 2014, 113, 113; *Velten*, in: SK-StPO, § 257c, Rn. 34e; vgl. auch *Momsen/Moldenhauer*, JA 2002, 415, 422.

1303 *Drews*, Die Königin unter den Beweismitteln?, S. 52; *Schwarz*, in: Tatsachenfeststellung vor Gericht, Rn. 1339.

Geständnis entbindet das Gericht nicht zwangsläufig von der weiteren Beweiserhebung.[1304] § 244 Abs. 2 StPO verlangt zwar keineswegs die Erhebung aller thematisch oder möglicherweise einschlägigen Beweise. Allerdings müssen weitere Beweise erhoben werden, wenn sich Zweifel ergeben. „*Der mangelnde intrinsische Beweiswert des Geständnisses kann durch das in den Akten enthaltene Beweismaterial regelmäßig nicht kompensiert werden.*“[1305] – ein bloßer Abgleich des Geständnisses anhand der Aktenlage genügt somit nicht.[1306] Zulässig ist der Verzicht auf weitere Beweiserhebung bei einem substanziierten und aktenkonformen Geständnis nur, wenn der intrinsische Beweiswert derart hoch ist, dass keine Zweifel an der Richtigkeit aufkommen und alle Wahrheitskriterien überprüfbar sind,[1307] die im Ermittlungsverfahren erhobenen Beweise keinerlei abweichende Beweisergebnisse liefern und der Sachverhalt im Ermittlungsverfahren ausermittelt ist.[1308] Sind hingegen in den Akten Anhaltspunkte gegeben, die auf (antizipierte) Beweismittel hindeuten, welche dem Geständnis inhaltlich widersprechen könnten, oder ist der Sachverhalt nicht vollständig unter allen in Betracht kommenden und entgegengesetzten Beweismitteln ausermittelt (weil das Ermittlungsverfahren konfirmatorisch der Verifizierung einer Ausgangsthese diente oder einseitig ermittelt wurde), so muss das Geständnis in der Hauptverhandlung anhand einer weiteren Beweiserhebung überprüft werden.[1309] Es besteht allerdings die Vermutung, dass diesen von der Rechtsprechung und der Literatur aufgestellten Grundsätzen in der gerichtlichen Praxis der Verständigung nicht immer Beachtung geschenkt wird. Der ökonomische und konsensuale Charakter des Absprachеverfahrens birgt die Gefahr, dass in der tatgerichtlichen Praxis („meist“[1310]) schon ein schlankes Geständnis oder die vom Verteidiger verlesene schlanke Sacheinlassung des

1304 Auch darin ist das grundsätzliche Spannungsverhältnis der effizienten konsensualen Verfahrensabsprache mit der Amtsaufklärungspflicht zu erkennen, vgl. *Schünemann*, in: FS Baumann, 361, 374.

1305 *Velten*, in: SK-StPO, § 257c, Rn. 34b. Zudem müssten die Akteninhalte in die Hauptverhandlung eingeführt worden sein, um Gegenstand der Beweiswürdigung zu werden, § 261 Abs. 1.

1306 *Schwarz*, in: Tatsachenfeststellung vor Gericht, Rn. 1339.

1307 Siehe im Einzelnen ausführlich zu den Wahrheitskriterien *Häcker*, in: Tatsachenfeststellung vor Gericht, Rn. 323 ff.

1308 *Velten*, in: SK-StPO, § 257c, Rn. 34c.

1309 *Velten*, in: SK-StPO, § 257c, Rn. 34c f. Siehe auch BVerfGE 133, 168, 209 f., wonach jedes Geständnis „zwingend“ auf seine Richtigkeit zu überprüfen ist und ein bloßer Aktenabgleich nicht ausreicht.

1310 *Drews*, Die Königin unter den Beweismitteln?, S. 52.

Angeklagten akzeptiert werden könnten.[1311] So gaben bei einer Befragung von 190 Strafrichtern lediglich 61,7 % der Richter an, die Glaubwürdigkeit von Geständnissen stets zu überprüfen, die im Rahmen einer Absprache abgelegt wurden, 38,3 % antworteten hingegen, diese häufig, manchmal, selten oder nie zu überprüfen.[1312] Erfolgt einmal eine richterliche Überprüfung des Geständnisses, gehen diese jedoch typischerweise nicht über einzelne Rückfragen an den Angeklagten zur Sache oder über Urkundsbeweise hinaus.[1313] Zu Ähnlichen Ergebnissen kommt auch die aktuelle Untersuchung von *Altenhain/Jahn/Kinzig*. Die Aktenanalyse ergab, dass es nur in 68,75 % der Fälle zu einer Überprüfung des Geständnisses gekommen sei.[1314] Bei umfangreichen Geständnissen sei eine Überprüfung in 69,2 % der Fälle erfolgt, bei Formalgeständnissen nur in 66,7 % der Fälle.[1315] Zwar kann nach dem soeben Gesagten eine Überprüfung des umfangreichen Geständnisses anhand der Akten u.U. als ausreichend angesehen werden. Die Überprüfung des Formalgeständnisses lediglich anhand der Akten ist hingegen nicht als ausreichende Prüfungsoption[1316] anzusehen, selbst wenn man Formalgeständnisse im Rahmen von Absprachen grundsätzlich als zulässig ansähe.[1317]

1311 Vgl. u.a. *Pfister*, FPPK 2013, 250, 255; vgl. *Schwarz*, in: Tatsachenfeststellung vor Gericht, Rn. 1335 ff.; *Drews*, Die Königin unter den Beweismitteln?, S. 52, 242; *Schünemann*, in: FS Baumann, 361, 374; vgl. auch *Weßlau*, ZStW 116 (2004), 150, 166, die davon spricht, dass das Geständnis im Rahmen des Abspracheverfahrens *„faktisch die Rolle eines guilty plea"* einnimmt.

1312 *Altenhain/Dietmeier/May*, Die Praxis der Absprachen in Strafverfahren, S. 99 f.

1313 *Altenhain/Hagemeier/Haimerl*, NStZ 2007, 71, 76. In der Studie wird schließlich die Folgerung gezogen, dass es scheinbar regelmäßig keine (weitere) Beweisaufnahme gäbe, sondern die Überprüfung lediglich anhand eines Abgleichs mit den Informationen erfolge.

1314 *Altenhain/Jahn/Kinzig*, Die Praxis der Verständigung im Strafprozess, S. 167. Im Rahmen der daneben durchgeführten Experteninterviews gaben lediglich 65,6 % der Richter am Amtsgericht und immerhin 91,5 % der Richter am Landgericht an, die Geständnisse stets zu überprüfen (S. 390). Insoweit scheint es bei der Geständnisprüfung einen unterschiedlichen Sorgfaltsgrad je nach Gericht zu geben (vgl. auch S. 536).

1315 *Altenhain/Jahn/Kinzig*, Die Praxis der Verständigung im Strafprozess, S. 168.

1316 Ebenda. *Altenhain/Jahn/Kinzig* weisen darauf hin, dass die Verfahrensakten regelmäßig überproportional die Sicht der Strafverfolgungsbehörden auf die Ermittlungen widerspiegeln würden.

1317 Vgl. ausführlich zu den Voraussetzungen bei deren Vorliegen ausnahmsweise auch ein Formalgeständnis ausreichen könnte *Jahn/Kudlich*, in: MüKO-StPO, § 257c, Rn. 126.

c. *Verwertung fehlerhafter Geständnisse in Folgeverfahren*

Schließlich könnte ein Falschgeständnis, welches im Rahmen eines Verständigungsverfahrens zustande gekommen ist, möglicherweise auch Auswirkungen auf Folgeverfahren entfalten.[1318] Dies wäre auf jeden Fall zu bejahen, wenn (fehlerhafte) Feststellungen im Rahmen des ersten Verfahrens eine Bindungswirkung für Folgeverfahren entfalten würden. Dafür ist entscheidend, was genau in Rechtskraft erwächst. Wie bereits dargestellt, erwächst jedoch nur der Urteilstenor selbst in Rechtskraft, nicht auch dessen Begründung, insbesondere nicht die einzelnen Tatsachenfeststellungen.[1319] Praxisberichte legen dennoch nahe, dass Sachverhaltsfeststellungen, welche im Abspracheverfahren gewonnen wurden, später Eingang in das Verfahren eines ursprünglich Unbeteiligten finden könnten.[1320] Die Tatsache, dass ein Sachverhalt bereits Gegenstand einer gerichtlichen Würdigung und Überzeugungsbildung war, entbindet das folgende Strafgericht (oder Verwaltungsgericht) jedoch nicht von der eigenen Amtsaufklärungspflicht, welche ihm verwehrt, die fremde Beweisaufnahme an die Stelle der eigenen zu setzen.[1321] Die kritische Auseinandersetzung laufe nach *Kölbel/Selters* in der Praxis jedoch oftmals allenfalls auf eine „Schlüssigkeitsprüfung“ hinaus.[1322] In drittbezogenen Strafverfahren (und/oder verwaltungsrechtlichen Verfahren), in welchen ein bereits (auch im Rahmen des Absprachevertfahrens) judizierter Sachverhalt maßgeblich ist, werde die erneute Beweiserhebung dann teilweise stark abgekürzt.[1323] Zwar besteht der BGH bei zusammenhängenden Verfahren auf eine eingehende Prüfung (des Geständnisses), da die Gefahr besteht (s.o.), dass der Angeklagte im Erstprozess versucht haben könnte, die eigene Verantwortung auf den Angeklagten im Folgeprozess abzuwälzen.[1324] Diese Vorgabe des BGH kann jedoch freilich

1318 Vgl. dazu vertiefend *Kölbel/Selter*, JR 2009, 447, 450 ff.

1319 BGHSt 43, 106, 107; BGH NJW 1982, 1239, 1240; vgl. auch *Roxin/Schünemann*, Strafverfahrensrecht, § 52, Rn. 10; *Beulke/Swoboda*, Strafprozessrecht, Rn. 773.

1320 Dazu *Dahs*, NStZ 1988, 153, 158: *„Ein vor allem aus Richtersicht zu beachtendes Problem liegt auch in der faktischen Bindungswirkung, die ein abgesprochenes Urteil für Folgeverfahren insbesondere im Hinblick auf solche Personen hat, die etwa der Beihilfe zu der abgeurteilten Tat beschuldigt werden. Die Praxis kennt hier Urteile, die in weiten Passagen mit der Anklage wortgleich sind […]“*.

1321 Vgl. u.a. BGH NStZ 2008, 54; ausführlich dazu *Kölbel/Selter*, JR 2009, 447, 450 f.

1322 *Kölbel/Selter*, JR 2009, 447, 451.

1323 Ebenda.

1324 Ausführlich BGHSt 52, 78, 78 ff.

nur greifen, wenn dem Folgegericht überhaupt bewusst ist, dass im Erstprozess eine erfolgreiche Absprache stattfand. Eine fehlende Offenkundigkeit könne laut *Kölbel/Selter* insbesondere bei getrennten Rechtswegen und/oder Gerichtszuständigkeiten ohne Weiteres vorkommen.[1325] Auch könnte dem Gericht das vorherige Verständigungsverfahren verborgen bleiben, wenn die Verständigung nicht ordnungsgemäß protokolliert wurde. Bei der etwas älteren Befragung von *Altenhain/Dietmayer/May* wird die Verständigung bei 21,5 % der befragten Richter nie und bei 57,9 % nur mitunter im Protokoll der Hauptverhandlung festgehalten.[1326] Auch die aktuelle vom BMJV initiierten Untersuchung kam zum Ergebnis der defizitären Handhabung von Transparenz- und Dokumentationspflichten.[1327]

Wenn aber bereits die Übernahme von ermittelten Fremderkenntnissen im Normalverfahren alarmierend ist,[1328] dann besteht eine noch viel größere Gefahr, dass Fehler fortgeführt und vertieft werden könnten, wenn dem Erstverfahren eine Absprache zugrunde lag.[1329]

2. *Subsumtionsfehler*

a. *Der Schuldspruch als Gegenstand der Verständigung*

Subsumtionsfehler, d.h. Fälle, in denen der Sachverhalt fehlerhaft unter die maßgebliche Norm subsumiert wird, führen zu Fehlentscheidungen (**Kap. 1. B. III. 1. b. aa.**). Im Zusammenhang mit dem Absprachеverfahren kommt unter anderem in Betracht, dass der Schuldspruch zum Gegenstand der Verständigung[1330] gemacht werden könnte, obwohl dies nach § 257c Abs. 2, S. 3 StPO unzulässig ist. Die Vereinbarung über den Schuldspruch meint einerseits die Disposition über die Subsumtion des erkannten Sachverhalts unter eine materielle Strafnorm (z.B. Verbot der Bestrafung wegen Versuchs, obwohl Vollendung vorliegt) und andererseits die Disposition über die tatsächlichen Erkenntnisse (z.B. Verbot der Bestrafung wegen eines Grundtatbestandes, obwohl qualifizierende Merkmale vorliegen).[1331] Zweck der Regelung ist die

1325 *Kölbel/Selter*, JR 2009, 447, 451 f.

1326 *Altenhain/Dietmeier/May*, Die Praxis der Absprachen in Strafverfahren, S. 234.

1327 Zusammenfassend *Altenhain/Jahn/Kinzig*, Die Praxis der Verständigung im Strafprozess, S. 533.

1328 Vgl. *Hellmann*, Die Bindung des Strafrichters an Straf-, Zivil- und Verwaltungsgerichtsurteile, S. 67 ff.

1329 *Kölbel/Selter*, JR 2009, 447, 452.

1330 Ausführlich *Pfister*, FPPK 2013, 250, 255 f.

1331 *Velten*, in: SK-StPO, § 257c, Rn. 11.

gesetzgeberische Klarstellung, dass das Urteil seinen Geltungsgrund nicht in dem Willen der Beteiligten, sondern im materiellen Gesetz hat.[1332] Gleichwohl zeigen Berichte aus der Praxis, dass solch unzulässige Vereinbarungen dennoch vorkommen bzw. vorgekommen sind.[1333] Ein besonders kontroverser Fall ereignete sich 2008:[1334] Das Landgericht Darmstadt verurteilte zwei Angeklagte *„aufgrund eines Gespräches über die vorzeitige Beendigung des Verfahrens“* wegen Raubes mit Todesfolge lediglich zu einer Freiheitsstrafe von 12 Jahren, obwohl es in den Urteilsgründen selbst die Voraussetzungen eines Raubmordes festgestellt hat.[1335] Der 2. Senat des BGH führte dazu aus: *„Eine im Einverständnis der Beteiligten getroffene Vereinbarung über die Verfahrenserledigung darf sich weder über das auch verfassungsrechtliche Gebot der umfassenden Wahrheitsermittlung, noch über das Gebot gerechten Strafens hinwegsetzen. Geschieht dies […] gleichwohl, so sind solche Ergebnisse der Erfüllung der rechtsstaatlichen Aufgaben gleichmäßiger und gerechter Strafverfolgung abträglich und geeignet, das Vertrauen der Öffentlichkeit in die Strafjustiz zu erschüttern. Vorliegend war nicht ersichtlich, welche Anliegen der Verfahrensökonomie es in dem tatsächlich und rechtlich einfach gelagerten Fall hätten nahelegen können, die zitierte Vereinbarung zu treffen.“*[1336] Auch die Studie von *Altenhain/Dietmeier/May* aus dem Jahr 2012 (nach Inkrafttreten des § 257c StPO) ergibt, dass teilweise durch § 257c Abs. 2 StPO ausgeschlossene und ausdrücklich unzulässige Inhalte wie der Schuldspruch in die Absprache mit aufgenommen wurden.[1337]

1332 Ebenda.

1333 Ausführlich *Pfister*, FPPK 2013, 250, 255 ff.

1334 Das „Gesetz zur Regelung der Verständigung im Strafverfahren“ (2009) war damals noch nicht in Kraft. Dennoch bestanden schon weitgehende Vorgaben der Rechtsprechung, welche es verboten haben, den Schuldspruch zum Gegenstand der Verständigung zu machen, BGHSt, 43, 195, 204; BGHSt 50, 40, 50.

1335 Siehe zusammenfassend *Pfister*, FPPK 2013, 250, 255. BGH StV, 2009, 233, 233: Den Tätern war bewusst, dass die Knebelung des Opfers zum Tode führen könnte, *„[…] dies war ihnen aber gleichgültig, da sie sich einen zeitlichen Vorsprung verschaffen wollten.“* Die Verurteilung durch das LG bezeichnete der BGH als *„unverständlich und offensichtlich rechtsfehlerhaft“*.

1336 BGH StV, 2009, 233, 233.

1337 *Altenhain/Dietmeier/May*, Die Praxis der Absprachen in Strafverfahren, S. 84 f.; siehe auch die ausführliche Darstellung bei *Velten*, in: SK-StPO, Vor §§ 257b–257c ff., Rn. 10.

b. Für den Schuldnachweis ungenügende Feststellungen

Von den vorherigen Ausführungen unterscheiden sich diese Konstellationen insofern, dass die gerichtlichen Feststellungen die rechtliche Einordnung nicht tragen, d.h. sie erbringen keinen ausreichenden Beleg für den Schuldspruch.[1338] Das Gericht übersieht in diesem Fall, dass das Geständnis nicht alle für den Schuldspruch erforderlichen Umstände erfasst, begnügt sich jedoch (möglicherweise bewusst) damit,[1339] um sich eine fortdauernde Beweiserhebung zu ersparen. Solche Konstellationen mussten in der Vergangenheit in „großer Zahl"[1340] aufgehoben werden und veranlassten den BGH zur Klarstellung, dass *„[...] ein bloßer Verurteilungskonsens auch nach einer Verständigung als Basis für eine Verurteilung mit tragfähigem Schuldspruch selbstverständlich nicht ausreicht."*[1341] Die Tatsache, dass dies vom BGH als „selbstverständlich" angesehen wird und trotzdem eine Reihe von Verstößen dokumentiert sind, lässt befürchten, dass dies teilweise noch immer derart in der Praxis praktiziert werden könnte.[1342]

3. Strafzumessungsfehler

Die rechtliche Beurteilung von Strafzumessungsfehlern kann im Einzelfall problematisch sein, da schon kompliziert ist, was genau unter einem Strafzumessungsfehler zu verstehen ist (bereits **Kap. 1. B. III. 1. b. aa.**). Grob wurde ein solcher Fehler im Kapitel über die Begriffsbestimmung unter weiter Auslegung angenommen, *„wenn das Gericht konstitutive Strafzumessungserwägungen nicht gesehen und angestellt oder anerkannte Regeln der Strafzumessung missachtet hat und eine schuldangemessene Bestrafung nicht mehr gewährleistet ist."* Wie groß die praktische Bedeutung von Strafzumessungsfehlern im Abspracheverfahren ist, kann nicht konkret beziffert werden. Aufgrund der in Aussicht gestellten Strafmilderung werden primär zu milde und nicht mehr

---

1338 *Pfister*, FPPK 2013, 250, 255.

1339 Ebenda.

1340 Ebenda.

1341 BGH NJW 2004, 1885, 1886. BGH StV 2010, 60, 60: *„Allein die Bereitschaft des Angeklagten, wegen eines bestimmten Sachverhalts eine Strafe hinzunehmen, die das gerichtlich zugesagte Höchstmaß nicht überschreitet, entbindet das Gericht nicht von der Pflicht zur Aufklärung und Darlegung des Sachverhalts, soweit dies für den Tatbestand der dem Angeklagten vorgeworfenen Gesetzesverletzung erforderlich ist."*

1342 Vgl. zusammenfassend *Pfister*, FPPK 2013, 250, 255 f., welcher in diesem Zusammenhang provokant von „Dealen vor Nachdenken" (S. 256) spricht.

schuldangemessene Strafen in einer hohen Dunkelziffer befürchtet.[1343] Vor diesem Hintergrund erscheinen die vorhandenen Daten zum Erfolg der Revisionen kaum hilfreich, da davon auszugehen ist, dass die Betroffenen in solchen Fällen selten Rechtsmittel einlegen würden.[1344] Der Angeklagte hätte schließlich keinerlei Anlass dazu, ein zu mildes Urteil zu monieren und die Staatsanwaltschaft hat der Verständigung immerhin zugestimmt.

Nach der vor allem von der Rechtsprechung vertretenen und auf § 46 Abs. 1, S. 1 StGB gestützten sog. „vergeltenden Vereinigungstheorie“ besteht der Zweck der Strafe im Ausgangspunkt in einem gerechten Schuldausgleich (Vergeltungsansatz); das individuelle Schuldmaß steckt dann den Rahmen für die Strafzumessung ab (Präventionsansatz).[1345] Die konkrete Rechtsfolge ist im Einzelfall von der gesetzlich geregelten Strafandrohung (z.B. im Falle von § 211 StGB zwingend lebenslange Freiheitsstrafe), dem Strafrahmen (z.B. im Falle von § 249 Abs. 1 StGB Freiheitsstrafe von nicht unter einem Jahr, d.h. der Strafrahmen beträgt 1–15 Jahre, vgl. § 38 StGB) und den ggf. bestehenden Möglichkeiten einer Strafrahmenverschiebung (entweder Verschärfung [z.B. § 243 StGB] oder Verringerung durch einen minder schweren Fall [§ 249 Abs. 1 StGB] oder von gesetzlichen Milderungsgründen abhängig, vgl. § 49 Abs. 1 StGB [z.B. obligatorische Strafmilderung bei § 27 Abs. 2 StGB und fakultative Strafmilderung bei § 23 Abs. 2 StGB]).[1346] Die Strafzumessung im eigentlichen Sinne findet nach dem Ermessen des Richters und innerhalb der Grenzen des § 46 StGB unter Berücksichtigung aller Umstände des Einzelfalls statt.

Im Zusammenhang mit Absprachen hat die Rechtsprechung zum zulässigen Gegenstand der Verständigung (§ 257c Abs. 2 StPO) eine Reihe von Vorgaben gemacht, welche bei der Bildung und Inaussichtstellung der Rechtsfolge zu beachten sind. So dürfen keine Zusagen gemacht werden, welche vom materiellen Strafrecht selbst nicht gedeckt sind (z.B. Zusage einer Strafobergrenze

---

1343 Vgl. *Pfister*, FPPK 2013, 250, 256, siehe später auch die Aussagen im Rahmen der hier geführten leitfadengestützten Experteninterviews, **Kap. 5. B. II. 2. a.**

1344 So u.a. BGH StV 2007, 461, 461 f.; BGH NStZ-RR 2007, 176, 176 ff.; siehe auch *Pfister*, FPPK 2013, 250, 256.

1345 Vgl. BVerfGE 45, 187, 253 ff.; 64, 261, 271; 109, 133, 167, 172 ff.; BGHSt 20, 264, 266 f.; 24, 132, 133 f.; 28, 318, 326 f.; 34, 150, 151. Vgl. auch kritisch und für eine „präventive Vereinigungstheorie“ plädierend *Roxin/Greco*, Strafrecht AT I, § 3, Rn. 37 ff. Siehe überblicksartig zu den sonstigen absoluten und relativen Strafzwecktheorien *Rengier*, Strafrecht AT, § 3, Rn. 9 ff.

1346 Siehe vertiefend zu den Grundlagen der Strafzumessung bzw. zum Sanktionenrecht *Kett-Straub/Kudlich*, Sanktionenrecht.

von 11 Jahren bei Begehung eines Mordes).[1347] Dies ergibt sich bereits aus dem Verbot der Verständigung über den Schuldspruch (§ 257c Abs. 2, S. 3 StPO). Da die Vereinbarung einer Punktstrafe unzulässig ist, darf nur eine Strafober- und Untergrenze in Aussicht gestellt werden.[1348] Dennoch kommt es nach aktuellen Erkenntnissen zu Vereinbarungen einer Punktstrafe, sei es direkt[1349] oder indirekt.[1350] Die Benennung einer Strafobergrenze bedeutet jedoch nicht das Aufzeigen einer (höheren) Alternativstrafe für den Fall des Scheiterns einer Absprache, da dies (wohl) unzulässig ist.[1351] Jedenfalls ist es unzulässig, dem Angeklagten mit einer weit geöffneten „Sanktionsschere" (s.o.) zu drohen.[1352] Eine Verknüpfung der Strafmilderung mit der Leistung des Angeklagten (Geständnis[1353]) muss allerdings vom Beurteilungsspielraum des § 46 StGB erfasst sein und darf den Boden schuldangemessenen Strafens nicht verlassen.[1354]

Es besteht allerdings die Befürchtung, dass Strafen, welche ihm Rahmen des Abspracheprozesses vom Gericht verhängt werden, („durchweg"[1355]) im unteren

1347 BGH StraFo 2006, 322, 322 f.

1348 *Schmitt*, in: M/S-StPO, § 257c, Rn. 21 weist darauf hin, dass in *„[...] der forensischen Praxis [...] jedenfalls regelmäßig die Strafuntergrenze auch als Strafe festgesetzt [wird]: Wenn Staatsanwaltschaft und Gericht sich hierauf verständigt haben, fehlt jede Veranlassung dafür, eine darüber hinausgehende Strafe zu verhängen."*

1349 *Altenhain/Jahn/Kinzig*, Die Praxis der Verständigung im Strafprozess, S. 406 f.: Danach gaben 14 % der Richter, 23,5 % der Staatsanwälte und 50 % der Fachanwälte an, dass sie bereits eine Punktstrafe genannt bzw. eine solche Nennung miterlebt hätten.

1350 *Altenhain/Jahn/Kinzig*, Die Praxis der Verständigung im Strafprozess, S. 218, 534: Danach gaben 58,1 % der Befragten an, dass sie trotz Nennung eines Strafrahmens „häufig" oder „sehr häufig" wissen würden, welche konkrete Höhe die Strafe am Ende hat („verkappte Punktstrafe").

1351 Vgl. BGH StV 2011, 202, 204; *Schmitt*, in: M/S-StPO, § 257c, Rn. 19, m.w.N.

1352 BGH NStZ 2008, 170, 171, darin liegt *„ein Verstoß gegen § 136a StPO"*. Nach *Altenhain/Jahn/Kinzig*, Die Praxis der Verständigung im Strafprozess, S. 410 komme dies dennoch vor. Im Rahmen der Interviews gaben 39,1 % der Richter am Amtsgericht und 28,7 % der Richter am Landgericht an, dass sie die Sanktionsschere schon einmal geöffnet hätten.

1353 Nach der Rechtsprechung kann ein Geständnis auch strafmildernde Wirkung entfalten, wenn es prozesstaktischer Natur ist, BGHSt 43, 195, 195. Dazu kritisch und ein „rücktrittsähnliches Verhalten" als „Ausdruck der Reue" fordernd *Velten*, in: SK-StPO, § 257c, Rn. 16.

1354 *Velten*, in: SK-StPO, § 257c, Rn. 16, m.w.N.

1355 *Pfister*, FPPK 2013, 250, 256.

Bereich des Schuldangemessenen angesiedelt sein oder diesen sogar verlassen könnten, mithin zu milde sein könnten. Das Geständnis wird teilweise mit erheblichen Strafmilderungen belohnt. Der „Strafrabatt“ als Ergebnis einer Verständigung wurde im Rahmen der Befragung von *Altenhain/Dietmeier/May* von Richtern zumeist mit ca. 25–33,3 % im Verhältnis zu der zu erwartenden Strafe im Normalverfahren angegeben.[1356] Diese Zahlen spiegeln sich auch in den jüngsten Untersuchungsergebnissen von *Altenhain/Jahn/Kinzig* wieder. Auf die Frage, ob sich die Befragten im Rahmen einer Absprache schon einmal auf eine zu milde Strafe eingelassen hätten, bejahten dies 17,9 % der befragten Richter und 34,8 % der Staatsanwälte.[1357] Mit solchen Abschlägen ist die Wahrung des Gebots schuldangemessenen Strafens äußerst zweifelhaft.[1358] Ist die Strafzumessung jedoch nicht mehr schuldangemessen, liegt nach der hiesigen Definition eine Fehlentscheidung bzw. ein Fehlurteil vor.

Das schuldunangemessene Bestrafen wird in seltenen Extremfällen auf die Spitze getrieben, in denen sogar gänzlich vom gesetzlich vorgeschriebenen Strafrahmen (milder) abgewichen wird.[1359] Beispielhaft dafür ist ein Fall, in dem das Landgericht den Angeklagten wegen besonders schwerer Brandstiftung (§ 306b Abs. 2 StGB) zu einer Freiheitsstrafe von dreieinhalb Jahren verurteilt hat, obwohl die gesetzliche Mindeststrafe bei 5 Jahren liegt.[1360]

1356 *Altenhain/Dietmeier/May*, Die Praxis der Absprachen in Strafverfahren, S. 116 f. In einer älteren Umfrage wollten 9,7 % der befragten Richter sogar bis zur Hälfte des Strafmaßes herab gehen, *Altenhain/Hagemeier/Haimerl* NStZ 2007, 71, 72.

1357 *Altenhain/Jahn/Kinzig*, Die Praxis der Verständigung im Strafprozess, S. 402. Umgekehrt geben 38,6 % der Fachanwälte an, dass sie sich schon einmal auf eine im Ergebnis zu hart empfundene Verständigung eingelassen hätten.

1358 Vgl. anstatt vieler *Schmitt*, in: M/S-StPO, § 257c, Rn. 19; *Hettinger*, JZ 2011, 292, 300; *Hörnle*, GA 2007, 440, 443: „*Ein Kardinalproblem der Absprachepraxis liegt in der Vereinbarkeit mit dem Grundsatz des schuldangemessenen Strafens […].*“ Aufgrund eines Geständnisses einen Strafrabatt von 20–30 % zu geben, sei „nicht zu begründen“. Siehe auch *Fischer*, StraFo 2009, 177, 182: Die Tatsache, dass die ausgehandelte Strafe irgendwie „gerecht“ und „schuldangemessen“ sein müsse, sei „*nicht mehr als ein programmatischer Wusch, denn das Maß dieser Gerechtigkeit bestimmt sich notwendig nach dem Gewicht der Verhandlungsposition*“.

1359 *Pfister*, FPPK 2013, 250, 256.

1360 BGH NStZ-RR 2004, 235, 236: „*Gemäß Art. 97 Abs. 1 GG sind die Richter dem Gesetz unterworfen. Es steht daher nicht in ihrem Belieben, von den gesetzlich vorgesehenen Strafrahmen abzuweichen, wenn das Gesetz hierfür keine Möglichkeit bietet. Eine solche lag hier nicht vor. Im Übrigen ist die von der Strafkammer für ihre abweichende Entscheidung gegebene Begründung […] nicht tragfähig. Insbesondere der Umstand, dass die Strafkammer in Vorgesprächen eine Freiheitsstrafe*

Während jedoch das gänzliche Abweichen vom gesetzlichen Strafrahmen wohl die absolute Ausnahme bilden dürfte, kann von der fehlenden Wahrung des schuldangemessenen Bestrafens aufgrund zu milder Strafen vermutet werden, dass sie ein bedeutendes Fehlerpotential des Absspracheverfahrens darstellt.

4. *Faktische Verringerung nachträglicher Korrekturmöglichkeiten durch Umgehung des Verbots eines Rechtsmittelverzichts*

Schon vor dem Inkrafttreten des Gesetzes zur Regelung der Verständigung im Strafverfahren wurde ein vom Angeklagten erklärter Rechtsmittelverzicht aufgrund einer Urteilsabsprache als unwirksam angesehen, sofern das Gericht ihm nur eine einfache Rechtsmittelbelehrung (§ 35a StPO a.F.) erteilt hat.[1361] Zweck war bereits damals, dass verhindert werden sollte, dass sich der Parteikonsens jeglicher Kontrolle durch die Rechtsmittelgerichte entziehen kann.[1362] Dennoch ließ der BGH einen Rechtsmittelverzicht zu, wenn der Angeklagte zuvor vom Gericht qualifiziert belehrt wurde, d.h. wenn er darauf hingewiesen wurde, dass er trotz eines vereinbarten Rechtsmittelverzichts Rechtsmittel einlegen könne.[1363]

Mit Inkrafttreten der gesetzlichen Verständigung[1364] stellte der Gesetzgeber jedoch klar, dass (zusätzlich zur Notwendigkeit einer qualifizierten Belehrung, § 35a S. 3 StPO) der Verzicht auf ein Rechtsmittel (im Falle einer erfolgten Absprache) generell ausgeschlossen ist, § 302 Abs. 1, S. 2 StPO. Laut Begründung solle die Wahrheitsermittlung als Grundbestandteil des rechtsstaatlichen Strafprozesses nicht aufgegeben werden, die Kontrolle durch Rechtsmittel sei

---

zwischen drei und vier Jahren ‚signalisiert' hatte, rechtfertigt nicht das Abweichen von der Verhängung einer gesetzlich vorgesehenen oder sonst schuldangemessenen Strafe."

1361 *Beulke/Swoboda*, Strafprozessrecht, Rn. 601.

1362 Ebenda.

1363 BGHSt 50, 40, 62.

1364 Im Rahmen der Gesetzesberatungen wurden allerdings Überlegungen angestellt, wie man die Möglichkeiten der Rechtsmitteleinlegung begrenzen kann, um das Anliegen der Verfahrensverkürzung und -ökonomie nicht durch langwierige Rechtsmittel zu gefährden. So sah der Entwurf des Bundesrates 2006 vor, dass im Falle einer Absprache die Berufung gänzlich ausgeschlossen und die Revision nur dann möglich sein soll, wenn bei der Verständigung eine Gesetzesverletzung vorlag oder ein absoluter Revisionsgrund gegeben ist, siehe ausführlich BR-Drs. 235/06; BT-Drs. 16/4197.

für die Rechtmäßigkeit der Verständigung unerlässlich.[1365] Laut der aktuellen Untersuchung von *Altenhain/Jahn/Kinzig* kommt es jedoch immer noch vor, dass der Rechtsmittelverzicht zum Gegenstand von Absprachen gemacht wird. Im Rahmen der dort u.a. durchgeführten Online-Befragung gaben 11,3 % der befragten Richter an, dass ein Rechtsmittelverzicht oder eine Rechtsmittelbeschränkung in ihrer Praxis Gegenstand von Verständigungen sei.[1366]

Begünstigt könnte die Praxis von auftretenden Rechtsmittelverzichten als Gegenstand von Absprachen dadurch werden, dass sich in den letzten Jahren zudem Vorgehen entwickelt haben, welche das ausdrückliche Verbot des Rechtsmittelverzichts zu umgehen versuchen und dadurch die nachträgliche Korrekturmöglichkeit von (fehlerhaften) Verständigungen beeinträchtigen. Dazu zählen namentlich die Rücknahme eines Rechtsmittels und die Manipulation der Protokollierung.[1367] Ein häufig in der Praxis gewählter Weg, welcher sogar vom BGH gebilligt[1368] wird, ist, dass der Beschuldigte zunächst ein Rechtsmittel einlegt, welches dann, gemäß einer mit dem Gericht und der Staatsanwaltschaft getroffenen Vereinbarung, unverzüglich wieder zurückgenommen wird.[1369] Gleiches wird anschließend auch von der Staatsanwaltschaft getan. Dies führt letztlich dazu, dass das Urteil schon vor Ablauf der Rechtsmittelfrist in Rechtskraft erwächst.[1370] Folgerichtig kann die Kombination der Rechtsmitteleinlegung und sofortigen Rücknahme als rechtsmissbräuchliches und funktionales Äquivalent zum verbotenen Rechtsmittelverzicht angesehen werden.[1371] Eine weitere Umgehungsmöglichkeit besteht darin, zu verschleiern, dass tatsächlich eine offizielle Verständigung stattgefunden hat.[1372] Dies geschieht mit Hilfe des Verhandlungsprotokolls, konkret mit Hilfe des § 273 Abs. 1a StPO, dessen Zweck die Sicherstellung der Möglichkeit einer revisionsgerichtlichen Überprüfung ist.[1373] Für den Fall einer Verständigung muss im

---

1365 BT-Drs. 16/12310, S. 22.

1366 *Altenhain/Jahn/Kinzig*, Die Praxis der Verständigung im Strafprozess, S. 229.

1367 Siehe dazu ausführlich *Tsujimoto*, ZIS 2012, 612, 620 ff.

1368 BGH, 55, 82, 82 ff.

1369 In dem zitierten und vom BGH entschiedenen Fall wurde das Rechtsmittel schon nach 54 Minuten zurückgenommen.

1370 Vgl. *Beulke/Swoboda*, Strafprozessrecht, Rn. 601.

1371 *Beulke/Swoboda*, Strafprozessrecht, Rn. 601; kritisch auch *Tsujimoto*, ZIS 2012, 612, 621; *Niemöller*, StV 2010, 597, 602; *Jahn*, StV 2011, 497, 503; vgl. *Schmitt*, in: M/S-StPO, § 302, Rn. 26e, m.w.N.; vgl. auch *Momsen/Bruckmann*, ZIS 2020, 244, 245.

1372 Dazu vertiefend *Tsujimoto*, ZIS 2012, 612, 621.

1373 Vgl. *Frister*, in: SK-StPO, § 273, Rn. 17.

Sitzungsprotokoll deren wesentlicher Ablauf und Inhalt wiedergegeben werden, § 273 Abs. 1a, S. 1 StPO. Falls keine Verständigung stattgefunden hat, muss auch dies nach § 273 Abs. 1a, S. 3 StPO im Protokoll vermerkt werden (sog. „Negativtest“[1374]). Dass die Transparenz- und Dokumentationspflichten in der Praxis defizitär erfüllt werden, wurde bereits mehrfach angesprochen.[1375] Die Natur der „formellen Beweiskraft“ des Protokolls[1376] birgt folgende Gefahr: *„Auch wenn der Rechtsmittelverzicht bei Verständigung ausgeschlossen ist, dann kann trotz Existenz der Verständigung dies im Protokoll fälschlich als keine Verständigung über den Rechtsmittelverzicht dargestellt sein. Dann ist trotz Verstoßes gegen das Verbot des Rechtsmittelverzichts bei Verständigung diese als gültig zu behandeln.“*[1377] Dem Angeklagten bleibt in diesem Fall nur die (komplizierte) Möglichkeit, den Nachweis der Fälschung des Protokolls (§ 274 S. 2 StPO) und dadurch die Unwirksamkeit des Rechtsmittelverzichts geltend zu machen.[1378] Alarmierend ist auch die Einschätzung von befragten Richtern im Rahmen der Online-Befragung von *Altenhain/Jahn/Kinzig*, wonach die Praxistauglichkeit des § 302 Abs. 1, S. 2 StPO von 38,5 % der Teilnehmer als „mangelhaft“ bewertet werde.[1379]

5. *Exkurs: Konsensuale Verfahrenseinstellungen (ohne Urteil) nach § 153a StPO*

Den theoretischen Gegensatz zum grundsätzlich geltenden Legalitätsprinzip bildet das Opportunitätsprinzip, welches die Staatsanwaltschaft dazu ermächtigt, zwischen Anklageerhebung und Verfahrenseinstellung auch dann zu

---

1374 Vgl. *Paul*, in: KK-StPO, § 302, Rn. 13b; *Schmitt*, in: M/S-StPO, § 273, Rn. 12c: *„Dadurch lässt sich allerdings nicht ausschließen, dass doch eine heimliche Absprache getroffen worden ist.“*

1375 Siehe zusammenfassend *Altenhain/Jahn/Kinzig*, Die Praxis der Verständigung im Strafprozess, S. 533.

1376 Gegenstand der formellen Beweiskraft ist lediglich *„die Beobachtung der für die Hauptverhandlung vorgeschriebenen Förmlichkeiten“*, welche *„nur durch das Protokoll bewiesen werden“* können. Siehe dazu ausführlich *Greger*, in: KK-StPO, § 274, Rn. 4.

1377 *Tsujimoto*, ZIS 2012, 612, 621; weiterer Nachweis bei *Jahn*, StV 2011, 497, 504.

1378 *Tsujimoto*, ZIS 2012, 612, 621.

1379 *Altenhain/Jahn/Kinzig*, Die Praxis der Verständigung im Strafprozess, S. 446. Bei der Frage, welche konkrete Regelung des Verständigungsgesetzes die Akteure des BGH und der GBA für praxisuntauglich halten, wurde die Regelung des § 302 Abs. 1, S. 2 StPO mit 71,4 % und großem Abstand am häufigsten genannt (S. 264).

wählen, wenn die Ermittlungen zu dem Ergebnis gelangen, dass der Beschuldigte mit an Sicherheit grenzender Wahrscheinlichkeit eine strafbare Handlung begangen hat.[1380] Praktisch besonders bedeutsam ist die Vorschrift des § 153a StPO, in welchem das Strafverfahren trotz bestehenden Tatverdachts eingestellt werden kann, wenn ein „ablösbares Interesse“[1381] besteht. Danach besteht die Möglichkeit, die Verfolgung von Vergehen einzustellen, wenn zwar ein Strafverfolgungsinteresse besteht, dieses aber dadurch beseitigt werden kann, dass dem Beschuldigten Auflagen und Weisungen erteilt werden, sofern diese geeignet sind, das öffentliche Strafverfolgungsinteresse zu beseitigen und die Schwere der Schuld[1382] nicht entgegensteht, § 153a, Abs. 1, S. 1 StPO. Von den in § 153a Abs. 1, S. 2, Nr. 1–7 StPO nicht abschließend[1383] aufgezählten Auflagen und Weisungen stellt die Zahlung eines Geldbetrages zugunsten einer gemeinnützigen Einrichtung oder der Staatskasse (Nr. 2) den praktisch bedeutendsten Fall dar.[1384] Die Vorschrift des § 153a StPO setzt zwar eine Zustimmung des Beschuldigten voraus, die Erfüllung der Auflagen und Weisungen (in der von der Staatsanwaltschaft gesetzten Frist, § 153a Abs. 1, S. 3 StPO) kann jedoch nicht erzwungen werden.[1385] Vielmehr ist die Einstellung bis zur Erfüllung lediglich eine widerrufliche (§ 56 f. StGB analog) Einstellung.[1386] Eine endgültige Einstellung mit der Wirkung, dass die Tat nicht mehr als Vergehen verfolgt werden kann (§ 153a Abs. 1, S. 5, Abs. 2, S. 2 StPO), erfolgt erst mit Erfüllung der Auflage oder der Weisung.[1387]

Ursprünglicher Zweck der Regelung war die praktikable und flexible Handhabung von Bagatellkriminalität oberhalb der Geringfügigkeitsgrenze (vgl. § 153 StPO).[1388] Durch das (Erste) *„Gesetz zur Entlastung der Rechtspflege“* von 1993 wurde der Staatsanwaltschaft nunmehr (nach Zustimmung durch den Beschuldigten und das Gericht) ermöglicht, auch Verfahren der „mittleren

---

1380 Vgl. *Roxin/Schünemann*, Strafverfahrensrecht, § 14, Rn. 1.

1381 *Roxin/Schünemann*, Strafverfahrensrecht, § 14, Rn. 5, 13.

1382 Dazu ausführlich *Diemer*, in: KK-StPO, § 153a, Rn. 10 f.

1383 Näher dazu *Beulke/Swoboda*, Strafprozessrecht, Rn. 521, die im Zusammenhang der „unbenannten Auflagen“ auch von einem (begrenzten) „Auflagenerfindungsrecht“ der Staatsanwaltschaft sprechen.

1384 *Roxin/Schünemann*, Strafverfahrensrecht, § 14, Rn. 13.

1385 Ebenda.

1386 *Beulke/Swoboda*, Strafprozessrecht, Rn. 522.

1387 Ebenda.

1388 *Hettinger*, JZ 2011, 292, 295.

Kriminalität" einzustellen.[1389] Trotz dessen, dass sich die Vorschrift seitdem in der Praxis durchgesetzt und als wirksames Instrument zur Entlastung der Strafjustiz erwiesen hat, sieht sich die Möglichkeit der Einstellung gegen Auflagen oder Weisungen bis heute großer Kritik ausgesetzt.[1390] Die zuvor geäußerten Bedenken bezüglich der tatsächlichen Umsetzung des Amtsermittlungsgrundsatzes zeigen sich auch (oder insbesondere) bei der Verfahrenseinstellung nach § 153a StPO und werden hier regelmäßig unter dem Stichwort der (Un-)Vereinbarkeit mit dem Gleichheitsgrundsatz des Art. 3 GG geäußert.[1391] Da die Norm nach dem BVerfG *„[…] keine Rechtsposition, deren Verletzung […] im Rechtsweg geltend gemacht werden kann"*, vermittelt,[1392] komme es zu einer uneinheitlichen Anwendung.[1393] In *„dieser Grauzone der Opportunität von Einstellung des Verfahrens gegen Auflagen [ist] bis hin zu Freiheitsstrafen ohne Bewährung alles möglich."*[1394] Der Ausgang des Verfahrens hänge weniger von eindeutigen gesetzlichen Vorgaben,[1395] als von der *„tatsächlichen oder zumindest gefühlten Überlastung der je zuständigen Behörde ab."*[1396] Hier lässt sich eine gewisse Parallele zu den Ausführungen bei der strafprozessualen Absprache ziehen, welche besonders häufig bei Wirtschaftsstrafverfahren zur Anwendung kommt und bei der der Verdacht besteht, dass sie gerade deshalb angewendet werden könnte, um sich in komplizierten Verfahren eine aufwändige Beweisaufnahme zu ersparen.[1397] Prominente Beispiele haben in der Vergangenheit auch

1389 „Gesetz zur Entlastung der Rechtspflege" vom 11.01.1993, BGBl. I, S. 50; siehe auch die Formulierung in § 153a Abs. 1, S. 1: sofern *„die Schwere der Schuld nicht entgegensteht."*

1390 Überspitzt formulieren *Roxin/Schünemann*, Strafverfahrensrecht, § 14, Rn. 14: *„Diese ‚Wirksamkeit' [Anmerkung: im Hinblick auf die Entlastung der Strafjustiz] wäre aber auch bei einer schematischen Einstellung jedes Verfahrens mit ungeradem Aktenzeichen erzielbar […]."*.

1391 Vgl. *Roxin/Schünemann*, Strafverfahrensrecht, § 14, Rn. 14, m.w.N.: *„Eine Privilegierung der ‚Weiße-Kragen-Täter' ist durch § 153a geradezu vorprogrammiert."* Empirische Belege dafür, dass sich die soziale Stellung tatsächlich unmittelbar einstellungsförderlich auswirkt, gibt es indes nicht.

1392 BVerfG NJW 2002, 815, 815.

1393 Vgl. *Hettinger*, JZ 2011, 292, 295, m.w.N.

1394 Ebenda.

1395 *Hettinger*, JZ 2011, 292, 296, m.w.N.

1396 Ebenda. Überspitzt nennt *Hettinger* als beeinflussende Faktoren die „Wetterlage", die „persönliche Ansicht" und die „Verdauung des Leiters einer Staatsanwaltschaft".

1397 Vertiefend *Jahn*, JZ 2011, 340, 341 ff.; vgl. auch *Beulke/Swoboda*, Strafprozessrecht, Rn. 594, m.w.N.

bezüglich des § 153a StPO die Befürchtung genährt, dass die Anwendung der Norm davon abhängig gemacht werden könnte, wie groß der Ermittlungsaufwand ist.[1398]

Plakativ und zutreffend resümiert *Hettinger*, dass sich einige der der Verständigung innewohnenden Gefahren auch bei der Verfahrenseinstellung nach § 153a StPO (oder umgekehrt) wiederfinden: „*Mit dieser revolutionären, weil systemsprengenden Norm ist die neue Absprachenregelung verwandt. Führt diese zu einem ausgehandelten Urteil, so § 153a zur Einstellung des Verfahrens ohne Urteil.*“[1399]

VI. Zusammenfassung

Die Verständigung nimmt in Zeiten von hohen Verfahrenszahlen, im Umfang steigender Verfahren und voranschreitender Komplizierung des Strafrechts heute einen wichtigen und aus der Praxis kaum noch wegzudenkenden Stellenwert ein. Trotz der schwer in Einklang zu bringenden Gegensätze eines inquisitorischen Verfahrens mit einem Amtsermittlungsgrundsatz und einem konsensualen Verfahrensabschluss sowie einem problematischen Verhältnis zu sonstigen Prozessmaximen, ist die Absprache laut Bundesverfassungsgericht „noch“ verfassungsmäßig.

Ungeachtet dogmatischer Probleme stellt sie eine „moderne Fehlerquelle“ des Strafverfahrens dar. Als eines der größten Fehlerpotentiale können die sich im Absprachеverfahren manifestierenden und sogar verstärkenden klassischen Fehlerquellen des Falschgeständnisses und der fehlerhaften gerichtlichen Prüfung von Geständnissen angesehen werden.[1400] Dies hängt vor allem mit der Natur der Verständigung, als ein auf einen schnellen und einvernehmlichen Abschluss gerichtetes Verfahren, zusammen. Für den unschuldig falsch Gestehenden ist dabei regelmäßig die Resignation angesichts einer Übermacht von

---

1398 Vgl. *Weßlau*, ZStW 116 (2004), 150, 156 zur Einstellung des Verfahrens gegen Helmut Kohl wegen der Parteienspenden-Affäre gegen eine Auflage von 300.000 €, welche in diesem Zusammenhang von einem „Freikaufverfahren“ spricht; vgl. *Ostendorf*, ZIS 2013, 172, 175 zur Einstellung im „Mannesmann-Prozess“ gegen eine Auflage von 5,8 Mio. €, der dies als „rechtsstaatliche Willkür“ bezeichnet; vgl. *Kudlich*, ZRP 2015, 10, 10 ff. zur Verfahrenseinstellung gegen Ecclestone gegen eine Auflage 74 Mio. €.

1399 *Hettinger*, JZ 2011, 292, 295.

1400 Zu einem ähnlichen Ergebnis kommend auch *Drews*, Die Königin unter den Beweismitteln?, S. 206.

Belastungsindizien dafür ausschlaggebend, sich selbst zu belasten und damit zumindest in den Genuss einer Strafmilderung zu kommen. Begünstigend wirkt dabei, wenn das Gericht eine geöffnete „Sanktionsschere" in Aussicht stellt oder anderweitig Druck aufbaut. Scheitert eine Verständigung, so kann es zur Voreingenommenheit des Gerichts kommen. Falschgeständnisse beim schuldigen Angeklagten äußern sich oftmals dahingehend, dass das Eingestandene (taktisch) hinter dem tatsächlichen Tatbeitrag zurückbleibt oder drittbelastende Angaben gemacht werden. Insoweit liegt darin ein doppelter Vorteil, nämlich die Ablenkung von der eigenen (schwereren) Tat und ein möglicher Strafrabatt. Falsche Geständnisse bleiben im Rahmen von Absprachen oftmals unerkannt, da das Gericht diese nicht stets kritisch prüft und u.U. bereits „schlanke" und unsubstanziierte Geständnisse ausreichen lässt. Auch könnten in Absprachverfahren abgelegte falsche Geständnisse Einzug in Folgeverfahren finden.

Spezifische Fehler des Absprachverfahrens zeigen sich insbesondere auch auf Ebene der Rechtsanwendung in Form von Subsumtions- und Strafzumessungsfehlern. Subsumtionsfehler liegen vor allem vor, wenn der Schuldspruch unzulässigerweise zum Gegenstand einer Verständigung gemacht wird, oder das Geständnis für den Schuldvorwurf (allein) nicht ausreicht. Strafzumessungsfehler zeigen sich derart, dass die Strafen im Rahmen von Absprachverfahren regelmäßig im unteren Bereich des Schuldangemessenen liegen oder diesen sogar verlassen können. Ein Extremfall liegt vor, wenn das Gericht gänzlich vom gesetzlichen Strafrahmen abweicht. Wollte man diese Fehlerpotentiale gewichten, so kann vermutet werden, dass es sich bei den dargestellten Subsumtionsfehlern wohl eher um die Ausnahme als die Regel handelt. Strafzumessungsfehlern kann hingegen wohl eine hohe praktische Relevanz im Absprachverfahren zugeschrieben werden.

Schließlich kann die nachträgliche Korrektur von (fehlerhaften) Entscheidungen dadurch beeinträchtigt sein, dass die Beteiligten unter Umgehung des § 302 StPO dafür gesorgt haben, dass die Rechtskraft durch unverzügliche Rechtsmittelrücknahme bereits eingetreten ist oder die Verständigung nicht aus dem Protokoll ersichtlich ist und somit die Möglichkeit einer rechtsmittelgerichtlichen Kontrolle ausgeschlossen wird. Welches Gewicht diesem Fehlerpotential praktisch innewohnt, kann nicht hinreichend beurteilt werden. Die Tatsache, dass die Umgehung teilweise jedoch von der Rechtsprechung gebilligt wird, legt die Annahme nahe, dass es sich nicht nur um seltene Einzelfälle handeln könnte.

B. DIE „GROẞE“ KRONZEUGENREGELUNG, § 46b StGB

I. Allgemeiner Überblick und Entwicklung der großen Kronzeugenregelung

Der Begriff des Kronzeugen stammt aus dem englischen Strafverfahren und bezeichnet einen Zeugen, der für die Anklage (als Repräsentantin der Krone) als Belastungszeuge fungiert, obwohl er selbst der Beteiligung an der dem Angeklagten vorgeworfenen Tat verdächtigt wird oder dieser bereits überführt wurde.[1401] Im Gegenzug für das Auftreten als (Haupt-)Belastungszeuge wird dem Kronzeugen im englischen Verfahren zugesichert, dass er nicht oder nur wegen einer milder bewährten Straftat verklagt wird.[1402] Auch wenn hierzulande – an die gesetzliche Formulierung des § 46b Abs. 1, S. 1, Nr. 1 und Nr. 2 StGB anknüpfend – teilweise von einem „Aufklärungs- oder Präventionsgehilfen“[1403] gesprochen wird, ist die Begrifflichkeit des „Kronzeugen“ auch in Deutschland weit verbreitet und allgemein anerkannt.[1404]

Mit dem *„43. Gesetz zur Änderung des Strafgesetzbuches – Strafzumessung bei Aufklärungs- und Präventionshilfe“* vom 29.06.2009 führte der Gesetzgeber erstmals eine allg. „große“ Kronzeugenregelung als Strafzumessungsvorschrift in den Allgemeinen Teil des StGB ein.[1405] Eine zuvor bestehende und zeitlich begrenzte *„Kronzeugenregelung bei terroristischen Gewalttaten“* lief mangels Verlängerung Ende 1999 aus.[1406] Seitdem bestanden lediglich bereichsspezifische „kleine“ Kronzeugenregelungen im Besonderen Teil des StGB (§§ 129 Abs. 6, 129a Abs. 7 StGB und 261 Abs. 10 StGB a.F.) sowie im Betäubungsmittelstrafrecht der äußerst praxisrelevante[1407] § 31 BtMG.[1408] Mit dem Inkrafttreten der großen Kronzeugenregelung wurden diese bereichsspezifischen

1401 *Beulke/Swoboda*, Strafprozessrecht, Rn. 528.

1402 Ebenda.

1403 Siehe dazu u.a. *Roxin/Schünemann*, Strafverfahrensrecht, § 14, Rn. 19; *Kinzig*, in: S/S-StGB, § 46b, Rn. 7a.

1404 Siehe dazu z.B. *Eschelbach*, in: S/S/W-StGB, § 46b, Rn. 1; *Streng*, in: K/N/P-StGB, § 46b, Rn. 1; *Beulke/Swoboda*, Strafprozessrecht, Rn. 528; siehe aber auch die zuvor genannten Autoren *Roxin/Schünemann*, Strafprozessrecht, § 14, Rn. 19 und *Kinzig*, in: S/S-StGB, § 46b, Rn. 13.

1405 BGBl. I 2009, S. 2288.

1406 Zur gescheiterten Verlängerungsinitiative BT-Drs. 14/1107.

1407 *Ambos*, ZStW 132 (2020), 24, 27.

1408 Siehe überblicksartig *Wolters*, in: SK-StGB, § 46b, Rn. 1; *Streng*, in: K/N/P-StGB, § 46b, Rn. 1.

Regelungen teilweise abgeschafft (so § 261 Abs. 10 StGB), inhaltlich angepasst (so § 31 BtMG) oder blieben unverändert (§§ 129 Abs. 6, 129a Abs. 7 StGB).[1409] Während die Regelung des § 31 BtMG heute aus der Praxis kaum noch hinweg zu denken ist, kommt der großen Kronzeugenregelung des § 46b StGB noch eine geringe praktische Bedeutung zu.[1410] Nach einer aktuelleren Untersuchung von *Kasper/Christoph* waren im Bundeszentralregister bis zum 14.11.2014 lediglich 240 Verfahren eingegangen, bei welchen es zu einer Anwendung von § 46b StGB gekommen ist.[1411] Zweck des § 46b StGB ist es, für den kooperationswilligen Täter einen größeren Anreiz zu schaffen, dass dieser sein Wissen mit den Strafverfolgungsbehörden teilt.[1412] Dadurch sollen kriminelle Netzwerke und Verflechtungen, insbesondere im Bereich des Terrorismus, der organisierten Kriminalität und der schweren Wirtschaftskriminalität, leichter als zuvor aufgedeckt und bisher geringere Ermittlungschancen erhöht werden.[1413] Weiterhin sollen Straftaten effizienter aufgeklärt und drohende verhindert werden.[1414] Der Vorteil einer allgemeinen großen Kronzeugenregelung soll darin liegen, dass sie Tätern aller Deliktsgruppen – im Gegensatz zur alten *„Kronzeugenregelung bei terroristischen Straftaten"* und zu den bereichsspezifischen Regelungen der §§ 129 Abs. 6 und 129a Abs. 7 StGB, bei denen es nur Tätern derselben Delikte vorbehalten war – Aufklärungs- und Präventionshilfe bezüglich krimineller und terroristischer Vereinigungen ermöglicht.[1415] Während eine etwas ältere Erhebung den deliktsspezifischen Anwendungsschwerpunkt noch bei der organisierten Kriminalität sah,[1416] zeigt eine aktuellere Augsburger Studie, dass der § 46b StGB vor allem bei Eigentums- und Vermögensdelikten zur Anwendung kommt.[1417]

1409 Siehe überblicksartig *Wolters*, in: SK-StGB, § 46b, Rn. 1. Siehe zu den Konkurrenzverhältnissen der großen zu verbliebenen kleinen Kronzeugenregelungen *Ambos*, ZStW 132 (2020), 24, 40.

1410 Siehe überblicksartig zu den (teilweise älteren) empirischen Befunden *Ambos*, ZStW 132 (2020), 24, 42 ff., m.w.N.

1411 *Kasper/Christoph*, StV 2016, 318, 319; siehe vertiefend auch *Ambos*, ZStW 2020, 24, 43 f.

1412 *Kinzig*, in: S/S-StGB, § 46b, Rn. 1.

1413 BT-Drs. 16/6268, S. 1 f.

1414 BT-Drs. 16/6268, S. 9.

1415 *Kinzig*, in: S/S-StGB, § 46b, Rn. 1; *Wolters*, in: SK-StGB, § 46b, Rn. 2.

1416 *Frahm*, Die allgemeine Kronzeugenregelung, S. 291 ff.

1417 Siehe überblicksartig *Ambos*, ZStW 132 (2020), 24, 44 f., m.w.N.

II. Die Ausgestaltung des § 46b StGB im Einzelnen

Die Regelung sieht im Bereich der mittleren und schweren Kriminalität[1418] die Möglichkeit einer (nicht unerheblichen) Strafmilderung für den Fall vor, dass Straftaten aus dem Katalog des § 100a Abs. 2 StPO durch die freiwillige Offenbarung von Wissen, welches über den bloßen eigenen Tatbeitrag hinausgeht, im Nachhinein aufgedeckt (§ 46b Abs. 1, Nr. 1 StGB) oder präventiv verhindert (Nr. 2) werden. Die Anlasstat des Kronzeugen muss keine Katalogtat des § 100a Abs. 2 StPO sein.[1419] Die Möglichkeit des Strafrabatts ist lediglich auf Delikte beschränkt, die mit einer im Mindestmaß erhöhten Freiheitsstrafe oder sogar lebenslangen Freiheitsstrafe bedroht sind, d.h. mindestens mittlere Kriminalität.[1420] Der Normzweck der Aufklärung und Verhinderung von v.a. organisierter Kriminalität findet sich im Rahmen der Katalogtaten des § 100a Abs. 2 StPO, d.h. hinsichtlich der Delikte, für die eine honorierfähige Aufklärungs- und Präventionshilfe geleistet werden kann, nur bedingt wieder.[1421] Er enthält im Rahmen seiner *„Komplexität und seiner ständigen Ausweitung“* sowohl schwere Delikte von Einzeltätern als auch für organisierte Kriminalität typische Delikte.[1422] Bereits durch eine Änderung im Jahre 2013 wurden die beiden Varianten um das Erfordernis ergänzt, dass die aufgedeckte oder zu verhindernde Tat *„mit seiner [Anmerkung: des Kronzeugen] Tat im Zusammenhang steht.“*[1423] Der Gesetzgeber ging ursprünglich davon aus, dass eine solche Konnexität *„[...] den Wert solcher Angaben für die Verfolgung und Verhinderung bislang nicht aufgedeckter Straftaten grundsätzlich unterrührt“* lasse.[1424] Die bis dahin bestehende Möglichkeit, die Aufklärungs- und Präventionshilfe auf beliebige Taten Dritter zu beziehen, besteht heute nicht mehr.[1425]

1418 *Beulke/Swoboda*, Strafprozessrecht, Rn. 520.

1419 *Ambos*, ZStW 132 (2020), 24, 29; *Lackner/Kühl*, StGB, § 46b, Rn. 2.

1420 Eine lediglich leichte Kriminalität des Kronzeugen scheidet aus dem Anwendungsbereich der Norm aus, da dieser bei einer Kooperation ausreichend über die Strafzumessung nach § 46 StGB oder Anwendung der Opportunitätsregelungen Rechnung getragen werden kann, BT-Drs. 16/6268, S. 9 f.

1421 Vgl. auch *Eschelbach*, in: S/S/W-StGB, § 46b, Rn. 20.

1422 Ebenda.

1423 Vertiefend *Peglau*, NJW 2013, 1910, 1910 ff.

1424 BT-Drs. 16/6268, S. 10.

1425 Hier bestanden grundsätzliche Bedenken bezüglich der Vereinbarkeit mit den Strafzwecken und dem Schuldprinzip, *Wolters*, in: SK-StPO, § 46b, Rn. 1; *Eschelbach*, in: S/S/W-StGB, § 46b, Rn. 1, jeweils m.w.N. Siehe dazu auch aus der gemeinsamen Erklärung des DriB, der BRAK, des DAV und der Strafverteidigervereinigungen: *„Das mit bleibenden Schäden versehene Opfer einer schweren*

Das Gesetz fordert neben der Offenbarung von Wissen[1426] zudem, dass die Aufklärungs- oder Präventionshilfe freiwillig erfolgt, § 46b Abs. 1, S. 1 StGB. Angesichts der typischen Druck- und Zwangslage eines Kronzeugen und der möglichen Bestrafung sind diesbezüglich keine hohen Anforderung zu stellen, insbesondere muss der Mitteilung kein ehrenwertes Motiv zugrunde liegen.[1427]

Die Aufklärungshilfe erfordert einen Aufklärungserfolg, dessen Anforderungen sich danach richten, ob der Kronzeuge an der Tat beteiligt war oder nicht.[1428] Liegt eine Beteiligung vor, so muss sich sein Aufklärungsbeitrag nach § 46b Abs. 1, S. 3 StGB über den eigenen Tatbeitrag hinaus erstrecken. War er an der Tat unbeteiligt, ist es ausreichend, dass er wesentlich dazu beiträgt, dass eine Zusammenhangstat nach § 100a Abs. 2 StPO aufgeklärt wird.[1429] Die Präventionshilfe nach § 46b Abs. 1, S. 1, Nr. 2 StGB erfordert hingegen, dass der Kronzeuge freiwillig sein Wissen offenbart und dass eine sich im Planungs- oder Vorbereitungsstadium befindliche (aber bereits konkretisierte) Zusammenhangstat nach § 100a Abs. 2 StPO, von deren Planung er weiß, noch verhindert werden kann.[1430]

§ 46b Abs. 3 StGB stellt eine Präklusionsvorschrift[1431] dar, nach der der Kronzeuge nicht mehr in den Genuss einer Strafmilderung oder eines Absehens von Strafe kommen kann, wenn er sein Wissen erst nach Eröffnung des Hauptverfahrens (vgl. § 207 StPO) offenbart. Teilt er drittbelastende Informationen erst nach Eröffnung der Hauptverhandlung mit, können diese lediglich als Nachtatverhalten gemäß § 46 Abs. 2 StGB berücksichtigt werden.[1432] Damit soll verhindert

---

Körperverletzung (Mindeststrafe 1 Jahr) wird kein Verständnis aufbringen, wenn der Täter einen deutlichen Strafnachlass bekommt oder gar von Strafe abgesehen wird, nur weil der Täter zur Aufklärung lediglich geeignete Tatsachen offenbart hat, die ein sogenanntes opferloses Delikt wie bandenmäßiges Handeltreiben mit Betäubungsmitteln (Mindeststrafe 5 Jahre) betreffen.", *BRAK*, Stellungnahme Nr. 23/2006, S. 5 (Onlinequelle).

1426 Aus der Gesetzesformulierung folgert der BGH, dass die Informationen zutreffend sein müssen, BGHSt 31, 163, 166 f.

1427 *Eschelbach*, in: S/S/W-StGB, § 46b, Rn. 30; *Streng*, in: K/N/P-StGB, § 46b, Rn. 8.

1428 Vgl. BT-Drs. 16/6268, S. 12; *Kinzig*, in: S/S-StGB, § 46b, Rn. 12.

1429 Der Aufklärungserfolg ist dann zu bejahen, wenn das Gericht im Zuge der Offenbarung zu der Überzeugung gelangt ist, dass eine bestimmte Person der Begehung einer Katalogtat hinreichend verdächtig ist, *Streng*, in: K/N/P-StGB, § 46b, Rn. 9.

1430 *Streng*, in: K/N/P-StGB, § 46b, Rn. 10; *Kinzig*, in: S/S-StGB, § 46b, Rn. 15.

1431 Siehe u.a. *Wolters*, in: SK-StGB, § 46b, Rn. 34 ff.; *Kinzig*, in: S/S-StGB, § 46b, Rn. 20 f.; *Eschelbach*, in: S/S/W-StGB, § 46b, Rn. 38 ff.

1432 BT-Drs. 16/6268, S. 2, 14; *Wolters*, in: SK-StGB, § 46b, Rn. 34.

werden, dass es infolge taktischen Zurückhaltens von Informationen zu einer Verfahrensverzögerung kommt.[1433] Liegt keine Präklusion vor, kann das Gericht nach § 46b Abs. 1, S. 1 StGB die Strafe nach Maßgabe des § 49 Abs. 1 StGB mildern. Da es sich dabei um eine fakultative Strafmilderung handelt, entscheidet das Gericht in pflichtgemäßem Ermessen.[1434] Entscheidet es sich schließlich für eine Milderung, dann richtet sich diese nach § 49 Abs. 1 StGB (nicht Abs. 2), allerdings mit der besonderen Maßgabe, dass an Stelle der lebenslangen Freiheitsstrafe nicht eine Freiheitsstrafe von mindestens drei Jahren (§ 49 Abs. 1, Nr. 1 StGB), sondern eine nicht unter zehn Jahren tritt, § 46 Abs. 1, S. 1 StGB. Nach § 46b Abs. 1, S. 2 StGB werden für die Einordnung als Straftat, die mit einer im Mindestmaß erhöhten Freiheitsstrafe bedroht ist, nur Schärfungen für besonders schwere Fälle und keine Milderungen berücksichtigt. Ausnahmsweise kann das Gericht von einer Strafe absehen, wenn die vom Kronzeugen begangene Straftat nur mit zeitiger Freiheitsstrafe bedroht ist und er keine Freiheitsstrafe von mehr als drei Jahren verwirkt hat, § 46b Abs. 1, S. 4 StGB.

III. Exkurs: Grundsätzliche Kritik an § 46b StGB[1435]

Auch die aktuelle große Kronzeugenregelung ist massiver Kritik ausgesetzt.[1436] Zunächst erscheine schon zweifelhaft, ob die große Kronzeugenregelung in der Praxis überhaupt dazu geeignet sei, einen erhöhten Anreiz zur Kooperation mit den Strafverfolgungsbehörden zu liefern und damit dazu beitragen könne, kriminelle Strukturen aufzubrechen.[1437] Da es sich bei dem § 46b StGB letztlich um eine Ermessensvorschrift handele, erfordere sie, dass der Kronzeuge in „Vorleistung“[1438] trete, ohne sich sicher sein zu können, die erhoffte Honorierung des § 46b Abs. 1, S. 1 StGB zu erlangen.[1439] Wenn die mögliche Strafmilderung im Rahmen der Kronzeugenregelung jedoch genauso unvorhersehbar sei, wie die im Rahmen von § 46 Abs. 2 StGB,[1440] dann dürfte der Kooperationsanreiz nicht übermäßig groß sein.[1441] Weiterhin gelte es zu bedenken, dass die Person,

1433 BT-Drs. 16/6268, S. 14.

1434 Siehe vertiefend zur Ermessensausübung BGH StV 2010, 480, 481.

1435 Die fehlentscheidungsspezifische Kritik soll hier zunächst außen vor gelassen werden und wird sogleich vertieft thematisiert.

1436 Siehe *Beulke/Swoboda*, Strafprozessrecht, Rn. 528, m.w.N.

1437 Vertiefend *Ambos*, ZStW 132 (2020), 24, 46 ff., m.w.N.

1438 *Hassemer*, StV 1986, 550, 551; *Kinzig*, in: S/S-StGB, § 46b, Rn. 2; *Ambos*, ZStW 132 (2020), 24, 47.

1439 Siehe bereits *Hassemer*, StV 1989, 72, 80.

1440 *Ambos*, ZStW 132 (2020), 24, 47.

1441 *Wolters*, in: SK-StGB, § 46b, Rn. 6.

welche über „Insider"-Wissen in kriminellen Strukturen verfüge, regelmäßig so tief damit verflochten sei, dass sie zur Teilung von Informationen schwerlich bereit[1442] oder im Falle der Bereitschaft einem extremen Druck ausgesetzt sei. Unter diesem Gesichtspunkt erscheine die unsichere Möglichkeit der Strafmilderung nach § 46b StGB als ein noch schwächerer Anreiz.[1443]

Dem bereits thematisierten Ziel einer Entlastung der Strafverfolgungsbehörden und der Verfahrensbeschleunigung wird entgegengehalten, dass sich die Verfahrensdauer am Gericht erheblich verlängern könnte, da das Gericht (im Idealfall) die gemachten Fremdbelastungen intensiv und kritisch überprüfen müsse (dazu später vertiefend).[1444]

Besonders häufig wird § 46b StGB mit Blick auf den Gleichheitsgrundsatz kritisiert: Durch die Regelung komme es zur Begünstigung derjenigen, welche dadurch zur Offenbarung von Wissen über bestimmte Deliktsformen befähigt seien, weil sie selbst intensiv in Schwerkriminalität involviert und selbst an Straftaten mittlerer bis schwerer Kriminalität beteiligt seien.[1445] Das Vorliegen eines gewissen Gerechtigkeitsdefizites kann jedenfalls nicht bestritten werden.[1446] Weitere Bedenken[1447] bestehen insbesondere im Hinblick auf das Schuldprinzip[1448] (siehe sogleich zur Möglichkeit von Strafzumessungsfehlern durch schuldunangemessenes Strafen), das Legalitätsprinzip,[1449] den Öffentlichkeitsgrundsatz[1450] und das Übermaßverbot.[1451]

1442 *Hassemer*, StV 1986, 550, 551; *Wolters*, in: SK-StGB, § 46b, Rn. 6, m.w.N.

1443 *Wolters*, in: SK-StGB, § 46b, Rn. 6 weist zudem darauf hin, dass es sich bei kooperationswilligen Kronzeugen regelmäßig nur um „Randfiguren" handele, von denen ohnehin nicht die Informationen zu erlangen seien, welche man sich erhofft.

1444 *Streng*, in: K/N/P-StGB, § 46b, Rn. 7; *Kinzig*, in: S/S-StGB, § 46b, Rn. 2, m.w.N.

1445 Vgl. *Eschelbach*, in: S/S/W-StGB, § 46b, Rn. 14; *Streng*, in: K/N/P-StGB, § 46b, Rn. 6; *Kinzig*, in: S/S-StGB, § 46b, Rn. 2; *Kasper/Wengenroth*, GA 2010, 453, 454.

1446 Vgl. so auch *Beulke/Swoboda*, Strafprozessrecht, Rn. 528.

1447 Siehe Zusammenfassend *König*, StV 2012, 113, 113 ff.; *Kinzig*, in: S/S-StGB, § 46b, Rn. 2; *Wolters*, in: SK-StGB, § 46b, Rn. 2 ff.; *Beulke/Swoboda*, Strafprozessrecht, Rn. 528.

1448 Siehe überblicksartig *Kasper/Wengenroth*, GA 2010, 453, 462 ff.; *Frahm*, Die allgemeine Kronzeugenregelung, S. 206 ff.

1449 Siehe *Frahm*, Die allgemeine Kronzeugenregelung, S. 167 ff.

1450 Dieses Argument stützt sich folgerichtig darauf, dass die Präklusionsregel des § 46b Abs. 3 StGB den Kronzeugen zu einer frühzeitigen Kooperation schon vor der (öffentlichen) Hauptverhandlung zwingt, so auch *Frahm*, Die allgemeine Kronzeugenregelung, S. 270 ff.

1451 Wie *Kasper/Wengenroth* zutreffend ausführen, stellt die Privilegierung des Kronzeugen jedoch keinen Verstoß gegen das Übermaßverbot dar, da es sich bei der

IV. Die „große“ Kronzeugenregelung als „moderne Fehlerquelle“ im Strafprozess

Analog zur thematisierten Absprache kann auch beim § 46b StGB zwischen potentiellen Gefahren auf Ebene der Sachverhaltsfeststellung und Gefahren auf Ebene der Rechtsanwendung unterschieden werden. Dies betrifft auf der erstgenannten Ebene namentlich die Falschbezichtigung Dritter sowie die ungenügende bzw. fehlerhafte gerichtliche Aufklärung und auf zweitgenannter Ebene potentielle Strafzumessungsfehler. An einigen Stellen können Parallelen zur Verständigung gezogen werden, da die beiden Regelungen einen Zusammenhang[1452] aufweisen und gleichsam Produkt einer verstärkten Hinwendung des deutschen Strafverfahrens zu einer ökonomischen und konsensualen Verfahrensbeendigung sind. Plakativ bezeichnet *Huttenlocher* die Kronzeugenregelung als *„Deal zulasten Dritter“*.[1453]

1. Fehler auf Ebene der Sachverhaltsfeststellung

a. Die Falschbezichtigung Dritter

Dass die Falschbezichtigung von Mitschuldigen/Mitbeschuldigten/Mitangeklagten eine besondere Gefahr des Personalbeweises darstellt, ist keine neue Erkenntnis und wurde bereits im Zusammenhang der Auseinandersetzung mit den Werken „klassischer“ Fehlerquellenforschung thematisiert.[1454] Insbesondere *Peters* wies darauf hin, dass eine solche Falschbezichtigung regelmäßig erfolgte, um vom eigenen Tatbeitrag abzulenken, diesen kleinzureden oder auf einen Dritten abzulenken (insbesondere bei einem früheren Zerwürfnis und Motiven des Hasses und der Vergeltung), aber auch um eine Strafmilderung zu erlangen.[1455] Es besteht die Vermutung, dass sich dieses Gefahrenpotential auch in der neuerlichen großen Kronzeugenregelung wiederfinden bzw. sogar vertieft werden könnte. Eindrücklich – fast verachtend – fiel schon 1960 die Kritik von *Hirschberg* an dem anglo-amerikanischen Verfahren aus, in welchem

in Aussicht gestellten Strafmilderung eben nicht um einen Grundrechtseingriff handelt, *„[…] sondern einen Freiheitsgewinn“*: *Kasper/Wengenroth*, GA 2010, 453, 457 ff.

1452 *König*, StV 2012, 113, 113 f.; vgl. *Hettinger*, JZ 2011, 292, 299; *Eschelbach*, in: S/S/W-StGB, § 46b, Rn. 1; *Kinzig*, in: S/S-StGB, § 46b, Rn. 2.

1453 *Huttenlocher*, Dealen wird Gesetz, Rn. 613 f.

1454 Siehe *Hirschberg*, Fehlurteil im Strafprozeß, S. 25 ff.; *Peters*, Fehlerquellen im Strafprozeß II, S. 38 ff.

1455 *Peters*, Fehlerquellen im Strafprozeß II, S. 38.

die Staatsanwaltschaft versucht sei, einen „Mitangeklagten" gegen die Inaussichtstellung einer Verfahrenseinstellung oder Strafmilderung als Belastungszeugen zu gewinnen, welches er als besonders „gefährlich" und gar „primitiv" bezeichnete.[1456]

Auch in der modernen rechtswissenschaftlichen Literatur wird die Kronzeugenregelung als für Falschbezichtigung förderlich angesehen,[1457] welche getätigt werden könnten, um die eigene Bestrafung zu verhindern oder zu minimieren.[1458] In der Möglichkeit, dass die Kronzeugentätigkeit mit einem nicht unerheblichen Strafrabatt honoriert werden könnte, kann ein Motiv für die Abgabe einer Falschaussage liegen[1459] (insofern ist eine Parallele zur in Aussicht gestellten Strafe im Falle einer Verständigung zu sehen). *„Man wird davon ausgehen müssen, dass eine umso größere Versuchung zu falschen Anschuldigungen besteht, je größer der damit erzielbare Strafrabatt ausfällt."*[1460] Teilweise werden die Gefahren für die materielle Wahrheitsfindung mit dem Hinweis darauf in Abrede gestellt, dass nicht hinreichend erforscht sei, dass Motive aus eigennützigen Motiven in besonderem Umfang vorkämen und von Tat- und Rechtsmittelgerichten unerkannt blieben.[1461] Zwar ist es richtig, dass für die Kronzeugenregelung noch ein erheblicher Forschungsbedarf besteht, dennoch können die bisherigen Erkenntnisse[1462] keinerlei Zweifel aufkommen lassen, dass der potentiell doppelte Vorteil einer fehlerhaften Aufklärungshilfe – Kleinreden des eigenen Tatbeitrags und die zusätzliche Möglichkeit einer Strafmilderung – ein erheblicher Motivator sein kann.[1463] Rückschlüsse

---

1456 *Hirschberg*, Fehlurteil im Strafprozeß, S. 33.

1457 Anstatt vieler *Schwarz*, in: Tatsachenfeststellung vor Gericht, Rn. 1332 im Kontext des § 31 BtMG; *Drews*, Die Königin unter den Beweismitteln?, S. 136. Übersicht über empirische Studien (Befragungen von Praktikern) bei *Ambos*, ZstW 132 (2020), 24, 51, Fn. 205.

1458 *„Wird schon ohne besonderen Anreiz die Quote von Falschaussagen durch Zeugen in bestimmten Situationen auf 30 bis 40 % geschätzt,* (*Rückert*, „Böse Eloquenz", Die ZEIT vom 03.04.2008 [Onlinequelle]) *so erreicht die Falschbeschuldigtenquote bei dem Inaussichtstellen eines hohen Strafrabatts für die Denunziation eines anderen ein noch höheres Maß.*": *Eschelbach*, in: S/S/W-StGB, § 46b, Rn. 14.

1459 *Eschelbach*, in: S/S/W-StGB, § 46b, Rn. 5.

1460 *Streng*, in: K/N/P-StGB, § 46b, Rn. 7, m.w.N.

1461 *Peglau*, NJW 2013, 1910, 1911.

1462 Siehe überblicksartig die empirischen Erkenntnisse zum falschen Geständnis *Drews*, Die Königin unter den Beweismitteln?, S. 120 ff.

1463 Vgl. schon bei der Verständigung *Pfister*, FPPK 2013, 250, 254.

auf die potentiell erhöhte Unglaubwürdigkeit des Kronzeugen lassen sich bereits in der Spieltheorie aus dem „Gefangenendilemma" ziehen, weil sie sich durch ihre eigene Aussage einen (prozesstaktischen) Vorteil verschaffen wollen und daher ein besonders gewichtiges Falschaussagemotiv aufweisen.[1464]

Falsche Drittbelastungen könnten weiterhin dadurch begünstigt werden, wenn in der polizeilichen Vernehmung besonderer Druck aufgebaut werden sollte.[1465] Da eine Belehrungspflicht nach § 136 StPO nicht besteht, erfolgt der polizeiliche Hinweis auf die mögliche Anwendung der Kronzeugenregelung freiwillig und folgt regelmäßig polizeitaktischen Erwägungen.[1466] In einer älteren empirischen Untersuchung zur Anwendung der betäubungsmittelrechtlichen Kronzeugenregelung des § 31 BtMG durch *Stock/Kreuzer* gaben 93 % der befragten Polizisten an, dass sie einen Hinweis zumindest in einigen Fällen geben würden, wobei allerdings polizeitaktische Erwägungen und die Täterkategorie maßgeblich sein würden.[1467] Dieser Hinweis könnte bewirken, dass es bei einem Beschuldigten, welcher sich ansonsten auf sein Schweigerecht berufen hätte, zu einer (fehlerhaften) Selbstbelastung[1468] oder (fehlerhaften) Drittbezichtigung kommt. Auch hier kann eine Parallele zur Verständigung gezogen werden. Wird der unschuldige Betroffene mit der Möglichkeit der Anwendung der Kronzeugenregelung konfrontiert, könnte er davon ausgehen, dass er sich einer bereits gefestigten Vorstellung von Tat und Täter gegenübersieht.[1469] Bei einer Übermacht von Belastungsindizien könnte die Selbstbelastung und die Möglichkeit des § 46b StGB aus „Resignation"[1470] sodann als das „kleinere Übel" angesehen werden.[1471] Bei einem Schuldigen könnte dies den ersten Gedanken an eine Drittbezichtigung auslösen. *„Letztlich wird ‚der Wink' mit*

1464 Vgl. *Sickor*, Das Geständnis, S. 479.

1465 Zusammenfassend *Ambos*, ZStW 132 (2020), 24, 45.

1466 Vgl. *Eschelbach*, in: S/S/W-StPO, § 46b, Rn. 33; *Ambos*, ZStW 132 (2020), 24, 45.

1467 *Stock/Kreuzer*, Drogen und Polizei, S. 365 f.

1468 Im Rahmen einer (älteren) Aktenanalyse fand *Jaeger* heraus, dass es in 20,6 % der von ihm untersuchten Fälle zu einer erheblichen Selbstbelastung gekommen sei, *Jaeger*, Der Kronzeuge unter besonderer Berücksichtigung des § 31 BtMG, S. 151. Weiterhin gaben 35,2 % der von ihm befragten Strafverteidiger an, dass ihr Mandant schlussendlich härter bestraft worden sei, als wenn er von seinem Schweigerecht Gebrauch gemacht hätte (S. 150 f.).

1469 Vgl. bei der Verständigung *Drews*, Die Königin unter den Beweismitteln?, S. 140 f.

1470 Vertiefend zur Resignation als Motiv für die Abgabe von Falschgeständnissen *Beneke*, Das Falschgeständnis als Fehlerquelle im Strafverfahren, S. 54 ff.

1471 Vgl. bei der Verständigung *Drews*, Die Königin unter den Beweismitteln?, S. 140 f.

der Kronzeugenregelung als Druckmittel in der prozessualen Zwangssituation des Ermittlungsverfahrens gebraucht.“[1472]

Schließlich hat auch der Gesetzgeber bei Einführung des § 46b StGB die erhöhte Gefahr von Falschbezichtigungen erkannt. Als Instrument zur Eindämmung von Falschbelastungen zum Nachteil Dritter und aus eigennützigen Motiven des Kronzeugen, hat der Gesetzgeber die Strafbarkeit in § 145d Abs. 3 und 4 StGB sowie § 164 Abs. 3 StGB ausgeweitet und verschärft.[1473] Die Verschärfung der Strafbarkeiten wird allerdings vielfach als völlig untauglich angesehen.[1474] Die Abschreckungswirkung auf Angehörige des organisierten Verbrechens sei (auch angesichts des Überwiegens der potentiellen Vorteile) praktisch kaum gegeben.[1475] Weiterhin bestehe kaum Aufdeckungsgefahr für Denunzianten (auch würden Verfahren bei einem diesbezüglichen Verdacht häufig eingestellt) und Klageerzwingungsverfahren scheiterten ebenso häufig an den formalen Anforderungen, ebenso wie Wiederaufnahmeverfahren im gegenläufigen Fall.[1476]

b. Die defizitäre gerichtliche Beweiswürdigung und Sachverhaltsaufklärung

aa. Allgemeine Probleme bei der Beweiswürdigung

Wie bereits vielfach thematisiert, liegt in einem (Falsch-)Geständnis die Gefahr einer unkritischen Würdigung und die Gefahr der Dissonanzreduktion, weil es dem Gericht Arbeitserleichterung und Verantwortungsentlastung ermöglicht[1477] – dies gilt für die Beweisführung mit Kronzeugenaussagen erst recht.[1478] Das Unterschätzen der Dissonanzreduktion sowie der Glaube an die Wahrheit der Aussage (welcher schließlich regelmäßig eine selbstbelastende Aussage vorangegangen ist) kann zu einer Verkennung des Falschaussagemotivs führen.[1479]

1472 *Ambos*, ZStW 132 (2020), 24, 45.

1473 BT-Drs. 16/6268, S. 15; siehe vertiefend *Frahm*, Die allgemeine Kronzeugenregelung, S. 240 ff.

1474 *König*, StV 2012, 113, 115; *Streng*, in: K/N/P-StGB, § 46b, Rn. 7, m.w.N.; *Eschelbach*, in: S/S/W-StGB, § 46b, Rn. 4, 8 f., m.w.N.; *Kinzig*, in: S/S-StGB, § 46b, Rn. 2, m.w.N.

1475 *Conen*, StraFo 2018, 227, 228.

1476 *Eschelbach*, in: S/S/W-StGB, § 46b, Rn. 4.

1477 Vgl. erneut die Parallele zum Abspracheverfahren *Beulke/Swoboda*, Strafprozessrecht, Rn. 594 ff.

1478 Vgl. *Eschelbach*, in: S/S/W-StGB, § 46b, Rn. 5.

1479 *„Kognitive Verzerrungen oder ‚interessengeleitete Missverständnisse‘ durch eigene Arbeitsersparnis und Verantwortungsentlastung für diejenigen, die dem drittbelastenden Geständnis glauben, kommen vorerst weiter als Fehlerquellen*

Als Kompensationsmittel für das Beweisdefizit in Fällen von Aussagen solcher Zeugen, die im eigenen Interesse drittbelastende Aussagen machen, fordert die Rechtsprechung eine besonders vorsichtige/sorgfältige Beweiswürdigung.[1480] Wie sorgfältig die Beweiswürdigung im Einzelfall vorgenommen wird, unterliegt jedoch letztlich der Freiheit tatrichterlicher Beweiswürdigung, weshalb die Wirksamkeit in der Praxis, auch angesichts der bisher gesammelten Erkenntnisse, angezweifelt werden darf.[1481] Einige Autoren gehen so weit und bezeichnen das Postulat der besonders sorgfältigen Beweiswürdigung als eine reine „Beschwichtigungsformel".[1482]

bb. Die der Kronzeugenregelung im Besonderen anhaftenden Probleme der Beweiswürdigung

Eine weitere Gefahr der Beweiswürdigung liegt in den unterschiedlichen Gerichtszuständigkeiten. Denn das Gericht, welches den Kronzeugen ggf. honoriert, den Wahrheitsgehalt seiner drittbelastenden Aussage prüft und sich eine subjektive Überzeugung bilden muss, ist regelmäßig nicht mit dem Gericht identisch, welches die denunzierte Person aburteilt.[1483] Dies birgt gleich zweierlei Gefahren. Zum einen könnte dies dem gesetzgeberischen Zweck nach einer Verfahrensbeschleunigung und Gerichtsentlastung[1484] entgegenstehen. Von Verfahrenspraktikern wird eine Aufblähung des Verfahrens befürchtet, wenn der Kronzeuge drittbelastende Aussagen bzgl. verfahrensfremder Taten macht.[1485] In einem solchen Fall stellt sich für die Frage der Strafrahmenmilderung im gegenwärtigen Verfahren (in dem der Kronzeuge angeklagt ist) die vom Gericht zu klärende Vorfrage nach dem Wahrheitsgehalt und dem Nutzen der Angaben für die konkrete Strafverfolgung bezüglich ganz anderer Taten.[1486] Ob das Gericht die verfahrensfremde Sachkunde hat und ob es im Einzelfall in der Lage ist, eine subjektive Überzeugung auf reduzierter Beweisgrundlage

---

vor": *Eschelbach*, in: S/S/W-StGB, § 46b, Rn. 5. Das praktische Verkennen dieser Probleme zeigt sich u.a. darin, dass teilweise taktisch motivierten Geständnissen unproblematisch Glauben geschenkt wird, vertiefend *Altenhain/Dietmeier/May*, Die Praxis der Absprachen in Strafverfahren, S. 89 ff.

1480 BGHSt 48, 161, 167; 52, 78, 82 f.; 58, 184, 190 f.; BGH StV 2016, 774, 775.

1481 Dazu *Christoph*, Der Kronzeuge im Strafgesetzbuch, S. 420.

1482 *Eschelbach*, in: S/S/W-StGB, § 46b, Rn. 5, m.w.N.

1483 *Eschelbach*, in: S/S/W-StGB, § 46b, Rn. 6.

1484 Vgl. BT-Drs. 16/6268, S. 9.

1485 *Streng*, in: K/N/P-StGB, § 46b, Rn. 7.

1486 *Fezer*, in: FS Lenckner, 681, 683 f.

zu gewinnen, kann bezweifelt werden.[1487] Zum anderen ergeben sich Gefahren für das Gericht der verfahrensfremden (des Denunzierten) Tat. Gewährt das Gericht dem Kronzeugen eine Strafrahmenmilderung, weil es zu der subjektiven Überzeugung gelangt ist, dass die drittbelastenden Angaben der Wahrheit entsprechen, so entfaltet dies für das Gericht, welches die Tat des Denunzierten aburteilen soll, keine Bindungswirkung.[1488] Die vielfach erwähnte Lehre von der kognitiven Dissonanz[1489] zeigt allerdings, dass die Entscheidung ein suggestiv wirkendes Präjudiz sein kann, welches das folgende Gericht in seiner Beweiswürdigung und subjektiven Überzeugungsbildung (fehlerhaft) beeinflussen könnte.[1490]

2. *Fehler auf Ebene der Rechtsanwendung: Strafzumessungsfehler*

Nach der hier verwendeten weiten Definition liegt ein Strafzumessungsfehler[1491] vor, wenn das Gericht konstitutive Strafzumessungserwägungen nicht gesehen und angestellt oder anerkannte Regeln der Strafzumessung missachtet hat und eine schuldangemessene Bestrafung nicht mehr gewährleistet ist (vgl. bereits **Kap. 1. B. III. 1. b. aa.**). Die Kronzeugenregelungen sehen sich seit jeher straftheoretischen und kriminalpolitischen Bedenken ausgesetzt, da es bei Strafmilderungsregelungen, welche das Potential in sich tragen, dass sie zu einer schuldunangemessenen[1492] Bestrafung führen könnten, immer besondere Vorsicht zu walten gilt.[1493] Das strafrechtliche Ziel, die *„Erhaltung der rechtlichen*

1487 Siehe hierzu exemplarisch die Fallbesprechung von *Fezer*, in: FS Lenckner, 681, 681 ff. Siehe zu den geringeren Anforderungen der Rechtsprechung – von *Frahm* auch Verkürzung des Amtsaufklärungsgrundsatzes genannt (S. 233) – an die gerichtliche Überzeugungsbildung unter Außerachtlassung des Strengbeweisverfahrens und auf reduzierter Beweisgrundlage *Frahm*, Die allgemeine Kronzeugenregelung, S. 234 ff.

1488 *Eschelbach*, in: S/S/W-StGB, § 46b, Rn. 6.

1489 Oder auch unter den Stichwörtern „Tunnelblick", „Bestätigungsfehler", „confirmation bias", etc.; ausführlich im Kontext von Falschgeständnissen *Drews*, Die Königin unter den Beweismitteln?, S. 105 ff.

1490 *Eschelbach*, in: S/S/W-StGB, § 46b, Rn. 6.

1491 Damit weiter als die Strafzumessung im eigentlichen Sinne, d.h. nach dem richterlichen Ermessen und in den Grenzen des § 46 StGB.

1492 Siehe vertiefend zu der Vorfrage, ob die vom Kronzeugen geleistete Ermittlungshilfe im Allgemeinen „Schuldrelevanz" hat *Frahm*, Die allgemeine Kronzeugenregelung, S. 209.

1493 Vgl. *Streng*, in: K/N/P-StGB, § 46b, Rn. 4.

Gesinnung“ und die Normtreue der Gesellschaft sicherzustellen, wird dann gefährdet, wenn Urteile von der Bevölkerung wegen erheblicher Schuldunterschreitung nicht mehr als angemessen wahrgenommen werden (können).[1494] So bestand z.B. im Rahmen des ehemaligen § 3 KronzG für den Anführer einer terroristischen Vereinigung und Mörder die Möglichkeit einer lediglich dreijährigen Freiheitsstrafe, sofern er für die Verurteilung seiner (unter Umständen mit weit weniger Schuld beladenen) Mittäter sorgte.[1495] Dem wollte der Gesetzgeber bei der Schaffung von § 46b StGB vorbeugen und verweist einerseits auf § 49 Abs. 1 StGB (nicht Abs. 2) und sieht bei der absolut angedrohten lebenslangen Freiheitsstrafe eine Strafuntergrenze von zehn Jahren vor und schränkt die Möglichkeit des Absehens von der Strafe andererseits dadurch ein, dass der Täter keine Freiheitsstrafe von mehr als drei Jahren Freiheitsstrafe verwirkt haben darf. Dennoch bestehen Bedenken, warum die punktuelle Entschärfung der absoluten Strafandrohung der lebenslangen Freiheitsstrafe allein für den Kronzeugen gelten soll.[1496] Einen weiteren Schritt in die „richtige Richtung“[1497] ging der Gesetzgeber schließlich mit der Einführung des Konnexitätserfordernisses zwischen der Anlasstat und der Tat, bezüglich welcher der Kronzeuge Aufklärungs- oder Verhinderungshilfe leistet.[1498] Bis 2013 konnte der Kronzeuge die Strafrahmenverschiebung noch für die Ermittlungshilfe im Bezug auf jede beliebige Tat anderer Beteiligter erhalten: *„Das mit bleibenden Schäden versehene Opfer einer schweren Körperverletzung (Mindeststrafe 1 Jahr) wird kein Verständnis aufbringen, wenn der Täter einen deutlichen Strafnachlass bekommt oder gar von Strafe abgesehen wird, nur weil der Täter zur Aufklärung lediglich geeignete Tatsachen offenbart hat, die ein sogenanntes opferloses Delikt wie bandenmäßiges Handeltreiben mit Betäubungsmitteln (Mindeststrafe 5 Jahre) betreffen.“*[1499]

Mit der Gefahr des schuldunangemessenen Bestrafens eng verbunden ist auch die bereits unter dem Gesichtspunkt des Gleichheitssatzes erwähnte Tatsache, dass es unangemessen scheint, dass nur derjenige mit einer

---

1494 Vgl. Ebenda.

1495 Beispiel bei *Streng*, in: K/N/P-StGB, § 46b, Rn. 4. Eine Verletzung des Schuldprinzips sehend u.a. *Hassemer*, StV 1986, 550, 553; *Volk*, NJW 1996, 879, 881; Stellungnahme des Bundesrates, BT-Drs. 16/6268, S. 18.

1496 BT-Drs. 16/13094, S. 5 f.; *Streng*, in: K/N/P-StGB, § 46b, Rn. 3.

1497 *Frahm*, Die allgemeine Kronzeugenregelung, S. 230.

1498 Vgl. *Eschelbach*, in: S/S/W-StGB, § 46b, Rn. 1.

1499 Gemeinsame Stellungnahme der BRAK, des DAV, des DriB und der Strafverteidigervereinigungen: BRAK, Stellungnahme Nr. 23/2006, S. 5 (Onlinequelle).

Strafrahmenmilderung honoriert werden kann, der selbst besonders große Schuld auf sich geladen hat, während kleinen Straftätern diese Möglichkeit verwehrt bleibt.[1500] *„Somit kann es infolge der Anwendung des § 46b StGB zu einer Unterschreitung der schuldangemessenen Strafe kommen“*,[1501] mithin potentiell zu Strafzumessungsfehlern. Unter der Prämisse der Verhaltenssteuerung und Erhaltung von Normtreue der Bürger als Funktionen des Strafrechts, wäre es nach Ansicht einiger Autoren auch im Rahmen von § 46 StGB problemlos möglich, den Angeklagten für eine Ermittlungshilfe mit einer Strafmilderung zu honorieren, ohne dass dadurch der Schuldrahmen unterschritten würde.[1502]

V. Zusammenfassung

Mit Einführung des § 46b StGB wurde erstmals eine Kronzeugenregelung geschaffen, welche nicht deliktsspezifisch ausgestaltet ist. Trotz ihres weiten Anwendungsbereiches lebt sie momentan allerdings ein „Schattendasein“. Kronzeugenregelungen werden seit jeher aufgrund ihrer problematischen Vereinbarkeit mit den deutschen Strafprozessrechtsmaximen kritisiert. Dem hat der Gesetzgeber durch einige Neuerungen im § 46b StGB probiert entgegenzutreten (Verweis auf § 49 Abs. 1 StGB, Begrenzung der Strafrahmenmilderung bei lebenslanger Freiheitsstrafe und Begrenzung der Möglichkeit des Absehens von Strafe). Dennoch kann die Kronzeugenregelung als eine „moderne Fehlerquelle“ im Strafprozess angesehen werden. Sie vereint klassische Fehlerquellen in sich (Falschbelastungen Dritter, gerichtliche Aufklärungsfehler), vertieft sie und weist auch spezifische Fehleranfälligkeiten auf. Es ist zwischen Fehlerquellen auf Ebene der Sachverhaltsfeststellung und auf Ebene der Rechtsanwendung zu unterscheiden. Das größte Fehlerpotential weist die dem Personalbeweis anhaftende Gefahr der falschen Drittbelastung durch Mitschuldige, Mitbeschuldigte oder Mitangeklagte auf, welches im Rahmen

---

1500 Vgl. *Frahm*, Die allgemeine Kronzeugenregelung, S. 193 ff., 205 f. Auch wird ausgeführt: *„Die Tatsache, dass gem. § 26b Abs. 2, Nr. 2 StGB die Schuld des Täters in Relation mit dem Wert der Ermittlungshilfe gesetzt werden muss, ändert nichts daran, dass grundsätzlich auch derjenige, der schwerste Schuld auf sich geladen hat, diese durch eine besonders engagierte Ermittlungshilfe wettmachen kann.“* (S. 216).

1501 *Frahm*, Die allgemeine Kronzeugenregelung, S. 216. Noch drastischer formuliert er: *„Aus der Ermittlungshilfe kann keine verminderte Tatschuld abgeleitet werden.“* (S. 229).

1502 Vgl. auch *Streng*, in: K/N/P-StGB, § 46b, Rn. 4.

der Kronzeugenregelung intensiviert wird, da die Aussicht auf eine Strafrahmenverschiebung (bei gleichzeitigem Kleinreden des eigenen Tatbeitrags) ein bedeutender Motivator sein kann. Begünstigend kann dabei wirken, wenn es im Ermittlungsverfahren zu einer Druckausübung seitens der Strafverfolgungsbehörden kommt. Die als Kompensation eingeführten Verschärfungen der Strafbarkeiten der §§ 145d und 164 StGB sind als ungeeignet anzusehen. Ein großes Fehlerpotential weist auch die gerichtliche Aufklärung auf. Einerseits sind die klassischen Gefahren der unkritischen (Über-)Bewertung der mit einer Eigenbelastung einhergehenden Drittbelastung und der Unterbewertung von entgegengesetzten Indizien zu befürchten. Ob dem in der Praxis durch eine „besonders sorgfältige Beweiswürdigung“ vorgebeugt wird, darf angezweifelt werden. Andererseits ergeben sich im Rahmen der Kronzeugenregelung die spezifischen Probleme, dass das Gericht bei Überprüfung des Wahrheitsgehalts der drittbelastenden Äußerungen unter Umständen verfahrensfremde Feststellungen zu machen hat. Ist das Gericht zu der Überzeugung gelangt, dass die Aussage des Kronzeugen wahr ist, kann dies überdies einen suggestiven Einfluss auf das Strafverfahren des Denunzierten haben. Auf Ebene der Rechtsanwendung besteht die Gefahr von Strafzumessungsfehlern. Zwar hat das Fehlerpotential im neuen § 46b StGB nicht mehr das Gewicht wie bei vorherigen Kronzeugenregelungen und kann im Vergleich zu den vorstehenden Fehlerpotentialen als weniger bedeutend angesehen werden, allerdings kann auch der aktuellen Regelung nicht gänzlich die Gefahr des schuldunangemessenen Bestrafens abgesprochen werden.

C. DAS STRAFBEFEHLSVERFAHREN, §§ 407 ff.

I. Allgemeiner Überblick und Entwicklung des Strafbefehlsverfahrens

In Form des Strafbefehlsverfahrens macht die StPO im sechsten Buch eine praktisch äußerst bedeutsame Ausnahme von dem Grundsatz, dass eine Strafe lediglich aufgrund einer mündlichen Verhandlung verhängt werden darf, in welcher der Beschuldigte von dem erkennenden Gericht gehört wird und Gelegenheit hat, sich zu verteidigen.[1503] Es ist ein schriftliches Strafverfahren, welches auch als summarisches Verfahren bezeichnet wird.[1504] Im Gegensatz zum

1503 *Roxin/Schünemann*, Strafverfahrensrecht, § 68, Rn. 1.

1504 Siehe u.a. BVerfGE 65, 377, 383; BGHSt 29, 305, 307; *Schmitt*, in: M/S-StPO, Vor § 407, Rn. 1; *Weßlau/Degener*, in: SK-StPO, Vor §§ 407 ff., Rn. 2; vgl. *Roxin/Schünemann*, Strafverfahrensrecht, § 68, Rn. 2; *Beulke/Swoboda*, Strafprozessrecht, Rn. 800.

Regelverfahren verzichtet die Staatsanwaltschaft am Ende des Ermittlungsverfahrens auf die Anklageerhebung und stellt stattdessen einen Antrag darauf, den Beschuldigten auf schriftlichem Wege zu verurteilen.[1505] Eine reguläre Zwischen- und Hauptverhandlung entfallen.[1506] Legt der Angeklagte keinen Einspruch ein, steht der rechtskräftige Strafbefehl in seiner Wirkung einem Urteils gleich (§ 410 StPO).

Das Strafbefehlsverfahren ist bereits seit einiger Zeit Bestandteil des deutschen Strafprozesses. So war es schon in den §§ 447 ff. der RStPO von 1879 enthalten und war der Nachfolger des preußischen Mandatsverfahrens. Trotz einer Vielzahl von Änderungen und Reformen ist das Verfahren bis heute in seinen Grundzügen erhalten geblieben.[1507] Reformen waren in der Regel davon geprägt, dass der sachliche Anwendungsbereich kontinuierlich erweitert wurde.[1508] Die Einschränkung des Strafbefehlsverfahrens im EGStGB von 1974 dahingehend, dass die Freiheitsstrafe als Rechtsfolge erstmals ausgeschlossen wurde, ging mit der Erweiterung einher, dass die Begrenzung bei Geldstrafen wegfiel und die zulässige Sperrfrist für die Neuerteilung einer Fahrerlaubnis bei Straßenverkehrsdelikten angehoben wurde. Auch Reformthemen, die noch heute Gegenstand rechtswissenschaftlicher Auseinandersetzung sind (dazu sogleich), waren bereits in früheren Gesetzgebungsverfahren in Betracht gezogen worden.[1509] Mit dem Strafverfahrensänderungsgesetz wurde 1987 erstmals die Möglichkeit geschaffen, ein reguläres Verfahren in das Strafbefehlsverfahren überzuleiten (§ 408a StPO).[1510] Die weitreichendsten Veränderungen jüngerer Zeit gehen auf das Rechtspflegeentlastungsgesetz von 1993, welches die Freiheitsstrafe von bis zu einem Jahr auf Bewährung als mögliche Rechtsfolge (wieder) eingeführt hat

---

1505 *Weßlau/Degener*, in: SK-StPO, Vor §§ 407 ff., Rn. 2: *„Das Strafbefehlsverfahren ist also stets auf eine Verurteilung gerichtet."*

1506 *Weßlau/Degener*, in: SK-StPO, Vor §§ 407 ff., Rn. 12, auch (kritisch) zu der Frage, ob die Phase zwischen dem Eingang des Strafbefehlsantrags bei Gericht und dem Strafbefehlserlass eine mit den §§ 199 ff. StPO vergleichbare Situation ist.

1507 Siehe vertiefend *Müller*, Das Strafbefehlsverfahren, S. 168 f.; *Weßlau/Degener*, in: SK-StPO, Vor §§ 407 ff., Rn. 10, m.w.N.

1508 Siehe vertiefende Darstellung und kritische Würdigung von Änderungen vor dem jeweiligen historischen Hintergrund bei *Elobied*, Die Entwicklung des Strafbefehlsverfahrens von 1846 bis in die Gegenwart, S. 55 ff., 63 f., 83 ff., 98 f., 120 f., 147 ff.

1509 Vertiefend *Elobied*, Die Entwicklung des Strafbefehlsverfahrens von 1846 bis in die Gegenwart, S. 164 ff.

1510 Ausführlich dazu *Weßlau/Degener*, in: SK-StPO, Vor §§ 407 ff., Rn. 11, m.w.N.

(vgl. § 407 Abs. 2, S. 2 StPO)[1511] und auf das Verbrechensbekämpfungsgesetz von 1994 zurück (§ 411 Abs. 2, S. 2 i.V.m. § 420 StPO[1512]).[1513] Als eine von mehreren vereinfachten Erledigungsformen (neben der Einstellung gegen Auflagen nach § 153a StPO und dem beschleunigten Verfahren nach §§ 417 ff. StPO) geht von dem Strafbefehlsverfahren eine erhebliche Entlastungswirkung aus, welche dafür gesorgt hat, dass es gegenwärtig bereits *„[...] der wichtigste Verfahrenstyp für die Ahndung der einfach gelagerten kleinen und mittleren Kriminalität [ist].“*[1514] Laut *Heinz* würden heute ca. zwei Drittel aller Verurteilungen durch einen Strafbefehl erfolgen.[1515]

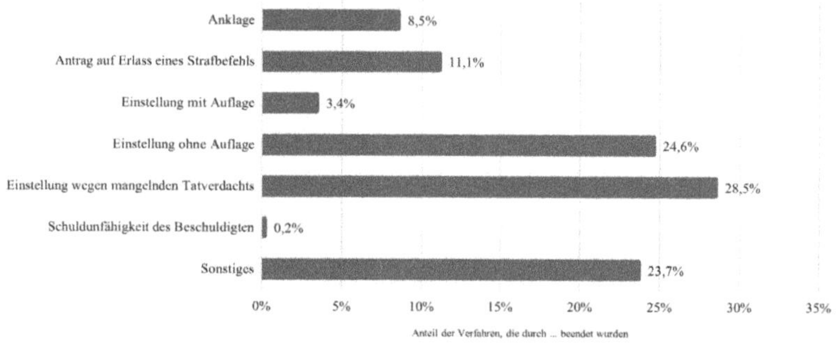

Schaubild 3: Verteilung erledigter Verfahren der Staatsanwaltschaft nach Ergebnis 2019

Quelle: Berechnung auf Grundlage der Statistik Rechtspflege Staatsanwaltschaften 2019, Fachserie 10, Reihe 2.6, S. 26; Schaubild abrufbar unter: https://de.statista.com/statistik/daten/studie/408932/umfrage/abgeschlossene-ermittlungsverfahren-von-staatsanwaltschaften-in-deutschland-nach-ergebnis/ (Onlinequelle).

1511 Vertiefend *Elobied*, Die Entwicklung des Strafbefehlsverfahrens von 1846 bis in die Gegenwart, S. 185 ff.

1512 Danach wurde ein Zustand geschaffen, bei dem die Beteiligtenrechte (Beweisantragsrecht) des Angeklagten auch nach einem Einspruch eingeschränkt sind, vertiefend *Elobied*, Die Entwicklung des Strafbefehlsverfahrens von 1846 bis in die Gegenwart, S. 192 ff., zu neuen Entwicklungen S. 194 ff.

1513 Zusammenfassend *Weßlau/Degener*, in: SK-StPO, Vor §§ 407 ff., Rn. 11, m.w.N.

1514 *Roxin/Schünemann*, Strafverfahrensrecht, § 68, Rn. 1; vgl. auch *Momsen*, in: S/S/W-StPO, § 407, Rn. 1.

1515 *Heinz*, in: FS Müller-Dietz, 271, 271 ff. mit einem ausführlichen empirischen Überblick. Angesichts des geringen Anteils an Anklageerhebungen (siehe sogleich) im Verhältnis zu beantragten Strafbefehlen scheint dies nicht unrealistisch. Siehe ferner *Böttcher*, in: FS Odersky, 299, 299 ff.

Im Jahr 2019 wurde von ca. 4,9 Mio. deutschlandweiten staatsanwaltschaftlichen Ermittlungsverfahren in 547.665 Fällen ein Strafbefehlsantrag gestellt.[1516] Dies entspricht einem Anteil von ca. 11,1 %. Die Daten reihen sich in die statistischen Erkenntnisse der letzten Jahre ein, bei denen der Anteil an beantragten Strafbefehlen jeweils bei knapp 11 % lag.[1517] Der Vergleich mit weiter zurückliegenden Daten zeigt demgegenüber sogar einen leichten Rückgang der Strafbefehle (und Anklagen), während die Einstellungen aus Opportunitätsgründen erheblich angestiegen sind.[1518] Der Anteil an erhobenen Anklagen liegt bei lediglich 8,5 % (418.709[1519]) und damit deutlich unter dem der Strafbefehlsverfahren.

II. Die Ausgestaltung des Strafbefehlsverfahrens im Einzelnen

Die Staatsanwaltschaft stellt einen Antrag auf Erlass eines Strafbefehls als besondere Form der öffentlichen Klage (vgl. § 407 Abs. 1, S. 4 StPO), wenn der Akteninhalt den hinreichenden Tatverdacht ergibt und es dem Richter auch ohne Durchführung einer Hauptverhandlung möglich ist, einen Schuldspruch zu fällen und die Rechtsfolge auszusprechen[1520] (vgl. im Falle von § 407 Abs. 1, S. 2 StPO sogar die Pflicht).[1521] Gegenstand des Strafbefehls dürfen nur Vergehen (§ 12 StGB) oder Ordnungswidrigkeiten (§ 64 OWiG) sein, § 407 Abs. 1, S. 1 StPO. Von der Rechtsfolge ausgeschlossen sind Maßregeln der Besserung und Sicherung (außer die Entziehung der Fahrerlaubnis) sowie vollstreckbare Freiheitsstrafen von mehr als einem Jahr, § 407 Abs. 2 StPO. Grundsätzlich muss der Antrag schriftlich gestellt werden (§ 407 Abs. 1, S. 1 StPO), zusätzlich gelten die Formanforderungen der öffentlichen Klage (§§ 199, 200 StPO).[1522]

1516 Statistik Rechtspflege Staatsanwaltschaften 2019, Fachserie 10, Reihe 2.6, S. 26. (Onlinequelle).

1517 Statistik Rechtspflege Staatsanwaltschaften 2015, 2016, 2017 und 2018, Fachserie 10, Reihe 2.6, jeweils S. 26: 10,9 % (2015), 10,6 % (2016), 10,9 % (2017), 10,9 (2018) (Onlinequellen), Prozentangaben anhand eigener Berechnung. Nachweise für 2016 und 2017 auch bei *Weßlau/Degener*, in: SK-StPO, Vor §§ 407 ff., Rn. 5, m.w.N.

1518 Siehe vertiefend *Weßlau/Degener*, in: SK-StPO, Vor §§ 407 ff., Rn. 5.

1519 Statistik Rechtspflege Staatsanwaltschaften 2019, Fachserie 10, Reihe 2.6, S. 26 (Onlinequelle).

1520 *Weßlau/Degener*, in: SK-StPO, Vor §§ 407 ff., Rn. 3.

1521 Im Falle des § 408a StPO kann der Antrag auf Erlass eines Strafbefehls auch noch nach der Eröffnung der Hauptverhandlung gestellt werden.

1522 *Kindhäuser/Schumann*, Strafprozessrecht, § 26, Rn. 5.

Der Erlass eines Strafbefehls erfordert gem. § 407 Abs. 1, S. 1 StPO, dass die Strafsache in die Zuständigkeit des Amtsgerichts fällt (Strafrichter oder Schöffengericht).

Bezüglich der Entscheidungsmöglichkeiten gilt wie bei der Erhebung der öffentlichen Klage, dass das Gericht nicht an die Beurteilung der Staatsanwaltschaft gebunden ist, sondern die Verpflichtung zu einer eigenen Bewertung und Beurteilung hat.[1523] Besteht nach Auffassung des Gerichts nicht der notwendige Grad an Überzeugung (subjektive Gewissheit oder hinreichender Tatverdacht, dazu später), so lehnt es den Erlass des Strafbefehls ab, § 408 Abs. 2, S. 1 StPO. Besteht zwar der notwendige Grad an Überzeugung, der Richter hält die öffentliche Hauptverhandlung jedoch für erforderlich (aufgrund besserer Aufklärungsmöglichkeiten oder eines besonderen Interesses der Öffentlichkeit), so beraumt er sie an.[1524] Ist der Richter der Auffassung, dass eine Abänderung des Strafbefehls im Strafbefehlssatz oder in der Rechtsfolge erforderlich ist, dann kann er die Akte mit einer diesbezüglichen Stellungnahme an die Staatsanwaltschaft zurückverweisen.[1525]

Wenn *„keine Bedenken entgegenstehen“*,[1526] dann erlässt das Gericht den Strafbefehl (§ 408 Abs. 3, S. 1 StPO) und stellt ihn dem Angeklagten zu. Soll nach dem staatsanwaltschaftlichen Antrag eine Freiheitsstrafe verhängt werden, so muss nach § 408b StPO ein Verteidiger (ggf. ein Pflichtverteidiger) am Verfahren mitwirken.

Der erlassene Strafbefehl wird rechtskräftig und steht einem Urteil gleich (§ 410 Abs. 3 StPO), sofern der Angeklagte nicht innerhalb von zwei Wochen nach Zustellung schriftlich oder zu Protokoll der Geschäftsstelle Einspruch einlegt, § 410 Abs. 1 StPO.[1527] Bei Einlegung eines Einspruchs hat das Gericht mehrere Entscheidungsmöglichkeiten. Der Einspruch kann durch Beschluss ohne Hauptverhandlung verworfen werden, wenn er verspätet oder sonst unzulässig ist (§ 411 Abs. 1, S. 1 StPO). Andernfalls geht das Verfahren in das streitige

---

1523 *Kindhäuser/Schumann*, Strafprozessrecht, § 26, Rn. 12.

1524 *Weßlau/Degener*, in: SK-StPO, Vor §§ 407 ff., Rn. 3.

1525 Ebenda.

1526 Ob dies die Überzeugung des Gerichts im Sinne einer Gewissheit oder einen niedrigeren Überzeugungsgrad – einen hinreichenden Tatverdacht – erfordert, ist umstritten und wird noch Gegenstand der Fehlerquellendarstellung sein. Vgl. dazu vorab *Beulke/Swoboda*, Strafprozessrecht, Rn. 801, m.w.N.; *Weßlau/Degener*, in: SK-StPO, Vor §§ 407 ff., Rn. 13 ff.

1527 Der Einspruch kann inhaltlich auf bestimmte Beschwerdepunkte (z.B. den Strafausspruch) beschränkt werden, § 410 Abs. 2 StPO.

Verfahren mit Hauptverhandlung über, wobei der Strafbefehl die Funktion des Eröffnungsbeschlusses übernimmt.[1528] In diesem Fall schließt sich ein Hauptverfahren an, welches sich jedoch vom „Normalverfahren" dadurch unterscheidet, dass eine vereinfachte Beweisaufnahme stattfindet, in welchem das Beweisantragsrecht nicht besteht, § 411 Abs. 2, S. 2 i.V.m. § 420 StPO.[1529] Das Verbot der reformatio in peius (vgl. §§ 331, 358 Abs. 2 StPO) findet in diesen Fällen grundsätzlich keine Anwendung (vgl. § 411 Abs. 4 StPO).[1530] Zu einem Urteil kommt es jedoch dann nicht, wenn der Angeklagte den Einspruch (oder der Staatsanwalt die Klage) bis zur Verkündung des Urteils im ersten Rechtszug zurücknimmt, § 411 Abs. 3 StPO. Findet eine Rücknahme nicht statt, so endet die Hauptverhandlung (gänzlich unabhängig vom Strafbefehl) mit einem Urteil, § 411 Abs. 4 StPO. Die letzte Entscheidungsmöglichkeit besteht für das Gericht schließlich dann, wenn der Angeklagte seinen Einspruch auf die Höhe der Tagessätze einer festgesetzten Freiheitsstrafe beschränkt hat (vgl. § 410 Abs. 2 StPO). Mit Zustimmung aller Beteiligten kann das Gericht dann ohne Hauptverhandlung durch Beschluss entscheiden (§ 411 Abs. 1, S. 3 StPO).

III. Exkurs: Grundsätzliche Kritik am Strafbefehlsverfahren[1531]

Nach heute wohl überwiegender Ansicht *„[…] bestehen gegenüber dem Strafbefehlsverfahren […] im Hinblick auf den Täter und dessen Rechte im Verfahren keine überzeugenden [Anmerkung: oder ‚durchgreifenden'[1532]] systematischen Bedenken."*[1533] Vereinzelt wird allerdings in der Literatur noch systematische und verfassungsrechtliche Kritik geäußert.[1534] In der rechtswissenschaftlichen Literatur wird insbesondere die Vereinbarkeit des Strafbefehlsverfahrens mit Art. 103 Abs. 1 GG und Art. 6 EMRK angezweifelt[1535] bzw. als

1528 *Weßlau/Degener*, in: SK-StPO, Vor §§ 407 ff., Rn. 4; *Beulke/Swoboda*, Strafprozessrecht, Rn. 802, m.w.N.

1529 Ebenda.

1530 *Beulke/Swoboda*, Strafprozessrecht, Rn. 802, m.w.N.

1531 Die fehlentscheidungsspezifische Kritik soll hier zunächst außen vor gelassen werden und wird sogleich vertieft thematisiert.

1532 *Maur*, in: KK-StPO, Vor § 407, Rn. 3.

1533 *Momsen*, in: S/S/W-StPO, § 407, Rn. 2; vgl. auch *Schmitt*, in: M/S-StPO, Vor § 407, Rn. 2.

1534 Siehe dazu *Temming*, in: Graf-StPO, § 407, Rn. 4, m.w.N.

1535 Siehe u.a. *Eser*, JZ 1966, 660, 666 ff.; *Maleika*, Freiheitsstrafe und Strafbefehl, S. 159 ff.; *Hutzler*, Ausgleich struktureller Garantiedefizite im Strafbefehlsverfahren, S. 202.

reformbedürftig[1536] angesehen. Da der Richter vor Erlass des Strafbefehls nicht verpflichtet ist, dem Angeschuldigten rechtliches Gehör zu gewähren, könne er ab Stellung des Antrags weder die Wahl der Verfahrensart, noch das Zustandekommen der gerichtlichen Entscheidung beeinflussen.[1537] Die an der Rechtsprechung orientierte (wohl) vorherrschende Meinung sieht darin allerdings keinen Verstoß, da dem Anspruch auf rechtliches Gehör dadurch ausreichend Rechnung getragen werde, dass die Möglichkeit des Einspruchs mit anschließender Hauptverhandlung bestehe.[1538]

Bedenken bestehen auch unter dem Gesichtspunkt der Rechtsanwendungsgleichheit. Während das summarische Verfahren Vorteile für verteidigte Beschuldigte bringen könnte, seien (unverteidigte) Beschuldigte, welche über Sprachdefizite verfügen, regelmäßig benachteiligt (dazu später ausführlicher).[1539]

IV. Das Strafbefehlsverfahren als eine „moderne Fehlerquelle“ im Strafprozess

Dass es sich bei dem Strafbefehlsverfahren um ein Verfahren handeln könnte, welches in einem erhöhten Maße zur Fehleranfälligkeit neigt, ist keine neue Vermutung. Bereits *Peters* hat in seiner umfassenden Aktenuntersuchung auf die besonderen Gefahren hingewiesen.[1540] Im Folgenden werden die einzelnen

---

1536 *Gössel*, in: L/R-StPO, Vor § 407, Rn. 62 ff.

1537 *Weßlau/Degener*, in: SK-StPO, Vor §§ 407 ff., Rn. 20. Siehe später zur hier geforderten verpflichtenden Anhörung in **Kap. 6. B. III. 2.**

1538 BVerfG NStZ-RR 1997, 70, 70; EGMR NJW 1993, 717, 717. Dazu mit ausführlicher Kritik *Weßlau/Degener*, in: SK-StPO, Vor §§ 407 ff., Rn. 21 ff.: Der Einspruch stelle keine ausreichende Kompensation dar, da er den Eröffnungsbeschluss ersetze, bei welchem der Betroffene keinerlei Einwirkungsmöglichkeiten habe (Rn. 21 f.). Auch die Überleitung in das Hauptverfahren führe nicht zu einem „Regelverfahren“, da das Beweisverfahren (aufgrund des fehlenden Beweisantragsrechts) „erheblich verändert“ sei, vgl. § 411 Abs. 2, S. 2 i.V.m. § 420 StPO (Rn. 23). Der Einspruch zwinge den Angeklagten zudem zu einer ggf. unerwünschten öffentlichen Hauptverhandlung (Rn. 24). Schließlich werde der Beschuldigte lediglich durch formelle Zustellung vom Strafbefehl informiert, eine Begründung liege nicht vor. Mangels Transparenz und vor dem Hintergrund einer möglichen reformatio in peius sei es für den Beschuldigten nicht möglich, das Risiko eines Einspruchs vorherzusehen (Rn. 24).

1539 *Momsen*, in: S/S/W-StPO, § 407, Rn. 2.

1540 *Peters*, Fehlerquellen im Strafprozeß II, S. 295 ff., 297 ff.

Gefahren für die Wahrheitsfindung herausgearbeitet und die Frage beantwortet, ob es sich bei dem Strafbefehlsverfahren insgesamt um eine moderne Fehlerquelle des Strafprozesses handelt. Diesbezüglich wird zunächst zwischen „allgemeinen Fehlerquellen" und solchen Fehlerquellen unterschieden, welche bestimmten Deliktsarten anhaften könnten („besondere Fehlerquellen").

1. Allgemeine Fehlerquellen

Auf Ebene der allgemeinen Fehlerquellen ist zwischen den Gefahren, welche im Unterlassen des Einspruchs durch den Betroffenen liegen, Aufklärungsfehlern und der gerichtlichen Überzeugungsbildung zu unterscheiden.

a. Das Unterlassen eines Einspruchs durch den Betroffenen

Die möglichen Gründe dafür, warum in zahlreichen Fällen kein Einspruch gegen einen Strafbefehl eingelegt wird, sind ebenso denkbar vielseitig, wie empirisch unerforscht. Nachfolgend werden die am häufigsten thematisierten Gründe, namentlich das fehlende Verständnis für die Rechtsnatur des Strafbefehls und des Einspruchs, das Unterlassen aufgrund des Eigenschutzes, das „Falschgeständnis" sowie die Verfristung dargestellt.

aa. Das fehlende Verständnis für die Rechtsnatur des Strafbefehls und des Einspruchs

Im normalen Regelverfahren besteht für den Angeklagten die Möglichkeit, sich (anlässlich der Urteilsverkündung) das Urteil vom Richter erläutern zu lassen (vgl. 268 Abs. 2 StPO). Bei dem Strafbefehl, welcher lediglich auf dem schriftlichen Korrespondenzweg ergeht, fehlt diese Möglichkeit (vgl. § 409 StPO zum Inhalt des Strafbefehls). Es ist daher fraglich, wie die Natur des Strafbefehlsverfahrens und des Einspruchs von einem juristischen Laien aufgefasst wird, und ob er sich über die Konsequenzen eines unterlassenen Einspruchs im Klaren ist.[1541] Kennt der juristische Laie das Strafverfahren nur aus dem Fernsehen als eine öffentliche Hauptverhandlung und tritt hinzu, dass er den Strafbefehl inhaltlich nicht versteht, könnte dies dazu führen, dass sich der Unschuldige nicht gegen fehlerhafte Strafaussprüche zur Wehr setzt oder sich der Schuldige nicht ausreichend dem Ernst der Straftat (bei einem „bloßen" Strafbefehl) bewusst ist.[1542]

1541 Vgl. *Maleika*, Freiheitsstrafe und Strafbefehl, S. 122 ff.

1542 *Roxin/Schünemann*, Strafverfahrensrecht, § 68, Rn. 2.

Gesicherte empirische Erkenntnisse liegen zu dieser Problematik nur sehr eingeschränkt vor.[1543] Einen ersten Anhaltspunkt bildet die Studie von *Killias/Gillieron/Dongois*, welche ergeben hat, dass nicht wenige Angeklagte in Fällen, in welchen deren Unschuld scheinbar problemlos nachzuweisen gewesen wäre, auf einen Einspruch verzichten würden.[1544] Als einer der Hauptgründe dafür komme in Betracht, dass der Angeklagte nicht in der Lage sein könnte, den Strafbefehl und/oder die Rechtsbehelfsbelehrung aus intellektuellen oder sprachlichen Gründen zu verstehen.[1545]

Ein unterlassener Einspruch könnte zunächst auf die mangelnde Fähigkeit zurückzuführen sein, den Strafbefehl zu lesen oder inhaltlich zu erfassen. Diese fehlende Fähigkeit könnte u.a. aus funktionalem Analphabetismus/Illettrismus resultieren, worunter man die Unfähigkeit versteht, die Schrift im Alltag so zu gebrauchen, wie es im sozialen Kontext als selbstverständlich angesehen wird.[1546] Der Glaube, dass dies in westlichen Industrieländern mit einem guten Bildungssystem praktisch nicht vorkäme, ist weit gefehlt. Laut einer Studie der Universität Hamburg 2011 seien mehr als 14 % (7,5 Mio.) aller Erwachsenen in Deutschland funktionale Analphabeten.[1547] Vergegenwärtigt man sich die dann vorliegende Überforderung beim Lesen einfachster Sätze, dann kann es nicht verwundern, wenn erst Recht die inhaltliche Erfassung von formalisierter

1543 Siehe zum beschränkten Vorliegen von Untersuchungen *Momsen*, in: S/S/W-StPO, § 407, Rn. 2. Aussagekräftige Analysen können mittelfristig von dem Projekt der Berliner Strafbefehlsberatung zu erwarten sein. Dabei handelt es sich um ein Projekt der Vereinigung Berliner Strafverteidiger e.V. und der FU Law Clinic „Praxis der Strafverteidigung“, vertiefende Informationen abrufbar unter: https://www.strafbefehlsberatung.de/projekt (Onlinequelle).

1544 *Gilliéron*, Strafbefehlsverfahren und plea bargaining, S. 129. Dabei handelt es sich zwar um eine schweizerische Studie, welche aber aufgrund der Ähnlichkeit des schweizerischen mit dem deutschen Strafbefehlsverfahren herangezogen werden kann. Siehe überblicksartig zum schweizerischen Strafbefehlsverfahren *Gilliéron*, Strafbefehlsverfahren und plea bargaining, S. 43 ff.

1545 *Momsen*, in: S/S/W-StPO, § 407, Rn. 2; *Gilliéron*, Strafbefehlsverfahren und plea bargaining, S. 129.

1546 Danach sind funktionelle Analphabeten Menschen, die durchaus Buchstaben erkennen, teilweise lesen und schreiben können, aber entweder gar nicht oder nur unter erheblichem Aufwand in der Lage sind, den Sinn und Inhalt von (insbesondere längeren) Texten zu erfassen, *Wikipedia*, Stichwort: Analphabetismus (Onlinequelle).

1547 *Grotlüschen*, Studie: 14 Prozent von funktionalem Analphabetismus betroffen, UHH Newsletter auf uni-hamburg.de vom März 2011 (Onlinequelle).

Sprache, in der Strafbefehle abgefasst sind,[1548] fast unmöglich wäre. Auch Personen ohne Illettrismus (gar hoch gebildete Menschen) haben ihre Probleme bei dem Verstehen von „Amtsdeutsch".[1549]

Verschärft wird das Problem dadurch, dass der Einspruch die Eigeninitiative des Angeklagten erfordert, und zwar schriftlich, was einigen funktionalen Analphabeten oft noch mehr Schwierigkeiten bereitet, als das sinnerfassende Lesen. Oftmals stellt bereits das Ausfüllen eines Formulars oder das Verfassen einfach(st)er Sätze eine unüberwindliche Hürde dar[1550] (und die Konsultation von [rechtsanwaltlicher] Unterstützung verkürzt ggf. die ohnehin schon kurze Einspruchsfrist, s. später).

Das Gericht weiß in der Regel nichts von den defizitären Sprachfähigkeiten des Angeklagten, da eine sorgfältige Ermittlungsführung (mit Vernehmung des Beschuldigten) im Bereich der leichten bzw. Bagatellkriminalität, welche oftmals zu einem Strafbefehl führt, nicht immer gewährleistet[1551] und eine Anhörung nicht notwendig ist (vgl. § 407 Abs. 3 StPO).[1552]

Ähnliches gilt auch, wenn der Strafbefehl Ausländern oder Personen mit Migrationshintergrund zugestellt wird. Bei einer Anhörung würde die Möglichkeit bestehen, den Strafbefehl mündlich zu erklären und bei ggf. vorliegenden Sprachproblemen einen Übersetzer herbeizuziehen.[1553] Grundsätzlich sind Äußerungen des Gerichts stets auf Hochdeutsch zu verfassen, was u.a. Urteile, Beschlüsse, Verfügungen, (Rechtsbehelfs-)Belehrungen (vgl. auch Art. 6 Abs. 3, lit. c) EMRK), Ladungen, aber auch den maßgeblichen Teil der Anklageschrift und der Strafbefehle umfasst.[1554] Zur Entfaltung ihrer Wirksamkeit ist es grundsätzlich nicht nötig, einer sprachunkundigen Person eine Übersetzung beizulegen.[1555] Allerdings hat sich jedenfalls für das Strafverfahren aus rechtsstaatlichen Gründen durchgesetzt, dass eine Übersetzung eingeholt werden

1548 *Gilliéron*, Strafbefehlsverfahren und plea bargaining, S. 130.

1549 *Berger*, Die Sprache der Finanzämter soll verständlicher werden, tagesspiegel.de vom 23.05.2018 (Onlinequelle).

1550 *rheinpfalz.de* vom 18.06.2019, Gegen die Angst vor Formularen (Onlinequelle).

1551 Vgl. *Peters*, Fehlerquellen im Strafprozeß II, S. 297.

1552 *Gilliéron*, Strafbefehlsverfahren und plea bargaining, S. 130.

1553 Ebenda.

1554 *Rosenau*, in: S/S/W-StPO, § 184 GVG, Rn. 5.

1555 BVerfGE 64, 135, 151; BGH NJW-RR 1996, 387, 388. Die entgegengesetzte Aufforderung in Nr. 181 Abs. 2 RiStBV ist nur für die Staatsanwaltschaft bindend, BVerfGE 64, 135, 150; vgl. *Schmitt*, in: M/S-StPO, § 184 GVG, Rn. 3 f.

muss oder ein Dolmetscher für die mündliche Übersetzung herbeizuziehen ist.[1556] Dies resultiert aus dem Rechtsstaatsprinzip (Art. 20 Abs. 3 GG) und aus Art. 6 Abs. 3, lit. a) EMRK, wonach einem Beschuldigten, welcher der deutschen Sprache nicht hinreichend mächtig ist, die Anklage in einer Sprache bekanntgegeben werden muss, die er versteht.[1557] Wenn dies für die Anklage gilt, dann darf nichts Anderes für den Strafbefehl gelten, da dieser doch im Falle des Einspruchs die Funktion des Eröffnungsbeschlusses übernimmt (in welchem im Normalverfahren die Anklage zur Hauptverhandlung zugelassen wird, vgl. § 207 StPO; vgl. zur Ähnlichkeit auch § 407 Abs. 1, S. 4 StPO).[1558] Allerdings hat das Gericht aus den bereits genannten Gründen oftmals keine Kenntnisse von den mangelnden Deutschkenntnissen von betroffenen Beschuldigten, sodass bei der polizeilichen Befragung eine sorgfältige Dokumentierung von auffallend schlechten Sprachkenntnissen unumgänglich scheint.[1559]

bb. Das Unterlassen des Einspruchs zum Selbstschutz und als kleineres Übel

Das Strafbefehlsverfahren kann für den Beschuldigten gegenüber einem Normalverfahren erhebliche Vorteile bringen, wie z.B. das Ersparnis einer öffentlichen und zeitaufwändigen Hauptverhandlung sowie das Ersparnis von Auslagen und Verfahrenskosten.[1560] Daher könnte er im Einzelfall auf einen Einspruch verzichten und den Weg des geringeren Übels, des (fehlerhaften) Strafbefehls, wählen.[1561]

Der Strafbefehl ist ein Instrument der Verfahrenserledigung auf „leisem Wege",[1562] da es dem Beschuldigten die Möglichkeit bietet, eine eventuell

1556 BVerfGE 40, 95, 100; *Schmitt*, in: M/S-StPO, § 184 GVG, Rn. 3 f.; *Rosenau*, in: S/S/W-StPO, § 184 GVG, Rn. 5.

1557 Vgl. *Degener*, in: SK-StPO, § 409, Rn. 21; vgl. auch *Rosenau*, in: SK-StPO, § 184 GVG, Rn. 5. Danach muss die Unterrichtung vollständig und in verständlicher Sprache erfolgen. Dies bedeutet allerdings nicht, dass der Beschuldigte einen Anspruch auf Übersetzung aller Verfahrenshandlungen oder Akten hat, sondern lediglich einen Anspruch auf Übersetzung des wesentlichen Akteninhalts, dazu ausführlich *Meyer*, in: SK-StPO, Art. 6 EMRK, Rn. 380 ff.

1558 *Gilliéron*, Strafbefehlsverfahren und plea bargaining, S. 131.

1559 Ebenda.

1560 Vertiefend *Gilliéron*, Strafbefehlsverfahren und plea bargaining, S. 52 f.; *Momsen*, in: S/S/W-StPO, § 407, Rn. 4, m.w.N.

1561 *Weßlau/Degener*, in: SK-StPO, Vor §§ 407 ff., Rn. 19 sprechen in diesem Zusammenhang plakativ von der „Wahlmöglichkeit des Beschuldigten" zwischen dem Einspruch und der „Unterwerfung" unter den Strafbefehl.

1562 *Momsen*, in: S/S/W-StPO, § 407, Rn. 5.

publikums- und medienwirksame öffentliche Hauptverhandlung zu verhindern.[1563] Die negative öffentliche Resonanz von Strafverfahren, ggf. verbunden mit sozialer Ächtung, Stigmatisierung und Isolation, Ansehensverlust sowie materiellen Einbußen, kann – wie der Fall Kachelmann gezeigt hat[1564] – über die verhängte Strafe eines Verfahrens hinausgehen. Dem könnte der Beschuldigte durch den Verzicht auf einen Einspruch entgehen und eine gewisse Anonymität aufrechterhalten.[1565] Damit ist auch der Vorteil eines effizienten und beschleunigten Strafverfahrens verbunden. Im Gegensatz zum Regelstrafverfahren, welches sich unter Umständen über Jahre ziehen und für den Beschuldigten/Angeklagten (ebenso für Opfer und sonstige Beteiligte) eine belastende Wirkung entfalten kann, ermöglicht das Strafverfahren eine Verfahrenserledigung innerhalb kurzer Zeit nach der Tatbegehung.[1566]

Zudem bietet das Strafbefehlsverfahren nicht zu unterschätzende finanzielle Vorzüge, da einerseits in den meisten Fällen (mangels Anhörung) kein Arbeitsausfall und hohe Fahrtkosten anfallen und andererseits geringere Verfahrenskosten fällig werden. Insbesondere die Verfahrenskosten sind deutlich geringer als beim Regelverfahren mit Hauptverhandlung. Entsprechend der Anlage 1 GKG werden für einen Strafbefehl ohne Hauptverhandlung Gerichtskosten i.H.v. 70 € bei einer Geldstrafe bis zu 180 Tagessätzen oder einer Freiheitsstrafe zur Bewährung bis zu 6 Monaten fällig, bei einer höheren Strafe betragen die Gerichtskosten 140 €.[1567] Findet infolge eines Einspruchs eine Hauptverhandlung statt, dann richten sich die Gerichtskosten nach denen des Normalverfahrens, d.h. 140 € bei einer Geldstrafe bis zu 180 Tagessätzen oder einer Freiheitsstrafe zur Bewährung bis zu 6 Monaten, bei einer höheren Strafe belaufen sich die Gerichtskosten auf 240 €.[1568] Gerade bei einkommensschwachen Betroffenen kann vermutet werden, dass auch die potentiell anfallenden

---

1563 Vgl. *Drews*, Die Königin unter den Beweismitteln?, S. 57.

1564 Siehe zu den persönlichen Konsequenzen infolge des öffentlich ausgetragenen Strafprozesses *Bongen/Hurst*, Jörg Kachelmann: Verurteilung trotz Freispruch, daserste.ndr.de vom 26.10.2017 (Onlinequelle).

1565 *Gilliéron*, Strafbefehlsverfahren und plea bargaining, S. 52.

1566 *Gilliéron*, Strafbefehlsverfahren und plea bargaining, S. 52 f.

1567 Siehe GKG Anlage 1 (zu § 3 Abs. 2), Kostenverzeichnis, Teil 3, Hauptabschnitt 1, Abschnitt 1, Nummer 3118 und Nummern 3110, 3111.

1568 GKG Anlage 1 (zu § 3 Abs. 2) Kostenverzeichnis, Teil 3, Hauptabschnitt 1, Abschnitt 1, Nummern 3110, 3111.

Gerichtskosten einen Motivator darstellen könnten, um ggf. auf die Einlegung eines Einspruchs zu verzichten.[1569]

Schließlich kann sich die Akzeptanz des Strafbefehls als potentiell kleineres Übel und als das Ergebnis einer taktischen Abwägung darstellen. Es besteht die Gefahr, dass Unschuldige bereit sind – auch bei unklarer Beweislage – kleinere Strafen des Strafbefehls zu akzeptieren, wenn sie sich vergegenwärtigen, dass das Verbot der reformatio in peius nicht gilt und eine streitige Hauptverhandlung eine höhere Strafe bringen könnte.[1570]

cc. *Das Strafbefehlsverfahren als Gegenstand einer Absprache und das Risiko von Falschgeständnissen*

Die Erledigung im Wege eines Strafbefehlsverfahrens ist oftmals im Interesse aller Verfahrensbeteiligten. Während es für die Staatsanwaltschaft und das Gericht eine erhebliche Ressourcenschonung und Arbeitsentlastung bewirkt, bestehen für den Beschuldigten die oben genannten Vorzüge einer anonymen, zeitnahen und kostenschonenden Erledigung. *„Aus diesem Grund geht dem Strafbefehl als Instrument der Verfahrenserledigung auf ‚leisem Wege‘ nicht selten eine Absprache zwischen Strafverfolgungsbehörden, Gericht und Verteidigung voraus.“*[1571] Dem Strafbefehlsverfahren können daher auch konsensuale Elemente zugeschrieben werden.[1572] Vor Erlass des Strafbefehls findet oftmals ein Kontaktgespräch zwischen der Staatsanwaltschaft und dem Verteidiger statt, welches auf eine Einigung dahingehend abzielt, dass das Ermittlungsverfahren mit einem Strafbefehl abgeschlossen werden soll,[1573] wobei auch inhaltliche Aspekte des Strafbefehls Gegenstand der Erörterung sein können.[1574] Eine

1569 Vgl. *Gilliéron*, Strafbefehlsverfahren und plea bargaining, S. 52.

1570 Vgl. *Weßlau/Degener*, in: SK-StPO, Vor §§ 407 ff., Rn. 8.

1571 *Momsen*, in: S/S/W-StPO, § 407, Rn. 5. Auf diesem Wege können insbesondere aufwendige Beweiserhebungen mit fraglichen Ergebnissen (sog. Risikoverfahren) bei aufwendigen Wirtschafts-, Korruptions- und Umweltverfahren verhindert werden, *Weßlau/Degener*, in: SK-StPO, Vor §§ 407 ff., Rn. 8, die in diesem Zusammenhang vom Strafbefehlsverfahren als „Einfallstor“ für Absprachen sprechen.

1572 *Drews*, Die Königin unter den Beweismitteln?, S. 56; vgl. auch *Momsen*, in: S/S/W-StPO, § 407, Rn. 5.

1573 Im Ermittlungsverfahren kann eine Folge der Erörterung nach § 160b StPO die weitere Behandlung nach §§ 407 ff. StPO sein, *Schmitt*, in: M/S-StPO, § 160b, Rn. 6; *Momsen*, in: S/S/W-StPO, § 407, Rn. 5.

1574 *Müller*, Probleme um eine gesetzliche Regelung der Absprache im Strafverfahren, S. 27 f.

solche Absprache wird – insbesondere nach Inkrafttreten der gesetzlichen Regelung – als zulässig angesehen,[1575] da sie sich im Rahmen des staatsanwaltschaftlichen Beurteilungsspielraums bewegt.[1576]

Typischerweise lässt sich die Staatsanwaltschaft nur auf ein Strafbefehlsverfahren ein, wenn der Beschuldigte im Gegenzug ein Geständnis ablegt.[1577] Der Beschuldigte kann dadurch jedoch nicht nur eine ggf. publikums- und medienwirksame, öffentliche, lange und kostspielige Hauptverhandlung verhindern, sondern kommt unter Umständen auch noch in den Genuss einer Strafmilderung. Daher gelten hier ebenfalls die beschriebenen Gefahren von falschen Geständnissen wie bei der Absprache nach § 257c StPO. Kommt es dazu, dass Fälle mit schwieriger Beweislage im Wege einer – auf einem Geständnis beruhenden – Absprache im Strafbefehlsverfahren erledigt werden, liegt eine „Fehlanwendung“ vor.[1578] Zwar kann ein Geständnis grundsätzlich zur Vereinfachung der Beweislage beitragen, jedoch gilt dies nur stark eingeschränkt für Geständnisse, die im Rahmen einer Absprache ausgehandelt worden sind, da deren Beweiswert höchst zweifelhaft ist[1579] (s. bereits **Kap. 4. A. V. 1. a.**). Angesichts der beschleunigenden und entlastenden Funktion des Strafbefehlsverfahrens kann eine wirksame Kontrolle und Überprüfung der Missbrauchsgefahr durch falsche Geständnisse bezweifelt werden.[1580]

dd. Der verfristete und damit unzulässige Einspruch

Gemäß § 410 Abs. 1, S. 1 StPO kann der Angeklagte innerhalb von zwei Wochen nach Zustellung Einspruch gegen den Strafbefehl einlegen.[1581] Auch wenn es diesbezüglich an empirischen Erkenntnissen fehlt, kann vermutet werden, dass diese Zweiwochenfrist sehr knapp bemessen sein könnte, wenn man bedenkt, dass der Einspruch schriftlich (oder zu Protokoll) eingelegt werden muss (§ 410 Abs. 1, S. 1 StPO) und der Betroffene oftmals nicht weiß, dass gegen ihn ein

1575 *Momsen*, in: S/S/W-StPO, § 407, Rn. 5.

1576 *Drews*, Die Königin unter den Beweismitteln?, 56 f.

1577 *Drews*, Die Königin unter den Beweismitteln?, 56, m.w.N.

1578 *Weßlau/Degener*, in: SK-StPO, Vor §§ 407 ff., Rn. 8.

1579 *Weßlau/Degener*, in: SK-StPO, Vor §§ 407 ff., Rn. 8; vgl. *Velten*, in: SK-StPO, § 257c, Rn. 4, m.w.N.

1580 *Weßlau/Degener*, in: SK-StPO, Vor §§ 407 ff., Rn. 8.

1581 Nach heute allgemeiner Ansicht kann der Einspruch auch schon vor Zustellung des Strafbefehls eingelegt werden, sofern der Strafbefehl zu diesem Zeitpunkt schon erlassen war, *Maur*, in: KK-StPO, § 410, Rn. 5; *Momsen*, in: S/S/W-StPO, § 410, Rn. 7.

Strafbefehlsverfahren läuft[1582].[1583] Ist der Betroffene berufs- oder urlaubsbedingt abwesend, hat sprachliche Schwierigkeiten oder konsultiert einen Verteidiger, dann könnte die Einhaltung der Frist äußert problematisch werden. Erwächst ein fehlerhafter Strafbefehl mangels fristgerechten Einspruchs in Rechtskraft, handelt es sich um eine Fehlentscheidung, welcher bereits eine Korrekturmöglichkeit genommen wurde.

Versäumt der Einspruchsberechtigte die Frist unverschuldet, besteht die Möglichkeit, die Wiedereinsetzung in den vorigen Stand zu beantragen. Die Schutzbedürftigkeit des Einspruchsberechtigten wird heute zutreffend von der herrschenden Meinung anerkannt. Danach ist die Beurteilung, ob das Fristversäumnis verschuldet war, großzügig auszulegen.[1584] Zu berücksichtigen ist, dass der Einspruch (mangels Anhörung) regelmäßig die einzige Möglichkeit des Betroffenen ist, sich rechtliches Gehör zu verschaffen, und dass er häufig keine Kenntnis von einem gegen ihn gerichteten Strafbefehlsverfahren hat und er daher auch nicht mit der Zustellung eines Strafbefehls rechnen muss.[1585] Deswegen kann nicht schon darin ein Verschulden gesehen werden, dass der Betroffene im Falle einer berufs- oder urlaubsbedingten Abwesenheit keine besonderen Vorkehrungen für eine Strafbefehlszustellung getroffen hat.[1586]

Angesichts der hier scheinbar weiten Wiedereinsetzung könnte man annehmen, dass diese eine ausreichende Kompensation für die kurze Einspruchsfrist darstellte. Dem muss allerdings entgegengehalten werden, dass die Wiedereinsetzung nach § 44 Abs. 1, S. 1 StPO ein erneutes und (pro-)aktives Reagieren

---

1582 Vgl. *Momsen*, in: S/S/W-StPO, § 410, Rn. 8.

1583 Zu einer ähnlichen Einschätzung für das schweizerische Strafbefehlsverfahren mit einer Einspruchsfrist von 10–30 Tagen je Kanton kommend *Gilliéron*, Strafbefehlsverfahren und plea bargaining, S. 128. Als sehr kurz empfindet die Einspruchsfrist auch *Dunkel* im Hinblick auf psychisch Erkrankte. In ihrer Aktenanalyse stellte sich die unerkannte Schuldfähigkeit als die häufigste Fehlerquelle des Strafbefehlsverfahrens dar (siehe dazu bereits **Kap. 2. B. I. 2.**). Diese seien aufgrund schwieriger Lebensumstände häufig nicht in der Lage, die Frist einzuhalten. Es sei ihnen oftmals nicht möglich, täglich in den Briefkasten zu schauen und dann angemessen und rechtzeitig auf einen Strafbefehl zu reagieren, *Dunkel*, Fehlentscheidungen in der Justiz, S. 202 f., m.w.N.

1584 Vgl. BVerfGE 40, 237, 251 f.; *Maur*, in: KK-StPO, § 410, Rn. 8; *Momsen*, in: S/S/W-StPO, § 410, Rn. 8; *Degener*, in: SK-StPO, § 410, Rn. 6.

1585 *Momsen*, in: S/S/W-StPO, § 410, Rn. 8.

1586 Vgl. *Degener*, in: SK-StPO, § 410, Rn. 6, m.w.N. und mit weiteren Beispielen, wann ein Verschulden in der Praxis verneint wurde; vgl. auch *Momsen*, in: S/S/W-StPO, § 410, Rn. 8.

vom (sich häufig in problematischen Lebensverhältnissen befindlichen) Betroffenen erfordert. Sie ist an eine einwöchige Frist gebunden (§ 45 Abs. 1, S. 1 StPO) und erfordert, dass die Tatsachen zur Begründung des Antrags vom Antragssteller glaubhaft gemacht werden (§ 45 Abs. 2, S. 1 StPO).[1587] Insbesondere die Glaubhaftmachung[1588] des unverschuldeten Versäumnisses, und die auf Seiten des Antragsstellers liegende Beweislast, könnte im Einzelfall erhebliche Hindernisse bereiten. Eine künftige wissenschaftliche Diskussion über die Ausweitung der Einspruchsfrist auf beispielsweise vier Wochen wäre wünschenswert.

b. (Gerichtliche) Aufklärungsfehler

Auf Ebene der Sachverhaltsaufklärung werden die dem Strafbefehl innewohnenden Gefahren der unterlassenen/fehlerhaften Abklärung der Schuldfähigkeit, unvollständigen Sachverhaltsaufklärung, Identitätsverwechselungen und Doppelverurteilungen thematisiert.

aa. Unterlassene/Fehlerhafte Abklärung der Schuldfähigkeit

Die fehlende oder fehlerhafte Abklärung der Schuldfähigkeit kann als eine der Hauptfehlerquellen des Strafbefehlsverfahrens angesehen werden.[1589]

Schon *Peters* kam zu dem Ergebnis, dass 22 % der erfolgreichen Wiederaufnahmeverfahren gegen Strafbefehle auf diesem Umstand beruhten.[1590]

1587 Siehe überblicksartig zu den nicht zu unterschätzenden Anforderungen an die Antragsbegründung *Schmitt*, in: M/S-StPO, § 45, Rn. 5 f.

1588 Die Glaubhaftmachung erfordert zwar nicht, dass das Gericht die volle Überzeugung von den vorgetragenen Wiedereinsetzungstatsachen erlangt hat, aber es ist nötig, dass dem Gericht „*[…] in einem nach Lage der Sache vernünftigerweise zur Entscheidung hinreichendem Maße die Wahrscheinlichkeit ihrer Richtigkeit dargetan wird.*“, *Schmitt*, in: M/S-StPO, § 45, Rn. 10, m.w.N. Zwar sind die Anforderungen nicht übermäßig hoch anzusetzen, wenn es – wie bei einem verfristeten Einspruch – um die Wiedereinsetzung zur Erlangung des „ersten Zugangs“ zum Gericht geht, BVerfGE 40, 88, 91. Die bloße Tatsache, dass eine Behauptung nicht widerlegt werden kann, reicht jedoch nicht aus, BGHSt 21, 334, 352.

1589 Ähnlich schon *Peters*, Fehlerquellen im Strafprozeß II, S. 298: „*[…] die Nichterkennung der Schuldunfähigkeit [ist] eine mit dem Strafbefehlsverfahren wesentlich verbundene Gefahr.*“ Siehe auch *Dunkel*, Fehlentscheidungen in der Justiz, S. 202 ff.; vgl. auch *Gilliéron*, Strafbefehlsverfahren und plea bargaining, S. 120 ff.

1590 *Peters*, Fehlerquellen im Strafprozeß II, S. 297 f. Zudem sei es in vier Fällen zu Irrtümern bei der Altersfeststellung und in zwei Fällen zu einer mangelnden Prüfung der individuellen Reife von Heranwachsenden gekommen.

Drastischer noch fielen die Ergebnisse der jüngeren Analyse von Wiederaufnahmeverfahren (60 % davon Strafbefehlsverfahren[1591]) durch *Dunkel* aus. Danach kam es in 48 % der Fälle dazu, dass eine psychische Erkrankung nicht erkannt wurde und die Schuldunfähigkeit bei der Entscheidungsfindung unberücksichtigt blieb (siehe bereits **Kap. 2. B. I. 2.**). Die Schuldunfähigkeit kam in diesen Fällen oftmals erst ans Licht, wenn der Betreuer des Betroffenen dies mitteilte oder die Schuldunfähigkeit in einem weiteren anhängigen Verfahren aufgedeckt wurde.[1592] Den Betroffenen fällt es oftmals schwer, sich gegen den Strafbefehl zur Wehr zu setzen. Dies zeigt sich nicht nur darin, dass ein geringerer Teil Einspruch einlegt, sondern auch darin, dass diesbezügliche Wiederaufnahmeverfahren in der Regel von der Staatsanwaltschaft und seltener vom anwaltlich vertretenen Betroffenen eingelegt werden.[1593] Dass der Anteil unerkannter Schuldunfähigkeit bei *Peters* (ca. 22 %) weit unterhalb des Anteils bei *Dunkel* (48 %) liegt, kann darauf zurückgeführt werden, dass bei *Peters* lediglich 10 % Strafbefehle in die Aktenanalyse einbezogen wurden.[1594] Daraus lässt sich der Schluss ziehen, dass im Regelverfahren mit Hauptverhandlung und umfassender Beweisaufnahme (insbes. Zeugenaussagen, Einlassungen des Angeklagten und Sachverständigen) eine psychische Erkrankungen und eine eventuelle Schuldunfähigkeit weit besser festgestellt werden kann, als im Strafbefehlsverfahren.[1595]

Im Strafbefehlsverfahren findet eine umfassende Aufklärung der Persönlichkeit nicht statt und ist auch nicht vorgesehen.[1596] Immerhin hat das Verfahren die vereinfachte und schnellere Erledigung zum Ziel.[1597] Der Richter kennt den Beschuldigten in der Regel nicht, da eine Anhörung nicht verpflichtend ist

1591 *Dunkel*, Fehlentscheidungen in der Justiz, S. 203 f.

1592 *Dunkel*, Fehlentscheidungen in der Justiz, S. 202 f.

1593 *Kemme/Dunkel*, StV 2020, 52, 57 stellten in ihrer Aktenanalyse fest, dass in solchen Fällen das Wiederaufnahmeverfahren in über der Hälfte der Fälle von der Staatsanwaltschaft und nur in knapp 30 % der Fälle vom anwaltlich vertretenen Verurteilten veranlasst wurde.

1594 *Peters*, Fehlerquellen im Strafprozeß I, S. 5.

1595 *Dunkel*, Fehlentscheidungen in der Justiz, S. 203 f. Laut *Dunkel* potenziere sich die Gefahr einer Fehlentscheidung aufgrund von unerkannter Schuldunfähigkeit im Strafbefehlsverfahren (im Gegensatz zum Regelverfahren).

1596 *Peters*, Fehlerquellen im Strafprozeß II, S. 297; *Dunkel*, Fehlentscheidungen in der Justiz, S. 202.

1597 Siehe *Momsen*, in: S/S/W-StPO, § 407, Rn. 1.

(vgl. § 407 Abs. 3 StPO).[1598] Auch der Staatsanwalt genießt keinen Wissensvorsprung. Liegen nach dem Ergebnis der Ermittlungen keine Anhaltspunkte für eine psychische Erkrankung vor und muss der Staatsanwalt daher die Hauptverhandlung für nicht erforderlich betrachten, dann hat er den Antrag auf Erlass eines Strafbefehls zu stellen (§ 407 Abs. 1, S. 2 StPO). Der Schwerpunkt der Ermittlungstätigkeit hat sich heute auf die Polizei verschoben.[1599] Damit sind die polizeilichen Ermittlungsakten im Strafbefehlsverfahren die wichtigste Erkenntnisquelle.[1600] Der Polizeibeamte ist im Regelfall die erste Kontaktperson des Beschuldigten[1601] und hält damit – insbesondere im Falle einer möglichen Schuldunfähigkeit – das Schicksal des weiteren Verlaufs des Strafverfahrens[1602] in den Händen. Findet hier keine sorgfältige Dokumentation von Verdachtsgraden statt, z.B. bezüglich einer psychischen Erkrankung, einer Alkoholisierung oder einer Drogenintoxikation, dann sind diese Feststellungen später durch Staatsanwaltschaft und Gericht kaum noch vorzunehmen.[1603] Dies gilt im Besonderen für das *„im Grunde rein schriftliche"* Strafbefehlsverfahren, oft auf Grundlage von lediglich ein paar Dokumenten.[1604] Eine Studie aus jüngerer Zeit konnte aufweisen, dass die polizeiliche Dokumentation von möglichen Anhaltspunkten für eine Schuldunfähigkeit (aufgrund von Alkoholisierung) defizitär ist.[1605] Hier wäre eine Sensibilisierung der Ermittlungspersonen auf die Gefahren einer unerkannten Schuldunfähigkeit – gerade bei Delikten der kleineren und mittleren Kriminalität, die typischerweise auf den Erlass eines Strafbefehls hinauslaufen – wünschenswert.[1606]

1598 Siehe aber auch *Gilliéron*, Strafbefehlsverfahren und plea bargaining, S. 120 f., welche anhand von zwei Fallbeispielen aus der Schweiz darauf hinweist, dass auch eine Anhörung („Einvernahme") keine Gewähr für das Erkennen einer (verminderten) Schuldfähigkeit biete.

1599 Vgl. *Beulke/Swoboda*, Strafprozessrecht, Rn. 165, m.w.N.

1600 *Kemme/Dunkel*, StV 2020, 52, 58.

1601 Ebenda.

1602 Siehe dazu *Lange*, Fehlerquellen im Ermittlungsverfahren, S. 7 f.; *Peters*, Fehlerquellen im Strafprozeß II, S. 211.

1603 Vgl. *Kemme/Dunkel*, StV 2020, 52, 58.

1604 *Dunkel*, Fehlentscheidungen in der Justiz, S. 203 f.

1605 *Kemme/Abdul-Rahman/Wodack*, RPsych 2017, 175, 175 ff.

1606 *Kemme/Dunkel*, StV 2020, 52, 58.

bb. Unterlassen der sorgfältigen Sachverhaltsaufklärung

Eine weitere, häufig angeführte Fehlerquelle des Strafbefehlsverfahrens ist die mangelnde Sorgfalt bei der Aufklärung des Sachverhalts.[1607] Der Vorwurf bezieht sich dabei sowohl auf die (polizeiliche) Ermittlung und die vorschnelle Antragsstellung durch die Staatsanwaltschaft, als auch auf die unkritische Absegnung durch das Gericht.

Peters hat schon 1972 – und damit zu einer Zeit, in der die Zahl der jährlichen Strafverfahren im Allgemeinen, der Strafbefehlsverfahren im Speziellen und damit das Arbeitsaufkommen für die Strafverfolgungsbehörden deutlich geringer waren – kritisiert, dass bereits das Ermittlungsverfahren vielfach „summarisch“ erfolge.[1608] Dabei werde die Ermittlung (womöglich in Erwartung einer Erledigung im Wege des Strafbefehlsverfahrens) regelmäßig nicht mit derselben Sorgfalt durchgeführt, wie es bei mittlerer oder schwerer Kriminalität der Fall sei.[1609] Wenn eine umfangreiche Beweisaufnahme nicht stattfindet, ist es nicht verwunderlich, wenn Tatsachen übersehen werden.[1610] Schon damals enthielt das Aktenmaterial von *Peters* jedoch Fälle, bei denen es sich nicht um bloße Bagatellstrafsachen handelte.[1611] Nicht selten ergehen Strafbefehlsverfahren (auch heute) bei komplizierten Sachverhalten (z.B. Betrug und Unterschlagung).[1612] In diesen Fällen unterbleibe laut *Peters* oftmals die notwendige Klärung des Sachverhalts und der Strafbefehlsantrag werde zu früh gestellt, sodass eine spätere Sachverhaltsaufklärung im Hauptverfahren u.U. nicht mehr nachholbar sei.[1613] Eine Anhörung könnte für die bessere Sachverhaltsaufklärung einen wesentlichen Beitrag leisten.[1614]

Der Strafbefehlsantrag stellt für die – am Rande der Arbeitsüberlastung arbeitende – Staatsanwaltschaft eine Möglichkeit dar, eine Unmenge an Verfahren vom Tisch zu bekommen.[1615] Dies gilt auch für besonders arbeitsintensive

1607 U.a. *Peters*, Fehlerquellen im Strafprozeß II, S. 297 f.; *Dunkel*, Fehlentscheidungen in der Justiz, S. 204; *Gilliéron*, Strafbefehlsverfahren und plea bargaining, S. 124 ff.; vgl. auch *Weßlau/Degener*, in: Vor §§ 407 ff., Rn. 6.

1608 *Peters*, Fehlentscheidungen im Strafprozeß II, S. 297.

1609 Ebenda.

1610 Vgl. *Dunkel*, Fehlentscheidungen in der Justiz, S. 204.

1611 Siehe mit Fallnachweisen *Peters*, Fehlerquellen im Strafprozeß II, S. 297.

1612 Vgl. *Weßlau/Degener*, in: SK-StPO, Vor §§ 407 ff., Rn. 8.

1613 Vgl. *Peters*, Fehlerquellen im Strafprozeß II, S. 297.

1614 *Gilliéron*, Strafbefehlsverfahren und plea bargaining, S. 124, 126.

1615 *Peters*, Fehlerquellen im Strafprozeß II, S. 297.

Sachverhalte, deren Ausgang fraglich ist[1616] (sog. Risikoverfahren). Es besteht die Gefahr, dass der Strafbefehl auch bei verbleibenden Zweifeln erst einmal beantragt und erlassen werden könnte, in der Erwartung, dass sich der Betroffene schon zur Wehr setzen werde, wenn er sich unschuldig fühlte.[1617] Man lässt es drauf ankommen und hofft auf eine endgültige Verfahrensbeendigung. Einige Autoren befürchten sogar, dass die Staatsanwaltschaft und das Gericht die Strafsache im Einzelfall nur zwecks Arbeitsersparnis erledigen und dabei die Strafe absichtlich (zu) niedrig bemessen würden, um einen Einspruch des Beschuldigten zu verhindern.[1618]

Schließlich besteht die Befürchtung, dass viele Richter dem Antrag der Staatsanwaltschaft auf Erlass eines Strafbefehls ohne eingehende Prüfung folgen könnten.[1619] Der Anteil der von Richtern gemäß des staatsanwaltschaftlichen Antrags erlassenen Strafbefehle ist exorbitant hoch. Nach Schätzungen komme es nur in ca. 1 % der Fälle zur Ablehnung des Antrags und Anberaumung einer Hauptverhandlung.[1620] Zurückzuführen ist dies zum Teil auf die Erledigung von tatsächlich beweismäßig eindeutigen Massendelikten (Verkehrsdelikte, Ladendiebstahl, Erschleichen von Leistungen oder einfache Betäubungsmitteldelikte).[1621] Es wäre jedoch illusorisch, würde man denken, dass alle Fälle der Strafbefehlspraxis entweder unkompliziert und eindeutig oder vollumfänglich und sorgfältig aufgeklärt wären. Für den Richter ist dies allerdings nicht ersichtlich, wenn er den Antrag unkritisch unterschreibt. Eine vermutete unkritische Absegnung des Gerichts in Fällen mit unklarer Sachlage könnte einerseits auf die hohe Arbeitsbelastung zurückzuführen sein, die auch bei den Gerichten besteht,[1622] andererseits auf die Vermutung, dass das Gericht hier Fehlentscheidungen in Kauf nehmen könnte, da die Überprüfung der Erlassentscheidung durch ein anderes Gericht nicht zu befürchten wäre

1616 Vgl. *Weßlau/Degener*, in: SK-StPO, Vor §§ 407 ff., Rn. 8, oftmals auch in Form von Strafbefehlsverfahren als Gegenstand von Absprachen.

1617 *Peters*, Fehlerquellen im Strafprozeß II, S. 297; vgl. auch *Roxin/Schünemann*, Strafverfahrensrecht, § 68, Rn. 2.

1618 *Roxin/Schünemann*, Strafverfahrensrecht, § 68, Rn. 2.

1619 *Kotz*, Die Wahl der Verfahrensart durch den Staatsanwalt, S. 36; vgl. *Weßlau/Degener*, in: SK-StPO, Vor §§ 407 ff., Rn. 6, m.w.N.

1620 Nachweis bei *Weßlau/Degener*, in: SK-StPO, Vor §§ 407 ff., Rn. 6, m.w.N.

1621 *Metzger*, in: K/M/R-StPO, Vor § 407, Rn. 7.

1622 Siehe dazu bereits **Kap. 3. B. II.**

und die Möglichkeit der Korrektur des nur vorläufigen Ergebnisses durch Einlegung eines Einspruchs bestünde.[1623]

cc. Identitätsirrtümer

Wie bereits ausgeführt, ist es der schnellen Bearbeitung im Strafbefehlsverfahren immanent, dass eine (sorgfältige) Klärung der Persönlichkeit nicht stattfindet bzw. nicht stattfinden kann.[1624] Dies hat aber nicht nur zur Folge, dass eine (verminderte) Schuldunfähigkeit oftmals unerkannt bleibt, sondern es führt vereinzelt auch zu Identitätsirrtümern.[1625] Dies kann sich dahingehend äußern, dass einzelne Elemente der Identität falsch festgestellt werden oder es zu einer gänzlichen Personenverwechselung kommt.[1626] So finden sich bei *Peters* Nachweise für Fälle, in denen es zu Irrtümern bei der Altersfeststellung kam (so z.B. eine Altersvertauschung bei Aufnahme der Personalien, Fall-Nr. 529[1627]). Solche Fehler, die bei einer Hauptverhandlung vermeidbar gewesen wären, könnten z.B. dazu führen, dass der Betroffene fälschlicherweise nach Erwachsenenstrafrecht bestraft wird, obwohl er dem Jugendstrafrecht unterliegt.[1628] *Gilliéron* zeigt in ihrer Dissertation weitere Fallbeispiele aus der Schweiz auf, welche insbesondere fehlerhafte Strafbefehle gegen Ausländer dokumentieren. In einigen Fällen seien falsche Personalien angegeben worden, welche unzulänglich überprüft worden seien.[1629] Teilweise dokumentiert sie Fälle, in denen es trotz richtiger Personalangaben zu Personenverwechselungen gekommen sei, weil im Ermittlungsverfahren nicht auf die genaue Schreibweise der Namen geachtet worden sei[1630]

1623 *Weßlau/Degener*, in: SK-StPO, Vor §§ 407 ff., Rn. 6.

1624 Vgl. *Peters*, Fehlerquellen im Strafprozeß II, S. 297.

1625 *Gilliéron*, Strafbefehlsverfahren und plea bargaining, S. 121 ff.; *Peters*, Fehlerquellen im Strafprozeß II, S. 297.

1626 Ebenda.

1627 *Peters*, Fehlerquellen im Strafprozeß II, S. 210.

1628 Siehe dazu *Gilliéron*, Strafbefehlsverfahren und plea bargaining, S. 122.

1629 *Gilliéron*, Strafbefehlsverfahren und plea bargaining, S. 122 f. Solche Fehler könnten v.A. bei Personen aus Südosteuropa oder Afrika auftauchen, wo keine verlässlichen Verwaltungsstrukturen bestehen. Ob eine Hauptverhandlung in solchen Fällen die Gewähr für eine bessere Aufklärung bietet, ist indes zweifelhaft.

1630 *Gilliéron*, Strafbefehlsverfahren und plea bargaining, S. 123.

dd. Doppelverurteilungen

Schließlich scheint es, dass mit Strafbefehlsverfahren die erhöhte Gefahr von Doppel„verurteilungen"[1631] einhergeht.[1632] Die Auswertung des Fallverzeichnisses von *Peters* hat ergeben, dass es in 51 Fällen (4,12 %) zu einer Doppelverurteilung gekommen ist (siehe dazu bereits **Kap. 2. A. IV. 2. a.**). Eine solche liegt vor, wenn derselbe Täter wegen derselben Tat zweimal verurteilt wird.[1633] Nach dem Aktenmaterial lagen zwar alle denkbaren Konstellationen von Doppelverurteilungen vor, d.h. Urteil/Urteil, Strafbefehl/Urteil (sowie umgekehrt) und Strafbefehl/Strafbefehl, aber bemerkenswerterweise entfielen mehr als die Hälfte der Doppelverurteilungen auf das Strafbefehlsverfahren,[1634] obwohl Strafbefehle bei der Aktenanalyse nur einen kleinen Anteil von ca. 10 % ausmachten.[1635] Bei der schweren Kriminalität (welche nicht in Form des Strafbefehls erledigt wird) sind Doppelverurteilungen hingegen „selten".[1636] Ein ähnliches Bild ergibt sich bei Auswertung der Ergebnisse von *Dunkel*. Bei ihrer Aktenanalyse wurden in 12 % der Fälle eine Doppelverurteilung nachgewiesen.[1637] Der Anteil an Doppelverurteilungen liegt damit deutlich höher als bei *Peters*, was jedoch darauf zurückzuführen ist, dass der Anteil an Strafbefehlsverfahren bei *Dunkel* weit überwiegt (60 %).[1638] Die Gründe für diesen hohen Anteil können in zweierlei Problemen gesehen werden. Einerseits offenbaren die Doppelverurteilungen die Unbeholfenheit von vielen Beschuldigten dem Strafverfahren und Strafbefehlsverfahren gegenüber.[1639] Den Betroffenen fällt es teilweise nicht auf, dass zwei Entscheidungen in derselben Sache ergangen sind.[1640] Dies mag an der mangelnden Transparenz der schriftlichen und unbegründeten Strafbefehle

---

1631 Der Begriff der Verurteilung ist hier untechnisch zu verstehen und umfasst auch Konstellationen mit (einem) Strafbefehl(en).

1632 *Peters*, Fehlerquellen im Strafprozeß II, S. 34 f., 289; *Lange*, Fehlerquellen im Ermittlungsverfahren, S. 178 f.; vgl. auch *Dunkel*, Fehlentscheidungen in der Justiz, S. 204.

1633 *Lange*, Fehlerquellen im Ermittlungsverfahren, S. 178; vgl. auch *Peters*, Fehlerquellen im Strafprozeß II, S. 35.

1634 *Peters*, Fehlerquellen im Strafprozeß II, S. 34 f.; *Lange*, Fehlerquellen im Ermittlungsverfahren, S. 178.

1635 *Peters*, Fehlerquellen im Strafprozeß I, S. 5.

1636 *Lange*, Fehlerquellen im Ermittlungsverfahren, S. 178.

1637 *Dunkel*, Fehlentscheidungen in der Justiz, S. 204.

1638 Vgl. *Dunkel*, Fehlentscheidungen in der Justiz, S. 203.

1639 Vgl. *Lange*, Fehlerquellen im Ermittlungsverfahren, S. 178.

1640 *Peters*, Fehlerquellen im Strafprozeß II, S. 35.

liegen[1641] oder am fehlenden Verständnis für die Natur des Strafbefehls oder der Einspruchsmöglichkeit (s.o.). Bei der doppelten „Verurteilung“ durch Strafbefehl in derselben Sache sei es nach *Peters* denkbar, dass der Beschuldigte annehmen könnte, es handele sich um Abschriften und nur um eine Sache.[1642] Andererseits kann die höhere Anfälligkeit für Doppelverurteilungen auch im Strafbefehlsverfahren selbst liegen. *Peters* vermutet, dass die schnellere Bearbeitung von Strafbefehlssachen zum vermehrten Übersehen formaler Voraussetzungen führen könnte.[1643]

c. Diskussion um den Grad der richterlichen Überzeugungsbildung bei Erlass des Strafbefehls

Bei Erlass des Strafbefehls stellt sich die folgenschwere Frage, welche Anforderungen an die richterliche Überzeugungsbildung zu stellen sind. Ist eine Überzeugungsbildung des Richters im Sinne einer subjektiven Gewissheit (wie beim Urteil) zu fordern[1644] oder reicht ein hinreichender Tatverdacht[1645] aus? Sollte eine subjektive Gewissheit notwendig sein, kann in der Gefahr, dass sich Richter mit einem hinreichenden Tatverdacht begnügen könnten, eine erhebliche Quelle für Fehlentscheidungen gesehen werden.

Ein großer Teil der Literatur ist der Ansicht, dass sich aus der Formulierung des § 408 Abs. 2 StPO ergebe, dass das Strafbefehlsverfahren bereits beantragt werden dürfe, wenn hinreichender Tatverdacht als genügender Anlass für die Erhebung der öffentlichen Klage bestehen sollte (vgl. § 170 Abs. 1 StPO).[1646] Selbiges müsse auch für das Gericht bei Erlass des Strafbefehls gelten.[1647] Im lediglich schriftlich-summarischen Verfahren komme es auf die Überzeugung des Gerichts von der Schuld des Beschuldigten eben nicht an.[1648] Die auch von Vertretern dieser Ansicht nicht in Abrede gestellten Friktionen mit dem Schuldgrundsatz seien „akzeptabel“, da der Strafbefehl nur vorläufigen Charakter

1641 Vgl. *Weßlau/Degener*, in: SK-StPO, Vor §§ 407 ff., Rn. 24.
1642 *Peters*, Fehlerquellen im Strafprozeß II, S. 35.
1643 *Peters*, Fehlerquellen im Strafprozeß II, S. 298.
1644 So u.a. *Metzger*, in: K/M/R-StPO, Vor § 407, Rn. 24; *Maur*, in: KK-StPO, § 408, Rn. 15, m.w.N.
1645 So u.a. *Momsen*, in: S/S/W-StPO, § 407, Rn. 3; *Schmitt*, in: M/S-StPO, § 407, Rn. 8 und Vor § 407, Rn. 1, m.w.N.
1646 Siehe überblicksartig *Kindhäuser/Schumann*, Strafprozessrecht, § 26, Rn. 15, m.w.N.
1647 Vgl. *Momsen*, in: S/S/W-StPO, § 407, Rn. 3; *Schmitt*, in: M/S-StPO, § 407, Rn. 8 und Vor § 407, Rn. 1, m.w.N.
1648 Vgl. *Schmitt*, in: M/S-StPO, Vor § 407, Rn. 1.

habe und dem Angeklagten die Möglichkeit verbleibe, durch die rechtzeitige Einlegung eines Einspruchs eine mündliche Verhandlung herbeizuführen.[1649] Die theoretische Forderung nach einer vollständigen Überzeugungsbildung scheitere nicht zuletzt auch an der Praktikabilität, da sich das Strafbefehlsverfahren signifikant vom Regelverfahren unterscheide. Während die gerichtliche Überzeugungsbildung im Normalverfahren auf Grundlage einer Beweiserhebung erfolge, fehle dem Gericht diese Möglichkeit im schriftlich-summarischen Verfahren.[1650] Die „*[...] Basis der Überzeugungsbildung i.R.d. Strafbefehlsverfahrens [ist] eine sehr viel schmalere und insoweit eben nicht mit der durch eine mündliche Hauptverhandlung gewinnbaren Überzeugung vergleichbar.*“[1651]

Nach der Gegenansicht dürfe der Richter den Strafbefehl antragsgemäß erst erlassen, wenn er in tatsächlicher und rechtlicher Hinsicht in Übereinstimmung mit der Staatsanwaltschaft zur subjektiven Gewissheit gelangt sei, dass der Angeschuldigte die ihm zur Last gelegte Tat schuldhaft begangen habe.[1652] Die Berufung auf § 408 Abs. 2, S. 1 StPO scheide aus, da dort nur vorgeschrieben sei, was zu geschehen habe, wenn schon kein hinreichender Tatverdacht bestünde.[1653] Entscheidend sei allein, dass der Strafbefehl in seiner Wirkung dem rechtskräftigen Urteil gleichstehe, vgl. § 410 Abs. 3 StPO.[1654] Der Verweis auf die Einspruchsmöglichkeit laufe auf eine „Unterwerfung“ und das Konsensprinzip als Legitimationsquelle hinaus.[1655] Beides sei aus rechtsstaatlicher Sicht (Art. 20 Abs. 3 GG, Art. 6 Abs. 2 EMRK) nicht mit dem Grundsatz zu vereinen, dass eine Strafe nur aufgrund eines gesetzlichen Nachweises der Schuld verhängt werden dürfe.[1656] Das Strafbefehlsverfahren unterscheide sich vom Regelverfahren nicht hinsichtlich der Anforderung an die Überzeugungsbildung, sondern allein hinsichtlich der Feststellung ihrer tatsächlichen

1649 *Momsen*, in: S/S/W-StPO, § 407, Rn. 3.

1650 Vgl. *Temming*, in: BeckOK-StPO, § 408, Rn. 11.

1651 *Momsen*, in: S/S/W-StPO, § 407, Rn. 3. Die Bezeichnung der Überzeugungsbildung sei gleichwohl angebracht, da neben den hinreichenden Tatverdacht die Überzeugung des Gerichts treten müsse, dass eine mündliche Hauptverhandlung wegen der Übersichtlichkeit des Vorwurfs und der Sachlage nicht notwendig sei, um eine rechtskräftige Entscheidung zu fällen.

1652 *Maur*, in: KK-StPO, § 408, Rn. 15.

1653 Vgl. BT-Drs. 10/1313, S. 35; *Maur*, in: KK-StPO, § 408, Rn. 15.

1654 *Maur*, in: KK-StPO, § 408, Rn. 15; vgl. auch *Metzger*, in: K/M/R-StPO, Vor § 407, Rn. 24, wonach sich das Erfordernis einer subjektiven Überzeugung primär aus dem Schuldgrundsatz ableite.

1655 Vgl. *Weßlau/Degener*, in: SK-StPO, Vor §§ 407 ff., Rn. 13 ff.

1656 Ebenda.

Grundlage.[1657] *„Dass diese Grundlage gegenüber der des § 261 StPO grds. defizitär ist, lässt sich freilich [...] nicht leugnen."*[1658] Die eine subjektive Überzeugung fordernde Ansicht vermag zu überzeugen. Die Diskussion fußt auf der Grundlagendebatte, ob der vollständige Schuldnachweis eine verzichtbare Größe ist und ob dem Prinzip der materiellen Wahrheitsfindung das Konsensprinzip als (weitere) Legitimationsquelle gegenübergestellt werden kann.[1659] Auf nichts anderes als eine konsensuale „Unterwerfung" liefe es hinaus, wenn man beim Strafbefehl einen hinreichenden Tatverdacht ausreichen lassen würde, weil der Angeschuldigte ja immerhin die Wahl habe, einen Einspruch einzulegen.[1660] Würde man diesen Gedanken fortführen, könnte man auch bei einem Urteil im Regelverfahren einen hinreichenden Tatverdacht ausreichen lassen, da das Urteil – aufgrund zunächst ausbleibender Rechtskraft und der Möglichkeit, Rechtsmittel einzulegen – schließlich auch nur eine vorläufige Entscheidung ist.[1661] Wie bereits bei den Absprachen thematisiert, hat der Gesetzgeber und die Rechtsprechung dem Konsensprinzip als Legitimationsquelle bisher stets eine Absage erteilt,[1662] wenngleich konsensuale Elemente in der StPO nicht zu leugnen sind. Richtig ist demgegenüber, dass die Möglichkeiten der Feststellung tatsächlicher Umstände, auf denen die Überzeugungsbildung beruht, im Strafbefehlsverfahren defizitär sind.[1663] Schließlich kann sich die Überzeugungsbildung nicht auf eine umfangreiche Beweisaufnahme stützen. Im Rahmen des Systems des Strafbefehlsverfahrens ist dies jedoch nicht nur nicht möglich, sondern auch nicht nötig. Die Überzeugung muss sich im Strafbefehlsverfahren lediglich aus den in den Akten dokumentierten Ermittlungsergebnissen ergeben, sog. „Aktenüberzeugung".[1664] Wenn bei Erlass eines Strafbefehls aber eine auf der Grundlage der Ermittlungsergebnisse aufbauende Aktenüberzeugung

---

1657 *Pfeiffer*, StPO, § 408, Rn. 4; *Maur*, in: KK-StPO, § 408, Rn. 15.

1658 *Maur*, in: KK-StPO, § 408, Rn. 15.

1659 *Weßlau/Degener*, in: SK-StPO, Vor §§ 407 ff., Rn. 14.

1660 Vgl. *Weßlau/Degener*, in: SK-StPO, Vor §§ 407 ff., Rn. 14, 19.

1661 So bereits das Argument der Autoren, die in einem nicht rechtskräftigen Urteil kein Fehlurteil sehen wollen, da es dann nur vorläufig und noch korrigierbar sei, vgl. dazu bereits **Kap. 2. B. II. 2.**

1662 BT-Drs. 16/12310, S. 8, 13; BGHSt 50, 40, 49 f.; vgl. auch den Verweis in § 257c Abs. 1, S. 2 StPO auf § 244 Abs. 2 StPO; siehe zusammenfassend auch *Ignor/Wegner*, in: S/S/W-StPO, § 257c, Rn. 23 f.

1663 *Maur*, in: KK-StPO, § 408, Rn. 15.

1664 *Fezer*, ZStW 106 (1994), 1, 21; *Metzger*, in: K/M/R-StPO, Vor § 407, Rn. 24; ähnlich auch *Maur*, in: KK-StPO, § 408, Rn. 15, m.w.N.; vermittelnd *Weßlau/Degener*, in: SK-StPO, Vor §§ 407 ff., Rn. 16, m.w.N.

zu verlangen ist, dann stellt die Gefahr eines Erlasses aufgrund eines bloßen hinreichenden Tatverdachts eine erhebliche Fehlerquelle im Strafbefehlsverfahren dar. Dass dies praktisch in einem nicht unerheblichen Ausmaß geschehen dürfte, zeigt bereits die undurchsichtige und unabgeschlossene wissenschaftliche Diskussion zu den Anforderungen an die Überzeugungsbildung.

2. *Besondere Fehlerquelle: Strafbefehlsverfahren bei Straßenverkehrsdelikten*

Strafbefehlsverfahren kommen in erster Linie in Massenverfahren zur Anwendung, d.h. bei kleineren oder mittleren Delikten, welche schnell und reibungslos erledigt werden sollen.[1665] Dazu gehören insbesondere die Verkehrsdelikte. So fanden nach dem Aktenmaterial von *Peters* 51 Wiederaufnahmeverfahren gegen rechtskräftige Strafbefehle in Verkehrssachen statt, was einen Anteil von 43,6 % aller erfolgreichen Wiederaufnahmeverfahren gegen rechtskräftige Strafbefehle ausmachte.[1666]

Auch in einer schweizerischen Studie wurden u.a. fehlerhafte Strafbefehle bei Verkehrsstraftaten untersucht.[1667] Die Autoren kamen zum Ergebnis, dass der Strafbefehl in Verkehrsstrafsachen teilweise spezifische Fehlerquellen aufweisen könne: wie auch bei anderen Delikten könne es bei Strafbefehlen in Verkehrssachen zu einer ungenügenden Sachverhaltsaufklärung kommen.[1668] Dies mag teilweise der Dynamik des Straßenverkehrs geschuldet sein. Allerdings konnte nachgewiesen werden, dass insbesondere die polizeilichen Ermittlungsakten oberflächlich und unvollständig geführt sowie falsche Schlussfolgerungen gezogen worden seien.[1669] Selbst wenn ein Sachverhalt danach nicht sicher festzustellen gewesen sei, sei es in einigen Fällen entgegen „in dubio pro reo" dennoch zu dem Erlass eines Strafbefehls gekommen.[1670] In Verkehrsstrafsachen, welche oft nur auf eine Geldstrafe hinauslaufen, bestehe zudem die Gefahr, dass man es seitens der Strafverfolgungsbehörden auf einen Einspruch ankommen lasse.[1671] Die unzulängliche Sachverhaltsaufklärung im Ermittlungsverfahren zeige sich auch dahingehend, dass es zu Personenverwechselungen

1665 *Weßau/Degener*, in: SK-StPO, Vor §§ 407 ff., Rn. 7.
1666 *Peters*, Fehlerquellen im Strafprozeß I, S. 469 ff.
1667 *Killias/Gilliéron/Dongois*, Erreurs judiciaires en Suisse de 1995 á 2004, S. 28.
1668 Nachweis bei *Gilliéron*, Strafbefehlsverfahren und plea bargaining, S. 133 ff.
1669 Nachweis bei *Gilliéron*, Strafbefehlsverfahren und plea bargaining, S. 133.
1670 Nachweis bei *Gilliéron*, Strafbefehlsverfahren und plea bargaining, S. 134 f.
1671 Nachweis bei *Gilliéron*, Strafbefehlsverfahren und plea bargaining, S. 135.

gekommen sei, welche durch Vorlage falscher Personalausweise oder Führerscheine (eines Anderen) bei der Polizei entstanden seien und die bei sorgfältiger Abklärung vermeidbar gewesen wären.[1672] Aus der Studie ergibt sich auch, dass die nicht erkannte Schuldunfähigkeit eine wesentliche Fehlerquelle beim Strafbefehlsverfahren im Verkehrsstrafrecht sei.[1673] Ein Spezifikum von Strafbefehlsverfahren in Verkehrsstrafsachen scheint auch die erhöhte Gefahr von Falschgeständnissen zu sein:[1674] Danach komme es im Straßenverkehr vor, dass der Beteiligte den Sachverhalt dadurch verfälsche, dass er zum Drittschutze falsche Geständnisse ablege. Zu einer Aufklärung komme es dann eher durch Zufall. Vermutlich gebe es eine hohe Dunkelziffer, da die Strafen oft gering seien und von den Strafverfolgungsbehörden kein besonderer Aufwand für die Verifizierung der Aussagen zum eigenen Nachteil ausgehe.

3. *Besondere Fehlerquelle: Strafbefehle im Nebenstrafrecht am Beispiel des Migrationsstrafrechts?*

a. *Vorbemerkungen*

Das materielle Strafrecht unterliegt in den letzten Jahren und Jahrzehnten einer besonderen Dynamik. Es kommen neue Tatbestände hinzu, bestehende Tatbestände werden erweitert. Diese Entwicklung wird von einigen Juristen als „Komplizierung“ des Strafrechts empfunden. In von *Böhme* geführten leitfadengestützten Experteninterviews gaben zwei der zehn befragten Strafrichter an, dass sie in der Komplizierung des Strafrechts und in der resultierenden mangelnden Fachkenntnis in Spezialrechtsgebieten (z.B. im Waffen-, Lebensmittel- und Völkerstrafrecht) eine zentrale Ursache für strafgerichtliche Fehlentscheidungen sehen würden.[1675] Ein interviewter Richter wird mit den Worten zitiert *„[...] je spezieller das Ganze wird, umso gefahrträchtiger oder umso fehlerträchtiger wird das Ganze.“*[1676] Ein Rechtsgebiet, welches in den letzten Jahren zahlreichen (europarechtlich geprägten) Reformen[1677] und aufgrund

---

1672 Nachweis bei *Gilliéron*, Strafbefehlsverfahren und plea bargaining, S. 136 f.

1673 Nachweis bei *Gilliéron*, Strafbefehlsverfahren und plea bargaining, S. 139 ff.

1674 Nachweis bei *Gilliéron*, Strafbefehlsverfahren und plea bargaining, S. 137 ff.

1675 Zwei weitere Richter benannten dies an anderer Stelle, *Böhme*, Das strafgerichtliche Fehlurteil, S. 190.

1676 Ebenda.

1677 Überblick über die Rechtsänderungen der letzten Jahre bei *Reinhardt/Kluth*, in: Handbuch Zuwanderungsrecht, § 2, Rn. 26 ff.

der sog. Flüchtlingskrise 2015 einer besonderen Bedeutung[1678] unterlag, ist das Migrationsrecht. Dies hat auch Auswirkungen auf den strafrechtlich relevanten Bereich des Migrationsrechts, nämlich das Migrationsstrafrecht. Das Migrationsrecht ist weit gefächert, ist Bestandteil mehrerer Rechtsgebiete und behandelt beispielsweise verwaltungsrechtliche Fragen des Bleiberechts, des Familiennachzugs oder der Einbürgerung.[1679] Findet ein Verstoß gegen diese verwaltungsrechtlichen und europarechtlich geprägten Regelungen statt, greift das Migrationsstrafrecht der §§ 95 ff. AufenthG, dessen Grundtatbestände in § 95 AufenthG geregelt sind und der eine Strafe von bis zu einem Jahr oder Geldstrafe (Abs. 1) bzw. bis zu drei Jahren oder Geldstrafe (Abs. 2) vorsieht. Vergegenwärtigt man sich vor dem Hintergrund der Strafandrohung den Zweck des Strafbefehlsverfahrens, nämlich die schnelle Erledigung in Massenverfahren und bei kleinerer und mittlerer Kriminalität,[1680] so verwundert es nicht, dass das Strafbefehlsverfahren ein häufig genutztes Instrument des Migrationsstrafrechts ist.[1681] Nimmt man an, dass die Komplizierung des materiellen Strafrechts und ein einhergehendes mangelndes Fachwissen im Bereich des Spezialstrafrechts eine bedeutende Fehlerquelle ist, und bedenkt man, dass das Migrationsstrafrecht von einigen Kommentatoren als eines der schwierigsten strafrechtlichen Rechtsmaterien[1682] bezeichnet wird, dann besteht die Befürchtung, dass das Strafbefehlsverfahren im Migrationsrecht eine besondere Fehlerquelle sein könnte.

Die Fragen, ob eine erhöhte Fehleranfälligkeit des summarischen Verfahrens in komplizierten Nebenrechtsgebieten (anhand des Beispiels Migrationsstrafrecht) besteht, wie häufig fehlerhafte Strafbefehle ergehen, welche der soeben thematisierten allgemeinen Fehlerquellen des Strafbefehlsverfahrens sich hier womöglich vertiefen und welche besonderen Fehlerpotentiale es in diesen speziellen Fällen geben könnte, wurden zum Anlass genommen, sich genauer mit Strafbefehlsverfahren im Migrationsstrafrecht auseinander zu

1678 Siehe zur Zuwanderungssituation ausführlich *Kluth*, in: Handbuch Zuwanderungsrecht, § 1, Rn. 2 ff.

1679 Genannte Beispiele von E1 und E2 bei Frage 1, Anhang A1.

1680 *Weßau/Degener*, in: SK-StPO, Vor §§ 407 ff., Rn. 7.

1681 So sind exemplarisch laut Angaben der Landesregierung Niedersachsen im Zeitraum von 2013 bis 2015 in dem Bundesland 4.289 Ermittlungsverfahren (eigene Berechnung anhand der Aufschlüsselung nach Staatsanwaltschaften) wegen unerlaubter Einreise eingeleitet worden. Laut der Landesregierung kam es in 233 Fällen zu einer Verurteilung und in 272 Fällen zu einem Strafbefehl, Landtag NI-Drs. 17/4828, S. 2.

1682 Vgl. *Mosbacher*, in: Handbuch Zuwanderungsrecht, § 10, Rn. 1.

setzen. Diesbezüglich wurden zwei leitfadengestützte (Telefon-)Experteninterviews durchgeführt.[1683] Diese fanden am 27.01.2021 und am 09.03.2021 statt und hatten eine Dauer von ca. 46 und ca. 55 Minuten. Die kleine Stichprobe von lediglich zwei Interviewteilnehmern hat ihre Ursache in zweierlei Gründen. Zum einen stand der Verfasser vor der besonderen Herausforderung, geeignete Interviewteilnehmer zu akquirieren, welche auf dem Spezialrechtsgebiet spezifische Sachkunde aufweisen. Zum anderen kann der Interviewzweck mit Blick auf die Schwerpunktsetzung dieser Arbeit nur in einem ersten Vorstoß in eine weitgehend unbeachtete, mögliche Verknüpfung zwischen dem Strafbefehlsverfahren und dem Migrationsstrafrecht erblickt werden.

Im Einzelnen nahmen an den Interviews teil:[1684]

- E1:[1685] Fachanwalt für Migrationsrecht mit Arbeitsschwerpunkt im Aufenthalts- und Staatsangehörigkeitsrecht seit über 20 Jahren
- E2:[1686] Kommentator für Ausländerrecht, Anwalt für Migrationsrecht mit Arbeitsschwerpunkt in Strafverfahren mit ausländerrechtlichem Bezug.

1683 Zur Methodik, der Vorgehensweise bei der Interviewdurchführung, -transkription und -auswertung sowie zu den Vor- und Nachteilen leitfadengestützter (Telefon-)Experteninterviews siehe analog die Darstellung bei den leitfadengestützten Experteninterviews mit Strafrichtern in **Kap. 5. A.**

1684 Um die Anonymität der Interviewteilnehmer zu wahren, wird auf die Angabe von persönlichen Merkmalen, welche eine Identifizierung der Person ermöglichen könnten, verzichtet. Daher wird bei der nachfolgenden Darstellung durchgängig die männliche Form verwendet.

1685 Bereits weit im Vorfeld des Interviews fand im Januar 2020 ein „Vorgespräch“ bzw. ein informeller Informationsaustausch mit E1 statt. Dieses wurde nach vertiefender Auseinandersetzung mit den allgemeinen Fehlerquellen im Strafbefehlsverfahren zum Anlass genommen, um im Dezember 2020 für ein Experteninterview bei E1 anzufragen. In der Anfrage wurde das Forschungsprojekt dargestellt, das Datenschutzkonzept erläutert sowie der Interviewleitfaden und eine Einverständniserklärung angehängt.

1686 Ursprünglich war nur ein Experteninterview zum Strafbefehlsverfahren im Migrationsstrafrecht (mit E1) vorgesehen. Da das Forschungsprojekt aber anscheinend in gewissen Kreisen bekannt wurde und auf Interesse stieß, wandte sich E2 von sich aus im Februar 2021 an den Verfasser der Dissertation und bat um ein Telefongespräch. In diesem Gespräch erzählte E2 von seiner praktischen Arbeit im Migrationsstrafrecht. Um auch hier weiter in die Tiefe gehen zu können, bat der Verfasser der Dissertation auch E2 um ein (Telefon-)Experteninterview, was zunächst mündlich bejaht wurde. Anschließend wurde per E-Mail eine förmliche Interviewanfrage gestellt, welche inhaltlich der von E1 entsprach.

Die folgende Darstellung der Interviewergebnisse orientiert sich an der Struktur und dem Aufbau des eigens erstellten Interviewleitfadens (Anhang A1). Zur Gewährleistung der Übersichtlichkeit werden die Fragen und Antworten in Themenkomplexen dargestellt.[1687]

b. Ergebnisse der Interviews

aa. Häufigkeit von falschen Strafbefehlen im Migrationsstrafrecht (Fragen 2–4a)

Wie häufig ergehen Entscheidungen im Migrationsstrafrecht in Form eines Strafbefehls und wie häufig in der Form eines Urteils? (Frage 2)

Die Interviewteilnehmer sind sich einig, dass dem Strafbefehlsverfahren im Migrationsstrafrecht eine außerordentliche Bedeutung zukomme. Wenn es nicht ausnahmsweise mal um größere Verfahren oder Schleuserkriminalität gehe, handele es sich meist um Vergehen, welche typischerweise im Strafbefehlsverfahren erledigt werden. Dazu E1: *„Ich würde vom Erfahrungswert in dem Bereich des Migrationsstrafrechts tippen, dass möglicherweise zu 90 % mit Strafbefehlen hantiert wird und zu 10 % mit Anklagen.“*

Auch E2 sieht den Anteil an Anklagen in seiner Praxis bei „maximal 10 %“.

Wie hoch schätzen Sie nach Ihrer Erfahrung den Anteil fehlerhafter/falscher Strafbefehle im Migrationsstrafrecht? (Frage 3)

Der Anteil fehlerhafter Strafbefehle wird von den Experten als exorbitant hoch beurteilt, wenngleich beide darauf hinweisen, dass dies selbstverständlich nur der Erfahrung aus der eigenen (langjährigen) Praxis entspreche. Während E2 eine Fehlerquote von ca. 90 % angibt, geht die Schätzung von E1 *„fast schon auf 100 %“*. Nach E1 sei es in ca. 20 Jahren nur einmal vorgekommen, dass er

1687 Da teilweise mehrere Fragen zusammenhängend beantwortet wurden oder Antworten so ausführlich waren, dass einige Fragen nicht (mehr) gestellt wurden, erfolgt im Folgenden die Darstellung in Komplexen und es kommt nicht zur Darstellung jeder einzelnen Frage. Da es – wie bei leitfadengestützten Interviews möglich – vorkam, dass zum Teil interessante Angaben zu anderen als der gerade gestellten Frage gemacht wurden, werden die jeweiligen Angaben in dem passenden Themenkomplex erörtert. Wenn es sich um eine Angabe zu einer anderen Frage handelt, wird dies durch einen Hinweis in der Fußnote dargestellt („Angabe bei Frage …, Anhang A1“).

in einem Strafbefehl nichts habe finden können, was rechtlich falsch gewesen wäre.[1688]

Übereinstimmend berichten die Experten, dass Fehlentscheidungen auch zugunsten des Angeklagten denkbar seien (Fragen 4–4a), etwa wenn eine Strafrahmenverschärfung nicht erkannt werde (E1[1689]). Dies sei jedoch extrem selten. E2[1690] gibt an, dass ihm dies *„vielleicht in 2–3 % der Fälle mal passiert"* sei. Demgegenüber berichtet E1,[1691] dass *„[…] eigentlich alles zulasten des oder der Beschuldigten geht."*

bb. Zentrale Fehlerquellen des Strafbefehls im Migrationsstrafrecht (Fragen 5–7)

Was sind Ihrer Erfahrung nach die zentralen Fehlerquellen bei Strafbefehlen im Migrationsstrafrecht? (Frage 5)

Als Hauptursache für fehlerhafte Strafbefehle im Migrationsstrafrecht identifizieren beide Experten die „absolute Unkenntnis" (E1[1692]) vom Migrationsstrafrecht selbst, welche im Ergebnis zu Fehlern bei der materiellen Rechtsanwendung führe. Diese sei nach E2 für den Großteil, nach E1[1693] sogar für 90 % aller fehlerhaften Strafbefehle verantwortlich.

Ursächlich dafür (Frage 7) sei nach Angaben beider Experten die – auch in anderen Bereichen des Nebenstrafrechts bestehende – (Verwaltungs-)Akzessorietät des Migrationsstrafrechts, d.h. die zwangsläufige Prägung und Überlagerung des Strafrechts durch Bereiche des Verwaltungsrechts, Völkerrechts, Europarechts und andere Rechtsquellen. Wenn kein Sachverstand bezüglich der zugrundeliegenden Rechtsquellen bestehe, sei eine strafrechtliche Beurteilung nicht möglich. Insbesondere bei älteren Richtern sei es nach E2 zu beobachten, dass die Bedeutung des Europarechts verkannt werde oder europäische Richtlinien nicht bekannt seien. Diese Verknüpfungen und der „ständige Fluss" (E1), in dem sich das Ausländerrecht durch viele Änderungen befinde, mache

1688 Dazu auch E1: *„Es ist enorm fehleranfällig und fast immer irgendetwas zu finden, was rechtlich nicht in Ordnung ist."*
1689 Angabe von E1 bei Frage 4, Anhang A1.
1690 Angabe von E2 bei Frage 4a, Anhang A1.
1691 Angabe von E1 bei Frage 4, Anhang A1.
1692 E2 spricht in diesem Zusammenhang vom Fehlen „elementarer Grundkenntnisse".
1693 Angabe von E1 bei Frage 6, Anhang A1.

das Migrationsstrafrecht zu einem sehr komplexen Rechtsgebiet.[1694] Zusätzlich fehle es nach E1[1695] auch teilweise am Interesse: *„Und teilweise kann man auch den Vorwurf machen, dass kein Interesse besteht, sich die genügende Zeit zu nehmen, um sich einzuarbeiten, wenn man denkt, dafür ja einen Strafbefehlsantrag stellen zu können.“*[1696] Fehlendes Interesse, sich mit diesem „Kleinkram“ auseinanderzusetzen führt E1 auch darauf zurück, dass das wenig aufregende Migrationsstrafrecht gegenüber prestigeträchtigen Kapitalstrafverfahren wenig Raum lasse, um zu reüssieren. Als einen weiteren begünstigenden Umstand führt E2 den Umgang der Staatsanwaltschaft mit dem Migrationsrecht aus: Die Verwaltungsakzessorietät erfordere besondere Fachkenntnis. Daher könne er es nicht verstehen, dass es keine Schwerpunktstaatsanwaltschaften gebe und es oftmals zum Einsatz von Referendaren als Sitzungsvertreter der Staatsanwaltschaft komme: *„Die haben natürlich von Tuten und Blasen keine Ahnung – wie sollen sie auch?“*

Wie noch auszuführen sein wird, sei der mangelnde Sachverstand nach Ansicht beider Experten die zentrale Ursache bzw. ein begünstigender Umstand für weitere Fehlerquellen des Strafbefehlsverfahrens im Migrationsstrafrecht.

cc. *Weitere Fehlerquellen des Strafbefehlsverfahrens im Migrationsstrafrecht (Fragen 8–20a)*

(1) Die Sachverhaltsaufklärung (Fragen 8–14)

Als weitere potentielle Gefahr für Strafbefehle im Migrationsstrafrecht wurde zunächst die Sachverhaltsaufklärung thematisiert. Die Sachverhaltsaufklärung sei nach übereinstimmenden Schilderungen im Migrationsstrafrecht vor allem durch ein „seltsames Zusammenspiel“ (E1) der an der Strafverfolgung beteiligten Personen und Stellen geprägt.[1697] Im Unterschied zum Ermittlungsverfahren

1694 Hier verweist E1 auch auf ein Zitat von *Mosbacher*, welcher im Zusammenhang mit den §§ 95 bis 98 AufenthG sagt: *„[...] insbesondere die akzessorische Anknüpfung fast aller Strafnormen an eines der schwierigsten Gebiete des besonderen Verwaltungsrechts hat dazu geführt, dass das Ausländerstrafrecht nach wie vor der dogmatischen Durchdringung harrt.“*, *Mosbacher*, in: Handbuch Zuwanderungsrecht, § 10, Rn. 1.

1695 Angabe von E1 bei Frage 5, Anhang A1.

1696 Ähnlich äußert sich auch E2, Angabe bei Frage 5, Anhang A1: *„Sprich, wenn Einspruchsverfahren nicht geführt werden, dann hat man es vom Tisch – auch wenn man es nicht ganz verstanden hat. Das ganze Verfahren an sich bietet ja Möglichkeiten, lässiger damit umzugehen.“*

1697 Angabe von E1 bei Frage 8, Anhang A1.

in anderen Strafsachen gebe es in Form der Ausländerbehörde einen weiteren Akteur, von dem in der Regel die Initiative zur Strafverfolgung ausgehe.[1698] Stelle eine Person bei der Ausländerbehörde einen Asylantrag und die Behörde vermute eine illegale Einreise, so gehe von ihr die Initiative zur Stellung einer Strafanzeige aus. Ab hier beginne eine Kette unkritischer Übernahme: *„Dann wird es so eine Art Selbstläufer und es kontrolliert praktisch niemand mehr, ob es rechtlich richtig ist, wie es anfangs bewertet wurde.“*[1699]

Die Polizei leite laut E1 ein Ermittlungsverfahren ein und verlasse sich auf die Ausführungen der Ausländerbehörde, da sie ja schließlich wisse, was sie bei Stellung einer Strafanzeige tue. Beide Experten berichten jedoch, dass die Annahme, dass bei den Ausländerbehörden ein hinreichendes Verständnis für das materielle (europäisch geprägte) Recht herrschen würde, ein Irrglaube sei.[1700] Gelange das Verfahren schließlich zur Staatsanwaltschaft, übernehme diese die bisherigen Ergebnisse in aller Regel unkritisch.[1701] Laut E1[1702] fehle jede Art von Abstraktionsvermögen, da auch bei der Staatsanwaltschaft Unkenntnis vom Migrationsstrafrecht herrsche: *„ich glaube […], die Staatsanwaltschaft überprüft nicht, weil sie nicht versteht, was sie eigentlich prüfen müsste.“*[1703]

Den Vorwurf einer unkritischen und oberflächlichen Überprüfung der Ermittlungsergebnisse erstrecken die Experten schließlich auf das Gericht beim Erlass des Strafbefehls.[1704] Zwar sei der Kritikpunkt, dass die gerichtliche Überprüfung nicht besonders stark ausfalle, man sich auf das Vorgetragene verlasse und schließlich unterschreibe, nach Ansicht beider Experten kein Spezifikum des Strafbefehlsverfahrens im Migrationsstrafrecht, sondern grundsätzlich dem Strafbefehlsverfahren geschuldet.[1705] Dennoch sei das *„Verlassen*

1698 Angaben von E1 und E2 bei Frage 8, Anhang A1.

1699 Angabe von E1 bei Frage 8, Anhang A1; ähnlich auch E2 bei Frage 11, Anhang A1.

1700 Dazu E2: *„Das liegt natürlich auch daran, dass Beamte des mittleren Dienstes keine Volljuristen sind.“*, Angabe bei Frage 8, Anhang A1. Ähnlich auch E1: *„Dann könnte man zumindest denken, die wissen, was sie tun. Aber sie wissen leider nichts vom Migrationsstrafrecht.“*, Angabe bei Frage 8, Anhang A1.

1701 Angaben von E1 und E2 bei Frage 10, Anhang A1.

1702 Angabe von E1 bei Frage 10, Anhang A1.

1703 Ähnlich auch E2: *„Da wird ein Vortrag der Ausländerbehörde sogar eins zu eins übernommen in den Strafbefehl – copy und paste.“*, Angabe bei Frage 11, Anhang A1.

1704 Angaben von E1 und E2 bei Frage 11, Anhang A1.

1705 Ebenda.

auf den Vorgänger" nach E1 hier noch schärfer ausgeprägt.[1706] Dem entspricht auch die Schilderung von E2, welcher angibt, dass er in seiner gesamten beruflichen Laufbahn erst einmal die gerichtliche Zurückweisung der Akte an die Staatsanwaltschaft wegen Ungereimtheiten erlebt habe.[1707] Abschließend weist E2 jedoch darauf hin, dass das Problem der unkritischen Übernahme von Ergebnissen entlang der „Kette" eher weniger ein Problem der Sachverhaltsaufklärung sei. Dies sei regelmäßig nur bei vermuteten Scheinehen problematisch.[1708] Demgegenüber würden Rechtsanwendungsfehler weit überwiegen. Dort zeige sich das Problem einer „eins zu eins"-Übernahme von rechtlichen (Ursprungs-)Wertungen aber ebenso.[1709]

Bei der Untersuchung allgemeiner Fehlerquellen des Strafbefehlsverfahrens fiel vor allem die vielfache Dokumentation von Fällen mit unterlassener oder fehlerhafter Abklärung der Schuldfähigkeit auf. Spielt dies auch im Migrationsstrafrecht eine Rolle? (Frage 12)

Eine (sorgfältige) Abklärung der Persönlichkeit finde nach E1 auch im Migrationsrecht „natürlich" nicht statt.[1710] Dies spiele seiner Ansicht nach aber (soweit ersichtlich) keine zentrale Rolle. Auch in den Verfahren von E2 sei eine nicht erkannte Schuldunfähigkeit, z.B. wegen einer Alkoholisierung, nicht von besonderer Bedeutung. Wenn man aber das weite Feld der Schuld betrachte, dann falle laut E2 auf, dass oftmals schon das Bewusstsein fehle, Unrecht zu tun. So wisse der Betroffene zum Beispiel nicht, dass es illegal sein könnte, trotz Notlage ohne Visum einzureisen. Die Frage, ob ein vermeidbarer oder

---

1706 Dazu E1 ausführlich bei Frage 11, Anhang A1: *„Das kann ich für die gerichtlichen Verfahren damit noch belegen, dass ich in jedem dieser Verfahren sehe, dass die Akten nicht beigezogen werden. Wenn ich einen Strafbefehlsantrag habe, in dem ich behaupte, dass sich jemand der illegalen Einreise strafbar gemacht hat, dann würde ich ja davon ausgehen, dass ich zur Überprüfung dieser Geschichte wenigstens die Akten der Ausländerbehörde oder des BAMF habe, um zu sehen, ob es gerechtfertigt ist. Das passiert nicht. Das passiert nicht bei der Staatsanwaltschaft und das passiert nicht beim Gericht. Das heißt, sie verlassen sich einfach darauf, dass das irgendwie schon stimmt und das der Auszug, der ganz am Anfang von der Ausländerbehörde geschickt wird, ausreichend ist, um den Sachverhalt zu verstehen."*

1707 Angabe von E2 bei Frage 11, Anhang A1.

1708 Angabe von E2 bei Frage 19a, Anhang A1.

1709 Angabe von E2 bei den Fragen 8 und 10, Anhang A1.

1710 Dazu E1: *„Das ist ja der Clou des Strafbefehlsverfahrens."*

unvermeidbarer Verbotsirrtum vorliegen könnte, spiele aber nie eine Rolle, selbst wenn es nach einem Einspruch einmal zu einer Hauptverhandlung kommen sollte.

Spielen Personen- oder Identitätsverwechselungen im Migrationsstrafrecht eine besondere Rolle? (Frage 13)

Ähnliches gelte im Bezug auf Personen- und Identitätsverwechselungen. Diese kommen laut E1 vereinzelt – auch in der eigenen – Praxis vor, seien aber weder ein Spezifikum des Migrationsstrafrechts,[1711] noch eine zentrale Fehlerquelle. E2 möchte die Möglichkeit von Verwechselungen nicht ausschließen. Er habe auch schon von solchen Fällen gehört, in der eigenen Praxis seien Verwechselungen jedoch noch nicht vorgekommen.

Hat/Hatte die vermehrte Flüchtlings- und Migrationsbewegung seit 2015 einen Einfluss auf die Arbeitsweise der Strafverfolgungsbehörden und der Gerichte? (Frage 14)

Die Beantwortung dieser Frage fiel bei den Experten unterschiedlich aus. Zu seiner eigenen Überraschung seien in der Praxis von E1 keine Veränderungen in der Arbeitsweise festzustellen gewesen. E2 sieht dies etwas anders. Dadurch, dass die Zahl von Asylsuchenden massiv gestiegen sei, habe es einen großen Anstieg an Verfahren gegeben: „*Mehr Verfahren bedeuten im Zweifelsfall mehr Druck, die Sachen abarbeiten zu müssen und zu wollen und weniger Kapazitäten, um diesem Druck standhalten zu können.*“
Allein dadurch könnte es nach E2 vermutlich Auswirkungen auf die Sorgfalt bei Durchführung der Verfahren gegeben haben.

(2) Das Einspruchsverhalten (Fragen 15–18)

Haben Sie den Eindruck, dass Ihre Mandanten das Wesen und die Bedeutung des zugestellten Strafbefehls erfassen? (Frage 15)[1712]

Nach Ansicht von E1 spiele das fehlende Verständnis von der Bedeutung des Strafbefehls eine große Rolle. Dies sei seiner Ansicht nach aber ein „generelles

1711 Dazu E1: „*Dass diese jedoch in einem Verfahren schlechter aufgeklärt werden, bei dem man nicht persönlich anwesend ist, ist natürlich klar. Es fällt leichter auf, wenn jemand persönlich im Gerichtssaal sitzt und sagt, ich war das gar nicht.*“

1712 Aufgrund des thematischen Zusammenhangs werden hier auch die Antworten auf die Fragen 16 bis 16b dargestellt.

Problem"[1713] des Strafbefehls, welches nicht nur Ausländer betreffe. Weiterhin sei es ein „Klassiker", dass der Unterschied zwischen einem bloßen Bußgeld von ein paar hundert Euro und der mit dem Strafbefehl verbundenen strafrechtlichen Relevanz nicht verstanden werde.[1714] Hinzu komme, dass die Angeklagten den Aufbau von Geldstrafen in Tagessätzen nicht verstehen, sondern nur die Gesamtsumme sehen würden. Dies führe dazu, dass insbesondere bei kleineren Geldstrafen zur Annahme geneigt werden könnte, dass es sich schon nicht um etwas handele, was für das zukünftige Leben relevant sei.[1715] E2 äußert sich etwas differenzierter. Man müsse danach unterscheiden, ob der Strafbefehl dem Betroffenen überhaupt zugestellt werde. Das im Migrationsstrafrecht bestehende Institut des Zustellungsbevollmächtigten sei eine „riesige Fehlerquelle" und bewirke teilweise, dass die Betroffenen den Strafbefehl nicht zu Gesicht bekommen würden: *„Da werden die [Anmerkung: die Migranten oder Asylsuchenden] an der Außengrenze, z.B. Bayern oder wo auch immer, von der Bundespolizei abgegriffen und vernommen und dann werden sie gefragt, ob sie damit einverstanden sind, dass der Herr X von der Polizei Y als Zustellungsbevollmächtigter benannt wird. Die Frage wird dann bejaht und sie wissen nicht, was das bedeutet. Dann kriegt Herr X den Strafbefehl und der heftet den in seinem Ordner ab, wartet zwei Wochen ab und dann ist der rechtskräftig. Die Betroffenen sehen dann den Strafbefehl gar nicht."*

Dies sei nach Ansicht von E2 europarechtswidrig,[1716] was im Ergebnis auch dazu führe, dass es zu Verurteilungen komme, ohne dass die Menschen die Möglichkeit gehabt hätten, sich dagegen zu wehren.[1717] Die Frage nach dem inhaltlichen Verständnis stelle sich dann gar nicht. Werde den Betroffenen der Strafbefehl hingegen tatsächlich zugestellt, bestehe jedoch auch kein inhaltliches

1713 Angabe von E1 bei Frage 16, Anhang A1.

1714 Hierzu E1: *„Die Vorstellung davon, dass Strafrecht einfach nur schriftlich erfolgt, ist einfach nicht verbreitet und deswegen besteht ein Verständnisproblem."*, Angabe von E1 bei Frage 16, Anhang A1.

1715 In diesem Zusammenhang führt E1 aus, dass die Geringfügigkeit der Geldstrafe ein eigenständiges Gefährdungspotential aufweisen könnte: *„Wenn jemand 100 Tagessätze á 20 Euro bekommt, dann ist der oder die sehr viel schneller beim Anwalt, um es kontrollieren zu lassen."*, Angabe bei Frage 15, Anhang A1. Er äußert außerdem die Vermutung, dass möglicherweise eine (zu) geringe Schätzung vorgenommen werden könnte, um Einsprüche zu verhindern, Angabe bei Frage 20, Anhang A1.

1716 Ebenda.

1717 Angabe von E2 bei Frage 21, Anhang A1.

Verständnis. Zwar würden sie wohl erfassen, dass da „irgendetwas“ sei, auf das man innerhalb von zwei Wochen reagieren müsste, der Bedeutung und der Folgewirkungen sei man sich aber nicht bewusst.

Auch komme es, infolge von Defiziten im Umgang mit der deutschen Sprache, zu sprachlichen Verständnisproblemen der Angeklagten.[1718] Nach übereinstimmenden Schilderungen seien in diesem Bereich in den letzten 2–3 Jahren jedoch deutliche Fortschritte erzielt worden. Dazu E1:[1719] *„[...] ich sehe selten noch etwas, was ohne Übersetzung kommt.“*

Auch E2 weist darauf hin, dass es zu einer Ausweitung von Übersetzungen gekommen sei.[1720] Was hingegen noch häufiger vorkomme, seien seiner Erfahrung nach Übersetzungen in die falsche Sprache, weil gerade bei Angeklagten aus dem afrikanischen Raum ein fehlendes Bewusstsein dafür herrsche, dass es dort vielfältige Muttersprachen gebe.[1721] Dies komme zwar nicht selten bei Strafbefehlen im Migrationsstrafrecht vor, sei nach E1 aber ein Phänomen, welches auch sonst bei ausländischen Angeklagten möglich sei.[1722]

Wenn Sie einen Einspruch einlegen, wie häufig ist dieser erfolgreich? (Frage 17)

Nach eigenen Angaben von E1 sei ein Einspruch „eigentlich immer erfolgreich“. Auch E2 spricht von einer sehr hohen Erfolgsquote. Zwar könne es nach E2 auch als Erfolg angesehen werden, wenn man eine gewisse Tagessatzhöhe verhindere, welche einer Aufenthaltserlaubnis oder Duldung im Weg stehen könnte: *„Aber ich würde sagen, in 90 % der Fälle kriegt man entweder einen Freispruch oder eine Einstellung beim Amtsgericht.“*

1718 Angabe von E1 bei Frage 16, Anhang A1; Angabe von E2 bei Frage 16b, Anhang A1.

1719 Angabe von E1 bei Frage 16a, Anhang A1.

1720 Dazu E2 bei Frage 16b, Anhang A1.: *„Da [Anmerkung: vor zehn Jahren] gab es für Somali zum Beispiel in Deutschland – glaube ich – drei Übersetzer. Das war natürlich auch eine Kapazitätsfrage. Das ist besser geworden.“*

1721 Dazu E2 bei Frage 16b, Anhang A1: *„Sagen wir mal, die Menschen kommen aus Ghana. Dann bekommen sie Englisch, aber oftmals sprechen die Leute das nicht. Das ist für die auch nur eine Zweitsprache.“* Ähnlich äußert sich auch E1 bei Frage 16a, Anhang A1: *„Das liegt natürlich wiederum daran, dass es ein gewisses koloniales Denken gibt, dass beispielsweise jeder, der aus Afrika kommt, entweder Französisch oder Englisch spricht. [...] wenn das [Anmerkung: die richtige Sprache] aus der Akte direkt zu entnehmen wäre, [...], dann würde es sicherlich auch versucht werden, in die richtige Sprache zu übersetzen. Wenn man das nicht erkennt, wird das ein bisschen so gemacht: Kamerun ist gleich französisch.“*

1722 Angabe von E1 bei Frage 16a, Anhang A1.

Welche Konsequenz hat die erfolgreiche Einlegung eines Einspruchs typischerweise – die Einstellung des Verfahrens oder den Übergang in die streitige Hauptverhandlung? (Frage 18)

Hinsichtlich der Konsequenzen eines erfolgreichen Einspruchs unterscheiden sich die Angaben der Experten. Laut E1 zeige sich der Erfolg in aller Regel in der Einstellung des Verfahrens, zu einem Übergang in das streitige Hauptverfahren sowie zu einem Freispruch komme es hingegen seltener.[1723] E2 berichtet hingegen davon, dass er einer Einstellung (zwecks Kostentragung) eher selten zustimme und es daher in „98 % der Fälle" zu einer Hauptverhandlung mit dem häufigen Ergebnis eines Freispruchs komme.

(3) Rechtsanwendungsfehler (Fragen 19–20a)

Unter Subsumtionsfehlern verstehe ich, wenn die Schuld- und Straffrage unter eine falsche Norm, eine falsch ausgelegte Norm oder eine falsche Tatbestandsalternative subsumiert wird. Welche Bedeutung kommt solchen Fehlern in der Strafbefehlsverfahrenspraxis im Migrationsstrafrecht zu? (Frage 19)

Rechtsanwendungsfehlern im Allgemeinen und Subsumtionsfehlern im Speziellen wird von den Experten übereinstimmend eine außerordentliche Bedeutung beigemessen. Nach Ansicht von E2 handele es sich dabei um den „Standardfehler" im Migrationsstrafrecht.

E1 führt aus, dass es aufgrund fehlender Kenntnis vom Migrationsstrafrecht und der zugrundeliegenden Akzessorietät[1724] „sehr oft" vorkomme, dass nicht einmal die richtige Norm, teilweise nicht einmal das richtige Gesetz,[1725]

1723 Dies sei allerdings auch zum Teil auf die Strategie zurückzuführen. Betroffene des Migrationsstrafrechts seien oftmals keine reichen Menschen. Die Verhinderung eines Hauptverfahrens durch frühe Zustimmung zu einer Einstellung sei daher auch ein Weg, um das Kostenrisiko gering zu halten.

1724 Angaben von E1 teilweise auch schon bei den Fragen 5 bis 7, Anhang A1.

1725 Zur Interviewvorbereitung stellte E1 (anonymisierte) Verfahrensunterlagen einiger „Highlight-Fälle" zur Verfügung. Zur Verdeutlichung des Ausmaßes falscher Strafbefehle in diesem Bereich wies E1 daraufhin, dass er diese Fälle in wenigen Minuten zusammengesammelt habe und er beliebig weitere zeigen könne. In einem Fall erhob die Staatsanwaltschaft Ende Oktober 2018 Anklage, weil der Angeschuldigte mit Aufenthaltsgestattung, aber ohne Arbeitsgenehmigung, einer entgeltlichen Beschäftigung nachgegangen sei. Ihm werde ein Vergehen nach §§ 85 Nr. 4, 61 Abs. 1 AsylVfG zur Last gelegt. Das Asylverfahrensgesetz gab es zu diesem Zeitpunkt (Änderung zum 20.07.2017, nunmehr Asylgesetz) jedoch gar nicht mehr.

getroffen werde. Es werde teilweise ein „munteres Raten" zwischen AsylG, AufenthG und FreizügG praktiziert, weil man gar nicht wisse, wie der Beschuldigte einzuordnen sei.[1726] Wenn schon die falsche Norm zur Anwendung komme, sei eine richtige Subsumtion sowieso nicht möglich. Selbst wenn einmal die einschlägige Norm gefunden werde, sei aber zudem ein systematisches Verständnis unverzichtbar. Der Wortlaut allein – beispielsweise der des in diesem Kontext praxisrelevanten § 95 AufenthG – helfe kaum weiter, da er durch europäische Rechtsprechung und zahlreiche Verweisungen in andere Normen geprägt sei.[1727] Fehle allerdings dieses Wissen, so könne auch nicht richtig unter die einschlägige Norm subsumiert werden.

Als weiteren begünstigenden Umstand für Subsumtionsfehler führt E2 auch viele Gesetzesänderungen im Migrationsrecht an sowie das ihm vermittelte Gefühl, dass womöglich teilweise rassistische Motive eine Rolle spielen könnten.[1728]

1726 In einem weiteren zur Verfügung gestellten „Highlight-Fall" von E1 wurde ein Strafbefehl mit dem Vorwurf erlassen, dass der Angeklagte bei der Asylantragsstellung falsche Angaben zur Identität gemacht habe. Ihm werde ein Vergehen nach § 95 Abs. 2, Nr. 2 AufenthG zur Last gelegt. Da es sich bei dem Angeklagten jedoch nach wie vor um einen Asylbewerber handelte, galt allein das AsylG. Das Aufenthaltsgesetz war gar nicht anwendbar, vgl. OLG Bamberg, Beschluss vom 28.02.2014 – 2 Ss 99/13.

1727 Dazu E1: *„[…] es ist im Prinzip nicht möglich, in die Strafvorschrift des § 95 AufenthG zu gucken und zu sagen, ich mache jetzt mal einen Strafbefehl daraus. Ich muss mir zwangsläufig angucken, was davor steht, um das zu verstehen. Da hakt es."* Zur Verdeutlichung dient ein weiterer „Highlight-Fall" von E1. In diesem Verfahren wurde ein Strafbefehl erlassen, weil sich der Angeklagte trotz Ausweisung noch immer in der Bundesrepublik Deutschland aufhielt. Das Vergehen sei nach § 95 Abs. 1 Nr. 2, lit. a AufenthG strafbar. Dies könnte man jedenfalls nach dem Wortlaut annehmen. Die Vorschrift ist jedoch maßgeblich durch die Rückführungsrichtlinie (RL 2008/115/EG) beeinflusst. Nach der Rechtsprechung des EuGH darf ein Mitgliedsstaat einen illegalen Aufenthalt jedoch erst dann strafrechtlich ahnden, wenn der Betroffene die Möglichkeit hatte, freiwillig auszureisen, dies unterließ und alle Zwangsmaßnahmen zur Aufenthaltsbeendigung erfolglos blieben (EuGH, Urteil vom 06.12.2011, C-329/11). Da allerdings keinerlei Zwangsmaßnahmen ergriffen wurden, kann bezüglich des § 95 Abs. 1, Nr. 2 AufenthG schon kein hinreichender Tatverdacht bestehen.

1728 Dazu E2 bei Frage 19a, Anhang A1: *„Ich weiß nicht, ob da auch rassistische Ansichten eine Rolle spielen. Bei manchen Gerichten hat man das Gefühl und bei manchen Ausländerbehörden auch. Es fängt damit an, dass man Leute anzeigt, wenn*

Für wie bedeutend halten Sie Strafzumessungsfehler in der Strafbefehlsverfahrenspraxis im Migrationsstrafrecht? (Frage 20)

Die Antworten auf die Frage nach der Bedeutung von Strafzumessungsfehlern fallen bei den Experten unterschiedlich aus. Im Gegensatz zu Subsumtionsfehlern spielen Strafzumessungsfehler in der Strafbefehlsverfahrenspraxis im Migrationsstrafrecht nach E1 keine besondere Rolle.[1729] E2 berichtet hingegen, dass diese in seiner Praxis durchaus häufig vorgekommen seien. „Regelmäßig falsch" sei danach die Tagessatzhöhe. Laut E2 werde verkannt, dass die Asylsuchenden aufgrund der ihnen gewährten (reduzierten) Sozialleistungen und einem ggf. bestehenden Arbeitsverbot *„quasi [nur] Tisch und Bett und drei kalorienhaltige Mahlzeiten am Tag bekommen"* würden. Dementsprechend sei die Tagessatzhöhe oftmals viel zu hoch angesetzt. Darüber hinaus beklagt E2 eine gewisse „Nord-Süd-Divergenz".[1730] Oftmals seien sich die Richter der möglichen Auswirkungen auf die Bleibeperspektive oder die Einbürgerung nicht bewusst. Diese potentiellen Folgewirkungen seien jedoch zwingend in der Praxis der Strafzumessung zu berücksichtigen.

dd. Schlusseinschätzung und Vermeidungsmöglichkeiten (Fragen 22–24)

Welche praktischen Konsequenzen können fehlerhafte/falsche Strafbefehle im Migrationsstrafrecht haben? (Frage 21)

Von beiden Experten wird auf die hohe Relevanz von fehlerhaften Strafbefehlen im Migrationsrecht hingewiesen. Über die bloße Geldstrafe hinaus, welche die Richter und die Betroffenen im ersten Moment sehen würden,[1731] seien damit laut den Experten weitreichende und persönliche Konsequenzen verbunden. E1 führt aus, dass aufgrund des fehlerhaften Strafbefehls die Asyl- oder Einbürgerungsanträge abgelehnt werden könnten, da die Straffreiheit eine Voraussetzung für die positive Bescheidung entsprechender Anträge sei. Schon das

---

man merkt, man wird die Leute nicht mehr los. Im Fußball würde man Nachtreten sagen."

1729 Offensichtlich hier nur fehlerhafte Strafbefehle zu Lasten des Angeklagten vor Augen habend, führt E1 aus: *„Wenn das wirklich etwas wäre, wo jemand [Anmerkung: der Staatsanwalt] ernsthaft eine hohe Verurteilung möchte, dann wird eher eine Anklage erhoben."*

1730 Dazu E2: *„Bestimmte Sachen würden in Berlin überhaupt nicht verurteilt werden, in Bayern kriegen sie dafür Freiheitsstrafen."*

1731 Angabe von E1 bei Frage 15, Anhang A1.

anhängige Verfahren könne nach E1 dazu führen, dass der Beschuldigte keine Aufenthaltserlaubnis bekommen könnte (vgl. § 79 AufenthG). Im schlimmsten Fall sei eine Ausweisung möglich. Ergänzend sei nach E2 auch ein Ausbildungsverbot möglich, welches die spätere Stützung eines Aufenthaltsrechts auf eine absolvierte Ausbildung verhindere.[1732] Neben den individuellen Folgen sei laut E2 der Blick aber auch auf das der Öffentlichkeit vermittelte Bild von kriminellen Ausländern zu richten. Weil die Betroffenen in der Kriminalstatistik als Straftäter ausgewiesen seien, unterstütze dies die politische und öffentliche Vorstellung, dass man von kriminellen Ausländern „überrannt" werde: *„Das sind dann alles Straftäter. Dann wird der Öffentlichkeit ein Bild gegeben, was nicht so ganz stimmt. Wenn man das mal bereinigt sehen würde…"*

Wie beurteilen Sie abschließend die Fehleranfälligkeit des Strafbefehlsverfahrens im Migrationsstrafrecht im Verhältnis zum Strafbefehlsverfahren in anderen Strafsachen? (Frage 22)

Gefragt nach einer abschließenden Beurteilung der Fehleranfälligkeit des Strafbefehlsverfahrens im Migrationsstrafrecht im Verhältnis zu Strafbefehlsverfahren in anderen Strafsachen, befindet E1 ersteres als *„mit großem Abstand mehr"* fehleranfällig.[1733] „Sehr viel höher" beurteilt auch E2 die Fehleranfälligkeit im Migrationsstrafrecht. Danach gefragt, ob diese Einschätzung nur für das Strafbefehlsverfahren im Migrationsstrafrecht gilt oder ob eine Abstraktion auf das Nebenstrafrecht im Allgemeinen möglich ist (Frage 23), geben beide an, dies aus der eigenen Praxis heraus nicht sicher beurteilen zu können. E1 äußert jedoch die Vermutung, dass Strafbefehle im Nebenstrafrecht allgemein fehleranfälliger sein könnten.[1734] So habe er schon einmal im Lebensmittelstrafrecht verteidigt und dort ähnliche Beobachtungen machen können.[1735] E2 geht davon

---

1732 Dazu E2: *„Davon sind sie dann ausgeschlossen, weil sie Straftäter sind. Straftäter ist man ab einer bestimmten Tagessatzhöhe relativ schnell."*

1733 Hierzu führt E1 aus: *„[…] wenn man das vergleicht mit normalen Strafbefehlen, in denen es um Körperverletzung, Beleidigung oder Vergehen im Allgemeinen geht, die jeder kennt, würde ich behaupten, das steht in keinem Verhältnis zu den Fehlern, die im Migrationsstrafrecht begangen werden, weil die Fehler auf jeder Ebene liegen."*

1734 Angabe von E1 bei Frage 23, Anhang A1.

1735 Dazu E1 bei Frage 23, Anhang A1: *„Ich kann allgemein sagen, dass immer dann, wenn Europarecht eine Rolle spielt, es wahnsinnig schwierig wird, irgendetwas klar zu machen, weil dieses Verständnis oftmals noch nicht so verbreitet ist, wie es sich auswirken könnte. Je komplexer es wird, desto mehr versucht man, zu vereinfachen. Dann passieren Fehler."*

aus, dass sich ähnliche Befunde jedenfalls dort finden lassen könnten, wo eine vergleichbare Verwaltungsakzessorietät bestehe.[1736]

Wie können fehlerhafte/falsche Strafbefehle im Migrationsstrafrecht künftig vermieden oder jedenfalls minimiert werden? (Frage 24)

Maßgeblich komme es nach Ansicht von E1 darauf an, Bewusstsein für die Thematik zu schaffen. Dafür sei es erforderlich, zu evaluieren, wo genau die Fehler liegen. Eine solche Evaluation finde, auch mangels Fehlerbewusstsein, bisher jedoch nicht statt.[1737] Weiterhin sei laut E1 der Gesetzgeber gefordert, das Migrationsrecht zu vereinfachen, zu verschlanken und verständlicher zu machen. Als Anknüpfungspunkt nennt E1 erneut den „völlig unübersichtlichen" § 95 AufenthG.[1738] Ob dies in absehbarer Zeit praktisch umsetzbar sei, sieht E1 jedoch pessimistisch, da der Gesetzgeber momentan „etwas populistisch" arbeite und eher versucht sei, das Migrationsstrafrecht zu verschärfen und weitere Normen einzuführen. Einen Schritt weiter geht E2, indem er fordert, dass der Gesetzgeber das Migrationsstrafrecht selbst erst einmal verstehen und endlich „ernst nehmen" müsse. Der Gesetzgeber wisse selbst nicht, was er tue und lasse *„die Rechtsanwender völlig im Stich."*[1739]

1736 Hierzu E2 bei Frage 23, Anhang A1: *„Und natürlich lädt das Strafbefehlsverfahren dazu ein, dass man schludrig arbeitet. […] also das Strafbefehlsverfahren lädt dazu ein, und im Nebenstrafrecht ist es desaströs."*

1737 In diesem Zusammenhang äußert sich E1 bereits bei Frage 7, Anhang A1: *„Im Prinzip ist das, was Sie mit Ihrer Doktorarbeit betreiben ja etwas, was zumindest einen Stubbs in die Richtung geben könnte, dass es eine Notwendigkeit zur Evaluation gibt."*

1738 E1 verweist hier auf bestehende Vorschläge zur Reform des Migrationsrecht, z.B. durch *Hörich/Bergmann*, in: H/M-AufenthG/AsylG, Vorb § 95, Rn. 4 ff., welche u.a. die Klassifizierung der bestehenden Straftatbestände der §§ 95 ff. AufenthG als Ordnungswidrigkeiten fordern (Rn. 11) und eine Verletzung des Bestimmtheitsgrundsatzes rügen (Rn. 12 ff.).

1739 Als Beispiel für die Überforderung des Gesetzgebers verweist E2 auf die Strafnorm des § 95 Abs. 1, Nr. 6a AufenthG. Dieser sanktioniert es, wenn ausreisepflichtige und gefährliche Ausländer ihrer Meldepflicht aus § 54 AufenthG nicht nachkommen. Die Meldepflicht ist inzwischen aber in § 56 AufenthG geregelt, der Verweis in der Strafnorm besteht indes fort. Ein weiteres Beispiel sei der Verweis des § 98 Abs. 3, Nr. 5b AufenthG auf § 60b Abs. 1, S. 2 AufenthG. Dieser soll ein Bußgeld vorsehen, wenn nicht alle zumutbaren Handlungen unternommen wurden, um sich einen Pass zu besorgen. Davon steht allerdings nichts in § 60b Abs. 1, S. 2 AufenthG. Eigentlich müsste auf Abs. 2 verwiesen werden. Siehe dazu

Schließlich sei nach E1 auch ein Hauptaugenmerk auf die Aus- und Fortbildung von Richtern und Staatsanwälten zu richten. Er beklagt in diesem Bereich eine „gewisse Trägheit“, wenig Interesse und fehlende Empathie den Beschuldigten gegenüber. Es sei weiterhin nötig, grundsätzlich darüber nachzudenken, den Zugang zum Amt des Richters (oder Staatsanwalts) von einer gewissen praktischen Erfahrung abhängig zu machen. Die reine Fokussierung auf die Examensnoten sei jedenfalls ungeeignet.[1740] Dies sei nach E1 allerdings ein „Großprojekt“, welches nicht nur das Strafbefehlsverfahren im Migrationsrecht betreffe. E2 regt demgegenüber die Schaffung von Schwerpunktstaatsanwaltschaften an. Weitere Möglichkeiten sieht E2 in der verpflichtenden Beiordnung eines Strafverteidigers (schon im Ermittlungsverfahren) und in der teilweisen Entkriminalisierung[1741] des Migrationsstrafrechts.

c. *Zusammenfassung und Würdigung der Interviews*

Die begrenzte Stichprobe der Experteninterviews hat ergeben, dass das Strafbefehlsverfahren im Migrationsrecht außerordentliche Fehlerpotentiale aufweisen könnte. Auch wenn die Beschränkung auf zwei Interviewpartner selbstverständlich nicht für sich beanspruchen kann, allgemeingültige und repräsentative Aussagen treffen zu können, bieten die Interviewergebnisse dennoch einen Einblick in die Beobachtungen und Einschätzungen zweier Experten, welche jeweils über 20 Jahren Praxiserfahrungen auf diesem Gebiet gesammelt haben. Das Strafbefehlsverfahren stellt sich nach Ansicht der Experten primär deshalb als potentiell fehleranfällig dar, weil spezifischer Sachverstand für das durch andere Rechtsquellen geprägte Rechtsgebiet fehlen könnte. Dies könnte sich dann fehlerspezifisch auf allen Ebenen auswirken, von der unkritischen Übernahme von Ermittlungsergebnissen auf Ebene der Tatsachenfeststellung, bis hin zu eklatanten Subsumtionsfehlern auf Ebene der Rechtsanwendung. Eine weiterführende (empirische) Evaluation der Fehlerpotentiale ist mit Blick auf die begrenzten Ressourcen und das Ziel der vorliegenden Arbeit leider nicht möglich und muss künftiger Forschung überlassen werden. Da die Vermutung besteht, dass ähnliche Fehlerquellen auch in anderen Bereichen des

---

auch ironisch resümierend *Bergmann*, in: H/M-AufenthG/AsylG, § 98 AufenthG, Rn. 77: „*Der Verweis geht also infolge eines ‚Zahlendrehers‘ fehl.*“

1740 Dies führt E1 folgendermaßen aus: „*Dann hat man vielleicht Leute, die fleißig arbeiten können oder die fleißig lernen, aber denen vielleicht auch etwas Erfahrung fehlt.*“

1741 Dazu E2: „*Das sind ja teilweise Sachen, die, wenn überhaupt, ins Ordnungswidrigkeitenrecht gehören.*“

Nebenstrafrechts vorliegen könnten, wäre schon viel gewonnen, wenn durch diese Arbeit Aufmerksamkeit erregt würde. Selbst wenn tatsächlich keine Fehlerquote von 90 % bestehen sollte, müssen solche Praxisberichte dennoch alle Alarmsignale aufleuchten lassen. Ein Rechtsstaat darf sich nur als ein solcher bezeichnen, wenn er sich auch in „Kleinkram"-Verfahren der Wahrheitsfindung verpflichtet. Dies gilt umso mehr, wenn Fehlentscheidungen mit solch weitreichenden und persönlichen Konsequenzen verbunden sein können wie im Migrationsstrafrecht.

V. Zusammenfassung

Das Strafbefehlsverfahren hat als wichtigste Verfahrensart für die Erledigung kleinerer und mittlerer Kriminalität eine große praktische Bedeutung. Aufgrund der summarischen Natur des Verfahrens haften dem Verfahren allerdings Gefahren für die Wahrheitsfindung an, welche das Strafbefehlsverfahren insgesamt als eine moderne Fehlerquelle erscheinen lassen. Dabei ist zwischen allgemeinen Fehlerquellen, welche dem Strafbefehlsverfahren insgesamt anhaften und besonderen Fehlerquellen, welche sich verstärkt in Strafbefehlsverfahren bei bestimmten Deliktsarten zeigen, zu unterscheiden.

Als allgemeine Fehlerquellen, welchen untereinander ungefähr die gleiche praktische Relevanz zugesprochen werden kann, wurden der unterlassene Einspruch, die gerichtlichen Aufklärungsfehler und Fehler bei der Überzeugungsbildung identifiziert. Die Gründe dafür, dass der Angeklagte keinen Einspruch gegen den Strafbefehl einlegt, obwohl dieser falsch oder fehlerhaft sein könnte, können vielschichtig sein. Es besteht die Befürchtung, dass Angeklagte oftmals schon nicht die Natur des Strafbefehls oder die Notwendigkeit eines Einspruchs verstehen. Dies kann auf intellektuelle oder sprachliche Verständnisprobleme zurückzuführen sein. Aber auch ein inhaltliches Verständnis des Strafbefehls ist keine hinreichende Garantie für die Einlegung eines Einspruchs. So kann auf die Einlegung verzichtet werden, wenn der Angeklagte den Strafbefehl als kleineres Übel zu einer sich zeitlich streckenden, öffentlichen und mit Verfahrenskosten und Auslagen verbundenen Hauptverhandlung auffasst. Ein bewusster Verzicht auf einen Einspruch kommt auch dann in Betracht, wenn das Strafbefehlsverfahren Gegenstand einer Absprache ist. Schließlich kann die zweiwöchige Einspruchsfrist im Einzelfall eine große Herausforderung für den Angeklagten darstellen. Der summarische Charakter des Strafbefehlsverfahrens kann daneben als eine Begünstigung für Aufklärungsfehler angesehen werden. Insbesondere birgt das Verfahren die Gefahr, dass eine bestehende Schuldunfähigkeit nicht erkannt wird. Eine umfassende Auseinandersetzung mit der Täterpersönlichkeit und eine (zwingende) Anhörung finden aufgrund des Ziels der Verfahrensbeschleunigung gerade nicht statt. Aufgrund selbigen Ziels besteht auch der Verdacht, dass es teilweise zu Oberflächlichkeiten bei der Sachverhaltsaufklärung und zu einer unkritischen Prüfung der Ermittlungsergebnisse bei der Staatsanwaltschaft (bei Antragsstellung) und beim Gericht (bei Erlass des Strafbefehls) kommen könnte. Daneben weist das Aktenmaterial unterschiedlicher Studien darauf hin, dass es bei Strafbefehlsverfahren in erhöhtem Maße zu Identitätsverwechselungen und Doppel„verurteilungen“ kommt. Schließlich kann auch die Überzeugungsbildung bei Erlass des Strafbefehls als Fehlerquelle angesehen werden. Nach der hier vertretenen Ansicht ist eine Überzeugungsbildung in Form von subjektiver Gewissheit (Aktenüberzeugung) und nicht in Form eines bloß hinreichenden Tatverdachts notwendig.

Als in der Praxis besonders fehleranfällig erscheinen Strafbefehlsverfahren bei Straßenverkehrsdelikten. Auch wenn die kleine Stichprobe der hier geführten leitfadengestützten Experteninterviews nicht dazu ausreicht, um dem Strafbefehlsverfahren im Migrationsrecht (erst recht nicht dem Nebenstrafrecht generell) ein besonderes Fehlerpotential zu unterstellen, geben sie jedenfalls Anlass zu vertiefenden Auseinandersetzungen in der Zukunft.

D. DIE MEDIENÖFFENTLICHKEIT BZW. DIE „MEDIALISIERUNG“ DES STRAFVERFAHRENS

Der Begriff der „Medialisierung“ des Strafprozesses wurde von *Danzigers* gleichnamiger Dissertation übernommen. Einfach ausgedrückt beschreibt der Begriff in der medienwissenschaftlichen Forschung die mediale Prägung gesellschaftlicher und politischer Vorgänge,[1742] hier konkret: die Prägung des Strafverfahrens. Zugleich beschreibt die Medialisierung einen sozialen Wandel *„im Sinne einer zunehmenden medialen Prägung sozialer und institutioneller, auf Öffentlichkeit verwiesener Kommunikationsprozesse, der auf der erfahrungsgenerativen Rolle der Medien beruht und in der Antizipation der medialen Kommunikationsformen und Inszenierungsstrategien wie auch der Orientierung an medialen Kommunikationsinhalten seitens der jeweiligen Akteure besteht.“*[1743]

Die folgende Darstellung orientiert sich in Teilen an Struktur und Aufbau der Dissertation von *Danziger* unter Heranziehung aktueller Literatur

---

1742 *Danziger*, Die Medialisierung des Strafprozesses, S. 19; siehe ausführlich auch zur kritischen Auseinandersetzung der Begrifflichkeit S. 265 ff.

1743 *Danziger*, Die Medialisierung des Strafprozesses, S. 269 f.

und (empirischer) Erkenntnisse. In ihrer Untersuchung verfolgte sie einen interdisziplinären Ansatz, der sowohl rechts- und prozesstheoretische, als auch medien- und kommunikationswissenschaftliche Erkenntnisse berücksichtigte.[1744] Dabei unterteilt sich ihre Untersuchung in drei wesentliche Abschnitte:[1745] Zunächst erfolgte eine Betrachtung der juristisch-normativen Perspektive (insbesondere) in Form der strafprozessualen Hauptverhandlung. Im nachfolgenden Schritt erfolgte eine Untersuchung der allgemeinen Bedingungen, Regeln, Strategien und Funktionen medialen Handelns und Wirkens sowie eine Herausarbeitung der medialen Wirklichkeit des Strafverfahrens.[1746] Auf dieser Grundlage erfolgte schließlich die Untersuchung der „Medialisierung“ des Strafverfahrens, sowohl abstrakt (teilweise unter Bezugnahme auf bestehende Erkenntnisse zur Medialisierung der Politik) und anhand von ausgewählten Strafverfahren, die in besonderer Weise durch ein massenmediales Interesse geprägt waren.

I. Allgemeiner Überblick und der Wandel des Verständnisses vom Verhältnis der Medien zum Strafverfahren

Das Verhältnis zwischen Medien und dem Strafverfahren wird seit Langem thematisiert und problematisiert. Dabei liegt das Hauptaugenmerk auf deren Beziehung zueinander: *„Zum einen steht der Strafprozess im Zentrum des medialen Interesses an der Justiz, zum anderen handelt es sich beim Strafprozess um ein im Hinblick auf die Auswirkungen medialen Zugriffs besonders sensibles Geschehen.“*[1747] Der Strafprozess sorgt mit den in ihm dargestellten persönlichen Schicksalen und menschlichen Abgründen für eine mediale und gesellschaftliche Anziehungskraft.[1748] Umgekehrt ist die Öffentlichkeit eine notwendige rechtsstaatliche Voraussetzung des Verfahrens.[1749] Das Strafrecht ist das schärfste Schwert des Staates, um Verhalten zu lenken und zu sanktionieren. Damit der Bürger nicht nur durch die staatliche Gewalt des Strafrechts, sondern auch vor eben dieser geschützt wird,[1750] ist die Öffentlichkeit (in der

1744 *Danziger*, Die Medialisierung des Strafprozesses, S. 20.
1745 Siehe vertiefend zum Gang der Darstellung *Danziger*, Die Medialisierung des Strafprozesses, S. 21 f.
1746 Vgl. *Danziger*, Die Medialisierung des Strafprozesses, S. 183.
1747 *Danziger*, Die Medialisierung des Strafprozesses, S. 1.
1748 Vgl. *Trentmann*, Publizistik 2015, 403, 404.
1749 Vgl. BVerfGE 103, 44, 63 f.; BGHSt -GS- 11, 213, 215; 22, 297, 301; 23, 176, 178.
1750 *Roxin/Greco*, Strafrecht AT I, § 5, Rn. 1.

Hauptverhandlung, § 169 Abs. 1, S. 1 GVG) zugleich unverzichtbares Instrument, um Transparenz, Kontrollierbarkeit und das Vertrauen der Allgemeinheit sicherzustellen.[1751]

Die gesellschaftliche Rolle und die Einflussmöglichkeiten der Medien haben sich im Laufe der Zeit jedoch verändert. Dies liegt einerseits am erweiterten Wirkbereich durch den technischen Fortschritt (Fernsehen, Radio und insbesondere Internet) und andererseits an der Reaktion des Rechtssystems darauf, beispielsweise indem Gerichte und Staatsanwaltschaften eigene Pressestellen haben und sich in Form der „Litigation Public Relations" (Litigation-PR) neue prozessbegleitende und strategische Verteidigungsmöglichkeiten für den Verteidiger herausgebildet haben.[1752] Bei der Diskussion, wie viel Öffentlichkeit der Strafprozess jedoch benötigt, und ab welchem Punkt von dieser möglicherweise Gefahren für die Wahrheitsfindung und die Unvoreingenommenheit des Richters (sowie die Persönlichkeitsrechte des Beschuldigten/Angeklagten und ein faires und justizförmiges Verfahren) ausgehen, wird bis heute das Gegensatzpaar der Saalöffentlichkeit und der Medienöffentlichkeit bedient.[1753] Das klassische Verständnis des Öffentlichkeitsgrundsatzes als Saalöffentlichkeit knüpft an die Kontrolle durch die Allgemeinheit an.[1754] Im historischen Kontext sollte damit vor allem die teilweise im Inquisitionsprozess gegebene willkürliche Geheim- und Kabinettsjustiz verhindert werden.[1755] Ein justizförmiges und rechtsstaatliches Verfahren ist heute jedoch durch verfassungs- und verfahrensrechtliche Garantien sowie entsprechenden Rechtsschutzmöglichkeiten des Angeklagten gewährleistet.[1756] Daher dient das Öffentlichkeitsprinzip aus zeitgemäßer Sicht *„[g]anz überwiegend dem Informationsinteresse der Allgemeinheit"*.[1757] Dabei darf das Informationsinteresse jedoch nicht nur als Selbstzweck verstanden werden, sondern muss auch als Instrument der öffentlichen Meinungs- und Willensbildung, der Rechtsintegration und der Verwirklichung der Strafzwecke (Abschreckung und positive Generalprävention) angesehen werden.[1758] Diese *„[…] Funktionen des Öffentlichkeitsprinzips werden heute ganz*

1751 Vgl. *Trentmann*, Publizistik 2015, 403, 406.

1752 Vgl. *Trentmann*, Publizistik 2015, 403, 404.

1753 *Danziger*, Die Medialisierung des Strafprozesses, S. 3.

1754 BGHSt 3, 386, 390; 8, 194, 199; 24, 72, 74; 27, 13, 15; vgl. auch vertiefend *Quentin*, in: S/S/W-StPO, § 169 GVG, Rn. 2, m.w.N.

1755 *Danziger*, Die Medialisierung des Strafprozesses, S. 110, m.w.N.

1756 *Danziger*, Die Medialisierung des Strafprozesses, S. 110 f.

1757 *Schmitt*, in: M/S-StPO, § 169 GVG, Rn. 1, m.w.N.

1758 Vgl. *Quentin*, in: S/S/W-StPO, § 169 GVG, Rn. 2.

wesentlich durch die Medienöffentlichkeit und kaum durch die Saalöffentlichkeit gewährleistet.“[1759] Gerichtsöffentlichkeit ist daher heute Medienöffentlichkeit.[1760] Als Beispiel einer faktischen Medienöffentlichkeit in der Hauptverhandlung (sowie einer Medialisierung im massenmedial begleiteten Ermittlungsverfahren) sei auf den NSU-Prozess verwiesen, bei dem das mediale Interesse über die im Gerichtssaal zur Verfügung stehenden Plätze hinausging und der Zugang schließlich nach einem Losverfahren gewährt wurde.[1761]

Diese tatsächliche Erkenntnis darf aber nicht dazu führen, dass die mit einer Medialisierung einhergehenden Folgen kritiklos hingenommen werden. Zum einen bestehen Gefahren für den Strafprozess, wenn verkannt wird, dass Prozesse in der, aber nicht für die Öffentlichkeit stattfinden[1762] und zum anderen dann, wenn die Funktionen der Kontrolle und öffentlichen Willensbildung stattdessen zu einer (bewussten oder unbewussten) Steuerung und gerichtlichen/justiziellen Beeinflussung führen.

II. Erscheinungsformen der Medialisierung und allgemeine Auswirkungen

Um zu untersuchen, ob und wie sich eine massive Medienöffentlichkeit als eine moderne Fehlerquelle des Strafprozesses auf das Ergebnis des Verfahrens auswirken könnte, ist es zunächst notwendig, kurz und ohne Anspruch auf Vollständigkeit auf die wichtigsten Erscheinungsformen[1763] und allgemeinen Auswirkungen der Medialisierung einzugehen. Dabei werden nur solche Erscheinungsformen und allgemeine Auswirkungen vertieft thematisiert, die eine fehlentscheidungsspezifische Relevanz aufweisen könnten. Zur Veranschaulichung können teilweise ausgewählte Prozesse aus der jüngeren Zeit herangezogen werden. Solche Strafverfahren, die durch eine besondere Medialisierung geprägt waren, sind u.a. der „Weimar-Prozess“,[1764] die Prozesse gegen

1759 *Danziger*, Die Medialisierung des Strafprozesses, S. 114 f., m.w.N.

1760 Vgl. *Quentin*, in: S/S/W-StPO, § 169 GVG, Rn. 1.

1761 Dazu ausführlich *Jung*, GA 2014, 257, 259 ff.

1762 *Koppenhöfer*, StV 2005, 172, 173.

1763 Darunter sind jene Phänomene zu verstehen, in denen sich die Medialisierung der forensischen Wahrheitserforschung widerspiegelt, *Danziger*, Die Medialisierung des Strafprozesses, S. 302.

1764 Siehe vertiefend zu den Prozessberichten *Friedrichsen/Mauz*, Er oder sie?

Christoph Daum,[1765] Boris Becker,[1766] Robert Hoyzer,[1767] Mario Mederake,[1768] der Mannesmann-Prozess[1769] sowie aus jüngerer Zeit die Verfahren gegen Ulli Hoeneß,[1770] Jörg Kachelmann,[1771] Sebastian Edathy[1772] und Christoph Metzelder.[1773]

Neben denkbaren Auswirkungen auf die äußeren Rahmenbedingungen des Strafverfahrens[1774] – wie zum Beispiel die konkrete Wahl des Verhandlungssaales,[1775] Filmaufnahmen in den Gerichtskorridoren[1776] oder die Beeinflussung der

---

1765 Ausführliche Darstellung bei *Danziger*, Die Medialisierung des Strafprozesses, S. 305 f.

1766 Siehe *faz.net* vom 24.10.2002, Bewährungsstrafe und Mahnung: Tennisidol muss sich als braver Steuerzahler beweisen (Onlinequelle).

1767 Ausführliche Darstellung bei *Danziger*, Die Medialisierung des Strafprozesses, S. 309 f.

1768 Auch als „Fall Stephanie“ bekannt, siehe ausführlich *faz.net* vom 14.12.2006, Fall Stephanie: Chronik einer Leidensgeschichte (Onlinequelle).

1769 Ausführliche Darstellung des massenmedial begleiteten Verfahrens über mehrere Instanzen bei *Danziger*, Die Medialisierung des Strafverfahrens, S. 307 ff.

1770 Siehe ausführlich *SPIEGEL ONLINE* vom 29.02.2016, Chronologie: Der Fall Hoeneß (Onlinequelle).

1771 Siehe ausführlich *faz.net* vom 31.05.2011, Chronologie: Der Fall Kachelmann (Onlinequelle).

1772 Siehe *Legal Tribune Online* vom 02.03.2015, Edathy-Prozess wird nach Geständnis eingestellt (Onlinequelle).

1773 Siehe ausführlich *Eberle*, Metzelders Parallelwelt, SPIEGEL ONLINE vom 29.04.2021 (Onlinequelle). Bei Urteilsverkündung spricht die Richterin in Bezug auf die erfolgte Medienberichterstattung von einer „vorweggenommene[n] Strafe“.

1774 Siehe vertiefend *Danziger*, Die Medialisierung des Strafprozesses, S. 312 ff.

1775 Ein Extremfall ist das Verfahren wegen des „Soldatenmords von Lebach“ 1970, dessen Prozess vor dem LG Saarbrücken aufgrund eines enormen Medieninteresses in eine Kongresshalle verlegt wurde, vgl. *Wirth*, Saarbrücken: Saarländischer Rundfunk zeigt Doku über Soldatenmord von Lebach, rheinpfalz.de vom 11.05.2020 (Onlinequelle).

1776 Das für Hauptverhandlungen geltende Verbot von Filmaufnahmen (§ 169 Abs. 1, S. 2 GVG) gilt nicht für Gerichtskorridore. Extreme Züge nahmen die Aufnahmen im Verfahren gegen Christoph Daum an, der sich nach Beendigung eines Verhandlungstages an ein bereitgestelltes Rednerpult stellte und mit den Worten „Gut, Pressekonferenz“ das Blitzlichtgewitter eröffnete, Nachweis bei *Danziger*, Die Medialisierung des Strafprozesses S. 313 f., 323, m.w.N.

erstinstanzlichen sachlichen Zuständigkeit[1777] – gehört die sog. „Strafprozessführung über Medien“ zu den wichtigsten Erscheinungsformen der Medialisierung des Strafverfahrens. Unter dem in der Wissenschaft inzwischen gängigen Begriff der „Strafprozessführung über Medien“ versteht man den *„[...] Versuch von Verfahrensbeteiligten, die Massenmedien in den Dienst ihrer jeweiligen prozessualen Interessen zu stellen.“*[1778] Dass dieses Vorgehen auch dem deutschen Strafprozess nicht fremd ist, konnte bereits ab den späten achtziger Jahren nachgewiesen werden.[1779] Grundbedingung (und Folge) einer Strafprozessführung über Medien ist die Schaffung und Aufrechterhaltung eines medialen Parallelforums.[1780] Bei einem medialen Parallelforum geht die Berichterstattung über die „bloße mediale Begleitmusik“ der Beobachtung und sachlichen Kritik hinaus, indem sie aufgrund der (nicht notwendigerweise ausschließlichen) Initiative von Verfahrensbeteiligten einen zweiten Handlungsrahmen bildet, in dem prozessrelevante Tatsachen verhandelt, Beweismittel erhoben, Zeugen befragt und Dokumente in Augenschein genommen werden.[1781] Die daraufhin losgetretenen öffentlichen Reaktionen sollen dem initiierenden Verfahrensbeteiligten nutzen; sei es der Angeklagte, der ihn entlastende Tatsachen verbreiten lässt oder sich in den Medien als Opfer inszeniert oder der Staatsanwalt, welcher den vermeintlichen Täter als ein Monster darstellt. Ist das mediale Parallelforum erst einmal geschaffen, ist regelmäßig eine Verselbstständigung zu beobachten, die immer weitere Kreise zieht. Zu beobachten war dies beispielsweise im wirtschaftsstrafrechtlichen Mannesmann-Prozess,[1782] bei dem eine Reihe prominenter Unternehmenschefs wegen des Verdachts der Untreue angeklagt waren und es schon vor der Hauptverhandlung zu einem medialen Parallelprozess kam: Hochrangige Politiker unterschiedlicher Lager kommentierten

1777 Siehe dazu vertiefend *Danziger*, Die Medialisierung des Strafprozesses, S. 314, m.w.N. Nach § 24 Abs. 1, Nr. 3 GVG ist das Landgericht erstinstanzlich zuständig, wenn eine „besondere Bedeutung des Falles“ vorliegt. Als (vermutetes) Beispiel kann hier möglicherweise das Verfahren wegen Vorteilsnahme gegen den ehemaligen Bundespräsidenten Christian Wulff vor dem Landgericht Hannover angeführt werden, vgl. vertiefend zum Wulff-Prozess *ZEIT ONLINE* vom 27.02.2014, Christian Wulff freigesprochen (Onlinequelle).

1778 *Danziger*, Die Medialisierung des Strafprozesses, S. 315.

1779 Siehe dazu vertiefend bereits *Wagner*, Strafprozessführung über Medien (1987) und *Hamm*, Große Strafprozesse und die Macht der Medien (1997).

1780 Vertiefend *Danziger*, Die Medialisierung des Strafprozesses, S. 315 ff.

1781 Vgl. *Danziger*, Die Medialisierung des Strafprozesses, S. 316.

1782 Siehe dazu ausführlich *Danziger*, Die Medialisierung des Strafprozesses, S. 316 ff.

das Verfahren[1783] und brachten ihre Erwartungen an das Ergebnis zum Ausdruck,[1784] Strafrechtler verlautbarten ihre Sachverhaltsbewertungen,[1785] ein von der Deutschen Bank in Auftrag gegebenes aktienrechtliches Gutachten wurde bereits zwei Monate vor Beginn der Hauptverhandlung in einer Zeitschrift veröffentlicht[1786] und die FAZ titelte nach einem strafrechtlichen Gutachten, dass die in Frage stehende Prämienauszahlung „eine Straftat“[1787] gewesen sei. Im Einzelfall ist es schwer nachzuvollziehen, auf wessen Initiative die Schaffung des medialen Parallelforums zurückgeht.[1788] Bisherige Forschungsarbeiten konnten vor allem eine Strafprozessführung über Medien auf die staatsanwaltschaftliche Presseinformations-[1789] und auf taktische Verteidigungstätigkeit[1790] zurückführen. Das Betreiben von regelrecht rivalisierenden „PR-Kampagnen“[1791] zeigt sich regelmäßig in Form des (staatsanwaltschaftlichen) Lancierens von prozessrelevanten Sachverhaltsinformationen (häufig aus dem grundsätzlich nicht öffentlichen Ermittlungsverfahren) und der Überbetonung der eigenen Sachverhaltsbewertung.[1792] Umgekehrt kann eine aggressive Prozessführung über die Medien seitens der Verteidigung dazu führen, dass die Staatsanwaltschaft ihre Stellung als „Herrin des Ermittlungsverfahrens“ verlieren könnte.

1783 Angela Merkel (damalige CDU-Vorsitzende) sprach von einem *„Schlag gegen den Wirtschaftsstandort Deutschland“*: *handelsblatt.com* vom 22.09.2003, Streitfall Mannesmann-Verfahren (Onlinequelle).

1784 Michael Müller (damaliger stellvertretender SPD-Fraktionsvorsitzender im Bundestag) sprach von einer „Sauerei“, sollten die Angeklagten freigesprochen werden: *sueddeutsche.de* vom 19.05.2010, „Ich halte das für eine Sauerei“ (Onlinequelle).

1785 Vgl. *Brors,* „Die blasen die Backen auf“. Wie Deutschlands Straf- und Gesellschaftsrechtler um die Deutung des Falles Mannesmann streiten, handelsblatt.com vom 24.03.2004 (Onlinequelle).

1786 Nachweis bei *Danziger*, Die Medialisierung des Strafprozesses, S. 317 f.

1787 Vgl. *faz.net* vom 19.03.2004, Rechtsprofessor wertet Prämien als kriminelles Delikt (Onlinequelle).

1788 Vgl. *Danziger*, Die Medialisierung des Strafprozesses, S. 318.

1789 Vgl. dazu *Hamm*, Große Strafprozesse und die Macht der Medien, S. 31 ff.; *Bornkamm*, Pressefreiheit und Fairness des Strafverfahrens, S. 241. Danach stelle die Informationstätigkeit der Ermittlungsbehörden eine nicht unerhebliche Ursache von medialer Vorverurteilung dar, dazu später ausführlicher.

1790 Siehe ausführlich *Wagner*, Strafprozeßführung über Medien, S. 24 ff.

1791 Vgl. dazu *Trentmann*, Publizistik 2015, 403, 406 f.

1792 Als Beispiel sei hier erneut auf das Mannesmann-Verfahren hingewiesen, in dem die Staatsanwaltschaft über 2 Jahre intensive Presseauskünfte gegeben hat (u.a. dabei den Begriff der Käuflichkeit verwendete und dies zu einer medialen

Im Hoyzer-Betrugsfall[1793] legte der ehemalige Bundesliga-Schiedsrichter Hoyzer ein Geständnis vor vom Verteidiger eingeladenen Journalisten und TV-Kameras ab. Die Folge war, dass Hoyzer in den Medien und in der Öffentlichkeit als reuiger und kooperationsbereiter „Kronzeuge" dargestellt wurde. Noch bevor das Geständnis auch gegenüber den Ermittlungsbehörden abgegeben werden konnte, folgten weitere „Vernehmungen" durch Zeitungen und in Form eines TV-Interviews bei Johannes B. Kerner. Dementsprechend waren die Aussagen den Medien bereits lange vor den Ermittlungsbehörden bekannt.[1794]

Als eine spezielle Form der Strafprozessführung über Medien gilt die Praxis des Exklusivvertrags.[1795] Dabei handelt es sich um *„[...] eine besondere Form der Kooperation zwischen Medien und Verfahrensbeteiligten [...], in welcher sich die Techniken der medialen Selbstpräsentation und der prozessstrategischen Informationspolitik miteinander verbinden."*[1796] Hier schließen einzelne Verfahrensbeteiligte (Angeklagte, Nebenkläger, Zeugen oder Opfer) mit einem bestimmten Medienunternehmen einen Vertrag, in welchem sie sich gegen Zahlung eines regelmäßig hohen Honorars dazu verpflichten, Informationen zur Tat und zum Verfahren vollständig und ausschließlich diesem Medium zur Verfügung zu stellen.[1797] Der Exklusivvertrag bietet dem Verfahrensbeteiligten einen doppelten Vorteil: einerseits dient er der Finanzierung (regelmäßig der Verteidigung), andererseits ermöglicht es die prozesstaktische

Ausschlachtung führte) und der Generalstaatsanwalt sogar einer Zeitungsredakteurin persönlich mitteilte, dass er die Staatsanwaltschaft Düsseldorf anweisen werde, ein Ermittlungsverfahren einzuleiten, ohne vorher den Beschuldigten zu informieren, zusammengefasst bei *Danziger*, Die Medialisierung des Strafprozesses, S. 319 ff.

1793 Siehe ausführliche Dokumentation bei *Danziger*, Die Medialisierung des Strafverfahrens, S. 309 f.

1794 Eine weitere Möglichkeit der Strafprozessführung über Medien besteht auch, wenn sich Nebenkläger bzw. Nebenklägervertreter an die Medien wenden. So geschehen im Verfahren gegen Mario Mederake wegen Vergewaltigung (auch bekannt als Fall Stephanie), in welchem die minderjährige Nebenklägerin zahlreiche detaillierte Interviews für Print- und Rundfunkmedien zu ihrer Peinigung machte, die sodann medial ausgeschlachtet wurden. Vgl. dazu *Dahlkamp/Wassermann*, „Willst du mich umbringen?", SPIEGEL ONLINE vom 10.09.2006 (Onlinequelle).

1795 Siehe dazu ausführliche Falldokumentationen bei *Tillmanns*, in: FS Schweizer, 227, 227 ff.; *Danziger*, Die Medialisierung des Strafprozesses, S. 326 ff.

1796 *Danziger*, Die Medialisierung des Strafprozesses, S. 326.

1797 Ebenda.

Eigendarstellung.[1798] Auch wenn der Verfahrensbeteiligte nach Informationspreisgabe keinen Einfluss darauf hat, dass er in einem gewünschten Licht dargestellt wird und es möglich ist, dass eine entgegengesetzte Wirkung erzielt werden könnte, bestehe nach *Tillmanns* die mediale Tendenz, im Interesse des exklusivvertraglichen Partners zu berichten.[1799] Ein bekanntes Beispiel ist das Wiederaufnahmeverfahren im Fall Monika Böttcher:[1800] Die Angeklagte schloss auf Anraten ihres Verteidigers einen Exklusivvertrag mit dem „Stern“, in welchem sie sich dazu verpflichtete, das Medium über den laufenden Stand des Verfahrens gegen ein Honorar von 80.000 DM zu informieren. Dieser Fall eignet sich ferner als Anschauungsmaterial, da er ein weiteres häufiges Phänomen des Exklusivvertrags dokumentiert. Es kommt infolge dessen nämlich vor, *„dass konkurrierende Medien häufig mit den jeweiligen ‚Konkurrenten‘ eines Prozesses vertragliche Verbindungen eingehen.“*[1801] Im Fall Monika Böttcher schloss der Ex-Ehemann und Nebenkläger des Verfahrens sodann einen Exklusivvertrag mit dem „Spiegel“.[1802] Neben der Schaffung eines medialen Parallelforums, in dem schon vorab eine Verhandlung über Sachverhaltsinformationen nach dem Prozessrecht fremden Regeln erfolgt, bewirkt der Exklusivvertrag mittelbar auch, dass *„[…] das forensische Geschehen über das die Medien berichten, in diesen Fällen von den Medien selbst produziert [wurde].“*[1803] Ist ein mediales Parallelforum erst einmal etabliert, kann es (schon im Ermittlungsverfahren) zu einer Reaktion des „forensischen Forums“ kommen.[1804] Bereits im Rahmen der strafprozessualen Absprachen und des Strafbefehlsverfahrens wurde beschrieben, dass die drohende (Medien-)Öffentlichkeit für den Beschuldigten/Angeklagten ein Motivator für eine konsensuale Erledigung des Strafverfahrens sein kann. Auch *Wagner* beschreibt Fälle „klammheimlicher“ Erledigung in Form der Absprache, in welchen insbesondere prominente Beschuldigte eher bereit seien, (fehlerhafte) Sanktionen zu akzeptieren, die sie in einer Hauptverhandlung nicht angenommen hätten.[1805] Umgekehrt kann eine aggressive und

1798 Vgl. *Danziger*, Die Medialisierung des Strafprozesses, S. 326.

1799 *Tillmanns*, in: FS Schweizer, 227, 265.

1800 Siehe ausführliche Dokumentation bei *Tillmanns*, in: FS Schweizer, 227, 232 ff.; *Hamm*, Große Strafprozesse und die Macht der Medien, S. 108 ff.

1801 *Danziger*, Die Medialisierung des Strafprozesses, S. 326; siehe dazu auch *Tillmanns*, in: FS Schweizer, 227, 247.

1802 Nachweis bei *Danziger*, Die Medialisierung des Strafprozesses, S. 327, m.w.N.

1803 *Danziger*, Die Medialisierung des Strafprozesses, S. 327 f., m.w.N.

1804 Siehe vertiefend *Danziger*, Die Medialisierung des Strafprozesses, S. 328 ff.

1805 Vgl. *Wagner*, Strafprozeßführung über Medien, S. 53 f.

proaktive Informationstätigkeit der Ermittlungsbehörden oder die ggf. selbst lancierte und vorangetriebene Medienöffentlichkeit von der Verteidigung bzw. vom Beschuldigten ausgenutzt werden, um sich selbst als das Opfer der intensiven staatlichen Ermittlung darzustellen, die Legitimität des Strafprozesses in Frage zu stellen[1806] und um u.U. eine Strafmilderung zu erhalten.[1807] Die vorstehenden Ausführungen machen deutlich, dass es teilweise nur der Informationstätigkeit eines einzigen Verfahrensbeteiligten bedarf, um durch aggressive Informationstätigkeit ein mediales Parallelforum zu schaffen und um auch die übrigen Verfahrensteilnehmer dazu zu veranlassen, darauf zu reagieren, indem sie selbst das Parkett des Parallelforums betreten.[1808]

Eine allgemeine Auswirkung der Medialisierung ist zunächst ein gewandeltes Verhältnis vom Strafverfahren zur Öffentlichkeit. Insbesondere im Rahmen der Unterhaltungsöffentlichkeit scheint jedoch gerade die Gefahr zu liegen, dass die vom BVerfG gefasste Vorgabe eines Verfahrens, welches in der, aber nicht für die Öffentlichkeit stattfindet,[1809] vereinzelt in ihr Gegenteil verwandelt werden könnte.[1810] Im Rahmen der Unterhaltungsöffentlichkeit (regelmäßig bei prominenten Verfahrensbeteiligten) geht es oftmals nicht um Informationsvermittlung oder sachliche Kritik an einem Strafverfahren,[1811] sondern vielmehr um die Selbstvermarktung oder Vermarktung der eigenen Produkte, indem Personen unter Offenlegung von Details (die teilweise nicht einmal eine prozessrelevante Tatsache darstellen) aus der Intims- und Privatsphäre

1806 *Danziger*, Die Medialisierung des Strafprozesses, S. 331: *„Kritik an den Medien in den Medien und durch die Medien.“*

1807 Nach der Rechtsprechung stellt die Medienberichterstattung über die Straftat und den Angeklagten regelmäßig auch dann keinen bestimmenden Strafmilderungsgrund dar, wenn sie aggressiven oder vorverurteilenden Charakter hat, BGH NJW 2016, 3670, 3672. Eine strafmildernde Berücksichtigung kann jedoch dann stattfinden, wenn die Berichterstattung weit über das gewöhnliche Maß hinausgeht, das jeder Straftäter über sich ergehen lassen muss und sich deshalb besonders nachteilig für den Angeklagten ausgewirkt hat, BGH NStZ-RR 2008, 343, 344; BGH NJW 2016, 3670, 3672.

1808 Vgl. im Kontext vom Fall Stephanie *Danziger*, Die Medialisierung des Strafprozesses, S. 325 f.

1809 BVerfGE 103, 44, 64; vgl. dazu auch *Marxen*, JZ 2000, 294, 294, der von einer „Veröffentlichung“ des Strafverfahrens spricht.

1810 Vgl. *Danziger*, Die Medialisierung des Strafprozesses, S. 348 f.

1811 Siehe exemplarisch für eine sachlich falsche mediale Urteilskritik die Reaktionen auf die Verurteilung eines ehemaligen NPD-Vorsitzenden *Bommarius*, DRiZ 1996, 244, 244 ff.

vorgeführt werden.[1812] Dies hat auch das BVerfG erkannt, indem es der Prozessberichterstattung in seinem Urteil zur Zulässigkeit von Fernsehaufnahmen in der Hauptverhandlung eine nicht auf sachliche Information, sondern auf personalisierte Sensation zielende Tendenz zuschrieb.[1813] Ein abschreckendes Beispiel für eine übermäßige Inszenierung, in dem das Verfahren für die Öffentlichkeit stattfindet, zeigt ein Blick in die Vereinigten Staaten, in der eine TV-Berichterstattung per Echtzeitübertragung von Gerichtsverhandlungen keine Seltenheit mehr ist.[1814] Problematisch ist auch, wenn das Strafverfahren zur *„[...] gesellschaftlichen Konfliktbereinigung instrumentalisiert wird“*[1815] und durch die Medien gar öffentliche Meinungs- und Willensbildung im Bezug auf einen Prozess betrieben wird.[1816] Mit verstärktem Einzug der Medienöffentlichkeit in das Strafverfahren geht auf Seiten der Justiz eine Professionalisierung der Medienarbeit einher.[1817] Während die Justiz früher eher eine ablehnende Haltung einnahm und sich auf das gelegentliche Reagieren auf Presseberichte beschränkte,[1818] ist in den letzten beiden Jahrzehnten eine zunehmend professionalisierte und aktive Öffentlichkeitsinformation zu beobachten.[1819] Vielerorts ist der behördliche oder gerichtliche Presse- bzw. Mediensprecher eine feste Institution geworden,[1820] die dafür sorgt, dass die Justiz heute in den Medien sehr viel präsenter ist als noch vor weniger Jahrzehnten.[1821] Neben der

1812 Vgl. *Danziger*, Die Medialisierung des Strafprozesses, S. 350, m.w.N.

1813 BVerfGE 103, 44, 66 ff.; *Gostomzyk*, JuS 2002, 228, 228 ff.; *Huff*, NJW 2001, 1622, 1622 ff.

1814 Siehe dazu den ehemaligen TV-Sender „Court TV“, *Wikipedia*, Stichwort: Court TV (Onlinequelle).

1815 *Danziger*, Die Medialisierung des Strafprozesses, S. 352; vgl. auch *Herzog*, in: Quo vadis Strafprozess?, 21, 21, 29.

1816 Anschauliche Beispiele hierfür sind das Mannesmann-Verfahren Dies konnte man einerseits im Mannesmann-Verfahren (*faz.net* vom 22.04.2004, „Wir sind kein Scherbengericht“ [Onlinequelle]) und das Verfahren gegen den Satiriker Jan Böhmermann (*FOCUS ONLINE* vom 04.10.2016, Böhmermann-Affäre: Eine Chronologie [Onlinequelle]).

1817 Siehe vertiefend *Trentmann*, Publizistik 2015, 403, 403 ff.

1818 Siehe dazu eindrücklich *Wagner*, Strafprozeßführung über Medien, S. 60, der von „Presseabwehrstellen“ oder „Verhinderungsstellen für Publizität“ spricht.

1819 Vgl. *Huff*, NJW 2004, 403, 403 ff.; vgl. auch *Trentmann*, Publizistik 2015, 403, 404, m.w.N. Siehe ferner die Leitlinien des BVerwG für das Verhältnis der Justiz zur Öffentlichkeit in der „Mediendemokratie“ BVerwG NJW 1997, 2694, 2694 ff.

1820 *Trentmann*, Publizistik 2015, 403, 404.

1821 Dazu ausführlich *Huff*, NJW 2004, 403, 403 ff.

Thematisierung von Gerichtsentscheidungen und Presseauskünften werden Pressemitteilungen- und Konferenzen sowie Interviews gegeben.[1822] In Zeiten des technischen Fortschritts hat sich die Öffentlichkeitsarbeit schließlich auch in das Internet ausgeweitet. So informieren sämtliche Bundes- und Oberlandesgerichte sowie einzelne Landgerichte digital über ihre Organisation, Arbeit, Gerichtsentscheidungen und laufende Verfahren,[1823] teilweise besitzen Staatsanwaltschaften eigene Social-Media-Accounts.[1824] Die Medialisierung des Strafverfahrens kann dann im Einzelfall Auswirkungen auf die innerprozessuale Kommunikation haben, wenn es zu einer Anpassung des Verfahrens an die medialen Kommunikationsformen und Inszenierungsstrategien[1825] kommen sollte, welche von den dem Prozess zugrundeliegenden Kommunikationsmustern abweicht.[1826] Die dem Strafverfahren zugrundeliegende Binnenorientierung (anhand der Grundsätze der Mündlichkeit, Anwesenheit und Unmittelbarkeit) sorgt dafür, dass die Hauptverhandlung Dialogcharakter hat.[1827] Eine Medialisierung (v.a. die Strafprozessführung über Medien) kann allerdings dafür sorgen, dass die Medienöffentlichkeit zum eigentlichen

---

1822 Vgl. *Coelln*, Zur Medienöffentlichkeit der Dritten Gewalt, S. 515.

1823 Informationen abrufbar unter: https://www.bundesgerichtshof.de/DE/Home/home_node.html; https://www.bundesverfassungsgericht.de/DE/Homepage/homepage_node.html; https://www.berlin.de/gerichte/kammergericht/ (Onlinequellen).

1824 So die Generalstaatsanwaltschaft Berlin, Informationen abrufbar unter: https://twitter.com/GStABerlin?ref_src=twsrc%5Egoogle%7Ctwcamp%5Eserp%7Ctwgr%5Eauthor (Onlinequelle).

1825 Eine solche Anpassung an die mediale Vermittlungsstrategie der kurzatmigen und ereignisfokussierten Personalisierung und Intimisierung von Personen und deren Lebensverhältnisse sowie die Dramatisierung und Skandalisierung stehe jedoch gerade dem Ziel des Strafverfahrens, Rechtsfrieden herbeizuführen, entgegen: *„Denn ein Strafprozess, der als Folge der Antizipierung medialer Inszenierungsstrategien an Nüchternheit im Umgang mit dem Verbrechen einbüßt sowie den durch die kriminelle Tat hervorgerufenen Konflikt verstärkt und reprivatisiert, leistet gerade keine Aufarbeitung der Tat, bei der sich die Rechtsgemeinschaft beruhigen könnte."*, *Danziger*, Die Medialisierung des Strafprozesses, S. 356. Auf die konkreten Gefahren für die materielle Wahrheitsfindung wird sogleich eingegangen.

1826 Vgl. *Danziger*, Die Medialisierung des Strafprozesses, S. 358 f., m.w.N.

1827 *Danziger*, Die Medialisierung des Strafprozesses, S. 359 f.

Adressaten wird, viel mehr übereinander geredet und unsachlich reagiert wird sowie Konflikte (über)betont werden.[1828]

III. Die Medienöffentlichkeit bzw. die Medialisierung als „moderne Fehlerquelle“ des Strafverfahrens?

Im Folgenden wird der Frage nachgegangen, ob die Medienöffentlichkeit eine moderne Fehlerquelle des Strafverfahrens ist und welche Risiken von ihr für die Entscheidungen im Ermittlungsverfahren und in der Hauptverhandlung ausgehen.

1. Medialisierung als „moderne Fehlerquelle“ für das Ermittlungsverfahren

Zunächst kann eine intensive Medienberichterstattung maßgeblichen Einfluss auf die Ermittlungsführung im Ermittlungsverfahren haben. So konnte *Hamm* aufzeigen, dass sich die polizeiliche und staatsanwaltschaftliche Beweissammlung/Aufklärungsarbeit bei einer starken Medienbegleitung davon beeinflussen lassen könne, wenn ein hoher Erfolgs- und Selbstdarstellungsdruck entstehen sollte, welcher sich wiederum negativ auf die Wahrheitserforschung auswirken könnte.[1829] Als Beispiele verweist *Hamm* auf die Brandanschläge auf Asylbewerberheime in Solingen[1830] und Lübeck:[1831] Im Fall Solingen sollen in Vernehmungen eine unzulässige Druckausübung und unvollständige Protokollierung stattgefunden und zudem Spuren nicht rechtzeitig gesichert worden

---

1828 Ebenda. So sei zu beobachten, dass der staatsanwaltschaftlich verlautbarte Tatvorwurf in einer Pressekonferenz (ohne Gegenwehr) regelmäßig schärfer ausfalle als in der Hauptverhandlung. Auch das prozessual zulässige und für den Angeklagten grundsätzlich unbelastende Schweigen habe in der Medienöffentlichkeit oft einen negativen Nachklang. Ähnlich verhalte es sich mit medienwirksamen (Beweis-)Anträgen, die in der Hauptverhandlung gänzlich aussichtslos seien. Mit Blick auf das angloamerikanische Strafverfahren warnt *Danziger* zudem vor einer Verdrängung der Verbalisierung zu Gunsten der Visualisierung (von Beweismitteln): *„[D]as Bild vermag uns glauben zu machen, ohne argumentativ überzeugen zu müssen.“*, *Danziger*, Die Medialisierung des Strafprozesses, S. 363 ff.

1829 *Hamm*, Große Strafprozesse und die Macht der Medien, S. 95 ff.

1830 Siehe zur Aufarbeitung der Ermittlungen *Hamm*, Große Strafprozesse und die Macht der Medien, S. 98.

1831 Dazu ausführlicher *Hamm*, Große Strafprozesse und die Macht der Medien, S. 95 ff.

sei (der Hausabriss wurde begonnen, bevor alle Spuren vom BKA gesichert werden konnten). Als Erklärung für diese Ermittlungsfehler verwiesen die Beamten in der Hauptverhandlung wiederholt auf die aufgeheizte Stimmung in der (Medien-)Öffentlichkeit. Im Fall Lübeck wurden vorschnell drei Rechtsextremisten festgenommen, welche offensichtlich als Täter ausschieden (sie wurden zum Tatzeitpunkt von der Polizei bei einer anderen Straftat beobachtet). Plakativ formuliert waren die (ersten) Ermittlungsergebnisse in diesen Fällen *„[...] das Ergebnis von hektischer Reaktion auf den öffentlich erzeugten Druck, der offenbar als Zwang erlebt wird, unter allen Umständen einen Fall aufzuklären, der durchaus auch unaufklärbar sein kann.“*[1832] In beiden Fällen wurden die Ermittlungsfehler in der Hauptverhandlung erkannt. Wie an zahlreichen Stellen bereits angesprochen, ist dies jedoch keine Selbstverständlichkeit. Vielfach bestimmen Ermittlungsfehler das Schicksal der Hauptverhandlung und können nur sehr schwer korrigiert werden, weil sie nicht entdeckt werden, sie eine einseitige Weichenstellung für die folgende Ermittlungsführung dargestellt haben oder die Nachholung durch Beweismittelverlust schlicht nicht mehr möglich ist.[1833]

Insbesondere eine gezielte Strafprozessführung über Medien kann ferner dafür sorgen, dass die Staatsanwaltschaft ihre objektive Rolle als Hüterin des Gesetzes aufweichen lässt.[1834] Teilweise ist schon im Ermittlungsverfahren eine den Beschuldigten als Schuldigen qualifizierende Medienarbeit zu beobachten, welche sich in einer einseitigen Ermittlungstätigkeit manifestieren und in der Hauptverhandlung verstärken könnte.[1835] Im Ermittlungsverfahren kann dies einzelne Verfahrensentscheidungen beeinflussen,[1836] wie die vorrangige Bearbeitung bestimmter medienwirksamer Fälle, die schnellere Durchführung von Zwangsmaßnahmen und die vorschnelle Anklageerhebung.[1837] Auch erfordert die Frage, ob eine Tatsache beweiserheblich ist bereits ein präsumtives Urteil.

1832 *Hamm*, Große Strafprozesse und die Macht der Medien, S. 98.

1833 Siehe zur Bedeutung des Ermittlungsverfahrens *Lange*, Fehlerquellen im Ermittlungsverfahren, S. 7 ff.

1834 Nach *Danziger*, Die Medialisierung des Strafprozesses, S. 376 f. rücke eine Medialisierung die konfrontative Rolle des Staatsanwalts und seine Gegnerschaft zum Beschuldigten zu Ungunsten seiner Objektivitätsverpflichtung in den Vordergrund.

1835 Vgl. *Danziger*, Die Medialisierung des Strafprozesses, S. 376 f.; vgl. auch *Neuling*, Inquisition durch Information, S. 188 ff.

1836 So selbst der ehemalige Oberstaatsanwalt *Tilmann*, StV 2005, 175, 175 f.

1837 *Danziger*, Die Medialisierung des Strafprozesses, S. 378, m.w.N.

Die Medienberichterstattung kann somit bereits beeinflussen, ob ein Beweis überhaupt erhoben wird.[1838] Schließlich kann vermutet werden, dass bei besonderem öffentlichen Interesse eine konsensuale und „leise“ Verfahrenserledigung (z.B. nach §§ 153 ff. StPO) teilweise ausscheiden könnte, weil man die öffentliche Reaktion und Empörung befürchtet.[1839]

2. *Medialisierung als „moderne Fehlerquelle“ für die Hauptverhandlung?*

Im Rahmen der Untersuchung des Einflusses der Medienöffentlichkeit auf die Entscheidungsfindung in der Hauptverhandlung wird zwischen allgemeinen Risiken für die Wahrheitsfindung und nach den speziellen Risiken, die den einzelnen Verfahrensbeteiligten anhaften, unterschieden.

a. *Allgemeine Risiken für die Wahrheitsfindung*

aa. *Risiken für die Beweiserhebung*

Die Risiken für die Beweissammlung und Sachverhaltsaufklärung im Ermittlungsverfahren wurden bereits thematisiert. In der Hauptverhandlung kann die Medienöffentlichkeit durch „Einfallstor[e]“[1840] Einzug in die Beweiserhebung erhalten. Dies gilt unter anderem für die „Offenkundigkeit“ einer Beweistatsache oder ihres Gegenteils als Grund für die Ablehnung eines Beweisantrags nach § 244 Abs. 3, S. 3, Nr. 1 StPO.[1841] Offenkundigkeit liegt vor, wenn es sich um Tatsachen und Erfahrungssätze handelt, von denen verständige und erfahrene Menschen regelmäßig ohne Weiteres Kenntnis haben oder über die sie sich aus allgemein zugänglichen Quellen unschwer unterrichten können (Allgemeinkundigkeit[1842]) oder es sich um Tatsachen und Erfahrungssätze handelt, die der Richter im Zusammenhang mit seiner amtlichen Tätigkeit zuverlässig in Erfahrung gebracht hat (Gerichtskundigkeit[1843]). Gerade über die Allgemeinkundigkeit ist es daher möglich, dass auf vorprozessual vorhandenes und

---

1838 *Danziger*, Die Medialisierung des Strafprozesses, S. 394 f.

1839 *Gerhardt*, in: Der Einfluß der Medien auf das Strafverfahren, 19, 26; siehe auch den von *Hamm*, Große Strafprozesse und die Macht der Medien, S. 105 geschilderten Fall, in dem die Staatsanwaltschaft eine Einstellung nach § 153a StPO wegen mangelndem öffentlichen Verständnis ablehnte, da der Fall *„[...] so dick in den Zeitungen gestanden“* habe.

1840 *Danziger*, Die Medialisierung des Strafprozesses, S. 388, 392.

1841 Siehe vertiefend *Danziger*, Die Medialisierung des Strafprozesses, S. 388 ff.

1842 BVerfGE 10, 177, 183; *Schmitt*, in: M/S-StPO, § 244, Rn. 51.

1843 BVerfGE 10, 177, 183; BGHSt 6, 292, 293; *Schmitt*, in: M/S-StPO, § 244, Rn. 52.

nicht prozessförmig, sondern durch mediale Information, erlangtes Wissen zurückgegriffen wird. Der massenmedialen Berichterstattung ist die Eignung immanent, dass die durch sie vermittelten Informationen aufgrund ihrer Totalität, scheinbaren Authentizität und Häufigkeit der Wiederholung irgendwann verinnerlicht werden und für eine offenkundige Tatsache gehalten werden können.[1844] Dies gilt insbesondere für die Bildaufnahmen der Fernsehmedien, welche einen gewissen Eindruck der Unerschütterlichkeit vermitteln.[1845] Wegen ihrer „visuellen Evidenz" bergen sie einerseits die besondere Gefahr, dass Bildmanipulationen der Schnitttechnik oder Bildverarbeitung (z.B. bei Aufnahmen einer Überwachungskamera) im Nachhinein schwer aufzudecken sind und andererseits die Gefahr der Interpretationsoffenheit und scheinbar hohen Beweiskraft.[1846] Als Beispiel, wie eine medial vermittelte Wahrheit als Offenkundigkeit gelten könnte, bedient *Danziger* die wissenschaftlich unabgeschlossene Diskussion über die gewaltfördernde Wirkung von digitalen „Killerspielen"[1847] bzw. mediale Gewaltdarstellungen im Allgemeinen. Verdichtete sich die Annahme einer Gewaltförderung zu einem medial *„nicht mehr hinterfragbaren Wahrheitsanspruch"*, wäre es denkbar, dass ein Beweisantrag auf Anhörung eines Sachverständigen wegen Offenkundigkeit des Gegenteils abgelehnt werden könnte.[1848] Wenn aber zu befürchten ist, dass Beweise nicht erhoben werden könnten, obwohl dies geboten wäre, dann besteht die Gefahr von gerichtlichen Aufklärungsfehlern.

bb. Risiken für die Beweiswürdigung

Während die Beweiserhebung durch formalisiertes Prozessrecht in Form des Strengbeweisverfahrens in der StPO geregelt ist, ist die Beweiswürdigung frei (§ 261 StPO) und nur an die Gesetze der Logik, Rationalität und Erfahrung gebunden.[1849] *„Gerade diese scheinbar selbstverständliche Voraussetzung aber, dass Wahrheitserkenntnis auf Rationalität beruht, droht innerhalb einer*

1844 *Danziger*, Die Medialisierung des Strafprozesses, S. 389: *„Über das in der prozessualen Wahrheitsherstellung bereits verwendete Konzept der Offenkundigkeit ist eine verstärkte Orientierung derselben an medial erzeugte Wahrheiten damit durchaus denkbar."*

1845 Ebenda.

1846 *Danziger*, Die Medialisierung des Strafprozesses, S. 390 ff.

1847 Siehe dazu exemplarisch *Au*, Wie heute über Killerspiele diskutiert wird, sueddeutsche.de vom 27.11.2015 (Onlinequelle).

1848 *Danziger*, Die Medialisierung des Strafprozesses, S. 389.

1849 Vgl. *Schmitt*, in: M/S-StPO, § 261, Rn. 2.

massenmediendominierten (Denk-)Kultur verloren zu gehen, in der die Geltendmachung von Wahrheitsansprüchen über Suggestion und das jeden Widerspruch und Zweifel ausschaltende audiovisuelle Gewissheitserlebnis erfolgt."[1850] In den Vereinigten Staaten konnte die suggestive Wirkung von Prozessberichterstattung in der Form festgestellt werden, dass bestimmte Filmsequenzen (nacheinander gezeigte Bilder vom Angeklagten und der Tatwaffe) vom Zuschauer als faktische Zusammenhänge verstanden werden.[1851] *Danziger* schließt aus der Abhängigkeit der freien richterlichen Beweiswürdigung von der in der Alltagswelt vorherrschenden Denkkultur, dass es möglich wäre, dass *„[...] suggestive Methoden der Geltendmachung von Wahrheitsansprüchen auch im Rahmen forensischer Wahrheitsherstellung Wirksamkeit erlagen können.*"[1852] Insofern erscheinen auch gerichtliche Aufklärungsfehler im Bezug auf die Beweiswürdigung möglich.

b. Risiken für die Beeinträchtigung der Entscheidung im Einzelnen nach Verfahrensbeteiligten

Bei der Analyse, wie sich die Medienöffentlichkeit konkret auf jeden Verfahrensbeteiligten und schließlich auf die Entscheidung auswirken könnte, wird vorliegend eine Zweiteilung vorgenommen. Anknüpfend an *Kepplinger/Jost* wird angenommen, dass die Medienöffentlichkeit einen direkten und einen indirekten Einfluss auf die gerichtliche Entscheidung haben kann:[1853] Einen direkten Einfluss hat die Medienberichterstattung auf den Richter, in dem sie die Emotionen des Richters selbst beeinflussen könnte, was sich wiederum in seinem Verhalten und/oder dem konkreten Strafmaß widerspiegeln könnte. Ein indirekter Einfluss folgt daraus, dass die Medienberichterstattung ggf. auf sonstige Prozessbeteiligte (insbesondere auf Angeklagte und Zeugen) wirken könnte.

aa. Direkte Beeinflussung der Entscheidung durch Einfluss auf den Richter

Intensive Medienberichterstattung kann in vielfacher Art und Weise auf das Verhalten und die Entscheidungsfindung des Gerichts wirken. Auch Richter sind nur Menschen und unterliegen den gleichen Versuchungen und Gefahren wie andere Verfahrensbeteiligte.[1854] So können auch sie der Versuchung

---

1850 *Danziger*, Die Medialisierung des Strafprozesses, S. 393.
1851 *Entner*, The Image of the Judiciary, S. 87 ff., 160, 167.
1852 *Danziger*, Die Medialisierung des Strafprozesses, S. 393.
1853 Siehe ausführlich *Kepplinger/Jost*, in: Litigation-PR, 181, 181 ff.
1854 *Danziger*, Die Medialisierung des Strafprozesses, S. 372.

unterliegen, die mediale Aufmerksamkeit auf sich zu ziehen, sich selbst zu inszenieren und das eigene Auftreten einer (vermeintlichen) öffentlichen Erwartungshaltung anzupassen.[1855] Der in eine Robe gehüllte und erhöht sitzende Richter, bei dem aufgestanden wird, wenn er „seinen“ Gerichtssaal betritt, strahlt die Autorität des Staates aus.[1856] Dieser Autorität ist er sich ebenso bewusst wie der Anwesenheit von zahlreichen Medienvertretern in medienwirksamen Verfahren. In solchen Verfahren ist teilweise zu vermuten, dass es den Verfahrensbeteiligten – inklusive dem Richter – *„[...] ebenso sehr [an] den Erfordernissen eines gelungenen medialen Auftritts [gelegen ist] wie [an] denjenigen eines der prozessualen Rolle entsprechenden Prozessverhaltens.“*[1857] Nach *Danziger* sei dieser Eindruck beispielsweise im Verfahren gegen Jörg Immendorff vermittelt worden, in welchem der Vernehmungsstil des Vorsitzenden Richters von Nachfragen über die Intimsphäre ohne Sachverhaltsrelevanz und von jovialen und respektlosen Bemerkungen geprägt gewesen sei.[1858] In solchen Fälle versuche der Richter, die Medien zu „bedienen“.[1859] Eine Anpassung des richterlichen Verhaltens ist allerdings nicht nur im Zusammenhang mit der durch Medialisierung hervorgerufenen Überbetonung und Verfestigung der richterlichen Machtstellung zu befürchten, sondern auch umgekehrt, wenn massive personenbezogene Medienkritik an einem Richter seine richterliche Unabhängigkeit (ggf. erst in späteren Verfahren) gefährdet.[1860] In einer Studie aus dem Jahre 2006 wurden Richter (und Staatsanwälte) gefragt, ob sie in umstrittenen Verfahren schon einmal an das öffentliche Echo gedacht hätten. Mit „Ja, intensiv“ antworteten 10 %, mit „Ja, ein wenig“ 48 %; lediglich 42 % verneinten die Frage.[1861] Die Richter sind in massenmedial begleiteten Fällen teilweise einem immensen medialen Druck ausgesetzt. Massive Druckausübung kann man z.B. im Entschädigungsverfahren von Magnus Gäfgen beobachten:[1862] Nach der Festnahme des mutmaßlichen Kindesentführers drohte

1855 Ebenda.

1856 Ebenda.

1857 *Danziger*, Die Medialisierung des Strafprozesses, S. 335.

1858 *Danziger*, Die Medialisierung des Strafprozesses, S. 335, m.w.N., 372.

1859 *Danziger*, Die Medialisierung des Strafprozesses, S. 335.

1860 Hier führt *Danziger* als Beispiel das heftig kritisierte Strafurteil gegen den ehemaligen NPD-Vorsitzenden Günter Deckert 1994 an, Nachweis bei *Danziger*, Die Medialisierung des Strafprozesses, S. 349 f., m.w.N., 373.

1861 Nachweis bei *Kepplinger/Zerback*, in: Von Lichtgestalten und Dunkelmännern, 153, 166.

1862 Siehe zur ausführlichen Chronologie *welt.de* vom 30.06.2008, Der Fall Gäfgen – eine Chronik (Onlinequelle).

ein Polizeibeamter dem Verdächtigen in der Vernehmung (auf Anordnung des Vize-Polizeipräsidenten Wolfgang Daschner) mit der Anwendung von Folter. Das Kind war zu der Zeit schon tot. Magnus Gäfgen wurde zu einer lebenslangen Freiheitsstrafe verurteilt. Anschließend verklagte der Täter das Land Hessen auf Schadensersatz und Schmerzensgeld wegen der Folterandrohung. Am Tag der Verhandlung titelte die BILD-Zeitung *„Bekommt Mörder Gäfgen heute 10.000 €?“*, nannte die Klage des Täters *„Einfach widerlich!“* und forderte den mit vollem Namen abgedruckten Richter direkt auf: *„HERR RICHTER, VERHINDERN SIE DAS!“*.[1863] Auch wenn es sich hierbei nicht um ein Strafverfahren handelte, kann man sich gut vorstellen, in welcher Lage sich der Vorsitzende Richter befunden haben muss, wenn die größte Tageszeitung Deutschlands „seinem“ Fall die Titelseite widmet, sein voller Name genannt wird, im Gerichtssaal zahlreiche Pressevertreter anwesend sind, er ausdrücklich aufgefordert wird, eine Klage abzuweisen und er schließlich im Falle einer abweichenden Entscheidung mit einem überwältigen Medienecho und öffentlicher Empörung rechnen muss. Das Gericht blieb im Fall Gäfgen allerdings standhaft und verurteilte das Land Hessen zur Zahlung einer Entschädigung in Höhe von 3.000 €. Die BILD-Zeitung sprach von einem „Schand-Urteil“.[1864] Der soeben dargestellte Fall einer gezielten journalistischen Beeinflussung dürfte dennoch nicht der Regelfall sein. Alarmierend sind jedoch die Ergebnisse einer Befragung von Richtern (und Staatsanwälten) aus den Jahren 2017/2018 der CONSILIUM RECHTSKOMMUNIKATION GmbH,[1865] wonach 33 % der Richter (und 48 % der Staatsanwälte) angaben, sehr häufig, häufig oder gelegentlich beobachtet zu haben, dass Journalisten das Urteil beeinflussen wollten.[1866] Insbesondere bei personenbezogener Kritik kann nicht ausgeschlossen werden, dass sie sich auf die Beweiserhebung- oder Würdigung oder die Entscheidung darüber, ob man eine Absprache trifft, auswirken könnte.

Waren die bisherigen Ausführungen eher auf eine (dem Richter bewussten) „äußere“ Beeinflussung bezogen, sind daneben allerdings auch denkbare Einflüsse auf die „innere“ Unvoreingenommenheit des Richters denkbar, d.h.

1863 *Gärtner*, Bekommt Mörder Gäfgen heute 10.000 Euro? Herr Richter, verhindern Sie das!, bild.de vom 03.08.2011 (Onlinequelle).

1864 *bild.de* vom 05.08.2011, 3.000 Euro „Entschädigung“ für Kindermörder (Onlinequelle).

1865 Dabei handelte es sich um eine Befragung von 415 Richtern und 165 Staatsanwälten aus 11 Bundesländern mittels Fragebogen. Nähere Informationen und Nachweis bei *Kepplinger/Jost*, in: Litigation-PR, 181, 181 ff.

1866 Nachweis bei *Kepplinger/Jost*, in: Litigation-PR, 181, 190.

die Freiheit vor sachfremden Einflüssen, persönlichen Vorverurteilungen und Massensuggestionen.[1867] In einer weiteren Studie von *Kepplinger/Zerback* gaben 57 % der Richter an, die Presseberichterstattung über „ihre" Fälle gezielt zu verfolgen.[1868] Es kann nicht ausgeschlossen werden, dass die bereits beschriebenen und Suggestion erzeugenden Inszenierungsstrategien der Medien (insbesondere bei einem durch Strafprozessführung über Medien nur einseitig vermittelten Bild) nicht auch auf den Richter wirken (vgl. dazu **Kap. 4. D. II** und **Kap. 4. D. III. 2. a. aa.**). „*[…] Der Ermessensspielraum der Richter als Folge unzureichender Tatsacheninformationen und interpretationsbedürftiger Rechtsnormen lässt einen Handlungsspielraum, in dem sich Richter und Staatsanwälte [Anmerkung: auch unbewusst] dem herrschenden Medientenor anpassen können.*"[1869] Von dieser inneren (und unbewussten) Beeinflussung kann angenommen werden, dass sie eine noch größere Gefahr für die Entscheidungsfindung darstellen könnte, da sie weniger offensichtlich ist und eine ständige und selbstkritische Reflexion des Richters voraussetzt.[1870] „*Denn nur auf bewusst wahrgenommene Beeinflussung können Richter unabhängig reagieren.*"[1871] Vielleicht auch deswegen stehen insbesondere Schöffen in dem Verdacht, eine größere Anfälligkeit aufzuweisen.[1872] Diese subtilen, unbewussten Einflüsse können jedoch – ähnlich wie Inertia- und Perseveranzeffekte – als begünstigende Faktoren für gerichtliche Aufklärungsfehler gesehen werden.

Schließlich ist klärungsbedürftig, wie sich die möglichen Einflüsse konkret in der Entscheidung widerspiegeln können. Bei der Befragung von Richtern (und Staatsanwälten) im Rahmen der erwähnten CONSILIUM-Studie wurden die Teilnehmer gefragt, welchen Einfluss sie konkret durch die Medienberichterstattung auf „ihre" Verfahren wahrgenommen hätten: Danach hätte die Medienöffentlichkeit einen Einfluss auf „die Höhe der Strafe" (9 %), „die Bewilligung der Bewährung" (6 %), „die Anordnung einer Sicherungsverwahrung" (4 %) und „die Schuldfrage" (3 %).[1873] Diese Ergebnisse sind vergleichbar mit bisherigen empirischen Erkenntnissen. Während der Einfluss auf die Höhe

1867 Vgl. *Danziger*, Die Medialisierung des Strafprozesses, S. 373.

1868 *Kepplinger/Zerback*, Publizistik 2009, 216, 224 f.; siehe auch *Trentmann*, Publizistik 2015, 403, 415; vgl. auch *Gerhardt*, ZRP 2009, 247, 248.

1869 *Kepplinger/Zerback*, in: Von Lichtgestalten und Dunkelmännern, 153, 156.

1870 Vgl. *Danziger*, Die Medialisierung des Strafprozesses, S. 373.

1871 *Danziger*, Die Medialisierung des Strafprozesses, S. 373, m.w.N.

1872 Vgl. *Gerhardt*, ZRP 2009, 247, 249; vgl. auch *Peters*, Fehlerquellen im Strafprozeß II, S. 291.

1873 Nachweis bei *Kepplinger/Jost*, in: Litigation-PR, 181, 186.

der Strafe, die Strafaussetzung zur Bewährung oder die Entscheidung über eine vorzeitige Entlassung oftmals eingeräumt wird, verwahren sich Richter regelmäßig davor, dass es mediale Einflüsse auf die Beweiswürdigung oder Schuldfrage als ureigenste Aufgabe des Gerichts geben würde.[1874] Den größten Einfluss sehen die Richter – neben der Beeinflussung von Angeklagten- und Zeugenaussagen (darauf wird vertiefend zurückzukommen sein) – auf die „Atmosphäre im Gerichtssaal".[1875] Zusammenfassend sei mit den Worten von *Kepplinger/Zerback* gesagt:[1876] *„Die Mediennutzung der Richter […] wirkt sich direkt auf ihr Verhalten aus. […] Je intensiver die Richter und Staatsanwälte die Berichterstattung über ihre Fälle verfolgen und je mehr sie sich ärgern, desto eher denken sie bei ihrem Strafantrag und bei ihrer Urteilsbegründung an die möglichen Reaktionen der Öffentlichkeit […]."* Die genannten Einflussfaktoren – der Medienkonsum, das Ausmaß der öffentlichen Kritik, die Anwesenheit im Gerichtssaal, etc. – wirken sich auf das Richterverhalten während der Hauptverhandlung aus. *„Das erwähnte Verhalten der Richter […] besitzt einen signifikanten Einfluss auf das Strafmaß [Anmerkung: Strafhöhe, Gewährung einer Bewährungsstrafe und Verhängung einer Sicherungsverwahrung; wohl weniger auf die Schuldfrage]."*

bb. Indirekte Beeinflussung der Entscheidung durch den Einfluss auf andere Verfahrensbeteiligte

(1) Beeinflussung der Staatsanwaltschaft

Wie bereits erwähnt wurde, birgt die Medialisierung des Strafverfahrens im Bezug auf die Staatsanwaltschaft die Gefahr, dass sie ihre objektive und „blasse" Rolle als Wächter des Gesetzes und Kontrollorgan verlieren und eine einseitige Stellung einnehmen könnte (vgl. **Kap. 4. D. III. 1.**). Dies kann dadurch geschehen, dass sie sich in ihrem Verhalten dem mit der Medienberichterstattung oftmals vermittelten Bild als „Gegner des Angeklagten" anpasst.[1877] Die Studie von *Kepplinger*/Zerback konnte aufzeigen, dass auch Staatsanwälte – wenngleich in geringerem Ausmaße als Richter – in umstrittenen Verfahren an das mögliche

1874 Siehe zusammenfassend *Gerhardt*, ZRP 2009, 247, 248 f.; vgl. *Trentmann*, Publizistik 2015, 403, 415; siehe auch *Kepplinger/Zerback*, Publizistik 2009, 216, 229 f., wonach sich sogar 25 % der Richter durch die Medienöffentlichkeit in der Strafhöhe oft bis gelegentlich beeinflusst fühlten.

1875 Nachweis bei *Kepplinger/Zerback*, in: Von Lichtgestalten und Dunkelmännern, 153, 165; siehe zum veränderten „Klima" auch *Gerhardt*, in: Der Einfluß der Medien auf das Strafverfahren, 19, 23.

1876 *Kepplinger/Zerback*, in: Von Lichtgestalten und Dunkelmännern, 153, 169.

1877 *Danziger*, Die Medialisierung des Strafprozesses, S. 376 f.

öffentliche Echo denken: 3 % gaben an, dies „Ja, intensiv“ und immerhin 39 % dies „Ja, ein wenig“ zu tun.[1878] Als Beispiel für die inszenierende Rolle als Gegner des Angeklagten führt *Danziger* das staatsanwaltschaftliche Verhalten in der Hauptverhandlung des Mannesmann-Prozesses an, welche sich infolge der eigenen Öffentlichkeitsarbeit (dazu sogleich) und der *„visuellen Dominanz der zwölf Verteidiger“* in eine Profilierung habe gedrängt gesehen.[1879] Die mediale Prägung des Bildes einer Gegnerschaft zeigt sich auch in der teilweise erhobenen Forderung, dass in Verfahren gegen prominente Angeklagte die besten „Verteidiger des Landes“ zu entsenden seien.[1880] In der Hauptverhandlung setzt sich der einseitige und konfrontative Kurs regelmäßig fort bzw. vertieft sich, welcher bereits im Ermittlungsverfahren sichtbar wurde (dazu bereits **Kap. 4. D. III. 1.**).

Neben der Anpassung des eigenen Verhaltens in der Hauptverhandlung ist auch auf Seiten der Staatsanwaltschaft eine „Strafprozessführung über Medien“ denkbar. Diese ist zwar vorrangig im Ermittlungsverfahren anzutreffen, aber auch im Hauptverfahren nicht ausgeschlossen. Da das Ermittlungsverfahren in der Regel nicht öffentlich ist, stehen der Presse und dem Rundfunk landesrechtliche Auskunftsansprüche zu (vgl. § 4 Abs. 1 PresseG Bln; vgl. zur Umsetzung Nr. 23 Abs. 1 RiStBV). Im Grundsatz ist die Informationstätigkeit damit auf eine Reaktion beschränkt.[1881] Fraglich ist aber, ob neben der Informationspflicht auch ein Informationsrecht besteht, d.h. ob die Staatsanwaltschaft selbst aktiv oder proaktiv tätig werden darf.[1882] Einem Informationsrecht steht Nr. 23 Abs. 1 RiStBV jedenfalls nicht grundsätzlich entgegen, wenn die Norm in ihrem weiten Wortlaut von einer „Unterrichtung“ spricht.[1883] Dabei handelt es sich jedoch um eine bloße behördeninterne Verwaltungsvorschrift, welche nach dem Gesetzesvorbehalt niemals Grundrechtseingriffe (wie hier ggf. in das Allgemeine Persönlichkeitsrecht) rechtfertigen kann.[1884] Denkbar sind insofern nur Informationen ohne Grundrechtsrelevanz wie Mitteilungen über Ort

---

1878 Nachweis bei *Kepplinger/Zerback*, in: Von Lichtgestalten und Dunkelmännern, 153, 166.

1879 *Danziger*, Die Medialisierung des Strafprozesses, S. 377.

1880 So *Daniels*, ZRP 2004, 270, 272; kritisch *Danziger*, Die Medialisierung des Strafprozesses, S. 377.

1881 Siehe dazu ausführlich *Trentmann*, Publizistik 2015, 403, 408 f.

1882 So etwa *Weigend*, in: Alternativ-Entwurf Strafjustiz und Medien, 33, 51.

1883 *Trentmann*, Publizistik 2015, 403, 410.

1884 *Eisele*, JZ 2014, 932, 937; vgl. auch *Trentmann*, Publizistik 2015, 403, 410.

und Zeit der Tat oder gebotene Richtigstellungen.[1885] Schon aus verfassungsrechtlicher Sicht scheidet damit eine Proaktivität der staatsanwaltschaftlichen Informationstätigkeit regelmäßig aus. Bedenkt man den regelmäßigen Fortsetzungszusammenhang zwischen Ermittlungs- und Hauptverfahren, ist zu befürchten, „*[...] dass eine verstärkte Kooperation zwischen Staatsanwaltschaft und Medien im Ermittlungsverfahren eine unheilige Allianz gegen den Beschuldigten schafft, die bis zur bloßen Ratifikation der Ergebnisse des Ermittlungsverfahrens [Anmerkung: inklusive möglicher Fehler] in der Hauptverhandlung wirksam bleibt.*"[1886]

Was die unbewusste und innere Unvoreingenommenheit der Staatsanwaltschaft anbelangt, d.h. die Freiheit vor sachfremden Einflüssen, persönlichen Vorverurteilungen und Massensuggestion, gilt das für Richter Ausgeführte in ähnlicher Art und Weise. In der Studie von *Kepplinger/Zerback* gaben 37 % der befragten Staatsanwälte an, die Medienberichterstattung über „ihre" Fälle gezielt zu verfolgen.[1887] Es kann nicht ausgeschlossen werden, dass die bereits beschriebenen und Suggestion erzeugenden Inszenierungsstrategien der Medien (vgl. dazu **Kap. 4. D. II** und **Kap. 4. D. III. 2. a. aa.**), welche vermutlich auch auf Richter wirken könnten, nicht auch auf die Staatsanwaltschaft in der Form Einfluss haben könnten, dass sie sich einem bestehenden Medienklima anpassen.[1888] Bemerkenswert ist, dass Staatsanwälte in der CONSILIUM-Studie weit häufiger angaben, einen Einfluss der Medienberichterstattung auf „ihre" Fälle wahrgenommen zu haben als die befragten Richter: Die Medienöffentlichkeit hätte danach einen Einfluss auf „die Höhe der Strafe" (25 %; 16 % mehr als nach den Angaben der Richter), auf „die Bewilligung einer Bewährung" (14 %; 8 % mehr als nach Angaben der Richter), auf „die Anordnung einer Sicherungsverwahrung" (8 %; 4 % mehr als nach Angaben der Richter) und auf „die Schuldfrage" (11 %; 8 % mehr als nach Angaben der Richter).[1889] Insbesondere die Angabe, dass 11 % der Staatsanwälte bereits einen Einfluss auf die Schuldfrage wahrgenommen hätten, ist alarmierend und drängt zu der Deutung, dass es sich dabei doch nicht um ein Randproblem handeln könnte. Warum die Angaben insgesamt weit stärker ausfallen als bei den Richtern bleibt ungeklärt. *Kepplinger/Jost* äußern die Vermutung, dass sich die Staatsanwälte womöglich

1885 *Trentmann*, Publizistik 2015, 403, 410.

1886 *Danziger*, Die Medialisierung des Strafprozesses, S. 378 f.

1887 *Kepplinger/Zerback*, Publizistik 2009, 216, 224 f.; siehe auch *Trentmann*, Publizistik 2015, 403, 415.

1888 *Kepplinger/Zerback*, in: Von Lichtgestalten und Dunkelmännern, 153, 156.

1889 Nachweis bei *Kepplinger/Jost*, in: Litigation-PR, 181, 186.

unbefangener äußerten, da sie für diese Entscheidungen nicht zuständig und verantwortlich seien.[1890]

(2) Beeinflussung vom Angeklagten und vom Verteidiger
Die Medialisierung der Hauptverhandlung kann für den Angeklagten einerseits zu einer Erweiterung der Handlungsmöglichkeiten und andererseits zu deren Beschränkung führen, was sich allerdings beides auf die Wahrheitsrekonstruktion auswirken kann.[1891]

„Für den von der Berichterstattung betroffenen Beschuldigten [Anmerkung: oder Angeklagten] wird die Berichterstattung über ‚seinen' Fall zum modernen Pranger.“[1892] Die Medien können insbesondere in Verfahren mit prominenten Angeklagten für die völlige Ausschlachtung der Intims- und Privatsphäre und damit des Allgemeinen Persönlichkeitsrechts sorgen.[1893] Dies kann die gerichtliche Wahrheitsfindung in der Hauptverhandlung beeinträchtigen.[1894] Eine massive Druckausübung könnte zu Suggestionen (wenngleich eher bei Zeugen, dazu später), zur Einlassung auf Absprachen, auf die sich der Angeklagte sonst nicht eingelassen hätte[1895] und zu Falschgeständnissen führen. In der vielzitierten CONSILIUM-Studie gaben 12 % der Richter und 17 % der Staatsanwälte an, dass sie in „ihren“ Verfahren einen medialen Einfluss auf die Aussagen des Angeklagten wahrgenommen hätten.[1896] Dass insbesondere die Resignation angesichts einer scheinbaren Übermacht von belastenden Beweisen bzw. einer (medialen) Vorverurteilung sowie die Abwendung einer (weiteren) öffentlichen Hauptverhandlung gewichtige Motive für die Abgabe eines falschen Geständnisses sein können, wurde bereits in **Kap. 3. A. I. 4. a. aa.** dargestellt.[1897] Die mediale Druckausübung kann sich jedoch nicht nur in

1890 Ebenda.
1891 Vgl. *Danziger*, Die Medialisierung des Strafprozesses, S. 366 f.
1892 *Weiler*, ZRP 1995, 130, 136.
1893 *„Medien interessieren sich grundsätzlich viel mehr für Täter als für den Angeklagten und seine prozessualen Rechte.“*: *Danziger*, Die Medialisierung des Strafprozesses, S. 367.
1894 Vgl. dazu die Ausführungen des Gesetzgebers in BT-Drs. 4/178, S. 45, wonach *„Rundfunk- und Fernsehaufnahmen im Gerichtssaal […] die Wahrheitsfindung im Strafverfahren [gefährden] […].“* Vgl. außerdem BGH NJW 1989, 1741, 1742 ff., wonach es verfahrensfehlerhaft sein kann, wenn „zuviel Öffentlichkeit“ am Strafverfahren teilnimmt.
1895 *Danziger*, Die Medialisierung des Strafprozesses, S. 367 f.
1896 Nachweis bei *Kepplinger/Jost*, in: Litigation-PR, 181, 185.
1897 Ferner konnten in der Vergangenheit auch falsche Geständnisse in stark medienbegleiteten Verfahren dokumentiert werden, in denen der Angeklagte dies aus

der Abgabe eines (Falsch-)Geständnisses, sondern auch in der Vorverurteilung eines zulässigen Schweigens manifestieren.[1898] Diese faktische Beeinträchtigung des aus der Unschuldsvermutung[1899] folgenden Grundsatzes „nemo tenetur se ipsum accusare“ kann dazu führen, dass in der Hauptverhandlung eine Atmosphäre herrscht, in der der Angeklagte seine Unschuld und nicht der Staat seine Schuld beweisen muss.[1900] *„Dem Beschuldigten bleibt in solchen Fällen oft keine andere Wahl, als mittels einer Gegenöffentlichkeit […] [zu reagieren]“*[1901] und die eigenen Handlungsmöglichkeiten damit zu erweitern.

Eine solche Gegenoffensive wird heute in der Praxis häufig mit den Mitteln der Litigation-PR[1902] geführt. Diese Verteidigungstaktik gibt dem Angeklagten und seinem Verteidiger ein der medialen Vorverurteilung entgegengesetztes Instrument der Waffengleichheit, um eine verdachtsbedingte Prangerwirkung zu verhindern und die Persönlichkeitsrechte zu schützen.[1903] Teilweise gilt es für den Verteidiger neben der „juristischen Krise“ auch die dem gesellschaftlichen Ruf des Mandanten anhaftende „(medien-)öffentliche Krise“ zu bewältigen.[1904] Zudem ist es für den Verteidiger eine Möglichkeit der Eigenwerbung, um seine „Vertriebswege“ zu verbessern.[1905] Litigation-PR stellt allerdings keinen Freibrief für jegliche Proaktivität dar, denn sie muss sich an die Grundsätze der Transparenz, Sachlichkeit und Faktengenauigkeit halten.[1906] Eine ausufernde Strafprozessführung über Medien kann jedoch dazu beitragen, dass die Inszenierung und Eigenvermarktung in den Vordergrund tritt und die objektive Wahrheitsfindung gefährdet wird. So ist von einem *„Sturmangriff auf die Rechtsfindung“*[1907] und von *„eine[r] Art fünfte[n] Gewalt, die die*

Geltungssucht, Sensationslust, dem Verlangen nach Ruhm, Aufmerksamkeit und Angeberei tat, vgl. *Benecke*, Das falsche Geständnis als Fehlerquelle im Strafverfahren, S. 70 ff.

1898 *Danziger*, Die Medialisierung des Strafprozesses, S. 368.

1899 Vgl. BVerfG NJW 2009, 350, 351.

1900 *Danziger*, Die Medialisierung des Strafprozesses, S. 370.

1901 *Danziger*, Die Medialisierung des Strafprozesses, S. 370 f.

1902 Ausführlich dazu *Trentmann*, Publizistik 2015, 403, 414 ff.

1903 Vgl. *Trentmann*, Publizistik 2015, 403, 417 f.

1904 *Trentmann*, Publizistik 2015, 403, 414.

1905 Siehe dazu *Gerhardt*, ZRP 2009, 247, 249; vgl. auch *Danziger*, Die Medialisierung des Strafprozesses, S. 375 f.

1906 *Trentmann*, Publizistik 2015, 403, 417 f.

1907 Nachweis bei *Möllers*, AnwBl 2010, 184, 184. Eine massiv geführte Litigation-PR könnte neben dem betreffenden Verfahren auch Auswirkungen auf andere Verfahren haben. Medial interessante Fälle würden zu einer „Flut von

vierte Gewalt benutzt, um dadurch die dritte Gewalt zu benutzen“[1908] die Rede. Es besteht die Gefahr, dass die Verteidigung über Litigation-PR die Medien manipulieren könnte, wodurch mittelbar das Verfahren manipuliert werden könnte.[1909] Neben dem Lancieren (falscher) Sachverhaltsinformationen kann sich die Einflussnahme auch durch bewusste Schaffung von einer übermäßigen (Medien-)Öffentlichkeit zeigen. Wie bereits thematisiert handelt es sich bei der (auch aggressiven und vorverurteilenden) Medienöffentlichkeit nicht um einen bestimmten Strafmilderungsgrund (vgl. **Kap. 4. D. II**).[1910] Etwas anderes gilt nur, wenn die Berichterstattung weit über das gewöhnliche Maß hinausgeht, das jeder Straftäter über sich ergehen lassen muss und sich deshalb nachteilig für den Angeklagten auswirkt.[1911] Ist die massive Medienberichterstattung nunmehr (auch) von der Verteidigung initiiert worden, kann dies ausgenutzt werden, um sich als Opfer der öffentlichen Strafverfolgung zu inszenieren[1912] und womöglich in den Genuss einer (ungerechtfertigten) Strafmilderung zu kommen.

Ist ein mediales Parallelforum (vgl. **Kap. 4. D. II**) erst einmal geschaffen worden, kann es sich jedoch auch verselbstständigen und nicht (mehr) im Sinne des Angeklagten und des Verteidigers berichten.[1913] Auf die Gefahren, welche auf Seiten des Verteidigers bestehen,[1914] wenn sich das öffentliche Bild in Form einer medialen Vorverurteilung etabliert hat, weist *Danziger* anhand des Falls Gäfgen hin. Indem der Verteidiger öffentlich bekanntgab, dass er seinem Mandanten im Falle des Ausbleibens eines „ungeschminkten“ und „hundertprozentigen

---

Medienanfragen“ führen. Nimmt man an, dass die Pressestellen der Behörden zu einem großen Teil aus Richtern oder Staatsanwälten bestehen, die nur teilweise für die Medienarbeit abgestellt sind, dann führe dies zu einer Verstärkung der ohnehin schon knappen Personal- und Zeitressourcen für die sonstige Arbeit: dazu *Trentmann*, Publizistik 2015, 403, 415.

1908 *Daniels*, AnwBl 2010, 494, 494.

1909 Siehe zum „doppelten Manipulationsvorwurf“ *Trentmann*, Publizistik 2015, 403, 414 f.

1910 BGH NJW 2016, 3670, 3672.

1911 BGH NStZ-RR 2008, 343, 344; BGH NJW 2016, 3670, 3672.

1912 Vgl. *Danziger*, Die Medialisierung des Strafprozesses, S. 366.

1913 Vgl. dazu im Kontext des Exklusivvertrags *Danziger*, Die Medialisierung des Strafprozesses, S. 366 f.

1914 Siehe auch vertiefend zum möglichen Interessenskonflikt zwischen der sachlichen Verteidigung und der Erfüllung der vertraglichen Verpflichtung gegenüber Medienunternehmen bei Abschluss eines Exklusivvertrags *Danziger*, Die Medialisierung des Strafprozesses, S. 376, m.w.N.

Geständnisses“ die sofortige Entziehung des Mandats angedroht hätte,[1915] habe er gezeigt, dass die Anpassung des prozessualen Rollenverhaltens an die Erwartungshaltung der Medien zu einer fast vollständigen Aufgabe der eigentlichen Rolle als Interessenvertreter des Angeklagten führen könne.[1916] Die Öffentlichkeitsarbeit ließ den Verteidiger *„weniger seines Clienten, denn als der Medienöffentlichkeit Mandatar“* erscheinen.[1917] Eine solche Druckerzeugung könnte im Einzelfall die Abgabe von Falschgeständnissen begünstigen.

(3) Beeinflussung von Zeugen

Schon aus den vorangestellten Analysen klassischer Fehlerquellenforschung ging hervor, dass Zeugen eine besondere Anfälligkeit für die Beeinflussung durch die Medienöffentlichkeit aufzuweisen scheinen. So potenziere sich nach *Hirschberg* die dem Zeugenbeweis innewohnende generelle Unzuverlässigkeit durch die Gefahr der Massensuggestion (besonders in Sensationsprozessen).[1918] Wie bereits dargestellt, kann der Zeuge Wahrnehmungs-, Reproduktions- und Erinnerungsfehlern unterliegen (vgl. **Kap. 3. A. II. 2. b.**). Diese dem Zeugen unbewussten Defizite könnten durch die Massensuggestion[1919] der Medienberichterstattung zu einer Lückenschließung führen, sodass der Zeuge schließlich von der Wahrhaftigkeit seiner Aussage überzeugt wäre. Die Gefahr der Suggestivwirkung von Medienberichterstattung scheint sich besonders beim Wiedererkennen des (vermeintlichen) Täters zu zeigen. So enthielt schon das Aktenmaterial von *Peters* einen Fall, in dem ein Angeklagter zu Unrecht von zwei Zeugen einer schweren Straftat identifiziert wurde, weil diese zuvor sein Lichtbild mit einem auf die Tat bezogenen Begleittext in der Presse gesehen hatten und so unbewusst der Suggestivwirkung der medialen Visualisierung erlegen waren.[1920]

Neben den irrigen Falschaussagen von Zeugen kann die Medienöffentlichkeit auch (teilweise) bewusst falsche Zeugenaussagen begünstigen. Ähnlich dem Beschuldigten oder Angeklagten, bei dem ein massenmedial begleitetes Verfahren ein Motiv für die Abgabe eines falsches Geständnis sein könnte, um das

1915 *Rückert*, Ein anständiger Mann, ZEIT ONLINE vom 20.03.2003 (Onlinequelle); vgl. auch *Hamm*, NJW 2003, 946, 946.

1916 *Danziger*, Die Medialisierung des Strafprozesses, S. 375.

1917 *Danziger*, Die Medialisierung des Strafprozesses, S. 375, m.w.N.

1918 *Hirschberg*, Das Fehlurteil im Strafprozeß, S. 37 f.

1919 Dazu *Häcker*, in: Tatsachenfeststellung vor Gericht, Rn. 148 f.

1920 *Peters*, Fehlerquellen im Strafprozess II, S. 291; vgl. auch *Weiler*, ZRP 1995, 130, 135.

Verlangen nach Geltungssucht und Ruhm zu befriedigen, ist es auch denkbar (insbesondere bei einem durch Strafprozessführung über Medien nur einseitig vermittelten Bild), dass Zeugen (falsch) aussagen, um medialen und öffentlichen Ruhm zu erlangen.[1921] Besonders gefährlich scheint in diesem Zusammenhang auch die Praxis des Exklusivvertrags (vgl. **Kap. 4. D. II**) zu sein: „*Starkes Medieninteresse für einen Zeugen gefährdet regelmäßig den Wahrheitsgehalt seiner Aussage.*“[1922] So ist es denkbar, dass sich die Praxis des Informationsankaufs von Zeugen, deren Veröffentlichung schon vor der Hauptverhandlung erfolgt, und die schlichte Tatsache, dass sich mit einer spektakulären „story“, die den Angeklagten massiv belastet, höhere Honorare verdienen lassen, negativ auf das Aussageverhalten des Zeugen auswirken könnten.[1923] Ist ein Bericht (schon im Ermittlungsverfahren) erst einmal veröffentlicht, kann erwartet werden, dass der Zeuge an der Aussage in der Hauptverhandlung festhält.[1924]

Ferner kann die (medien-)öffentliche Hauptverhandlung auch für den Zeugen eine der Situation des Angeklagten vergleichbare „Prangerwirkung“[1925] haben, insbesondere wenn es um die Preisgabe intimer und privater Details geht.[1926] Im besonderen Maße gilt dies für den Opferzeugen bzw. den Nebenkläger, welcher vor dem Gericht wie ein gewöhnlicher Zeuge mit zusätzlichen prozessualen Rechten auftritt (vgl. §§ 395 ff. StPO) und für den die Risiken der Wahrheitserforschung daher analog gelten. Die (potentielle) öffentliche Thematisierung viktimisierender, intimer oder peinlicher Details kann sein Prozessverhalten in der Form beeinflussen, dass er zu bestimmten Tatsachen schweigt oder sie entschärft.[1927] Umgekehrt kann die mediale Druckausübung zu dem Verzicht einer zulässigen Berufung auf ein bestehendes Zeugnis- oder Aussageverweigerungsrecht führen (insbesondere wenn die Aussage oder Teile der

---

1921 Vgl. *Benecke*, Das falsche Geständnis als Fehlerquelle im Strafverfahren, S. 70 ff.; vgl. auch *Danziger*, Die Medialisierung des Strafprozesses, S. 379 f.

1922 *Danziger*, Die Medialisierung des Strafprozesses, S. 379.

1923 Ebenda, m.w.N.

1924 Dies könnte möglicherweise daran liegen, dass der Zeuge nicht weiß, dass er auch im Hauptverfahren noch von einer früheren Aussage abweichen kann oder ihm u.U. ein Schweigerecht zusteht, vgl. *Danziger*, Die Medialisierung des Strafprozesses, S. 380.

1925 Vgl. *Weiler*, ZRP 1995, 130, 136.

1926 Vgl. *Danziger*, Die Medialisierung des Strafprozesses, S. 380.

1927 Vgl. *Kepplinger/Jost*, in: Litigation-PR, 181, 184; vgl. auch *Danziger*, Die Medialisieung des Strafprozesses, S. 380.

Aussage aus dem Ermittlungsverfahren schon veröffentlicht wurden), um die Medien und deren *„Fixierung auf den privaten Rachewunsch"* zu „bedienen".[1928]

Ein insgesamt erhöhtes Risiko für die Wahrheitsfindung bei Zeugenaussagen aufgrund der Medienöffentlichkeit legen schließlich die Ergebnisse der vielzitierten CONSILIUM-Studie nahe:[1929] Danach halten 38 % der Richter und 42 % der Staatsanwälte den Einfluss von Medienberichten auf Zeugen für „stark" bzw. „sehr stark". 13 % der Richter und 20 % der Staatsanwälte hätten bereits einen medialen Einfluss auf Zeugenaussagen in „ihren" Verfahren wahrgenommen. Die obige Vermutung bestätigend, kann sich der Einfluss in unterschiedlichem Verhalten manifestieren. 27 % der Richter und 41 % der Staatsanwälte hätten nach Medienberichten eine Einschüchterung des Zeugen vernommen, während die Berichterstattung nach 21 % der Richter und 30 % der Staatsanwälte eher zu einem „Aufblühen" des Zeugen geführt hätte.[1930]

(4) Beeinflussung von Sachverständigen

Der Grad an Beeinflussung des Sachverständigenbeweises durch die Medienöffentlichkeit wird in der wissenschaftlichen Debatte überwiegend als gering eingeschätzt.[1931] Dies mag an der Tatsache liegen, dass sich für eine Beeinflussung bisher kaum bis keine empirischen Nachweise finden lassen.[1932] Allerdings kann auch nicht ausgeschlossen werden, dass *„[...] Sachverständige in die jeweiligen Versuche von Verfahrensbeteiligten, den Prozessverlauf über die Medien zu beeinflussen, mit einbezogen [...] werden und dabei [ihre] Neutralität, Unabhängigkeit und auch Glaubwürdigkeit [...] verlieren."*[1933] *Danziger* weist darauf hin, dass insbesondere eine lancierte Vorabveröffentlichung von Gutachten und die öffentliche Kommentierung eine bestimmte Deutung prozessrelevanter Tatsachen entweder befördern oder vollkommen desavouieren lasse.[1934] Ferner sei es möglich, der Aussage eines prominenten Sachverständigen, dessen Ansicht die Massenmedien teilen, durch eine zustimmende Berichterstattung einen

1928 Vgl. *Danziger*, Die Medialisierung des Strafprozesses, S. 380.

1929 Nachweis bei *Kepplinger/Jost*, in: Litigation-PR, 181, 183 ff.

1930 Warum die Werte bei den Angaben der Staatsanwälte stets höher sind als bei denen der Richter führen *Kepplinger/Jost* darauf zurück, dass diese aufgrund des intensiveren Kontakts bereits im Ermittlungsverfahren eher Veränderungen im Aussageverhalten bemerken könnten, *Kepplinger/Jost*, in: Litigation-PR, 181, 184.

1931 Siehe dazu exemplarisch *Kepplinger/Zerback*, Publizistik 2009, 216, 230.

1932 *Danziger*, Die Medialisierung des Strafprozesses, S. 381.

1933 Ebenda.

1934 Ebenda.

faktisch höheren Beweiswert zu Teil werden zu lassen.[1935] Bei den Einflüssen der Medienöffentlichkeit im Zusammenhang mit dem Sachverständigenbeweis zeigt sich insgesamt noch ein weiterer Forschungsbedarf.

(5) Zwischenergebnis
Insgesamt ist den Befunden von *Danziger* zuzustimmen, dass Medienöffentlichkeit mit unterschiedlicher Intensität auf alle Prozessbeteiligte – unabhängig ihrer Verfahrensrolle – einen Einfluss hat.[1936] Die Untersuchung von *Danziger* kann nicht nur deswegen als qualitativ hochwertig und im Ergebnis valide angesehen werden, weil sie sich interdisziplinär ausführlich sowohl mit der juristisch-normativen Perspektive des Strafverfahrens, als auch mit der kommunikationswissenschaftlichen Perspektive der Medien auseinandersetzt und damit ein Defizit ausgleicht, welches der Forschung oft immanent zu sein scheint.[1937] Auch aktuellere Literatur sowie die zitierten empirischen Erkenntnisse bestätigen diese Befunde. Neuere Erkenntnisse weisen zudem darauf hin, dass sowohl die unbewusste Beeinflussung durch die Medien, als auch die bewusste Strafprozessführung über Medien die Wahrheitsfindung im Strafprozess derart beeinflussen könnten, dass sie sich auf das Ergebnis der Hauptverhandlung, vor allem wohl auf die Höhe der Strafe, auswirken. Gleichwohl gilt es zu bedenken, dass die sozialen Medien – im Gegensatz zu den klassischen Medien – in den letzten gut zehn Jahren seit *Danziger* einen erheblichen Bedeutungszusatz erfahren haben. Dass sich daraus allerdings ein geringeres Gefahrenpotential für die Beeinflussung des Strafverfahrens durch die Medienöffentlichkeit ableiten ließe, ist nicht erkennbar. Vielmehr ist zu vermuten, dass der Einfluss der (sozialen) Medien auf das Verfahren gewachsen ist bzw. weiter wachsen wird, weil es heute für eine Strafprozessführung über Medien keines großen Fernsehinterviews mehr bedarf – ein Post auf Facebook, Instagram, Twitter könnte reichen.

IV. Zusammenfassung

Die Medienöffentlichkeit kann einen großen Einfluss auf den Strafprozess entfalten. Dieser zeigt sich zunächst in Veränderungen äußerer Rahmenbedingungen des Verfahrens und der Strafprozessführung über Medien als mögliche Erscheinungsformen sowie der Hinwendung zu einem heutigen Verständnis

1935 „Richter in Weiß“: Ebenda.

1936 Vgl. *Danziger*, Die Medialisierung des Strafprozesses, S. 366 ff., S. 361.

1937 Vgl. *Danziger*, Die Medialisierung des Strafprozesses, S. 17 ff., 20.

der Gerichtsöffentlichkeit als Medienöffentlichkeit, der Übernahme medialer Inszenierungsstrategien und Kommunikationsformen als allgemeine Auswirkungen. Daneben kann der Einfluss der Medienöffentlichkeit allerdings auch als moderne Fehlerquelle des Strafverfahrens angesehen werden. Dabei ist zwischen den Auswirkungen der Medialisierung im Ermittlungs- und im Hauptverfahren zu unterscheiden.

Im Ermittlungsverfahren kann die Medienberichterstattung Ermittlungsfehler begünstigen. Einerseits in der Form, dass die Ermittlungstätigkeit (einseitig) beeinflusst wird oder bestimmte Beweise (nicht) erhoben werden und andererseits, dass im Ermittlungsverfahren bestimmte Ergebnisse unwahrscheinlicher werden (z.B. Förderung oder Ausscheiden konsensualer Erledigungsformen).

In der Hauptverhandlung birgt die Medialisierung zum einen allgemeine Risiken für die Wahrheitsfindung. Es ist denkbar, dass medial vermittelte „Tatsachen“ über Einfallstore (insbesondere die Offenkundigkeit in § 244 Abs. 3, S. 3, Nr. 1 StPO) Einzug in die Beweiserhebung- und Würdigung finden und damit zu gerichtlichen Aufklärungsfehlern führen. Zum anderen kann sie einen Einfluss auf das konkrete Prozessverhalten von Verfahrensbeteiligten haben. Der Einfluss der Medialisierung auf die Entscheidung kann dabei direkt (Beeinflussung des Richters) oder indirekt (Beeinflussung anderer Verfahrensbeteiligter) geschehen. Bisherige empirische Erkenntnisse weisen darauf hin, dass die Medienöffentlichkeit in unterschiedlicher Intensität jeden Verfahrensbeteiligten beeinflussen kann. Beim Richter ist insbesondere eine Beeinträchtigung der inneren Unbefangenheit durch Konsum von Vorberichterstattung zu befürchten, welche, in einer den Inertia- und Perseveranzeffekten vergleichbaren Weise, als begünstigend für gerichtliche Aufklärungsfehler angesehen werden kann. Durch Bedienung der medial vermittelten „Gegnerschaft“ zum Angeklagten besteht auf Seiten der Staatsanwaltschaft die Gefahr, dass die objektive Verfahrensrolle aufgegeben wird und die Korrekturmöglichkeit von potentiellen Ermittlungsfehlern in der Hauptverhandlung verringert wird. Auf Seiten des Angeklagten besteht primär das Gefahrenpotential von Falschgeständnissen (aus Resignation im Angesicht der medialen „Übermacht“ oder aufgrund des Drucks durch den Verteidiger). Ein massenmedial begleitetes Verfahren kann den Zeugen in zweierlei Hinsicht beeinflussen. Sollte er sich einer medial vermittelten Erwartungshaltung anpassen, besteht einerseits die Gefahr der Abgabe von bewussten Falschaussagen. Andererseits können Zeugen bei einer übermäßigen Vorberichterstattung einer Massensuggestion erliegen, welche wiederum Ursache für die Abgabe von irrigen Falschaussagen sein kann. Bezüglich des Sachverständigenbeweises zeigt sich hingegen noch ein erheblicher Forschungsbedarf. Im Ergebnis lassen bisherige empirische Erkenntnisse vermuten, dass die Berichterstattung weniger die Schuldfrage, als die Frage nach der Strafhöhe berühren könnte.

Kapitel 5: Leitfadengestützte Experteninterviews mit Strafrichtern des Amtsgerichts Tiergarten und des Landgerichts Berlin

Der bisherige Kenntnisstand der Arbeit beruht auf einer literaturgestützten Vorauswertung von klassischen und vermuteten modernen Fehlerquellen. Bei solch einem Vorgehen besteht stets die Gefahr, dass die Perspektive der Praxis nicht ausreichend beleuchtet wird. Um die Zwischenergebnisse der Vorauswertung zu überprüfen, die Aktualität klassischer und die Fehleranfälligkeit vermuteter moderner Fehlerquellen aus strafrichterlicher Perspektive zu verifizieren, und um festzustellen, welche Möglichkeiten der Fehlervermeidung sich als praxistauglich erweisen könnten, hat der Verfasser leitfadengestützte Experteninterviews mit Strafrichtern des Amtsgerichts Tiergarten und des Landgerichts Berlin geführt. Da es sich bei den Interviews nur um eine unterstützende Kontrolluntersuchung handelt, wurde vorliegend eine kleine Stichprobe von zehn Experteninterviews gewählt.

A. METHODISCHE UND THEORETISCHE VORBEMERKUNGEN

I. Untersuchungsziele

Die Ziele der Untersuchungen sind mit Blick auf den bisherigen Kenntnisstand zu formulieren. Damit anhand von Expertenwissen wissenschaftliche Erklärungen für Phänomene und Erscheinungen gefunden werden können, ist zunächst erforderlich, dass forschungsrelevante Prozesse und Situationen rekonstruiert werden.[1938] Daher spricht man auch von sog. „rekonstruierenden Untersuchungen", welche in einem vorherigen Schritt eine ausführliche Erkenntnissammlung voraussetzten, um den zu erforschenden Sachverhalt verstehen zu können.[1939] Der der bisherigen Arbeit zugrundeliegende Kenntnisstand (als Grundlage für die leitfadengestützten Experteninterviews) wurde

---

1938 *Gläser/Laudel*, Experteninterviews und qualitative Inhaltsanalyse, S. 13.

1939 Siehe vertiefend *Gläser/Laudel*, Experteninterviews und qualitative Inhaltsanalyse, S. 13 ff.

in einem literaturgestützten Dreiklang gebildet: Die Rekonstruktion erfolgte zunächst anhand der Analyse klassischer Fehlerquellenforschung von *Alsberg*, *Hirschberg*, *Kiwit* und *Peters*. Die dort gesammelten Erkenntnisse – insbesondere die Fehleranfälligkeit des Personalbeweises und der gerichtlichen Aufklärung – wurden anschließend vertieft behandelt und als Anknüpfungspunkt für hier so bezeichnete und vermutete moderne Fehlerquellen genommen. Auf dieser Grundlage folgte sodann eine Auseinandersetzung mit den vermuteten modernen Fehlerquellen, namentlich der strafprozessualen Absprache, der großen Kronzeugenregelung, dem Strafbefehlsverfahren und der Medienöffentlichkeit.

Die nun folgende Untersuchung soll drei Ziele verfolgen:

- Verifizierung und Prüfung der im Rahmen der Literaturrecherche erarbeiteten Erkenntnisse, dass es sich bei der Personalbeweisschwäche und den gerichtlichen Aufklärungsfehlern nach wie vor um aktuelle und zentrale Fehlerquellen des Strafprozesses handelt.
- Thematisierung der strafprozessualen Absprache, der (großen) Kronzeugenregelung, dem Strafbefehlsverfahren und der Medienöffentlichkeit als moderne Fehlerquellen des Strafprozesses und Verifizierung der in der Voruntersuchung gewonnenen Erkenntnisse zu den sich im Einzelnen zeigenden Fehlerpotentialen. Dabei soll geklärt werden, welche der klassischen Fehlerquellen sich im Rahmen der modernen Fehlerquellen vertiefen, welche spezifischen Fehlerpotentiale es gibt und die in der Voruntersuchung vorgenommene Relevanzzumessung einzelner Fehlerpotentiale verifiziert werden.
- Erörterung von Vermeidungs- und Reformvorschlägen sowie die Überprüfung auf ihre Praxistauglichkeit.

II. Methodisches Vorgehen

1. Forschungsmethode

In der empirischen Sozialforschung, d.h. im Rahmen von Untersuchungen, welche einen bestimmten Ausschnitt der sozialen Welt beobachten, um mit diesen Beobachtungen zur Weiterentwicklung von Theorien beizutragen,[1940] wird zwischen der quantitativen und der qualitativen Forschung unterschieden. Da mit der Untersuchung nicht bezweckt wird, nummerische Daten zu

1940 *Gläser/Laudel*, Experteninterviews und qualitative Inhaltsanalyse, S. 24.

zählen (quantitativ), sondern Phänomene eines bestimmten sozialen Sachverhalts im Detail zu erfassen und zu beschreiben (qualitativ), wurde vorliegend ein qualitativer Forschungsansatz gewählt.[1941]

Da die Untersuchung mit Blick auf die o.g. Ziele zur Klärung der Fragen beitragen soll, welche Aktualität die in der Literatur problematisierten klassischen Fehlerquellen aufweisen, ob sich ihre Gefahren auch in den modernen Fehlerquellen widerspiegeln, ob es spezifische Fehleranfälligkeiten gibt, welche Rolle die modernen Erscheinungsformen in der Praxis spielen, inwieweit sie von den Experten als relevant angesehen werden, welche Facetten sie in der Praxis haben, ob es noch weitere Fehlerquellen gibt, welche bisher noch keine Erwähnung in der Literatur oder der Vorauswertung fanden und welche Vermeidungsmöglichkeiten es gibt, ist eine detaillierte Rekonstruktion des sozialen Sachverhalts nötig, welche wiederum erfordert, dass alle Informationen in einer gewissen Tiefe zusammengetragen werden, die man benötigt, um ihn zu verstehen.[1942] Nur mit einem qualitativen Vorgehen kann erreicht werden, dass einmalige und seltene Fälle, Erfahrungen und Sachverhalte, welche sich aus dem spezifischen Wissen der Teilnehmer[1943] ergeben, aufgedeckt werden können. Hier wird die Komplexität sozialer Sachverhalte weniger bei der Datenerhebung, sondern erst im Prozess der Auswertung schrittweise reduziert.[1944] Ein weiterer Vorteil von qualitativen Erhebungen ergibt sich aus der praktischen Betrachtung, dass sie eine deutlich geringere Stichprobe als quantitative Untersuchungen erfordern und für einen einzelnen Forschenden besser zu realisieren sind.

1941 Siehe vertiefend zur Unterscheidung zwischen qualitativen und quantitativen Untersuchungen *Gläser/Laudel*, Experteninterviews und qualitative Inhaltsanalyse, S. 24 ff. „*Quantitative Methoden beruhen auf einer Interpretation sozialer Sachverhalte, die in der Beschreibung dieser Sachverhalte durch Zahlen resultiert. Dabei werden entweder die Merkmale der Sachverhalte oder die Häufigkeit des Auftretens von Merkmalen durch Zahlen beschrieben. […]. Qualitative Methoden beruhen auf der Interpretation sozialer Sachverhalte, die in einer verbalen Beschreibung dieser Sachverhalte resultiert. Sie standardisieren die Informationen über soziale Sachverhalte nicht […].*“ (S. 27).

1942 Vgl. *Gläser/Laudel*, Experteninterviews und qualitative Inhaltsanalyse, S. 37.

1943 Vgl. Ebenda.

1944 *Gläser/Laudel*, Experteninterviews und qualitative Inhaltsanalyse, S. 27.

2. *Art der Datensammlung*

Um vorliegend Zugang zu dem Sonderwissen der Strafrichter zu erhalten, wurde die qualitative Untersuchungsform des leitfadengestützten Experteninterviews gewählt. Dieses vereinigt die Elemente von standardisierten, halbstandardisierten und nicht standardisierten Interviews,[1945] indem der Interviewführer mit vorgegebenen Themen und einem Fragenkatalog (dem Leitfaden) arbeitet, welcher Fragen enthält, die in jedem Interview zwingend behandelt werden müssen.[1946] Jedoch kann der Interviewer in seiner Formulierung oder der Reihenfolge vom Leitfaden abweichen, Fragen auslassen, wenn sie an anderer Stelle spontan beantwortet wurden und flexibel Nachfragen stellen, um einen möglichst natürlichen Gesprächsverlauf sicherzustellen.[1947]

Das Experteninterview ist eine Sonderform des Interviews. Der Experte *„[…] beschreibt die spezifische Rolle des Interviewpartners als Quelle von Spezialwissen über die erforschenden sozialen Sachverhalte."*[1948] Experteninterviews sind daher eine besondere Methode, um dieses Spezialwissen zu erforschen. Im Kontext des zu erforschenden sozialen Sachverhalts der strafgerichtlichen Fehlentscheidungen verfügen Strafrichter über Spezialwissen und fungieren vorliegend als Experten, da sie nicht nur den Prozess leiten und Entscheidungen treffen, sondern ggf. auch diejenigen sind, die selbst Fehler machen bzw. Fehler bei Kollegen mitbekommen (siehe zur Wahl der konkreten Strafrichter sogleich unter **Kap. 5. A. II. 4.**).

Die Erkundung des Spezialwissens der Richter lässt sich am Besten in Form von Einzelinterviews vollziehen. Zwar könnten Gruppendiskussionen zu einem potentiellen Austausch unter den Experten führen. Allerdings bestünde dann auch die Gefahr, dass das spezifische Expertenwissen einzelner Richter nicht erschlossen werden, einzelne Themenkomplexe nicht von allen Richtern kommentiert werden oder eine wechselseitige Suggestion und Beeinflussung stattfinden könnte.[1949]

1945 Siehe vertiefend zur Unterscheidung von Interviewtypen anhand des Grades der Standardisierung *Gläser/Laudel*, Experteninterviews und qualitative Inhaltsanalyse, S. 40 ff.

1946 *Gläser/Laudel*, Experteninterviews und qualitative Inhaltsanalyse, S. 42.

1947 Ebenda.

1948 *Gläser/Laudel*, Experteninterviews und qualitative Inhaltsanalyse, S. 12.

1949 Vgl. *Gläser/Laudel*, Experteninterviews und qualitative Inhaltsanalyse, S. 43; vgl. auch *Böhme*, Das strafgerichtliche Fehlurteil, S. 143 f.

3. Vor- und Nachteile leitfadengestützter Experteninterviews

Aus dem bisher Gesagten ergibt sich, dass sich anhand von leitfadengestützten Experteninterviews als qualitative Untersuchungsmethode, im Unterschied zu quantitativen Verfahren, keine Aussagen zu nummerischen Häufigkeiten über das Auftreten bestimmter Fehlerquellen im Allgemeinen und „moderner Fehlerquellen" im Konkreten treffen lassen. Auch was die Untersuchung von möglichen Vermeidungsmöglichkeiten angeht, kann damit kein allgemeingültiges Meinungsbild präsentiert werden, welches eine große repräsentative Aussagekraft aufweist. Dies ist jedoch auch nicht Zweck der Untersuchung. Vielmehr sollen die im Rahmen der literaturgestützten Rekonstruktion erarbeiteten Erkenntnisse und Vermutungen (insbesondere zur Relevanzzumessung einiger Fehlerpotentiale) überprüft und gegebenenfalls vertieft werden. Die Experteninterviews zielen weniger darauf, Erkenntnisse in der Breite, als vielmehr in der Tiefe zu Tage zu fördern.[1950] Neben der Verifizierung der Vorauswertung und ggf. der Vertiefung ihrer Erkenntnisse können in den Interviews auch Zusammenhänge zwischen aktuellen Entwicklungstendenzen der Gesetzgebung, der Rechtsprechung oder der Prozesspraxis und ihrer Fehleranfälligkeit angesprochen werden[1951] sowie mögliche weitere Fehlerquellen im „Dunkelfeld" erörtert werden.

Im Gegensatz zu sog. offenen Interviews, bei denen lediglich eine Themenvorgabe gemacht wird,[1952] haben leitfadengestützte Interviews ferner den Vorteil, dass die Gesprächsführung strukturiert ist und gewährleistet werden kann, dass sich jeder Teilnehmer zu den gleichen Themenkomplexen äußert.[1953] Dennoch kann der Interviewer stets steuernd eingreifen und einzelfallbezogen von der „Richtschnur" des Leitfadens abweichen.[1954] Dies überwiegt die Gefahren, dass es aufgrund der Steuerung unbewusst und ungewollt zu Beeinflussungen des Experten und des Ergebnisses kommen könnte.[1955] Weiteren möglichen Verzerrungsfaktoren, wie z.B. der persönlichen Erfahrung, Wertvorstellung, Befindlichkeit und Tagesform, kann zumindest damit entgegengewirkt werden,

1950 Vgl. *Böhme*, Das strafgerichtliche Fehlurteil, S. 143.

1951 Vgl. Ebenda.

1952 Siehe vertiefend *Gläser/Laudel*, Experteninterviews und qualitative Inhaltsanalyse, S. 42.

1953 Vgl. *Mayer*, Interview und schriftliche Befragung, S. 37.

1954 *Gläser/Laudel*, Experteninterviews und qualitative Inhaltsanalyse, S. 42.

1955 Vertiefend zum sog. „Versuchsleiter(erwartungs)effekt" *Döring/Bortz*, Forschungsmethoden und Evaluation (2016), S. 927 ff.

dass die Interviews unter weitestgehend gleichen Bedingungen stattfanden. Gänzlich ausgeschlossen werden können die Verzerrungsfaktoren aufgrund der Natur einer zwischenmenschlichen Interaktion freilich nicht.

Die fehlende starre Bindung an einen Fragenkatalog trägt in der Summe zu einer großen Flexibilität und Ergebnisoffenheit bei, indem die Experten eigene Themenschwerpunkte setzen können.[1956] Insgesamt sind die Vorteile leitfadengestützter Experteninterviews im Hinblick auf das Forschungsziel überzeugend.

4. *Forschungsfeld*

Die Wahl des Forschungsfeldes, im Rahmen von leitfadengestützten Experteninterviews also die konkrete Auswahl der Interviewpartner, hat sich danach zu richten, wer über die notwendige fachspezifische Kenntnis zum Forschungsgegenstand verfügt, und wer voraussichtlich dazu bereit und in der Lage ist, diese Informationen mit dem Interviewführer zu teilen (sowie wer von den Informanten überhaupt zur Verfügung steht).[1957] Als Experten für die Ursachen von Fehlentscheidungen, vor allem moderne Fehlerquellen und die Möglichkeiten ihrer Vermeidung, kommen die am Strafprozess Beteiligten in Betracht, insbesondere Berufsrichter. So hat exemplarisch *Böhme* im Rahmen seiner Dissertation Experteninterviews mit Richtern an Rechtsmittelgerichten durchgeführt, um die von ihm nach *Hirschberg*, *Kiwit* und *Peters* untersuchten Ursachen von strafgerichtlichen Fehlurteilen auf ihre Aktualität zu überprüfen.[1958] Er konzentrierte sich dabei auf Richter an Rechtsmittelgerichten des Strafprozesses, *„weil sich diese beruflich schwerpunktmäßig mit der Fehlerkorrektur gerichtlicher Entscheidungen befassen“* und sich daher im besonderen Maße als Experteninterviewpartner eignen würden.[1959] Zu dem Kreis der Richter an Rechtsmittelgerichten des Strafprozesses gehören Richter aus den Berufungskammern der Landgerichte, Richter aus den Revisionssenaten der Oberlandesgerichte und Richter aus den Revisionssenaten des Bundesgerichtshofs.[1960]

1956 Vgl. *Liebold/Trinczek*, in: K/S/T, Handbuch Methoden der Organisationsforschung, S. 53.

1957 Vgl. *Bogner/Littig/Menz*, Interviews mit Experten, S. 34 f.; siehe auch vertiefend *Gläser/Laudel*, Experteninterviews und qualitative Inhaltsanalyse, S. 117 ff.

1958 Siehe vertiefend *Böhme*, Das strafgerichtliche Fehlurteil, S. 138 ff., 184 ff.

1959 Ebenda.

1960 Siehe dazu das Forschungsfeld bei *Böhme*, Das strafgerichtliche Fehlurteil, S. 186 f.

Eine Konzentration auf Richter an Rechtsmittelgerichten ist beim hiesigen Forschungsziel jedoch nicht sachdienlich. Die Experteninterviews sollen sich schwerpunktmäßig mit den vermuteten modernen Fehlerquellen, der strafprozessualen Verständigung, der großen Kronzeugenregelung, dem Strafbefehlsverfahren und der Medienöffentlichkeit befassen. Um einen Einblick in die strafgerichtliche Praxis und die alltäglichen Erfahrungen der Strafjustiz im Umgang mit diesen Erscheinungen zu erlangen, ist es vielmehr zweckdienlich, diejenigen Richter zu befragen, in deren sachliche Zuständigkeit die potentiellen modernen Fehlerquellen fallen. Bei den Fragen, wie im Einzelfall eine Verständigung oder ein Strafbefehl zu Stande kommt, wie die genaue Prüfung eines Strafbefehlsantrags aussieht oder ob die Richter bereits Erfahrungen mit medialer Einflussnahme auf sich und/oder andere Verfahrensbeteiligte oder das Verfahren insgesamt gesammelt haben, sind vielmehr die erstinstanzlichen Entscheidungsträger taugliche Interviewpartner. Nach § 407 Abs. 1, S. 1 StPO ist im Falle des Strafbefehlsverfahrens das Amtsgericht zuständig. Auch im Rahmen der strafprozessualen Verständigung darf angenommen werden, dass der Schwerpunkt konsensualer Erledigungen in der gerichtlichen Praxis eher im Bereich der Kriminalität liegt, welche schwerpunktmäßig in die sachliche Zuständigkeit des Amtsgerichts fällt.[1961] In Anbetracht der dem Kronzeugen zwingend drohenden und im Mindestmaß erhöhten Freiheitsstrafe (§ 46b Abs. 1 StGB) und der mit der Regelung bezweckten Aufbrechung von Strukturen der organisierten Kriminalität, liegt der Schwerpunkt hier wohl eher beim Landgericht. Selbiges gilt für die vermutete moderne Fehlerquelle der Medienöffentlichkeit. Wie im Rahmen der Rekonstruktion ausgeführt, besteht medialöffentliches Interesse wohl eher bei „großen Prozessen", welche typischerweise nicht erstinstanzlich vor dem Amtsgericht verhandelt werden. Weiterhin kann aufgrund der Regelung des § 24 Abs. 1, S. 1, Nr. 3 GVG eine besondere öffentliche (mediale) Bedeutung sogar dazu führen, dass die erstinstanzliche Zuständigkeit des Landgerichts überhaupt begründet wird. Als Interviewpartner wurden daher zu gleichen Teilen Richter des Amtsgerichts Tiergarten und des Landgerichts Berlin akquiriert. Der Interviewleitfaden wurde so konzipiert, dass er den erwarteten unterschiedlich ausgeprägten Fachkenntnissen Rechnung tragen kann, welche aus den abweichenden sachlichen Zuständigkeiten

---

1961 Wenngleich Absprachen auch bei Delikten mittlerer Kriminalität denkbar sind (vgl. zur häufigen Anwendung in komplizierten Wirtschaftsstrafverfahren bereits **Kap. 4. A. I.**).

resultieren könnten und somit unterschiedliche Schwerpunktsetzungen möglich sind.

Um an die notwendigen Informationen zu kommen, ist es erforderlich, mehrere Teilnehmer zu interviewen, welche aufgrund ihrer spezifischen Stellung in dem zu reproduzierenden Prozess jeweils über andere Informationen verfügen.[1962] Die Anzahl der durchzuführenden Interviews richtet sich einerseits danach, wie viele Teilnehmer nötig sind, um ein möglichst umfassendes Bild der relevanten Informationen zu bekommen und andererseits danach, dass die Anzahl der Teilnehmer ausreichend ist, um zu „triangulieren", d.h. um zu beurteilen, wie weit die persönliche Perspektive eines einzelnen Teilnehmers Einfluss auf die erhaltenen Informationen hat.[1963] Vor diesem Hintergrund der hinreichenden Informationssättigung wurden vorliegend zehn leitfadengestützte Experteninterviews (je fünf mit Strafrichtern des Amtsgerichts Tiergarten und des Landgerichts Berlin) durchgeführt.

5. *Interviewvorbereitung und Akquise der Interviewpartner*

Zur Vorbereitung der Interviews wurden zunächst ein ausführlicher Untersuchungsplan und der den Interviews zugrundeliegende Leitfaden entwickelt. Noch vor der Kontaktaufnahme mit den Strafgerichten wurde der Leitfaden von einer Kollegin aus der Sozialwissenschaft sowie einer Betreuerin des Promotionsvorhabens kritisch überprüft und im Folgenden wiederholt überarbeitet. So kam es dazu, dass einige Fragestellungen mehrfach umgeändert wurden, indem sie beispielsweise verkürzt und einfacher formuliert wurden oder Fragen gänzlich gestrichen oder neu hinzugefügt wurden. Des Weiteren mussten einige Fragen methodisch umformuliert werden, da sie den Erfordernissen von möglichst offenen Fragen nicht gerecht wurden und bei der Interviewdurchführung womöglich in „Ja/Nein-Antworten" gemündet hätten oder dem Gesprächsfluss abträglich gewesen wären.

Sodann erfolgte am 06.03.2021 die Kontaktaufnahme mit den Gerichten. Hierfür wurden schriftliche Forschungsanfragen an die Präsidenten des Amtsgerichts Tiergarten[1964] und des Landgerichts Berlin gestellt, in welchen eine Kurzbeschreibung des Promotionsvorhabens und des Forschungsprojekts, der Interviewleitfaden, eine Einwilligungserklärung sowie das Datenschutzkonzept

---

1962 *Gläser/Laudel*, Experteninterviews und qualitative Inhaltsanalyse, S. 117.

1963 Ebenda.

1964 Zu diesem Zeitpunkt bestand bereits eine telefonische Korrespondenz mit der Forschungsabteilung des Amtsgerichts Tiergarten.

enthalten waren. Beide Forschungsanfragen wurden innerhalb weniger Tage von den Gerichtspräsidenten bewilligt. Das weitere Vorgehen bei der gerichtsinternen Auswahl von Interviewteilnehmern unterschied sich bei den Gerichten. Während die Forschungsabteilung des Amtsgerichts Tiergarten gezielt auf Kollegen zuging, von denen erwartet wurde, dass sie „über den Tellerrand" hinausschauen könnten, wurde beim Landgericht Berlin eine interne Rundmail an alle Strafrichter versandt, auf die sich sodann Interessierte zurückmelden konnten. Unabhängig vom Vorgehen waren die Resonanz und die Bereitschaft, sich als Interviewteilnehmer zur Verfügung zu stellen, bei beiden Gerichten äußerst positiv. Jeweils einen Tag, nachdem die gerichtsinterne Suche nach Interviewteilnehmern begonnen hatte, bekam der Verfasser eine Liste mit den sich bereiterklärenden Strafrichtern sowie deren Kontaktdaten, um mit der individuellen Vereinbarung von Interviewterminen zu beginnen. Sobald die Interviewtermine vereinbart waren, willigten die Teilnehmer noch einmal schriftlich ein, sich für die Teilnahme an den leitfadengestützten Interviews bereitzuerklären.

6. *Durchführung, Kommunikationsform und Sonstiges*

Grundsätzlich wünschenswert wäre die persönliche Interviewdurchführung in einer „face to face"-Situation gewesen, da sie gegenüber einer telefonischen oder digitalen Kommunikationsform die Vorteile hat, dass technische Störmomente ausgeschlossen werden können, ein besseres Eingehen auf das Gegenüber möglich ist und sich beim unmittelbaren persönlichen Kontakt eine vertrauensvolle Gesprächsperspektive weit besser herstellen lässt.[1965] Aufgrund der im Frühjahr 2021 anhaltenden Coronapandemie und der Hygiene- und Abstandsregeln war die Durchführung „face to face" jedoch nur schwerlich möglich. Insofern wurde auf eine telefonische Kommunikationsform zurückgegriffen. Eine solche Interviewführung birgt gegenüber einer rein schriftlichen Interviewführung (z.B. per E-Mail) zumindest den Vorteil, dass ein Informationsverlust durch das Erfordernis des Niederschreibens und des möglicherweise resultierenden „Kurzhaltens" des Interviewten minimiert werden kann[1966] und gegenüber einer digitalen Interviewform (z.B. Skype) den Vorteil, dass

1965 Siehe vertiefend *Gläser/Laudel*, Experteninterviews und qualitative Inhaltsanalyse, S. 153 f.

1966 Vgl. *Gläser/Laudel*, Experteninterviews und qualitative Inhaltsanalyse, S. 153 f. Siehe ausführlich zu den Vor- und Nachteilen von telefonischen Leitfaden-Interviews *Döring/Bortz*, Forschungsmethoden und Evaluation, S. 374 f.

das Risiko technischer Verzerrungsfaktoren auf ein Minimum begrenzt wird. Ein Interviewteilnehmer bot im Vorfeld an, das Interview (unter Einhaltung von pandemiebedingten Abstandsregeln) an seinem Dienstsitz durchzuführen. Um zu gewährleisten, dass alle Gespräche unter den gleichen (äußeren) Voraussetzungen stattfinden, wurde dies allerdings abgelehnt. Zu Beginn eines jeden Interviews wurde das Forschungsprojekt noch einmal kurz vorgestellt. Wenn es nicht schon in Telefonaten im Vorfeld des Gesprächs zur Klärung von (Begrifflichkeits-)Fragen kam, wurde den Interviewteilnehmern noch einmal die Möglichkeit eröffnet, um Nachfragen zu stellen. Mit ihrer zuvor erfolgten schriftlichen Einwilligung wurden die Interviews auditiv aufgezeichnet. Damit konnte einem möglichen Materialverlust durch Mitschreiben oder einer einhergehenden Ablenkung entgegengewirkt werden. Störende Auswirkungen oder infolge der Aufnahme auftretende Hemmungen der Interviewteilnehmer konnten, soweit ersichtlich, nicht erkannt werden. Die Durchführung der Experteninterviews erstreckte sich über einen Zeitraum von gut einem Monat. Das erste Gespräch fand am 18.03.2021 und das letzte am 20.04.2021 statt. Ein Interview fiel zunächst aus, da der Interviewteilnehmer vergessen hatte, sich den Interviewtermin in seinem Dienstkalender zu vermerken. Es konnte jedoch eine Woche später nachgeholt werden. Das längste Interview hatte eine Dauer von 01 h 39 min, das kürzeste dauerte 46 Minuten, im Durchschnitt betrug die Interviewdauer 01 h 5 min.[1967]

7. Vorgehen bei der Transkription und Auswertung

Nach der Interviewdurchführung schloss sich die Transkription an. Diese erfolgte parallel im gleichen Zeitraum, wenn die Gespräche noch „frisch" waren, da zwischen einzelnen Interviews immer wieder ein paar Tage Abstand lagen. Die Transkription nahm zu Beginn ca. die sechs- bis siebenfache Zeit der Interviewdauer in Anspruch. Sobald sich allerdings nach einigen Interviews eine Routine ergeben hatte, reichte ca. die fünffache Zeit aus. Die Interviews wurden allesamt wortwörtlich transkribiert. Zu Paraphrasierungen kam es nur ausnahmsweise, wenn der Interviewteilnehmer bereits zuvor an anderen Stellen seine Zustimmung oder Ablehnung durch ausführliche Angaben ausgedrückt hatte. Solche Paraphrasierungen wurden durch eine kursive Schrift dargestellt. Wurde einmal an einer Stelle nicht deutlich, worauf sich eine Aussage genau bezogen hatte oder unterlief dem Interviewteilnehmer im Redefluss ein

1967 Damit konnte die im Untersuchungsplan formulierte Dauer von ca. 60 Minuten durchschnittlich beinahe erreicht werden.

Irrtum bei der Wortwahl, wurde der Bezug in einer eckigen Klammer hergestellt.[1968] Vereinzelt kam es zudem vor, dass einzelne Wörter nicht zu verstehen waren, weil ein Interviewteilnehmer ein Wort „verschluckte", „nuschelte" oder die Stimme versagte. War die betreffende Formulierung auch bei mehrmaligem Anhören und bei Reduzierung der Abspielgeschwindigkeit nicht zu verstehen, wurde der Abschnitt mit „[*unverständlich*]" markiert.

Bei qualitativen Erhebungsmethoden bilden die erzeugten Texte (hier die Transkription) die auszuwertenden Rohdaten.[1969] Das qualitative Spezifikum liegt darin, dass im Gegensatz zu quantitativen Erhebungen noch nicht klar ist, welche Informationen aus den Texten relevant sind und ob der Text überhaupt Informationen enthält, welche im Bezug auf das forscherische Anliegen relevant sind.[1970] Damit ergibt sich für den Forscher die Aufgabe, „unscharfes" Datenmaterial auszuwerten, welches schwer interpretierbare, irrelevante und widersprüchliche Informationen enthalten kann.[1971] Daher muss untersucht werden, ob die Ergebnisse der Interviews verglichen, interpretiert oder kontextualisiert werden können. Diesbezüglich wurde zu Beginn der Vorbereitung der Interviewauswertung zunächst eine Tabelle angelegt, in welcher die Angaben der Teilnehmer übersichtlich und paraphrasiert gegenübergestellt werden konnten. Unter Zuhilfenahme des Leitfadens wurden anschließend drei Themenblöcke aus den thematisierten Fragen gebildet und die betreffenden (inzwischen verschriftlichten) Antworten zusammengetragen. Eine solche Vorgehensweise bietet die Möglichkeit, dass die verschiedenen Antworten verglichen und kontextualisiert werden sowie Tendenzen aus den Aussagen gefiltert werden können.[1972]

III. Kurzvorstellung der Interviewpartner

Die zehn Interviewteilnehmer werden im Folgenden als R1 bis R10 bezeichnet. Dabei handelt es sich bei R1 bis R5 um Strafrichter des Amtsgerichts Tiergarten und bei R6 bis R10 um Strafrichter des Landgerichts Berlin. Bei den

---

1968 So sprach ein Interviewteilnehmer beispielsweise von der „Wiederaufnahme", obwohl er im Zusammenhang mit verfristeten Einsprüchen beim Strafbefehl erkennbar die Wiedereinsetzung in den vorigen Stand meinte und dies auch in einem nachfolgenden Satz sagte.

1969 *Gläser/Laudel*, Experteninterviews und qualitative Inhaltsanalyse, S. 43.

1970 Ebenda.

1971 Ebenda.

1972 Vgl. zu einer ähnlichen Vorgehensweise auch *Böhme*, Das strafgerichtliche Fehlurteil, S. 186.

Interviewteilnehmern handelt es sich um sieben Strafrichter und drei Strafrichterinnen. Die strafrichterliche Berufserfahrung reicht von ca. einem Jahr bis hin zu knapp 30 Jahren. Zur Wahrung der zugesicherten Anonymität wird auf die Darstellung weiterer Angaben, wie dem Alter der Person oder der konkreten Spruchkörperzugehörigkeit verzichtet.[1973]

IV. Interviewleitfaden

Den durchgeführten Interviews liegt der sich in Anhang A2 befindliche Leitfaden zugrunde.

B. ERGEBNISSE DER INTERVIEWS

Die folgende Darstellung ist an den Aufbau des Interviewleitfadens angelehnt. Zur Wahrung der Übersichtlichkeit wurden die Fragen drei Themenkomplexen zugeordnet.[1974]

I. Die zentralen und klassischen Fehlerquellen des Strafprozesses (Fragen 1 bis 7)

In der offenen Einleitungsfrage wurden die Experten gefragt, worin sie zentrale Fehlerquellen im Strafverfahren sehen und wodurch diese begünstigt werden. Im Anschluss wurden die Personalbeweisschwäche und gerichtlichen Aufklärungsfehler als klassische Fehlerquellen vertieft, sofern sie nicht schon in den Einleitungsfragen ausführlich thematisiert wurden.

1973 Um zu verhindern, dass angesichts des angegebenen Gerichts eine Identifikation der einzelnen Interviewpartner ermöglicht wird, wird bei der nachfolgenden Auswertung durchgängig die männliche Form verwendet. Ferner kann es zur Wahrung der Anonymität notwendig sein, dass Wortzitate teilweise Auslassungen erfahren, ohne jedoch dabei eine inhaltliche Verfälschung herbeizuführen.

1974 Da vereinzelt Angaben zu anderen als den gestellten Fragen erfolgten und daher teilweise bestimmte Fragen nicht gestellt wurden, erfolgt in solch einem Fall ein Hinweis in der Fußnote („Angabe von … bei Frage …, Anlage A2).

1. Zentrale Ursachen für strafgerichtliche Fehlentscheidungen (Fragen 1 bis 3)

Worin bestehen Ihrer Ansicht nach die zentralen Fehlerquellen für Fehlentscheidungen im Strafprozess? (Frage 1)

Als häufigste Fehlerquelle führen die Experten die Personalbeweisschwäche (R3, R4, R5, R6, R7, R8, R10)[1975] an, gefolgt von Fehlern bei der gerichtlichen Aufklärung bzw. den „menschlichen Fehlern“ des Richters (R1, R2, R3, R6, R7, R10).[1976] Nach R3 und R6[1977] seien schlechte Ermittlungen und schlecht ermittelte Sachverhalte eine der Hauptursachen für Fehlentscheidungen. Vereinzelt werden die fehlende Rechtskenntnis und die fehlerhafte Rechtsanwendung (R9) sowie die Sachverständigenarbeit (R10) als zentrale Fehlerquellen genannt. R4 bezeichnet die *„Begrenztheit jedes einzelnen Beweismittels“* als Hauptfehlerquelle: *„Es gibt überhaupt nichts Sicheres“*. Auch wenn der Zeugenbeweis oft als das „schlechteste Beweismittel“ bezeichnet wird und auch R4 das so sehe, dürfe das nicht zu der Annahme verleiten, dass Sachbeweise immer sicher wären. Auch hier bedürfe es schließlich der menschlichen Interpretation.

1975 Die Experten beziehen sich hier überwiegend auf den Zeugenbeweis. R6 bezieht das Einlassungsverhalten des Angeklagten wohl mit ein (*„Der Mensch ist die allergrößte Fehlerquelle im Strafprozess und zwar der Mensch auf allen Seiten […].“*). R8 spricht ausdrücklich von Falschgeständnissen, insbesondere im Rahmen von Verständigungen und im Strafbefehlsverfahren.

1976 R1 und R2 beziehen sich auf aus fehlender Zeit und mangelnder Konzentration resultierende Fehler bei der Sachverhaltsaufklärung. R3 weist darauf hin, dass das *„[…] Gericht […] auch nur aus Menschen [besteht]“* und sich deswegen Fehler einschleichen würden. Ähnlich äußert sich R6. R7 weist auf die Probleme bei der Rekonstruktion des Sachverhalts hin, wenn eine lange Verfahrensdauer vorliege (so auch R2 bei Frage 7, Anhang A2). Auch sei die Beweiswürdigung oftmals problematisch, insbesondere die Beurteilung der Aussagekonstanz in Aussage-gegen-Aussage-Situationen. Auf die Fehleranfälligkeit der Beweiswürdigung beim Zeugenbeweis geht auch R10 ein. Insofern sprechen R7 und R10 damit gleich zwei Fehlerquellen an, die Personalbeweisschwäche und die Beweiswürdigung in erwähnten Konstellationen. Probleme bei der Beweiswürdigung seien nach R10 auch auf den fehlenden technischen Sachverstand rückführbar.

1977 Angabe von R6 bei Frage 2, Anhang A2: *„Wenn die Ermittlungsbehörden bestimmte Sachen gar nicht machen, schlecht machen oder schlecht dokumentieren und sich später niemand mehr an etwas erinnert, dann kann man bestimmte Dinge später eben nicht mehr aufklären.“*

Insgesamt wird deutlich, dass der Schwerpunkt der von den Experten benannten Fehlerquellen, unabhängig von der eigenen Gerichtszugehörigkeit, auf Ebene der Sachverhaltsfeststellung zu verorten ist.

Wodurch werden die benannten Fehlerquellen in der Praxis begünstigt? (Frage 2)

Die überwältigende Mehrheit der interviewten Richter sieht Fehlentscheidung dadurch begünstigt, dass an den Gerichten, insbesondere den Amtsgerichten, große Arbeitsbelastung, Zeitdruck und Zeitmangel (R1,[1978] R2, R6,[1979] R8,[1980] R9, R10) bzw. Personalmangel (R3) herrsche.[1981] Dazu führt R8[1982] plakativ aus:

> *„Das könnte natürlich das sein, was man so gemeinhin als Überlastung der Justiz bezeichnet. Das könnte dazu führen, dass typische Fehlerquellen häufiger zustande kommen, beispielsweise dass man Sachen nicht so überprüft, wie man sie unter besseren Arbeitsbedingungen überprüfen würde, dass man sozusagen pro Fall weniger Zeit hat. Das verschärft sich schon in den letzten Jahren, jedenfalls in Berlin. Das ist nicht das Hinzutreten einer neuen Fehlerquelle, sondern möglicherweise das Verschärfen alter Fehlerquellen.“*

Der durch Zeitmangel begünstigte Konzentrations- und Sorgfaltsmangel bei der Sachverhaltsaufklärung sei nach R1 auch zentral auf die Personalberechnung durch „PEBB§Y“ zurückzuführen. Am Beispiel des Strafbefehlsverfahrens führt er aus: *„Wenn sie sich vorstellen, dass ihnen für ein Strafbefehlsverfahren, also bis zur Entscheidung, dass sie den Strafbefehl unterzeichnen, eine Bearbeitungszeit von 35 Minuten zugestanden wird, dann haben Sie eine ungefähre Vorstellung, wie intensiv man sich mit dem Strafbefehlsverfahren und den dazugehörigen Akten beschäftigen kann, bevor man den Strafbefehl unterzeichnet. Das setzt sich dann aus meiner Sicht mit Anklagen und mit Schöffenverfahren auch fort.“*

Fehler bei der Sachverhaltsaufklärung seien nach R10 letztlich auch darauf zurückzuführen, dass es sich bei Richtern um „Universaldilettanten“ handele, denen spezifischer und technischer Sachverstand fehle. Selbst wenn ein Sachverständigenbeweis erhoben werden sollte, entbinde dies den Richter nicht von der Pflicht, sich selbst einen gewissen Wissensschatz anzueignen, um den

1978 Angabe von R1 bei Frage 1, Anhang A2.

1979 Dazu R6: *„Zeitdruck ist für manche Kollegen dann vielleicht auch eine Entschuldigung dafür, die eigenen Qualitätsansprüche nicht so hoch zu schrauben.“*

1980 Angaben von R8 bei Frage 3 und 6, Anhang A2.

1981 Siehe später vertiefend bei **Kap. 5. B. I. 2. b.** (Frage 6).

1982 Angabe von R8 bei Frage 3, Anhang A2.

Sachverständigen in der Hauptverhandlung überhaupt die richtigen Fragen stellen zu können. Sollte dies nicht geschehen, dann könne der Richter das Beweismittel zum Teil nicht einmal ansatzweise auf Plausibilität prüfen. Als Beispiele für Sachverhalte, in denen sich R10 im Laufe seiner Richterlaufzeit habe Fachwissen aneignen müssen, führt er aus: *„Das geht von einer Rennschiffstakelage, über Zahnoperationen, Brustimplantate, oder irgendwelche Tötungsdelikte, wo es darum ging, wie man einen Hubschrauber fliegt."*

Als begünstigenden Umstand für Fehler im Zusammenhang mit dem Personalbeweis identifiziert R3 „schlechte Vernehmungen" durch Suggestiv- oder Wiederholungsfragen oder aggressive Befragungen. Ein großes Problem sei auch ein zu langer Zeitablauf bei Vernehmungen, der sich auf die Erinnerungsfähigkeit auswirken könne. Weitere und vereinzelt genannte begünstigende Umstände seien der unzureichende Zeugenschutz als Ursache für Einwirkungen auf den Wahrheitsgehalt der Zeugenaussage (R7) und der Druck, der dadurch entstehe, dass man gerichtsinternen Erledigungsstatistiken genügen möchte (R6).

Haben sich in den letzten Jahren neue Fehlerquellen gebildet oder wurden bestehende Fehlerquellen durch Änderungen der Gesetzgebung, der Rechtsprechung oder der praktischen Handhabung verstärkt? (Frage 3)

Der Zeitdruck bzw. der Zeitmangel sei in den letzten Jahren noch einmal deutlich angestiegen (R1, R2, R3, R8). Dies liege zum einen an einem erhöhten Verfahrensaufkommen (R2), zum anderen aber daran, dass der Aktenumfang erheblich gestiegen sei (R3). Insgesamt sei eine Komplizierung des Rechts zu beobachten, die die richterliche Arbeit erschwere (R1, R2, R3, R5, R6, R10).[1983] Diese sei teilweise Auswirkung der Technisierung der Gesellschaft und des Verfahrens (R5, R6, R8, R10).[1984] Neue Erscheinungsformen der Cyberkriminalität

1983 R1 beobachte einerseits eine zeitraubende Komplizierung des Prozessrechts (Ausweitung von Beschuldigten- und Verletztenrechten, insbesondere das Pflichtverteidigerwesen, so auch R2) und andererseits eine Komplizierung des materiellen Rechts (Steuer- und Sexualstrafrecht). Als Beispiel der Komplizierung materiellen Rechts nennt R1 Neuerungen aus dem Sexualstrafrecht, die als Reaktion auf die Vorkommnisse der Kölner Silvesternacht 2015 eingeführt wurden: *„Die mach[en] nach meiner Erfahrung nichts einfacher, nichts überschaubarer und nichts gerechter, sondern sorg[en] eigentlich nur dafür, dass Polizei, Staatsanwaltschaft und Gericht mehr arbeiten müssen, ohne dass dabei letztlich was bei rum kommt."*

1984 Die Technisierung bedeute einerseits einen erhöhten Umfang des Ermittlungsverfahrens durch neue Ermittlungsmethoden, z.B. die Telefon- und

und neue Ermittlungsmethoden seien nicht nur extrem personal- und ressourcenbindend (R3), sondern würden zudem einen „Wissensbildungsprozess" benötigen, der gerade in der Anfangszeit „sehr fehlerträchtig" sei (R10, ähnlich auch R5).

Einen mit der Technisierung zusammenhängenden Punkt greift R4 auf. Nach R4 gehe mit der technologischen Fortentwicklung und der Ausweitung des Sachbeweises teilweise eine *„blinde Gläubigkeit in technische Beweismittel"* einher, die er den „CSI-Effekt" nennt. Er habe in der Vergangenheit allerdings schon mehrmals die Erfahrung gemacht, dass auch technische Messsysteme versagt oder Sachverständige Fehler bei der Auslesung oder Interpretation gemacht hätten.[1985] Als für eine Verschärfung bestehender Fehlerquellen ursächlich, sieht R4 „neue Verfahrenstypen", insbesondere das Strafbefehlsverfahren und die Verständigung.[1986]

2. Vertiefung der Klassischen Fehlerquellen der Personalbeweisschwäche und der gerichtlichen Aufklärungsfehler (Fragen 4 bis 7)

a. Die Personalbeweisschwäche

Die Beurteilung, wie häufig es ihrer Erfahrung nach in der Praxis aufgrund der Personalbeweisschwäche zu Fehlentscheidungen kommt (Frage 4), fällt den Beteiligten sehr schwer, da man nach der Entscheidung nichts mehr mit dem Verfahren zu tun habe und auch keine Rückmeldung erhalte. Exemplarisch verdeutlicht dies R7:[1987]

Videoüberwachung und das Auslesung von Chatprotokollen (R3, R5, R6). Andererseits würden neue Erscheinungsformen der Internetkriminalität auch inhaltlich ein gewisses Verständnis der Materie voraussetzen, was nicht bei jedem Richter der Fall sei (R5, R10). Dazu R5: *„Da muss man auch selbst fit bleiben. Was ist denn TikTok? Da ist wieder was Neues aufgetreten. Ich meine WhatsApp, Facebook, Telegram und so etwas, da sind wir jetzt schon drin, aber man muss natürlich auch gucken, was geht bei Instagram ab, was ist das für ein Post, für eine Veröffentlichung und wer sieht das, wie funktioniert das?"*

1985 Ähnlich auch R6, wonach die Auswertung und Interpretation infolge der Abhörung des gesprochenen Wortes teilweise etwas vom „Kaffeesatzlesen" habe, da die Leute verschlüsselt reden würden. Zudem erweitere die Technisierung des Verfahrens laut R3 auch die Möglichkeiten technischer Beweismittelmanipulation, Angabe von R3 bei Frage 22, Anhang A2.

1986 Dazu später vertiefend in **Kap. 5. B. II. 1.** sowie **2. a.** und **b.**

1987 Angabe von R7 bei Frage 4, Anhang A2.

„[...] wenn das Urteil geschrieben ist oder eine andere Entscheidung vorliegt, [wird man als Richter] mit dem Verfahren nicht mehr wieder konfrontiert, es sei denn, dass es vielleicht eine Aufhebung durch die Rechtsmittelinstanz gibt. Das sind dann aber eher rechtliche Punkte. Wenn das Verfahren zum Beispiel aufgehoben und zurückverwiesen wird, wird im Strafrecht ja immer an eine andere Kammer zurückverwiesen und deren Urteil sehe ich nicht mehr. Ich sehe praktisch nur die Rechtsmittelentscheidung, die eventuell zur Aufhebung führt, aber nicht mehr, wenn eine neue Beweisaufnahme stattfindet, was sich aus der Beweisaufnahme jetzt ergibt.“[1988]

Im Allgemeinen wird der Personalbeweis jedoch von allen befragten Experten negativ bewertet und ihm wird eine hohe Fehleranfälligkeit zugeschrieben. Der Personalbeweis wird beschrieben als „immer schwach“ (R10[1989]), „ganz schwaches Beweismittel“ (R1), „zugleich wichtigstes und unsicherstes Beweismittel“ (R5[1990]), „schlechtestes Beweismittel (R4[1991]), „grundsätzlich immer ein Problem“ (R2), „allgemein fehleranfällig“ (R9), „oftmals“ zu Fehlentscheidungen führend (R8) und „größte Fehlerquelle“ (R3,[1992] R6,[1993] als „sehr große Fehlerquelle“ auch von R1 bezeichnet).[1994] Der Personalbeweis habe in der Praxis noch immer eine zentrale Bedeutung, weil der Gesetzgeber ihm in seiner „romantischen Vorstellung“ (R6)[1995] nach wie vor einen grundsätzlichen Vorrang einräume und weil er schon rein tatsächlich am häufigsten vorkomme (R2): *„Also der Personalbeweis ist grundsätzlich immer ein Problem, weil die meisten Verfahren sich quasi im Personalbeweis aufklären. Wir haben natürlich auch zum Teil die modernen Medien, Videoüberwachung, etc. Das ist natürlich besser. Aber der Zeugenbeweis ist immer noch das zentrale Thema.“*

Aus der generellen Fehleranfälligkeit resultierend, sei man nach R9 *„[...] tunlichst bemüht, das noch mit weiteren Beweismitteln, wenn es geht, sachlicher Art zu unterfüttern.“*[1996]

1988 Ähnlich äußern sich auch R1, R3, R6, R8 und R9.
1989 Angabe von R10 bei Frage 23, Anhang A2.
1990 Angabe von R5 bei Frage 1, Anhang A2.
1991 Angabe von R4 bei Frage 1, Anhang A2.
1992 Angabe von R3 bei Frage 1, Anhang A2.
1993 Angabe von R6 bei Frage 4a, Anhang A2.
1994 R4, R5, R6, R8 beziehen sich hier konkret auf den Zeugenbeweis.
1995 Angabe von R6 bei Frage 4a, Anhang A2.
1996 Ähnlich auch R1, R2.

Wie macht sich die Personalbeweisschwäche in der Praxis konkret bemerkbar? (Frage 4a)

Konkret bezogen auf den Zeugenbeweis gibt die Mehrzahl der Experten an, dass Falschaussagen häufiger auf einen Irrtum des Zeugen zurückzuführen seien als auf bewusstes Lügen, und in solch einer Konstellation auch die Gefahr von Fehlentscheidungen höher sei (R1, R2, R3, R4, R7, R10). R4 sagt dazu drastisch:

> *„Aber dass sie sich irren, das kann man fast bei jeder Zeugenaussage sagen."*

Bewusste Falschaussagen seien nur nach Ansicht von R8 häufiger.

Zu Irrtümern komme es, weil der Zeuge schon etwas falsch wahrgenommen haben, Wahrnehmungsverzerrungen unterliegen oder das Wahrgenommene falsch abgespeichert haben (R5) oder weil der Zeuge aufgrund des Zeitablaufs erhebliche Erinnerungsprobleme haben könnte (R1, R2, R3).[1997] Nach R1[1998] sei es teilweise „erschreckend" zu sehen, was die Zeugen glaubten, wahrgenommen zu haben und was ihrer vermeintlichen Erinnerung[1999] entspreche, wenn man einmal Videoaufnahmen zum Abgleich haben sollte. Dazu zusammenfassend R4: *„Man kann ja nur das sagen, was man wahrgenommen hat. Unsere Sinne täuschen sich schon und dann speichern wir es im Gehirn. Seitdem wir es beobachtet haben oder gehört haben, ist wiederum Zeit vergangen. Dann haben wir vielleicht noch in der Zwischenzeit gehört, dass der ja vorbestraft sein soll oder nicht oder er sich bei der Nachbarin entschuldigt haben soll. Das gestaltet alles den Film mit, den wir im Kopf haben, und wir können es im Zeitpunkt der Aussage nicht mehr unterscheiden. Das heißt, egal wie komplex der Sachverhalt ist, wenn sie mehrere Zeugen hören, da kommt niemals der gleiche Film raus."*

Besonders wichtig sei nach R5 die konkrete Art und Weise der Befragung. Intensive Befragungen könnten – insbesondere bei Jugendlichen – zu einer

---

1997 Angaben von R2 und R3 bei Frage 4, Anhang A2.

1998 Angabe von R1 bei Frage 4, Anhang A2.

1999 Auf ein besonderes Risiko für Erinnerungsfehler weist R3 hin, welcher oftmals mit polizeilichen Zeugen zu tun habe. Dort bestehe eine besondere Gefahr nicht nur, weil bis zur Aussage teilweise ein erheblicher Zeitablauf vorliege. Zusätzlich bestehe das Problem, dass sich Polizisten aufgrund ihres Berufsalltags oftmals ähnlich gelagerten Fallkonstellationen ausgesetzt sehen würden und daher sehr leicht eine Vermischung einzelner Vorgänge stattfinden und so der Blick für die Besonderheit des konkreten Einzelfalles verloren gehen könnte, Angabe von R3 bei Frage 4, Anhang A2.

Suggestion führen, wodurch der Zeuge schließlich von dem überzeugt sein könnte, was er aussagt, obwohl dies vielleicht nicht der Wahrheit entspreche:[2000] *„Was aber auch ganz groß ist, ist natürlich die Befragung an sich. Man muss es wirklich, das ist eine Kunstform, offen formulieren. ‚Was ist dann passiert, und dann, und danach?'. Und dann kann man so halbgeschlossene Fragen stellen: ‚War das vorher oder war das nachher? Hab ich das richtig verstanden?'. Und nachher erst, also am Schluss, wenn man sie festnagelt, dann erst auf geschlossene Fragen gehen: ‚Ja oder nein, schwarz oder weiß, groß oder klein?'. Da besteht natürlich auch ganz oft das Problem, gerade wenn man Jugendliche vernimmt […]. Wenn man dann einen 15-Jährigen befragt oder einen 12-Jährigen, dann spielt natürlich auch Suggestion eine Rolle."*

Auch wenn der Großteil der Experten dem lügenden Zeugen eher eine untergeordnete Rolle beimisst, bestreitet keiner dessen Vorkommen. R4 weist darauf hin, dass es in der formellen Situation vor Gericht „gar nicht so leicht" sei, zu lügen. Im Gegensatz zu Irrtümern sei es bei Lügen aber leichter, diese – teilweise „offensichtlich" (R3) – als solche zu erkennen (R2, R4, R6, R7,[2001] R8, ähnlich A9). Diesbezüglich berichten R6, R8 und R10,[2002] dass in den letzten Jahren vermehrt von aussagepsychologischen Sachverständigengutachten Gebrauch gemacht werde. Doch auch die Aussagepsychologie selbst, auf deren Gebiet sich R6 umfangreich fortgebildet habe, berge erhebliche Risiken: *„Ich glaube ehrlich gesagt nicht, dass die Aussagepsychologie wirklich immer dazu führt, dass man eine richtige Entscheidung trifft, sondern dass das letztlich auch ein Begründungsinstrumentarium für das Urteil ist. […] es ist kein Garant dafür, dass die Entscheidung wirklich richtig ist. Es hängt ja auch immer von den intellektuellen Fähigkeiten des Zeugen ab. […] wenn zum Beispiel das meiste stimmt, was er sagt, weil er wirklich dabei war und nur das kleine, winzige Detail falsch ist, worauf es ankommt, dann kommen sie da mit der Aussagepsychologie fast nicht heran, weil sie ja im Kern faktisch überall eine richtige Aussage haben und nur das kleine Detail nicht. Das ist dann manchmal gar*

2000 Als besonders problematisch empfindet R5 im Zusammenhang mit einer möglichen Suggestion das „wiederholte Wiedererkennen" des vermeintlichen Täters durch Vorlage von Fotos, Angabe von R5 bei Frage 4, Anhang A2.

2001 R7 weist darauf hin, dass man die Falschheit der Aussage oftmals nachweisen könne, aber es Schwierigkeiten gebe, dem Zeugen in einem nachfolgenden Prozess den Vorsatz bei den Aussagedelikten nachzuweisen.

2002 R9 bezieht sich hier konkret auf Aussage-gegen-Aussage-Konstellationen bei Sexualdelikten. Ferner würden Fortbildungsangebote auf dem Gebiet der Aussagepsychologie mehr genutzt werden.

nicht so eine große Leistung, solch eine Lüge zu erbringen. Manchmal kriegen sie das heraus, dass sie wissen, dass der Zeuge lügt. Das bringt sie der Wahrheit aber auch nicht näher, weil man ja nicht immer davon ausgehen kann, dass das Gegenteil dessen dann wahr ist."

Ein besonderer Stellenwert komme stets der Erforschung der Motivationslage zu (R4). Auch sei das Gefahrenpotential für Lügen nach R6 danach zu unterscheiden, ob es sich um einen „geplanten Zeugen" oder einen „Zufallszeugen" handele (R6[2003]) oder ob ein Zeuge belastende oder entlastende Angaben mache (R8[2004]).

Der Schwerpunkt der Personalbeweisschwäche wird von den Experten primär beim Zeugenbeweis gesehen. Während die Antworten diesbezüglich recht homogen ausfallen, zeigen sich bei der Beurteilung der Gefahr von Falschgeständnissen unterschiedliche Einschätzungen. Zwar wird die Gefahr von falschen Geständnissen von der überwiegenden Anzahl der Experten gesehen (R2, R3, R5, R7, R8, R9, R10),[2005] aber teilweise als gering(er) empfunden (R9): „*Bei falschen Geständnissen würde ich die Gefahr weniger sehen als bei falschen Zeugenaussagen, sicherlich weniger fehleranfällig. Also, es kommt natürlich drauf an. Die Einlassung des Angeklagten ist natürlich fehleranfällig, ist natürlich häufig total gelogen, um es so zu sagen. Aber wenn sie von geständigen Einlassungen reden, dann ist es natürlich eine andere Sache.*"

Auch R5[2006] sieht den Schwerpunkt eher bei falschen Einlassungen, die aber in der Regel nicht geständiger Natur seien: „*Natürlich gelten dort die gleichen Prinzipien [der Fehleranfälligkeit wie auch beim Zeugen]. Auch ein Angeklagter kann mit emotionalem Nachklang, mit unterschiedlicher Konstanz, vorwärts und rückwärts eine Geschichte erzählen, kann tatsächlich Erlebtes mit Emotionen verbinden, was ein Realkennzeichen ist. Natürlich ist das auch alles dort. Aber man muss halt auch im Hinterkopf haben, der Angeklagte darf lügen, so richtig lügen, bis sich die Balken biegen.*"

Drastischer formuliert R4,[2007] welcher sich kaum vorstellen könne, dass jemand falsch gestehen könnte und darin teilweise eine Schutzbehauptung sehe: „*Ich würde behaupten, ich habe noch nie ein Falschgeständnis […] erlebt.*

2003 Unerörtert bleibt von R6 jedoch, welchen Zeugen er für die Wahrheitsfindung als gefährlicher ansieht. Er weist lediglich darauf hin, dass man hier „unterschiedliche Fehlerquellen" habe, Angabe von R6 bei Frage 4, Anhang A2.

2004 Nach R8 sei es bei entlastenden Angaben sehr viel leichter, die Lüge aufzudecken.

2005 Angaben von R3, R5, R7 bei Frage 4, Anhang A2.

2006 Angabe von R5 bei Frage 4, Anhang A2.

2007 Angabe von R4 bei Frage 8a, Anhang A2.

Ich würde es auch nicht ablegen und das auch als Angeklagter ablehnen. Oftmals lügen sich die Leute doch ein bisschen selbst in die Tasche […]. […] dass jemand ein falsches Geständnis ablegt, diese Gefahr schätze ich in meinem Tätigkeitskreis als äußerst gering ein."

Demgegenüber schätze R2 die Gefahr von Falschgeständnissen jedenfalls dann immer hoch ein, wenn der Angeklagte mit seinem Geständnis unter Umständen einen bestimmten Zweck verfolgen möchte. Auch könnten Verteidiger einen erheblichen Druck ausüben, wenn lediglich ergebnisorientiert gedacht werden sollte.

Persönliche Erfahrungen mit (vermuteten) Falschgeständnissen geben lediglich drei Experten an (R3, R7, R10). So berichtet R3[2008] aus seiner Tätigkeit: „*Es kommt teilweise vor, dass in der ersten Instanz in Haftsachen Geständnisse abgelegt werden, in Erwartung einer Bewährungsstrafe, in Erwartung einer Haftentlassung, und das Geständnis dann widerrufen wird bei Landgericht mit der Begründung, das sei ja nur ein Geständnis gewesen, um aus der Haft entlassen zu werden. So etwas gibt es. Natürlich wissen wir dann nur nicht, ob es wirklich ein falsches Geständnis war oder ob das taktisch war. Aber es ist absolut vorstellbar.*"

R7[2009] berichtet von seinen Erfahrungen mit Geständniswiderrufen: „*Der Angeklagte hat in der ersten Instanz zum Beispiel gestanden und legt dann gegen das Urteil Berufung ein und erklärt jetzt, dass das Geständnis nicht der Wahrheit entspreche, sondern es nur unter dem Druck des Verfahrens entstanden sei oder weil er sich ein schnelleres Verfahren erhoffte oder oder oder. Das ist eine Konstellation, die ab und zu vorkommt. Besonders geärgert hat sie mich in meiner Zeit als Zivilrichter, wenn ein Angeklagter entweder eine Einstellung nach 153a erreicht hat oder ein mildes Urteil aufgrund des Geständnisses und in dem anschließenden Zivilprozess, wo es um Schadensersatz des Opfers geht, sich hinstellt und behauptet, diese Tat sei so gar nicht gewesen.*"

Von Fällen, in denen die Falschgeständnisse im Nachhinein aufgeklärt wurden, berichtet R10: „*In der Tat habe ich in einem Fall tatsächlich einen Zwillingsbruder gehabt, der gestanden hat und für seinen Bruder ins Gefängnis gegangen ist. […]. Es gibt auch immer wieder Fälle im Betäubungsmittelbereich, wo der eine arabische Bruder für den anderen arabischen Bruder, die sehr ähnlich aussehen, […] die Verantwortung übernimmt, im Prinzip ein Geständnis abgibt.*"

2008 Angabe von R3 bei Frage 4, Anhang A2.
2009 Angabe von R7 bei Frage 4, Anhang A2.

b. Gerichtliche Aufklärungsfehler

Wie beurteilen Sie die Gefahr, dass es aufgrund gerichtlicher Aufklärungsfehler zu Fehlentscheidungen kommen könnte? (Frage 5)

Bei den Experten besteht Einigkeit darüber, dass gerichtliche Aufklärungsfehler in der Praxis durchaus vorkommen würden, allerdings variieren die Einschätzungen zur Bedeutung der Fehlerquelle. Während die Fehlerquelle von mehreren Experten bereits eingangs als zentrale Fehlerquelle des Strafprozesses benannt wurde (R1, R2; unter anderen Umschreibungen auch R3, R6, R10[2010]), wird die Gefahr von R5 eher als gering empfunden: *„[…] wenn man den Job ernst nimmt, [ist] die Gefahr relativ gering […]“.*

R3 sieht „natürlich“ die Gefahr von Aufklärungsfehlern, verortet den Schwerpunkt jedoch eher im Ermittlungsverfahren:[2011] *„Da hängt halt eben noch viel davon ab, wie gut ist ein Sachverhalt ausermittelt. […]. Das kann man in einer Hauptverhandlung schwer wieder aufholen. Also Fehler, die im Ermittlungsverfahren entstanden sind, kann man in der Hauptverhandlung nicht mehr so ohne Weiteres reparieren.“*

Vielfältig sind die angegebenen Gründe für gerichtliche Aufklärungsfehler. Nach R4 seien die Gründe für solche Fehler primär in der menschlichen Natur zu suchen: *„Menschliche Fehler kommen natürlich auch beim Gericht vor. Richter sind auch nur Menschen. […]. Sie haben ihre Eitelkeiten, ihre persönlichen Belange, ob gut oder schlecht, dann mögen sie Frauen oder nicht oder haben Vorurteile gegenüber Radfahrern oder was auch immer. Überall finden sie das, wirklich überall und überall trägt es natürlich dazu bei, wie wir uns verhalten und auch was wir entscheiden. Das ist für uns Juristen, die ja immer an ein nüchternes und gleiches System glauben, dass uns Sicherheit verspricht, sehr schwer. Das System füllen Menschen aus und deswegen ist das halt absolut nicht so.“*

R7 sieht die Ursache darin, dass sich das Gericht bei der Sachverhaltsaufklärung manchmal Sachkunde anmaße, welche die eigene Kompetenz übersteige. Er sehe in der Berufungsinstanz manchmal Fälle, in denen er denke, *„[…] dass man hier mal ein Sachverständigengutachten einholt und dass eigentlich schon das erstinstanzliche Gericht hätte machen müssen. Ich vermute, […] dass das in*

2010 R3 spricht davon, dass die Richter „selbst nur Menschen“ mit all ihren Fehlern seien. Ähnlich äußert sich R6. R10 nennt eingangs die fehlerhafte Beweiswürdigung als eine der zentralen Fehlerquellen. Angaben jeweils bei Frage 1, Anhang A2.

2011 Angabe von R3 bei Frage 6, Anhang A2.

nicht wenigen Fällen daran liegt, dass die Amtsgerichte ja noch eine sehr viel höhere Taktzahl an Fällen haben, die sie erledigen müssen, sodass einfach aufgrund der fehlenden Ressourcen möglicherweise die eine oder andere erforderliche Sachverständigenaufklärung unterbleibt."

An diese Aussage anschließend, wird der tatsächliche oder empfundene Zeitmangel mit großem Abstand als Hauptursache für gerichtliche Aufklärungsfehler benannt (R1, R2,[2012] R6,[2013] R7,[2014] R8,[2015] R9,[2016] R10[2017]).

Wie schätzen Sie die derzeitige Arbeitsbelastung bei der Bearbeitung Ihrer Fälle ein und hat diese ggf. Auswirkungen auf die Bearbeitung Ihrer Fälle? (Frage 6)

Bei der Beantwortung dieser Fragen zeigen sich zum ersten Mal erkennbare Unterschiede in der Bewertung zwischen den Richtern des Amts- (R1–R5) und des Landgerichts (R6–R10). Auf Seiten der Amtsrichter klagen R1, R2, R4 und R5 über eine zu hohe Arbeitsbelastung und zu wenig Zeit bei der Bearbeitung ihrer Fälle. R3 gibt an, grundsätzlich genug Zeit für die Bearbeitung seiner Fälle zu haben. Allerdings steige der Aktenumfang beachtlich und wenn die Zahl komplizierter Fälle steige, dann sei es schwer, dem noch Herr zu werden. Die Arbeitsbelastung habe nach R4 mit „ganz großer Sicherheit" Auswirkungen auf die Sachverhaltsaufklärung. Laut R5 sei es „ganz logisch", dass dies zu Fehlentscheidungen führe: „*Ich meine, sie kämpfen ja irgendwann auch gegen die Wahrscheinlichkeit. Sie treffen hunderte Entscheidungen die Woche und es kommen immer wieder neue Verfahren nach. Statistisch gesehen müssen sie irgendwann mal daneben liegen.*"

R1[2018] sieht in der Arbeitsbelastung die Fehlerquelle schlechthin: „*Wir haben eigentlich alle Pensa zu bewältigen, die einer gründlichen Durchdringung einer Akte und eines Sachverhalts und einer sich möglicherweise aufdrängenden*

2012 Angabe von R2 bei den Fragen 1, 2 und 6, Anhang A2.

2013 Angabe von R2 bei den Fragen 1, 2 und 6, Anhang A2.

2014 Mit dem Zeitmangel am Amtsgericht sei nach R7 eine weitere Gefahr verbunden, die primär aber eigentlich nicht die Sachverhaltsaufklärung, sondern die Strafzumessung betrifft. Laut R7 komme es oftmals dazu, dass die persönlichen und wirtschaftlichen Verhältnisse des Angeklagten nicht sorgfältig abgeklärt werden und die Bemessung der Tagessatzhöhe deswegen teilweise sehr pauschal erfolge.

2015 Angabe von R8 bei den Fragen 2 und 6, Anhang A2.

2016 Die Auswirkungen würden sich laut R9 vor allem im Strafbefehlsverfahren zeigen.

2017 Angabe von R10 bei den Fragen 1 und 2, Anhang A2.

2018 Angabe von R1 bei Frage 1, Anhang A2.

Nachermittlung massiv entgegenstehen und die einen auch in der Hauptverhandlung regelmäßig unter Druck setzen, wenn im Grunde eigentlich alles länger dauert, als man sich das vorgestellt hat. Ich denke, dass daraus die Hauptprobleme falscher Erkenntnisse entstehen."

Die konkreten Auswirkungen werden von R4 drastisch formuliert: „*Wir machen Masse und wir können uns eine Qualität wie beim Kammergericht oder beim Landgericht gar nicht leisten. Die Vielzahl der Verfahren ermöglicht das nicht. Wir müssen also irgendwie einen Mittelweg finden […]. Wenn ich also ein Verfahren habe mit 17 Zeugen oder so und da kommt vielleicht eine Verfahrenseinstellung gegen Geldzahlungsbuße in Betracht, dann bin ich ich doch umso geneigter, je mehr ich dadurch spare. Etwas Anderes zu behaupten wäre doch Selbstbetrug. Wenn ich sage, ich entscheide so, wie es richtig wäre, dann ist das ein 16-Stunden-Tag und das ist dann halt manchmal so. […]. Mit Fug und Recht muss das einen Einfluss haben. […]. Also, dass man vor lauter Fahrigkeit, weil man nicht geschlafen hat, irgendwas übersieht, überliest oder man sagt, den Zeugen brauchen wir jetzt nicht mehr, ich lehne den Antrag ab, weil ich sonst ja nochmal einen Verhandlungstag machen muss. Die Gefahr [von Fehlern] steigt.*"

Die hohe (amtsgerichtliche) Arbeitsbelastung sei laut Angabe von R2 vor allem auf einen akuten Personalmangel zurückzuführen. Auch jüngste Einstellungsversuche und Bemühungen wie den „*Pakt für den Rechtsstaat 2020*" halte er bei Weitem nicht für ausreichend: „*Ich sehe es als Problem […], weil man ja jetzt schon weiß, dass in den nächsten fünf Jahren eine ganz große Pensionswelle auf uns zu rollt, in der Staatsanwaltschaft und in der Richterschaft. Und uns bricht dann auch ein bisschen der Erfahrungsschatz weg. […]. Selbst wenn man die ganz Jungen einstellen würde, und soviel kann man auf einmal gar nicht einstellen, die Lücke wird sich nicht schließen. Wenn ich mir jetzt vorstelle, da geht ein Vorsitzender von einem erweiterten Schöffengericht, da kann ich nicht einen Assessoren reinsetzen. Das kann der nicht leisten. Das ist ein Problem, das Kontinuierliche, was über die Jahre hätte passieren müssen, das ist halt nicht passiert, weil wir lange sparen mussten.*"[2019]

Die Beurteilung der eigenen Arbeitsbelastung fällt bei den Richtern des Landgerichts anders aus. Grundsätzlich geben alle an, genügend Zeit für die Bearbeitung ihrer Fälle zu haben. R9 beurteilt das Arbeitsaufkommen „wellenförmig", sodass es immer mal wieder Phasen gebe, in denen es mehr und dann

2019 Ähnlich auch R8 bei Frage 24, Anhang A2, der die Pensionswelle als „große Fehlerquelle" bezeichnet.

wieder weniger Verfahren gebe.[2020] Aufgrund früherer Gerichtszugehörigkeiten oder aufgrund eigener Erfahrungen in der Rechtsmittelinstanz weisen R6, R8, R9 und R10[2021] jedoch darauf hin, dass dies beim Amtsgericht anders sei. Dort (beim Amtsgericht) müsse man die Fälle regelrecht „wegprügeln" (R6), was man laut R8 *„ohne Inkaufnahme – gerade in Wirtschaftsstrafsachen – von gewissen Kompromissen, die immer auch Fehlerquellen in sich bergen können, kaum schaffen kann"*. Aus seiner Zeit als Amtsrichter weiß R9, *„dass natürlich die Bereitschaft des Gerichts, auch im Hinblick auf die Rechtsfolge, da entgegenkommender zu sein, steigt."*

Auswirkungen auf die Bearbeitung der eigenen Fälle am Landgericht sehen R6, R7, R10 nicht. Dies sei laut R6 darauf zurückzuführen, weil beim Landgericht ein „großes Fehlerbewusstsein" herrsche. R9 schließt Einflüsse auf die eigene Arbeit nicht aus. Eine eigene Arbeitsüberlastung sieht auch R8 grundsätzlich nicht, allerdings könne es bei landgerichtlichen Haftsachen zu großem Zeitdruck kommen: *„Das ist natürlich so, wenn sie Haftsachen haben, die sie in einer bestimmten Zeit verhandeln müssen. Wenn dann schon der nächste Haftfall anhängig ist, dann hat man nur wenig Zeit und da kann es sein, dass das natürlich zu Fehlerquellen führt, weil man natürlich versucht, den Fall schneller über die Bühne zu bekommen. Aber auch das gilt wieder nur vereinzelt."*

Welche weiteren Ursachen für strafgerichtliche Fehlentscheidungen würden Sie als „klassische" Fehlerquellen im Strafprozess bezeichnen? (Frage 7)

Den ersten Themenkomplex abschließend, wurde den Experten in einer offenen Frage die Möglichkeit gegeben, zu weiteren klassischen Fehlerquellen Stellung zu nehmen.[2022] Verwertbare Angaben machen hier lediglich zwei Richter.[2023] Als eine weitere klassische Fehlerquelle nennt R1 (unter dem Schlagwort der „Konfliktverteidigung") das prozessschädigende Verhalten einzelner Verteidiger, welches die Sachaufklärung beeinträchtige: *„Wenn Verteidiger definitiv nicht an einer Sachaufklärung interessiert sind, sondern nur daran, das Verfahren zugunsten ihrer Mandanten zu torpedieren, dann raubt das einfach unfassbar viel Kraft und Energie, die*

2020 Ähnlich auch R7, welcher zusätzlich angibt, dass dies jedoch von Kammer zu Kammer, teilweise erheblich, variieren könne (so auch R8).

2021 Angabe von R10 bei Frage 2, Anhang A2.

2022 Aufgrund von teilweise sehr ausführlichen Antworten auf die Fragen 1 und 2 wurde die Frage nicht jedem Experten gestellt.

2023 Einige Richter wiederholten hier Angaben, welche sie bereits im Rahmen von den Fragen 1 und 2, Anlage A2 getätigt haben. Da diese bereits eingangs dargestellt wurden, werden hier nur neue Angaben thematisiert.

man eigentlich aufwenden müsste, um eine sachliche Aufklärung zu betreiben, statt sich dagegen zu verteidigen, dass einem nur das Verfahren kaputtgeschossen wird." Eine weitere klassische Fehlerquelle sei für R2 die überlange Verfahrensdauer, welche dazu führe, dass die Chance erheblich gemindert oder ggf. sogar zerstört werde, einen Sachverhalt korrekt zu rekonstruieren:[2024] *„Also, eine überlange Verfahrensdauer wird im Zweifel häufiger zu einer Nichtaufklärbarkeit des Sachverhalts führen als am Anfang. Der lässt sich nach vier Jahren unter Umständen nicht mehr aufklären. Und dann hat man eine Entscheidung, die man dann treffen muss, z.B. einen Freispruch, wo man relativ sicher ist, dass das nicht so richtig ist, aber das ist dann halt das, was wir machen müssen."*[2025]

II. Moderne Fehlerquellen des Strafprozesses (Fragen 8 bis 22)

Im zweiten Themenkomplex wurden die vermuteten modernen Fehlerquellen der strafprozessualen Absprache, der (großen) Kronzeugenregelung, des Strafbefehlsverfahrens und der Medienöffentlichkeit besprochen. An den Aufbau des Leitfadens angelehnt, erfolgt die Darstellung in zwei Abschnitten. Zunächst wurde thematisiert, wie sich die Personalbeweisschwäche und die gerichtlichen Aufklärungsfehler in den modernen Fehlerquellen manifestieren bzw. vertiefen und anschließend wurde auf spezifische Fehleranfälligkeiten eingegangen.

1. *Manifestation der Personalbeweisschwäche und gerichtlicher Aufklärungsfehler in den vermuteten modernen Fehlerquellen (Fragen 8 bis 8d)*

Um an die zuvor vertieften klassischen Fehlerquellen der Personalbeweisschwäche und der gerichtlichen Aufklärungsfehler anzuknüpfen, wurden die Experten zunächst nach ihrer Einschätzung gefragt, ob und in welchem Maße sich diese Gefahren auch im Rahmen der benannten modernen Fehlerquellen

---

2024 Im Gegensatz zu R3 (Angabe bei Frage 2, Anhang A2), R4 (Angabe bei Frage 4a, Anhang A2) und R7 (Angabe bei Frage 1, Anhang A2), die den Zeitablauf vor allem als einen den Beweiswert der Zeugenaussage mindernden Faktor dargestellt haben, macht R2 deutlich, dass der Zeitablauf sich auf die Qualität aller Beweismittel auswirken könne.

2025 Übereinstimmend mit der in dieser Arbeit vertretenen Begriffsbestimmung der Fehlentscheidung (vgl. **Kap. 1. B. III. 3. a.**) hält R2 einen Freispruch auf Grundlage des Zweifelsgrundsatzes zwar für eine Entscheidung, die unter Umständen nicht mit dem „tatsächlichen Geschehen" übereinstimmen könnte, aber nicht für eine Fehlentscheidung.

manifestieren (Frage 8).[2026] In dieser ersten und spontanen Einschätzung zeigt sich, dass die meisten Experten entweder der Meinung sind, dass sich die Gefahren der Personalbeweisschwäche und der gerichtlichen Aufklärungsfehler im Rahmen der vermuteten modernen Fehlerquellen widerspiegeln (R1, R2, R5, R6) oder sie sich teilweise sogar verschärfen (R8, R9, R10). Nach R2 begünstige insbesondere das Strafbefehlsverfahren Aufklärungsfehler, da die begrenzte Zeit nur einen eingeschränkten Prüfungsmaßstab zulasse. Die sich manifestierende Personalbeweisschwäche sehen R5, R6, R8, R9, R10.[2027] Ein grundsätzliches Problem des Personalbeweises sieht R9 im Strafbefehlsverfahren, da er im summarischen Verfahren *„ja natürlich nur so nach Aktenlage gegeben ist und häufig nur unvollständig und nicht dezidiert genug ist.“*

Bewerten Sie die Gefahr von Falschgeständnissen/unkritischer Geständniswürdigung bei der strafprozessualen Absprache anders als im „Normalverfahren“? (Frage 8a)

Die Gefahr von Falschgeständnissen im Rahmen einer Absprache sehen R1, R2, R3, R5, R6, R7, R8, R10. Während das Risiko nach R2, R3, R8 und R10 weit höher und nach R1, R6 und R7 tendenziell höher sei, bestehe nach R5 die gleiche Gefahr wie auch im Normalverfahren. Lediglich R4 und R9[2028] schätzen die Gefahr eher gering ein. R4 habe noch nie ein falsches Geständnis im Rahmen einer Absprache erlebt und könne sich das auch nur schwerlich vorstellen.

Das erhöhte Risiko für Falschgeständnisse sieht R8 aufgrund der verführerischen Anreize, die eine Absprache dem Angeklagten gebe: *„Aber es besteht weiterhin die Gefahr, dass man unter dem Druck eines sehr günstigen Angebots oder eines von dem Angeklagten als sehr günstig empfundenen Angebots, möglicherweise auch auf Rat des eigenen Verteidigers, das Angebot als sehr günstig empfindet und selber [als Verteidiger] möglicherweise aufgrund der Beweislage eine deutlich höhere Sanktion seines Mandanten erwartet. Dann besteht gleichwohl die Gefahr, dass in solchen Drucksituationen Verständigungen akzeptiert werden, die im Ergebnis dann, wenn die Verständigung dann erfüllt wird, in der*

2026 Da die Antworten hier teilweise schon sehr spezifisch ausfielen, werden die Angaben zum Teil bei den folgenden Fragen dargestellt.

2027 R5, R6, R8 und R10 beziehen sich hier auf falsche Geständnisse.

2028 R9 bezieht diese Angabe jedoch ausdrücklich auf das Landgericht. Dort seien die Angeklagten stets verteidigt und ein Geständnis werde immer überprüft. Beim Amtsgericht könnte dies womöglich anders ausfallen.

Regel durch ein Geständnis, dann auch zu falschen Geständnissen und dann auch zu falschen Verurteilungen führt."

Ähnlich äußern sich auch R6 und R7, welche die Gefahr von taktischer Motivation sehen, welche womöglich auch durch eine Druckausübung seitens des Verteidigers (so auch R10[2029]) begünstigt werden könnte.

R6 differenziert beim Falschgeständnisrisiko überdies danach, ob es sich bei dem Angeklagten um einen gänzlich Unschuldigen oder „nicht so" Schuldigen handelt: „*Ich glaube, dass die Gefahr, dass jemand etwas gesteht, was er überhaupt nicht begangen hat, die ist eher nicht so groß. Ich will nicht sagen, dass es die gar nicht gibt, aber die Forschung, die es dazu gibt, die zeigt, dass das sehr spezifische Konstellationen sind, z.B. bei intellektueller Minderbemittelung, falscher Fragetechnik und so weiter. […]. Ansonsten glaube ich, dass ein wirklich echtes Falschgeständnis nicht das größte Problem ist, aber das Problem ist, was ich eher sehe, dass die Absprachesituation für eine gewisse Neigung sorgt, den Sachverhalt anklagekonform zu schildern. Also der Angeklagte ist schuldig, aber nicht so schuldig. […]. Man soll ja ein qualifiziertes Geständnis geben und den Sachverhalt selbst ausführlich schildern, aber im Wesentlichen orientiert sich das fast immer an der Anklage.*"

Ähnlich äußert sich auch R1,[2030] der das Akzeptieren schlanker Geständnisse insbesondere dann sehe, wenn ein hoher Zeitdruck herrschen sollte (ähnlich auch R5[2031]).

Die Gefahr, dass Falschgeständnisse im Absprachеverfahren zu einer Fehlentscheidung führen könnten, steige nach Ansicht einiger Experten letztlich auch dadurch, dass es verführerische Anreize für das Gericht gebe (R2, R3). So formuliert R2, dass die Absprache besonders in komplexen Verfahren eine große Arbeitserleichterung bringe: „*Die Gefahr ist auf jeden Fall da, weil man Absprachen meistens in Verfahren trifft, die wirklich auch etwas komplexer sind, wo wir keine einfache Beweislage haben, wo es meistens auch um etwas mehr geht. Und wenn ich dann, sagen wir mal 85Betrugsfälle habe, dann kläre ich die bei der Absprache natürlich nicht auf […]. […]. Das ist aber das, was man bei der Absprache in Kauf nimmt und das, was auch der Angeklagte in Kauf nimmt. Der akzeptiert unter Umständen ein Mehr [unverständlich], aber dafür kriegt er auch ein Ergebnis, was er gerne hat. Ich finde, das ist auch ein bisschen so Fehlentscheidung sehenden Auges aller Beteiligten.*"

2029 Angabe von R10 bei Frage 8, Anhang A2.
2030 Angabe von R1 bei Frage 8b, Anhang A2.
2031 Angabe von R5 bei Frage 9, Anhang A2.

Das Falschgeständnisrisiko bestehe nach Ansicht einiger Experten vor allem dann, wenn die Geständnisse nicht sorgfältig überprüft werden sollten. Bis auf R4 weisen alle Richter auf das Erfordernis der Geständnisüberprüfung hin und geben an, dies in der eigenen Praxis auch zu tun. Die obergerichtliche Rechtsprechung sei diesbezüglich für R5 „eindeutig" und das Geständnis ersetze nicht die Beweiserhebung. R6 gibt an, bei der Geständnisüberprüfung sogar noch kritischer[2032] zu sein als im Normalverfahren: „*Wenn es ein Geständnis ist, was nicht abgesprochen ist, dann darf ich mich mit dem Geständnis begnügen, mache gar nichts mehr und schreibe einfach herein, dass die Feststellungen auf dem glaubhaften Geständnis des Angeklagten beruhen. Das kann reichen, wenn es eine halbwegs überschaubare Sachverhaltskonstellation ist und der Angeklagte das alles gestanden hat. Bei einer Absprache reicht das niemals. Ich bin immer gezwungen, zusätzliches Beweismaterial zu generieren, um das Geständnis nachzuprüfen.*"

Trotz der obergerichtlichen Anforderungen an die Geständnisüberprüfung sehen R8, R9 und R10 Defizite bei der Umsetzung, abstrakt sehen auch R1, R5[2033] und R7 die Gefahr einer unkritischen Hinnahme. Interessant ist in diesem Zusammenhang, dass zwei der hier kritischen Richter (R8 und R9) des Landgerichts diese Defizite lediglich beim Amtsgericht sehen. Beim Landgericht werde ein Geständnis „auf jeden Fall" (R9) geprüft bzw. „niemand" (R8) nehme es ungeprüft hin. Beim Amtsgericht sehe das nach R8 anders aus: „*Beim Amtsgericht gibt es Fälle, muss ich ihnen sagen, die in 30 Minuten erledigt werden durch eine Verständigung. Da findet eigentlich keine Beweisaufnahme mehr statt. […]. Solche Deals finden an deutschen Amtsgerichten statt und da wird auch das nicht noch einmal kritisch überprüft.*"

Ob und wie ein Geständnis überprüft wird, hänge nach R10 in der Praxis auch davon ab, ob es sich um eine Einzeltat oder um Serientaten handelt. Während eine Einzeltat (jedenfalls beim Landgericht) stets überprüft werde, sei dies bei Serientaten anders: „*Da [bei einem exemplarischen Warenbestellbetrug in 400 Fällen] geht es eher so, dass man Stichproben nimmt. Das heißt, man sucht sich 20 aussagekräftige Fälle heraus, überprüft die, auch hier meistens durch Verlesung der Zeugenaussagen […]. […]. Dann nimmt man noch die Kontobelege dazu und das war es dann. Aber das machen sie natürlich nicht für alle 400 Fälle, sondern sie prüfen das Geständnis stichprobenartig, 20 von 400. Haben sich alle als richtig herausgestellt, dann werden die anderen auch schon so stimmen. Da*

2032 So auch R2.

2033 Angabe von R5 bei Frage 9, Anhang A2.

ist der Bundesgerichtshof unproblematisch. Dann ist es wahrscheinlich so, dass das in anderen 20 von 400 nicht so ganz stimmt. Da können sie fast sicher von ausgehen, aber das wird nie einer aufklären.“

Trotz Geständnisprüfung geben einige Richter (R3,[2034] R5, R6, R8, R10) zu bedenken, dass die Beweisaufnahme „natürlich“ (R6) verkürzt sei. Dies veranschaulicht R8: „*Aber in der Praxis ist es natürlich schon so, dass man nicht mehr jeden Zeugen hört, sondern nur noch wesentliche Eckpunkte abklappert, wenn der Angeklagte das einräumt. Und dann kann es natürlich so sein, dass das Geständnis nicht mehr der Wahrheit entspricht. Das sehe ich weiterhin als eines der größten Probleme. Auch aus Sicht der Richterpsychologie, wenn jemand was einräumt, dann besteht die Neigung, das jetzt nicht mehr so kritisch zu überprüfen, als wenn jemand das jetzt abstreitet. Das ist das größte Risiko, dass man dem dann einfach glaubt und darauf eine Verurteilung stützt. Das würde ich als größte Fehlerquelle sehen.“*

R6 weist auf die Gefahr hin, dass sich durch die verkürzte Beweisaufnahme Fehler des Ermittlungsverfahrens verfestigen könnten: „*Es kann auch mal reichen, den Ermittlungsführer zu hören und dann kommt man natürlich zu den Problemen, dass das Ganze letztlich an der Anklagehypothese orientiert ist, die wiederum aus dem Schlussbericht der Polizei geschweißt wird.“*

Auf einen interessanten Punkt macht zudem R8 aufmerksam, welcher die Fehleranfälligkeit bei einer informellen gegenüber einer justizförmigen Absprache deutlichen erhöht sieht: „*Schon deshalb, weil ganz klar ist, dass es keinen Rechtsmittelverzicht gibt, der ist ja unzulässig. Damit bleibt ja die Revision möglich.“*

Dass es in der Praxis noch immer (zumindest) vereinzelt[2035] zu informellen Absprachen kommen könnte, bestätigen R4 und R10. Als einziger Experte räumt R4 indirekt ein, gelegentlich selbst informelle Absprachen zu treffen:[2036] „*Am Amtsgericht werden ehrlicherweise noch immer häufig Absprachen getroffen, ohne dass sie protokolliert werden, weil wir einfach die Zeit nicht haben. Wir haben teilweise 14 Verfahren an einem Sitzungstag. Wenn sie die alle protokollieren wollen, dann gehen sie Wasser saufen, wie man so schön sagt. Das schaffen sie*

2034 Angabe von R3 bei Frage 8, Anhang A2.

2035 R10 spricht davon, dass dies beim Amtsgericht „ununterbrochen“ vorkomme, Angabe von R10 bei Frage 26, Anhang A2.

2036 Ähnlich äußert sich R4 erneut bei Frage 26, Anhang A2, wo er das Dokumentationserfordernis teilweise als „Quatsch“ bezeichnet.

gar nicht. Gespräche die darüber geführt werden, sind nach meinem Dafürhalten auch oft gar nicht protokollierungsbedürftig.“

Welche Rolle spielt die Falschbezichtigung Dritter/die unkritische Beweiswürdigung bei der großen Kronzeugenregelung? (Frage 8b)

Bezüglich der Einschätzung, welche Rolle Falschbezichtigungen Dritter und die unkritische Beweiswürdigung bei der Kronzeugenregelung spielen, gehen die Angaben weit auseinander. Zunächst fällt auf, dass die Hälfte der Richter keinerlei persönliche Erfahrungen mit Kronzeugen hat (R1, R2, R4, R5, R7). Von den Amtsrichtern kann lediglich R3 erfahrungsgestützte Angaben machen, weil er im Bereich des Betäubungsmittelstrafrechts teilweise Kontakt mit § 31 BtMG habe.[2037] Die Mehrheit der Angaben machenden Richter sieht die Gefahr, dass der Kronzeuge zwecks Strafmilderung einen Dritten falsch belasten könnte (R1,[2038] R3,[2039] R6, R8, R10). R9 sieht die Gefahr „eher weniger“. Er vermute dahinter eher ein theoretisches Problem, was von Verteidigern suggeriert werde, aber in der Praxis keine Bedeutung habe. Hingegen gehe von der möglichen Strafmilderung laut R6 „selbstverständlich“ eine „Verlockung“ aus (ähnlich auch R3,[2040] R8 und R10). Dies werde laut R10 durch den Umstand potenziert, dass es sehr leicht sei, durch eine Falschbezichtigung in den Genus einer Strafmilderung zu kommen, ohne eine tatsächliche „Gegenleistung“ zu erbringen: *„[…] jeder vernünftige Strafrechtler ist absolut misstrauisch, wenn sie eine Kronzeugengeschichte haben, insbesondere für die Folgeprozesse. Das ist ja dann meistens so: Da wird einer abgeurteilt, der belastet die anderen, kriegt dann meinetwegen nur vier Jahre, obwohl er eigentlich sechs verdient hätte und dann steht man hinterher mit den Folgeprozessen da und jeder, der sich ein bisschen mit Betäubungsmittelverfahren befasst, weiß, im Nachhinein ist die Kronzeugenzusage im Grunde wertlos, weil in Folgeprozessen berufen sich die Kronzeugen alle auf ihr Schweigerecht. Das passiert mit der Begründung, dass sie gelogen haben, ansonsten würden sie sich selbst belasten. […]. Aber es ist natürlich richtig, dass dann das erste Urteil möglicherweise eine Fehlentscheidung ist.“*

2037 Auch nach Angabe von R10 sei die Kronzeugenaussage nur im Rahmen des Betäubungsmittelstrafrechts von Relevanz. Damit bestätigt sich zum Teil die Annahme, dass der großen Kronzeugenregelung gegenwärtig nur eine geringe praktische Bedeutung zukommt, vgl. bereits **Kap. 4. B. I.**

2038 R1 schätzt die Gefahr mangels eigener Erfahrung nur abstrakt als „hoch“ ein.

2039 Angabe von R3 bei Frage 12, Anhang A2.

2040 Ebenda.

R8 weist auf praktische Probleme bei der Beweiswürdigung hin.[2041] Ihm nach sei die Anforderung der Rechtsprechung, die Aussage des Kronzeugen „besonders kritisch“ zu würdigen, nicht ausreichend,[2042] sie könnte gar zum Missbrauch verleiten: *„Ja, bei der Kronzeugenregelung sehe ich sozusagen das Problem, dass die Voraussetzungen des Bundesgerichtshofs, dass man da besonders kritisch Zeugenaussagen würdigt, eine sehr geringe Substanz hat. Was bedeutet das? Eigentlich finde ich, dass man belastende Angaben immer besonders kritisch werten sollte. Natürlich besteht da die Gefahr, dass man nur textbausteinartig ins Urteil reinschreibt, dass man es besonders kritisch gewürdigt hat, aber eigentlich genau die gleiche Beweiswürdigung stattfindet.“*

Aus dem Falschbelastungspotential folgend, sei man (im Folgeprozess) bestrebt, die Kronzeugenaussage durch andere objektive Beweise zu verifizieren (R8), nach R3[2043] sei dies sogar zwingend: *„Was ich damit sagen will ist also, dass eine Kronzeugenaussage für sich alleine dazu führt, dass jemand verurteilt wird, kommt jedenfalls aus meiner Sicht eigentlich nicht vor. Ich kenne diese Verfahren und ich habe auch diese Verfahren. Die werden auch in der Regel gar nicht erst angeklagt oder enden auch oft im Freispruch, wenn man nichts Objektives hat.“*

Wenn man die Kronzeugenaussage stets mit anderen (objektiven) Beweismitteln absichere, dann sehe R3 das Risiko für Fehlentscheidungen *„nicht ganz so kritisch“*.

Das Strafbefehlsverfahren sieht sich oftmals der Kritik ausgesetzt, dass die Staatsanwaltschaft die Ermittlungsergebnisse unzureichend prüfen oder dass das Gericht den Antrag der Staatsanwaltschaft unkritisch absegnen würde. Wie beurteilen Sie die Sorgfalt bei der Prüfung im Strafbefehlsverfahren? (Frage 8c)

Der Maßstab bei der Prüfung im Strafbefehlsverfahren wird von fast allen Beteiligten (außer R5) als nicht sonderlich sorgfältig befunden. Einige Experten umschreiben den Überprüfungsmaßstab als „Schlüssigkeitsprüfung“, die nicht die volle gerichtliche Überzeugung, sondern nur einen hinreichenden

2041 So auch R10 bei Frage 12, Anhang A2. Die Durchführung eines Ermittlungsverfahrens gegen den Denunzierten sei so schnell regelmäßig gar nicht möglich und wenn man ihn zu einer Zeugenvernehmung vorladen sollte, berufe er sich „natürlich“ auf § 55 StPO.

2042 Anders R9 bei Frage 12, Anhang A2, wonach die Anforderungen einer besonders kritischen Beweiswürdigung für ihn „klar“ und „ausreichend“ seien.

2043 Angabe von R3 bei Frage 12, Anhang A2.

Tatverdacht erfordere (R1,[2044] R2), andere formulieren allgemeiner und sprechen von einer „natürlich […] geringe[n]“ Prüfung (R9) oder einer, die „nicht hoch“ sei (R4). Die interviewten Amtsrichter, welche allesamt mitteilen, in ihrer Praxis mit dem Strafbefehlsverfahren zu tun zu haben, geben in der Mehrheit jedoch an, dass sie persönlich versucht seien, den staatsanwaltschaftlichen Antrag „ganz genau“ (R1) bzw. „etwas kritischer“ (R2) zu prüfen oder ggf. Nachermittlungen anzuordnen und den Antrag zurück an die Staatsanwaltschaft zu schicken (R1, R5[2045]).

Für den generell niedrigeren Sorgfaltsmaßstab werden unterschiedliche Punkte angeführt. Nach R2 und R4 sei es nur eine „summarische Prüfung“. Die geringe Überprüfung liege laut R8 „*in der Natur der Sache*“ des Strafbefehlsverfahrens. R1 und R4 weisen darauf hin, dass man gar nicht die Zeit habe, eine detaillierte Prüfung vorzunehmen. Hierzu formuliert R1: „*Also ich hatte es Ihnen ja vorhin schon gesagt, Prüfung bis zum Erlass des Strafbefehls, 35 Minuten. So lange sitze ich in vielen [Haupt-]Verfahren schon, um allein die Personalien abzuprüfen.*“

Auch geben einige Experten (R4, R5) an bzw. berichten von persönlichen Einstellungen ihrer Kollegen (R1, R10), dass das Strafbefehlsverfahren lediglich eine vorläufige Entscheidung sei und dem Angeklagten kein endgültiges Unrecht geschehe, da ihm die Möglichkeit des Einspruchs verbleibe. Darin sieht R4 den gerechtfertigten Unterschied zum Urteil: „*Das [Anmerkung: der Strafbefehl] erhebt aber auch nicht den Anspruch, dass es die reine Wahrheit ist wie beim Urteil. Beim Urteil muss ich dem Angeklagten ins Gesicht sehen und ihm sagen, dass er mich angelogen hat und dass das Quatsch ist, möge mich der Blitz treffen, wenn es anders ist. Beim Strafbefehl kann ich das nicht sagen. Das muss ich auch nicht sagen können. Ich brauche nur hinreichenden Tatverdacht. Wenn es ihm nicht gefällt, wenn er meint, es ist etwas Anderes, dann muss er Einspruch einlegen.*“

Selbige Annahme sei nach R6, R8 und R10 auch die Ursache dafür, dass Strafbefehlsanträge teilweise gänzlich ohne Prüfung, „blind“ unterschrieben würden. Dazu nimmt R10 anschaulich Stellung: „*Es gibt tatsächlich ganz viele Kollegen, die Strafbefehle blind unterschreiben und einfach so ‚Der kann sich ja wehren, dann gucke ich mir das an‘. Das ist erst einmal ein Angebot, der Täter*

2044 R1 spricht hier nicht von sich, sondern gibt an, dass es bei einigen seiner Kollegen diese Auffassung gebe.

2045 R5 gibt an, dass er bemüht sei, im Strafbefehl sogar noch „sorgfältiger“ zu prüfen, da er ja sofort eine Sanktion verhänge, Angabe von R5 bei Frage 14, Anhang A2.

weiß ja, was passiert ist. Entweder sagt er ‚Das ist schon okay, auch wenn es das nicht so auf den Punkt trifft.‘ oder er sagt halt ‚Das ist nicht okay.‘, dann kann er sich halt wehren. Ihm passiert kein endgültiges Unrecht. Dafür ist das Strafbefehlsverfahren ja auch vorgesehen, also zur Verfahrensbeschleunigung.“

Wenn ein im Strafbefehl festgeschriebener Sachverhalt mal „nicht so ganz passt“,[2046] aber sich der Angeklagte bewusst dafür entscheiden sollte, keinen Einspruch einzulegen, dann möchte R5 darin auch keine Fehlentscheidung sehen: *„Ohne Beteiligung des Angeklagten wird das ja auch nicht rechtskräftig. Wenn der natürlich sagt ‚Das war jetzt nicht ganz so, aber das passt von der Strafe her.‘, dann weiß ich nicht so, ob ich das unbedingt als Fehlentscheidung oder Fehlerquelle titulieren würde.“*

Wie ausführlich der staatsanwaltschaftliche Antrag geprüft werde, sei aber auch teilweise „Mentalitätssache“ (R1) und könne von Richter zu Richter variieren (ähnlich auch R8 und R10). Dazu R1: *„Unter Kollegen gibt es unterschiedliche Herangehensweisen. Nach dem Motto ‚Das Strafbefehlsverfahren ist eine vorläufige Bewertung, es ist quasi ein hinreichender Tatverdacht, aber man muss nicht die volle Überzeugung des Gerichts haben, ich mache eine Schlüssigkeitsprüfung.‘ Sie können es auch so machen, dass sie sagen, […], ich muss besonders gründlich prüfen. Das heißt, ich muss die ganze Akte durchackern, ich muss genau gucken, ob das, was in der Akte ist, vollständig ist und das trägt, was im Strafbefehlsantrag der Staatsanwaltschaft drinsteht. Das ist Mentalitätssache, wie sie da als Richter rangehen. Es gibt welche, die sagen ‚Wenn das einigermaßen logisch klingt, dann unterschreibe ich das erst einmal. Wenn das der Person nicht passt, dann soll sie halt Einspruch einlegen‘.“*

Versäumnisse identifizieren R2, R3, R6 und R7 auch im Ermittlungsverfahren und bei der Überprüfung der Ermittlungsergebnisse durch die Staatsanwaltschaft bei Antragsstellung. Während R3 nur die abstrakte Gefahr beschreibt, jedoch nicht den Eindruck habe, dass die Staatsanwaltschaft bei schlechten Ermittlungen zum Strafbefehl greife, teilt R2 andere Erfahrungen: *„Nichtsdestotrotz kann ich doch sagen, dass manchmal Strafbefehlsanträge von der Staatsanwaltschaft kommen, wo man denkt, eine Anklage hätten sie wahrscheinlich nicht erhoben.“*

2046 Diese Formulierung ähnelt einer von R8. Er ist der Ansicht, dass es im Strafbefehlsverfahren äußerst selten vorkomme, dass ein „komplett Unschuldiger“ einen Strafbefehl bekommt: *„Aber oft stimmt sehr viel nicht vom Sachverhalt. Der hat sich dann doch ganz anders abgespielt und das bemerkt man dann, wenn man verhandelt, dass die Strafbefehle in der Regel zwar irgendwie stimmen, aber nicht so wie sie da zunächst festgeschrieben sind.“*

R7 berichtet aus der eigenen Erfahrung, dass in den staatsanwaltlichen Anträgen auf Erlass eines Strafbefehls teilweise Tatbestandsmerkmale unzureichend nachgewiesen seien. Besonders kritisch äußert sich R6,[2047] welcher große Versäumnisse bei der Ermittlungsarbeit und eine unkritische Übernahme der Ermittlungsergebnisse rügt: *„Nicht nur, dass da nicht sorgfältig überprüft wird, auch die Ermittlungen sind oft schlecht. Das sind ja häufig auch ganz kleine Delikte, die sich da ereignen und die sind typischerweise bei der Amtsanwaltschaft [Anmerkung: in Berlin] angesiedelt. Die Amtsanwaltschaft ist ohnehin eine Organisation, die ich extrem auf dem Kieker habe. Die machen erst einmal gar nichts, machen naheliegendste Ermittlungsarbeiten nicht. Da macht man erst einmal ein halbes Jahr nichts, befragt keinen einzigen Zeugen […]. Die Amtsrichter erlassen diese Beschlüsse dann auch sofort […]. […]. Das ist nicht immer so, aber häufig findet das [Anmerkung: eine sorgfältige Ermittlungsführung] nicht statt. Gerade diese Massenverfahren will man ja mit dem Strafbefehl erledigen, weil die es irgendwie nicht wert sind, weil es eben Bagatellen sind, für die man sich kein Bein ausreißen will, wo man meint, dass man dafür jetzt auch keine Hauptverhandlung machen muss. Das sind aber auch typischerweise die Verfahren, die schon im Ermittlungsverfahren nicht so ganz liebevoll behandelt wurden. Quasi die Fehler, die die Ermittlungsbehörden gemacht haben oder die Unklarheiten, die werden dann eins zu eins ins Urteil transportiert.“*

Welche Unterschiede sehen Sie, bezogen auf den Personalbeweis, in einem Verfahren, welches massenmedial begleitet wird im Unterschied zu einem Verfahren ohne Medienberichterstattung? (Frage 8d)

Nach Ansicht fast aller Experten (außer R10) könne sich eine massenmediale Verfahrensbegleitung negativ auf die Qualität des Personalbeweises auswirken.[2048] R2 und R7 können die Frage (sowie auch die Fragen 16–21) nur abstrakt beantworten, da sie bisher nur wenig Erfahrung mit einer größeren Medienbegleitung gemacht hätten. R1, R6 und R8 sehen die Gefahr, dass sich Zeugen[2049] aufgrund der Medienanwesenheit in der Hauptverhandlung womöglich anders als sonst verhalten könnten. Eine solche Veränderung im Aussageverhalten könnte nach R1 sowohl in einem „Mehr“ als auch in einem „Weniger“

2047 R6 sieht das Strafbefehlsverfahren im Allgemeinen als „verheerend“ an. Es verlaufe *„in weiten Teilen nicht rechtsstaatlich“*, weil es *„[…] nur darauf ab[zielt], Leute, die überfordert sind, über den Tisch zu ziehen.“*

2048 R3, R5, R6, R7, R8 beziehen sich hier lediglich auf den Zeugenbeweis.

2049 R1 spricht hier etwas weiter von „Verfahrensbeteiligten“.

bestehen: „*Entweder gibt es welche, die sich entweder scheuen, dass irgendetwas von dem, was sie sagen oder wie sie aussehen oder wie sie auftreten, irgendwie kommentiert werden könnte und dann gibt es die Anderen, die sich produzieren, weil sie gerade das ganz toll finden. Für mich ist Medienberichterstattung im Rahmen eines laufenden Strafprozesses meines Erachtens komplett kontraproduktiv für eine Sachaufklärung der Vorwürfe.*“

Über die Medienanwesenheit in der Hauptverhandlung hinaus könnte eine mediale Prozessbegleitung nach R2, R3[2050] und R8 auch bei einer Vorfeldberichterstattung Auswirkungen auf das Aussageverhalten des Zeugen haben, indem er einer Suggestion unterliegen oder seine Aussage an öffentliche Erwartungen anpassen könnte. Diese Befürchtung beschreibt R8 anhand eines Beispiels: „*Oder es ist auch denkbar, dass ein gewisser öffentlicher Druck erzeugt wird, der dazu führt, dass Zeugen bestimmte Tendenzen aufnehmen, die sich aus den Medien ergeben. Beispielsweise bei so einem Raser-Fall kann es natürlich sein, wenn monatelang darüber berichtet wird, wie schlimm diese Raser sind und dass die alle mit Mordlust handeln, dann kann es natürlich sein, dass Zeugen entsprechend ihre Angaben einfärben in so eine Art Meinungsbild, was sozusagen der Mehrheitsmeinung entspricht.*“

R3 sieht insbesondere die Gefahr suggestiver Einflüsse auf Zeugen: „*Auch da ist vor allem das Problem bei einer mehrtägigen Verhandlung, dass es da schwierig ist, wenn ein Zeuge lesen kann, was vielleicht ein anderer Zeuge am Tag zuvor gesagt hat. Das ist ein Problem, da das ja gerade nicht passieren soll.*“

Die Hälfte der Experten und die große Mehrheit der Richter des LG weisen jedoch ausdrücklich darauf hin, dass die Gefahr der Beeinflussung von Zeugen v.a. bei längeren oder Prominentenverfahren (mit Vorberichterstattung) bestehe (R2, R6, R7, R8, R9).

2. Spezifische Fehleranfälligkeiten der vermuteten modernen Fehlerquellen

a. Weitere spezifische Fehleranfälligkeiten der Absprache (Fragen 9[2051] bis 11)

Welche Rolle spielen Subsumtionsfehler bei der Absprache? (Frage 10)

Bei der Beurteilung dieser Frage fallen die Antworten der Experten sehr unterschiedlich aus und zwar unabhängig von der Gerichtszugehörigkeit. Während

2050 Angabe von R3 bei Frage 16, Anhang A2.

2051 Bei Frage 9 kam es zumeist zu Wiederholungen, welche bereits bei Frage 8a dargestellt wurden oder dazu, dass vorgegriffen wurde (Fragen 10 und 11). Daher

ein Subsumtionsfehler im Absprachverfahren nach R8 und R9 durchaus einmal vorkomme bzw. dies nach R1, R2 und R5 möglich sei, spiele dieser nach R4 und R7 eher keine Rolle. R3 und R6 halten Subsumtionsfehler im Falle einer Absprache zwar für möglich, sehen darin allerdings kein Spezifikum der Absprache. R2, R5, R8 und R9 sehen Subsumtionsfehler vor allem deswegen als spezifisch dem Absprachverfahren anhaftend, weil sich die Verständigung fast zwangsläufig an der Anklageschrift orientieren müsse. Dies erklärt R5 anschaulich: „*Beim Deal oder bei der Verständigung ist ja immer die Frage, was ist die Grundlage des Deals, da muss ich mich ja drauf beziehen. Grundlage ist grundsätzlich mal die Anklage. Manchmal ist das aber auch so, dass ich das Ganze anverhandelt habe, hab schon ein paar Zeugen gehört und merke dann, das Ganze stellt sich vielleicht anders dar. Vielleicht ist es gar kein räuberischer Diebstahl, vielleicht ist es nur ein Diebstahl in Tateinheit mit einer Nötigung und mit vorsätzlicher Körperverletzung, wenn ich die Beutesicherungsabsicht nicht habe. Dann kann ich als Gericht sagen, wenn ich zum Beispiel schon drei Zeugen gehört habe, ich gebe den rechtlichen Hinweis, dass hier auch eine Strafbarkeit nach so und so in Betracht kommen könnte. Dann kann der Verteidiger sagen – das hatte ich auch schon – dass er gerne Gespräche über eine Verständigung führen würde. Und dann muss man halt sagen, was liegt der Verständigung dann zugrunde, die Anklage oder Anklagevorwürfe in Form des durch die Kammer erteilten rechtlichen Hinweises?*“

Oftmals würden nach R2[2052] von der Anklageschrift abweichende Erkenntnisse gar nicht gefunden werden: „*Absprachen passieren ja meistens relativ am Anfang, dann fehlt halt manchmal die abschließende Sachverhaltsaufklärung. Und das ist dann halt die Fehlerquelle.*“

Vereinzelt wird von den Experten im Zusammenhang mit Subsumtionsfehlern auch die Problematik thematisiert, wenn ein Schuldspruch Gegenstand der Absprache wird (mit unterschiedlichen Umschreibungen R2, R6, R8). Solche Fälle sollten laut R6 in der Praxis nicht mehr vorkommen: „*Solche drastischen Fälle, wie dass man Qualifikationen unter den Tisch fallen lässt und halt den Schuldspruch zum Gegenstand der Absprache macht, das sind solche Probleme, die man sich durch den Erwartungshorizont macht. Ich kann keinen Deal über den Sachverhalt machen. Der klassische Deal ist, dass ich das zur Disposition stelle, was in der Anklage steht und wenn da die Qualifikation drin steht oder*

wird Frage 9 hier nicht gesondert dargestellt. Die entsprechenden Antworten werden bei den thematisch passenden Fragen thematisiert.

2052 Angabe von R2 bei Frage 9, Anhang A2.

die gefährliche Körperverletzung statt der einfachen, dann ist das eigentlich auch das, was ich anbieten muss. Dann kann ich nicht sagen, dass die Anklage zwar gefährliche Körperverletzung sagt, aber zwinker, zwinker, ‚Gestehe mal eine einfache Körperverletzung, das reicht mir aus'.“

Andeutungen, dass dies in der Praxis aber doch einmal passieren könnte, machen R2 und R8. Dazu R8: *„Auch das kann definitiv Fehler produzieren. Also, dass Rechtsfragen, gerade bei sehr großen Wirtschaftsstrafverfahren, nicht mehr so exakt überprüft werden, weil das Ergebnis sozusagen allen Beteiligten wichtiger ist als die exakte juristische Subsumtion.“*[2053]

Welche Rolle spielen Strafzumessungsfehler bei der Absprache? (Frage 11)

Nach möglichen Fehlern bei der Strafzumessung gefragt, gibt die überwiegende Mehrheit an, dass die Strafen eher „milde“ (R2, R10) bzw. „gering“ (R9) oder sogar „zu niedrig“ (R1,[2054] R3, R7) bzw. „zu attraktiv“ (R8[2055]) seien. R4, R5, R6 und R10 empfinden die Strafen zwar als gering, sehen darin allerdings keinen Strafzumessungsfehler. R6 weist darauf hin, dass man insbesondere bei einer unklaren Beweislage oftmals auf ein Geständnis angewiesen sei und dass man deswegen als Richter unter Umständen versucht sei, mit einer niedrigen Straferwartung einen Anreiz für ein Geständnis zu schaffen. Das Gesetz und die Rechtsprechung gebe dem Richter allerdings große Spielräume, weshalb ein (großer) Strafrabatt nicht rechtsfehlerhaft sei:[2056] *„Ich habe natürlich erst einmal einen Strafrahmen, den mir das Gesetz vorgibt und dann habe ich innerhalb des Strafrahmens Zumessungsgesichtspunkte. Die muss ich aufschreiben, in einer bestimmten Weise gewichten, und es gibt auch schon so Regeln, was ich in welchen Konstellationen darf. Das sind keine Tarife, aber es gibt schon auch Dinge, die ein bisschen in die Nähe kommen von den Vorgaben der Rechtsprechung. Und wenn ich mich daran orientiere, das alles berücksichtige, dann ist die Strafe erst einmal nicht falsch, nicht rechtsfehlerhaft.“*

2053 Ein weiteres Beispiel liefert R2: *„Sagen wir mal, wir haben einen gewerbsmäßigen Betrug und dann wird das auch eingeräumt, obwohl vorher von der Verteidigung mal gesagt wurde, das war nicht gewerbsmäßig. Und dann prüfen wir es nicht mehr. Das sind unter Umständen dann Sachen, wo ein Delikt vielleicht eingeräumt wird, was vielleicht auch schwierig sein könnte, wenn man es jetzt aufklären müsste und dann subsumiert man natürlich unter falsche Normen, wenn man von einem anderen Strafrahmen ausgeht.“*

2054 Angabe von R1 bei Frage 9, Anhang A2.

2055 Angabe von R8 bei Frage 9, Anhang A2.

2056 Ähnlich äußern sich auch R5 und R10.

R4 vertritt eine gänzlich andere Ansicht und findet, dass Geständnisse im Gegenteil sogar oftmals noch zu wenig honoriert würden. Das Geständnis *„[...] soll ja auch kein Preis dafür sein, dass man dem Gericht mehr Freizeit verschafft"*, sondern sei zudem Ausdruck der Einsicht, Reue und Besserung und müsse deshalb zwangsläufig besonders honoriert werden.

Hingegen sieht R1[2057] die seiner Ansicht nach zu niedrigen Strafen als fehlerhaft an. Niedrige Strafen führt er insbesondere darauf zurück, dass die Beweisaufnahme verkürzt sei und das Opfer oftmals nicht zu Wort komme: *„Ich stelle immer wieder fest, es macht schon einen Unterschied, insbesondere bei Körperverletzungsdelikten, ob die Verletzten erst einmal zu Wort kommen [...]. [...]. Wenn man bei einer Verständigung diesen ganzen Komplex noch nicht gehabt hat, dann ist es manchmal, glaube ich, nach Aktenlage schon schwierig, insbesondere die Folgen von Körperverletzungsdelikten für Geschädigte voll zu erfassen. Und von einer Verständigung, die einem ursprünglich vernünftig erschien, runterzugehen und sich dann den Aufwand zu machen, schön, dass man ein Geständnis hat, aber man hat jetzt nach drei Zeugenaussagen festgestellt, dass wir den angebotenen Strafrahmen für viel zu wenig halten, das ist eine riesige Hürde. Da würde ich so ein bisschen den Fehler sehen."*

Ein weiteres Problem erblicken R2, R7 und R8 bei der Strafzumessung in komplizierten Wirtschaftsstrafverfahren, wo die Absprache ein häufig gewählter Weg zur Erledigung sei. Aufgrund oftmals unklarer Beweislagen werde der regelmäßig hohe wirtschaftliche Schaden „nicht angemessen berücksichtigt" (R7)[2058] bei der Strafzumessung, wodurch eine Diskrepanz in der Strafhöhe, im Verhältnis zu unkomplizierteren „Kleinigkeiten" (R2), entstehe. R8 sieht in dem Inaussichtstellen von „ultimativen Strafmilderungen" gleichzeitig die Sachaufklärung gefährdet:[2059] *„Das ist auch meines Erachtens eine große Gefahr. Wenn das Geständnis zu einer ultimativen Strafmilderung führt, in dem Moment wird automatisch die Sachaufklärung abgewertet und dann ersetzt das Geständnis sozusagen die Arbeit der Gerichte, nämlich den Sachverhalt aufzuklären. Deswegen ist es auch umgekehrt ein großes Risiko, dass es zu einer zu geringen Sanktionierung führt und Verständigungen zu lukrativ werden, weil dann auch die Gefahr besteht, dass falsche Geständnisse zu lukrativ werden. Natürlich wird*

2057 Angabe von R1 bei Frage 9, Anhang A2.

2058 Ähnlich auch R8, der von ihm beobachtete Fälle, in denen der Angeklagte bei einem festgestellten „Millionenschaden" noch eine Bewährungsstrafe bekommen habe, für „contra legem" halte, Angabe von R8 bei Frage 9, Anhang A2.

2059 Angabe von R8 bei Frage 9, Anhang A2.

es in 90–95 % schuldige Täter treffen, die sehr gut wegkommen, aber natürlich baut das gerade auf die Unschuldigen einen riesigen Druck auf, jetzt auch ein Geständnis abzulegen. Das gilt gerade auch bei Bandendelikten".

Weitere und vereinzelte Gründe für Strafzumessungsfehler bei der Absprache benennen R7 und R6. Nach R7 komme es nur zu einer oberflächlichen Abklärung der besonderen persönlichen und wirtschaftlichen Verhältnisse des Angeklagten. In der Folge komme es zu einer pauschalen Bestimmung der Tagessatzhöhe.[2060] Daneben beschreibt R7 eine weitere und sehr spezielle Konstellation: „*Ja und das ist der Fall, wenn der Angeklagte in der ersten Instanz ein Geständnis ablegt. Dann ist das Geständnis ja ein ganz massiver Punkt in den Strafzumessungserwägungen. Wenn der Angeklagte dann Berufung einlegt und in der Berufung nunmehr nicht mehr gesteht, dann ist die Berufungsinstanz aufgrund der strafprozessualen Vorschriften daran gebunden, dass sie keine strengere Strafe verhängen darf als die erstinstanzliche. Wenn sich in der Berufungsinstanz also herausstellt, dass alle anderen Sachen gleichgeblieben sind, der gleiche Sachverhalt hat sich herausgestellt, alle anderen Strafzumessungserwägungen stellen sich so dar wie in der ersten Instanz, dann kommt meines Erachtens eine Fehlentscheidung bei raus."*

R6, welcher nicht der Ansicht ist, dass die Strafen zu niedrig seien, bezeichnet die Strafzumessung dennoch als das „allergrößte Problem" der Absprache. Ihm nach funktioniere sie bei Beteiligung von Schöffen nicht und könne das auch gar nicht: „*Es ist ja verboten, dass die Schöffen das wesentliche Ermittlungsergebnis kennen. Die Schöffen sollen nur den konkreten Anklagesatz kennen, der in der Berliner Variante besonders rudimentär ist […]. […]. Alles das, was ich für die Strafzumessung brauche, steht da nicht [im Detail] drin, das fängt schon an mit den Vorstrafen, dann aber auch besondere Schäden, Folgen für den Geschädigten. Auch so etwas wie Geständnisse oder ob der schon früh im Ermittlungsverfahren mitgewirkt hat, ob er freiwillig die Durchsuchung gestattet hat, alles so etwas. Praktisch alles, was ich als Strafzumessungsfaktoren habe, was ich in der Hauptverhandlung aufklären muss, kommt da nicht vor, das kennen die Schöffen nicht. Wie sollen jetzt die Schöffen auf Basis dessen, was sie in der Hauptverhandlung gehört haben, eine Strafe festlegen? Das können die gar nicht machen. Das heißt, ich müsste denen in der Beratung im Grunde genommen den Akteninhalt ein bisschen skizzieren. Damit mache ich aber genau das, was eigentlich verboten ist, was im Übrigen auch ein Revisionsgrund ist."* Mit anderen Worten zwinge einen das Gesetz entweder in die Illegalität oder dazu, einzelne Strafzumessungserwägungen unberücksichtigt zu lassen.

2060 Angabe von R7 bei Frage 8a, Anhang A2.

b. *Weitere spezifische Fehleranfälligkeiten der (großen) Kronzeugenregelung (Fragen 12[2061] und 13)*

Inwieweit kommen Ihres Erachtens Strafzumessungsfehler bei Anwendung der großen Kronzeugenregelung in Betracht? (Frage 13)

Mangels eigener Erfahrung, insbesondere bei den Amtsrichtern, machen hier erneut nur fünf Experten verwertbare Angaben (R3, R6, R8, R9, R10). Ähnlich wie bei der Absprache komme es auch infolge der Anwendung der Kronzeugenregelung häufig zu sehr niedrigen Strafen (R3, R6, R8, R9). Nach R3 und R8 seien die Strafen teilweise „zu niedrig". Dazu R8: „*Auch da sieht man krass geringe Sanktionen in Fällen, in denen früher ein Kronzeuge ausgesagt hat. Teilweise werden da Rabatte gegeben, die starke Strafzumessungsbedenken erzeugen können, würde ich mal behaupten.*"

Wie auch schon bei der Absprache sei nach R6 und R9 in einem (auch massiven) Strafnachlass jedoch kein Strafzumessungsfehler zu sehen, solange man die gesetzlichen Grenzen einhalte. R9 weist zudem darauf hin, dass der Strafnachlass in der Praxis oft gar nicht so hoch sei, da der Kronzeugenaussage (insbesondere) bei mehreren Beteiligten keine solch zentrale Rolle zukomme: „*Wir haben ja auch Kronzeugenverfahren, wo auf einmal alle Kronzeugen sind. Die Konstellation ist sogar recht häufig in der Praxis, dieses Belastungskarussel. Da ist dann der Wert einer Aussage, der einzelnen Aussage, dann auch nicht so immanent. Dieser Fall, dass da nur dieser eine Kronzeuge ist und der gegen alle Bestreitenden aussagt und da sozusagen die Bombe legt, das ist fast der seltene Fall. Insofern ist der Strafnachlass auch nicht so groß in der Praxis. Aber klar, er macht sich schon bemerkbar, aber es führt nicht zu unvertretbaren Strafen.*"

R6 sieht in der Strafzumessung nicht das zentrale Problem der Kronzeugenregelung, das Problem liege eher auf tatsächlicher Ebene: „*Dann muss man natürlich auch genau gucken, wie wertvoll das war und für den Fall ist es natürlich falsch, dass er gelogen hat, das ist ja hier das klassische Thema, dass er falsch belastet, um bei mir Vorteile zu kriegen. Dann ist es natürlich falsch, wenn ich ihm ein halbes Jahr Nachlass gebe dafür, dass er jemanden zu Unrecht in die Pfanne*

2061 Mangels Erfahrung im Umgang mit Kronzeugen haben hier (wie auch bei Frage 13) lediglich fünf Experten Angaben gemacht. Bei den verbliebenen Richtern kam es hier inhaltlich dazu, dass bereits getätigte Aussagen wiederholt oder vertieft wurden. Die Darstellung der Angaben erfolgt daher hier nicht gesondert, sondern an der thematisch passenden Stelle (siehe oben bereits Frage 8b).

gehauen hat. Da ist die Strafzumessung falsch, aber das ist dann weniger ein Strafzumessungsfehler, sondern einfach ein Fehler der Sachverhaltsfeststellung."

Anders beurteilen das R3 und R10,[2062] welche in der Konstellation, in der der Kronzeuge belastende Angaben macht, in seinem Verfahren einen Strafnachlass bekommt und sich im anschließenden Prozess des Denunzierten auf § 55 StPO beruft, (auch) einen Fehler der Strafzumessung (im Verfahren des Kronzeugen) sehen würden. Dies führt R3 näher aus: „*Um es auf den Punkt zu bringen, sie können sich den § 31 BtMG relativ schnell verdienen, den § 46b StGB auch, wenn sie ein bisschen was erzählen, aber sie kommen dadurch als Staat nicht zwingend auch zu einer Verurteilung desjenigen, der da bezichtigt wird. Die Gefahr ist tatsächlich relativ groß, dass der Kronzeuge selber eine deutlich mildere Strafe bekommt, ohne dass man dafür tatsächlich einen validen Gegenwert hat. Ich meine, das ist eine Milderungsmöglichkeit über 49 StGB, das kann schon allein bei der Mindeststrafe einen riesigen Unterschied machen, ob sie den haben oder nicht.*"

c. Weitere spezifische Fehleranfälligkeiten des Strafbefehlsverfahrens (Fragen 14 und 15)

Welche spezifischen Fehler kommen Ihrer Ansicht nach typischerweise im Strafbefehlsverfahren vor? (Frage 14)

Die Antworten der Experten auf die Frage nach typischen Fehlern im Strafbefehlsverfahren fallen sehr breitgefächert aus. Schwerpunktmäßig sind die angegebenen Fehler auf Ebene der Sachverhaltsfeststellung angesiedelt. Am häufigsten wird die Gefahr benannt, dass eine ggf. vorliegende Schuldunfähigkeit oder eine verminderte Schuldfähigkeit nicht erkannt werden könnte (R1, R2, R3, R9, R10). Die Ursachen dafür werden von den Experten unterschiedlich beschrieben. Oftmals wisse man es einfach nicht, weil man keinen persönlichen Kontakt zum Angeklagten habe und sich eine eventuelle Schuldunfähigkeit nicht aus der Akte ergebe (R1, ähnlich auch R3). Teilweise sei nach R1 aber auch die Sorgfalt des Richters gefragt, ggf. nachzuforschen, wenn die Akte irgendwelche Anhaltspunkte enthalten sollte, was wiederum eine sorgfältige (polizeiliche) Dokumentation voraussetze: „*Ansonsten ist auch das eine Frage, wie gründlich sie ihre Akte lesen, weil wenn eine Anzeige wegen Sachbeschädigung wegen Abschlagen von Autospiegeln damit endet, dass die Polizei reinschreibt, er hat wirre Angaben gemacht und wirkte ziemlich neben sich und er wurde dann*

2062 Angabe von R10 bei Frage 8b, Anhang A2.

in der Psychiatrie vorgestellt und er wurde stationär aufgenommen, dann können sie das Überlesen und einfach den Strafbefehl wegen der Sachbeschädigung erlassen oder sie sagen, ich frage erst einmal, ob es Betreuungsvorgänge, Unterbringungsvorgänge gibt. Vielleicht finde ich da ja was und sie werden häufiger mal fündig. Sie müssen nur graben."

In diesem Zusammenhang äußert sich auch R2, welcher rügt, dass manchmal die Bereitschaft fehle, um bei solchen Bagatelldelikten nachzuforschen:[2063] *„Ich kenne das aber bei Kollegen, dass man das nicht macht, wenn es vielleicht nur ein klitzekleines Delikt ist und man an die große Frage der Schuldfähigkeit nicht herantreten will, weil es ja unter Umständen auch Konsequenzen haben könnte, nämlich eine Maßregel.*"

Wenn schon von der Polizei keine Anhaltspunkte für eine Schuldunfähigkeit gesehen und dokumentiert werden sollten, dann werde man dies auch im weiteren Verlauf des Strafbefehlsverfahrens nicht mehr aufklären (R3).

Als weitere Ursache für Fehler des Strafbefehlsverfahrens wird angegeben, dass die summarische Prüfung des Strafbefehlsverfahrens oftmals die Version des Angeklagten unberücksichtigt lasse (R3 und R10). Auch der persönliche Eindruck von Zeugen fehle, weshalb man sich in gewisser Weise darauf verlasse, „dass das irgendwie so stimmt" (R3). Dazu trägt auch bei, dass der Angeklagte in einer Vielzahl der Fälle keinen Einspruch einlege (R1, R6,[2064] R7 und R10).[2065]

In schlechten Ermittlungen sehen R6[2066] und R10 typische Fehler des Strafbefehlsverfahrens. Dazu R10: *„Die Strafbefehlsakten sind sehr dünn und häufig schlecht ausermittelt, weil es eben auch um Massendelikte geht, Ladendiebstahl oder Ähnliches, also jedenfalls Aspekte, wo man eben auch nicht mehr so genau hinschaut. Da fehlen häufig Zeugenaussagen und und.*"

In diesem Zusammenhang werden von R1 „Übertragungsfehler" gerügt: *„Angefangen damit, dass die Staatsanwaltschaft das Tatdatum mit dem Datum der Anzeigenerstattung verwechselt hat und sie haben dann einen*

2063 Ähnlich äußert sich auch R5, obwohl die Schuldfähigkeit für ihn auch im Strafbefehlsverfahren „gut" zu erkennen sei und dies daher kein Problem darstelle. Dennoch nehme man im Strafbefehlsverfahren „oftmals" keine Begutachtung der Schuldfähigkeit vor, um Zeit und Geld zu sparen und stelle stattdessen nach § 153 StPO ein.

2064 Angabe von R6 bei Frage 8c, Anhang A2.

2065 Ausführlich zu den Gründen für unterlassene bzw. verspätete Einsprüche sogleich bei Frage 15.

2066 Dazu schon ausführliche Angaben von R6 bei Frage 8c, Anhang A2.

Ladendiebstahl vom 01.12.2020 drinstehen, obwohl der Geschädigte den Diebstahl erst an dem Tag angezeigt hat, der aber zwei Wochen vorher war. Das sind solche Übertragungsfehler, das Risiko ist relativ groß."

Vereinzelt führen die Experten auch Fehler auf Ebene der Rechtsanwendung an.

R2 und R8 rügen Probleme im Umgang mit Konkurrenzen, welche sich auf die Strafzumessung auswirken könnten. Dies beschreibt R8 anhand eines Beispiels: „*Auch da sind es nicht nur Fehler in tatsächlicher Hinsicht, sondern auch mal so etwas, dass mal ein tatmehrheitlicher Betrug angenommen wird, der eigentlich nur Tateinheit ist, also dass das einfach nicht nochmal so sorgfältig überprüft wird. Sie müssen sich überlegen, wenn sie als Amtsrichter da jeden Tag vier oder fünf Strafbefehle haben und die überprüfen müssen und haben das Gefühl, dass das Ergebnis stimmt, zwei mal Sozialhilfebetrug und im Ergebnis ein Schaden von 1.500 €, dann sind das beispielsweise 90 Tagessätze, dann ist das vielen nicht so wichtig, ob das jetzt ein Fall ist oder zwei Fälle, sondern viele dann eher auf das Ergebnis gucken und denken, 90 Tagessätze ist ja noch im Rahmen und er ist nicht vorbestraft. Dass dadurch Rechtsfehler produziert werden, weil es formal keine zwei Taten sind, sondern nur eine, das halte ich schon für sehr wahrscheinlich.*"

Fehler bei der Strafzumessung sieht auch R7, da die Tagessatzhöhe aufgrund unzulänglicher Abklärung der besonderen persönlichen und wirtschaftlichen Verhältnisse sehr pauschal festgestellt werde: „*Da wird halt meisten so eine Zahl gegriffen, schlicht und einfach auch aufgrund der Tatsache, dass man keine weiteren Anhaltspunkte hat. In der Hauptverhandlung würde man da wenigstens die Frage stellen, wie viel gerade verdient wird oder was der Beruf ist. Das sind Fragen, die während des staatsanwaltschaftlichen Ermittlungsverfahrens oder bei einer Beschuldigtenvernehmung selten gestellt werden, sodass man eigentlich eine sehr rudimentäre Vorstellung hat.*"

Als einen „Klassiker", der „häufiger mal" passiere, bezeichnet R5 den Erlass (bzw. den Antrag auf Erlass) einer Freiheitsstrafe im Strafbefehlswege gegen Heranwachsende:[2067] „*Ich kann gegen Heranwachsende einen Strafbefehl erlassen mit einer Geldstrafe, aber nicht mit einer Freiheitsstrafe. Das ist ausgeschlossen und ist zum Beispiel so ein Klassiker. Das ist über eine zweifache Verweisung im JGG [Anmerkung: § 109 Abs. 3 JGG]. Da findet man dann irgendwo den Hinweis, dass § 408 Abs. 2, S. 2, 2. Hs. StPO nicht anwendbar ist. Das muss man einfach wissen*

2067 So auch R2 bei Frage 22, Anhang A2.

und das ist dem Staatsanwalt durchgerutscht. Ich habe das gesehen und das ist so ein klassischer Fehler, der häufiger mal passiert.“

Aus welchen Gründen kommt es nach Ihrer Erfahrung dazu, dass ein Angeklagter keinen Einspruch gegen einen Strafbefehl einlegt? (Frage 15)

Zunächst einmal scheinen sich die Experten in der Mehrheit darin einig zu sein, dass die verfristete Einspruchseinlegung selten problematisch sei, sondern eher überhaupt kein Einspruch[2068] eingelegt werde.[2069] Hierzu R3: „*Also, dass Einsprüche zu spät erfolgen, ist zum Beispiel eine Beobachtung, die ich nicht mache. Die Leute, die Einspruch einlegen, die legen den in der Regel, und ich würde zu 99 % sagen, fristgerecht ein. Das ist ein Problem, das ich tatsächlich eher nicht kenne. Dass Leute einen verfristeten Einspruch einlegen, das ist ganz, ganz selten.*“

Die Gründe dafür, dass ein Angeklagter keinen Einspruch einlegt, sind nach Ansicht der Experten vielschichtig. Am Häufigsten wird angegeben, dass die Betroffenen oftmals aufgrund problematischer und persönlicher Lebensumstände dazu gar nicht in der Lage seien (R1, R3, R6, R7,[2070] R8, R10). Dies drückt R6 anschaulich aus: „*Häufig ist es Überforderung, entweder intellektuell schon nicht in der Lage oder aber in der konkreten Situation mit der Situation überfordert. Das sind ja häufig Kandidaten, denen zum Beispiel gerade die Wohnung gekündigt wird oder die auch andere finanzielle Probleme haben, die gerade ihre Arbeit verloren haben oder Hartz IV-Empfänger, die den ganzen Tag auf dem Amt rumhängen. Die haben ganz viele Baustellen in ihrem Leben und dann kommt eben dieser Strafbefehl noch dazu, wenn sie die Post denn überhaupt mal aufmachen.*“

Als Beispiele für solch problematische Lebensverhältnisse werden das Nichtöffnen von Briefen bzw. Briefkästen (R1, R3, R6, R10), Schulden (R6, R7), psychische Krankheiten (R6, R8) oder Drogen (R7, R8) genannt. Eine Formulierung,

---

2068 R4 gibt an, dass dies sogar gewollt sei: „*Das Strafbefehlsverfahren geht ja auch davon aus, dass er sich mit einer gewissen Wahrscheinlichkeit nicht dagegen zur Wehr setzt. Sonst hätte es ja gar keinen Sinn das zu machen. Da kann man ja gleich eine Anklage machen. Das ist verfahrensökonomisch.*“ Drastischer noch und wie bereits dargestellt, drückt sich R6 bei Frage 8c, Anhang A2 aus: „*Alles andere zielt im Grunde nur darauf ab, Leute, die überfordert sind, über den Tisch zu ziehen.*“

2069 Außer R6 spricht kein Experte explizit von Gründen für verfristete Einsprüche.

2070 Angabe (wie auch die folgenden Angaben zu dieser Thematik) von R7 bei Frage 14, Anlage A2.

die hier von einigen Experten genutzt wird, ist die der „Kopf-in-den-Sand"-Mentalität (R7, R10). R7 fasst die Thematik eindrücklich zusammen: *„Es ist aus seiner Sicht quasi schon so viel schief gelaufen, dann kommt es darauf auch nicht mehr an."*

Daneben komme es vereinzelt dazu, dass die Betroffenen die Strafe schlicht akzeptieren könnten, weil der Strafbefehl tatsächlich einmal „in Ordnung" (R1) oder „fair" sei (R9), sie dadurch Zeit und Kosten (R4, R7, ähnlich auch R9) sowie eine öffentliche Hauptverhandlung sparen könnten (R7), es ja ohnehin nur um eine geringe Strafe gehe (R5, R7, R9) oder weil Angst vor einer reformatio in peius bestehe (R1).

Ein großes Problem seien auch Verständnisprobleme. Einerseits gebe es intellektuelle Verständnisprobleme bzw. Unkenntnis, sodass der Betroffene aufgrund der Überforderung nicht wisse, wie er zu reagieren hätte (R1, R4, R6, R10[2071]). Dazu R1: *„Die Leute kriegen zusätzlich zum Strafbefehl inzwischen immer mehrere Merkblätter. Die kriegen einen Doppelbogen über die Folgen, wenn sie keinen Einspruch einlegen und wie sich die Kosten berechnen und die Rechtsmittelbelehrung alleine ist inzwischen anderthalb Seiten, dann gibt es noch eine extra Belehrung über das elektronische Postfach, wenn sie es mit Signatur machen wollen. Die sind teilweise mit dem Papier überfordert."*

Dass dies kein auf „randstellige" (P9) Personen beschränktes Phänomen sei, verdeutlicht R6:[2072] *„Alles was ich so erlebe, auch im Bekanntenkreis, ist, dass auch studierte Leute bei winzigen Vorwürfen völlig hilflos dastehen."*

Das Risiko, dass solch eine Überforderung zum gänzlichen Verzicht auf die Einlegung eines Einspruchs führen könnte, bestehe nach R1, R6 und R7 insbesondere, weil die meisten Betroffenen im Strafbefehlsverfahren unverteidigt seien.

Andererseits gebe es auch sprachliche Verständnisprobleme (R1, R3,[2073] R4,[2074] R6, R7, R10). Dies mache zwar im Einzelfall eine Übersetzung

---

2071 Nach R10 seien insbesondere von der Straflosigkeit ihres Verhaltens überzeugte Leute mit der Vorstellung betroffen, dass *„sich das schon irgendwie aufklären"* werde.

2072 Angabe von R6 bei Frage 8c, Anhang A2.

2073 Angabe von R3 bei Frage 28, Anhang A2.

2074 Zusätzlich könnten laut R4 bei Ausländern Vorbehalte gegen die Justiz bestehen, sollten sie aus ihrem Heimatland nur eine „korrupte und mitleidlose Justiz" kennen. Dann könnte man eher geneigt sein, die Strafe zu akzeptieren, um jeglichen Kontakt mit der Justiz zu vermeiden.

erforderlich,[2075] aber dafür müsse man sicher wissen, ob solche Probleme überhaupt bestehen. Schlechte Sprachkenntnisse seien oftmals nicht aus der Akte (R1, R6, R7, R10) oder anhand des Namens des Betroffenen (R1, R7) ersichtlich und eine Vernehmung finde oftmals auch nicht statt (R6). Die Problematik wird durch die Schilderung von R1 deutlich: *„Das ist natürlich so eine Sache, wie häufig übersetze ich einen Strafbefehl und wie häufig bin ich der Meinung, wenn jemand 20 Jahre in Berlin gemeldet ist und sich aus der Akte nicht ausdrücklich ergibt, dass er die deutsche Sprache nicht beherrscht, muss ich dann nur aus der fremden Staatsangehörigkeit schlussfolgern, dass der eine Übersetzung braucht? Bei bestimmten Mitbürgern, weiß ich ja noch nicht mal, welche Sprache ich denn nehmen soll. Dann macht man es auch möglicherweise gar nicht, weil man sagt, hier bin ich gerade an der Grenze und ich will nicht jedem türkischen Mitbewohner, der seit 20 Jahren in Berlin gemeldet ist, unterstellen, dass er nur deswegen kein deutsch kann, weil er Türke ist.“*

Umgekehrt sei nach R7 auch die Staatsangehörigkeit kein Garant für hinreichende Sprachkenntnisse: *„Also ich hatte in diesem Jahr zum Beispiel jemanden gehabt, da habe ich mich gewundert, warum wir einen Übersetzer brauchen. Da stand in den Akten die Nationalität deutsch, ausschließlich deutsch und es ist ein Dolmetscher in der ersten Instanz da gewesen. Da wäre ich jetzt nicht so ohne Weiteres drauf gekommen. Das war ein Russlanddeutscher, der schon seit zig Jahren in Deutschland lebt, aber die deutsche Sprache nur sehr unzureichend gelernt hat.“*

R10 sieht das Problem in erster Linie bei der polizeilichen Dokumentation, welche sich teilweise nur auf die Anzeigenaufnahme beschränke und Vermerke zu möglichen Sprachproblemen unterlasse. Auch dürfe es nicht sein, dass hohe Dolmetscherkosten die Gerichte dazu verleiten, erst einmal den Strafbefehl in der Hoffnung zu erlassen, das er schon verstanden werde.

Schließlich sei es ein Problem, dass Zustellungsdienstleister (insbesondere seit der Privatisierung) zunehmend unzuverlässiger seien und ein Strafbefehl dadurch fehlerhaft rechtskräftig werde, obwohl keine Zustellung erfolgt sei (R10). Hierzu auch R8:[2076] *„Für mich ist es einfach ein Albtraum, dass jemand eine Vorstrafe bekommt, möglicherweise seinen Job verliert, weil […] [der Strafbefehl] ihm gar nicht zugestellt [wurde].“*

2075 Nach R6 übersetze insbesondere die Amtsanwaltschaft im Zweifel nicht, und dann bestehe die Gefahr, dass dies auch durch das Amtsgericht nicht geschieht.

2076 Angabe von R8 bei Frage 28, Anhang A2.

d. *Weitere spezifische Fehleranfälligkeiten durch die Medienöffentlichkeit (Fragen 16 bis 21)*

Zunächst (Frage 16) sieht die überwältigende Mehrheit der Richter (alle außer R10) in der Medienberichterstattung abstrakte Gefahren[2077] für die Wahrheitsfindung im Strafverfahren, R4 und R5 bezeichnen die Medienöffentlichkeit explizit als Fehlerquelle. Dazu R6:[2078] *„Ich glaube, dass die Medienberichterstattung Verfahrensbeteiligte massiv verunsichert. Entweder gibt es welche, die sich entweder scheuen, dass irgendetwas von dem, was sie sagen oder wie sie aussehen oder wie sie auftreten, irgendwie kommentiert werden könnte und dann gibt es die anderen, die sich produzieren, weil sie gerade das ganz toll finden. Für mich ist Medienberichterstattung im Rahmen eines laufenden Strafprozesses […] komplett kontraproduktiv für eine Sachaufklärung der Vorwürfe.“*

R5,[2079] R8[2080] und R9[2081] weisen jedoch darauf hin, dass eine intensive Medienbegleitung des Verfahrens auch den gegenteiligen Effekt haben könnte. Insbesondere die entscheidenden Personen könnten dann besonders sorgfältig arbeiten oder einer Beeinflussung bewusst entgegensteuern.

Einige Experten stellen eine Abhängigkeit zum Grad der Medienöffentlichkeit her. Insbesondere bei großen Verfahren oder Prozessen mit prominenten Verfahrensbeteiligten sei die Gefahr medialer Beeinflussung gegeben (R2, R8, R9, ähnlich auch R3). Gänzlich anders äußert sich lediglich R10, welcher in der Medienöffentlichkeit kein Risiko für die Sachaufklärung sieht: *„Also, ehrlich gesagt gar nicht. Das ist nicht so klassisch wie im Film, wo die Presse Druck macht. Es ist auch häufig so, wenn die Presse Druck macht, dann ist die Entscheidung schon gefallen. Die kommentieren mehr die Entscheidungen, als dass sie vorher schreiben. Dann hat es keinen Einfluss auf die Entscheidung.“*

Welche Verfahrensbeteiligten sind ihrer Ansicht nach besonders gefährdet, aufgrund einer großen Medienöffentlichkeit ggf. ihr Prozessverhalten anzupassen? (Frage 17)

Die größte Gefahr einer Beeinflussung durch die Medienberichterstattung sehen die Experten beim Zeugen (R1, R2, R3, R4, R5,[2082] R7 und R8)[2083] und

2077 Vertiefend dazu in den folgenden Fragen.
2078 Angabe von R6 bei Frage 8d, Anhang A2.
2079 Angabe von R5 bei Frage 21, Anhang A2.
2080 Angabe von R8 bei den Fragen 8d und 21, Anhang A2.
2081 Angabe von R9 bei Frage 21, Anhang A2.
2082 Angabe von R5 bei Frage 16, Anhang A2.
2083 Siehe dazu bereits oben die Angaben bei Frage 8d.

beim Angeklagten (R1, R5, R4, R7 und R8). R4[2084] ist der Ansicht, dass „alle" und R8, dass „alle gleich" gefährdet seien. Bei den entscheidenden Personen kommen die Experten zu unterschiedlichen Einschätzungen. Während laut R2 Richter und Staatsanwälte aufgrund ihrer „Professionalität" die Medienberichterstattung eher an sich „abprallen" lassen würden und R9 eine Beeinflussung sogar gänzlich ausschließt, wird ein gewisser Einfluss von R1, R4, R6[2085] und R8 nicht in Abrede gestellt. Das Argument berufsbedingter Distanz überzeugt insbesondere R8 nicht: „*Also, natürlich sind alle gleich gefährdet, weil man aufpassen muss, dass man sich als Berufsrichter nicht eine gewisse Arroganz der Professionalität gibt und behauptet, man sei von jeder Beeinflussung frei. Das ist kein Mensch. Wenn den ganzen Tag in der BILD-Zeitung etwas steht, auch über die Beschuldigten oder Angeklagten, dann kann es sein, dass mich das unterbewusst beeinflusst. Das ist eine riesige Gefahr.*"

Abseits des Hauptverfahrens könne es zu Auswirkungen medialer Berichterstattung vor allem im Ermittlungsverfahren (R6[2086]) kommen. Öffentlich-mediales Interesse führe dazu, dass die Staatsanwaltschaft und die Polizei bei den Ermittlungen besonderem Druck ausgesetzt seien und sie die Ermittlungen einseitig führen könnten: „*Wenn man dann so sieht, wie die Polizeieinheit mit ihren Sturmhauben über den sichergestellten Drogen steht und posiert, dann glaube ich schon, dass es da schon einen Druck gibt, Ergebnisse zu produzieren. Das wirkt sich natürlich immer auf das gesamte Verfahren aus, wenn Ermittlungen mit einem bestimmten Fokus geführt werden und eben nicht komplett ergebnisoffen sind, sondern unter einem empfundenen Druck. Das ist per se immer schlecht. Ob das dann wirklich mal zu falschen Ergebnissen führt, weiß ich nicht, aber es ist auf jeden Fall eine potentielle Fehlerquelle.*"

Der Richter stehe laut R6[2087] einmal unter dem Druck der „eigenen Verwaltung" und zudem unter dem Druck der Öffentlichkeit. Von Kollegen wisse er, dass sich ein medial forciertes Bild der Öffentlichkeit möglicherweise auch auf Entscheidungen des Ermittlungsrichters auswirken könnte: „*Es gab zum Beispiel mal einen Fall, in dem ein Ermittlungsrichter jemanden herausgelassen hat*

2084 R4 weist darauf hin, dass es immer darauf ankomme, wie sich die Medien gegenüber einem Verfahrensbeteiligten positionieren: „*Entweder ist der [Angeklagte] das Schwein oder der Heilige und es ist unverständlich, dass das Gericht das nicht sieht oder nicht in gleicher Weise sieht.*"

2085 R6 bezieht sich hier auf Richter.

2086 Angabe von R6 bei Frage 16, Anhang A2.

2087 Ebenda.

[Anmerkung: aus der Untersuchungshaft] und der Typ ist dann nachts besoffen herumgerast und hat auf der Kreuzung jemanden tot gefahren. Da haben die in der Presse diesen Ermittlungsrichter wirklich gegrillt. […]. Ich kann mir schon vorstellen, dass der das das nächste mal in so einer Situation im Hinterkopf hat und sich denkt, dass er den diesmal nicht rauslässt, damit er nicht wieder so einen Shitstorm bekommt."

Deutlich mehr Richter sehen ein besonderes Gefahrenpotential bei den Schöffen (R2, R3, R4, R7, R8, R9, R10[2088]). Das Problem sei nach Ansicht einiger Experten weniger die Medienanwesenheit in der Hauptverhandlung, sondern eine unbewusste Beeinflussung durch das Konsumieren von Vorberichterstattung (R3, R7, R10,[2089] ähnlich auch R8). Weiterhin fehlen den Schöffen die Professionalität und die Schulungen zu Wahrnehmungsverzerrungen (R8, ähnlich auch R3). R10[2090] weist jedoch darauf hin, dass man solche Voreinstellungen recht schnell „einfangen" könne: *Wenn man das als Berufsrichter entsprechend gegenüber den Schöffen kommuniziert, sind sie auch wirklich schnell eingefangen. Die Schöffen vergessen dann auch sehr schnell die Berichterstattung, wenn sie den Angeklagten selbst sehen und die Zeugen selbst sehen. Die Durchführung der Beweisaufnahme, der frischere Eindruck, überlagert da vielleicht vermeintliches Wissen."*

Als einziger Experte nennt R2 auch den Verteidiger[2091] als eine Person, die durch die Medienöffentlichkeit ihr Verhalten anpassen könnte.

Verfolgen Sie persönlich die Berichterstattung über „Ihre" Fälle und glauben Sie, dass dies einen Einfluss auf Ihr Prozessverhalten haben könnte? (Frage 18)

Dass sie die Medienberichterstattung über „ihre" Fälle gezielt verfolgen, geben lediglich R1,[2092] R3, R4 und R7 („manchmal") an. Die Mehrzahl der Richter berichtet jedoch, dass es bei medieninteressierten Verfahren oftmals ein

2088 Angabe von R10 bei Frage 16, Anhang A2. R10 widerspricht sich hier in gewisser Weise selbst, da er zuvor angab, dass die Medienöffentlichkeit für ihn „gar nicht" zu Fehlern führen könne.

2089 Angabe von R10 bei Frage 16, Anhang A2.

2090 Ebenda.

2091 Siehe dazu sogleich ausführlich Frage 20.

2092 R1 mache dies vor allem, um aus den Medienberichten Informationen über „sicherheitsrelevante Umstände" zu erlangen und gegebenenfalls Schutzmaßnahmen für die Verhandlung einzuleiten. Aus dem gleichen Grund gibt R2 an, zumindest den Pressespiegel der Pressestelle zu lesen.

„Briefing“ durch die Pressestelle gebe bzw. man einen Pressespiegel weitergeleitet bekomme (R1, R2, R3, R5, R8, R9, R10). Ob man die Benachrichtigungen der Pressestelle liest, sei nach R8 schließlich jedem Richter selbst überlassen: *„Aber man muss die PDF-Datei ja nicht öffnen. Aber ich versuche definitiv im Verfahren zu vermeiden, überhaupt etwas von der Presse zu erfahren.“*

Die Hälfte der Richter schließt die eigene Beeinflussung durch den Konsum von Vorfeldberichterstattung oder Berichterstattung über laufende Verfahren aus (R3, R4,[2093] R5, R9, R10). Dies liege zum einen daran, dass es am Amtsgericht typischerweise keine Vorfeldberichterstattung gebe und weil die Verfahren zum anderen regelmäßig sehr kurz seien, werde erst berichtet, wenn die Entscheidung bereits getroffen sei (R8). Zu einem ähnlichen Schluss kommt auch R9 beim Landgericht, wo es häufig lediglich eine Auftaktberichterstattung gebe und das mediale Interesse im weiteren Verlauf des Verfahrens in der Regel deutlich abnehme. R4, R5 und R9 berufen sich auf ihre Professionalität, Erfahrung und berufliche Distanz gegenüber der Medienöffentlichkeit. Dazu R5: *„Es ist wirklich mein täglich Brot. Mich stört es nicht und beeinflusst es nicht mehr.“*

Hingegen sehen R1, R3[2094] und R6[2095] die Gefahr einer (unbewussten) Beeinflussung bei einer intensiven Vorberichterstattung. Dies beschreibt R1 folgendermaßen: *„Aber ich sehe natürlich auch die Gefahr, dass durch eine Vorberichterstattung ein gewisses vorgefestigtes Bild einer Tat oder eines Täters vermittelt werden könnte.“*

Inwieweit denken Sie selbst im Vorfeld einer umstrittenen Entscheidung an mögliche Reaktionen des öffentlich-medialen Forums? (Frage 19)

Auch hier fallen die Antworten der Experten sehr unterschiedlich aus. Drei Experten (R5, R7, R9) geben an, dass sie niemals bei umstrittenen Entscheidungen an mögliche, öffentlich-mediale Reaktionen denken würden. Für diese Gruppe repräsentativ gibt R5 an: *„Nein, ehrlich gesagt nicht, weil ich glaube nicht, dass man sich darüber Gedanken machen sollte.“*

2093 R4 gibt jedoch an, dass die Medienberichterstattung und insbesondere die Medienanwesenheit in der Hauptverhandlung Auswirkungen auf die eigene Verhandlungsführung haben könne und darauf, wie und in welchem Umfang man etwas erklärt.

2094 Zwar schließt R3 eine eigene Beeinflussung am Amtsgericht aus. Er sehe aber die Gefahr bei größeren, mehrtägigen Verhandlung (am Landgericht).

2095 Angabe von R6 bei Frage 17, Anhang A2.

Hingegen geben R2 und R4 an, dass sie durchaus über mögliche Reaktionen nachdenken würden oder dies in der Vergangenheit schon getan hätten. Obwohl R3, R6, R8 und R10 noch keine Erfahrungen mit intensiv medienbegleiteten Fällen gemacht hätten, sei es für sie vorstellbar, dass man als Richter darüber nachdenken könnte. Dazu führt R3 aus: „*Die richtige Antwort wäre natürlich nein. Ich glaube aber, realistisch betrachtet, macht man sich natürlich Gedanken darüber. Man muss aber natürlich trennen, was man sich dann aus den gemachten Gedanken macht.*“

R2 berichtet diesbezüglich von einem Verfahren aus der Vergangenheit: „*Das war gegen einen Abgeordneten des Abgeordnetenhauses von Berlin. Der war, glaube ich, angeklagt wegen Subventionsbetruges in mehreren Fällen und, ich glaube, wegen Vorenthalten von Arbeitsentgelten. Das war natürlich in der Presse schon ziemlich groß und da kam von der Staatsanwaltschaft damals die Anfrage an uns als Richter, ob wir das nicht im Strafbefehlsverfahren lösen wollen […]. Da gab's schon den Druck durch die Medien, aber auch durch die Senatsverwaltung, die da beteiligt war. Das fanden wir damals ziemlich fragwürdig, weil es eine Riesensache war und man hat es wirklich versucht, an uns heranzutragen, dass man den Ball flach hält. Das haben wir damals nicht gemacht, weil wir der Meinung waren, da bietet sich überhaupt nicht das Strafbefehlsverfahren an. […]. Wir haben natürlich trotzdem überlegt, was wir daraus machen. Es ist natürlich auch was anderes, wenn man gegen einen Abgeordneten verhandelt. Da ist der Druck nochmal höher.*“

R8 und R10[2096] sehen davon nicht nur die Richter bei abschließenden Entscheidungen in der Hauptverfahren betroffen. Nach R8 könnten insbesondere Richter bei Haftentscheidungen im Ermittlungsverfahren geneigt sein, an negative Reaktionen der Öffentlichkeit zu denken:[2097] „*Wenn da ständig etwas vom Kindermörder so und so in der Zeitung steht und man ist jetzt der, der den haftverschont, dann können sie sich gar nicht vorstellen, was für ein Shitstorm mittlerweile über so einen Richter läuft. Das größte Erpressungsszenario ist gar nicht, dass Angeklagte oder sonst welche Leute einen einschüchtern, sondern dass plötzlich irgendwelche Leute über die BILD-Zeitung den Namen erfahren von dem Richter und man plötzlich Drohmails bekommt. Das ist eine große Gefahr, dass sich Richter davon beeinflussen lassen.*“

Trotz der Gefahren, die die zweite Gruppe (teilweise) abstrakt sieht, besteht Einigkeit darin, dass die Richter im Allgemeinen gut mit solchen Situationen

2096 R10 berichtet von der Entscheidung eines Kollegen im Zwischenverfahren, bei der er vorher schon gewusst habe, dass ihn die Presse dafür „schlachten“ würde. Der Kollege habe sie dennoch so getroffen.

2097 Ähnlich auch R6 bei Frage 17, Anhang A2.

umgehen könnten.[2098] Sehr plakativ spricht R10 davon, dass man sich dann einfach die „Teflon-Robe" anziehen müsse und dann *„gleitet das alles […] ab."*

Halten Sie eine „Strafprozessführung über Medien" für eine legitime Vorgehensweise im Strafverfahren bzw. für eine legitime Verteidigungsmethode? (Frage 20)

Bei der Beantwortung dieser Frage bilden sich unter den Experten drei Lager. Eine Gruppe hält die Strafprozessführung über Medien grundsätzlich für legitim (R2, R3, R5, R9), eine andere lehnt diese strikt ab (R1, R4, R7, R10) und eine dritte Gruppe nimmt eine differenzierende Position ein (R6 und R8).

Für die Legitimität argumentiert u.a. R3: *„Aber grundsätzlich glaube ich, alles, was dem Mandanten nutzt, ist auch legitim, solange es sich halt im Rahmen der Gesetze hält und in der Regel tut es das ja. Solange keine Diffamierungen passieren, Falschbehauptungen passieren, kann man da sowieso eher wenig gegen machen."*

Ähnlich äußert sich R5: *„Mit den Medien darf jeder reden. Wir haben eine Pressefreiheit. Das muss jeder selbst wissen, jeder muss selbst die Risiken abwägen. Es ist nicht verboten, das zu tun. Insofern muss ich es für zulässig halten. Wir als Gericht machen das aber nicht. Wir sind sehr, sehr defensiv."*

Ob ein solches Vorgehen daneben auch zielführend sei, sei hingegen eine andere Frage: Die Verteidigung könne zwar so agieren, müsse aber in Kauf nehmen, dass dies beim Gericht einen „negativen Beigeschmack" hinterlasse und es Auswirkungen auf Absprachen oder Beweisanträge haben könnte (R2, ähnlich auch R9).

Die eine Strafprozessführung über Medien ablehnende Gruppe argumentiert damit, dass dies dem Ziel einer justizförmigen Sachverhaltsaufklärung entgegenstehen könnte (R1,[2099] R4, R10) und generell nicht mit dem deutschen „Rechtssystem" kompatibel sei (R10). Den ersten Punkt verdeutlicht R4: *„Also, justizförmig kann natürlich nur das Interesse an einer sachlichen Sachverhaltsaufklärung sein. Und das wird durch Medienbeteiligung eher erschwert als begünstigt. Natürlich gibt es ein Medieninteresse […], [a]ber unser wichtigster Punkt [ist die Medienbegleitung] natürlich nicht. […]. Sie ist aus anderen Gründen wichtig, hilft bei der Sachverhaltsaufklärung aber ganz und gar nicht."*

2098 R6 bezieht dies jedenfalls auf die Richter am Landgericht. Dort sei es einfacher, einem „Shitstorm" entgegenzutreten, weil man in einem Richterkollegium sei und die Entscheidungen nicht alleine treffe wie (teilweise) am Amtsgericht.

2099 R1 antwortet auf die Frage eingangs besonders deutlich: *„Nein, nein, nein! Absolute und eindeutige Antwort: Nein!"*

R10 berichtet aus der eigenen Praxis von einem Verfahren, in dem er die mediale Berichterstattung infolge Strafprozessführung über Medien als „Vorverurteilung" empfunden habe.

Hingegen haben R6 und R8 eine vermittelnde Ansicht. R6 unterscheidet danach, welcher Verfahrensbeteiligte eine Strafprozessführung über Medien betreibt: „*Also, wenn es der Staat macht, sprich die Polizei oder die Staatsanwaltschaft, finde ich das unsäglich. […]. Aber wenn es der Verteidiger macht, dann sehe ich das ganz anders. Ich stelle in meinen Verfahren grundsätzlich auch unterschiedliche Ansprüche an das Verhalten von Staatsanwaltschaft und Verteidiger. Der Verteidiger ist natürlich auch Organ der Rechtspflege, aber er ist auch Interessenvertreter. Die Staatsanwaltschaft ist das nicht. Auch wenn sie häufig anders auftritt, ist sie das eben nicht. Die Staatsanwaltschaft repräsentiert den Staat. Die geballte Macht des Staates steht dem Angeklagten gegenüber. Der Strafprozess ist eine komplett asymmetrische Konstellation. Der Angeklagte muss sich wehren und verteidigen und darf erst mal grundsätzlich mehr als die Staatsanwaltschaft.*"

Ähnlich unterscheidet auch R8, welcher die Legitimität jedoch zusätzlich von der Zielsetzung des Handels abhängig macht: „*Ich glaube, ich halte es für legitim, wenn man damit versucht, seine Persönlichkeitsrechte und seine Unschuldsvermutung, die möglicherweise durch eine Medienberichterstattung [beeinträchtigt wurde], ein Stück weit kompensieren oder retten möchte. Ich finde die Mittel legitim, um zu verhindern, dass Angeklagte durch Vorverurteilungen bereits medial vernichtet werden. Ich halte es als Methode der Medienöffentlichkeit legitim, aber auf keinen Fall, um damit Entscheidungen der Richter zu beeinflussen. Wenn der Staat das betreibt, dann habe ich ein eher geteiltes Bild.*[2100] *Teilweise sehe ich es sehr kritisch, auch aus rechtsstaatlicher Sicht fragwürdig, also ob das überhaupt rechtlich legitim ist.*"

Angenommen eine große mediale Berichterstattung hat tatsächlich das Verfahren und/oder die Verfahrensbeteiligten beeinflusst. Wie könnte sich der Einfluss konkret auf das Ergebnis des Verfahrens auswirken? (Frage 21)

Nach Angaben von R5, R7, R8, R9, R10[2101] wirke sich auch eine massive Medienberichterstattung nicht auf das konkrete Ergebnis des Verfahrens aus. R7 hält

2100 R8 weist jedoch darauf hin, dass die „*Aufgabe sozialer Kontrolle und positiver Generalprävention*" ein gewisse Informationstätigkeit seitens der Strafverfolgungsbehörden erfordere.

2101 Angabe von R10 bei den Fragen 16 und 19, Anhang A2.

dies eher für eine Befürchtung von Strafverteidigern. Auch Schöffen würden gut zwischen dem medial und prozessual vermittelten Bild differenzieren können. Die Problematik sei in den letzten Jahren – auch auf dem Deutschen Juristentag 2016 – verstärkt thematisiert worden, weshalb Richter zunehmend sensibilisiert seien. Zudem weisen R8 und R9 darauf hin, dass zumindest eine gezielte Medienbeeinflussung von Verfahrensbeteiligten beim Richter eher den gegenteiligen Effekt habe, dass dieser ganz besonders sorgfältig arbeite.[2102] Dazu R9: *„Aber vielleicht eher, je mehr sozusagen subtil irgendwelche Forderungen aufgestellt werden von dritter Seite oder so, würde man gerade bewusst dagegenhalten als Richter. Das ist tatsächlich so eine Motivation.“*

Nach Ansicht der restlichen Experten könne sich eine große Medienberichterstattung sehr wohl auf das Ergebnis des Verfahrens auswirken. R1, R2, R4 und R6[2103] halten Auswirkungen auf die Beurteilung der Schuldfrage für denkbar. R1 und R2 sehen die Gefahr vor allem dadurch, dass Verfahrensbeteiligte (insbesondere Zeugen) durch die Medienöffentlichkeit beeinflusst werden und deren Aussagen dann nicht mehr oder anders als Grundlage für ein Urteil zur Verfügung stehen könnten. Dazu R2: *„Es könnte sich natürlich auch mal auf die Schuldfrage auswirken. Sagen wir mal die Medien beeinflussen einen Zeugen, der gut und wichtig ist und der Zeuge wird dadurch zu einem schlechten Zeugen, weil er beeinflusst wurde und dann seine Aussage nicht mehr oder anders tätigt. Dann dient er unter Umständen nicht mehr als Grundlage für ein Urteil. Das kann dann zum Beispiel zu einem Freispruch führen. Ich meine, das wissen wir alle, es gibt diese wunderbaren Zeugen, die im Bereich der organisierten Kriminalität aussagen wollen, es aber dann nicht mehr machen, weil sie unter Umständen eingeschüchtert wurden, aber auch, weil sie plötzlich im Fokus der Medien sind und plötzlich bekannter sind, als sie eigentlich sein möchten. Dann fehlt mir die Grundlage für eine Verurteilung und dann gibt es unter Umständen ein Ergebnis, was wir nicht wollen oder ein Weniger, also entweder einen Freispruch oder eine andere Strafnorm.“*

Nach R1 komme es vor, dass Zeugen in der Hauptverhandlung ihre Aussagen mit der Begründung abändern, dass sie sich geirrt hätten. Dies sei seiner Ansicht nach bei einer medialen Berichterstattung nicht zu erwarten: *„Ich glaube einfach nicht, wenn diese Zeugen vorher mit ihrer ursprünglichen Darstellung breit durch die Presse gegangen sind, dass die sich in der Verhandlung noch*

2102 Ähnlich auch R5, der darauf hinweist, dass man eine mediale Einflussnahme auch zum Gegenstand des Verfahrens machen könne.

2103 R6 schließt es jedenfalls nicht aus.

hinstellen würden und sagen würden, dass sie einen Fehler gemacht haben. Und wenn die das dann gut ausarbeiten, das authentisch und überzeugend herüberbringen, dann haben sie möglicherweise als Gericht wenig Chancen, zu erkennen, dass sie da gerade belogen werden."

Demgegenüber komme nach R1, R3,[2104] R4 und R6[2105] auch eine Auswirkung auf die konkrete Strafhöhe in Betracht. Dazu R3:[2106] *„Es kann meines Erachtens aber vor allem eine Rolle spielen bei der Frage, wie eine Tat bestraft wird. Weil wenn es medial aufgeheizt ist, […] dann kann ich mir schon vorstellen, dass das eine Rolle spielen kann bei der Höhe der Strafe. Das wäre ja auch eine Fehlentscheidung, wenn das dann einfach nicht mehr tat- und schuldangemessen ist."*

R4 deutet an, dass dies vor allem die konkrete Frage betreffen könnte, ob die Freiheitsstrafe noch zur Bewährung ausgesetzt wird oder nicht. Ein gewisses Korrektiv stelle laut R1 ein Richterkollegium dar, weil es dann leichter falle, die eigenen Entscheidungen kritisch zu reflektieren und zu hinterfragen.

3. Weitere moderne Fehlerquellen (Frage 22)

Der Abschnitt zu den modernen Fehlerquellen wurde mit der offenen Fragestellung abgeschlossen, ob es nach Ansicht der Experten noch weitere Ursachen für strafgerichtliche Fehlentscheidungen gibt, die sie als moderne Fehlerquellen ansehen. Dazu machen drei Experten (R1, R2 und R8) nähere Angaben.[2107]

R1 sieht in „Übersetzungsproblemen" eine moderne Fehlerquelle, die jedoch weniger auf das Gesetz, als auf gesellschaftliche Umstände zurückzuführen sei. Zunehmend habe die Justiz mit Menschen zu tun, die der deutschen Sprache nicht mächtig seien. Dies mache bei Vernehmungen Übersetzungen erforderlich, von denen die Richtigkeit nicht immer gewährleistet sei. Insbesondere Unterschiede bei mehreren Vernehmungen mit wechselnden Dolmetschern könnten sich auf die Beurteilung der Aussagekonstanz auswirken: *„Also Übersetzungsprobleme, die sich auf die Aussagekonstanz eines Zeugen oder eines Angeklagten auswirken können, weil man nie ganz sicher sein kann, ob die das wirklich gesagt haben, ob das der Dolmetscher falsch verstanden hat, ob es der Polizist falsch ins Protokoll aufgenommen hat oder beim Rückübersetzen etwas schiefgegangen ist. Das finde ich, ist eine sehr moderne Fehlerquelle im Strafprozess, dass hier einfach nicht vernünftig miteinander kommuniziert werden kann, weil wir keine gemeinsame Sprache haben."*

2104 Angabe von R3 bei Frage 16, Anhang A2.

2105 R6 schließt es jedenfalls nicht aus.

2106 Angabe von R3 bei Frage 16, Anhang A2.

2107 Die hier gemachte Angabe von R3 wurde bereits oben bei Frage 3 dargestellt.

Von R2 wird hier eine vereinzelt vorliegende und komplizierte Koexistenz von mehreren Gesetzen angegeben. Als Beispiel dafür nennt er das Verbot der Verhängung von Freiheitsstrafen im Strafbefehlsverfahren gegen Heranwachsende:[2108] *„Das sind unter Umständen Fehlerquellen, weil Vorschriften teilweise nicht dort stehen, wo man sie vermuten würde, sondern vielleicht versteckt woanders oder irgendwo als besondere Ausnahme.“*

R8[2109] geht hier auf die sog. „Sockelverteidigung“ ein, die in der bisherigen Literatur noch kaum Beachtung finde: *„Da vertreten Anwälte aus einer Sozietät oder jedenfalls Anwälte, die sich untereinander absprechen, ganze Banden. Klar ist oft, dass der Bandenchef so wenig wie möglich sanktioniert werden soll. Dann werden aufeinander abgestimmte Geständnisse abgelegt oder Einlassungen, mit der Folge, dass oft derjenige, der das kleinste Rad in der Organisation war, die höchste Strafe kriegen soll und die Schuld auf sich nehmen soll. Das sind auch Fälle falscher Geständnisse, weil sozusagen jemand, der zum Beispiel nur der Bote war, zum Haupttäter hochstilisiert wird, auch von den anderen Bandenmitgliedern und natürlich auch in Absprache unter den Anwälten. […]. Das wird dadurch verstärkt, dass Anwälte in Verteidigungen eingeschaltet werden, die nur die Funktion haben, dass ihr Mandant nicht die Wahrheit sagt.“*

III. Möglichkeiten der Vermeidung strafgerichtlicher Fehlentscheidungen (Fragen 23 bis 30)

Im letzten Abschnitt wurden die Experten nach Möglichkeiten gefragt, wie strafgerichtliche Fehlentscheidungen ihrer Ansicht nach vermieden werden können. Dabei wurden die Fragen offen formuliert, konkrete Vermeidungsmöglichkeiten wurden grundsätzlich nicht vom Interviewführer vorgegeben.[2110] Auch hier wurde differenziert zwischen der Vermeidung klassischer und moderner Fehlerquellen.

2108 Siehe dazu bereits R5 bei Frage 15, dies sei ein „klassischer“ Fehler im Strafbefehlsverfahren.

2109 Angabe von R8 bei Frage 9, Anhang A2.

2110 Die einzigen Ausnahmen bildeten die Fragen 23 und 28, Anhang A2. Nachdem die Experten dort eigene Möglichkeiten thematisiert hatten, mit denen man der Personalbeweisschwäche bzw. Fehlern im Strafbefehlsverfahren begegnen könnte, wurde (sofern noch nicht aus eigenem Antrieb geschehen) nachgefragt, wie die Richter zur elektronischen Dokumentation im Ermittlungs- und Hauptverfahren (Frage 23) bzw. zu einer Einspruchsfristverlängerung oder einer verpflichtenden Anhörung (Frage 28) stehen.

1. *Vermeidung der klassischen Fehlerquellen der Personalbeweisschwäche und der gerichtlichen Aufklärungsfehler (Fragen 23 und 24)*

Welche Möglichkeiten sehen Sie, die Personalbeweisschwäche zu beseitigen oder zumindest zu minimieren? (Frage 23)

Die Antworten der Experten fallen sehr breitgefächert aus. Einleitend gehen einige Experten (R3, R5, R6, R10) darauf ein, dass es äußerst schwer sei, Fehler im Zusammenhang mit der Personalbeweisschwäche zu verhindern oder zumindest zu minimieren. Der Zeuge werde laut R5 „immer unzuverlässig" und zugleich das „wichtigste Beweismittel" bleiben. Die Fehleranfälligkeit liege nun einmal im „Wesen des Menschen" (R10) und den Menschen könne man nicht ändern (R3 und R6). Allerdings sind sich alle Experten einig, dass man die Ursachen und begünstigenden Umstände bekämpfen sowie für eine verbesserte Erkennbarkeit und Korrektur sorgen könne.

Die große Mehrheit der Experten befürwortet eine elektronische Aufzeichnung der Vernehmungen im Ermittlungsverfahren (R1, R2,[2111] R5, R6, R8,[2112] R9,[2113] R10). Auch R3 und R7 lehnen dies nicht grundsätzlich ab, geben aber an, sich noch keine abschließende Meinung gebildet zu haben. Nach Ansicht von R1 und R10 (ähnlich auch R6) müsste die erste Vernehmung aufgezeichnet werden, da diese (insbesondere) aufgrund der Frische der Tat besonders authentisch sei.[2114] Außerdem könnten nach R1, R6 und R8 Missverständnisse zwischen Zeugen und Verhörsperson ausgeschlossen werden und man müsste sich nicht mehr darauf verlassen, dass alles richtig dokumentiert wurde. Dazu R8: „*Und dann würden viele Fehlerquellen wegfallen, nämlich diese ganzen Fragen, was wurde gefragt in der Vernehmung, hat der Zeuge eine Pause bekommen, war der Zeuge betrunken, war der unter Drogen, wurde ihm von der Polizei etwas versprochen, wurde es richtig aufgeschrieben, also all diese Dinger, die von den Verteidigern abgefragt werden, weil sie den Eindruck haben, dass der Zeuge im Ermittlungsverfahren möglicherweise Quatsch erzählt hat.*"

2111 Nach R2 sei es erforderlich, dass die erste Vernehmung von einem Ermittlungsrichter durchgeführt wird.

2112 R8 ist jedenfalls bei Verbrechen für die Aufzeichnung der ersten Vernehmung im Ermittlungsverfahren.

2113 R9 möchte die elektronische Aufzeichnung auf „gravierende Straftaten" begrenzen, weil dies ansonsten ein „Wahnsinnsaufwand" wäre.

2114 Außerdem könne man laut R1 bei einer audiovisuellen Aufzeichnung einen Eindruck über die nonverbale Kommunikation der Aussageperson erhalten.

Durch die Aufzeichnung könnte man auch verhindern, dass es durch äußeren Druck zu einem nachträglichen Beweismittelverlust kommen könnte (R2). Neben den verbesserten Möglichkeiten für die Sachaufklärung weist R5 darauf hin, dass dies auch dem Opferschutz dienlich sein könnte, wenn der Zeuge infolge Videovernehmung nicht noch einmal in der Hauptverhandlung sensible Angaben machen müsste.[2115]

Deutlich weniger Richter sprechen sich hingegen für eine generelle Aufzeichnung der Hauptverhandlung aus (R1, R5, R10). Aus Sicht von R1, R5 und R10 bestehe der entscheidende Vorteil darin, dass man dadurch erkennen könnte, ob das Gericht die dem Urteil zugrunde gelegte Zeugenaussage richtig verstanden hat. Auch könnte nach R8 erkannt werden, wenn das Gericht etwas „bewusst falsch" verstanden habe: *„Die Videoaufnahme des Prozesses soll eben verhindern, dass in das Urteil falsche Tatsachen einfließen, weil ein Richter wissentlich oder unwissentlich die Zeugenaussage oder die Einlassung des Angeklagten manipuliert. Ich weiß auch aus eigener Erfahrung, dass das schon einmal versucht wird, auch mit Absicht versucht wird, weil man meint, man wird dem Angeklagten sonst nicht Herr werden."*

R6 ist zwar unentschlossen, sieht aber den Vorteil, dass dadurch das ablenkende und zwangsläufig selektierte Mitschreiben entfiele: *„Das wäre natürlich eine Erleichterung, weil dieses Mitgeschreibe einen auch in der Hauptverhandlung ablenkt. Das bindet Kapazitäten und ist immer unzuverlässig. Jeder schreibt immer das mit, was er für wichtig hält und es gibt Sachen, da weiß man zu einem gewissen Zeitpunkt noch nicht, ob das wichtig ist oder wichtig werden kann. Es ist nicht so, dass ich etwas bewusst weglasse oder filtere, sondern ich weiß es manchmal einfach nicht. Manchmal denke ich an eine Zeugenaussage zurück und überlege, was der zu einem bestimmten Punkt gesagt hat und dann ärgere ich mich, dass ich genau das nicht aufgeschrieben habe, weil ich es in dem Moment nicht wichtig fand."*

Die Vorteile würden für R1, R5 und R10 den „Rattenschwanz" (R5) überwiegen, der mit einer Aufzeichnung der Hauptverhandlung zwangsläufig einherginge. Der „Rattenschwanz" wäre zunächst einmal der enorm ressourcenbindende Aufwand bei der Verschriftlichung (R3 und R9) und bei der Überprüfung durch das Rechtsmittelgericht (R1, R6, R7). Dazu R1: *„[...] ich stelle mir gerade vor, wie sich der BGH den NSU-Prozess über Wochen und Monate anschaut."*

2115 Er nennt hier das Beispiel von kindlichen Zeugen bei Sexualdelikten.

Das größte Problem sehen die Experten aber bei der Vereinbarkeit einer Aufzeichnung der Hauptverhandlung mit dem bestehenden Rekonstruktionsverbot in der Revisionsinstanz (R1, R5, R6, R10). Dazu R6: *„Es gibt immer Verteidiger, die meinen, man könne das einbetten ins Revisionsrecht. Das sehe ich als schwierig an, da müsste man wahrscheinlich mal das ganze Rekonstruktionsverbot überdenken.“*

Die vorgetragenen Bedenken führen dazu, dass R3, R6, R7 und R8 bezüglich der generellen Aufzeichnung der Hauptverhandlung im Ergebnis unentschlossen sind sowie R9 und (wohl auch) R2 eine solche gänzlich ablehnen.[2116]

Wie bereits an früheren Stellen der Interviews deutlich wurde, werden die infolge des Zeitablaufs entstehenden Gedächtnis- und Erinnerungslücken teilweise als zentrale Ursache der Personalbeweisschwäche angesehen. Daher wird vereinzelt gefordert, dass die erste polizeiliche Vernehmung sehr viel schneller erfolgen (R1, R8) und das gesamte Strafverfahren beschleunigt werden müsste (R7). Hierzu führt R8 aus: *„Das ist klar und das findet auch langsam statt, schneller wegzukommen von der völlig absurden Vorstellung, dass Zeugen in der Hauptverhandlung Monate später bessere Angaben machen als bei Polizeibehörden. Dafür ist es aber notwendig, dass eine sorgfältige Überprüfung bei den Polizeibehörden stattfindet […].“*

Ähnlich auch R7: *„Ich habe ja gesagt, das A und O ist die Tatsache, dass zu viel Zeit verstrichen ist zwischen dem Sachverhalt, den sie aufklären wollen und dem Zeitpunkt, zu dem sie den Beweis erheben. Das ist deutlich die größte Fehlerquelle […]. Die Fehlerquelle kriegen sie nur weg, wenn sie die Dauer des Ermittlungsverfahrens und des Strafverfahrens verkürzen. Diese Dauer hängt massiv davon ab, wie viel Personalressourcen sie da haben. Bei Wirtschaftsstrafsachen kann ich geradezu schon den Textbaustein einbauen, dass eine rechtsstaatswidrige Verfahrensverzögerung stattfand […].“*

Während das Verfahren also nach Ansicht einiger Richter an bestimmten Stellen beschleunigt werden müsste, sei aber umgekehrt mehr Zeit bzw. weniger Zeitdruck auf Seiten der entscheidenden Personen erforderlich (R2, R4). Wenn der Richter weniger Zeitdruck hätte, weil er weniger Verfahren bearbeiten müsste, so könnte er sich mehr Zeit für den Einzelfall nehmen und sich gründlicher mit dem Zeugen oder dem Angeklagten auseinandersetzen. Gegenwärtig sei eine sorgfältige und aussagepsychologische Prüfung der Aussage nach R2 (jedenfalls am Amtsgericht) kaum möglich: *„Wir hatten vor Kurzem eine Fortbildung zum Zeugenbeweis und da war ein Experte. Es ging um Aufdecken von*

2116 R4 äußert sich nicht zu einer möglichen Aufzeichnung der Hauptverhandlung.

Lügen und der hat gesagt, ob jemand lügt, merkt man meist erst ab einer Vernehmungsdauer von zehn Minuten. Das ist bei Zeugen vom Landgericht völlig normal. Bei uns am Amtsgericht ist das meistens kürzer. Ich habe diese Zeit einfach nicht, einen Zeugen eine halbe Stunde zu befragen in meinen Verfahren, das geht gar nicht. Wenn ich weniger Verfahren hätte, dann könnte ich mir die Zeit natürlich nehmen."

Damit die generelle Arbeitsbelastung aber sinken könne, müsste die Personaldecke deutlich erhöht werden (R2, R7): „*Das ist erst einmal deutlich mehr Personal und zwar in der gesamten Ermittlungskette, von der Polizei, über die Staatsanwaltschaft, bis zu dem Gericht.*"

Um Zeugenaussagen oder Angeklagteneinlassungen überprüfen zu können, sei es zudem nötig, dass der Richter einen entsprechenden aussagepsychologischen Sachverstand aufweise. Diesbezüglich plädieren R3, R4 und R5 zu einer Erweiterung bestehender (freiwilliger) Fortbildungsmöglichkeiten. Diese Notwendigkeit und die Versäumnisse in der juristischen Ausbildung beschreibt R3: „*Als Richter, als Staatsanwalt machen sie ja so ein bisschen Laienpsychologie, muss man ja ganz ehrlich sagen. Sie sind ja eigentlich nicht dafür geschult, zu erkennen, ob eine Aussage glaubhaft ist, ob ein Zeuge glaubwürdig ist. Das ist uns quasi übertragen, […], aber so richtig geschult ist man ja nicht. Natürlich wäre das nicht verkehrt, da ein bisschen mehr zu machen. Sei es bereits in der Ausbildung, das findet ja im Referendariat und im Studium gar nicht statt, das findet auch eigentlich in der Praxis nicht statt.*"

Wenn man die aussagepsychologischen Grundlagen nicht beherrsche, dann helfe einem all das „Jurawissen" auch nicht weiter (R5). Dazu R5 sinnbildlich: „*So können sie es sich vorstellen, was nutzen 200 PS, wenn man es nicht auf die Straße bringt. Dann steht man mit durchdrehenden Reifen an der Ampel. All das Jurawissen bringt mir dann wenig. Ich könnte es später alles super subsumieren, kenne jede Rechtsprechung dazu, kriege es aber einfach nicht aus dem Zeugen heraus, weil ich keinen Zugang habe.*"

Vereinzelt genannte und weitere Reformvorschläge sind die Optimierung des Zeugenschutzes (R7), die flächendeckende Videoüberwachung in Kriminalitätsschwerpunkten (R10) und die gesetzliche Regelung von verbesserten Einführungsmöglichkeiten für frühere Aussagen in die Hauptverhandlung (R7).

Welche Möglichkeiten sehen Sie, gerichtliche Aufklärungsfehler zu verhindern oder zumindest zu minimieren? (Frage 24)

Bei Beantwortung dieser Frage zeigen sich die Experten in großer Einigkeit. Bis auf R6 sprechen sich alle Experten dafür aus, dass die Personaldecke deutlich erhöht werden müsste, um mehr Zeit für jeden Einzelfall zu haben. Diese Forderung beschreibt R3 repräsentativ für die meisten Experten: *„Der Punkt ist halt einfach, der Aktenumfang ist sehr groß. Wenn man quasi für die großen Verfahren mehr Zeit hätte, mehr Möglichkeiten hätte, das wäre gut. Irgendwann ist dann vielleicht auch der Punkt nach 20 Akten erreicht, wo man nicht mehr so denken kann, wie man es eigentlich macht. Dann könnte die Qualität möglicherweise steigen. […]. Die Qualität ist hoch, würde ich behaupten. Aber sicherlich ist es klar, dass wenn man statt 20 große Verfahren nur 15 hat, und das ist nur ein Beispiel, die Zahlen sind natürlich viel höher, dann macht das natürlich einen Unterschied.“*

R1, R8 und R10[2117] beziehen die Forderung nach Aufstockung der Personaldecke nicht nur auf Richter und Staatsanwälte, sondern erstrecken diese auch auf nachgeordnetes Personal, d.h. es sei auch nötig, die Personaldichte bei der (Kriminal-)Polizei,[2118] bei den Protokollführern, den Wachtmeistern, etc. anzuheben. Dazu R8: *„Nur mal ein verrücktes Beispiel: […]. Als um 9 Uhr das Verfahren anfing, ein großes Verfahren mit Rockern und Medienöffentlichkeit, musste man paar Minuten vorher als Richter mit dem vorsitzenden Richter im Gerichtssaal eine Leinwand aufbauen, um einen Film abzuspielen, weil kein Personal da war. So ist es ja bei allen Sachen, jede einzelne Datei müssen wir selbst drucken. Das können sie sich gar nicht vorstellen. […]. Hier gibt es keine Schreibkräfte mehr, hier gibt es gar nichts. Das in der Summe führt natürlich zu Frust und auch zu Fehlern, weil man unter Zeitdruck kommt, weil man den Saal zum Beispiel nur bis 16 Uhr hat oder der Urkundsbeamte nur bis 15 Uhr kann, weil der nur Teilzeit da ist.“*

Die Folgen des Personalmangels beim nachgeordneten Gerichtspersonal beschreibt R1 folgendermaßen: *„Ich habe gelegentlich das Gefühl, dass wir uns immer mehr in eine Teilzeitjustiz entwickeln, die praktisch nur noch zwischen 8 und 13 Uhr arbeitet und danach gehen alle in ihre Teilzeitfeierabende. Früher gab es mehr Protokollführer, die die Aufgabe hatten, Protokolle zu führen und das alle auch konnten und die hatten auch kein Problem, wenn sie bis zum Ende ihrer regulären Arbeitszeit im Protokoll saßen, weil das war ihr Job. Inzwischen werden sie im Grunde angeguckt, wenn sie nach 15 Uhr noch im Sitzungssaal*

2117 Angabe von R10 bei Frage 30, Anhang A2.

2118 Dazu R8: *„Früher war es so: Wenn ein Zeuge in der Hauptverhandlung gefehlt hat, dann gab es bei der Polizei Personal, die einfach während der Hauptverhandlung hingefahren sind und den Zeugen geholt hat. Die Personaldichte war einfach viel höher. Wenn ich heutzutage eine polizeiliche Vorführung eines Zeugen oder eines Angeklagten anordne, dann braucht die Polizei mehrere Tage, um das umzusetzen.“*

sind, weil alle anderen nach Hause wollen. Das ist auch eine Art Zeitdruck, der sich aufbaut, weil die Mitarbeiter, ob es die Wachtmeister sind oder die Protokollführer, ihre Arbeitszeit im Blick haben und sie als Richter haben ihre Sachverhaltsaufklärung im Blick."

Zusätzlich müsste es nach Ansicht von R7 und R9 zu einer Änderung der Personalbedarfsberechnung (PEBB§Y) kommen. Diese spiegele nicht die gestiegenen Anforderungen, den gestiegenen Aktenumfang sowie neue Aufgaben wider. Nach R9 müsste man sich auch von dem Gedanken verabschieden, dass eine Besetzung von 90–95 % ausreichend sei: „*Das müsste einfach nur so viel Personal sein, dass man dieses Personal im Dauerbetrieb da hat. Im Dauerbetrieb bedeutet das, dass es nicht zu hundert Prozent, sondern zu etwas mehr als hundert Prozent da sein muss, weil sie halt immer irgendwelche Krankheitsfälle haben oder Leute die auf Fortbildungen gehen oder Ähnliches. Deshalb ist einem mit 95 % schon wieder nicht mehr so gedient. Der Unterschied hört sich jetzt gar nicht mal so groß an, aber dadurch entstehen halt Zeitdrücke. Vor allem kann man mit 95 % auch nicht irgendwelche Rückstände mal abarbeiten.*"

Eine Entlastung der Richter könnte man nach R10[2119] durch eine Abnahme von administrativen Aufgaben erreichen: „*Meine Tätigkeit als Richter ist eigentlich zu 50 % Prozessmanagement, vielleicht nur ¼ juristische Tätigkeit. Ansonsten bin ich die ganze Zeit damit beschäftigt, Zeugen hin und her zu laden, Termine mit Verteidigern zu machen und und und. Der Gutteil des Jobs des Richters ist Prozessmanagement und davon kann man ihn entlasten, was dann dazu führt, dass er sich dann um das kümmern kann, worauf es ankommt, also das Aktenstudium und tatsächlich die Durchführung der Beweisaufnahme.*"

Für eine bessere technische und sachliche Ausstattung plädieren R3, R7, R10. Dies fange bei leistungsfähigen Rechnern (R10[2120]) und Druckern (R3[2121]) an und höre bei nicht genügenden Gerichtssälen (R10) auf.

Daneben sei an die individuelle Einstellung und das Problembewusstsein der Richter zu appellieren (R6 und R10). Dies setze voraus, dass man offen an die Sache herangehe, sich von Vorfeldgedanken befreie, keinen „geistigen Schulterschluss" mit den Ermittlungsbehörden suche, man bereit sei, mal „für die Tonne" zu arbeiten (R6) sowie das Bewusstsein, dass es Besonderheiten des

2119 Angabe von R10 bei Frage 30, Anhang A2.

2120 Angabe von R10 bei Frage 30, Anhang A2.

2121 Diesbezüglich führt R3 exemplarisch aus, dass es ihm nicht möglich gewesen sei, die Einwilligungserklärung für dieses Interview im Gericht einzuscannen und auszudrucken, da ein entsprechendes Gerät nicht vorhanden gewesen sei.

Einzelfalles gäbe, die den Fall einzigartig machen könnten (R10). Den letzten Punkt vertieft R10: *„Menschliches, kriminelles Verhalten ist ja auch oftmals unglaublich langweilig und banal. Dann kann einem schon einmal was durchgehen. Das Wichtigste ist letztlich dem Richter klar zu machen, dass der natürlich fünf mal am Tag das gleiche hören kann […]. Dann kann es sein, dass es fünf mal gelogen ist, aber beim sechsten Mal trifft es vielleicht tatsächlich zu. Um den Fall herauszufinden, muss man ziemlich motiviert sein, das auch noch um 15 Uhr hinzubekommen."*

Zur Schärfung des individuellen Problembewusstseins seien wissenschaftliche Fortbildungen (insbesondere zur Aussagepsychologie) für R6 ausschlaggebend.

2. Vermeidung der modernen Fehlerquellen

Wie kann man Ihrer Ansicht nach gewährleisten, dass Fehlentscheidungen im Zusammenhang mit strafprozessualen Absprachen künftig vermieden werden? (Frage 25)

Im Zusammenhang mit der strafprozessualen Absprache ergibt sich ein weniger homogenes Bild unter den Experten. So sehen R1, R2 und R4 im Hinblick auf die Fehlervermeidung kein Verbesserungspotential, entweder weil die Einhaltung der gesetzlichen Regelungen/der Vorgaben Rechtsprechung eine gewisse „Sperre" gegen Fehlentscheidungen darstelle (R1, so wohl auch R4) oder weil es der Absprache einfach „immanent" (R2) sei, *„[…] dass man Fehlerquellen in Kauf nimmt, aber dafür der Angeklagte einen Abschlag in der Strafe kriegt."* Gesetzgeberische Reformvorschläge werden von den Richtern kaum gefordert. Ein großer Teil der Experten (R1, R3, R5, R8, R10) verweist auf die Notwendigkeit einer sorgfältigen Einhaltung der Aufklärungspflicht (bzw. die Prüfung von Geständnissen). Besondere Anforderungen formuliert R8 für die Prüfung in der Revision: *„Man muss Urteile, die äußerst kurz aussehen, wo letztlich nur als Beweisprogramm die Einlassung des Angeklagten steht, äußerst kritisch betrachten als Revisionsinstanz. Das ist der BGH zwar, aber das könnte man vielleicht noch stärker gesetzlich verankern."*

Auch hier setze eine kritische Überprüfung jedoch ein ausgeprägtes Problembewusstsein bei den Richtern voraus (R3, R6, R10). So müsse sich der Richter stets der möglichen Motive für ein Falschgeständnis vergewissern (R3[2122]).

2122 R3 geht hier auf das Geständnis bei Haftsachen oder zwecks Strafaussetzung zur Bewährung ein.

Auch dürfe sich beim Richter nicht das Bild von „per se“ richtigen Geständnissen verfestigen (R6). Zudem dürfe man keinen zu großen Druck durch übermäßige Anreize schaffen, da dies nur zu einer höheren Verlockung führe (R6). Schließlich müsse beim Gericht das Bewusstsein dafür geweckt werden, dass der Angeklagte bei einer gescheiterten Absprache nicht automatisch härter zu bestrafen sei, sondern das Scheitern auf gute Gründe zurückzuführen sein könnte (R10).

Weitere und vereinzelt genannte Vermeidungsmöglichkeiten sind die Pflicht der Mitwirkung eines Verteidigers bei sämtlichen Absprachen (R6) sowie der Wegfall des Verschlechterungsverbots in der Rechtsmittelinstanz, wenn durch Geständniswiderruf der mildernde Strafzumessungsfaktor entfällt (R7). Nach R9 sei es weiterhin erforderlich, dass die Staatsanwaltschaft mehr Sorgfalt bei der Anklageerhebung an den Tag lege: *„Das ist ja das Problem bei Absprachen, die fußen ja immer auf einer Anklage und da ist eine Tendenz bei der Staatsanwaltschaft zu sehen, das sehe ich aus meiner praktischen Erfahrung, das Maximale anzuklagen, was irgendwie denkbar ist, was man irgendwie noch unter den hinreichenden Tatverdacht bringen könnte. Wenn da manchmal etwas zurückhaltender gearbeitet würde, dann wäre das vielleicht eine bessere Basis für eine Verständigung in dem Sinne, dass das irgendwie dem wahrem Gehalt der Tat näher kommt.“*

Die jüngste Studie von Altenhain et al. kam zum Ergebnis, dass bei vielen Richterinnen und Richtern aufgrund scheinbar unklarer gesetzlicher Regelungen und einer undurchsichtigen Rechtsprechung oftmals Unklarheiten im Umgang mit der Absprache (Dokumentationspflichten) herrschen würden. Wie sehen Sie das und wie kann ggf. für mehr Normklarheit gesorgt werden? (Frage 26)

Bei der Beantwortung dieser Frage bilden sich unter den Experten drei Lager. Das erste Lager sieht bei der Absprache keine Unklarheiten bezüglich der Dokumentations- und Transparenzpflichten (R5 und R6). Beide Experten verweisen darauf, dass man sich nur durch Fortbildungen auf dem Laufenden halten müsse. Nach R6 seien die gesetzlichen Regelungen schon „ganz okay“.[2123]

2123 Im Übrigen stehe ein Verstoß gegen die Dokumentationspflichten laut R6 ohnehin nur in einem mittelbaren Zusammenhang mit der Wahrheitsfindung, sondern betreffe in der Regel nur „formelle Fehler“.

Das zweite Lager sieht große Unklarheiten und eine große Verunsicherung im Umgang mit den Dokumentations- und Transparenzpflichten (R1,[2124] R2, R3, R7,[2125] R8, R9[2126]). Das Problem seien nach R1, R2, R3 und R8 primär die Vorgaben der Rechtsprechung. Dazu R8: „*Die Unsicherheit ist extrem groß. Der BGH und die verschiedenen Senate bringen nur schwer eine klare Linie herein. Das ist vielen Richtern gar nicht mehr klar, wie eine gute Verständigung auszusehen hat, über was man sich verständigen kann. Wir kriegen da ständig Fortbildungen zu, aber das ist so komplex und kompliziert, dass du da drei Tage nach der Fortbildung wieder nachgucken musst, wie das aufzubauen ist.*“

Zum großen Umfang der Dokumentations- und Transparenzvorschriften äußert sich auch R1: „*Das Problem ist weniger die gesetzliche Regelung, als das, was die Obergerichte schon daraus gemacht haben. Wenn Sie Vorgespräche zu einer Verfahrensverständigung gemacht haben, außerhalb der Hauptverhandlung, dann müssen Sie die protokollieren und dann müssen Sie die in der Hauptverhandlung bekanntgeben. Dass die Rechtsprechung jetzt aber beispielsweise entwickelt hat, dass Sie im Grunde aufschreiben müssen, wer hat jetzt eigentlich wo die Initiative ergriffen, wer hat wozu was gesagt, wer hat denn auf was wie reagiert. Wenn sie eine Kammer sind, dann können Sie einen Kollegen nehmen und sagen, dass er protokollieren und auf das alles aufpassen soll. Wenn Sie das als Einzelrichter versuchen, dann sitzen Sie nach dem Gespräch in ihrem Zimmer und versuchen, einen Vermerkt zu schreiben und wissen schon nicht mehr ganz genau, wer hat denn diese Anregung eigentlich gegeben, war das der Staatsanwalt oder der Verteidiger?*“

Die Absprache bringe teilweise keine Arbeitserleichterung mehr (R3, R7), weshalb R7 angibt, keine Absprachen mehr zu machen.

Das dritte Lager (R4 und R10) gibt schließlich an, dass die Unklarheit eher weniger das Problem sei, sondern der hohe Aufwand zu „inneren Widerständen“ (R6) und dazu führe, dass man es schlicht nicht wollen könne.[2127] Aus diesem Grunde komme es nach R10 am Amtsgericht nach wie vor „ununterbrochen“ zu informellen Absprachen. R4 gibt als einziger Experte an, in

---

2124 Nach R1 gebe es auch noch weitere Unklarheiten, z.B. die Zulässigkeit einer Absprache über den Übergang in das Strafbefehlsverfahren, da dies eigentlich eine „Punktstrafe“ sei.

2125 R7 bezeichnet die Dokumentations- und Transparenzpflichten als Ausdruck von „Überregulierung“.

2126 Auch R9 sieht weitere Unklarheiten, insbesondere bezüglich der Zulässigkeit von Absprachen über minderschwere Fälle oder Absprachen im Jugendstrafrecht.

2127 Ähnlich äußern sich auch R5 und R6.

solchen Situationen teilweise gar nicht zu dokumentieren, „was auch Quatsch wäre“: *„Ich habe ja gesagt, ich lasse mir in die Karten gucken und sage, ich könnte mir vorstellen, dass ja das oder das herauskommen könnte. Wenn der Verteidiger dann sagt, er will mal mit seinem Mandanten sprechen, ist die Sache meist erledigt. Da kommt nichts ins Protokoll. Was soll man auch großartig reinschreiben? Ob das im Revisionsfall bestandskräftig wäre, ist eine andere Frage. Aber diesen Fall haben wir nicht. [...]. Das revisionsfest zu machen, da besteht gar kein Bedürfnis, weil der Angeklagte das wahrscheinlich nicht angreifen wird oder höchstwahrscheinlich, eigentlich nie, jedenfalls in der Praxis nicht. Das ist für unser Verständnis das Wichtigere, dass die Sache läuft, dass es funktioniert, dass wir soziale Ergebnisse in justizförmigem Gerüst erreichen. Das ist wichtiger, als dass wir eine formelle Justizförmigkeit erreichen, die sich Wissenschaftler oder BGH-Richter so vorstellen.“*

Um die Anforderungen des Gesetzgebers bzw. der Rechtsprechung aufzuhellen, fordert R1[2128] ein (weiteres) Grundsatzurteil des Bundesverfassungsgerichts: *„Ich würde da ein [weiteres] Grundsatzurteil wünschenswert finden, um einfach zu wissen, ob das, was die Praxis in den letzten Jahren herausentwickelt hat, den Ansprüchen genügt oder nicht.“*

R2 und R9[2129] plädieren hingegen für eine Konkretisierung durch den Gesetzgeber. R3 bevorzugt eine Erweiterung von (wohl verpflichtenden) Fortbildungsmöglichkeiten: *„Es gibt Schulungen über Absprachen im Strafprozess, aber auch hier natürlich wieder absolut freiwillig. Das machen logischerweise halt die Wenigsten.“*

Einen interessanten Alternativvorschlag unterbreitet schließlich auch R8: *„Man könnte ja erst einmal als Kompromiss [zur Aufzeichnung der Hauptverhandlung] finden, dass jedenfalls erst einmal der Teil mit einer Verständigung besser protokolliert wird, mit Tonband oder audiovisuell mit einer Videoaufzeichnung, sodass das Revisionsgericht sich sozusagen den Ablauf einer Verständigung komplett anschauen kann. Natürlich hat man wieder das Problem, dass man auch alle Vorgespräche dokumentieren muss und alles, was auf eine Verständigung hinarbeitet. Das kann ich jetzt nicht alles aufzeichnen, aber vielleicht gibt es da eine Form, dass man jedenfalls den Kern des Ablaufs der Verständigung und jedenfalls das Geständnis aufzeichnet, sodass auch diese reinen Formalgeständnisse nicht mehr möglich sind.“*

2128 Demgegenüber verbleibt R7 mit Zweifeln.

2129 Mit Zweifeln hingegen R3 und R7.

Welche Möglichkeiten sehen Sie, um künftig Fehlentscheidungen im Zusammenhang mit der „großen" Kronzeugenregelung zu verhindern? (Frage 27)

Inhaltliche Angaben zu Vermeidungsmöglichkeiten im Zusammenhang mit der großen Kronzeugenregelung machen lediglich vier Experten.[2130] Nach R3 und R8 dürfe eine Verurteilung niemals allein auf Grundlage der Kronzeugenaussage erfolgen, sondern müsste stets noch durch weitere (objektive) Beweismittel abgesichert werden. Zugleich betont R8 aber, dass man ein solches Erfordernis vorsichtig formulieren müsste, da eine strenge Beweisregel dem Grundsatz freier richterlicher Beweiswürdigung entgegenstehe: *„Man müsste aber auch da eher von der Rechtsprechung noch strengere Anforderungen stellen. Man könnte ja auch einfach sagen, dass bestimmte Kronzeugenangaben in der Regel einfach nicht für den Schuldnachweis genügen […]. Ich würde jetzt keine strenge Beweisregel für richtig halten, aber vielleicht sollte man durch Rechtsprechung diesen Grundsatz ein Stück weit umdrehen und sagen, dass die erhöhten Anforderungen an die Beweiswürdigung regelmäßig auch nur mit weiteren Beweismitteln zu erfüllen sind oder so."*

Einen anderen Ansatz sieht R6 darin, im Ermittlungsverfahren stärker und sorgfältig zu dokumentieren:[2131] *„Ein ganz großes Problem und zwar generell im Ermittlungsverfahren ist, dass viele Dinge so im Hintergrund laufen und der Grundsatz der Aktenklarheit und Aktenwahrheit bei der Polizei nicht so hochgehalten wird, wie er es eigentlich verdient. Das soll heißen, dass Gespräche mit Zeugen eben nicht immer aufgeschrieben werden. Da gibt es zu Vernehmungen Vorgespräche, wo Versprechungen gemacht werden oder Dinge erläutert werden, die völlig undokumentiert bleiben. Das kriegt man dann in der Hauptverhandlung auch nur heraus, wenn man sehr sorgfältig fragt."*

Besonders drastisch äußert sich R10, der alle Kronzeugenregelungen ersatzlos abschaffen möchte: *„Abschaffen! Einfach ersatzlos abschaffen! Das ist eine der größten, unsinnigsten Rechtsinstitute. […]. Und zwar alles abschaffen [Anmerkung: auch die ‚kleinen' Kronzeugenregelungen], weil die Schwächen sind so ausgeprägt, dass der Nutzen, den man sich davon verspricht, eigentlich nicht eintritt."*

2130 Wie schon zuvor, verweisen R1, R2, R4, R5 und R7 auf ihre fehlende Erfahrung im Umgang mit Kronzeugen. R9 sieht hier „nicht so das Problem" und äußert sich daher nicht zur Fehlervermeidung.

2131 Die Pflicht zur sorgfältigen Dokumentation müsse laut R6 ferner durch Sanktionen bei möglichen Verstößen abgesichert werden. Auch verweist er auf „fiktive Kausalitätserwägungen" bei fehlerhaften Dokumentationen im Absprecheverfahren.

Welche Möglichkeiten sehen Sie, um künftig Fehlentscheidungen im Zusammenhang mit dem Strafbefehlsverfahren zu verhindern? (Frage 28)

Auf diese Frage fallen die Antworten erneut sehr vielfältig aus.

R2, R5 und R7 appellieren an die richterliche (und zuvor staatsanwaltschaftliche) Pflicht, den Strafbefehl sorgfältig zu prüfen und nicht zwecks Arbeitserleichterung unkritisch zu unterschreiben. Nach R2 müsse die Prüfung über eine bloß summarische Prüfung hinausgehen: „*Wie gesagt, die gesetzlichen Vorgaben sind da ja etwas laxer und so behandelt man das meistens auch. Aber ich glaube, das kann man wirklich nur, wenn man einen ähnlichen Maßstab an den zu erlassenen Strafbefehl anlegt wie auch an eine Anklage, die man erheben würde. Dann kann man auch Fehler vermeiden.*"

Insbesondere sei es notwendig, dass die besonderen persönlichen und wirtschaftlichen Verhältnisse sorgfältiger abgeklärt werden (R7).[2132]

Um die Gefahr einzudämmen, dass fehlerhafte Strafbefehle überhaupt erst rechtskräftig werden, sprechen sich R1, R8 und R10 (zurückhaltender auch R3[2133]) für eine Verlängerung der Einspruchsfrist aus.[2134] Zwar würde man nach übereinstimmender Meinung damit nicht gänzlich verhindern können, dass fehlerhafte Strafbefehle in Rechtskraft erwachsen, aber immerhin könnte man dadurch bestimmte Fehlerpotentiale ausschließen, wie zum Beispiel bei unverteidigten Angeklagten, Angeklagten mit Sprachproblemen (R1) oder bei urlaubsbedingter Abwesenheit (R8 und R10). Eine Einspruchsfristverlängerung wird hingegen von R2, R5 und R7 abgelehnt, da diese zu einer Verfahrensverlängerung führte (R2), die Frist bereits ausreichend sei (R5) und weil nicht zu erwarten sei, dass eine drei- oder vierwöchige Frist für jemanden mit problematischen Lebensumständen einen Mehrwert bringen würde (R2 und R7). Zum letzten Punkt sagt R2: „*Ich meine auch, dass jemand, der das in zwei Wochen nicht schafft, der schafft das in vier vielleicht auch nicht.*"

Eine Einspruchsfristverlängerung könnte laut R8[2135] und R10 auch von einer weiten Auslegung der Regelungen über die Wiedereinsetzung des Verfahrens

2132 Bei typischerweise auf dem Strafbefehlswege zu erledigenden Delikten seien diese Informationen zwingend schon zum Gegenstand der polizeilichen Vernehmung zu machen.

2133 R3 gibt an, dass er sich eine Einspruchsfristverlängerung vorstellen könne, jedoch sehe er in verfristeten Einsprüchen keinen Fehlerschwerpunkt.

2134 R1 möchte die Frist auf vier Wochen verlängern, R10 auf drei Wochen.

2135 R8 spricht in diesem Zusammenhang vom „Wiederaufnahmerecht", meint aber wohl die Wiedereinsetzung in den vorigen Stand.

flankiert werden. Dieses sei nach Ansicht von R10 momentan „sehr förmlich" und stelle für den Angeklagten eine nicht unerhebliche Hürde dar.

Vereinzelt wird angegeben, dass man fehlerhafte Strafbefehle primär verhindern könnte, wenn man das Strafbefehlsverfahren abschaffen (R9) oder es zumindest eindämmen (R6) würde. Beide Experten weisen jedoch darauf hin, dass es als Instrument beschleunigter Verfahrenserledigung momentan kaum verzichtbar sei. Dazu R9: *„Man müsste es abschaffen, aber das würde den praktischen Bedürfnissen nicht gerecht werden, denn ohne das Strafbefehlsverfahren können wir der Flut an Verfahren gar nicht mehr Herr werden."*

Zu einer Eindämmung des Strafbefehlsverfahrens äußert sich R6 folgendermaßen: *„Ja, weniger Strafbefehle machen. Das ist schon mal das Allerbeste, weil es einfach per se fehlerträchtig ist. Man sollte es auf keinen Fall gezielt in Konstellationen einsetzen, wo ich hoffe, dass der Angeklagte keinen Einspruch einlegt, weil er zu blöd ist oder ich schon sehe, dass der minderbemittelt ist oder überfordert ist und ich dann mal schnell einen Strafbefehl rausschicke in der Hoffnung, dass er das nicht auf die Reihe kriegt, einen Einspruch einzulegen. Solche Überlegungen gibt es tatsächlich."*

Eine Eindämmung würde nach R6 zwangsläufig mit dem Bedürfnis nach einer Aufstockung personeller Kapazitäten einhergehen: *„Aber dann ist das eben die Konsequenz. Dann muss sich der Staat letztlich mal überlegen, wie viel ihm die Strafverfolgung wert ist."*

Alternativ könnte man auch vermehrt von Opportunitätseinstellungen Gebrauch machen oder „unsinnig[en]" „Kleinkram" wie Erschleichen von Leistungen[2136] oder Ladendiebstähle entkriminalisieren.

Da die Gefahr bestehe, dass im Strafbefehlsverfahren die Version des Angeklagten nicht berücksichtigt werden könnte, sei es nach R2 und R7 notwendig, den Angeklagten vor Erlass des Strafbefehls schriftlich und verpflichtend anzuhören. Dies sei zwar in der StPO bisher nicht verpflichtend vorgesehen, sei aber bei R2 gelebte Praxis. Hingegen lehnen R1, R3, R4 und R9 eine verpflichtende Anhörung ab. R2 und R9 geben an, dass in der Praxis bereits rechtliches Gehör gewährt werde, aber der Angeklagten oftmals nicht antworte. Dies geschähe auch bei einer schriftlichen Anhörung. R3 und R4 sind der Ansicht, dass eine Anhörung gegenüber der bestehenden Einspruchsmöglichkeit keinen

2136 So auch R10 bei Frage 14, Anhang A2, der fehlerhafte Strafbefehle beim Erschleichen von Leistungen als „Massenphänomen" bezeichnet, da der Betroffene oftmals nur die Monatskarte vergesse und sich daher die Leistung nicht „erschleiche".

Mehrwert bringen würde. Außerdem wäre damit ein erheblicher Aufwand verbunden (R4, ähnlich auch R9).

Laut R3 könnte man darüber nachdenken, die Möglichkeit der Verhängung von Freiheitsstrafen im Strafbefehlswege abzuschaffen: „*[...] weil natürlich ist es ein Problem, wenn Freiheitsstrafen ohne Hauptverhandlung verhängt werden. Das ist meines Erachtens schon deshalb ein Problem, weil bei einer Bewährungsstrafe es auch eigentlich sinnvoll ist, wenn man ihn darüber persönlich belehrt.*“

Mit §408b StPO sehe das Gesetz allerdings ein „starkes Regulativ“ vor. Gleichzeitig gibt R3 zu bedenken, dass die zur Bewährung ausgesetzte Freiheitsstrafe oftmals eine gute Lösung sei, wenn der Angeklagte unentschuldigt in der Hauptverhandlung fehle: „*Wenn es das Instrument des Strafbefehls nicht gäbe, dann haben sie zwei Möglichkeiten. Das eine ist die polizeiliche Vorführung oder den Haftbefehl. Der Strafbefehl ist natürlich auch eine Möglichkeit für den Angeklagten, der sich der Verhandlung nicht stellt und unentschuldigt fehlt oder sich dem einfach auch nicht stellen will. Die Alternative wäre dann oft, jedenfalls beim zweiten Mal, dass der Haftbefehl kommt. Wir müssten in Deutschland einige Gefängnisse mehr bauen, wenn das nicht so wäre.*“

Um der Überforderung beim Einspruchsverhalten entgegenzutreten regt R6 an, dass man das Strafbefehlsverfahren – ähnlich wie bei einer Einstellung nach § 153a StPO – in Form einer Zustimmungslösung ausgestalten könnte: „*Also, dass man sagt, man schreibt den an, ob er mit einem Strafbefehl einverstanden ist und dann muss der wie bei 153a erst einmal zustimmen und dann kommt erst der Beschluss. [...]. [...] dann würde das die Probleme vielleicht ein bisschen entschärfen, weil man so die Leute kriegt, die das auf dem Schirm haben und sich wehren, wenn sie das wollen.*“

Als weitere Vermeidungsmöglichkeiten werden vereinzelt die Pflicht zur Mitwirkung eines Verteidigers (R1) und die Notwenigkeit „bessere[r] Ermittlungen“ (R10[2137]) genannt.

Sehen Sie sinnvolle Maßnahmen, mit denen sich eine öffentlich-mediale Beeinflussung vom Strafverfahren und von Verfahrensbeteiligten verhindern ließe? (Frage 29)

Einigen Experten fällt es schwer, Möglichkeiten zu nennen, mit denen man einer medialen Beeinflussung von Verfahren und Verfahrensbeteiligten

2137 Konkrete Anknüpfungspunkte benennt R10 hier jedoch nicht. Anders R7, wonach die Abklärung der besonderen persönlichen und wirtschaftlichen Verhältnisse Gegenstand des Ermittlungsverfahrens werden müsse.

begegnen könnte. Nach Ansicht von R2, R3, R7 und R8 könne man aufgrund der Pressefreiheit und des Öffentlichkeitsgrundsatzes nicht viel machen, erst recht nicht gesetzgeberisch. Hierzu repräsentativ R9: „*Da fällt mir nichts ein. Da ist die Presse mit ihrer Pressefreiheit zu wichtig. Die muss überall herein und das wird ja auch immer extremer mit den Öffentlich-Rechtlichen. Da ist einfach die verfassungsrechtliche Aufstellung der Presse extrem stark und da sehe ich keine Möglichkeiten.*“

R4 empfindet eine Eindämmung als nicht wünschenswert: „*Darüber hinaus ist halt die Frage, ob man es denn eindämmen will. Das kann ich gar nicht sagen, dass ich es eindämmen will. Ich finde es ja gut, wenn die Öffentlichkeit dabei ist. Früher hat der Gesetzgeber das so gedacht, dass man eine Hauptverhandlung macht, zu der jeder kommen kann. Das mag in kleinen Gerichten so klappen, dass die Leute da hinkommen und sich das angucken, was das Gericht da zu sagen hat. Heute ist das natürlich Quatsch. Heute kommunizieren wir mit der Welt über die Medien. Das ist unsere einzige Chance, um das auch als Sprachrohr zu benutzen.*“[2138]

Nach Ansicht eines großen Teils der Richter verbleibe nur die Möglichkeit, die Presse für die negativen Folgen von Vorverurteilungen und die Wahrung der Persönlichkeitsrechte zu sensibilisieren (R2[2139] und R3) sowie die ständige und kritische Selbstreflexion auf Seiten des Gerichts und der Staatsanwaltschaft (R4, R5 und R8).

R5, R9 und R10 weisen auf die Notwendigkeit der Beibehaltung eines grundsätzlichen Verbots von Filmaufnahmen in der Hauptverhandlung hin (§ 169 Abs. 1, S. 2 GVG). R10 bezieht hierzu ausführlich Stellung: „*Im Strafverfahren, wo sehr häufig menschliche Schicksale zu sehen sind, da möchte ich nicht, dass das Vergewaltigungsopfer bundesweit in einem ‚Court-Channel‘ ihre Aussage machen muss. […]. Ich möchte auch nicht, dass der Betrüger […] da quer von der Springer-Presse gekreuzigt wird oder dass sich rassistische Ressentiments Bahn brechen, weil es natürlich so ist, dass ein Großteil unserer Angeklagten Ausländer sind.*“

Plakativ äußert sich R5: „*Es ist eine Saalöffentlichkeit, aber auch eine Medienöffentlichkeit, aber nicht eine Fernsehöffentlichkeit.*“

2138 Diesen positiven Einfluss der Medienöffentlichkeit bemerkt auch R3.

2139 Diesbezüglich regt R2 „Leitlinien“ für Presseberichterstattung an, die als ein „moralischer Kompass“ für Journalisten fungieren könnten.

Eine Sperre für mediale Berichterstattung in der Hauptverhandlung fordern R1[2140] und (abgeschwächt) R8.[2141] Dazu R1:[2142] *„Ich würde mir manchmal wünschen, spätestens wenn das Verfahren wirklich in die Verhandlung geht, dass es so eine Art Sperre für die Berichterstattung gibt. Die verhandeln jetzt, solange die jetzt verhandeln, lassen wir die in Ruhe. Ich habe irgendwo mal gehört, dass das wohl in England der Fall sein soll, dass es da quasi bei laufenden Verfahren eine Sperre gibt.“*

Zurückhaltender fällt der Vorschlag von R8 aus: *„Also, dass man das nochmal im DRG festschreibt. Ich würde das nicht wie in den USA mit einer wirklichen Abschirmung machen, aber dass man die Schöffen nochmal über die Gefahren belehrt und das nochmal niederschreibt, dass man sich nicht beeinflussen lassen soll, dass es nochmal so eine Art symbolischen Akt gibt, in dem man beteuert, dass man versucht, sich der medialen und öffentlichen Meinung zu entziehen. Das halte ich einfach für eine kluge Sache, dass man während des Verfahrens nicht gezielt noch Medien zum Verfahren liest.“*

Einer Inszenierung von Verfahrensbeteiligten in den Medien könnte man laut R6 dadurch vorbeugen, dass man auf Seiten des Gerichts und der Staatsanwaltschaft niemals selbst mit der Presse redet. Dies sollte (nur) von Pressesprechern übernommen werden, die als „Puffer“ und „Abschirmung“ fungieren würden. Gerade wenn sich die Staatsanwaltschaft öffentlich äußere, provoziere das nur, dass sich Anwälte und Angeklagte „über die Medien verteidigen“: *„Aber wenn das dann wenigstens durch den Pressesprecher gefiltert wird und nicht der Ermittlungsführer der Staatsanwaltschaft selber noch vor die Kamera tritt, dann sieht das der Verteidiger vielleicht als Wichtigtuerei und als Angriff und dann ist da gleich Aggressivität drin. Wenn die dann in der Hauptverhandlung aufeinander treffen, dann haben die sich schon so persönlich aufeinander eingeschossen, dass ich eigentlich die ganze Hauptverhandlung über damit beschäftigt bin, dass die sich da nicht in meinem Saal prügeln. Es gibt tatsächlich Fälle, in denen ich den Großteil meiner Energie dazu aufwende, um zu verhindern, dass es zu Ausschreitungen in meinem Saal kommt.“*

2140 Angabe von R1 bei Frage 20, Anhang A2.

2141 Diesen Gedanken greift auch R3 auf, verwirft ihn aber als mit Art. 5 Abs. 1, S. 2 GG unvereinbar.

2142 Angabe von R1 bei Frage 20, Anhang A2.

Möchten Sie noch Ergänzungen oder eigene Vorschläge für die Vermeidung sonstiger strafgerichtlicher klassischer oder moderner Fehlerquellen machen? (Frage 30)

Abschließende Ergänzungen machen vier Experten (R2, R3, R4 und R10[2143]). R2 und R3 betonen die Bedeutung von Schulungen und Fortbildungen[2144] für die Richterschaft. Diesbezüglich bedient R2 eine Analogie zur Medizin: *„Das ist aber wie bei einem Arzt: Wer nicht mehr auf dem neuesten Stand der Medizin ist, der wird halt kein guter Arzt sein. So ist dann halt auch der Richter kein guter, wenn er nicht ‚up to date' ist und nicht weiß, was gerade Sache ist."*

Da die Fortbildungen in aller Regel freiwillig ausgestaltet seien, könne allerdings jeder *„sein eigenes Süppchen kochen"* (R2). Ob damit die Forderung einhergeht, dass Schulungen – jedenfalls teilweise – verpflichtend sein sollten, lässt er allerdings offen.

Abschließend appelliert R4 an die persönliche Einstellung eines jeden Richters. Dazu gehöre insbesondere Kommunikationsfähigkeit und -bereitschaft sowie die Bereitschaft, auch mal die eigene Perspektive zu verlassen: *„Davon würde ich mir nicht nur eine bessere Justiz versprechen, sondern auch eine bessere Gesellschaft, was vielleicht ein Synonym ist."*

C. ZUSAMMENFASSUNG UND WÜRDIGUNG

Die zentralen Fehlerquellen identifizieren die Experten auf Ebene der Sachverhaltsfeststellung. Der Mensch an sich sei nach Ansicht der Experten besonders fehleranfällig. Das zeigt sich besonders im Personalbeweis, wobei hier insbesondere auf den Zeugenbeweis eingegangen wird, und bei der gerichtlichen Aufklärung (insbesondere bei der Beweiswürdigung), welcher durch einen Zeitmangel begünstigt werde.

Insgesamt haben die Interviews die Befunde der Vorauswertung hinsichtlich der klassischen Fehlerquellen großteils bestätigt:

Der Personalbeweis wird von den Experten auch heute noch durchweg als fehleranfällig beschrieben. Der Schwerpunkt der Personalbeweisschwäche wird im Zeugenbeweis gesehen und dort beim sich irrenden Zeugen. Besonders

---

2143 Die hier von R10 gemachten Angaben wurden bereits oben bei Frage 22 dargestellt.

2144 Während R3 hier eine Ausweitung von Fortbildungsmöglichkeiten im Zusammenhang mit (Aussage-)Psychologie und Verfahrensabsprachen fordert, grenzt R2 die Forderung nach erweiterten Schulungen thematisch nicht ein.

häufig wird auf Erinnerungslücken hingewiesen, die durch eine lange Verfahrensdauer entstehen. Nur wenige Richter geben eigene Erfahrungen mit falschen Geständnissen an. Während der Großteil der Richter das Fehlerpotential jedoch abstrakt erkennt, wird die Gefahr teilweise jedoch als geringer eingeschätzt. Bemerkenswert ist die Aussage von R4:[2145] *„Ich würde behaupten, ich habe noch nie ein Falschgeständnis [...] erlebt. Ich würde es auch nicht ablegen und das auch als Angeklagter ablehnen."* In dieser Einschätzung bestätigt sich die in der Vorauswertung geäußerte Vermutung, dass eine kritische Prüfung des Geständnisses in Einzelfällen noch immer unterlassen werden könnte, weil teilweise die Vorstellungskraft fehlt, warum und aus welchen Motiven ein Angeklagter überhaupt falsch gestehen könnte.

Das Gefahrenpotential für gerichtliche Aufklärungsfehler wird von den allermeisten Richtern anerkannt. Teilweise variiert jedoch auch hier die Relevanzzumessung. In diesem Zusammenhang sticht die Aussage von R5[2146] heraus: *„[...] wenn man den Job ernst nimmt, [ist] die Gefahr relativ gering [...]"*. Worin jedoch eine große Einigkeit besteht, ist die Begünstigung von Aufklärungsfehlern durch einen großen Zeitdruck (insbesondere am Amtsgericht) bei der Bearbeitung der Fälle. Dabei sei der Zeitdruck nicht zwingend auf ein wachsendes Verfahrensaufkommen zurückzuführen, sondern viel mehr auf die Zunahme umfangreicher Verfahren, Personalknappheit (entlang der gesamten Ermittlungskette) und auf die Personalbedarfsberechnung.

Hinsichtlich der vermuteten modernen Fehlerquellen sehen sich die Erkenntnisse der Vorauswertung nicht durchweg, jedoch überwiegend bestätigt:

Die strafprozessuale Absprache wird von den meisten Experten sehr kritisch eingeschätzt. Das größte Fehlerpotential manifestiert sich nach Ansicht der meisten Experten und in Übereinstimmung mit der Vorauswertung in der Abgabe von Falschgeständnissen zwecks Strafmilderung. Zwar geben bis auf R4 alle Richter ausdrücklich an, die Geständnisse stets kritisch zu prüfen. Bemerkenswert ist auf der anderen Seite jedoch, dass einige Richter darauf hinweisen, dass eine kritische Geständnisprüfung bei anderen Richtern (am Amtsgericht) nicht immer stattfinde. So führt R8[2147] aus: *„Beim Amtsgericht gibt es Fälle, muss ich ihnen sagen, die in 30 Minuten erledigt werden durch eine Verständigung. Da findet eigentlich keine Beweisaufnahme mehr statt. [...]. Solche Deals finden an deutschen Amtsgerichten statt und da wird auch das nicht noch*

2145 Angabe von R4 bei Frage 8a, Anhang A2.
2146 Angabe von R5 bei Frage 5, Anhang A2.
2147 Angabe von R8 bei Frage 8a, Anhang A2.

einmal kritisch überprüft.". Teilweise bestätigt sich auch die Vermutung, dass diese Absprachen insbesondere bei komplexen Verfahren mit komplizierter Beweislage beliebt sind.[2148] Wenn aber eine Absprache eingegangen wird, um in komplizierten Verfahren zu einer schnellen Erledigung zu kommen, dann liegt die Vermutung nahe, dass dann keine sorgfältige Geständnisprüfung stattfinden könnte. Schon in der Vorauswertung wurde Subsumtionsfehlern keine überragende Bedeutung zugeschrieben. Die Experten sehen in ihnen überwiegend sogar kein Spezifikum der Absprache. Eine größere Relevanz weisen nach Ansicht der Befragten jedoch Strafzumessungsfehler auf, nämlich dann, wenn der Strafrabatt zu groß sei und die Strafe infolgedessen nicht mehr tat- und schuldangemessen erscheine. Während die weit überwiegende Mehrheit die Strafen zwar als zu milde empfindet, sieht ein Teil darin jedoch keinen Fehler. Auf einen interessanten Punkt weist schließlich R8 hin, wonach die Gefahr von Fehlentscheidungen im Absprachevefahren insgesamt steige, wenn die Absprache illegal getroffen werde, weil bei einer formellen Absprache das Verbot des Rechtsmittelverzichts gelte. Die Bedeutung dieses Fehlerpotentials konnte in der Vorauswertung nicht beurteilt werden. Einen Anhaltspunkt zur Beurteilung dieser Fragen bieten die die informelle Absprachen einräumenden Angaben von R4 und R10. Insbesondere die Selbstverständlichkeit, mit der R4[2149] einräumt, dass es am Amtsgericht „häufig" zu informellen Absprachen komme und er persönlich diese Gespräche als *„oft auch gar nicht protokollierungsbedürftig"* empfinde bzw. er die Protokollierungspflicht an anderer Stelle sogar als „Quatsch" bezeichnet, lässt vermuten, dass es sich bei der Umgehung des Verbots des Rechtsmittelverzichts um ein nicht unerhebliches Fehlerpotential handelt.[2150]

2148 So Angabe von R2 bei Frage 8a, Anhang A2: *„Die Gefahr ist auf jeden Fall da, weil man Absprachen meistens in Verfahren trifft, die wirklich auch etwas komplexer sind, wo wir keine einfache Beweislage haben, wo es meistens auch um etwas mehr geht."*

2149 Angaben von R4 bei Frage 8, Anhang A2. Dass „die Sache läuft", sei wichtiger, *„[...] als dass wir eine formelle Justizförmigkeit erreichen, die sich Wissenschaftler oder BGH-Richter so vorstellen."*, Angabe von R4 bei Frage 26, Anhang A2.

2150 Die Aussage von R4, „dass die Sache läuft", sei wichtiger, *„[...] als dass wir eine formelle Justizförmigkeit erreichen, die sich Wissenschaftler oder BGH-Richter so vorstellen"*, könnte zudem darauf hinweisen, dass die defizitäre Umsetzung von Protokollierungs- und Transparenzvorschriften teilweise weniger am mangelnden Verständnis, sondern an mangelnder Bereitschaft liegen könnte, Angabe von R4 bei Frage 26, Anhang A2.

In den Interviews bestätigt sich das vermutete „Schattendasein" der großen Kronzeugenregelung. Lediglich fünf Experten geben an, bereits Erfahrung im Umgang mit Kronzeugen zu haben. Die Mehrheit der Angaben machenden Experten sieht das größte Fehlerpotential in der (zumindest abstrakten) Gefahr falscher Drittbezichtigungen, welche durch die Verlockung der Strafmilderung begünstigt werde. Überdies sei die Pflicht zur besonders kritischen Beweiswürdigung nach R8[2151] nicht als Überprüfungsmaßstab geeignet. Hingegen sieht R9[2152] in der falschen Drittbezichtigung nur ein theoretisches Problem, welches von Strafverteidigern als Schutzbehauptung suggeriert werde. Vereinzelt wird auf die Möglichkeit von Strafzumessungsfehlern hingewiesen. Hier zeigt sich – bis auf die Gefahr, dass der Kronzeuge, im Falle einer Strafmilderung und anschließender Berufung auf sein Schweigerecht im Verfahren des Denunzierten, die Strafmilderung „ohne Gegenleistung" erhalten könnte – eine gewisse Parallele zu möglichen Strafzumessungsfehlern bei der Absprache. Zwar empfindet die Mehrheit der Angaben machenden Richter die Strafen unter Umständen als milde/zu milde, darin sei nach Ansicht einiger jedoch kein Fehler zu sehen.

Besonders fehleranfällig ist nach Schilderungen der Richter das Strafbefehlsverfahren. In Übereinstimmung mit der Vorauswertung stellt die sich hier manifestierende klassische Fehlerquelle der Aufklärungsfehler ein besonderes Fehlerpotential dar. Durchweg wird der Sorgfaltsmaßstab bei der Prüfung im Strafbefehlsverfahren – mit Hinweis auf den vorläufigen Charakter, die summarische Prüfung oder die Einspruchsmöglichkeit – als gering eingeschätzt. Bemerkenswert ist, dass alle Strafrichter, die am Amtsgericht mit Strafbefehlsverfahren befasst sind, angeben, dass sie den Strafbefehl selbst allerdings stets sorgfältig prüfen würden. Gleichwohl gebe es nach Ansicht von Strafrichtern des Landgerichts (R6, R8, R10[2153]) Kollegen, die einen staatsanwaltschaftlichen Antrag tatsächlich „blind" unterschreiben würden. Ob die Prüfungspraxis der befragten Amtsrichter tatsächlich der eigenen Schilderung entspricht bzw. entsprechen kann, kann aufgrund sich teilweise widersprechenden Angaben

---

2151 Angabe von R8 bei Frage 12, Anhang A2; ähnlich auch R3 bei Frage 12, Anhang A2.

2152 Angabe von R9 bei Frage 8a, Anhang A2.

2153 *„Es gibt tatsächlich ganz viele Kollegen, die Strafbefehle blind unterschreiben und einfach so ‚Der kann sich ja wehren, dann gucke ich mir das an.' Das ist erst einmal ein Angebot, der Täter weiß ja, was passiert ist"*, Angabe von R10 bei Frage 12, Anhang A2; ähnlich auch die Angaben von R6 und R8 bei Frage 12, Anhang A2.

bezweifelt werden. Gab R1 auf Frage 8c zunächst an, den staatsanwaltschaftlichen Antrag auf Erlass eines Strafbefehls stets „ganz genau" zu prüfen, führte er nur wenige Sekunden später aus: *„Also ich hatte es Ihnen ja vorhin schon gesagt, Prüfung bis zum Erlass des Strafbefehls, 35 Minuten. So lange sitze ich in vielen [Haupt-]Verfahren schon, um allein die Personalien abzuprüfen."* Mit Hinweis auf den vorläufigen Charakter sieht auch R4[2154] einen geringeren Sorgfaltsmaßstab gerechtfertigt: *„Das [Anmerkung: der Strafbefehl] erhebt aber auch nicht den Anspruch, dass es die reine Wahrheit ist wie beim Urteil. Beim Urteil muss ich dem Angeklagten ins Gesicht sehen und ihm sagen, dass er mich angelogen hat und dass das Quatsch ist, möge mich der Blitz treffen, wenn es anders ist. Beim Strafbefehl kann ich das nicht sagen."* Neben der unkritischen Prüfung machen die Experten vor allem das Einspruchsverhalten des Beschuldigten als Fehlerpotential aus. Der Schwerpunkt wird diesbezüglich jedoch nicht in verfristeten, sondern in gar nicht erst eingelegten Einsprüchen gesehen. Als häufigsten Grund für einen fehlenden Einspruch werden prekäre persönliche Lebensumstände ausgeführt, gefolgt von intellektuellen und sprachlichen Verständnisproblemen. Die Nichteinlegung eines Einspruchs könne im Einzelfall auch das Ergebnis einer Abwägung zugunsten von einem Ersparnis an Zeit, der öffentlichen Hauptverhandlung oder des Risikos einer reformatio in peius sein. Fünf Experten sehen auch in der nicht erkannten Schuldunfähigkeit ein bereits vermutetes Fehlerpotential des Strafbefehlsverfahrens, welches damit zusammenhänge, dass man keinen persönlichen Kontakt zum Angeklagten habe und sich eine Schuldunfähigkeit nicht zwingend aus den Akten ergebe. Bemerkenswert ist zudem eine Aussage von R2,[2155] wonach auch objektive Anhaltspunkte keine Gewähr für die Abklärung der Schuldfähigkeit bieten würden: *„Ich kenne das aber bei Kollegen, dass man das nicht macht, wenn es vielleicht nur ein klitzekleines Delikt ist und man an die große Frage der Schuldfähigkeit nicht herantreten will, weil es ja unter Umständen auch Konsequenzen haben könnte, nämlich eine Maßregel."* Drastischer als noch in der Voruntersuchung vermitteln die Experteninterviews Fehler im Ermittlungsverfahren als ein gewichtiges Fehlerpotential für das Strafbefehlsverfahren: *„Gerade diese Masseverfahren will man ja mit dem Strafbefehl erledigen, weil die es irgendwie nicht wert sind, weil es eben Bagatellen sind, für die man sich kein Bein ausreißen will, wo man meint, dass man dafür jetzt auch keine Hauptverhandlung machen muss. Das sind aber auch typischerweise die Verfahren, die schon im Ermittlungsverfahren nicht so*

2154 Angabe von R4 bei Frage 8c, Anhang A2.
2155 Angabe von R2 bei Frage 14, Anhang A2.

ganz liebevoll behandelt wurden. Quasi die Fehler, die die Ermittlungsbehörden gemacht haben oder die Unklarheiten, die werden dann eins zu eins ins Urteil transportiert."[2156] Fehler auf Ebene der Rechtsanwendung – z.B. eine falsche Tagessatzhöhe oder die Verhängung einer Freiheitsstrafe gegen Heranwachsende im Strafbefehlswege – spielen nach Schilderungen der Experten lediglich eine untergeordnete Rolle und finden nur vereinzelt Erwähnung.

Im Hinblick auf die Medienöffentlichkeit bestätigen die Interviews die Erkenntnisse der Voruntersuchung nur teilweise. Auch wenn eine große Medienöffentlichkeit nur von zwei Richtern (R4 und R5)[2157] explizit als Fehlerquelle des Strafverfahrens bezeichnet wird und einige Experten vereinzelt auch auf die positiven Aspekte medialer Prozessbegleitung hinweisen,[2158] geben alle Experten (außer R10) an, dass sich eine massenmediale Begleitung des Verfahrens (insbesondere) verzerrend auf den Personalbeweis, in Form der Beeinflussung von Zeugen und vom Angeklagten, auswirken könnte. Das größte Fehlerpotential der Medienberichterstattung kann nach den Aussagen einiger Experten darin gesehen werden, dass der Konsum von Vorfeldberichterstattung zu einer Beeinflussung des Verhaltens der Verfahrensbeteiligten oder zu einer Verzerrung des Aussageinhalts bei einer Aussageperson führen könnte.[2159] Hier werden von einigen Richtern entweder unbewusste Falschaussagen aufgrund von Suggestion durch die Medienberichterstattung oder bewusste Falschaussagen aufgrund einer Anpassung an eine medial vermittelte Erwartungshaltung befürchtet.[2160] Etwas weniger Gewicht messen die Experten dem Fehlerpotential zu, dass die Medienanwesenheit in der Hauptverhandlung selbst einen verzerrenden Einfluss auf die Verfahrensbeteiligten haben könnte. Gleichwohl könnte die Anwesenheit in der Hauptverhandlung dazu führen, dass eine Aussage bewusst verfälscht wird: „*Entweder gibt es welche, die sich entweder scheuen, dass irgendetwas von dem, was sie sagen oder wie sie aussehen oder wie*

2156 Angabe von R6 bei Frage 8c, Anhang A2.

2157 Angaben von R4 und R5 bei Frage 16, Anhang A2; ähnlich jedoch auch R6 bei Frage 8d, Anhang A2.

2158 Angabe von R5 bei Frage 21, Anhang A2; Angabe von R8 bei Frage 8d, Anhang A2; Angabe von R9 bei Frage 21, Anhang A2.

2159 Eine solche Gefahr bestehe nach Angaben von R2, R6, R7, R8, R9 bei Frage 8d, Anhang A2 jedoch primär bei längeren Verfahren oder Prominentenverfahren.

2160 „*Auch da ist vor allem das Problem bei einer mehrtägigen Verhandlung, dass es da schwierig ist, wenn ein Zeuge lesen kann, was vielleicht ein anderer Zeuge am Tag zuvor gesagt hat. Das ist ein Problem, da das ja gerade nicht passieren soll*", Angabe von R3 bei Frage 8d, Anhang A2.

sie auftreten, irgendwie kommentiert werden könnte und dann gibt es die anderen, die sich produzieren, weil sie gerade das ganz toll finden."[2161] Eine besondere Gefahr der Entscheidungsbeeinflussung sieht die Mehrzahl der Experten bei Schöffen, da diesen – anders als Berufsrichtern – die professionelle Distanz fehle. Abstrakt sieht ein großer Teil der Experten auch die Gefahr der Beeinflussung von Richtern. Anders verhält es sich hingegen bei den Angaben der Richter bezüglich ihrer eigenen Beeinflussbarkeit. Während fast alle Richter angeben, durch eine gezielte Verfolgung ihrer Verfahren in den Medien oder durch ein Pressebriefing mit Vorfeldberichterstattung in Kontakt zu geraten (Frage 18), halten lediglich drei Richter eine eigene Beeinflussung für denkbar, fünf schließen diese ausdrücklich aus. Neben der Angabe, dass es am Amtsgericht typischerweise keine große Medienberichterstattung gebe, berufen sich die Richter hier teilweise auf ihre Professionalität und Routine.[2162] Insbesondere der Gefahr, dass es aufgrund von (Vorfeld-)Medienberichterstattung zu gerichtlichen Aufklärungsfehlern (in Form von Fehlern bei der Beweiserhebung und -würdigung) kommen könnte, wird nicht die Relevanz zugemessen, die sich aus der Vorauswertung ergibt. Ob dies der praktischen Realität entspricht, ob die Aussagen Ausdruck von Selbstüberschätzung oder tatsächlicher Sensibilisierung sind, kann sicherlich nicht abschließend beurteilt werden. Es liegt in der Natur der Sache, dass man eine unbewusste Beeinflussung nicht bewusst wahrnehmen kann. Die Tatsache, dass eine größere Anzahl an Richtern die abstrakte Gefahr der Beeinflussung von (anderen) Richtern sieht, aber nur eine geringere Anzahl die (abstrakte) Gefahr einer eigenen erkennt, ist jedoch bemerkenswert. Erstaunlich ist auch, dass ein großer Teil die eigene Beeinflussbarkeit mit Hinweis auf die eigene Professionalität ablehnt, während an anderer Stelle teilweise die mangelnde psychologische Ausbildung gerügt wird. Aus der Ablehnung der eigenen Beeinflussbarkeit generell schlusszufolgern, dass gerichtliche Aufklärungsfehler als Folge der Medienberichterstattung nicht vorkämen, wäre daher verfehlt. Abstrakt wird auch von jeweils vier Richtern die Gefahr einer möglichen Entscheidungsverzerrung durch eine massive Medienberichterstattung angegeben, und zwar derart, dass sie Auswirkungen auf die Strafhöhe oder sogar auf die Beurteilung der Schuldfrage haben könnte. Im Bezug auf das Ermittlungsverfahren wird nur vereinzelt auf das Gefahrenpotential von

2161 Angabe von R1 bei Frage 8d, Anhang A2; ähnlich die Angabe von R6 bei Frage 8d, Anhang A2.

2162 Vgl. dazu R10 bei Frage 19, Anhang A2, der von der „Teflon-Robe" spricht, an der alles abpralle.

Ermittlungsfehlern eingegangen, wenn die Ermittlungsbehörden unter dem hohen Druck stehen sollten, „*Ergebnisse zu produzieren.*“[2163] Auf ein interessantes Fehlerpotential, welches in der Vorauswertung nur in Ansätzen Erwähnung fand, weisen zwei Experten hin, welche insbesondere bei Ermittlungsrichtern das Gefahrenpotential sehen, dass mediale personenbezogene Kritik sich (fehlerhaft) auf Entscheidungen im Ermittlungsverfahren (z.B. Haftentscheidungen) auswirken könnte.[2164] Bezüglich einer Strafprozessführung über Medien ergibt sich ein geteiltes Bild. Während ein Teil diese für grundsätzlich legitim hält, ein anderer Teil eine vermittelnde Position einnimmt,[2165] lehnt ein weiterer Teil diese (teilweise) mit Hinweis auf den vorverurteilenden Charakter und die Beeinflussung von Verfahrensbeteiligten ab. Ein Richter berichtet aus seiner eigenen Praxis von einem Fall, in dem eine Strafprozessführung über Medien einer Vorverurteilung gleichgekommen sei.[2166]

Um der Personalbeweisschwäche entgegenzutreten, befürwortet eine große Mehrheit die elektronische Aufzeichnung der (ersten) Vernehmung im Ermittlungsverfahren. Weniger Experten sprechen sich hingegen – mit Hinweis auf die schwierige Vereinbarkeit mit dem Revisionsrecht und teilweise aufgrund eines Mehraufwandes – auch für eine generelle Aufzeichnung der gesamten Hauptverhandlung aus. Vereinzelt regen die Experten eine Förderung von Schulungen und Weiterbildungen im Bereich der Aussagepsychologie an, um die Erkennbarkeit von Falschaussagen und -geständnissen zu steigern. Weitgehende Einigkeit besteht bei der Forderung nach Reduzierung des Zeitdrucks bzw. der Arbeitslast durch eine deutliche Aufstockung der justiziellen Personaldecke, um gerichtliche Aufklärungsfehler zu minimieren.

Zur Vermeidung von Fehlern im Abspracheverfahren sehen die Experten einerseits ihren eigenen Berufsstand in der Pflicht, der Prüfpflicht sorgfältig nachzukommen und sich des Fehlerpotentials bewusst zu sein. Andererseits wird vereinzelt das Bedürfnis gesehen, dass der Gesetzgeber oder das Bundesverfassungsgericht Unklarheiten bei den unübersichtlichen Dokumentations- und

---

2163 Angabe von R6 bei Frage 16, Anhang A2.

2164 Angaben von R8 und R10 bei Frage 19, Anhang A2.

2165 So hält R6 eine Strafprozessführung über Medien jedenfalls dann nicht für legitim, wenn sie von den Strafverfolgungsbehörden betrieben wird, Angabe von R6 bei Frage 20, Anhang A2. An anderer Stelle (Frage 17) deutet R6 an, dass eine solche heute nicht mehr zwangsläufig über die klassischen Medien geführt werde, sondern auch über die sozialen Medien, indem er die Tätigkeit der Staatsanwaltschaft auf Twitter kritisiert.

2166 Angabe von R10 bei Frage 20, Anhang A2.

Transparenzpflichten aufhellen müsse. Zur Vermeidung von Fehlentscheidungen im Zusammenhang mit Kronzeugenaussagen sprechen sich einige (von den hier Angaben machenden) Experten dafür aus, dass eine Verurteilung niemals allein auf eine Kronzeugenaussage gestützt werden dürfe, sondern stets eine Absicherung durch weitere (objektive) Beweismittel nötig sei. Ein Experte fordert die gänzliche Abschaffung aller Kronzeugenregelungen.[2167] Die richterlichen Vorschläge zur Bekämpfung fehlerhafter Strafbefehle fallen sehr unterschiedlich aus. Die meistgenannten Ansätze sind eine Verlängerung der Einspruchsfrist (vier Experten), die richterliche Sensibilisierung zur Vornahme einer kritischen Überprüfung (drei Experten) und die Einführung einer verpflichtenden Anhörung vor Erlass des Strafbefehls (zwei Experten). Vereinzelt werden eine weite Auslegung der Wiedereinsetzungsregelungen und eine Einschränkung der praktischen Anwendung angeregt. Besonders schwer tun sich die Experten bei der Formulierung von Möglichkeiten, eine mediale Verfahrens(beteiligten)beeinflussung zu verhindern. Mit Hinweis auf eine geringe Einschätzung des Gefahrenpotentials, auf fehlende praktische Erfahrung oder auf die verfassungsmäßige Garantie der Pressefreiheit äußern sich hier nur wenige Experten. Die Mehrheit der Angaben machenden Richter verweist hier auf die Notwendigkeit einer Sensibilisierung von Presse und Justiz. Drei Richter weisen auf die Notwendigkeit einer grundsätzlichen Beibehaltung des § 169 Abs. 1, S. 2 GVG hin. Vereinzelt wird eine Art „Mediensperre“ für laufende Verfahren gefordert.

Welche Aussagekraft kommt den gesammelten Erkenntnissen der Interviews nun zu? Die Aussagekraft der vorliegenden Studie könnte aufgrund einiger Limitationen[2168] etwas in Frage stehen. Zunächst einmal ist die Stichprobe, bestehend aus zehn Experten, recht klein. Wie bereits dargestellt, zielte die Erhebung jedoch nicht auf die Sammlung repräsentativer, nummerischer Daten in der Breite, sondern auf die Erlangung von Informationen über detaillierte Erfahrungsberichte, individuelle Arbeitsweisen und persönliche Einstellungen in der Tiefe ab. Die Untersuchung hat somit gar nicht den Anspruch eine abschließende und allumfängliche Gesamtaussage zu treffen. Eine andere Limitation könnte sich allerdings aus der konkreten Wahl der Interviewpartner ergeben. Es wurde bereits darauf hingewiesen, dass der Bearbeiter zunächst

2167 *„Abschaffen! Einfach ersatzlos abschaffen! Das ist eine der größten, unsinnigsten Rechtsinstitute.“*, Angabe von R10 bei Frage 27, Anhang A2.

2168 Auf die möglichen Verzerrungsfaktoren des Telefongesprächs und der Audioaufnahme wurde bereits in **Kap. 5. A. II. 6.** hingewiesen.

nur mit den Forschungsstellen der Gerichte in Kontakt getreten ist. Da die Forschungsstelle des Amtsgerichts Tiergarten gezielt potentielle Interviewpartner ansprach, die möglicherweise „über den Tellerrand hinausschauen" könnten und das Landgericht Berlin eine Rundmail an alle Richter sendete, auf die sich interessierte Richter melden konnten, besteht die Möglichkeit, dass es sich bei den akquirierten Experten durchweg um Richter handeln könnte, die entweder über ein besonderes Fehlerbewusstsein verfügen oder sich besonders für das Thema der Fehlentscheidungen interessieren.[2169] Ob sich diese Möglichkeit auf die inhaltlichen Angaben der Interviews ausgewirkt hat, kann nicht sicher beurteilt werden. Jedenfalls erhärtete sich nicht der Eindruck. Während einige Experten bereits bei der offenen Eingangsfrage nach den zentralen Fehlerquellen des Strafverfahrens minutenlange und ausführliche Angaben zu einer ganzen Latte an Fehlerquellen machen (so z.B. R10), nennt R7 hier sehr allgemeingültig und knapp die *„fehlende Rechtskenntnis und fehlerhafte Anwendung der Rechtskenntnis."* Während die meisten Richter problematische Lebensumstände o.Ä. als Grund für verfristete oder unterlassene Einsprüche im Strafbefehlsverfahren angeben, sagt R5, dass dies das „eigene Verschulden" des Angeklagten sei. Während R6 davon berichtet, dass er sich auch privat mit dem Thema der Fehlentscheidungen auseinandergesetzt habe, gibt R4 im Vorgespräch selbstsicher an, in seiner jahrzehntelangen Berufserfahrung noch nie eine Fehlentscheidung getroffen zu haben. An der Person von R4 ist aber ersichtlich, dass deshalb nicht ein generell geringes (oder hohes) Fehlerbewusstsein beschieden werden kann, sondern es vielmehr punktuell und graduell unterschiedliche Ausprägungen gibt. Während er angibt, noch nie ein falsches Geständnis erlebt zu haben und sich dies auch nicht vorstellen könne, offenbart sich jedoch bei der Eingangsfrage eine hohe Sensibilisierung, wenn er ausführt, dass es „nichts Sicheres" gebe, auch keine Sachbeweise, sondern die *„blinde Gläubigkeit in technische Beweismittel"* eine zunehmende Fehlerquelle sei. Aus den Interviews ging in der Gesamtschau daher hervor, dass man keinem Experten ein durchweg und grundsätzlich niedriges oder hohes Fehlerbewusstsein attestieren kann. Der Grad des Fehlerbewusstseins variiert vielmehr von Experte zu Experte. Darüber hinaus kann auch beobachtet werden

2169 Zudem war es bei Stellung der Forschungsanfrage an die Gerichte nötig, den Interviewleitfaden beizufügen. Dieser wurde anschließend gerichtsintern und vorab an die Interviewteilnehmer weitergeleitet, sodass die Möglichkeit einer individuellen Vorbereitung bestand. Ob diese im Einzelfall (von jedem) genutzt wurde, kann nicht hinreichend beurteilt werden.

wie das Fehlerbewusstsein einzelner Experten, je nach persönlicher Erfahrung, zu einem Punkt sehr viel höher oder sehr viel niedriger als zu einem anderen Punkt ausfällt. Soweit ersichtlich hat sich die mögliche Limitation der Teilnehmerauswahl nicht beeinträchtigend auf die Interviews ausgewirkt.

Kapitel 6: Möglichkeiten der Vermeidung strafgerichtlicher Fehlentscheidungen und Reformvorschläge

Das folgende Kapitel beschäftigt sich mit der Diskussion unterschiedlicher Möglichkeiten, um strafgerichtliche Fehlentscheidungen künftig zu vermeiden oder zumindest zu minimieren. Aus der bisherigen Arbeit hat sich ergeben, dass es eine Vielzahl schwer überschaubarer und potentieller Fehlerquellen gibt. Daher soll mit Blick auf die Vorauswertung und die Experteninterviews an die modernen Fehlerquellen und die sich in ihnen (z.T.) manifestierenden Elemente klassischer Fehlerquellen angeknüpft werden. In einem ersten Schritt werden daher Möglichkeiten der Fehlervermeidung im Hinblick auf die Personalbeweisschwäche und gerichtlichen Aufklärungsfehler diskutiert (**Kap. 6. A.**), bevor in einem zweiten Schritt eine Diskussion zu den Vermeidungsmöglichkeiten spezifischer Gefahren für die materielle Wahrheitsfindung bei der strafprozessualen Absprache, der großen Kronzeugenregelung, dem Strafbefehlsverfahren und der Medienöffentlichkeit (**Kap. 6. B.**) stattfindet.

A. VERMEIDUNG DER KLASSISCHEN FEHLERQUELLEN DER PERSONALBEWEISSCHWÄCHE UND DER GERICHTLICHEN AUFKLÄRUNGSFEHLER

Der Begriff der Vermeidung ist im Folgenden weit zu verstehen. Fehlentscheidungen sind in der Geschichte der Justiz schon immer und überall auf der Welt vorgekommen und werden es wohl auch immer tun. Es ist nur natürlich, dass dort, wo Menschen miteinander interagieren, streiten und urteilen Fehler passieren können. Da es eine sichere Fehlerlosigkeit daher nicht geben kann, ist unter dem Begriff der Fehlervermeidung in erster Linie eine Fehlerminimierung zu verstehen. Weiterhin beinhaltet der Begriff der Vermeidung ein präventives Element. Das Aufkommen gewisser Gefahrenmomente wird sich nie gänzlich verhindern lassen. Auch bei stets perfekter Ermittlungsarbeit und Vernehmung würden weiterhin falsche Geständnisse und Zeugenaussagen getätigt werden. Die hier diskutierten „Vermeidungsmöglichkeiten" können daher auch Ansätze enthalten, um eine nachträgliche Erkennbarkeit oder Korrektur von Fehlern zu fördern.

I. Anknüpfungspunkt Personalbeweisschwäche

1. *Schärfung des Fehlerbewusstseins für den Personalbeweis*

Unabdingbare Voraussetzung für die Eindämmung der Gefahren der Personalbeweisschwäche (Falschgeständnisse, falsche Zeugenaussagen, Falschbelastungen von Mitschuldigen/Mitbeschuldigten/Mitangeklagten, etc., siehe ausführlich schon **Kap. 3. A.**) ist das Bewusstsein um ihre Existenz, Entstehungsgründe, Motive und begünstigenden Umstände.[2170] Zwar trifft diese Aussage auch auf das Phänomen von Fehlentscheidungen und Fehlurteilen im Allgemeinen zu,[2171] gilt aber beim Personalbeweis in besonderem Maße. Die Vorauswertungen haben insbesondere bei Falschgeständnissen auf eine beschränkte Sensibilisierung und das Fortbestehen eines veralteten Bildes von der *„Königin unter den Beweismitteln"* hingewiesen (vgl. dazu bereits **Kap. 3. A. I. 3.**).[2172] Entsprechendes Wissen und eine Sensibilisierung muss durch Schulungen und Fortbildungen von Vernehmungspersonen und den Personen, welche die Zeugenaussage oder das Geständnis beurteilen (d.h. von Polizei, Staatsanwaltschaft und Gericht) vermittelt werden.[2173] Ein diesbezügliches Defizit scheint insbesondere bei den Juristen zu bestehen. Während der Schwerpunkt der juristischen Ausbildung (sowohl im Studium als auch im Referendariat) in der Gesetzesanwendung und Rechtsfolgenanordnung besteht, werden fehlerspezifische Kenntnisse hinsichtlich der Sachverhaltsaufklärung praktisch kaum vermittelt.[2174] Solches Wissen muss sich der Jurist regelmäßig später im Berufsleben selbst aneignen, was ein unhaltbarer Zustand ist.

2. *Aussagepsychologische Ausbildung der Verfahrensbeteiligten*

Wie soeben bereits angedeutet, mangelt es (insbesondere) den Juristen, d.h. den Staatsanwälten und Richtern jedoch nicht nur an einer theoretischen Vermittlung fehlerspezifischen Wissens, sondern auch an einer hinreichend interdisziplinären Ausbildung im Bereich der Aussagepsychologie, Forensik

2170 Vgl. *Drews*, Die Königin unter den Beweismitteln?, S. 261 f.

2171 Vgl. *Böhme*, Das strafgerichtliche Fehlurteil, S. 273.

2172 Dies klang teilweise auch im Rahmen der Experteninterviews bei einem Richter an. So äußerte sich R4 bei Frage 8a, Anhang A2 folgendermaßen: *„Ich würde behaupten, ich habe noch nie ein Falschgeständnis [...] erlebt. Ich würde es auch nicht ablegen und das auch als Angeklagter ablehnen."*

2173 *Drews*, Die Königin unter den Beweismitteln?, S. 261 f.

2174 *Dunkel*, Fehlentscheidungen in der Justiz, S. 210.

und Kriminalistik.[2175] Gerade bei jungen Berufseinsteigern ist fraglich, woher sie diese Kenntnisse erhalten haben sollen, obwohl selbst der BGH 2008 klargestellt hat, dass *„[...] das verfassungsrechtlich verankerte Gebot rational begründeter und tatsachengestützter Beweisführung [in Verurteilungsfällen] die Einbeziehung wissenschaftlicher Erkenntnisse, insbesondere aus kriminologischen, forensischen und aussagepsychologischen Untersuchungen gewonnener Erfahrungsregeln in die Beweiswürdigung [verlangt].“*[2176] Während das Studium der Schaffung eines Wissensschatzes über die Grundlagen der Rechtsgebiete dient, sollen die Referendare im juristischen Vorbereitungsdienst mit den Aufgaben der Rechtspflege, der Anwaltschaft und der Verwaltung vertraut gemacht werden.[2177] Das Ziel ist die Ausbildung von „Allroundern“ bzw. „Universaljuristen“, welche am Ende ihrer Ausbildungszeit über ein großes Wissen in der Breite und in praktisch allen großen Rechtsgebieten verfügen, damit sie in den unterschiedlichsten Berufen und Funktionen arbeiten können.[2178] Die Aneignung weitreichenden Fachwissens in interdisziplinären Wissenschaften wird dadurch fast zwangsläufig vernachlässigt.[2179] Die Weiterbildung auf diesem Gebiet ist regelmäßig vom Engagement und der Initiative des Einzelnen abhängig.[2180] Exemplarisch sei hier auf den juristischen Vorbereitungsdienst in Berlin verwiesen. Das Kammergericht bietet hier als freiwilliges Zusatzangebot sog. „Schlüsselqualifikationen“ für Referendare an.[2181] Unter anderem werden die Veranstaltungen „Vernehmungslehre und Beweiswürdigung“ sowie

---

2175 Dazu ausführlich schon *Peters*, Fehlerquellen im Strafprozeß II, S. 331 ff.; siehe auch *Böhme*, Das strafgerichtliche Fehlurteil, S. 269 ff.

2176 BGH NStZ 2009, 401, 403 f.

2177 Vgl. exemplarisch § 45 Abs. 1, S. 1 JAPrO BW. Eine vergleichbare Regelung fehlt in Berlin.

2178 *Böhme*, Das strafgerichtliche Fehlurteil, S. 272.

2179 *Dunkel*, Fehlentscheidungen in der Justiz, S. 212. Ähnlich äußert sich auch R3 in den hier geführten Experteninterviews mit Strafrichtern: *„Als Richter, als Staatsanwalt machen sie ja so ein bisschen Laienpsychologie, muss man ja ganz ehrlich sagen. Sie sind ja eigentlich nicht dafür geschult, zu erkennen, ob eine Aussage glaubhaft ist, ob ein Zeuge glaubwürdig ist.“*, Angabe bei Frage 23, Anhang A2.

2180 Dazu *Wolf*, FPPK 2012, 235, 241 f. im Bezug auf bereits erfahrene Richter; siehe auch *Dunkel*, Fehlentscheidungen in der Justiz, S. 212. Nach *Schwenn* würden viele Richter unter Vorschiebung ihrer langen Berufserfahrung von Fortbildungsmöglichkeiten absehen, *Schwenn*, StV 2010, 705, 706.

2181 Informationen zu den Zusatzangeboten im Rechtsreferendariat abrufbar unter: https://www.berlin.de/gerichte/kammergericht/karriere/rechtsreferendariat/vorbereitungsdienst/zusatzangebote/ (Onlinequelle).

„Einführung in die Aussagepsychologie – Grundlegendes zur Erhebung und Beurteilung von Zeugenaussagen“ angeboten.[2182] Diese freiwilligen und nur wenige Stunden umfassenden Veranstaltungen vermögen allerdings nicht einen verpflichtenden Ausbildungsinhalt zu ersetzen, welcher der erheblichen Stofffülle gerecht wird.[2183]

Im Hinblick auf die hier thematisierte Personalbeweisschwäche kann insbesondere der Ausbau von verpflichtenden Schulungen im Bereich der Aussagepsychologie dazu beitragen, die Beurteilung des Wahrheitsgehalts einer Aussage als ureigene Aufgabe des Tatrichters und „Wesen richterlicher Rechtsfindung“[2184] zu optimieren.[2185] Die Erkenntnisse der Aussagepsychologie sind für die Glaubhaftigkeitsbeurteilung ein zentrales Werkzeug und heute weit fortgeschritten. So weisen neuere empirische Untersuchungen darauf hin, dass verbale Indikatoren bei einer Vernehmung sehr viel zuverlässiger bei der Beurteilung des Wahrheitsgehalts einer Aussage sind als nonverbale körperliche Indikatoren (Schwitzen, nervöses Verhalten, abgewandter Blick, Erröten).[2186] Daher sollte verstärkt auf eine inhaltsorientierte Glaubhaftigkeitsanalyse gesetzt werden.[2187] Diese hat ihren Ursprung in der gemeinhin anerkannten Annahme, dass sich die Aussagen über tatsächlich Erlebtes in ihrer Qualität von Aussagen über Nichterlebtes signifikant unterscheiden (sog. „Undeutsch-Hypothese“).[2188] Das Kernelement[2189] der inhaltsorientierten Glaubhaftigkeitsanalyse ist die merkmalsorientierte Glaubhaftigkeitsanalyse.[2190] Sie versucht anhand von einzelnen Realitätskriterien/Glaubhaftigkeitskriterien/-merkmalen dem Umstand

---

2182 Informationen zu den Veranstaltungsangeboten im Rechtsreferendariat abrufbar unter: https://www.berlin.de/gerichte/kammergericht/karriere/rechtsreferendariat/vorbereitungsdienst/zusatzangebote/schluesselqualifikationen/ (Onlinequelle).

2183 Vgl. auch zur Ausbildungssituation in BW *Böhme*, Das strafgerichtliche Fehlurteil, S. 270 f.

2184 BGH JZ 1990, 52, 52.

2185 Diese gaben auch R3, R4 und R5 bei Frage 22, Anhang A2 als Verbesserungsvorschlag an.

2186 *Vrij/Granhag/Mann/Leal*, Current Directions in Psychological Science 2011, 28, 28 ff.

2187 Siehe dazu vertiefend *Häcker*, in: Tatsachenfeststellung vor Gericht, Rn., 323 ff.

2188 *Häcker*, in: Tatsachenfeststellung vor Gericht, Rn. 325.

2189 Siehe überblicksartig zur daneben bestehenden Kompetenzanalyse als Element der inhaltsorientierten Glaubhaftigkeitsanalyse *Häcker*, in: Tatsachenfeststellung vor Gericht, Rn. 332 ff.

2190 *Häcker*, in: Tatsachenfeststellung vor Gericht, Rn. 326.

Rechnung zu tragen, dass der Lügner nicht über Vorfeldwissen und über Wissen bezüglich des Randgeschehens verfügt und daher die Aussage auf allgemeine Muster stützen muss, d.h. er gibt einen Vorgang so wieder, wie er sich typischerweise zuträgt.[2191] Der Lügner wird in der Regel mit dem sog. „Gefährlichkeitskalkül" arbeiten, d.h. er wird versuchen, nach Möglichkeit keine weiteren Ansatzpunkte für weitere (überprüfende) Ermittlungen zu liefern.[2192] Die hohe kognitive Belastung des Lügners, welche auf der mangelnden Erinnerung, der einstudierten Aussage und der fehlenden Flexibilität beruht, kann jedoch auch dazu führen, dass die Aussage regelmäßig detailärmer oder allgemeingültiger ist.[2193] In Folge dessen kann es zu Widersprüchen oder Inkonsistenzen kommen. Begleitet wird das Verhalten eines Lügners oftmals dadurch, dass er eine Selbstrepräsentation (Erscheinung und Auftreten) wählt, welcher man im Allgemeinen eine Glaubwürdigkeit beimisst.[2194] Diese Punkte treffen allerdings nicht zwangsläufig auf jeden Lügner zu. Auch der Wahrheitswillige kann dazu neigen, bei nicht wahrgenommenen Punkten des Randgeschehens zu lügen, um eine „vollständige" Aussage zu liefern. In solchen Fällen ist eine intensive Motivforschung unerlässlich.[2195]

Für die Beurteilung des Wahrheitsgehalts einer Aussage können als Realitätskriterien einerseits inhaltsbezogene Realitätskriterien[2196] (Detailkriterien, z.B. Angaben im Kernbereich, konkrete Handlungsabläufe, Komplikationen, Nebensächlichkeiten im Zusammenhang mit dem Kerngeschehen, Angaben über zeitliche Abläufe oder räumliche Begebenheiten; Individualkriterien, z.B. spontane Gefühle/Emotionen, ungewöhnliche Schilderungen, unverständliche Vorgänge) und andererseits strukturelle Risikokriterien[2197] dienen (Gleichgewichtskriterium, z.B. gleich gutes Gedächtnis, gleiche Detailliertheit in mehreren Vernehmungen, gleiches Tempo; Nichtsteuerungskriterium, z.B. spontane Einfälle/Ergänzungen, Eingestehen von Erinnerungslücken; Homogenitätskriterium, z.B. Konsistenz der Aussage bezüglich

---

2191 Vertiefend *Häcker*, in: Tatsachenfeststellung vor Gericht, Rn. 354 ff.

2192 Siehe *Häcker*, in: Tatsachenfeststellung vor Gericht, Rn. 359.

2193 Die Folge für den Lügner ist ein „Lügendilemma". Die Glaubhaftigkeit einer Aussage erfordert Detailreichtum, das Gefährlichkeitskalkül erfordert hingegen Detailarmut, siehe *Häcker*, in: Tatsachenfeststellung vor Gericht, Rn. 359 ff.

2194 *Häcker*, in: Tatsachenfeststellung vor Gericht, Rn. 358.

2195 *Häcker*, in: Tatsachenfeststellung vor Gericht, Rn. 410. Insoweit besteht die Gefahr von Hofeffekten.

2196 *Häcker*, in: Tatsachenfeststellung vor Gericht, Rn. 424 ff.

2197 *Häcker*, in: Tatsachenfeststellung vor Gericht, Rn. 463 ff.

des Kerngeschehens, der eigenen Rolle, weiterer Personen und Inkonsistenz bezüglich des Nebengeschehens, der Datierung, der zeitlicher Abfolge). Eine glaubhafte Aussage erfüllt vereinfacht ausgedrückt insbesondere zwei Bedingungen: sie weist eine logische Konsistenz auf (keine inneren Widersprüche) und hat einen hinreichenden Aussageumfang (Detailreichtum je nach Art der Beobachtung).[2198]

Weitgehend ungeeignet ist die beschriebene Methode allerdings bei einem sich irrenden oder einem einer Suggestion unterliegenden Zeugen.[2199] Damit in solchen Fällen Falschaussagen/Falschgeständnisse erkannt werden können, ist es umso wichtiger, dass die Strafverfolgungsbehörden und die Justiz diesbezüglich ein Fehlerbewusstsein aufweisen (s.o.). Nur wenn die Möglichkeit einer (infolge Suggestion oder Irrtums) nicht erlebnisbasierten Aussage überhaupt in Betracht gezogen wird, können objektive Anhaltspunkte[2200] zu einer umfangreichen Nachprüfung veranlassen.

Zusammenfassend ist daher die Forderung zu erheben, dass interdisziplinäres Wissen der Forensik, Kriminalistik und vor allem der Aussagepsychologie Gegenstand juristischer Ausbildung werden müssen.[2201] Auch wenn diesbezüglich unterschiedliche Standorte diskutiert werden,[2202] ist nach hiesiger Auffassung der juristische Vorbereitungsdienst als Standort zur Erlernung praktischer Fachkenntnisse am Geeignetsten. Eine Vermittlung (insbesondere) aussagepsychologischen Wissens im Studium käme angesichts der kleinen Zahl an Studenten, welche später einmal im Strafrecht tätig sein werden, zu früh, während eine Vermittlung unmittelbar vor oder gar nach dem Berufseinstieg

2198 *Häcker*, in: Tatsachenfeststellung vor Gericht, Rn. 373 ff.

2199 Siehe dazu auch BGH NJW 1999, 2746, 2746 ff., wonach *„[...] stets zu beachten [ist], daß die Realitätskennzeichen ungeeignet sind zur Unterscheidung zwischen einer wahren und einer suggerierten Aussage.“*

2200 Siehe dazu vertiefend *Häcker*, in: Tatsachenfeststellung vor Gericht, Rn. 368. Als objektive Anhaltspunkte für eine in Betracht kommende Suggestion gelten ggf. die Umstände des Einzelfalles bei der Aussageentstehung und -entwicklung (intensive Gespräche, Befragungen und Nachforschungen anderer Autoritätspersonen, u.U. auch Presseberichterstattung). Beim Irrtum ist das Augenmerk primär auf die Umstände der Wahrnehmungssituation, aber ebenso auf die späteren Umstände zu richten, da Irrtümer auch erst durch nachträgliche Informationen entstehen können (Rn. 371).

2201 Siehe dazu auch *Böhme*, Das strafgerichtliche Fehlurteil, S. 273.

2202 Siehe exemplarisch für eine Vermittlung im Studium *Mosbacher*, FPPK 2015, 82, 90.

angesichts unmittelbar zu bearbeitender Fälle zu spät käme.[2203] Bezüglich der Frage, wie eine Vermittlung im Referendariat aussehen könnte, gibt es bereits konkrete und vielversprechende Vorschläge. So könnte man das sich an den Universitäten bewährte Instrument der Moot Courts für den juristischen Vorbereitungsdienst übernehmen und Referendaren damit ermöglichen, die vermittelten Fachkenntnisse in Simulationssitzungen in den Bereichen Straf- und Strafprozessrecht anzuwenden und zu vertiefen.[2204] Ein weiterer positiver Nebeneffekt wäre die damit einhergehende fehlentscheidungsspezifische Sensibilisierung.

3. *Verstärktes Zurückgreifen auf aussagepsychologische Sachverständige*

Die Vorauswertung zur Personalbeweisschwäche mit ihren zahlreichen Motiven, begünstigenden Umständen, Folgewirkungen und Problemen der Erkennbarkeit von falschen Zeugenaussagen und Geständnissen (vgl. **Kap. 3. A.**) hat deutlich vor Augen geführt, dass ein umfangreiches Sachwissen aussagepsychologischer Inhalte notwendig ist, um im Einzelfall eine Aussage über die Glaubhaftigkeit einer Aussage treffen zu können.[2205] Das erforderliche Sachwissen kann in Einzelfällen jedoch die beim Richter vorhandene Fachkunde übersteigen.[2206] In solchen Konstellationen kann sich das Gericht der Hilfe von aussagepsychologischen Sachverständigen bedienen. Von einer solchen wird jedoch scheinbar nur in beschränktem Maße Gebrauch gemacht.[2207] Während bei der Beurteilung medizinischer Fragen (Schuldfähigkeit) oder technischer Fragen wie selbstverständlich auf den Sachverständigenbeweis zurückgegriffen wird, geschieht dies bei der Glaubhaftigkeitsprüfung einer Aussage nur zurückhaltender.[2208] Dem scheint wohl die Annahme zugrunde zu liegen, dass die Richter aufgrund fehlender Fachkenntnis auf technisches Expertenwissen angewiesen wären, während sie aufgrund ihrer Erfahrung über entsprechende Kenntnis bei der Glaubhaftigkeitsbeurteilung verfügten.[2209] Hinzu kommt, dass selbst bei

2203 Siehe dazu auch *Böhme*, Das strafgerichtliche Fehlurteil, S. 272 f.

2204 *Böhme*, Das strafgerichtliche Fehlurteil, S. 273.

2205 Vgl. auch *Drews*, Die Königin unter den Beweismitteln?, S. 258.

2206 Vgl. *Kassin*, Criminal Justice Behaviour 2008, 1309, 1319 f.

2207 *Drews*, Die Königin unter den Beweismitteln?, S. 258; *Böhme*, Das strafgerichtliche Fehlurteil, S. 273 f.

2208 *Böhme*, Das strafgerichtliche Fehlurteil, S. 273 f.

2209 Vgl. *Peters*, Fehlerquellen im Strafprozeß II, S. 142; vgl. auch *Böhme*, Das strafgerichtliche Fehlurteil, S. 273 f.

der Zuziehung eines Sachverständigen die abschließende Beweiswürdigung die „ureigene Aufgabe“ des Gerichts bleibt.[2210]

Es gibt zahlreiche Fälle, in denen der Richter die Aussage eines Zeugen oder Angeklagten zweifelsohne auch mit seiner beruflichen Erfahrung und seinem rationalen Menschenverstand lösen kann.[2211] In besonders komplizierten Fällen reicht das ihm in der aktuellen Ausbildung bestenfalls grundlagenmäßig vermittelte psychologische und psychiatrische Wissen jedoch nicht aus.[2212] Zu denken sei nur an komplex gelagerte Fälle, in denen der Zeuge seine Aussage im Verlauf des Verfahrens (mehrfach) signifikant ändert, ein Angeklagter das Geständnis widerruft oder eine unübersichtliche „Aussage-gegen-Aussage-Situation“ vorliegt.[2213] Die Berichte aus der Praxis zeigen, dass auch in solchen Fällen auf die Konsultation sachverständiger Expertise verzichtet wurde.[2214] Die Frage, wie ein Ausbau dieser Praxis erreicht werden kann, ist jedoch kompliziert. Jedenfalls ungeeignet erscheint die Formulierung einer gerichtlichen Pflicht, gutachterliche Hilfe in Anspruch zu nehmen, wenn die eigene Fachkunde zur Beurteilung des Wahrheitsgehalts einer Aussage überstiegen wird. Hierfür fehlte es an einem objektiven Maßstab zur Beurteilen, da die individuelle Fachkunde von Richter zu Richter unterschiedlich ist. Hinzu kommt, dass das Gericht im Ergebnis nicht an die Befunde der sachverständigen Hilfe gebunden ist, da die abschließende Würdigung der Aussage nach wie vor „ureigene“ Aufgabe des Gerichts ist. Eine Erweiterung der praktischen Handhabung im Strafverfahren ist im Ergebnis nur dadurch möglich, wenn die Verfahrensbeteiligten derart im Bereich der Aussagepsychologie ausgebildet sind (siehe soeben in **Kap. 6. A. I. 2.**), dass sie zur Beurteilung der eigenen fehlerspezifischen und aussagepsychologischen Grenzen in der Lage sind[2215] und dafür sensibilisiert werden, dass die Konsultation von Sachverständigen in solchen Situationen notwendig und keinesfalls das Eingeständnis eigener Schwäche ist, sondern eine Stärke.

2210 BGH NJW 1999, 2746, 2751.

2211 *Böhme*, Das strafgerichtliche Fehlurteil, S. 274.

2212 *Böhme*, Das strafgerichtliche Fehlurteil, S. 274 f.

2213 *Böhme*, Das strafgerichtliche Fehlurteil, S. 274.

2214 Siehe zur seltenen Begutachtung von Aussagen Erwachsener schon *Peters*, Fehlerquellen im Strafprozess II, S. 142 f.; siehe auch *Böhme*, Das strafgerichtliche Fehlurteil, S. 274.

2215 Vgl. *Drews*, Die Königin unter den Beweismitteln?, S. 258; vgl. bereits *Peters*, Fehlerquellen im Strafprozess II, S. 142.

4. *Optimierung polizeilicher Vernehmungen*

An zahlreichen Stellen wurde darauf hingewiesen, dass bereits das Ermittlungsverfahren eine zentrale Weichenstellung für das gesamte Strafverfahren vornehmen kann. Von besonderer Bedeutung ist hier die polizeiliche Vernehmung. Im Rahmen der Vorauswertung konnten die konkrete Vernehmungsführung sowie einzelne Vernehmungsmethoden als begünstigende Faktoren für die Ablegung (insbesondere) falscher Geständnisse identifiziert werden (**Kap. 3. A. I. 4. c.**).[2216] Das Bewusstsein um die Existenz von Schwächen des Personalbeweises, die Motive sowie die begünstigenden Faktoren wird für die Vermeidung allein wohl nicht ausreichend sein.[2217] Der Vernehmungsperson wird es im Einzelfall schwerfallen, seinen eigenen Einfluss auf den Beschuldigten oder Zeugen angesichts der entgegengesetzten Vernehmungsrollen zu erkennen.[2218] Hinzu kommen der faktisch hohe Beweiswert des Geständnisses und ein (bei gleichzeitiger Ressourcenknappheit) bestehender Aufklärungsdruck.[2219]

Als ein vielversprechender Anknüpfungspunkt erscheint die Wahl der konkreten Vernehmungsmethode. „*Vergegenwärtigt man sich [...] die Fokussierung auf den Erhalt eines Geständnisses aufgrund seiner faktischen Relevanz (nicht nur) für das Ermittlungsverfahren, wird die Gefahr der Anwendung druckerzeugender und damit falschgeständnisinduzierender Vernehmungsmethoden nur allzu deutlich.*“[2220] Als besonders gefährlich, da druckinduzierend, haben sich Maximierungstechniken sowie die Kombination von Maximierungs- und Minimierungstechniken, direkte Konfrontationen und das Suggerieren der vermeintlichen Ausweglosigkeit erwiesen (**Kap. 3. A. I. 4. c.**). Dass diese Methoden in der Praxis noch immer vereinzelt angewandt werden, ist aufgrund des scheinbar großen Variierens von Vernehmungsmethoden in der Praxis[2221] naheliegend.[2222] Das uneinheitliche Vorgehen wird hauptsächlich

---

2216 Auf einen Zusammenhang zwischen Falschaussagen und der konkreten Vernehmungsführung wies auch R5 bei Frage 4, Anhang A2 im Rahmen der hier geführten Experteninterviews hin.

2217 Vgl. *Drews*, Die Königin unter den Beweismitteln?, S. 262 f.

2218 Vgl. *Peters*, Fehlerquellen im Strafprozeß II, S. 207 f.

2219 Vgl. *Drews*, Die Königin unter den Beweismitteln?, S. 263.

2220 *Drews*, Die Königin unter den Beweismitteln?, S. 264.

2221 Siehe *Wulf*, Strafprozessuale und kriminalpraktische Fragen, S. 387 ff.; *Schröer*, in: Sozialgeschichte des Geständnisses, 195, 195 ff.; *Kraheck-Brägelmann*, in: Psychologie der Zeugenaussage, 287, 287.

2222 Vgl. auch *Schwarz*, in: Tatsachenfeststellung vor Gericht, Rn. 1246 ff.

auf Ausbildungsdefizite zurückgeführt.[2223] Angesichts der Bedeutung der Vernehmung für das Ermittlungsverfahren kommt der diesbezüglichen praktischen Polizeiausbildung nur ein geringerer Zeitanteil zu.[2224] Zwar wurden in den letzten Jahren vermehrt Bemühungen zur Sicherung und Steigerung der Vernehmungsqualität sichtbar. So nahmen insbesondere Bayern und Baden-Württemberg von der dort Anfang der 2000er gelehrten und angewandten „Reid"-Vernehmungsmethode, welche mit dem primären Ziel, den Widerstand des Beschuldigten zu brechen, als wissenschaftlich bedenklich und falschgeständnisfördernd gilt,[2225] offiziell wieder Abstand.[2226] Ob die „Reid"-Methode heute nicht trotzdem noch angewandt wird, bleibt indes zweifelhaft.[2227] Umso wichtiger ist eine fortschreitende Verzahnung der Wissenschaft und Praxis.[2228]

Dafür ist ein Dreischritt notwendig. Zur Verbesserung der Vernehmungsqualität polizeilicher Vernehmungen muss die praktische Polizeiausbildung im ersten Schritt um Elemente der systematischen und flächendeckenden Schulung informationsfokussierender Vernehmungsmethoden erweitert werden.[2229] Eine nur teilweise und theoretische Behandlung während der Ausbildung[2230]

2223 *Hermanutz/Litzcke*, in: Vernehmung in Theorie und Praxis, 68, 69; *Sticher*, in: Polizei & Psychologie 2007, 377, 377.

2224 *Drews*, Die Königin unter den Beweismitteln?, S. 263. In einer etwas älteren Umfrage unter 150 Polizeibeamten von 2005 gaben fast 20 % der Befragten an, über keinerlei psychologische Vernehmungsgrundlagen zu verfügen; von denen die diesbezügliche Kenntnisse angaben, berichteten 56 % davon, sich diese im praktischen Berufsalltag zugelegt zu haben, z.B. durch ältere Kollegen oder „Learning-by-doing", *Hermanutz/Litzcke*, in: Vernehmung in Theorie und Praxis, 68, 69.

2225 Siehe vertiefend zur „Reid"-Methode *Hermanutz/Litzcke*, in: Vernehmung in Theorie und Praxis, 117, 120 f.; *Drews*, Die Königin unter den Beweismitteln?, S. 69 f., m.w.N.

2226 Dazu auch ausführlich die kritischen Bemerkungen der Bundesregierung, BT-Drs. 18/1413.

2227 So besteht der Verdacht, dass Beate Zschäpe im Rahmen des NSU-Verfahrens von Ermittlern des BKA mit der „Reid"-Methode befragt wurde, vgl. *Laudon*, Die Reid-Methode: unzulässig, aber effektiv, strafakte.de vom 04.10.2013 (Onlinequelle), m.w.N.

2228 *Drews*, Die Königin unter den Beweismitteln?, S. 264.

2229 Vgl. *Drews*, Die Königin unter den Beweismitteln?, S. 266.

2230 So sind Vernehmungen mit vielen Bereichen der polizeilichen Aus- und Fortbildung verknüpft, jedoch findet ein praktisches Training nur selten statt, siehe *Drews*, Die Königin unter den Beweismitteln?, S. 263; *Hermanutz/Litzcke*, in: Vernehmung in Theorie und Praxis, 68, 69.

und die spätere Selbstaneignung im Berufsalltag reicht nicht aus. Hier könnte die britische „PEACE"-Methode als Orientierungshilfe dienen.[2231] Nach dieser Methode tritt der Verhörende als ein neutral „Fragender" auf und versucht im Rahmen einer freien und möglichst unvoreingenommenen Vernehmung, sichere und verlässliche Informationen zu erlangen.[2232] Damit verbunden dürfen in einem zweiten Schritt die bereits dargestellten Vernehmungsmethoden, welche als falschgeständnisfördernd gelten, weitgehend nicht mehr angewandt werden.[2233] Schließlich ist in einem dritten und andauernden Schritt eine fortgesetzte und stetige Erforschung weiterer diagnostischer und effektiver Vernehmungsmethoden erforderlich.[2234] Diesbezüglich muss die Praxis in einem dauerhaften Austausch mit der Wissenschaft stehen. Zu Recht weist *Drews* allerdings darauf hin, dass Verbesserungen der Vernehmungspraxis nur möglich sind, wenn zunächst ein generelles Umdenken stattfindet, weg von der Fokussierung auf die Erlangung des Geständnisses oder einer bestimmten Aussage und hin zu einer Vernehmung, *„[...] die mehr an der Effektivität als an der Effizienz"* ausgerichtet ist.[2235]

5. Elektronische Dokumentation der Aussagen von Beschuldigten und Zeugen

a. Elektronische Dokumentation im Ermittlungsverfahren

Die technische Aufzeichnung von Zeugen- und Beschuldigtenaussagen ist ein vielfach[2236] geforderter Weg, um die nachträgliche Analyse und Erkennbarkeit

2231 *Brockmann*, in: Handbuch der Rechtspsychologie IX, 244, 250.

2232 Ausführlich *Bull/Soukara*, in: Police Interrogations and False Confessions, 81, 82; *Drews*, Die Königin unter den Beweismitteln?, S. 264 ff.

2233 Evaluationsstudien im englischsprachigen Bereich haben gezeigt, dass die Anwendung anderer Methoden infolge der verstärkten Hinwendung zur PEACE-Methode signifikant abgenommen haben, *Bull/Soukara*, in: Police Interrogations and False Confessions, 81, 86 f.

2234 *Drews*, Die Königin unter den Beweismitteln?, S. 266. Zudem schlägt sie für eine Standardisierung von Vernehmungen strukturierte Befragungsleitfäden nach medizinischem Vorbild vor.

2235 Ebenda.

2236 *Schünemann*, ZStW 114 (2002), 1, 45; *Eisenberg*, Beweisrecht der StPO, Rn. 616 ff.; *Drews*, Die Königin unter den Beweismitteln?, S. 252 ff.; *Böhme*, Das strafgerichtliche Fehlurteil, S. 275 ff.; *Dunkel*, Fehlentscheidungen in der Justiz, S. 218. Auch in den hier geführten Experteninterviews spricht sich die große Mehrheit der Richter für eine elektronische Dokumentation (der ersten Vernehmung) im Ermittlungsverfahren aus, siehe ausführlich **Kap. 5. B. III. 1.**

falscher Zeugen- und Beschuldigtenaussagen bzw. falscher Geständnisse zu fördern.[2237] Nach derzeitiger Gesetzeslage erfolgt die Dokumentation von Vernehmungen im Ermittlungsverfahren regelmäßig durch ein Inhaltsprotokoll (d.h. der Vernehmende fasst den Inhalt einer Aussage, welchen er für wesentlich erachtet, in seinen eigenen Worten zusammen) außer es wird ausnahmsweise ein Wortprotokoll angefertigt.[2238] § 168b Abs. 2 StPO schreibt vor, dass über die Vernehmungen von Beschuldigten, Zeugen und Sachverständigen ein Protokoll nach den §§ 168, 168a StPO angefertigt werden soll, soweit dies ohne erhebliche Verzögerungen der Ermittlungen geschehen kann. Dabei soll bei der vorläufigen Aufzeichnung von Protokollen möglichst vom Einsatz technischer (insbesondere auditiver) Hilfsmittel Gebrauch gemacht werden (§ 168b Abs. 2 StPO i.V.m. Nr. 5b RiStBV). Eine Protokollierungspflicht ist auch bei richterlichen Vernehmungen vorgesehen (§ 168 Abs. 1 StPO). Eine wörtliche Niederschrift der Aussage „empfiehlt" sich ausnahmsweise bei bedeutsamen Teilen der Beschuldigtenvernehmung, Fragen, Vorhalten und Antworten (Nr. 45 Abs. 2, S. 1 RiStBV), bei Geständnissen sind die Einzelheiten der Tat „möglichst" mit seinen eigenen Worten wiederzugeben (Nr. 45 Abs. 2, S. 2 RiStBV). Nach dem neu eingeführten § 136 Abs. 4, S. 1 StPO „kann" die Vernehmung des Beschuldigten in Wort und Bild aufgezeichnet werden. Sie „ist" aufzuzeichnen (S. 2), wenn dem Verfahren ein vorsätzlich begangenes Tötungsdelikt zugrunde liegt (Nr. 1) oder dies zur Wahrung schutzwürdiger Interessen von Beschuldigten mit geistiger Einschränkung oder seelischer Störung nötig ist (Nr. 2). Der praktische Regelfall ist aufgrund der zahlreichen „Kann"- und „Soll"-Vorschriften dennoch das polizeiliche Inhaltsprotokoll.[2239] Dieses ist in der Praxis undetailliert und unvollständig, die tatsächlichen Gegebenheiten, Stimmungen, Emotionen, die konkreten Fragen und Antworten sowie die Vernehmungssituation (inklusive Vorgespräche) werden nur in geringem Umfang dokumentiert.[2240]

Eine generelle elektronische Aufzeichnung der Vernehmung bietet gegenüber einer reinen Protokollierung eine Reihe Vorteile für die Vermeidung bzw.

2237 *Drews*, Die Königin unter den Beweismitteln?, S. 252.

2238 Vgl. *Altenhain*, ZIS 2015, 269, 276 f.; *Leitner*, Videotechnik im Strafverfahren, S. 101.

2239 Vgl. *Altenhain*, in: Vom hochgemuten voreiligen Griff nach der Wahrheit, 225, 230, m.w.N.

2240 Siehe dazu kritisch und ausführlich *Banscherus*, Polizeiliche Vernehmung, S. 215 ff.; *Beneke*, Das falsche Geständnis als Fehlerquelle im Strafverfahren, S. 131 f., *Neuhaus*, StV 2015, 185, 189; *Leitner*, Videotechnik im Strafverfahren, S. 101; *Böhme*, Das strafgerichtliche Fehlurteil, S. 286, m.w.N.

diesem zusätzlich eine ausschlaggebende Bedeutung zukommen sollte.[2268] Ein weiterer Vorschlag sieht die regelmäßige Aufzeichnung nur vor, wenn dem Beschuldigten zur Last gelegt werden sollte, ein Verbrechen begangen zu haben bzw. eine verpflichtende Aufzeichnung, wenn der Beschuldigte die Aufzeichnung nach einer Belehrung beantragen sollte.[2269] Beide Einschränkungen vermögen jedoch nicht zu überzeugen. Das Schutzbedürfnis des Beschuldigten kann auch unterhalb der Schwelle der notwendigen Verteidigung eine technische Dokumentation der Vernehmung verlangen, da eine Fehlentscheidung am Ende solcher Verfahren ebenso schwere individuelle und gesellschaftlich einschneidende Folgen haben kann.[2270] Nichts anderes gilt bei der Beschränkung auf ausschlaggebende Zeugen,[2271] wobei zudem völlig unklar ist, wie prognostisch entschieden werden soll, welcher Zeuge ausschlaggebend ist.[2272] Aus ähnlichen Gründen muss auch die Beschränkung regelmäßiger Aufzeichnungen auf Verbrechen (bzw. die Aufzeichnungspflicht bei einem Antrag des Beschuldigten) abgelehnt werden. Hinzu kommt, dass im Ermittlungsverfahren oftmals noch gar nicht klar ist, ob es sich im Einzelfall um ein Verbrechen oder ein Vergehen handelt und sich dies regelmäßig erst nach weiteren Beweiserhebungen aufhellt.[2273]

Zusammenfassend kann die auditive Dokumentation[2274] aller Vernehmungen des Ermittlungsverfahrens und unabhängig vom Vernehmenden (Polizei, Staatsanwaltschaft oder Richter) einen zentralen Beitrag zur Bekämpfung des Personalbeweises leisten. Als ergänzendes, zusätzliches Instrument zur bisherigen und beizubehaltenden Praxis des Inhaltsprotokolls, kann sie einerseits dazu beitragen, dass bei der Verhörsperson (durch das Bewusstsein der Tonaufnahme) die Selbstreflektion gefördert wird, situative Risikofaktoren minimiert werden und mithin ein präventiver Beitrag zur Vermeidung von

2268 BRAK-Stellungnahme Nr. 1/2010, S. 3 ff., 8 ff. (Onlinequelle).

2269 *Arbeitskreis AE*, GA 2014, 1, 8, 31 ff.

2270 *Böhme*, Das strafgerichtliche Fehlurteil, S. 282: *„Nach Fehlurteilen verschiedenen Gewichts zu unterscheiden, also die Dokumentation von der Schwere des Vorwurfs abhängig zu machen, erscheint deshalb nicht richtig."*

2271 *Neuhaus*, StV 2015, 185, 190.

2272 *Böhme*, Das strafgerichtliche Fehlurteil, S. 282, m.w.N. Eine Prognoseentscheidung würde nur weiteren Raum für Beurteilungsfehler eröffnen.

2273 *Böhme*, Das strafgerichtliche Fehlurteil, S. 283.

2274 Siehe vertiefend zur Verfassungsmäßigkeit der auditiven Dokumentation von Beschuldigten- und Zeugenvernehmungen *Böhme*, Das strafgerichtliche Fehlurteil, S. 283 ff.

Falschgeständnissen und -aussagen geleistet wird. Andererseits wird eine authentische Rekonstruktion der Vernehmung ermöglicht, welche die Aussageanalyse und Beurteilung der Glaubhaftigkeit fördert und dadurch die Erkennbarkeit von falschen Geständnissen und Falschaussagen stärkt.

b. Elektronische Dokumentation des Hauptverfahrens

Nachdem der Frage nachgegangen wurde, ob die generelle auditive Dokumentation von Vernehmungen im Ermittlungsverfahren zur Bekämpfung der Personalbeweisschwäche zweckdienlich wäre, gilt schließlich zu diskutieren, ob dies auch für eine auditive Aufzeichnung der Hauptverhandlung in ihrer Gesamtheit gilt. Auch hier gehen die Meinungen weit auseinander.[2275] Nach gegenwärtiger Gesetzeslage des § 271 Abs. 1 StPO ist über die Hauptverhandlung ein Protokoll mit dem Inhalt des § 272 StPO anzufertigen. Das Protokoll muss den Gang (§§ 243, 244, 257, 260 StPO) und die wesentlichen Ergebnisse der Hauptverhandlung sowie die Einhaltung der wesentlichen Förmlichkeiten[2276] enthalten, § 273 Abs. 1, S. 1 StPO. Für Hauptverhandlungen vor dem Strafrichter oder dem Schöffengericht ordnet § 273 Abs. 2, S. 1 StPO an, dass zusätzlich die wesentlichen Vernehmungsergebnisse im Protokoll festzuhalten sind. Statt einer Protokollierung „kann" der Vorsitzende auch die Tonaufzeichnung einzelner Vernehmungen anordnen, § 273 Abs. 2, S. 2 StPO. Von einer Pflicht zur auditiven Dokumentation spricht § 273 Abs. 3, S. 3 StPO dann, wenn es auf die Feststellung eines Vorgangs in der Hauptverhandlung oder den exakten Wortlaut einer Aussage ankommt. Vergleichbare Vorschriften zur Aufzeichnung von Vernehmungen durch die Strafkammern des Landgerichts

---

2275 Dagegen u.a. *Deutscher Juristentag e.V.*, 71. Deutscher Juristentag Essen 2016, Beschlüsse, S. 15 ff.; dafür u.a. *Mosbacher*, FPPK 2015, 82, 89; *Drews*, Die Königin unter den Beweismitteln, S. 252 ff.; *Böhme*, Das strafgerichtliche Fehlurteil, S. 290 ff. Bei den hier geführten Interviews spricht sich – im Gegensatz zur elektronischen Dokumentation im Ermittlungsverfahren – nur eine Minderheit von drei Richtern für die generelle Aufzeichnung der Hauptverhandlung aus, siehe ausführlich **Kap. 5. B. III. 1.**

2276 Darunter sind alle Vorgänge der Hauptverhandlung zu verstehen, die für die Gesetzmäßigkeit des Verfahrens von Bedeutung sind, siehe *Güntge*, in: S/S/W-StPO, § 273, Rn. 4; *Greger*, in: KK-StPO, § 273, Rn. 4; vgl. *Stuckenberg*, in: L/R-StPO, § 273, Rn. 6. Nach § 274 StPO ist das Sitzungsprotokoll das einzige Beweismittel (ausschließliche Beweiskraft) für die Überprüfung, ob die wesentlichen Förmlichkeiten eingehalten wurden, vertiefend *Güntge*, in: S/S/W-StPO, § 274, Rn. 1, 4.

oder der Strafsenate des Oberlandesgerichts existieren nicht. Zu den Vor- und Nachteilen[2277] der ergänzenden Funktion der Aufzeichnung und den Vorzügen einer rein auditiven Dokumentation gelten die Ausführungen zum Ermittlungsverfahren analog. Auch hier könnte der Wert von Aufzeichnung in der Förderung einer nachträglichen Erkennbarkeit von Falschgeständnissen und Falschaussagen, mithin der Fehlerkontrolle, gesehen werden.[2278] Darüber hinaus wären jedoch noch weitere Vorteile mit der auditiven Aufzeichnung der Hauptverhandlung verbunden. Vielfach wurde erwähnt, dass der Zeitablauf eine verzerrende Wirkung auf den Strafprozess haben kann. Dies gilt einerseits für die Erinnerungsfähigkeit des Zeugen, aber andererseits auch für die Erinnerungsfähigkeit des Gerichts. In komplexen und zeitintensiven Strafverfahren könnte das Gericht die Aufzeichnung dann als eine praktische Gedächtnisstütze verwenden, um nachzuvollziehen, was der Angeklagte vor Monaten gesagt hat und wäre nicht mehr auf gegebenenfalls lückenhafte Mitschriften angewiesen.[2279] Ein weiterer Vorteil ist darin zu sehen, dass die Heranziehung von auditiven Aufzeichnungen die Strafverfolgung wegen Aussagedelikten in anderen Strafverfahren fördern könnte,[2280] weil man auch hier nicht auf ein schwindendes Gedächtnis oder unvollständige Mitschriften zurückgreifen müsste. Auch würde der Zugriff auf die Audioaufzeichnung die Prüfung der Aussagekonstanz durch ihren Vergleich mit Aussagen von Zeugen oder Angeklagten in anderen Hauptverfahren erleichtern.[2281]

Das Hauptproblem einer auditiven Dokumentation der Hauptverhandlung ist jedoch das kritische Verhältnis zur Revision.[2282] Wie oben dargestellt, besteht momentan lediglich die Möglichkeit einer Aufzeichnung von Vernehmungen durch den Strafrichter und das Schöffengericht. Dass eine vergleichbare Regel nicht für Vernehmungen durch das Landgericht oder Oberlandesgericht besteht, hängt mit der Ausgestaltung des Rechtsmittels der Revision zusammen, welches in Fällen einer solch erstinstanzlichen Zuständigkeit das einzige

2277 Siehe kritisch jedoch *Altenhain*, ZIS 2015, 269, 274, Fn. 60 und dies entkräftend *Böhme*, Das strafgerichtliche Fehlurteil, S. 291, Fn. 848.

2278 *Drews*, Die Königin unter den Beweismitteln?, S. 252 ff.; *Böhme*, Das strafgerichtliche Fehlurteil, S. 290.

2279 *Böhme*, Das strafgerichtliche Fehlurteil, S. 292.

2280 Vgl. BRAK-Stellungnahme Nr. 1/2010, S. 19 (Onlinequelle).

2281 *Böhme*, Das strafgerichtliche Fehlurteil, S. 292.

2282 Das kritische Verhältnis zum Rekonstruktionsverbot in der Revision ist das Hauptargument der die generelle Aufzeichnung der Hauptverhandlung ablehnenden Strafrichter bei den hiesigen Experteninterviews, **Kap. 5. B. III. 1.**

Rechtsmittel ist. Im Rahmen der Revision gilt das Verbot der Rekonstruktion der tatrichterlichen Beweisaufnahme (**Kap. 1 D. II. 1. a. cc.**). An die Tatsachenfeststellungen des erkennenden Gerichts ist das Revisionsgericht gebunden.[2283] Es darf insoweit nur untersucht werden, ob das Beweismaterial die Feststellungen trägt und ob diese auch eine hinreichende Grundlage für die getroffene konkrete Rechtsanwendung darstellen. Demgemäß ist bei Hauptverhandlungen vor dem Landgericht und Oberlandesgericht nur ein Formprotokoll vorgesehen, welches nur festhält, dass z.B. ein Zeuge vernommen wurde, nicht jedoch, was er konkret ausgesagt hat.[2284] Dies hat derzeit weitreichende Konsequenzen auf den Umgang mit Tonaufnahmen in der Revision. Danach könnte die Audioaufnahme des Angeklagten/Zeugen nicht verwendet werden, um den konkreten Inhalt seiner Aussage nachzuvollziehen.[2285] Eine Revision, welche z.B. vorträgt, dass ein Zeuge/Angeklagter tatsächlich etwas anderes vorgetragen hat, als aus den Urteilsgründen ersichtlich ist, wäre unzulässig, da die Revision insofern auf eine unzulässige Tatsachenfeststellung hinausliefe.[2286] In der Theorie werden teilweise Ansichten vertreten, wonach die Revision vereinzelt zu erweitern wäre, um Tonaufnahmen auch der Sachrüge zugänglich zu machen. Diesbezüglich wird vorgeschlagen, diese Erweiterungen in Evidenzfällen zuzulassen, in denen die Entscheidung wegen gravierender Fehler bei der Tatsachenfeststellung schlichtweg nicht bestehen bleiben dürfte.[2287] Abgesehen von der unklaren Grenzziehung bei einer „Evidenz", weist *Böhme* zutreffend darauf hin, dass die Öffnung der Revision für eine Tatsachenkontrolle durch die Verwendung von Tonaufnahmen jedoch eine massive Eigendynamik entwickeln könnte.[2288] Daher würde der zentrale Mehrwert einer Dokumentation der Hauptverhandlung – anders als bei einer Dokumentation der Vernehmung im Ermittlungsverfahren – derzeit wohl (noch) nicht in der Korrektur von Falschgeständnissen und falschen Zeugenaussagen liegen. Eine optimale Nutzung der auditiven Dokumentation zur Bekämpfung der Personalbeweisschwäche

2283 Vgl. BGHSt 43, 212, 214; BGH NStZ-RR 2007, 20, 20; BGH NStZ 2012, 344, 344.
2284 Vgl. BRAK-Stellungnahme Nr. 1/2010, S. 11, 19 (Onlinequelle).
2285 *Böhme*, Das strafgerichtliche Fehlurteil, S. 293.
2286 Siehe BGHSt 48, 268, 273.
2287 BRAK-Stellungnahme Nr. 1/2010, S. 29 (Onlinequelle).
2288 Kein Revisionsgericht würde die erstinstanzliche Verurteilung eines Unschuldigen bei einer die Unschuld beweisenden Tonaufnahme mit dem Hinweis darauf, dass man nur eine Rechtskontrolle durchführen dürfte, aufrechterhalten, *Böhme*, Das strafgerichtliche Fehlurteil, S. 295 f.

ist scheinbar nur möglich, wenn man eine (weitere) Öffnung der Revision für berufungsähnliche Elemente fordern würde.[2289]

Die Audiodokumentation der Hauptverhandlung könnte sich jedoch dennoch als gewichtiges Instrument zur Fehlerkorrektur erweisen, wenn man den Blick auf Fehler bei der Beweiswürdigung[2290] lenkt.[2291] Wie bereits ausgeführt (**Kap. 1. D. II. 1. a. cc.**) gilt das Verbot der Rekonstruktion der Hauptverhandlung bereits heute nur noch eingeschränkt und hat sich unter dem Stichpunkt der „erweiterten Revision" teils erheblich gewandelt.[2292] Die Audiodokumentation könnte (insbesondere[2293]) im Zusammenhang mit den inzwischen etablierten Aufklärungs- und Inbegriffsrügen einen erheblichen Beitrag dazu leisten, Fehler bei der Beweiswürdigung zu korrigieren.[2294] Die gesetzlich nicht geregelte und besondere Sachrüge der Aufklärungsrüge ermöglicht es dem Revisionsführer, eine Entscheidung mit der Begründung anzufechten, dass der Tatrichter seine Verpflichtung zur vollständigen Sachverhaltsaufklärung dadurch verletzt hat, dass von sich aufdrängenden weiteren Beweismitteln kein Gebrauch gemacht wurde und es deshalb zu einem möglicherweise falschen Beweisergebnis gekommen ist.[2295] Die Erfolgsaussichten sind in der Praxis gering, was wohl darauf zurückzuführen ist, dass der Revisionsführer

---

2289 Vgl. *Böhme*, Das strafgerichtliche Fehlurteil, S. 296.

2290 Siehe zur Rügefähigkeit der Beweiswürdigung im Rahmen der Revision, wenn man streng zwischen der Beweiserhebung, Beweiswürdigung und Überzeugungsbildung differenziert *Momsen*, Kann das Rechtsmittel der Revision nach geltendem Recht eine Fehlurteilskorrektur und -prävention leisten? Noch unveröffentlichtes Arbeitspapier aus dem Juni 2020, S. 7 ff. Das Manuskript liegt dem Verfasser vor.

2291 Auch wenn gerichtliche Aufklärungsfehler erst später thematisiert werden, soll die Auseinandersetzung mit der Dokumentation der Hauptverhandlung hier geschlossen dargestellt werden.

2292 Siehe dazu auch die Diskussion um die Einführung des § 136 IV StPO überblicksartig bei *Altenhain*, in: Vom hochgemuten voreiligen Griff nach der Wahrheit, 225, 248, m.w.N.

2293 Siehe auch zur Darstellungsrüge *Momsen*, Kann das Rechtsmittel der Revision nach dem geltenden Recht eine Fehlurteilskorrektur und -prävention leisten? Noch unveröffentlichtes Arbeitspapier aus dem Juni 2020, S. 15. Das Manuskript liegt dem Verfasser vor.

2294 Ausführlich *Momsen*, Kann das Rechtsmittel der Revision nach dem geltenden Recht eine Fehlurteilskorrektur und -prävention leisten? Noch unveröffentlichtes Arbeitspapier aus dem Juni 2020, S. 14 ff. Das Manuskript liegt dem Verfasser vor.

2295 *Roxin/Schünemann*, Strafverfahrensrecht, § 55, Rn. 34.

bezüglich der Nichterhebung und des „Sich-Aufdrängens" beweispflichtig ist, er diesen Beweis aber oftmals nicht erbringen kann, da das Verhandlungsprotokoll eben keine Angaben zum Inhalt der Beweiserhebung macht.[2296] Hier könnte die Audiodokumentation einen erheblichen Beitrag leisten, um eine (ggf. auf kognitiven Dissonanzen oder Perseveranzeffekten beruhende) Verletzung der Aufklärungspflicht zu korrigieren.[2297] Im Zusammenhang mit kognitiven Verzerrungsfaktoren wurde die menschliche Neigung thematisiert, an einer einmal gebildeten Vorstellung vom Sachverhalt festzuhalten, diesen zu verteidigen, indem man bestätigende Umstände überbewertet und widersprechende Umstände unterbewertet oder im Sinne der eigenen Vorstellung interpretiert (vgl. **Kap. 3. B. I.**). Die Audiodokumentation ermöglichte dann die Darlegung einer fehlenden, sich aber aufdrängenden Erhebung weiterer und vorhandener Beweise, wenn z.B. eine zweifelhafte Einlassung des Angeklagten oder eine Zeugenaussage eine weitere Beweiserhebung erfordert, das Gericht sich jedoch trotzdem einseitig an den in der Anklage enthaltenen Beweismitteln orientiert.[2298] Damit könnte die Dokumentation der Hauptverhandlung insbesondere zu einer Aufwertung der Aufklärungsrüge im Verhältnis zum Wiederaufnahmeverfahren führen.[2299] Ähnliches gilt für die Inbegriffsrüge, mit welcher gerügt wird, dass der Tatrichter seiner Beweiswürdigung solche Beweisergebnisse zugrunde gelegt hat, die tatsächlich nicht (entgegen § 261 StPO) erhoben worden sind.[2300] Mit anderen Worten wird gerügt, dass das Gericht entweder Beweismittel berücksichtigt hat, die nicht ordnungsgemäß zum Gegenstand der Hauptverhandlung gemacht worden sind oder umgekehrt, dass das Gericht Beweismittel ungewürdigt gelassen hat, obwohl sie Gegenstand der Hauptverhandlung geworden sind.[2301] Sieht man die Beweiswürdigung als

2296 *Krehl*, in: KK-StPO, § 244, Rn. 215, 221.

2297 *Momsen*, Kann das Rechtsmittel der Revision nach dem geltenden Recht eine Fehlurteilskorrektur und -prävention leisten? Noch unveröffentlichtes Arbeitspapier aus dem Juni 2020, S. 15 f. Das Manuskript liegt dem Verfasser vor.

2298 *Momsen*, Kann das Rechtsmittel der Revision nach dem geltenden Recht eine Fehlurteilskorrektur und -prävention leisten? Noch unveröffentlichtes Arbeitspapier aus dem Juni 2020, S. 15. Das Manuskript liegt dem Verfasser vor.

2299 *Momsen*, Kann das Rechtsmittel der Revision nach dem geltenden Recht eine Fehlurteilskorrektur und -prävention leisten? Noch unveröffentlichtes Arbeitspapier aus dem Juni 2020, S. 15 f. Das Manuskript liegt dem Verfasser vor.

2300 BGH NStZ 2011, 471, 472; BGH NStZ 1984, 329, 330.

2301 BGH NStZ 2011, 471, 472; BGH NStZ 1984, 329, 330; vgl. auch BGH NStZ 1999, 45, 46. In den hier geführten Experteninterviews mit Strafrichtern ließ R8 anklingen, dass schon einmal versucht werde, den Inhalt einer Aussage zu

einen von der Überzeugungsbildung streng getrennten und rechtlich durchformten Vorgang an, dann wäre der Bereich revisibeler Rechtsfehler eröffnet, soweit die Urteilsgründe im Widerspruch zur Audiodokumentation stehen.[2302] Zusätzlich zur Dokumentation von Vernehmungen im Ermittlungsverfahren kann daher auch die Audioaufzeichnung der gesamten Hauptverhandlung einen Beitrag zur Fehlerkorrektur leisten. Neben einer möglichen präventiven Vermeidung von Falschgeständnissen und falschen Aussagen kann der Kernvorteil allerdings derzeit noch nicht in der Korrektur von Fehlentscheidungen gesehen werden, welche auf der Personalbeweisschwäche beruhen, d.h. auf falschen Zeugenaussagen/Drittbelastungen oder Falschgeständnissen. Dennoch kann die Audiodokumentation einen zentralen Beitrag für die Korrektur von gerichtlichen Aufklärungsfehlern leisten. Mit Hilfe der Audiodokumentation könnte insbesondere die Korrektur von Fehlern bei der Beweiswürdigung gefördert werden, die darin bestehen, dass von einer sich aufdrängenden Erhebung weiterer Beweise abgesehen wurde (obwohl Zeugenaussagen oder Einlassungen des Angeklagten zweifelhaft sind) oder dass der Beweiswürdigung solche Beweisergebnisse zugrunde gelegt wurden, die tatsächlich nicht (entgegen § 261 StPO) erhoben worden sind. Wenn man die Beweiswürdigung als revisibel auffasst, wären solche Vorbringen mittels Aufklärungs- und Inbegriffsrüge möglich.

6. *Einsatz von „Lügendetektoren"?*

Nicht gänzlich unerwähnt soll die seit jeher im Kontext der Personalbeweisschwäche diskutierte Möglichkeit der Steigerung der Erkennbarkeit von Falschaussagen (insbesondere von falschen Geständnissen) durch den Einsatz von psychophysiologischen Verfahren bleiben, d.h. der Einsatz von

---

manipulieren, um dem Angeklagten Herr zu werden: *„Die Videoaufnahme des Prozesses soll eben verhindern, dass in das Urteil falsche Tatsachen einfließen, weil ein Richter wissentlich oder unwissentlich die Zeugenaussage oder die Einlassung des Angeklagten manipuliert. Ich weiß auch aus eigener Erfahrung, dass das schon einmal versucht wird, auch mit Absicht versucht wird, weil man meint, man wird dem Angeklagten sonst nicht Herr."*, Angabe von R8 bei Frage 23, Anhang A2. Zwar kann eine Audioaufzeichnung nicht herangezogen werden, um einen konkreten Aussageinhalt vorzubringen, allerdings könnte mit Hilfe von ihr gerügt werden, wenn eine getätigte Aussage gänzlich ungewürdigt bleibt.

2302 *Momsen*, Kann das Rechtsmittel der Revision nach dem geltenden Recht eine Fehlurteilskorrektur und -prävention leisten? Noch unveröffentlichtes Arbeitspapier aus dem Juni 2020, S. 16. Das Manuskript liegt dem Verfasser vor.

sog. Polygraphen.[2303] Bei der psychophysiologischen Aussagebeurteilung soll die Stärke autonomer bzw. nicht oder nur schwer steuerbarer Körperreaktionen (wie die Hautleitfähigkeit oder die Atem- und Herzfrequenz) bei bestimmten (tatverneinenden) Äußerungen für die Interpretation der Frage genutzt werden, ob die Aussage glaubhaft ist.[2304] Dabei ist grundsätzlich zwischen zwei Methoden zu differenzieren: Einerseits gibt es die (direkte) Kontrollfragentechnik, bei der körperliche Reaktionen bei Verneinung einer tatbezogenen Frage mit der Reaktion bei Verneinung einer belastenden, aber nicht tatbezogenen (Kontroll-)Frage verglichen werden. Davon zu unterscheiden ist andererseits die (indirekte) Tatwissenstechnik, bei der dem Täter Detailfragen mit mehreren ähnlichen Antwortmöglichkeiten[2305] gestellt werden, welche nur der Täter beantworten kann.[2306]

Während der Einsatz von „Lügendetektoren" im Strafprozess der USA verbreitet ist und teilweise auch von europäischen Staaten praktiziert wird, herrscht in Deutschland eine große Zurückhaltung.[2307] Der BGH hat 1954 erstmals entschieden, dass der Einsatz von „Polygraphen" im Strafverfahren unzulässig sei, da ein solches Vorgehen (unabhängig von einem Einverständnis) die Willensentschließungsfreiheit des Beschuldigten (Art. 1, Abs. 1 GG, § 136a StPO) verletze.[2308] Diese Rechtsprechung wurde 1998 für den Fall einer Einverständniserklärung aufgegeben. Allerdings sei die polygraphische Untersuchung mittels Kontrollfragentest und mittels Tatwissenstest jedenfalls „im Zeitpunkt der Hauptverhandlung" ein völlig ungeeignetes Beweismittel i.S.d. § 244 Abs. 3, S. 2, 4. Alt. StPO.[2309] Während der BGH dem Kontrollfragentest

---

2303 Siehe kritisch *Artkämper*, Kriminalistik 2009, 417, 417 ff.

2304 *Steller*, in: Handbuch der Rechtspsychologie IX, S. 364 ff.; vgl. auch *Momsen*, KriPoZ 2018, 142, 142.

2305 Beispiel nach *Steller*, in: Handbuch der Rechtspsychologie IX, S. 368: Was für ein Gegenstand war es, der gestohlen wurde? a) Armband, b) Uhr, c) Brosche, d) Ring, e) Kette, f) Geldbörse. Durch die Aufforderung, jede Antwortmöglichkeit zu verneinen, können Körperreaktionen bezüglich eines Tatdetails auf ein entsprechendes Tatwissen hindeuten.

2306 Vertiefend *Häcker*, in: Tatsachenfeststellung vor Gericht, Rn. 272 ff., m.w.N.

2307 Wenngleich es auch vereinzelt Nachweise von Einsätzen in Deutschland gibt, z.B. AG Bautzen, Urteil vom 26.03.2013 – 40 Ls 330 Js 6351/12; siehe auch *Hausschild*, Wenn der Lügendetektor lügt, SPIEGEL ONLINE vom 08.04.2018 (Onlinequelle).

2308 BGH NJW 1954, 649, 649 f.

2309 BGH NJW 1999, 657, 657; siehe auch ausführlich für das Zivilrecht BGH NJW 2003, 2527, 2527 ff.

aufgrund der fehlenden wissenschaftlichen Absicherung seiner Grundannahme, fehlender Belege für die Wirksamkeit und Bedenken bezüglich der Überprüfbarkeit und Manipulierbarkeit eine generelle Absage erteilt hat, hielt er sich bei den Feststellungen zum Tatwissenstest zurück.[2310] Dieser sei jedenfalls dann völlig ungeeignet, wenn er erst während der Hauptverhandlung und damit zu einer Zeit durchgeführt werden sollte, zu der der Angeklagte von den Tatvorwürfen und den Ermittlungsergebnissen (detaillierte) Kenntnis habe.[2311]

Der Einsatz von Polygraphen mittels Kontrollfragentechnik scheidet daher nach der Rechtsprechung des BGH und auch angesichts fehlender neuerer und wissenschaftlicher Erkenntnisse, welche die Bedenken ausräumen könnten,[2312] aus. Die Einwände bezüglich des Tatwissenstests knüpfen jedoch nur an die mangelnde Eignung des Tests, infolge der in der Hauptverhandlung meistens vorliegenden (auch den Ermittlungsbehörden vorliegenden) Kenntnisse des Beschuldigten, an.[2313] Daher scheint die Anwendung der Tatwissenstechnik zumindest in einem frühen Stadium des Ermittlungsverfahrens (mit Einverständnis des Beschuldigten) denkbar.[2314] Insbesondere, wenn die Initiative vom Beschuldigten oder Verteidiger ausgeht, könnte dies dazu beitragen, dass die geringen Einflussmöglichkeiten des Verteidigers im Ermittlungsverfahren aufgewertet würden.[2315] Neuere wissenschaftliche Studien konnten die Effizienz und Validität weiterentwickelter Polygraphen beim Einsatz des Tatwissenstests gut belegen. So konnten in Simulationsstudien Probanden ohne Tatwissen zu 100 % und Probanden mit Tatwissen zu 80–95 % zutreffend identifiziert werden.[2316] Angesichts dieser neuen Erkenntnisse sollte daher zumindest die scheinbar teilweise herrschende und generelle Abwehrhaltung gegenüber

---

2310 BGH NJW 1999, 657, 660 ff.

2311 Bei einem solchen Wissensstand sei eine Unterscheidung von körperlichen Reaktionen eines Nichttäters nicht zu erwarten. Vgl. dazu auch *Häcker*, in: Tatsachenfeststellung vor Gericht, Rn. 277.

2312 *Häcker*, in: Tatsachenfeststellung vor Gericht, Rn. 280.

2313 Ausführlich *Häcker*, in: Tatsachenfeststellung vor Gericht, Rn. 282.

2314 *Häcker*, in: Tatsachenfeststellung vor Gericht, Rn. 282, 284; vgl. auch *Momsen*, KriPoZ 2018, 142, 148 ff.

2315 Vgl. zu den geringen Einflussmöglichkeiten schon *Hirschberg*, Das Fehlurteil im Strafprozeß, S. 110 ff.

2316 Überblick bei *Steller*, in: Handbuch der Rechtspsychologie IX, S. 370, m.w.N. Siehe mit kritischer Anmerkung *Häcker*, in: Tatsachenfeststellung vor Gericht, Rn. 283 und zur zweifelhaften Anwendung des Polygraphen bei Zeugen (Rn. 284). Siehe auch kritisch zur Übertragung von US-amerikanischen Verfahrensstudien auf den deutschen Strafprozess *Momsen*, KriPoZ 2018, 142, 142 f. Ferner gibt

Polygraphen aufgegeben werden. Ein vorhandenes Potenzial zur Steigerung der Erkennbarkeit von falschen Geständnissen und falschen Zeugenaussagen kann jedenfalls nicht in Abrede gestellt werden. Gleichwohl wären Polygraphen dazu ungeeignet, um unbewusst bzw. irrig falsche Aussagen aufzudecken. Wenn der Aussagende von dem Wahrheitsgehalt seiner Aussage subjektiv überzeugt ist, obwohl sie objektiv falsch ist, unterscheiden sich die autonomen Körperreaktionen schließlich nicht von Angaben, die auch objektiv der Wahrheit entsprechen. Im Hinblick auf bewusste Falschgeständnisse (freiwillige und druckinduziert-konforme Falschgeständnisse[2317]) bzw. bewusste Falschaussagen von Zeugen wäre es hingegen wünschenswert, wenn sich die Rechtswissenschaft der Erkenntnisse aus der wissenschaftlichen Erforschung und der technischen Weiterentwicklung von Polygraphen sowie einer breiten Debatte öffnen würde, ob im Ermittlungsverfahren eine psychophysiologische Aussagebeurteilung mittels Tatwissensmethode zur Anwendung kommen könnte. Dafür bedarf es aber noch weiterer empirischer Erkenntnisse.

II. Anknüpfungspunkt Gerichtliche Aufklärungsfehler

Das Aufzeigen von Möglichkeiten zur Vermeidung von gerichtlichen Aufklärungsfehlern gestaltet sich gleich aus mehreren Gründen sehr kompliziert. Zum einen ist der Begriff der gerichtlichen Aufklärungsfehler ein notwendigerweise weit gehaltener Begriff, der viele unterschiedliche Erscheinungsformen umfasst.[2318] Zum anderen sind gerichtliche Aufklärungsfehler „menschliche Fehler“ der Richter (**Kap. 3. B.**).[2319] *Böhme* ist dahingehend zuzustimmen, dass es dagegen kein „Patentrezept“ gibt, weshalb es allenfalls möglich erscheint, präventiv das Fehlerbewusstsein für kognitive Verzerrungsfaktoren und Urteilsbeeinflussungsfaktoren beim Richter zu schärfen sowie die begünstigenden Umstände zu minimieren.[2320]

Momsen zu bedenken, dass der Einsatz von Polygraphen auf Seiten der Strafverfolgungsbehörden zu kognitiven Dissonanzen führen könnte (S. 149 f.).

2317 Siehe zu den Begrifflichkeiten in **Kap. 3. A. I. 4. b.**

2318 Siehe im Fallregister von *Peters*, Fehlerquellen im Strafprozeß I, S. 521 ff. u.a.: „mangelnde Aufklärung“, „ungenügende Persönlichkeitsermittlung“, „falsche und ungenaue Feststellungen“, „unterlassene Untersuchung“, „ungenügende Aktenkenntnis“, „Verjährung“, „fehlender Strafantrag“.

2319 Vgl. dazu auch die „menschlichen Fehler“ des Richters als eine der am häufigsten genannten zentralen Ursachen für strafgerichtliche Fehlentscheidungen im Rahmen der hier geführten Experteninterviews, Angaben bei Frage 1, Anhang A2.

2320 Vgl. *Böhme*, Das strafgerichtliche Fehlurteil, S. 300.

1. *Entscheidungspsychologische Ausbildung von Richtern*

In **Kap. 3. B. I.** wurde aufgezeigt, dass kognitive Verzerrungsfaktoren und Urteilsverzerrungsfaktoren einen maßgeblichen Einfluss auf die gerichtliche Aufklärung haben können. Zu den Kognitionsfehlern[2321] gehören namentlich der Schulterschlusseffekt, der Confirmation Bias, Inertia- bzw. Perseveranzeffekte und der Ankereffekt. Urteilsverzerrungsfaktoren[2322] sind insbesondere Tätermerkmale, wie die Herkunft und Vorstrafen, sowie Richtermerkmale, wie die politischen Ansichten, die Strafzweckpräferenzen und das Lebensalter. Solche kognitiven Verzerrungsfaktoren und Urteilsverzerrungsfaktoren können nur verhindert werden, wenn Richter ihr eigenes Verhalten stets kritisch reflektieren. Dies setzt jedoch notwendigerweise voraus, dass sie sich der Existenz und der Gefahren der Verzerrungsfaktoren überhaupt bewusst sind. Analog zur Forderung nach einer Verstärkung der aussagepsychologischen Ausbildung muss daher auch der Schulung und Weiterbildung von Richtern auf dem Gebiet der Entscheidungspsychologie eine höhere Beachtung zukommen, denn ein diesbezügliches Versäumnis zieht sich ebenfalls durch die gesamte ausbilderische Laufbahn eines Richters, *„[…] vom Studium bis zur Probezeit.“*[2323] Ob entscheidungspsychologische Schulungen im juristischen Vorbereitungsdienst oder unmittelbar vor oder nach dem Berufseinstieg erfolgen sollten, kann hier jedoch nicht abschließend beurteilt werden.[2324]

2. *Dringende Aufstockung der Personaldecke in der Justiz*

Damit Richter und Staatsanwälte ihre Fälle in einer angemessenen Zeit und mit einer hinreichenden Gründlichkeit bearbeiten können, ist eine erhebliche Aufstockung personeller Ressourcen erforderlich.[2325] Es ist nur logisch, dass

2321 Siehe vertiefend *Dunkel*, Fehlentscheidungen in der Justiz, S. 65 ff.

2322 Siehe vertiefend *Dunkel*, Fehlentscheidungen in der Justiz, S. 77 ff.

2323 *Schleif*, Urteil: Ungerecht, S. 47 f., 198 f.

2324 Anders als bei der geforderten Vermittlung von aussagepsychologischem Wissen, über welches Richter, Staatsanwälte und Verteidiger gleichermaßen Verfügen sollten, erscheint eine Vermittlung von Grundlagen der Entscheidungspsychologie im juristischen Vorbereitungsdienst angesichts der wenigen Personen, welche schließlich Strafrichter (oder Staatsanwälte) werden, fraglich.

2325 Exemplarisch *Kasper/Arnemann*, Recht und Psychiatrie 34 (2016), 58, 63; *Bock et al.*, GA 2013, 328, 332; *Dunkel*, Fehlentscheidungen in der Justiz, S. 229; *Böhme*, Das strafgerichtliche Fehlurteil, S. 300 f. Auch bei den hier geführten Experteninterviews sprachen sich fast alle Richter für eine erhebliche Aufstockung der personellen Ressourcen (teilweise auch für das nachgeordnete Personal) aus, siehe ausführlich **Kap. 5. B. III. 1.**

eine (zu) hohe Arbeitsbelastung dazu führt, dass sich Fehler einschleichen, weil weniger Zeit für die Detailfragen des Einzelfalls bleiben[2326] oder verstärkt verfahrensverkürzende Erledigungsformen genutzt werden, welche ihrerseits Probleme mit sich bringen können. Nach Ansicht des Verfassers reicht die mit dem „Pakt für den Rechtsstaat" vollzogene Einstellung von bundesweit 2.000 Richtern und Staatsanwälten für die Qualitätssteigerung nicht aus. Die Zahl orientiert sich an dem, anhand des 2015 von dem Personalbedarfsberechnungssystem „PEBB§Y"[2327] errechneten personellen Defizit. Schon heute bestehen allerdings Zweifel, ob diese Menge an Neueinstellungen angesichts neuer Aufgaben,[2328] Bevölkerungswachstums in den Städten und Ballungsräumen und anstehender Pensionierungswellen ausreichend ist.[2329] Laut Angaben des Deutschen Richterbundes würden bis 2030 rund 40 % aller Juristen aus dem Dienst ausscheiden und die Justiz könnte mehr als 10.000 Stellen verlieren.[2330] Im gleichen Zeitraum würden in den neuen Bundesländern sogar zwei Drittel aller Staatsanwälte oder Richter pensioniert werden.[2331] Bestrebungen wie die des Pakts für den Rechtsstaat sind daher allenfalls ein Anfang oder der berühmte „Tropfen auf dem heißen Stein". Allein um den status quo in den nächsten Jahren zu erhalten, muss die Zahl an Neueinstellungen erhöht werden. Möchte man die Qualität des Strafverfahrens aber über den status quo hinaus steigern, der Überlastung von Strafgerichten und Staatsanwaltschaften langfristig entgegentreten und damit Aufklärungsfehler verringern, dann sind Neueinstellungen in einem noch erheblicheren Ausmaß nötig.

2326 *Böhme*, Das strafgerichtliche Fehlurteil, S. 300.

2327 Siehe kritisch zur Berechnungsmethode und zur Vermutung, dass das Personaldefizit eigentlich noch höher sein könnte die Information des *Amtsrichterverbands*, abrufbar unter: https://amtsrichterverband.net/themen/pebbsy.html (Onlinequelle).

2328 Siehe dazu allein den erheblichen Mehraufwand in der Corona-Pandemie, *Bischoff/Hense*, Justiz in Corona-Zeiten: Das lange Warten auf Gerechtigkeit, berliner-zeitung.de vom 28.02.2021 (Onlinequelle).

2329 Vgl. *Anger*, Mehr Personal für die deutsche Justiz – doch es droht eine neue Arbeitsflut, handelsblatt.com vom 02.03.2020 (Onlinequelle).

2330 *Deutscher Richterbund*, Pensionierungswelle rollt auf Justiz zu – Tausende Stellen fehlen, drb.de vom 28.12.2018 (Onlinequelle).

2331 Ebenda.

B. VERMEIDUNG „MODERNER FEHLERQUELLEN“

I. Anknüpfungspunkt strafprozessuale Absprache

1. Abschaffung der Verständigung im Strafverfahren?

Die radikalste Möglichkeit um zu verhindern, dass Falschgeständnisse aufgrund der verlockenden Strafmilderung abgelegt werden bzw. Geständnisse infolge der potentiellen Verfahrensverkürzung unausreichend überprüft werden oder Strafen in Abspracheverfahren unangemessen niedrig ausfallen, mithin um Fehlentscheidungen im Zusammenhang mit dem Abspracheverfahren zu vermeiden, wäre ein generelles Verbot von Absprachen im Strafprozess.[2332] Dieser Ansatz, welchen man auch auf andere konsensuale Elemente (wie die Kronzeugenregelung oder das Strafbefehlsverfahren) ausweiten könnte, wird vorliegend aber aus mehreren Gründen nicht für sinnvoll erachtet und soll daher nur kurz und der Vollständigkeit halber erwähnt werden. Wie an mehreren Stellen dargestellt, weisen konsensuale und verfahrensbeschleunigende Erledigungsformen heute eine immense praktische Bedeutung auf. Es wäre illusorisch, anzunehmen, dass die – bisweilen schon heute überforderte – Justiz dazu in der Lage wäre, der schieren Masse und dem wachsenden Umfang an Verfahren Herr zu werden, wenn man zu einem streng inquisitorischen Verfahren zurückkehrte.[2333] Die Justiz wäre angesichts ganzer Deliktsarten, die mehrheitlich im Abspracheverfahren erledigt werden,[2334] kaum noch funktionsfähig. Diese Erkenntnis ist jedoch keineswegs eine Neuerung. Durch die Norm des § 257c StPO wurde schließlich kein neues Instrument geschaffen, sondern vielmehr eine seit Jahrzehnten bestehende Praxis im Gesetz legitimiert.[2335] Selbst die ersatzlose Abschaffung könnte eine fortgesetzte Anwendung (wie schon vor 2009) nicht verhindern. Möchte man einerseits verhindern, dass durch ein Verbot Umgehungen gefunden und Verfahrensbeteiligte in die Illegalität

2332 In den Experteninterviews von *Altenhain/Jahn*/Kinzig, Die Praxis der Verständigung im Strafprozess, S. 264 hat sich lediglich ein Interviewpartner (4,3 %) dafür ausgesprochen, die Verständigung insgesamt zu verbieten; siehe kritisch auch *Rönnau*, ZIS 2018, 167, 177.

2333 An der Praktikabilität würde es ebenso scheitern, forderte man die Beseitigung der strafmildernden Funktion von Geständnissen, vgl. *Drews*, Die Königin unter den Beweismitteln?, S. 274.

2334 *Altenhain/Hagemeier/Haimerl/Stammen*, Die Praxis der Absprachen in Wirtschaftsverfahren, S. 53, 331.

2335 Vgl. *Ignor/Wegner*, in: S/S/W-StPO, § 257c, Rn. 2.

gezwungen würden[2336] und andererseits verhindern, dass die Wahrheitsfindung im deutschen Strafprozess einer fortschreitenden Öffnung hin zum Konsensprinzip[2337] und Annäherung an das angloamerikanische Verfahren zum Opfer fällt, dann muss die Absprache (und andere konsensuale Erscheinungsformen) reformiert und die enthaltenen Fehleranfälligkeiten punktuell bekämpft werden.[2338]

2. *Schaffung von Normklarheit*

Die Untersuchung von *Altenhain/Jahn/Kinzig* hat gezeigt, dass es im Rahmen von Abspracheverfahren noch immer zur Abgabe von Formalgeständnissen oder entsprechenden Erklärungen des Verteidigers kommt und eine stetige gerichtliche Überprüfung von Geständnissen auf ihre Richtigkeit – entgegen der Vorgabe des BVerfG[2339] – (auch bei Formalgeständnissen) nicht stattfindet.[2340] Auch die gerichtliche Begegnung dem Angeklagten gegenüber mit einer weit geöffneten Sanktionsschere ist keine Seltenheit.[2341] Dies begünstigt die Entstehung bzw. die mangelnde Erkennbarkeit von Falschgeständnissen (vgl. **Kap. 4. A. V. 1. a.** und **b.**), welche als größtes Fehlerpotential der Absprache angesehen werden können. Dass es diesbezüglich (und auch in anderen Bereichen) zu einem erheblichen Vollzugsdefizit kommt, kann neben der fehlenden Praxistauglichkeit und der arbeitsentlastenden Wirkung auch auf die hohe Komplexität und die Unübersichtlichkeit der gesetzlichen Regelung und der Rechtsprechung zurückgeführt werden.[2342] Die gesetzlichen Regelungen

---

2336 *Rönnau*, ZIS 2018, 167, 177, m.w.N.

2337 Vgl. dazu *Altenhain/Jahn/Kinzig*, Die Praxis der Verständigung im Strafprozess, S. 268 f., wonach 93,7 % der Akteure des BGH und der BGA eine Hinwendung des Strafverfahrens zu einem „echten konsensualen Verfahren" ablehnen und zur Vermeidung informeller Absprachen zu 80 % eine „deutliche Erhöhung des Justizpersonals" fordern. Insofern sei hier auf **Kap. 6 A. II. 2** verwiesen.

2338 Es geht daher im Folgenden mehr um die Bekämpfung einzelner Symptome, als um eine Gesamtreform des deutschen Strafprozesses, vgl. auch *Roxin/Schünemann*, Strafverfahrensrecht, § 17, Rn. 31–32.

2339 BVerfGE 133, 168, 209, Rn. 71.

2340 *Altenhain/Jahn/Kinzig*, Die Praxis der Verständigung im Strafprozess, S. 385 ff., 389 ff., 395.

2341 *Altenhain/Jahn/Kinzig*, Die Praxis der Verständigung im Strafprozess, S. 389.

2342 Dies wurde teilweise auch im Rahmen der hier geführten Experteninterviews deutlich, insbesondere aber im Hinblick auf die Transparenz- und Dokumentationspflichten. Gleichwohl geben einige Experten zu bedenken, dass die Nichteinhaltung der Vorgaben nicht immer daran liege, dass diese zu kompliziert seien.

und insbesondere die Auslegung der (obergerichtlichen) Rechtsprechung werden von vielen Beteiligten als unverständlich und unübersichtlich wahrgenommen.[2343] Viele Richter (und Staatsanwälte) scheinen nicht zu wissen, welche Qualität das Geständnis haben muss, welches Prüfprogramm für die Überprüfung der Richtigkeit gilt, dass dem Angeklagten nicht mit einer weit geöffneten Sanktionsschere[2344] begegnet werden darf und schließlich, ob und wie Verständigungsgespräche zu protokollieren sind. Ob dieses Bewusstsein durch eine weitere Grundsatzentscheidung des BVerfG geschaffen werden kann, kann angesichts des fortbestehenden Vollzugsdefizits nach der Entscheidung im Jahre 2013 bezweifelt werden. Insofern ist auch der Gesetzgeber gefordert, für Klarheit und Verständlichkeit zu sorgen.[2345] Wie konkret der Entwurf einer Neuregelung aussehen sollte, welcher zum einen wahrt, dass nicht der Konsens zur Grundlage des Urteils wird und zum anderen gewährleistet, dass die Bekenntnis zur Amtsaufklärung keine „bloße Worthülse"[2346] ist, ist mit Blick auf den Umfang der Arbeit nicht abschließend zu beantworten. Möchte man an der Grundkonzeption der bestehenden Absprache festhalten, käme etwa die Kodifikation eines Verbots des Aufzeigens einer offenen Sanktionsschere in § 257c Abs. 3 StPO in Betracht. Zur Verhinderung von Formalgeständnissen bietet sich die Regelung von Qualitätsanforderungen an ein Geständnis in einem neuen § 257c Abs. 1, S. 3 StPO an.[2347]

Teilweise wolle man sie einfach nicht anwenden, weil die Ansprache ansonsten keine Arbeitserleichterung mehr brächte, siehe ausführlich in **Kap. 5. B. III. 2.**

2343 In der Untersuchung von *Altenhain/Jahn/Kinzig*, Die Praxis der Verständigung im Strafprozess, S. 532, m.w.N. geben bei der Onlinebefragung über 30 % der Richter an, sich in einer Situation befunden zu haben, in der sie nicht gewusst hätten, ob die Absprache zulässig war. Ähnliches ergeben die Interviews *Altenhain/Jahn/Kinzig*, in denen 22 % der Richter angeben, informelle Absprachen durchzuführen, weil sie nicht wissen würden, wie eine Verständigung korrekt getroffen wird, 35,6 %, wegen der unübersichtlichen Rechtslage.

2344 Siehe BVerfGE 133, 168, 240, Rn. 130.

2345 Kritisch zum Fehlen gesetzlicher Qualitätsanforderungen an ein Geständnis auch *Fezer*, NStZ 2010, 177, 180 f.

2346 *Fischer*, StraFo 2009, 177, 183.

2347 Vgl. kritisch zu den fehlenden Anforderungen des Gesetzes an die Qualität des Geständnisses schon *Fezer*, NStZ 2010, 177, 180 f.

3. *Änderung der Gerichtszuständigkeit beim Scheitern einer Absprache*

In **Kap. 4. A. V. 1. a. aa.** wurde darauf hingewiesen, dass das Zustandekommen einer Verständigung nicht nur die Ablegung von Falschgeständnissen begünstigt, sondern sich auch daraus Gefahren ergeben können, dass eine Verständigung scheitert. Wenn das Gericht den Vorschlag zu einer Absprache unterbreitet, manifestiert sich schon in der Offerte eine gewisse Schuldhypothese.[2348] Kommt die Absprache nicht zu Stande, gefährdet der Angeklagte das Wohlwollen des Gerichts und riskiert, dass das Gericht versucht sein könnte, die bestehende Schuldannahme zu verifizieren.[2349] Da der ehemalige „Partner" in den Absprachevehandlungen nun dennoch über die Tat- und Schuldfrage entscheiden muss, könnte es im Einzelfall dazu kommen, dass das Gericht seine unvoreingenommene und neutrale Stellung verliert,[2350] den im Rahmen der gerichtlichen Aufklärungsfehlern erörterten Inertia- und Perseveranzeffekten erliegt und insbesondere belastende Indizien und Beweise überbewertet.[2351]

Dieser potentiellen Fehlerquelle sowie schon dem bösen Anschein, dass das Gericht – entgegen der Unschuldsvermutung und nemo tenetur se ipsum accusare[2352] – strukturell voreingenommen sein könnte, muss zur Vermeidung von Fehlentscheidungen und zur Stärkung des Vertrauens der Öffentlichkeit in die Rechtsordnung entgegengetreten werden. Zur unveränderten Zuständigkeit des Spruchkörpers nach einer gescheiterten Absprache schweigt die Gesetzesbegründung. Nach hier vertretener Ansicht ist zur Vermeidung von Inertia- und Perseveranzeffekten, mithin zur Minimierung von gerichtlichen Aufklärungsfehlern, jedoch nötig, dass das Scheitern einer Absprache zwingend die Begründung der Zuständigkeit eines anderen Spruchkörpers nach sich zieht.[2353] Zwar kann in einem solchen Fall nicht vollständig ausgeschlossen werden, dass der neue Spruchkörper sich nicht an der Schuldannahme des

2348 Ausführlich *Rönnau*, ZIS 2018, 167, 172 f.

2349 *Velten*, in: SK-StPO, Vor §§ 257b–257c ff., Rn. 15; vgl. auch *Schünemann*, StV 1993, 607, 608 f.

2350 Vgl. *Weßlau*, ZStW 116 (2004), 150, 167.

2351 *Roxin/Schünemann*, Strafverfahrensrecht, § 17, Rn. 29.

2352 *Rönnau*, ZIS 2018, 167, 172 f.

2353 Vgl. *Roxin/Schünemann*, Strafverfahrensrecht, § 17, Rn. 29; *Rönnau*, ZIS 2018, 167, 172; siehe auch *Roxin/Schünemann*, Strafverfahrensrecht, § 69, Rn. 12: „Inkompatibilität".

vorherigen orientiert.[2354] Dennoch wird das Risiko einer einseitigen Schuldfestlegung zumindest verringert, da noch keine eigene Schuldannahme des neuen Spruchkörpers besteht. Darüber hinaus kann der Befürchtung, dass aus einer gescheiterten Absprache fast automatisch eine Strafverschärfung und damit denkbare Strafzumessungsfehler resultieren könnten,[2355] entgegengetreten werden.

4. *Einführung eines Umgehungsverbots zum Verbot des Rechtsmittelverzichts*

Nur eine „*[...] uneingeschränkte Überprüfungsmöglichkeit eines durch Verständigung ergangenen Urteils bildet eine wichtige Richtigkeitsgewähr des fehleranfälligen Verständigungsverfahrens, die das Gericht und die Verfahrensbeteiligten zu sorgfältiger Beachtung der Vorschriften anhält.*"[2356] Dem versuchte der Gesetzgeber durch das Verbot des Rechtsmittelverzichts in § 302 Abs. 1, S. 2 StPO Rechnung zu tragen. Der Rechtsmittelverzicht ist jedoch noch immer Gegenstand von Absprachen.[2357] Das Verbot hat sich als extrem praxisuntauglich erwiesen, da sich Möglichkeiten der Umgehung herausgebildet haben. Während der Umgehung durch die informelle Abrede, die Rechtsmittelfrist ungenutzt verstreichen zu lassen, durch den BGH eine Absage erteilt wurde,[2358] billigt er die von vornherein geplante (abredemäßige) Einlegung und umgehende Rücknahme eines Rechtsmittels zum Zweck der Erzeugung von Rechtskraft.[2359] Damit Fehlentscheidungen im Zusammenhang mit dem Abspracheverfahren künftig besser korrigiert werden können, ist es sinnvoll, den § 302 Abs. 1 StPO um ein generelles Umgehungsverbot (ggf. mit einer Aufzählung von nicht als abschließend zu betrachtenden Beispielen) zu ergänzen. Einen Orientierungspunkt hierfür kann der Gesetzesentwurf der BRAK aus dem Jahre 2009 bieten, in dem es in der Entwurffassung zu § 302 Abs. 1 StPO

2354 Insofern besteht womöglich eine gewisse Parallele zu der Gefahr einer Verwendung von durch Absprachen erlangten Falschgeständnissen in Folgeverfahren, vgl. **Kap. 4. A. V. 1. c.**

2355 Vgl. *Velten*, in: SK-StPO, Vor §§ 257b–257c ff., Rn. 15.

2356 *Ignor/Wegner*, in: S/S/W-StPO, § 257c, Rn. 129.

2357 *Altenhain/Jahn/Kinzig*, Die Praxis der Verständigung im Strafprozess, S. 535 f., m.w.N.

2358 BGH StV 2010, 346, 347.

2359 BGH StV 2014, 392, 392 f. Siehe zum Unverständnis in der Literatur u.a. *Altvater*, StraFo 2014, 221, 222; *Fischer*, StraFo 2010, 329, 331; *Beulke/Swoboda*, Strafprozessrecht, Rn. 601; *Ignor/Wegner*, in: S/S/W-StPO, § 257c, Rn. 129, m.w.N.

heißt: „*Der Verzicht auf die Einlegung eines Rechtsmittels gegen ein Urteil sowie die Zurücknahme eines Rechtsmittels vor Ablauf der Frist zu seiner Einlegung sind unzulässig. Dies gilt nicht bei Urteilen des Strafrichters, es sei denn, das Urteil beruht auf einer Urteilsabsprache [...].*“[2360]

Ein solches Umgehungsverbot kann allerdings dann nicht funktionieren, wenn der Revisionsinstanz schon gar nicht bewusst ist, dass überhaupt eine Absprache stattgefunden hat. Für den Fall einer Verständigung muss im Sitzungsprotokoll deren wesentlicher Ablauf und Inhalt wiedergegeben werden, § 273 Abs. 1a, S. 1 StPO. Falls keine Verständigung stattgefunden hat, muss auch dies nach § 273 Abs. 1a, S. 3 StPO im Protokoll vermerkt werden (sog. „Negativtest“[2361]). Wird aber aufgrund einer defizitären Handhabung bzw. der Missachtung von Transparenz- und Dokumentationsvorschriften verschleiert, dass überhaupt eine offizielle Verständigung stattgefunden hat (**Kap. 4. A. V. 4.**), besteht nach Außen kein Anlass, anzunehmen, dass gegen § 302 Abs. 1, S. 2 StPO verstoßen und damit ggf. die Möglichkeit einer Fehlerkorrektur abgeschnitten wurde.[2362] Eine strikte und gewissenhafte Einhaltung der Transparenz- und Dokumentationspflichten ist daher unerlässlich.

5. Stärkung der Kontrolle und Selbstkontrolle der Staatsanwaltschaft

Die Aufgabe der Staatsanwaltschaften als „Wächter des Gesetzes“ und Garanten „für Rechtsstaatlichkeit und gesetzesmäßige Verfahrensabläufe“ im Abspracheverfahren ist es, die die Einhaltung der Verständigungsregeln zu kontrollieren

2360 BRAK-Stellungnahme Nr. 25/2005, S. 9 (Onlinequelle).

2361 Vgl. *Paul*, in: KK-StPO, § 302, Rn. 13b; *Schmitt*, in: M/S-StPO, § 273, Rn. 12c: „*Dadurch lässt sich allerdings nicht ausschließen, dass doch eine heimliche Absprache getroffen worden ist.*“

2362 Ähnliche Angaben macht auch R8 bei Frage 8a, Anhang A2 im Rahmen der hier geführten Experteninterviews. Danach sei die Gefahr von (endgültigen) Fehlentscheidungen bei illegalen Absprachen sehr viel höher, da es bei förmlichen Absprachen immerhin noch die Möglichkeit der nachträglichen Korrektur gebe. Darauf, dass es (zumindest beim Amtsgericht) noch immer nicht protokollierte Absprachen gebe, weisen R4 und R5 bei Frage 8a, Anhang A2 hin. R4 gibt selbst zu, Gespräche nicht immer zu protokollieren, da er sie nicht immer für protokollierungsbedürftig halte. Bei Frage 26, Anhang A2 bezeichnet R4 die Notwendigkeit der Protokollierung teilweise gar als „Quatsch“ und sagt, dass „die Sache läuft“, sei wichtiger, „*[...] als dass wir eine formelle Justizförmigkeit erreichen, die sich Wissenschaftler oder BGH-Richter so vorstellen.*“, Angabe von R4 bei Frage 26, Anhang A2.

und „*einheitliche Standards für die Erteilung der Zustimmung zu Verständigungen sowie für die Ausübung der Rechtsmittelbefugnis aufzustellen und durchzusetzen.*“[2363] Die Untersuchung von *Altenhain/Jahn/Kinzig* hat allerdings an vielen Stellen ergeben, dass die Staatsanwaltschaft ihrer Wächterstellung praktisch nur sehr beschränkt nachkommt.[2364] In vielen Staatsanwaltschaften gibt es keine allgemeinen Vorgaben, worauf konkret im Verständigungsverfahren zu achten, wie bei einem gerichtlichen Verstoß vorzugehen[2365] und inwieweit die Einhaltung der Verständigungsregeln durch das Gericht zu dokumentieren ist.[2366] Gibt es einmal allgemeine Vorgaben (lediglich in etwas mehr als der Hälfte der Staatsanwaltschaften), sehen diese regelmäßig nur die Einlegung von Rechtsmitteln, aber kein Vorgehen gegen die Verantwortlichen vor.[2367] Die festgestellte geringe Anzahl an staatsanwaltschaftlich eingelegten Revisionen könnte zudem auf eine geringe Bereitschaft hinweisen, gegen gesetzeswidrige Absprachen vorzugehen.[2368] Daher ist es zwingend erforderlich, dass die Kontrolle durch die Staatsanwaltschaft gefördert wird. Ob die Staatsanwälte ihrer Funktion als „Wächter des Gesetzes“ nachkommen, unterliegt allerdings ihrerseits oftmals keiner Kontrolle, bei Verstößen sind keine oder kaum Konsequenzen zu erwarten.[2369] Damit fehlerhafte Absprachen künftig vermieden bzw. korrigiert werden können, ist es daher von zentraler Bedeutung, dass die Staatsanwaltschaft ihrer Wächterfunktion in zweierlei Hinsicht nachkommt. Dafür müssen zunächst im Rahmen der behördlichen Organisation aller Staatsanwaltschaften verbindliche und allgemeine Vorgaben zur Dokumentation von und Reaktion auf Gesetzesverstöße an die Sitzungsvertreter gemacht werden. Auf dokumentierte Verstöße (des Gerichts) gegen die Verständigungsregelungen muss (auch) von der Staatsanwaltschaft konsequent reagiert werden, sei es

2363 Siehe BVerfGE 133, 168, 219 f., Rn. 92, 93.

2364 *Altenhain/Jahn/Kinzig*, Die Praxis der Verständigung im Strafprozess, S. 536 f., m.w.N.

2365 *Altenhain/Jahn/Kinzig*, Die Praxis der Verständigung im Strafprozess, S. 496 f., 536 f.

2366 *Altenhain/Jahn/Kinzig*, Die Praxis der Verständigung im Strafprozess, S. 495 f., 536 f.

2367 *Altenhain/Jahn/Kinzig*, Die Praxis der Verständigung im Strafprozess, S. 453 f., 496 f., 536 f.

2368 *Altenhain/Jahn/Kinzig*, Die Praxis der Verständigung im Strafprozess, S. 34 f., 536 f.

2369 *Altenhain/Jahn/Kinzig*, Die Praxis der Verständigung im Strafprozess, S. 215 f., 222, 253 f., 454 f., 536 f.

im laufenden Verfahren mit einem Ablehnungsantrag oder korrigierend durch die Einlegung von Rechtsmitteln. Wird dennoch eine wiederholte Untätigkeit festgestellt, muss zudem gegebenenfalls mit den Mitteln des Disziplinarrechts geantwortet werden. Um aber Versäumnisse der Sitzungsvertreter erkennen zu können, ist zumindest auch eine kontinuierliche und stichprobenartige Selbstkontrolle notwendig.[2370]

II. Anknüpfungspunkt (große) Kronzeugenregelung

1. Rückkehr zu bereichsspezifischen „kleinen" Kronzeugenregelungen?

Um den fehlentscheidungsspezifischen (und rechtsstaatlichen) Problemen der großen Kronzeugenregelung des § 46b StGB zu begegnen, wird vereinzelt vorgeschlagen, die Regelung abzuschaffen[2371] und/oder zu ausschließlich bereichsspezifischen und „kleinen" Kronzeugenregelungen zurückzukehren.[2372] Abseits der kleinen Kronzeugenregelung bestünde dann die Möglichkeit, ein Kooperationsverhalten über bestehende Strafzumessungsregelungen (§ 46 Abs. 2 StGB) zu honorieren.[2373]

Neben der Tatsache, dass sich die große Kronzeugenregelung nach Ansicht einer großen Zahl der Praktiker scheinbar bewährt habe,[2374] wäre es jedoch ein „Trugschluss", anzunehmen, dass mit einer gesetzgeberischen Streichung des § 46b StGB sämtliche mit dem Gedanken der Honorierung einer Kooperation verbundenen Gefahren und Probleme beseitigt wären.[2375] Die Gefahr von honorierbaren Falschbezichtigungen wäre nur dann gebannt, wenn man die

2370 Insbesondere bei amtsgerichtlichen Verfahren scheint eine gänzlich fehlende Kontrolle nicht selten zu sein, *Altenhain/Jahn/Kinzig*, Die Praxis der Verständigung im Strafprozess, S. 498.

2371 So die Angabe von R10 bei Frage 27, Anhang A2 im Rahmen der hier geführten Experteinterviews: *„Abschaffen! Einfach ersatzlos abschaffen! Das ist eine der größten, unsinnigsten Rechtsinstitute. […]. Und zwar alles abschaffen [Anmerkung: auch die ‚kleinen' Kronzeugenregelungen], weil die Schwächen sind so ausgeprägt, dass der Nutzen, den man sich davon verspricht, eigentlich nicht eintritt."*

2372 *Ambos*, ZStW 132 (2020), 24, 54 f.; so auch schon der Bundesrat in BT-Drs. 16/6268, S. 18 f.

2373 Vgl. *Kinzig*, in S/S-StGB, § 46b, Rn. 2, welcher die „Ausgangsprämisse", dass existierende Vergünstigungsmöglichkeiten nicht ausreichend seien, für *„[e]mpirisch nicht belegt"* hält.

2374 *Christoph*, Der Kronzeuge im Strafgesetzbuch, S. 216 ff., 270, 403.

2375 *Christoph*, Der Kronzeuge im Strafgesetzbuch, S. 217, 534.

Strafmilderung aufgrund von Kooperation gänzlich verbieten würde.[2376] Dies ist in der Praxis kaum vorstellbar und angesichts von Kooperationsverhalten, welche einer Honorierung tatsächlich würdig sind, auch nicht wünschenswert. Möchte man die Gefahren von (falschen) Drittbezichtigungen zwecks Erlangung von Strafmilderungen daher minimieren und nicht nur von einer Norm auf die andere – mithin von § 46b StGB auf § 46 Abs. 2 StGB oder auf „kleine“ Kronzeugenregelungen – verlagern, dann erscheint es sinnvoller, die große Kronzeugenregelung zu reformieren und für eine sichere und bessere „Handhabbarkeit der Norm“ zu sorgen.[2377]

2. *Abschaffung der Präklusionsregelung in § 46b Abs. 3 StGB*

Wie schon in **Kap. 4. B. II.** thematisiert, muss die Wissensoffenbarung des Kronzeugen zwingend[2378] bis zur Eröffnung der Hauptverhandlung (§ 207 StPO) erfolgen, § 46b Abs. 3 StGB. Als Gründe dafür werden Missbrauchsgefahren durch Prozessverschleppung und erschwerte Nachprüfungsmöglichkeiten angeführt, die dann entstehen würden, wenn eine Wissensoffenbarung auch noch in der Hauptverhandlung möglich wäre.[2379] Die Präklusionsregelung kann jedoch in der Praxis als ein „Konstruktionsfehler“[2380] angesehen werden. Sie kann nämlich von erfahrenen Beschuldigten ausgenutzt werden, um in den Genuss einer Strafmilderung zu kommen, ohne eine adäquate Gegenleistung zu erbringen:[2381] Macht der Kronzeuge bis zur Eröffnung (seiner) Hauptverhandlung eine (falsche) Drittbezichtigung, liegt darin bereits sein Offenbarungsbeitrag, welcher mit einer Strafmilderung honoriert werden kann. Wird er erst nach Abschluss seines Verfahrens und damit ggf. erst nach rechtskräftigem Erhalt der Strafmilderung als Zeuge im Verfahren des Denunzierten geladen, kann er sich in diesem Verfahren auf seine prozessualen Zeugnis- und Auskunftsverweigerungsrechte berufen. Die Anwendung der Kronzeugenregelung bewirkt nämlich keinesfalls die Verwirkung seiner Rechte im

2376 *Christoph*, Der Kronzeuge im Strafgesetzbuch, S. 534; ähnlich auch *Drews*, Die Königin unter den Beweismitteln?, S. 274 f. Dies ablehnend schon in **Kap. 6. B. I. 1.**

2377 Vgl. *Christoph*, Der Kronzeuge im Strafgesetzbuch, S. 521, 523, welcher für eine „legislatorische Einhebung“ (S. 270) im Rahmen eines eigenständigen Kronzeugengesetzes (S. 526) plädiert.

2378 BGH StV 2019, 324, 325.

2379 BT-Drs. 16/6268, S. 2, 14; vgl. auch *Kinzig*, in: S/S-StGB, § 46b, Rn. 19 f.

2380 *Ambos*, ZStW 132 (2020), 24, 54.

2381 *Ambos*, ZStW 132 (2020), 24, 53 f.

Hauptverfahren des Denunzierten. Der Anreiz für falsche Drittbezichtigungen dürfte dem (erfahrenen) Kronzeugen angesichts dieser Möglichkeit als noch höher erscheinen.[2382]

Daneben können auch die Gründe, welche für die Präklusionsregel angeführt werden, nur beschränkt überzeugen. Die Gefahr einer Aufblähung des Verfahrens ergibt sich nicht erst, wenn der Kronzeuge seine Angaben in der Hauptverhandlung macht, sondern sie ist der Kronzeugenregelung generell immanent, sofern man aufgrund einer umfangreichen Beweisaufnahme über das Zustandekommen der Kronzeugenaussage und einer notwendigerweise intensiveren Glaubhaftigkeitsprüfung (siehe sogleich) einen nicht unerheblichen zeitlichen Mehraufwand hat.[2383] Die Präklusion riskiert, dass Informationen desjenigen Täters nicht mehr verwendet werden können, welcher sich erst im Laufe der Hauptverhandlung zur Kooperation entscheidet.[2384] Führen die Befürworter der Präklusion an, dass eine Strafmilderung dann noch nach § 46 Abs. 2 StGB möglich sei,[2385] so widerspricht dies der eigenen Ausgangsprämisse, dass der Kooperationsanreiz bei der Kronzeugenregelung weit überwiege und daher über die allgemeine Strafzumessung nach § 46 Abs. 2 StGB hinausgehen müsse.[2386] Die Präklusion verstärkt die Tendenz zur Vorverlagerung des Strafverfahrens in das Ermittlungsverfahren, die Heimlichkeit des Verfahrens und schafft die Möglichkeit von Absprachen zwischen den Ermittlungsbehörden und dem Kronzeugen unter weitgehendem Ausschluss der Verteidigung.[2387] Bei Absprachen mit Kronzeugen besteht dann die Gefahr, dass die Öffentlichkeit und Transparenz (mit Auswirkungen auf die Wahrheitsfindung) nicht gewahrt bleibt und Verständigungen mit dem Kronzeugen *„[...] in die ‚black box' des Vernehmungszimmers"*[2388] zurückgetrieben werden.

2382 So auch R10 bei Frage 8c, Anhang A2 im Rahmen der hier geführten Experteninterviews.

2383 *Ambos*, ZStW 132 (2020), 24, 39. Bei einer besonders sorgfältigen Nachprüfung im Hauptverfahren kann insofern auch das Argument, dass eine Nachprüfung der Kronzeugenoffenbarung nur im Ermittlungsverfahren möglich sei (vgl. *König*, StV 2012, 113, 114 f.), nur bedingt überzeugen.

2384 Dazu schon der Bundesrat in BT-Drs. 16/6268, S. 19; vgl. auch *Kinzig*, in: S/S-StGB, § 46b, Rn. 20.

2385 Siehe BT-Drs. 16/6268, S. 14.

2386 *Ambos*, ZStW 132 (2020), 24, 39.

2387 *Ambos*, ZStW 132 (2020), 24, 37 f.

2388 *König*, NJW 2009, 2481, 2483.

Es ist daher festzuhalten: „*Zu welchem Zeitpunkt der Aufklärungsgehilfe sich offenbart, ist gleichgültig. Entscheidend ist allein der Aufklärungserfolg.*"[2389]

3. *Absicherung der Kronzeugenaussage durch weitere Beweismittel*

In der Vorauswertung wurden die falsche Drittbezichtigung sowie die kritische Würdigung der belastenden Aussage als größte Fehlerpotentiale identifiziert. Die Fehleranfälligkeit der Kronzeugenaussage ist auch der Rechtsprechung bewusst. Wohl wissend, dass die vom Gesetzgeber verschärften Strafbarkeiten nach § 145d Abs. 3 und 4 sowie § 164 Abs. 3 StGB keine ausreichende Abschreckungswirkung entfalten, fordert die Rechtsprechung als Kompensation für das Beweisdefizit eine „besonders vorsichtige Beweiswürdigung" (vgl. schon **Kap. 4. B. IV. 1. b. aa.**). Diesem Erfordernis ist grundsätzlich zuzustimmen.[2390] In seiner Urteilsanalyse kommt *Christoph* jedoch zu dem Ergebnis, dass eine „*[…] tiefergehende Glaubwürdigkeitsprüfung […] nur selten […]*"[2391] stattfinde, sei es durch intensivere Befragungen des Kronzeugen, Vernehmung zusätzlicher Zeugen oder Absicherung durch weitere Beweismittel. Auch wegen dieser Handhabung wird die besonders vorsichtige Beweiswürdigung allein als nicht ausreichend erachtet.[2392] Sie muss daher um das Erfordernis einer Bestätigung („corroboration") der Kronzeugenaussage durch (zumindest) weitere Zeugenaussagen oder einen Abgleich mit Vernehmungsprotokollen ergänzt werden.[2393] „*Ähnlich wie bei dem Geständnis im Rahmen einer Verständigung wird man auch hier Tatsachenangaben verlangen müssen, die substanziiert sind, einer Plausibilitätskontrolle standhalten und mit anderen Beweismitteln abgeglichen*

2389 DAV-Stellungnahme Nr. 39/2006, S. 13 (Onlinequelle). Siehe zur Abschaffung der Präklusionsregelung auch *König*, StV 2012, 113, 114 f.

2390 Siehe auch *Ambos*, ZStW 132 (2020), 24, 52: „*Letztlich kann dem Problem der Glaubwürdigkeit nur mit einer besonders sorgfältigen und vorsichtigen Beweiswürdigung begegnet werden […].*"

2391 *Christoph*, Der Kronzeuge im Strafgesetzbuch, S. 420, anders allerdings S. 532.

2392 Siehe auch *Eschelbach*, in: S/S/W-StGB, § 46b, Rn. 5, m.w.N.: „Beschwichtigungsformel". Als nicht ausreichend werden diese Anforderungen auch von R8 im Rahmen der hier geführten Experteninterviews empfunden, Angabe von R8 bei Frage 8b, Anhang A2.

2393 Explizit für eine „corroboration" *König*, StV 2012, 113, 115; vgl. auch *Eschelbach*, in: S/S/W-StGB, § 46b, Rn. 5, 14; *Ambos*, ZStW 132 (2020), 24, 52 f. Kritisch dazu, insbesondere wegen des Grundsatzes freier richterlicher Beweiswürdigung *Christoph*, Der Kronzeuge im Strafgesetzbuch, S. 267 f.

werden können."[2394] Kann eine solche Absicherung nicht stattfinden, darf der geringe Beweiswert einer Kronzeugenregelung allein regelmäßig nicht als ausreichend betrachtet werden, um darauf eine Verurteilung zu stützen,[2395] sei es die mit der Strafmilderung versehene eigene Verurteilung des Denunzierenden oder die des denunzierten Dritten. Ein solcher Umgang mit der Beweiswürdigung würde nicht nur in der Theorie das Risiko von Fehlentscheidungen verringern, sondern würde scheinbar auch von der Praxis befürwortet werden.[2396]

4. *Förderung der Kooperation und Kommunikation in der Justiz*

In **Kap. 4. B. IV. 1. b. bb.** wurde darauf hingewiesen, dass sich aus der Tatsache, dass das Gericht, welches den Kronzeugen ggf. honoriert und sich diesbezüglich eine subjektive Überzeugung von dem Wahrheitsgehalt seiner Angaben und ihres vorläufigen Aufklärungserfolges auf unvollkommener Tatsachenbasis bilden muss, regelmäßig nicht mit dem Gericht identisch ist, welches die denunzierte Person aburteilt,[2397] Probleme bei der Beweiswürdigung ergeben können.[2398] Gerichtliche Aufklärungsfehler in Form von defizitärer Beweiswürdigung sind beim Gericht, bei dem der Kronzeuge angeklagt ist, nahezu vorprogrammiert, wenn es nicht die verfahrensfremde Sachkunde haben sollte, um den objektiven Wahrheitsgehalt der drittbelastenden Aussage als Vorfrage für die Gewährung der Strafmilderung zu überprüfen und es die subjektive Überzeugung daher nur auf reduzierter Beweisgrundlage gewinnen kann.[2399] Die Auseinandersetzung mit kognitiven Verzerrungsfaktoren (vgl. **Kap. 3.**

2394 *Eschelbach*, in: S/S/W-StGB, § 46b, Rn. 24; vgl. auch *Maier*, in: MüKO-StGB, § 46b, Rn. 61. Weitergehend noch *Hoyer*, JZ 1994, 233, 237 f., welcher eindeutige und von den Kronzeugenangaben gänzlich unabhängige Beweismittel zur Bestätigung fordert.

2395 *König*, NJW 2009, 2481, 2484. Von einer Entscheidungs- bzw. einer Beweisregel gegen den Kronzeugen als alleinige Verurteilungsgrundlage sprechend *Eschelbach*, in: S/S/W-StGB, § 46b, Rn. 5, 14.

2396 Laut *Mühlhoff/Pfeiffer*, ZRP 2000, 121, 127 fordere die „*[…] große Mehrheit der befragten Polizeibeamten und Justizvertreter […] eine Bestimmung, wonach keine Verurteilung allein aufgrund der Aussage eines Kronzeugen erfolgen darf.*" Explizit für eine solche Regelung sprechen sich im Rahmen der hier geführten Experteninterviews R3 bei Frage 12, Anhang A2 und R8 bei Frage 8b, Anhang A2 aus.

2397 *Eschelbach*, in: S/S/W-StGB, § 46b, Rn. 6.

2398 Auf tatsächliche Beweisprobleme weist auch R8 im Rahmen der hier geführten Experteninterviews hin, Angabe bei Frage 8b, Anhang A2.

2399 Vgl. *Fezer*, in: FS Lenckner, 681, 681 ff.

B. I.) hat zudem gezeigt, dass die Entscheidung des den Kronzeugen aburteilenden Gerichts im Anschluss ein suggestiv wirkendes Präjudiz sein könnte, welches das folgende Gericht in dem Verfahren gegen den Denunzierten in seiner Beweiswürdigung und subjektiven Überzeugungsbildung fehlerhaft beeinflussen könnte.[2400] Für solche Fälle ist es zweckdienlich, dass die involvierten Strafverfolgungsbehörden und Gerichte effizienter und intensiver miteinander kommunizieren und kooperieren.[2401] Neue Möglichkeiten zur Steigerung und Effektivierung der Zusammenarbeit könnte die Einführung von elektronischen Akten eröffnen.[2402] Neben der Vereinfachung der gerichtlichen Kommunikation mit Rechtsanwälten könnte eine elektronische Akte auch für die Gerichte (untereinander) Vorteile bringen.[2403] Durch digitale Verfahrensakten (und Ermittlungsakten) könnten mehrere Richter oder Gerichte Zugriff auf die Akten haben.[2404] Sodann könnten erlangte Informationen genutzt werden, um die Aussagen des Kronzeugen in seiner Vernehmung oder durch Vernehmung weiterer Zeugen kritisch zu überprüfen.[2405]

Die konkrete Umsetzung der elektronischen Akte bleibt momentan allerdings noch abzuwarten. Das Berliner E-Government-Gesetz verpflichtet Berliner Behörden, Akten ab 2023 ausschließlich elektronisch zu führen. Für die Berliner Justiz laufen aktuell mehrere Pilotprojekte. Seit Dezember 2018 arbeiten die ersten drei Abteilungen am Amtsgericht Neukölln in digitalen Gerichtssälen mit der elektronischen Akte.[2406] Im Jahr 2021 soll dies in einen regulären

2400 *Eschelbach*, in: S/S/W-StGB, § 46b, Rn. 6.

2401 Dafür ist selbstverständlich erforderlich, dass die Verfahren eine gewisse zeitliche Überschneidung haben. Ist gegen den Denunzierten noch kein Strafverfahren eingeleitet, kann dies nur schwer funktionieren. Es eignen sich daher eher Fälle, in denen der (zu untersuchende) Aufklärungserfolg nicht in bisher gänzlich unbekannten Erkenntnissen besteht, sondern in der Erhärtung von bestehenden Verdachtsmomenten (vgl. *Maier*, in: MüKo-StGB, § 46b, Rn. 54 ff.).

2402 Siehe vertiefend zur elektronischen Akte *Schuhmann*, E-Justice.

2403 Ausführlich zu den Vorteilen der E-Akte für die Gerichte *Schuhmann*, E-Justice, S. 18 f.

2404 Sofern datenschutzrechtliche Bedenken nicht entgegenstehen und bei einer Abwägung mit den Interessen der prozessualen Wahrheitsfindung nicht überwiegen.

2405 Siehe zu den bisherigen (ohnehin schon geltenden) geringeren Anforderungen der Rechtsprechung an die gerichtliche Überzeugungsbildung unter Außerachtlassung des Strengbeweisverfahrens und auf reduzierter Beweisgrundlage *Frahm*, Die allgemeine Kronzeugenregelung, S. 234 ff.

2406 *Der Regierende Bürgermeister von Berlin – Senatskanzlei*, Pressemitteilung auf berlin.de vom 12.01.2021, (Onlinequelle).

Betrieb in fünf Abteilungen überführt werden; zeitgleich soll die elektronische Akte am Amtsgericht Köpenick in Familiensachen weiter erprobt werden.[2407] Wann die technischen, betrieblichen und organisatorischen Voraussetzungen für die elektronische Akte flächendeckend geschaffen sind,[2408] kann momentan noch nicht abgesehen werden. Dass diese jedoch neben dem bürokratischen und praktischen Nutzen auch ein enormes Potential aufweist, um Fehler bei der Beweiswürdigung zu vermeiden, die dadurch entstehen, dass ein Gericht für die Beweiswürdigung auf die Sachkunde und die Ergebnisse der Beweiserhebung in anderen Verfahren angewiesen ist, kann kaum bestritten werden.[2409]

III. Anknüpfungspunkt Strafbefehlsverfahren

1. *Abschaffung der Möglichkeit des Strafbefehlsverfahrens bei Freiheitsstrafen*

Nach § 407 Abs. 2, S. 2 StPO kann im Strafbefehlsverfahren eine Freiheitsstrafe von bis zu einem Jahr festgesetzt werden, sofern der Angeschuldigte einen Verteidiger hat und die Vollstreckung zur Bewährung ausgesetzt ist. Auch wenn davon auszugehen ist, dass sich die Fehlerpotentiale des Strafbefehls nicht signifikant danach unterscheiden, ob eine Freiheits- oder Geldstrafe ausgesprochen wird,[2410] hat eine Fehlentscheidung für den Betroffenen doch eine erheblich einschneidendere Bedeutung, wenn sie eine Freiheitsstrafe zum Gegenstand hat. In **Kap. 4. C. IV. 1. b. bb.** wurde darauf hingewiesen, dass die Anwendung des Strafbefehlsverfahrens schon seit Langem nicht mehr auf die Erledigung von Bagatellkriminalität beschränkt ist und nicht selten auch komplizierte und verwickelte Sachverhalte umfasst.[2411] Der mögliche Rechtsfolgenausspruch des

---

2407 Ebenda.

2408 So scheint es Probleme beim Finden geeigneter IT-Programme zu geben, *sued-deutsche.de* vom 30.06.2020, Senator: Berlin hat keine IT-Programme für Strafakten (Onlinequelle).

2409 Eine optimierte Zusammenarbeit zwischen den Gerichten (bzw. schon vorher mit den Strafverfolgungsbehörden) könnte nicht nur bewirken, dass sich die Möglichkeiten für das über die Strafmilderung des Kronzeugen entscheidende Gericht, die Kronzeugenaussage kritisch zu würdigen, verbesserten. Darüber hinaus würde auch die Gefahr eingedämmt, dass eine gegebenenfalls falsche Würdigung der Kronzeugenaussage im anschließenden Prozess des Denunzierten ein suggestiv wirkendes Präjudiz darstellen könnte.

2410 Dazu *Gilliéron*, Strafbefehlsverfahren und plea bargaining, S. 143.

2411 *Leipold/Wojtech*, ZRP 2010, 243, 243 ff. fordert sogar eine derartige Erweiterung des Anwendungsbereichs des Strafbefehlsverfahrens, dass die Beschränkung auf

§ 407 Abs. 1, S. 2 StPO und die mögliche Anwendung des Verfahrens auch bei mittelschwerer Kriminalität erfordern jedoch zwingend, dass der Sachverhalt (und die Persönlichkeit des Betroffenen) vollständig und bestmöglich abgeklärt ist.[2412] Dies kann im summarischen Strafbefehlsverfahren – wie aufgezeigt – regelmäßig nicht geleistet werden. Zudem konterkariert § 407 Abs. 2, S. 2 StPO das Ziel, die kurzfristige Freiheitsstrafe weitgehend zugunsten der Geldstrafe zurückzudrängen.[2413] Die Verhängung von Freiheitsstrafen (insbesondere unter 6 Monaten, vgl. § 47 Abs. 1 StGB) und die damit verbundenen Entscheidungen über Bewährungszeit und -auflagen werden im materiellen Recht von bestimmten Sachverhaltsfeststellungen bzw. Prognosen abhängig gemacht, die einen persönlichen Eindruck erfordern.[2414] Auch dies kann das schriftliche Strafbefehlsverfahren nicht leisten, sondern erfordert die kommunikative Einbeziehung des Beschuldigten und eine Aburteilung im regulären Verfahren.[2415] Im Ergebnis spricht dies alles daher dafür, den Anwendungsbereich des Strafbefehlsverfahrens auf Fälle zu begrenzen, in denen die Verhängung einer Freiheitsstrafe nicht zur Debatte steht.[2416]

Freiheitsstrafen bis zu einem Jahr aufgegeben wird und jede aussetzungsfähige Freiheitsstrafe einbezogen werden kann.

2412 Vgl. *Gilliéron*, Strafbefehlsverfahren und plea bargaining, S. 144.

2413 *Degener*, in: SK-StPO, § 407, Rn. 22, 24.

2414 Vgl. Ebenda.

2415 *Maleika*, Freiheitsstrafe und Strafbefehl, S. 175 ff.; vgl. auch *Degener*, in: SK-StPO, § 407, Rn. 22, 24, m.w.N. Ähnlich äußert sich auch R3 im Rahmen der hier geführten Experteninterviews (zu Frage 28): *„Das ist meines Erachtens schon deshalb ein Problem, weil bei einer Bewährungsstrafe es auch eigentlich sinnvoll ist, wenn man ihn darüber persönlich belehrt."*

2416 Siehe schon *Peters*, Fehlerquellen im Strafprozeß II, S. 298, 312. So auch *Gilliéron*, Strafbefehlsverfahren und plea bargaining, S. 143 f.; *Weßlau/Degener*, in: SK-StPO, Vor §§ 407 ff., Rn. 26; *Degener*, in: SK-StPO, § 407, Rn. 22, 24; vgl. *Maleika*, Freiheitsstrafe und Strafbefehl, S. 133, m.w.N. Auch im Rahmen der hier geführten Experteninterviews spricht sich R3 bei Frage 28, Anhang A2 dafür aus: *„[...] weil natürlich ist es ein Problem, wenn Freiheitsstrafen ohne Hauptverhandlung verhängt werden. Das ist meines Erachtens schon deshalb ein Problem, weil bei einer Bewährungsstrafe es auch eigentlich sinnvoll ist, wenn man ihn darüber persönlich belehrt."*

2. *Einführung einer verpflichtenden (schriftlichen) Anhörung*

Um dem – in der aktuellen Gesetzeslage defizitär ausgestalteten[2417] – verfassungsrechtlich verbrieften Anspruch auf rechtliches Gehör Rechnung zu tragen (Art. 103 Abs. 1, Art. 6 EMRK) und das Risiko fehlerhafter Strafbefehle einzudämmen, wird es als sinnvoll erachtet, eine systematische und verpflichtende (schriftliche) Anhörung des Angeschuldigten vor Erlass des Strafbefehls einzuführen.[2418] Die Einführung einer verpflichtenden Anhörung würde die Wahrheitsfindung gleich unter mehreren Gesichtspunkten fördern. Zunächst könnte allein die Tatsache, dass der Beschuldigte befähigt wäre, sich zum Tatvorwurf zu äußern, dazu beitragen, dass die Sachverhaltsaufklärung optimiert[2419] und das Risiko von gerichtlichen Inertia- und Perseveranzeffekten insoweit verringert würde, weil der Richter kein einseitiges und staatsanwaltschaftliches Bild vermittelt bekäme. Weiterhin kann eine Anhörung dazu beitragen, dass Fälle (offensichtlicher) Schuldunfähigkeit erkannt werden könnten.[2420] Schließlich wäre das Gericht aus der konkreten Art und Weise der Stellungnahme eines Angeschuldigten dazu befähigt, Rückschlüsse auf bestehende sprachliche (oder intellektuelle) Verständnisprobleme zu ziehen[2421] und so eine gebotene

---

2417 So *Weßlau/Degener*, in: SK-StPO, Vor §§ 407 ff., Rn. 20 ff., wonach die gegenwärtige Ausgestaltung des Strafbefehlsverfahrens gegen Art. 103 Abs. 1 GG und Art. 6 EMRK verstoße. Daraus folge, dass der Richter den Beschuldigten vor Erlass des Strafbefehls bzw. vor Anberaumung der Hauptverhandlung anzuhören habe, Rn. 26.

2418 So auch *Weßlau/Degener*, in: SK-StPO, Vor §§ 407 ff., Rn. 26; *Gilliéron*, Strafbefehlsverfahren und plea bargaining, S. 144 f.; *Maleika*, Freiheitsstrafe und Strafbefehl, S. 189 ff. Siehe zur möglichen Verfahrensweise auch *Maleika*, Freiheitsstrafe und Strafbefehl, S. 191. Im Rahmen der hier geführten Experteninterviews sprechen sich zwei Richter bei Frage 28, Anhang A2 für die Einführung einer verpflichtenden Anhörung an. Vier Experten lehnen diese hingegen explizit ab, zwei davon mit dem Argument, dass diese gegenüber der Einspruchsmöglichkeit keinen Mehrwert bringe. Bedenkt man, dass die Angeklagten – aus den verschiedensten Gründen – jedoch oftmals gar keinen Einspruch einlegen und das Einspruchsverhalten daher als eines der größten Fehlerpotentiale identifiziert wurde, kann das Argument nur beschränkt überzeugen.

2419 *Gilliéron*, Strafbefehlsverfahren und plea bargaining, S. 144.

2420 Ebenda.

2421 Vgl. *Weßlau/Degener*, in: SK-StPO, Vor §§ 407 ff., Rn. 26, m.w.N. Bestehen Probleme bei der Verschriftlichung, muss die bestehende Möglichkeit, die Stellungnahme mündlich zu Protokoll der Geschäftsstelle abzugeben, übernommen werden, vgl. *Maleika*, Freiheitsstrafe und Strafbefehl, S. 190. Nach Angaben der Experten im Rahmen der hier geführten Experteninterviews können

Übersetzung anzufordern. Zwar kann gegen die Forderung nach Regelung einer Anhörungspflicht eingewandt werden, dass diese das Ziel der Verfahrensbeschleunigung gefährden würde. Dem kann aber insofern teilweise begegnet werden, dass (auch im Einklang mit Art. 103 Abs. 1 GG) die Anhörung auf eine schriftliche Anhörung begrenzt werden sollte.[2422] Darüber hinaus ist unbestritten, dass die Beteiligung des Angeschuldigten vor Erlass des Strafbefehls zu einer gewissen Verlängerung des Verfahrens führte.[2423] Der Hauptzweck, nämlich die schnelle Erledigung von Massenverfahren, bliebe gleichwohl gewährleistet, denn *„[d]ie Verkürzung des Verfahrens ergibt sich nämlich in erster Linie aus dem Ersparnis der Hauptverhandlung."*[2424] Die verpflichtende Anhörung wäre mit weitreichenden Konsequenzen für das Strafbefehlsverfahren verbunden, insbesondere für das Verhältnis zwischen Staatsanwaltschaft und Gericht, denn die gerichtliche Bindung an den Antrag der Staatsanwaltschaft hinsichtlich der rechtlichen Würdigung des Sachverhalts und der Festsetzung der Rechtsfolge müsste aufgegeben werden.[2425] Diese verträgt sich nicht mit der Anhörung und dem sich aus ihr ergebenden Erfordernis, die Äußerung des Angeschuldigten zur Kenntnis zu nehmen und zu berücksichtigen.[2426]

3. Begründung des Strafbefehls

Im Rahmen der Vorauswertung wurden die gerichtliche Aufklärung und die Nichteinlegung eines Einspruchs als zentrale Fehlerpotentiale des Strafbefehlsverfahren identifiziert und auch im Rahmen der hier geführten Experteninterviews bestätigt (vgl. **Kap. 5. B. II. 2. c.**). Um den Betroffenen in die Lage zu

---

intellektuelle und sprachliche Verständnisprobleme als häufige Ursache für die Nichteinlegung von Einsprüchen angesehen werden, vgl. **Kap. 5. B. II. 2. c.**

2422 *Maleika*, Freiheitsstrafe und Strafbefehl, S. 190.

2423 Einen Mehraufwand befürchten auch R4 und R9 im Rahmen der hier geführten Experteninterviews, Angaben bei Frage 28, Anhang A2.

2424 *Gilliéron*, Strafbefehlsverfahren und plea bargaining, S. 144. *Gilliéron* schlägt zudem die Möglichkeit vor, von einer systematischen Anhörung abzuweichen, wenn der Angeschuldigte den Sachverhalt, seine rechtliche Beurteilung und die in Aussicht gestellte Strafe vorbehaltlos anerkennt und auf die Anhörung ausdrücklich verzichtet.

2425 *Maleika*, Freiheitsstrafe und Strafbefehl, S. 191 ff. Diese eigne sich ohnehin nicht dazu, dass zwei Juristen eine unabhängige und im Ergebnis übereinstimmende Prüfung vornehmen, sondern begünstige vielmehr die oberflächliche richterliche Prüfung und Absegnung des staatsanwaltschaftlichen Antrags.

2426 *Weßlau/Degener*, in: SK-StPO, Vor §§ 407 ff., Rn. 27.

versetzen, eine informierte Entscheidung über die Einlegung oder Nichteinlegung eines Einspruchs zu treffen und um dem Vorwurf zu begegnen, dass der Richter den Strafbefehlsantrag der Staatsanwaltschaft lediglich absegne,[2427] ist es erforderlich, dass der Strafbefehl vom Richter zu begründen ist.[2428] *„Die Begründungspflicht führt zur Selbstkontrolle darüber, ob die Voraussetzungen für den Strafbefehlserlass seiner [des Richters] Überzeugung nach wirklich vorliegen.“*[2429] Demnach müsste der Richter den Strafbefehl ebenso wie ein Urteil abfassen, d.h. er müsste den für ihn nach vorläufiger Überzeugung[2430] feststehenden Sachverhalt, die maßgeblichen Beweistatsachen und eine Beweiswürdigung darstellen, den Sachverhalt rechtlich würdigen und schließlich die für die Strafzumessung maßgeblichen Umstände und deren Wertung benennen.[2431]

4. *Optimierung der polizeilichen Dokumentation bei Anhaltspunkten für eine Schuldunfähigkeit oder für sprachliche Defizite*

An zahlreichen Stellen wurde darauf hingewiesen, dass auch die unterlassene oder fehlerhafte Prüfung der Schuldfähigkeit eine der zentralen Fehlerquellen des Strafbefehlsverfahrens darstellt.[2432] Flankierend zu der verpflichtenden Einführung einer (schriftlichen) Anhörung muss ein Hauptaugenmerk auf die polizeilichen Ermittlungen und deren Protokollierung gelenkt werden.[2433] Da das derzeit regelmäßig rein schriftliche Strafbefehlsverfahren keine (umfassende) Auseinandersetzung mit der Persönlichkeit des Beschuldigten vorsieht

---

2427 Solche Erfahrungen wurden im Rahmen der hier geführten Experteninterviews von R6, R8 und R10 bei Frage 8c, Anhang A2 geteilt. Dazu R10: *„Es gibt tatsächlich ganz viele Kollegen, die Strafbefehle blind unterschreiben und einfach so ‚Der kann sich ja wehren, dann gucke ich mir das an‘.“*

2428 *Maleika*, Freiheitsstrafe und Strafbefehl, S. 194 f.; *Weßlau/Degener*, in: SK-StPO, Vor §§ 407 ff., Rn. 26.

2429 *Maleika*, Freiheitsstrafe und Strafbefehl, S. 194.

2430 Siehe nach vorliegender Ansicht zum Erfordernis einer Überzeugungsbildung im Sinne einer subjektiven Gewissheit (Aktenüberzeugung) schon **Kap. 4. C. IV. 1. c.**

2431 *Maleika*, Freiheitsstrafe und Strafbefehl, S. 195.

2432 Im Rahmen der hier geführten Experteninterviews war die häufigste Antwort, auf die Frage nach spezifischen Fehlerpotentialen des Strafbefehlsverfahrens, die nicht erkannte Schuldunfähigkeit, Angaben von R1, R2, R3, R9, R10 bei Frage 14, Anhang A2.

2433 Siehe zur defizitären polizeilichen Dokumentation bei Alkoholisierungen von Tatverdächtigen *Kemme/Abdul-Rahman/Wodack*, RPsych 2017, 175, 175 ff.

bzw. nicht vorsehen kann,[2434] muss die Polizei dringend sensibilisiert werden, denn ihre Ermittlungsakten sind die wichtigsten Erkenntnisquellen[2435.2436] Sollten bei den polizeilichen Ermittlungen Auffälligkeiten oder Verdachtsgrade, welche auf eine Schuldunfähigkeit oder verminderte Schuldfähigkeit (z.B. wegen einer psychischen Erkrankung, einer Alkoholisierung oder einer Drogenintoxikation) hinweisen, nicht sorgfältig protokolliert werden, kann davon ausgegangen werden, dass diese im weiteren Verfahrensverlauf meist nicht mehr erkannt werden.[2437] Insbesondere bei Delikten kleinerer und mittlerer Kriminalität oder in Massenverfahren, welche typischerweise im Wege des Strafbefehls erledigt werden, müssen daher schon im Ermittlungsverfahren die richtigen Weichenstellungen vorgenommen und alle (zumindest) offensichtlichen Auffälligkeiten protokolliert werden (vgl. schon **Kap. 4. C. IV. 1. b. aa.**).[2438]

Ähnliches ist im Bezug auf sprachliche Verständnisprobleme zu fordern. Damit sich der Betroffene gegen einen fehlerhaften Strafbefehl zur Wehr setzen kann, ist es unverzichtbar, dass er den ihm zugestellten Strafbefehl und die Rechtsmittelbelehrung (vgl. Art. 6 Ziff. 3 lit. e EMRK) hinreichend versteht. Dies kann u.U. eine Übersetzung erforderlich machen. Die Experteninterviews (insbesondere zum Strafbefehl im Migrationsstrafrecht) haben ergeben, dass sich diesbezüglich in den letzten Jahren einiges getan hat:[2439] Wenn die Akten Anhaltspunkte für sprachliche Defizite enthalten, dann wird der Strafbefehl in der Regel mit einer Übersetzung zugestellt. Wenn bestehende Sprachprobleme jedoch nicht aus der Akte ersichtlich sind, bestehen noch Schwierigkeiten. Schließlich ist jemandem mit fremdländisch klingendem Namen nicht „auf die Stirn" geschrieben, ob er die deutsche Sprache hinreichend beherrscht oder nicht. Ferner wurde in den Experteninterviews zum Migrationsstrafrecht darauf hingewiesen, dass bei der Justiz ein starres Bild herrschen und Übersetzungen oftmals in „Weltsprachen" geschehen könnten.[2440] Damit die Justiz überhaupt erkennen kann, dass ein sprachliches Defizit besteht und in welche

---

2434 *Peters*, Fehlerquellen im Strafprozeß II, S. 297; *Dunkel*, Fehlentscheidungen in der Justiz, S. 202.

2435 *Kemme/Dunkel*, StV 2020, 52, 58.

2436 Vertiefend *Kemme/Dunkel*, StV 2020, 52, 58 ff.

2437 Vgl. Ebenda.

2438 Ebenda.

2439 Siehe dazu bereits in **Kap. 4. C. IV. 3. c.**

2440 So werde nach E1 auf Seiten der Justiz gedacht, *„[...] Kamerun ist gleich französisch"*, obwohl es viele weitere Muttersprachen gebe und der Beschuldigte nicht zwingend Französisch sprechen müsse, Angabe bei Frage 16a, Anhang A1.

Sprache der Strafbefehl übersetzt werden muss, ist es nötig, dass schon die Polizei (und/oder die Ausländerbehörde) sensibilisiert wird und in den Akten vermerkt, wie es um die Sprachkenntnisse des Beschuldigten steht.[2441] Wie soeben thematisiert, kann auch eine verpflichtende Anhörung zur Aufhellung von Sprachdefiziten beitragen.

5. *Verbesserung der Rechtsschutzmöglichkeiten gegen fehlerhafte Strafbefehle*

Ist der Strafbefehl erst einmal rechtskräftig, stellt das Wiederaufnahmeverfahren die einzige Möglichkeit für den Betroffenen dar, um die negativen Folgen der Fehlentscheidung abzuwenden. Bereits in **Kap. 1. D. II. 2. e.** wurde jedoch darauf hingewiesen, dass das Verfahren teilweise unter strukturellen Schwächen leidet, welche dazu führen könnten, dass die Korrektur einer fehlerhaften Entscheidung nicht immer gewährleistet ist.[2442] Weil sie das Ziel des Rechtsfriedens tangiert, mithin die Rechtskraft durchbricht, ist die Wiederaufnahme des Verfahrens in der StPO als ein Ausnahmeverfahren ausgestaltet.[2443] Angesichts der Tatsache, dass fehlerhafte Strafbefehle – möglicherweise auch im Nebenstrafrecht – jedoch keine Seltenheit sind und durch die zügige und summarische Abwicklung Fehler in Kauf genommen werden, stellt sich die Frage, ob es nicht sinnvollere und für den Betroffenen einfachere Möglichkeiten zur Fehlerkorrektur als das Wiederaufnahmeverfahren[2444] geben sollte. Ein vielversprechender Anknüpfungspunkt ist das konkrete Ausmaß der materiellen

---

2441 *Gilliéron*, Strafbefehlsverfahren und plea bargaining, S. 131, m.w.N.

2442 *Dunkel*, Fehlentscheidungen in der Justiz, S. 226 f.

2443 Vgl. BVerfG MDR 1975, 468, 469; BVerfG NJW 2007, 207, 207 f.; *Schmitt*, in: M/S-StPO, Vor § 359, Rn. 1; vgl. auch *Schmidt*, in: KK-StPO, Vor § 359, Rn. 1; *Frister*, in: SK-StPO, Vor § 359, Rn. 1.

2444 Vgl. *Dunkel*, Fehlentscheidungen in der Justiz, S. 226 f. Siehe dazu auch *Kemme/Dunkel*, StV 2020, 52, 58: „*Auf der einen Seite wurde der Anwendungsbereich des Strafbefehlsverfahrens immer weiter ausgedehnt, auf der anderen Seite sind die Voraussetzungen des Wiederaufnahmeverfahrens zugunsten des Angeklagten starr und sehr eng, so dass der Antrag zumeist schon an den Grenzen der Zulässigkeit scheitert. Das Wiederaufnahmerecht setzt damit zu hohe Hürden, so dass denjenigen, denen auf Grund der summarischen Prüfung Unrecht zuteil wurde, ein Wiederaufnahmeverfahren unter Berufung auf den ‚heiligen Gral' der Rechtskraft verwehrt wird.*“

Rechtskraft und die Stärkung der Einspruchsmöglichkeit.[2445] Die zweiwöchige Einspruchsfrist stellt den Betroffenen vor die große Herausforderung, den Inhalt und die Bedeutung des Strafbefehls zu verstehen, die Rechtsbehelfsbelehrung zu erfassen, sich ggf. schnell anwaltschaftlichen Beistand zu suchen und schließlich reaktiv tätig zu werden (vgl. **Kap. 4. C. IV. 1. a. dd.**). Zusätzliche Probleme bestehen, wenn der Betroffene aus verschiedensten Gründen abwesend oder verhindert sein oder sprachliche oder intellektuelle Schwierigkeiten (vgl. **Kap. 4. C. IV. 1. a. aa.**) haben sollte. Die Untersuchung von *Dunkel* konnte darüber hinaus aufzeigen, dass der Einspruch innerhalb von zwei Wochen insbesondere für Menschen mit psychischen Erkrankungen eine hohe Hürde sein kann.[2446] Es ist daher sinnvoll, die Einspruchsfrist auf (beispielsweise) vier Wochen zu verlängern (siehe dazu schon **Kap. 4. C. IV. 1. a. dd.**).[2447] Damit würde einerseits das Risiko verringert, dass fehlerhafte Strafbefehle überhaupt rechtskräftig werden und andererseits dazu beigetragen, dass das oft wenig erfolgsversprechende[2448] Wiederaufnahmeverfahren seinen Ausnahmecharakter behält.[2449]

IV. Anknüpfungspunkt Medienöffentlichkeit

1. Völlige Verfahrensöffnung vs. strenge Abschottung? – weder noch!

Die Wahrheitsermittlung und Kommunikation folgt in den Medien anderen Bedingungen als im Strafverfahren (vgl. ausführlich **Kap. 4. D. II.**). Aufgrund des Öffentlichkeitsgrundsatzes – der heute im Sinne einer Medienöffentlichkeit zu verstehen ist – stehen Medien und Strafverfahren jedoch in einer notwendigen Verbindung.[2450] Wie die positive Beschreibung einer optimalen Verbindung beider[2451] aussehen sollte, ist allerdings äußerst kompliziert und verliert sich

2445 *Dunkel*, Fehlentscheidungen in der Justiz, S. 226, m.w.N. Im Rahmen der hier geführten Experteninterviews sprechen sich R1, R3, R8 und R10 bei Frage 28, Anhang A2 für eine Einspruchsfristverlängerung aus.

2446 *Dunkel*, Fehlentscheidungen in der Justiz, S. 203.

2447 *Dunkel*, Fehlentscheidungen in der Justiz, S. 227. Ferner sei es vorstellbar, dem Verurteilten zu ermöglichen, das Versäumnis der Einspruchsfrist zu begründen und so die Rechtskraft aufzuheben.

2448 *Hellebrand*, NStZ 2008, 374, 376, Fn. 32.

2449 *Dunkel*, Fehlentscheidungen in der Justiz, S. 227.

2450 Vgl. *Beulke/Swoboda*, Strafprozessrecht, Rn. 579.

2451 Siehe dazu *Hassemer*, in: Der Einfluss der Medien auf das Strafverfahren, 61, 71: *„Es muß also eine Ebene geben, auf der Medien und Strafjustiz übereinkommen*

schnell in philosophischen Ausschweifungen. Eine Vermittlung von Interessen und Handlungsbedingungen der Strafjustiz und der Medien, welche eine übermäßige wechselseitige Einflussnahme minimiert und damit die potentielle Beeinträchtigung der prozessualen Wahrheitsfindung verringert, lässt sich am Besten durch die negative Beschreibung abzulehnender Radikallösungen bewerkstelligen.[2452]

Der erste abzulehnende Extremansatz wäre eine Strafjustiz, welche sich gegenüber den Medien derart öffnet, dass es zu verfehlter Kooperation kommt, *„d.h. die Strafjustiz, welche die Medien manipulativ oder strategisch beeinflußt und einsetzt, einerseits, das Medium, welches auf seine Weise die Geschäfte der Strafjustiz betreibt, sei es durch vorgreifende Beweiswürdigung, sei es durch „journalistische Beweisaufnahme", andererseits."*[2453] Ebenso abzulehnen wäre ein zweiter Extremansatz, welcher ein Strafverfahren beschreibt, das sich der Medienöffentlichkeit gänzlich entzieht.[2454] Eine Justiz, welche sich gegenüber den Medien und somit der Öffentlichkeit abschotten, Informationen außerhalb des gesetzlichen Rahmens selektieren oder zurückhalten würde, verfehlte ihre Aufgabe jedoch ebenso wie ein Medium, welches Nachrichten ohne direkten Kontakt mit der Strafjustiz eigenständig produzieren und „kalte Berichterstattung" betreiben würde.[2455]

Da diese Radikalvorschläge somit nicht zur Lösung beitragen, muss die Suche nach Verbesserungsmöglichkeiten im Folgenden an einzelne Problembereiche der Medienöffentlichkeit anknüpfen, welche sich für die Wahrheitsfindung als gefährlich erwiesen haben.[2456] Dies betrifft (insbesondere) einerseits das von Verfahrensbeteiligten betriebene prozessstrategische Ausnutzen/Forcieren der Medienberichterstattung („Strafprozessführung über Medien") und die subtile Überführung medialer Kommunikations- und Inszenierungsstrategien in den Strafprozess[2457] sowie andererseits die Suggestivwirkung von Medienberichterstattung auf Verfahrensbeteiligte. Während die Strafprozessführung über Medien einer rechtlichen Regulierung zugänglich erscheint, ist dies bei der subtilen und oftmals unbewussten Beeinflussung des Strafverfahrens

---

[…], eine Ebene, auf der diskutiert und beurteilt werden kann, welche Einflüsse der Medien auf das Strafverfahren warum zu begrüßen oder zu bekämpfen sind."

2452 Ebenda.

2453 *Hassemer*, in: Der Einfluss der Medien auf das Strafverfahren, 61, 72.

2454 Vgl. *Danziger*, Die Medialisierung des Strafprozesses, S. 397.

2455 *Hassemer*, in: Der Einfluss der Medien auf das Strafverfahren, 61, 71 f.

2456 Vgl. *Danziger*, Die Medialisierung des Strafprozesses, S. 398.

2457 Ebenda.

durch die Medien schwer vorstellbar,[2458] weshalb es bei letzterem zentral darauf ankommt, dass sich die Richter der Gefahren einer unbewusste Beeinflussung und einer Suggestionswirkung auf Verfahrensbeteiligte und sich selbst bewusst sind und das eigene Verhalten (auch bereits im Ermittlungsverfahren) stets kritisch reflektieren und hinterfragen. Diesbezüglich sei auf die bereits thematisierte Notwendigkeit der Förderung von entscheidungspsychologischen Ausbildungsinhalten bei Richtern verwiesen (vgl. **Kap. 6. A. II. 1.**).

2. Übernahme eines „contempt of court“ in das deutsche Strafrecht?

Um eine übermäßige Einflussnahme der Medienberichterstattung auf das Strafverfahren und die mit ihr verbundenen Fehlerpotentiale zu verhindern, sieht das angelsächsische Strafrecht den Straftatbestand des „contempt of court“ (konkret: „contempt by publication“) vor.[2459] Bestimmte Arten der Medienberichterstattung können danach in vier verschiedenen Varianten zu einer Strafbarkeit führen:[2460] Erstens machen sich Journalisten strafbar, wenn ihre Publikationen ein schwebendes Verfahren gefährden (der Nachweis einer Schädigungsabsicht ist entbehrlich); zweitens macht sich jemand nach common law strafbar, der mit seiner Publikation ein konkretes Verfahren oder die Justiz in Gänze gezielt zu beeinflussen beabsichtigt; drittens besteht eine Strafbarkeit, wenn Einzelheiten eines Strafverfahrens veröffentlicht werden, obwohl ein gerichtliches Verbot besteht; viertens kann eine massive und feindselige Kritik am Gericht als Angriff auf das Gericht selbst strafbar sein („scandalizing the court“). Schutzgut des Rechtsinstituts ist nicht der Schutz vom Richter oder von übrigen Verfahrensbeteiligten, sondern die Strafrechtspflege als solche.[2461]

Fraglich ist nun, ob ein Tatbestand des „contempt of court“ auch in Deutschland eingeführt bzw. ob der leichte Ansatz des § 353d StGB massiv ausgeweitet werden sollte. Die Diskussion ist hierzulande nicht neu. In den 1960er und den 1980er Jahren (als Reaktion auf die Parteispendenaffäre) kam es sogar schon zweimal zu einer konkreten Prüfung des Gesetzgebers, ob eine strafgesetzliche

---

2458 Ebenda.

2459 Siehe ausführlich *Braun*, Medienberichterstattung, S. 12 ff.

2460 Übersicht bei *Danziger*, Medialisierung des Strafprozesses, S. 416, m.w.N.; *Huber*, StV 2005, 181, 183; *Braun*, Medienberichterstattung, S. 14 ff.

2461 Für eine Art Nachrichtensperre sprechen sich im Rahmen der hier geführten Experteninterviews R1 bei Frage 20, Anhang A2 und (abgeschwächt) R8 bei Frage 29, Anhang A2 aus. Auch R3 greift diesen Gedanken bei Frage 29, Anhang A2 auf, verwirft diesen jedoch als mit Art. 5 Abs. 2, S. 2 GG unvereinbar.

Regelung dazu beitragen kann, vorgreifende und vorverurteilende Medienberichterstattung zu verhindern.[2462] An den entscheidenden Einwänden, welche zum Verwerfen der Initiativen führten, hat sich im Laufe der Zeit nichts geändert, weshalb heute Einigkeit darüber bestehen dürfte, dass ein „contempt of court" wesentlichen Grundprinzipien inländischer Rechtsordnung entgegensteht und zur Orientierung ungeeignet ist.[2463] Der zentrale Regelungsgehalt des „contempt of court" – die Publikationssperre in laufenden Verfahren (1. Var.) – würde die Medienfreiheit, welche nach unserem Verständnis eine überragende Bedeutung für die Willensbildung hat,[2464] unverhältnismäßig einschränken. Die Medien können ihrem verfassungsrechtlichen Auftrag der Information und Meinungsbildung nur nachkommen, wenn sie nicht daran gehindert werden, Material über Straftaten und Strafverfahren selbst zu sammeln und zu recherchieren.[2465] Der Schutz des Strafverfahrens kann nicht die Unterstellung eines Generalverdachts gegenüber der Presse oder das Überführen der Medien in ein „Glashaus" rechtfertigen.[2466] Das angelsächsische Institut des „contempt of court" ist daher mit dem deutschen Strafverfahren inkompatibel,[2467] weshalb eine Übernahme ausscheidet.

2462 Siehe zum Regierungsentwurf von 1962 BT-Drs. 10/4608; zur Diskussion in den späten 1980er Jahren; *Jahn*, in: Der Einfluß der Medien auf das Strafverfahren, 5, 5 ff.

2463 *Danziger*, Die Medialisierung des Strafprozesses, S. 417.

2464 Die Pressefreiheit ist notwendiger Garant und Voraussetzung für das Grundrecht auf freie Meinungsäußerung, welches für die freiheitlich-demokratische Grundordnung „schlechthin konstituierend" ist (BVerfGE 5, 85, 199, 206 f.; BVerfGE 7, 198, 208, 212).

2465 *Danziger*, Die Medialisierung des Strafprozesses, S. 417.

2466 *Roxin*, NStZ 1991, 153, 155; vgl. auch *Danziger*, Die Medialisierung des Strafprozesses, S. 417.

2467 Eine Inkompatibilität besteht nach heute allgemeiner Ansicht auch hinsichtlich weiterer Schutzvorkehrungen des US-amerikanischen Rechts, z.B. der Isolation von Geschworenen und Zeugen („sequestration") oder dem Verzicht auf Geschworene („waiver of trial by jury"). Neben bestehenden Zweifeln an der Wirksamkeit (insbesondere der sozialen Isolation), arbeitet das deutsche Verfahren hauptsächlich mit Berufsrichtern und unterliegt strengen Regeln hinsichtlich der Zuständigkeiten und des Verfahrensablaufs, vgl. *Jahn*, in: Der Einfluß der Medien auf das Strafverfahren, 5, 13; *Danziger*, Die Medialisierung des Strafprozesses, S. 417 f., m.w.N.

3. Regulierung ermittlungsbehördlicher Öffentlichkeitsarbeit

Derzeit ist die ermittlungsbehördliche Öffentlichkeitsarbeit nur begrenzt geregelt. Als Hilfestellung für die – in der Praxis oft sehr schwierige – Einzelfallabwägung zwischen dem Informationsanspruch der Medien und der Schutzbedürftigkeit des Beschuldigten soll Nr. 23 RiStBV dienen, mit deren Einführung der Gesetzgeber immerhin einen ersten Schritt in Richtung Professionalisierung behördlicher Öffentlichkeitsarbeit gemacht hat. Indem geregelt wird, dass eine Unterrichtung nicht den Untersuchungszweck gefährden oder das Ergebnis der Hauptverhandlung vorwegnehmen darf (S. 2, 1. Hs.), für den Beschuldigten der Anspruch auf ein faires Verfahren gewahrt bleiben muss (S. 2, 2. Hs.) und stets eine Einzelfallabwägung zwischen öffentlichem Informationsinteresse und der Schutzbedürftigkeit der Verfahrensbeteiligten stattfinden muss (S. 3), verliert sich Nr. 23 Abs. 1 RiStBV allerdings weitestgehend in Zielvorgaben. Bei der Frage, wie dies konkret im Einzelfall gewährleistet werden kann, bleibt die Norm zum Großteil[2468] einer Antwort schuldig.

Im Rahmen der Vorauswertung wurde das Risiko vorverurteilender Strafprozessführung über Medien thematisiert. Diese kann unter Umständen (auch) begünstigend (insbesondere) für die Abgabe von irrigen Falschaussagen (aufgrund von Massensuggestion) oder die Etablierung/Verfestigung eines (falschen) Bildes beim Gericht wirken.[2469] Um die Gefahr einer durch Strafprozessführung über Medien vorverurteilenden Öffentlichkeitsarbeit der Polizei und der Staatsanwaltschaft einzudämmen, muss die Öffentlichkeitsarbeit daher detaillierter geregelt werden.[2470] Eine Möglichkeit bestünde nach *Roxin* darin, die Richtlinien für das Straf- und Bußgeldverfahren um ein grundsätzliches Verbot der Polizei und ein regelmäßiges Verbot der Staatsanwaltschaft für die Weitergabe von Ermittlungsergebnissen, Aktenbestandteilen

---

2468 Positiv ist die Regelvermutung zu beurteilen, nach der dem öffentlichen Informationsinteresse in der Regel ohne Namensnennung Genüge getan werden kann, Nr. 23 Abs. 1, S. 5 RiStBV.

2469 Die in der Vorauswertung beschriebene Gefahr, dass eine vorverurteilende Strafprozessführung über Medien unter Umständen auch zur Abgabe von Falschgeständnissen aufgrund von Resignation oder von Druck der Öffentlichkeit oder des Verteidigers führen könnte, ergab sich indes nicht aus den hier geführten Experteninterviews.

2470 Vgl. *Roxin*, NStZ 1991, 153, 158; *Hassemer*, NJW 1985, 1921, 1927; *Neuling*, Inquisition durch Information, S. 169 ff.; *Danziger*, Die Medialisierung des Strafprozesses, S. 412 ff.

und sonstigen Einzelheiten laufender Ermittlungen zu erweitern.[2471] Da eine solche Regelung jedoch auf einen soeben verworfenen Ansatz einer Nachrichtensperre hinausliefe,[2472] ist sie als zu weitreichend abzulehnen. Differenzierter und sinnvoller erscheint der Vorschlag von *Neuling*, welcher die Mitteilung von Ermittlungsergebnissen davon abhängig zu machen anregt, ob sie einen zulässigen und unzulässigen Inhalt hat:[2473] Demnach könne eine Informationspreisgabe erfolgen, sofern es sich dabei um *„objektiv-deskriptive Auskünfte über den äußeren Hergang des Ermittlungsverfahrens"* und nicht um *„Auskünfte, die eine öffentliche Individualisierung des Beschuldigten ermöglichen"*, handeln sollte. Letztere seien vor Anklageerhebung und Eröffnung der Hauptverhandlung zu untersagen, wenn der Beschuldigte nicht zustimme oder dies zur Aufklärung von Straftaten erforderlich sei.[2474] Eine solche Unterscheidung zwischen „objektiv-deskriptiven" und individualisierenden-personenbezogenen Informationen[2475] könnte in der Praxis erheblich dazu beitragen, die Interessenabwägung zu erleichtern, den Persönlichkeitsschutz und das Anonymitätsinteresse des Beschuldigten zu wahren sowie gleichzeitig das Verfahren vor befangenen, wertenden und vorverurteilenden Auskünften zu schützen.[2476]

2471 *Roxin*, NStZ 1991, 153, 159.

2472 Siehe *Danziger*, Die Medialisierung des Strafprozesses, S. 413.

2473 Anknüpfend an den staatsanwaltschaftlichen Ermittlungsauftrag (§ 160 StPO) plädiert er nicht für eine Präzisierung der ermittlungsbehördlichen Öffentlichkeitsarbeit im Rahmen der Richtlinien für das Straf- und Bußgeldverfahren, sondern für die Einführung eines § 160a StPO, *Neuling*, Inquisition durch Information, S. 315 ff. Diese Lösung scheint auch insofern sinnvoll, als Grundrechtseingriffe nicht allein auf behördeninterne Verwaltungsvorschriften (RiStBV) gestützt werden dürfen, sondern ein formelles Gesetz erfordern. In ähnlicher Weise an die Grundrechtsrelevanz anknüpfend und im Ergebnis lediglich eine begrenzte Proaktivität der staatsanwaltschaftlichen Öffentlichkeitsarbeit fordernd auch *Trentmann*, Publizistik 2015, 403, 408 ff., 418.

2474 Auch seien *„subjektiv-bewertende Auskünfte, die [Anmerkung: aufgrund ihres einseitigen oder vorverurteilenden Charakters] geeignet sind, schutzwürdige Interessen des Beschuldigten zu verletzen und dadurch die Unbefangenheit der Verfahrensbeteiligten oder sonstwie die sachgerechte Durchführung des Verfahrens zu beeinträchtigen"*, unzulässig, *Neuling*, Inquisition durch Information, S. 315.

2475 Siehe ähnlich auch zur Unterscheidung von „allgemeinen" und personenbezogenen Informationen und zu dem im übrigen aber weitergehenden Vorschlag einer Regulierung der behördlichen Öffentlichkeitsarbeit in sämtlichen Verfahrensabschnitten *Meier*, in: Alternativ-Entwurf Strafjustiz und Medien, 89, 89 ff.

2476 Vgl. *Danziger*, Die Medialisierung des Strafprozesses, S. 414.

4. *Eindämmung der „Strafprozessführung über Medien" durch gemeinsame Pressekonferenzen*

Zurecht weist *Danziger* jedoch darauf hin, dass den Gefahren einer Medialisierung des Strafprozesses – insbesondere der prozessstrategischen Ausnutzung der Medien durch Vermittlung einseitiger Informationen von Verfahrensbeteiligten – nicht allein damit begegnet werden könne, indem man die ermittlungsbehördliche Öffentlichkeitsarbeit reguliere.[2477] Entgegen einiger Meinungen in der Literatur, welche die prozessstrategische Öffentlichkeitsarbeit der Verteidigung als unproblematisch ansehen, weil diese lediglich zu einem „Vorfreispruch" führen könne,[2478] birgt auch die „Litigation-PR" die Gefahr von Fehlentscheidungen (zu Gunsten des Beschuldigten, vgl. **Kap. 4. D. II.** und **III. 2. b. bb.**). Der mediale Handlungsspielraum des Verteidigers ist als (zulässigerweise einseitig handelnder) Interessenvertreter sehr viel weiter als der des Staatsanwalts, weshalb eine gesetzliche Regulierung zweifelhaft erscheint.[2479] Ein praktischer Lösungsansatz, um Medienkontakte der Staatsanwaltschaft und der Verteidigung gleichermaßen zu institutionalisieren und formalisieren, wäre die Einführung von gemeinsamen Pressekonferenzen.[2480] Indem beide „Parteien" die gleichen Rechte und Möglichkeiten hätten, um Informationen, eigene Deutungen und Wertungen an die Medien zu übermitteln, könnte für die Öffentlichkeitsarbeit eine gewisse Fairness und Waffengleichheit erreicht werden.[2481] Zwar könnte durch gemeinsame Pressekonferenzen nicht gänzlich

---

2477 *Danziger*, Die Medialisierung des Strafprozesses, S. 415.

2478 So *Roxin*, NStZ 1991, 153, 159.

2479 *Trentmann*, Publizistik 2015, 403, 418; *Danziger*, Die Medialisierung des Strafprozesses, S. 423. Ähnlich auch R6 im Rahmen der hier geführten Experteninterviews bei Frage 20, Anhang A2: *„Also wenn es der Staat macht, sprich die Polizei oder die Staatsanwaltschaft, finde ich das unsäglich. […]. Aber wenn es der Verteidiger macht, dann sehe ich das ganz anders. Ich stelle in meinen Verfahren grundsätzlich auch unterschiedliche Ansprüche an das Verhalten von Staatsanwaltschaft und Verteidiger. Der Verteidiger ist natürlich auch Organ der Rechtspflege, aber er ist auch Interessenvertreter."*

2480 Vgl. *Jahn*, in: Der Einfluß der Medien auf das Strafverfahren, 5, 10 f.; vgl. ähnlich auch *Hassemer*, NJW 1985, 1921, 1928; *Danziger*, Die Medialisierung des Strafprozesses, S. 422 f. Ähnlich bereits die allgemeine Verfügung des Saarlands (AV des MdJ Saarland Nr. 12/1986) an die Staatsanwaltschaft von 1986, wonach dem Beschuldigten und seinem Anwalt u.a. bei einer Pressekonferenz Gelegenheit zur Anwesenheit und Gegenäußerung gegeben werden muss, um auf zuvor an die Presse (und an den Beschuldigten) übermittelte Informationen einzugehen.

2481 *Danziger*, Die Medialisierung des Strafprozesses, S. 422 f.

ausgeschlossen werden, dass die Verfahrensbeteiligten diese zur Selbstinszenierung nutzen oder gar in einen Wettkampf treten, dennoch gilt es Folgendes zu bedenken: Durch die Möglichkeit von Rede und Gegenrede in einer gemeinsamen Pressekonferenz würde das Risiko minimiert, dass (durch Vermittlung eines nur einseitigen Schwarz/Weiß-Bildes) die potentiell rein vorverurteilende oder vorfreisprechende Medienberichterstattung in den Dienst der eigenen prozessualen Zwecke gestellt werden könnte.[2482]

5. *Beibehaltung eines grundsätzlichen Aufnahmeverbots in der Hauptverhandlung*

Laut § 169 Abs. 1, S. 2 GVG sind Ton- und Rundfunkaufnahmen sowie Ton- und Filmaufnahmen zum Zwecke der öffentlichen Vorführung oder Veröffentlichung ihres Inhalts unzulässig.[2483] Mit der Vorschrift wird der Gefahr Rechnung getragen, dass eine dauerhafte „Abfilmung" (auch für ein zeitlich verzögertes und unbekanntes Publikum) Auswirkungen auf die Authentizität des Verhaltens und den Inhalt des Vortrags von Verfahrensbeteiligten haben kann.[2484] In den letzten Jahren hat ein offenbar gewandeltes Verständnis von der Bedeutung der Rundfunkfreiheit dazu geführt, dass dieses Verbot aufgeweicht wurde. So sieht die neue Fassung des § 169 GVG Möglichkeiten der Tonübertragung in einen Arbeitsraum für Medienvertreter (Abs. 1, S. 3–5), die Anfertigung von Ton- und Filmaufnahmen zu wissenschaftlichen und historischen Zwecken (Abs. 2) und eine medienöffentliche Entscheidungsverkündung durch den Bundesgerichtshof vor (Abs. 3). Dabei handelt es sich um punktuelle Ausnahmen, welche durch eine restriktive Auslegung und Schutzmechanismen[2485] (z.B. Bestehenbleiben des Aufzeichnungsverbots bei Übertragungen

---

2482 Vgl. *Danziger*, Die Medialisierung des Strafprozesses, S. 423.

2483 Siehe zur Verfassungsmäßigkeit der Vorschrift BVerfGE 103, 44, 66 ff.

2484 Vgl. BT-Drs. 4/178, S. 45; vgl. BGHSt 16, 111, 113 f.; vgl. *Quentin*, in: S/S/W-StPO, § 169 GVG, Rn. 22. Zwar beurteilen die Richter im Rahmen der hier geführten Experteninterviews die Gefahr der verzerrenden Aussagebeeinflussung von Zeugen und Angeklagten sowie mögliche Einflüsse auf das Verhalten des Richters durch die Medienanwesenheit in der Hauptverhandlung mehrheitlich geringer, als die entsprechenden (suggestiven und unbewussten) Gefahren beim Konsum von Vorberichterstattung. Allerdings sprechen sich dennoch drei Experten (bei dieser Frage haben lediglich sechs Richter konkrete Vermeidungsmöglichkeiten angeführt) für eine Beibehaltung des grundsätzlichen Verbots von Filmaufnahmen in der Hauptverhandlung aus (§ 169 Abs. 1, S. 2 GVG), Angaben von R5, R9, R10 bei Frage 29, Anhang A2.

2485 Siehe vertiefend *Quentin*, in: S/S/W-StPO, § 169 GVG, Rn. 26 ff.

nach Abs. 1, S. 3–5, Abhängigkeit der Aufnahmen nach Abs. 2 und der medienöffentlichen Urteilsverkündung nach Abs. 3 vom pflichtgemäßen Ermessen des Gerichts) den ursprünglichen Zweck des § 169 Abs. 1, S. 2 GVG mit der gewachsenen Bedeutung der Rundfunkfreiheit in einen Ausgleich bringen. Die Neuregelungen sollten jedoch keineswegs dazu Anlass geben, generell über eine Abschaffung oder weitere Aufweichung des Aufnahmeverbots zu diskutieren.[2486] Dem stünden sowohl potentiell negative Einflüsse auf die Wahrheitsermittlung im Strafprozess,[2487] als auch erhebliche Beeinträchtigungen des allgemeinen Persönlichkeitsrechts[2488] von Angeklagten, Zeugen und Tatopfern entgegen. Ohne hier der generellen Diskussion um die Zulässigkeit von Fernsehaufnahmen in der Hauptverhandlungen und deren Risiken vollends gerecht zu werden, ist anzunehmen, dass weder eine vollständige Aufhebung des Verbots, noch die Existenz des § 169 Abs. 1, S. 2 GVG allein die beschriebenen negativen Auswirkungen der Medialisierung auf die Wahrheitserforschung verhindern können.[2489] So bleiben Aufnahmen in Verhandlungspausen oder auf den Gerichtsfluren von der Regelung unberührt.[2490] Forderungen nach einer Ausweitung des Aufnahmeverbots auf das gesamte Gerichtsgebäude oder Forderungen dahingehend, die vorherige Erlaubnis durch das Gerichts und den Betroffenen zu einer Bedingung für Aufnahmen außerhalb der Verhandlung zu machen,[2491] würden die Presse- und Rundfunkfreiheit wohl unverhältnismäßig einschränken.[2492] Auch kam es trotz des § 169 Abs. 1, S. 2 GVG in der Vergangenheit vereinzelt zu Verstößen gegen das Verbot.[2493] Sinnvoll erscheint daher die Einführung eines Straftatbestandes bei rechtswidrigen Bildaufnahmen während der Hauptverhandlung,[2494] z.B. in einem neuen § 353e StGB.

2486 Vgl. diesbezüglich auch die Aussage von R5 im Rahmen der hier geführten Experteninterviews bei Frage 29, Anhang A2: *„Es ist eine Saalöffentlichkeit, aber auch eine Medienöffentlichkeit, aber nicht eine Fernsehöffentlichkeit.“*

2487 Vgl. BVerfGE 103, 44, 68 f.; *Huff*, NJW 2001, 1622, 1623; *Danziger*, Die Medialisierung des Strafprozesses, S. 431 m.w.N.

2488 Ausführlich *Coelln*, Medienöffentlichkeit, S. 422 ff.

2489 Vgl. *Danziger*, Die Medialisierung des Strafprozesses, S. 430 f.

2490 Vgl. *Schmitt*, in: M/S-StPO, § 169 GVG, Rn. 8a, m.w.N.

2491 *Stürner*, in: Verhandlungen des 58. DJT I, Gutachten A, S. A 1, 4, 41 f.

2492 *Danziger*, Die Medialisierung des Strafprozesses, S. 412.

2493 So im Fall Monika Böttcher, Nachweis bei *Töpper*, DRiZ 1989, 389, 389.

2494 So etwa *Stürner*, in: Verhandlungen des 58. DJT I, Gutachten A, S. A 1, 4, 24; anders *Danziger*, Die Medialisierung des Strafprozesses, S. 412, welche eine strafrechtliche Regelung mit Verweis auf seltene Verstöße als „übertrieben“ bezeichnet.

C. ZUSAMMENFASSUNG DER EMPFEHLUNGEN

Die in diesem Reformkapitel empfohlenen Möglichkeiten, um bei bestimmten Fehlerquellen künftig eine verbesserte Vermeidung, Erkennbarkeit und Korrektur zu erreichen, lassen sich folgendermaßen zusammenfassen:

A. Vermeidung „klassischer Fehlerquellen“

I. Anknüpfungspunkt Personalbeweisschwäche

1. Grundvoraussetzung zur Bekämpfung der Personalbeweisschwäche ist ein ausgeprägtes Fehlerbewusstsein. Antiquierte Betrachtungsweisen des Geständnisses als „Königin unter den Beweismitteln“ müssen aus den Köpfen verschwinden. Die Vermittlung der Ursachen, Entstehungsgründe und begünstigenden Faktoren für Fehler im Zusammenhang mit dem Personalbeweis muss Gegenstand juristischer Aus- und Fortbildung werden.
2. Der strafrechtliche juristische Vorbereitungsdienst muss zwingend um Elemente der aussagepsychologischen Ausbildung ergänzt werden.
3. Wenn das Gericht bei der Glaubhaftigkeitsprüfung einer Aussage einmal unumgänglich an seine Grenzen stößt, muss es verstärkt auf aussagepsychologische Sachverständige zurückgreifen, wie es das bei medizinischen und technischen Fragen selbstverständlich auch tun würde.
4. Die polizeiliche Vernehmung muss flächendeckend derart optimiert werden, dass die Anwendung von intensiven (insbesondere) Maximierungstechniken (und deren Kombination mit Minimierungstechniken) zugunsten informationsfokussierter Methoden (z.B. „PEACE“-Methode) zurückgedrängt wird.
5. Alle Beschuldigten- und Zeugenvernehmungen im Ermittlungsverfahren sind – ergänzend zum bestehenden Inhaltsprotokoll – auditiv aufzuzeichnen. Sämtliche strafgerichtlichen Hauptverhandlungen sind – insbesondere zur Förderung der Korrektur von Fehlern bei der Beweiswürdigung – generell und auditiv aufzuzeichnen. Sieht man die Beweiswürdigung als einen von der Überzeugungsbildung streng getrennten und rechtlich durchformten Vorgang an, dann wäre der Bereich revisibeler (mit der Aufklärungs- und Inbegriffsrüge) Rechtsfehler eröffnet, soweit die Urteilsgründe im Widerspruch zur Audiodokumentation stehen.
6. Die generelle Abwehrhaltung gegenüber Polygraphen ist angesichts fortschreitender Technologiesierung abzulehnen. Die weitere Erforschung eines möglichen Einsatzes des Tatwissenstests im Ermittlungsverfahren wird befürwortet.

II. Anknüpfungspunkt gerichtliche Aufklärungsfehler

7. Um das Bewusstsein für kognitive Verzerrungsfaktoren und Urteilsverzerrungsfaktoren zu schärfen, muss die Ausbildung von angehenden Richtern und Staatsanwälten zwingend um entscheidungspsychologische Elemente erweitert werden.
8. Der ausufernden Arbeitsbelastung und Personalknappheit bei gleichzeitiger Komplizierung des Strafrechts ist mit einer erhebliche Aufstockung der justiziellen Personaldecke unabdingbar entgegenzutreten.

B. Vermeidung „moderner Fehlerquellen"

I. Anknüpfungspunkt strafprozessuale Absprache

9. Um der gerichtlichen und staatsanwaltschaftlichen Unsicherheit bei der Anwendung und Auslegung der gesetzlichen Verständigungsvorschriften sowie der unübersichtlichen Rechtsprechung entgegenzuwirken, ist der Gesetzgeber gefordert, für Normklarheit zu sorgen. Zu denken wäre beispielsweise an die Kodifikation von regelmäßigen Qualitätsanforderung an ein Geständnis oder ein Verbot der Anwendung einer weit geöffneten Sanktionsschere.
10. Scheitern die Verhandlungen zum Abschluss einer Verständigung, muss die Zuständigkeit eines neuen Spruchkörpers begründet werden.
11. Das Verbot der Einlegung eines Rechtsmittelverzichts (§ 302 Abs. 1, S. 2 StPO) ist um ein Umgehungsverbot zu ergänzen.
12. Die staatsanwaltschaftliche Funktion als „Wächterin des Gesetzes" muss in Abspracheverfahren gestärkt werden. Dafür ist es nötig, dass alle Staatsanwaltschaften verbindliche und allgemeine Vorgaben an die Sitzungsvertreter machen, wie Gesetzesverstöße zu dokumentieren sind und welche Reaktionen dann zu erfolgen haben (Kontrolle). Ergeben (zumindest stichprobenartige) Überprüfungen eine wiederholte Untätigkeit, muss ggf. mit Mitteln des Disziplinarrechts reagiert werden (Selbstkontrolle).

II. Anknüpfungspunkt „große" Kronzeugenregelung

13. Um (insbesondere) den Gefahren einer unverdienten Strafmilderung ohne Gegenleistung und einer Heimlichkeit durch Vorverlagerung des Verfahrens in das Ermittlungsverfahren vorzubeugen, ist die Präklusionsregel des § 46b Abs. 3 StGB abzuschaffen.
14. Aufgrund des massiven Risikos drittbelastender Falschaussagen zwecks Strafmilderung soll auf eine Kronzeugenaussage allein keine Verurteilung

gestützt werden. Vielmehr soll sie durch weitere Zeugenaussagen, Vernehmungsprotokolle oder weitere (objektive) Beweismittel bestätigt und abgesichert („corroboration“) werden.

15. Um die Überprüfung der Kronzeugenaussage zu fördern, müssen neue Wege gefunden werden, um (bei verfahrensfremden Denunzierten) die Kommunikation und Kooperation zwischen Strafverfolgungsbehörden und Gerichten zu fördern. Diesbezüglich könnte die Einführung der elektronischen Akte einiges Potential aufweisen.

III. Anknüpfungspunkt Strafbefehlsverfahren

16. Im Strafbefehlsverfahren ist die Möglichkeit abzuschaffen, (zur Bewährung ausgesetzte) Freiheitsstrafen zu verhängen.
17. Um rechtliches Gehör zu garantieren, die Beschuldigtenversion in die Sachverhaltsaufklärung einfließen zu lassen und dem Gericht zu ermöglichen, gebührend auf Anhaltspunkte für sprachliche Defizite oder eine Schuldunfähigkeit zu reagieren, ist die Einführung einer (schriftlichen) verpflichtenden Anhörung vor Erlass des Strafbefehls notwendig.
18. Damit der Betroffene überhaupt in die Lage versetzt werden kann, eine differenzierte Entscheidung über die Einlegung eines Einspruchs zu treffen, muss der Strafbefehl – ebenso wie ein Urteil – begründet werden.
19. Die Polizei ist verstärkt dafür zu sensibilisieren, Auffälligkeiten, die für sprachliche Defizite oder eine Schuldunfähigkeit sprechen könnten, in den Ermittlungsakten zu dokumentieren. Dies gilt in besonderem Maße bei Delikten, welche typischerweise im Strafbefehlsverfahren erledigt werden.
20. Die Tatsache, dass das Wiederaufnahmeverfahren für den Betroffenen eines rechtskräftigen Strafbefehls die einzige Möglichkeit zur Korrektur einer fehlerhaften Entscheidung ist, ist – angesichts struktureller Schwächen des Wiederaufnahmerechts – ein schwer haltbarer Zustand. Zur Erweiterung der Rechtsschutzmöglichkeiten wird eine Einspruchsfristverlängerung auf (beispielsweise) vier Wochen empfohlen.

IV. Anknüpfungspunkt Medienöffentlichkeit/Medialisierung des Verfahrens

21. Um den unbewussten Einflüssen einer Medialisierung des Strafprozesses (Anpassung an mediale Kommunikations- und Inszenierungsstrategien und Suggestivwirkung von Medienberichten) zu begegnen, ist es notwendig, dass sich Richter und Staatsanwälte der potentiellen Wirkung von

Medienberichterstattungen bewusst sind und ihr eigenes Verhalten stets kritisch reflektieren und hinterfragen.

22. Damit die Gefahr einer medialen Vorverurteilung eingedämmt werden kann, muss die Regulierung ermittlungsbehördlicher Öffentlichkeitsarbeit in Nr. 23 Abs. 1 RiStBV konkretisiert werden. Für die Frage einer zulässigen Informationsveröffentlichung wird die Regelung einer generellen Unterscheidung zwischen zulässigen „objektiv-deskriptiven" und unzulässigen individualisierenden-personenbezogenen Auskünften empfohlen.
23. Einer „Strafprozessführung über Medien" durch Vermittlung einseitiger, selektierter, wertender und unwidersprochener Auskünfte ist mit vermehrt gemeinsamen Pressekonferenzen der Staatsanwaltschaft und der Verteidigung zu begegnen.
24. An einem grundsätzlichen Verbot von (filmischen) Aufzeichnungen während der Hauptverhandlung (§ 169 Abs. 1, S. 2 GVG) ist festzuhalten. Begrüßenswert wäre die Einführung eines flankierenden Straftatbestandes, welcher einen entsprechenden Verstoß unter Strafe stellt, z.B. ein neuer und erweiterter § 353e StGB.

Kapitel 7: Fazit und Ausblick

Die vorliegende Arbeit hat die Untersuchung klassischer und moderner Fehlerquellen zum Gegenstand. Die klassischen Fehlerquellen der zentralen Fehlentscheidungsforschungen von *Alsberg*, *Hirschberg*, *Kiwit* und *Peters* können primär der Ebene der Sachverhaltsfeststellung zugeordnet werden. Als klassische Hauptursachen strafgerichtlicher Fehlentscheidungen lassen sich insbesondere die Personalbeweisschwäche, die gerichtliche Aufklärung des Sachverhalts, die (polizeiliche) Ermittlung, die richterliche Überzeugungsbildung sowie teilweise das Gesetz selbst identifizieren. Im Kern hat sich an diesen Befunden bis heute kaum etwas geändert. Durch Änderungen der äußeren Rahmenbedingungen in der Gesellschaft und im Strafprozess ist es in jüngerer Vergangenheit jedoch dazu gekommen, dass sich einige dieser Fehlerquellen (insbesondere die Personalbeweisschwäche und gerichtliche Aufklärungsfehler) in neueren Erscheinungsformen manifestieren, vertiefen oder sogar potenzieren – den hier so bezeichneten modernen Fehlerquellen in Form der strafprozessualen Absprache, der (großen) Kronzeugenregelung, des Strafbefehlsverfahrens und der Medienöffentlichkeit. Zum Teil weisen diese modernen Fehlerquellen jedoch auch spezifische Fehlerpotentiale auf.

Die äußeren Rahmenbedingungen des Strafprozesses sind heute nicht mehr die, welche unter *Alsberg* oder auch *Peters* galten. Das Strafrecht hat sich in materieller und prozessualer Hinsicht verkompliziert. Die Herausbildung neuer Spezialrechtsgebiete verlangt Richtern, Staatsanwälten und Verteidigern eine immer größer werdende Expertise und Fachkenntnis ab. Durch prozessuale Veränderungen und insbesondere die Stärkung der Rechte von Verfahrensbeteiligten ist der Weg zur Erforschung des wahren Sachverhalts heute ein anderer als vor einem Jahrhundert. Die Komplizierung in beiderlei Hinsicht zeigt sich u.a. in einem stetig steigenden Akten- und Verfahrensumfang. Gleichzeitig ächzt die Strafjustiz unter einer schwächelnden Personaldecke, einer mangelhaften technischen Ausstattung und unter den fehlenden aussagepsychologischen, forensischen, kriminalistischen sowie entscheidungspsychologischen Fachkenntnissen der Richter (und Staatsanwälte). Wachsender Erledigungsdruck führt dazu, dass Richtern und Staatsanwälten immer weniger Zeit bleibt, um den „wahren“ Sachverhalt in der gebotenen Sorgfalt zu erforschen. Um den sich wandelnden bzw. verschärfenden tatsächlichen Rahmenbedingungen Herr zu werden, wurden auch die rechtlichen Rahmenbedingungen reformiert. Der Strafprozess ist heute kein inquisitorischer, sondern vielmehr ein ökonomisch orientierter, welcher zahlreiche Elemente konsensualer Erledigung aufweist. Für die Wahrheitsfindung besonders problematisch sind die hier als moderne Fehlerquellen thematisierten strafprozessualen Absprachen, die (große) Kronzeugenregelung und das Strafbefehlsverfahren. Wenngleich der Gesetzgeber dem Einzug eines Konsensprinzips in das deutsche Strafverfahren wiederholt eine Absage erteilt hat, so zeigen die vorliegende Untersuchung sowie die geführten Experteninterviews eines jedoch deutlich: Konsensuale Formen der Verfahrenserledigung gefährden die Wahrheitsfindung im Strafprozess, indem sie Fehler zugunsten einer effektiven Verfahrenserledigung in Kauf nehmen. Mit anderen Worten wird die Opferung der Wahrheit im Strafverfahren auf dem Altar der Ökonomisierung teilweise sehenden Auges in Kauf genommen.

Der gesellschaftliche und technische Wandel sowie dessen Auswirkungen auf das Strafverfahren zeigen sich auch in Form der hier als moderne Fehlerquelle thematisierten Medienöffentlichkeit. Die Saalöffentlichkeit hat sich nach unserem heutigen Verständnis zu einer Medienöffentlichkeit gewandelt. Durch die Printmedien, das Fernsehen, das Internet und nicht zuletzt auch die sozialen Medien hat die Medienöffentlichkeit heute eine fast allgegenwärtige Präsenz – auch im Strafverfahren. Diese kann sich – insbesondere durch vorverurteilende Vorberichterstattung – potentiell fehlerhaft auf das Prozessverhalten aller Verfahrensbeteiligten (z.B. durch bewusste Anpassung an eine medial vermittelte Erwartungshaltung oder unbewusst durch Suggestion) und damit auf das Ergebnis des Verfahrens auswirken.

Was die Vermeidbarkeit von Fehlentscheidungen angeht, so wird man zunächst einmal festhalten müssen, dass es zu keinem Zeitpunkt der Geschichte einen Strafprozess gab, welcher gänzlich von Fehlern gefeit war. Diesen kann und wird es auch zukünftig nicht geben. Dort wo Menschen beteiligt sind, miteinander agieren, abwägen und schließlich zu einem von der eigenen Überzeugung getragenen Ergebnis kommen, passieren naturgemäß und unausweichlich Fehler. Es wird immer den perfekt lügenden Angeklagten geben, von dessen Aufrichtigkeit das Gericht mangels entgegenstehender Anhaltspunkte überzeugt ist und überzeugt sein darf. Ebenso wird es immer sich irrende oder einer (Massen-)Suggestion unterliegende Zeugen geben, welche nicht einmal selbst von der objektiven Falschheit ihrer Aussage wissen. Gleiches gilt für den naturgemäß unsicheren Grad der Überzeugungsbildung in der Praxis sowie das Vorliegen von Perseveranz- und Inertiaeffekten auf Seiten des Richters bzw. des Staatsanwalts. Ferner wird es zwangsläufig zu Fehlern aufgrund der systemischen Schwächen konsensualer bzw. summarischer Elemente kommen. Die Annahme, dass die Justiz heute noch dazu in der Lage wäre, die vor ihr liegenden Aufgaben mit einem rein klassisch-inquisitorischen Strafverfahren zu bewältigen, wäre jedoch illusorisch. Ein nicht unerheblicher Teil falscher Judikate ist allerdings vermeidbar (siehe zusammenfassend zu den Vermeidungsmöglichkeiten **Kap. 6. C.**). So kann die Gefahr, dass bewusste Falschaussagen des Angeklagten oder des Zeugen der Entscheidung zugrunde gelegt werden, verringert bzw. minimiert werden, wenn Richter und Staatsanwälte eine bessere aussagepsychologische Ausbildung erfahren würden oder die Justiz verstärkt auf den Einsatz von aussagepsychologischen Sachverständigen zurückgreifen würde. Gerichtlichen Aufklärungsfehlern kann effektiv dadurch entgegengetreten werden, dass man infolge Aufstockung der Personaldecke den Zeitmangel verringerte. Zur Verhinderung von falschen Geständnissen im Rahmen des Abspracheverfahrens und deren unkritische Würdigung könnte man z.B. regelmäßige Qualitätsanforderungen an ein Geständnis kodifizieren. Die Gefahr drittbelastender Aussagen im Rahmen der Kronzeugenregelung ist z.B. dadurch zu minimieren, dass diese nicht allein zur Grundlage eines Urteils gemacht werden dürften, sondern eine Absicherung durch weitere (objektive) Beweismittel nötig wäre. Eine etwaige Schuldunfähigkeit oder bestehende Sprachprobleme wären im Strafbefehlsverfahren z.B. bei einer optimierten polizeilichen Dokumentation oder dem Erfordernis einer Anhörung besser zu erkennen. Zur Vermeidung von öffentlich-medialer Vorverurteilung könnte man u.a. die ermittlungsbehördliche Öffentlichkeitsarbeit stärker regulieren.

Wie realistisch ist es aber schließlich, dass die in Kapitel 6 aufgezeigten Vermeidungsmöglichkeiten umgesetzt werden? Wie *Hirschberg* bereits erkannte, kann der *„[...] Kampf gegen die Fehlurteile [...] durch eine wissenschaftliche Analyse allein nicht geführt werden.“*[2495] Damit es zu einer Umsetzung der Reformanstöße kommen kann, sind zumindest zwei Dinge erforderlich. Einerseits ist ein breites öffentliches Fehlerbewusstsein notwendig, denn *„[...] jede Heilung [setzt] die Einsicht voraus, dass es der Heilung bedarf.“*[2496] Eine ausgeprägte Fehlerkultur ist nicht nur erforderlich, damit der Gesetzgeber ggf. gezielt Reformen anstoßen kann. Sie ist überdies auch von Nöten, damit sich die Entscheidungsträger selbst stets kritisch hinterfragen und mit bereits vorhandenen Mitteln Fehlentscheidungen verhindern.[2497] Andererseits bedarf es des (politischen) Willens, etwas am status quo zu verändern. Das Fehlerbewusstsein setzt das Wissen um das Vorliegen von Fehlentscheidungen und das Wissen um die konkreten Entstehungsgründe, Ursachen, Rahmenbedingungen und

2495 *Hirschberg*, Das Fehlurteil im Strafprozeß, S. 14.
2496 *Böhme*, Das strafgerichtliche Fehlurteil, S. 343.
2497 Vgl. *Böhme*, Das strafgerichtliche Fehlurteil, S. 341.

begünstigenden Faktoren voraus. Auch heute noch gibt es keine verlässlichen Auskünfte über das tatsächliche Vorkommen von Fehlentscheidungen. Schätzungen und Berechnungen unterschiedlicher Autoren reichen von 0,0018 % bis 25 % aller strafgerichtlichen Entscheidungen (siehe vertiefend **Kap. 1. C.**). Entgegen früherer Ansichten kann jedoch heute als relativ gesichert angenommen werden, dass es sich bei Fehlentscheidungen in Strafprozessen keinesfalls um eine absolute Seltenheit handelt. Während zwar besonders schwerwiegende Fehler, die darin münden, dass unrechtmäßige und langjährige Freiheitsstrafen verbüßt werden, in den allermeisten Fällen vermieden werden, kommen allerdings „kleinere“ Fehler (z.B. fehlerhafte Strafbefehle) mit einer gewissen Regelmäßigkeit vor.[2498] Selbst wenn man das Vorkommen von falschen Judikaten als äußerst gering einschätzte, würde bereits die Existenz einiger weniger Fehlentscheidungen genügend Anlass zur Auseinandersetzung bieten. Diese Auseinandersetzung hat hinsichtlich der Erforschung einzelner Fehlerquellen in den letzten Jahrzehnten seit *Peters* weitgehend stagniert. Erst in den letzten Jahren ist ein Erwachen der rechtswissenschaftlichen Thematisierung aus dem Schlaf der Fehlentscheidungsforschung zu beobachten. Mit den Dissertationen von *Böhme*[2499] und *Dunkel*[2500] wurden gewichtige Beiträge zum Phänomen des Fehlurteils bzw. der Fehlentscheidung geliefert. Durch die Untersuchung von *Kemme/Dunkel*[2501] wurde ein ausstehender Blick auf die Verbindung zwischen Strafbefehlsverfahren und Wiederaufnahme gelenkt. Schließlich soll mit dem „Projekt: Fehlurteil und Wiederaufnahme“ nun auch in Deutschland eine längst überfällige zentrale Anlaufstelle zur systematischen Aufdeckung und Korrektur von Fehlurteilen etabliert werden.[2502] Diese Vorboten einer Renaissance deutscher Fehlerkultur machen Hoffnung auf eine künftige Bekämpfung der Fehlentscheidung. Wünschenswert wäre in der Zukunft auch eine Erforschung weiterer möglicher und moderner Fehlerquellen, die in dieser Arbeit – auch aus Gründen der Schwerpunktsetzung – keine Erwähnung gefunden haben. Im Hinblick auf die Technisierung der Gesellschaft, die in Form von neuen Ermittlungsmethoden und neuen technischen Beweismitteln (z.B. DNA-Analysen) auch vor dem modernen Strafprozess keinen Halt macht, muss die Forschung neue Wege und Methoden finden, um auch den heute

2498 *Dunkel*, Fehlentscheidungen in der Strafjustiz, S. 228 f., m.w.N.

2499 *Böhme*, Das strafgerichtliche Fehlurteil (2018).

2500 *Dunkel*, Fehlentscheidungen in der Strafjustiz (2018).

2501 *Kemme/Dunkel*, StV 2020, 52, 52 ff.

2502 Siehe Informationen auf der Homepage des Projekts: https://www.wiederaufnahme.com/das-projekt (Onlinequelle).

Frage 23: Welche Möglichkeiten sehen Sie, die Personalbeweisschwäche zu beseitigen oder zumindest zu minimieren?

Nehmen wir einmal an, dass sich auch in den thematisierten „modernenFehlerquellen“ die Anfälligkeit für gerichtliche Aufklärungsfehler manifestiert:

Frage 24: Welche Möglichkeiten sehen Sie, gerichtliche Aufklärungsfehler zu verhindern oder zumindest zu minimieren?

Vermeidung spezifischer Anfälligkeiten der „modernen Fehlerquellen“

Schließlich möchte ich noch auf spezifisches Verbesserungspotential bei den vermuteten „modernen Fehlerquellen“ eingehen?

Frage 25: Wie kann man Ihrer Ansicht nach gewährleisten, dass Fehlentscheidungen im Zusammenhang mit strafprozessualen Absprachen künftig vermieden werden?

Die jüngste Studie von *Altenhain et al.* kam zum Ergebnis, dass bei vielen Richterinnen und Richtern, aufgrund scheinbar unklarer gesetzlicher Regelungen und einer undurchsichtigen Rechtsprechung, oftmals Unklarheiten im Umgang mit der Absprache (Dokumentationspflichten) herrschen würden.

Frage 26: Wie sehen Sie das und wie kann ggf. für mehr Normklarheit gesorgt werden?

Frage 27: Welche Möglichkeiten sehen Sie, um künftig Fehlentscheidungen im Zusammenhang mit der „großen“ Kronzeugenregelung zu verhindern?

Frage 28: Welche Möglichkeiten sehen Sie, um künftig Fehlentscheidungen im Zusammenhang mit dem Strafbefehlsverfahren zu verhindern? *[Hier können ggf. Nachfragen zu einer verpflichtenden Anhörung, zu einer Einspruchsfristverlängerung oder der Abschaffung der Möglichkeit der Verhängung von zur Bewährung ausgesetzten Freiheitsstrafen gestellt werden]*

Frage 29: Sehen Sie sinnvolle Maßnahmen, mit denen sich eine öffentlich-mediale Beeinflussung vom Strafverfahren und von Verfahrensbeteiligten verhindern ließe?

Eigene Vorschläge für Vermeidungsmöglichkeiten

Frage 30: Möchten Sie noch Ergänzungen oder eigene Vorschläge für die Vermeidung sonstiger strafgerichtlicher klassischer oder moderner Fehlerquellen machen?

III. Schlussteil

Danksagung
Verabschiedung

Literaturverzeichnis

Alsberg, Max: Justizirrtum und Wiederaufnahme, Berlin 1913.

Altenhain, Karsten: Dokumentationspflicht im Ermittlungsverfahren. Warum eigentlich nicht?,
in: Zeitschrift für Internationale Strafrechtsdogmatik 2015, S. 269–282.

Altenhain, Karsten: Vor- und Nachteile der audiovisuellen Aufzeichnung von Zeugenaussagen,
in: Barton/Dubelaar/Kölbel/Lindemann (Hg.): Vom hochgemuten, voreiligen Griff nach der Wahrheit. Fehlurteile im Strafprozess, Baden-Baden 2018, S. 225–252.

Altenhain, Karsten/Dietmeier, Frank/May, Markus: Die Praxis der Absprachen in Strafverfahren, Baden-Baden 2013.

Altenhain, Karsten/Hagemeier, Ina/Haimerl, Michael: Die Vorschläge zur gesetzlichen Regelung der Urteilsabsprachen im Lichte aktueller rechtstatsächlicher Erkenntnisse,
in: Neue Zeitschrift für Strafrecht 2007, S. 71–79.

Altenhain, Karsten/Hagemeier, Ina/Haimerl, Michael/Stammen, Karl-Heinz: Die Praxis der Absprachen in Wirtschaftsverfahren, Baden-Baden 2007.

Altenhain, Karsten/Jahn, Matthias/Kinzig, Jörg: Die Praxis der Verständigung im Strafprozess, Baden-Baden 2020.

Altvater, Gerhard: Überprüfung der Verständigung durch die Revision,
in: Strafverteidiger Forum 2014, S. 221–228.

Ambos, Kai: Die Kronzeugenregelung in Deutschland,
in: Zeitschrift für die gesamte Strafrechtswissenschaft 132 (2020), S. 24–55.

Arbeitskreis deutscher, österreichischer und schweizerischer Strafrechtslehrer: Alternativ-Entwurf Beweisaufnahme (AE-Beweisaufnahme). Entwurf eines Arbeitskreises deutscher, österreichischer und schweizerischer Strafrechtslehrer (Arbeitskreis AE),
in: Goltdammer's Archiv für Strafrecht 2014, S. 1–72.

Arnemann, Carolin: Defizite der Wiederaufnahme in Strafsachen. Bestandsaufnahme und Reformvorschläge auf der Grundlage einer empirischen Untersuchung, Berlin 2019.

Artkämper, Heiko: Wahrheitsfindung im Strafverfahren mit gängigen und innovativen Methoden. Notwendigkeit, Möglichkeiten und rechtliche Grenzen – Teil 1,
in: Kriminalistik 2009, Seite 349–356.

Artkämper, Heiko: Wahrheitsfindung im Strafverfahren mit gängigen und innovativen Methoden. Notwendigkeit, Möglichkeiten und rechtliche Grenzen – Teil 2,

in: Kriminalistik 2009, Seite 417–424.

Artloth, Frank: Zur Ausschließung und Ablehnung des Staatsanwalts,

in: Neue Juristische Wochenschrift 1983, S. 207–210.

Asbrock, Bernd: Der Richtervorbehalt – prozedurale Grundrechtssicherung oder rechtsstaatliches Trostpflaster?,

in: Zeitschrift für Rechtspolitik 1998, S. 17–19.

Backes, Otto/Gusy, Christoph: Dokumentation – Wer kontrolliert die Telefonüberwachung? Eine empirische Untersuchung von Richtervorbehalten bei Telefonüberwachungen,

in: Strafverteidiger 2003, S. 249–252.

Banscherus, Jürgen: Polizeiliche Vernehmung: Formen, Verhalten, Protokollierung. Eine empirische Untersuchung aus kommunikationswissenschaftlicher Sicht, BKA-Forschungsstelle, Wiesbaden 1977.

Bartel, Louisa: Das Verbot der Rekonstruktion der Hauptverhandlung. Versuch einer Legitimation, Tübingen 2014.

Barton, Stephan: „Das Fehlurteil gibt es nicht" – gibt es doch!,

in: Goeckenjan/Puschke/Singelnstein (Hg.): Für die Sache – Kriminalwissenschaften aus unabhängiger Perspektive. Festschrift für Ulrich Eisenberg zum 80. Geburtstag, Berlin 2019, S. 15–29.

Becker, Jörg-Peter/Erb, Volker/Esser, Robert/Graalmann-Scheerer, Kirsten/Hilger, Hans/Ignor, Alexander: Löwe-Rosenberg. Strafprozessordnung und das Gerichtsverfassungsgesetz. Großkommentar, Band 1 Einleitung §§ 1–47, Sachregister, 27. Auflage, Berlin 2016

(zitiert: *Bearbeiter*, in: L/R-StPO).

Becker, Jörg-Peter/Erb, Volker/Esser, Robert/Graalmann-Scheerer, Kirsten/Hilger, Hans/Ignor, Alexander: Löwe-Rosenberg. Strafprozessordnung und das Gerichtsverfassungsgesetz. Großkommentar, Band 6 §§ 212–255a, 27. Auflage, Berlin 2020

(zitiert: *Bearbeiter*, in: L/R-StPO).

Becker, Jörg-Peter/Erb, Volker/Esser, Robert/Graalmann-Scheerer, Kirsten/Hilger, Hans/Ignor, Alexander: Löwe-Rosenberg. Die Strafprozessordnung und das Gerichtsverfassungsgesetz. Großkommentar, Band 7 §§ 256–295, 27. Auflage, Berlin 2021

(zitiert: *Bearbeiter*, in: L/R-StPO).

Becker, Monika/Kinzig, Jörg: Rechtsmittel im Strafrecht. Eine international vergleichende Untersuchung zur Rechtswirklichkeit und Effizienz von Rechtsmitteln, Band 2: Empirischer Teil, Freiburg 2000.

Becker, Monika/Kinzig, Jörg: Von Berufungsköchen und Eingangsgerichten – Neues Rechtsmittelsystem für die Strafjustiz?,

in: Zeitschrift für Rechtspolitik 2000, S. 321–325.

Bender, Rolf: Die „lebendige Erinnerung“ und der „gewordene Sachverhalt“ in der Zeugenaussage,

in: Strafverteidiger 1984, S. 127–132.

Bender, Rolf/Nack, Armin/Treuer, Wolf-Dieter: Tatsachenfeststellung vor Gericht. Glaubhaftigkeits- und Beweislehre. Vernehmungslehre, 5. Auflage, München 2021.

Beneke, Bernhard: Das falsche Geständnis als Fehlerquelle im Strafverfahren unter kriminologischen, speziell kriminalpsychologischen Aspekten, Frankfurt am Main u.a. 1990.

Beulke, Werner/Swoboda, Sabine: Strafprozessrecht, 15. Auflage, Heidelberg 2020.

Bogner, Alexander/Littig, Beate/Menz, Wolfgang: Interviews mit Experten. Eine praxisorientierte Einführung, Wiesbaden 2014.

Böhme, Toni: Das strafgerichtliche Fehlurteil – Systemimmanenz oder vermeidbares Unrecht? Eine Untersuchung zu den Ursachen von Fehlurteilen im Strafprozess und den Möglichkeiten ihrer Vermeidung, Tübingen 2018.

Bommarius, Christian: Vom Beruf unserer Zeit zur Urteils- und Richterschelte durch die Medien,

in: Deutsche Richterzeitung 1996, S. 244–246.

Börner, René: Legitimation durch Strafverfahren. Die normative Kraft des Misstrauens, Berlin 2014.

Bornkamm, Joachim: Pressefreiheit und Fairness des Strafverfahrens, Baden-Baden 1980.

Böttcher, Reinhard: Der Strafbefehl auf dem Vormarsch?,

in: Böttcher/Hueck/Jähnke (Hg.): Festschrift für Walter Odersky zum 65. Geburtstag am 17. Juli 1996, Berlin u.a. 1996, S. 299–316.

Braun, Yvonne: Medienberichterstattung über Strafverfahren im deutschen und englischen Raum, Freiburg im Breisgau 1998.

Brock, Michael/Eschelbach, Ralf/Geipel, Andreas/Hettinger, Michael/Röschke, Joachim/Wille, Florian: Die erneute Wiederaufnahme des Strafverfahrens,

in: Goltdammer's Archiv für Strafrecht 2013, S. 328–345.

Brockmann, Claudia: Beschuldigtenvernehmung,

in: Volbert/Steller (Hg.): Handbuch der Rechtspsychologie, Band 9, Göttingen u.a. 2008, S. 244–252.

Brüning, Janique: Der Richtervorbehalt – ein zahnloser Tiger?,
in: Zeitschrift für Internationale Strafrechtsdogmatik 2006, S. 29–35.
Brüning, Janique: Der Richtervorbehalt im strafrechtlichen Ermittlungsverfahren, Baden-Baden 2005.
Bruns, Silvin: Zur Geschichte des Inquisitionsprozesses: Der Beschuldigte im Verhör nach der Abschaffung der Folter, Bonn 1994.
Bull, Ray/Soukara, Stavroula: Four studies of what really happens in police interviews,
in: Lassiter/Meissner (Hg.): Police Interrogations and False Confessions: Current Research, Practice, and Policy Recommendations, Washington DC 2010, S. 81–95.
Busam, Gerhard: Das Geständnis im Strafverfahren: Kriminologische, kriminalistische und kriminalpsychologische Aspekte, Lübeck 1983.
Bussmann, Kai-D./Lüdemann, Christian: Klassenjustiz oder Verfahrensökonomie? Aushandlungsprozesse in Wirtschafts- und allgemeinen Strafverfahren, Pfaffenweiler 1995.
Christoph, Stephan: Der Kronzeuge im Strafgesetzbuch. Die Ermittlungshilfe gemäß § 46b StGB aus dogmatischer und empirischer Perspektive, Baden-Baden 2019.
Coelln, Christian von: Zur Medienöffentlichkeit der Dritten Gewalt. Rechtliche Aspekte des Zugangs der Medien zur Rechtsprechung im Verfassungsstaat des Grundgesetzes, Tübingen 2005.
Conen, Stefan: Der Kronzeuge,
in: Strafverteidiger Forum 2018, S. 227–231.
Creifelds, Carl: Rechtswörterbuch, 23. Auflage, München 2019.
Dahs, Hans: Absprachen im Strafprozess. Chancen und Risiken,
in: Neue Zeitschrift für Strafrecht 1988, S. 153–159.
Daniels, Arne: Das Mannesmann-Verfahren – Erwiderung zu Jahn, ZRP 2004, 179,
in: Zeitschrift für Rechtspolitik 2004, S. 270–273.
Daniels, Justus von: Litigation-PR – Alter Wein in neuen Schläuchen?,
in: Anwaltsblatt 2010, S. 494.
Danziger, Christine: Die Medialisierung des Strafprozesses. Eine Untersuchung zum Verhältnis von Medien und Strafprozess, Berlin 2009.
Darnstädt, Thomas: Der Richter und sein Opfer – Wenn die Justiz sich irrt, München 2013.
Deal, Detlef (Weider, Hans-Joachim): Aus der Praxis. Der strafprozessuale Vergleich,
in: Strafverteidiger 1982, S. 545–552.

Degener, Wilhelm: Anmerkungen zu § 255a StPO,
in: Strafverteidiger 2006, S. 509–515.

Deutscher Juristentag e.V.: 71. Deutscher Juristentag Essen 2016. Beschlüsse, Bonn 2017.

Dippel, Karlhans: Zur Reform der Wiederaufnahme des Verfahrens im Strafprozeß,
in: Goltdammer's Archiv für Strafrecht 1972, S. 97–125.

Döring, Nicola/Bortz, Jürgen: Forschungsmethoden und Evaluation für Human- und Sozialwissenschaftler, 4. Auflage, Heidelberg 2006.

Döring, Nicola/Bortz, Jürgen: Forschungsmethoden und Evaluation in den Sozial- und Humanwissenschaften, 5. Auflage, Berlin und Heidelberg 2016.

Drews, Frauke: Die Königin unter den Beweismitteln? Eine interdisziplinäre Untersuchung des (falschen) Geständnisses, Berlin und Münster 2013.

Dunkel, Barbara: Fehlentscheidungen in der Justiz. Systematische Analyse von Wiederaufnahmeverfahren in Strafverfahren im Hinblick auf Häufigkeit und Risikofaktoren, Baden-Baden 2018.

Eisele, Jörg: Strafprozessführung durch Medien. Zur Weitergabe von Informationen durch Verfahrensbeteiligte zum Zwecke der Kriminalberichterstattung,
in: Juristenzeitung 2014, S. 932–942.

Eisenberg, Ulrich: Beweisrecht der StPO. Spezialkommentar, 10. Auflage, München 2017.

Eisenberg, Ulrich/Kölbel, Ralf: Kriminologie, 7. Auflage, Tübingen 2017.

Eisenberg, Ulrich/Pincus, Helen: Sachäußerungen des schweigenden Angeklagten in der Hauptverhandlung,
in: Juristenzeitung 2003, S. 397–403.

Elobied, Tarig: Die Entwicklung des Strafbefehlsverfahrens von 1846 bis in die Gegenwart, Berlin und Boston 2010.

Englich, Birte/Musseiler, Thomas/Strack, Fritz: Playing Dice With Criminal Sentences: The Influence of Irrelevant Anchors on Experts' Judicial Decisions Making,
in: Personality and Social Psychology Bulletin 2006 (32), S. 188–200.

Entner, Roberta: Encording the Image of the Judiciary. A Semiotic Analysis of Broadcast Trials to Ascertain its Definition of the Court System, New York 1992.

Erb, Volker/Esser, Robert/Franke, Ulrich/Graalmann-Scheerer, Kirsten/Hilger, Hans/Ignor, Alexander: Löwe-Rosenberg. Strafprozessordnung und das Gerichtsverfassungsgesetz. Großkommentar, Band 7 §§ 296–373a, Erster Teilband §§ 296–311a, 26. Auflage, Berlin u.a. 2014
(zitiert: *Bearbeiter*, in: L/R-StPO).

Erb, Volker/Esser, Robert/Franke, Ulrich/Graalmann-Scheerer, Kirsten/Hilger, Hans/Ignor, Alexander: Löwe-Rosenberg. Strafprozessordnung und das Gerichtsverfassungsgesetz. Großkommentar, Band 7 §§ 296–373a, Zweiter Teilband §§ 312–373a, 26. Auflage, Berlin u.a. 2013

(zitiert: *Bearbeiter*, in: L/R-StPO).

Erb, Volker/Esser, Robert/Franke, Ulrich/Graalmann-Scheerer, Kirsten/Hilger, Hans/Ignor, Alexander: Löwe-Rosenberg. Strafprozessordnung und das Gerichtsverfassungsgesetz. Großkommentar, Band 8 §§ 374–448, 26. Auflage, Berlin 2009

(zitiert: *Bearbeiter*, in: L/R-StPO).

Eschelbach, Ralf: Defizite der Sicherung gegen Fehlurteile in Strafsachen,

in: Zeitschrift für die Anwaltspraxis 2015, S. 503–504.

Eser, Albin: Das rechtliche Gehör im Strafbefehls- und Strafverfügungsverfahren,

in: Juristenzeitung 1966, S. 660–669.

Eser, Albin: Schönke/Schröder Strafgesetzbuch. Kommentar, 30. Auflage, München 2019

(zitiert: *Bearbeiter*, in: S/S-StGB).

Fezer, Gerhard: Die erweiterte Revision. Legitimierung der Rechtswirklichkeit? Inhaltsanalyse eines Jahrgangs unveröffentlichter Entscheidungen des Bundesgerichtshofs in Strafsachen, Tübingen 1974.

Fezer, Gerhard: Hat der Beschuldigte ein „Recht auf Lüge"?,

in: Küper (Hg.): Festschrift für Walter Stree und Johannes Wessels zum 70. Geburtstag, Heidelberg 1993, S. 663–684.

Fezer, Gerhard: Inquisitionsprozess ohne Ende? Zur Struktur des neuen Verständigungsgesetzes,

in: Neue Zeitschrift für Strafrecht 2010, S. 177–185.

Fezer, Gerhard: Kronzeugenregelung und Amtsaufklärungsgrundsatz,

in: Eser/Schittenhelm/Schumann (Hg.): Festschrift für Theodor Lenckner zum 70. Geburtstag, München 1998, S. 681–697.

Fezer, Gerhard: Möglichkeiten einer Reform der Revision in Strafsachen. Eine Untersuchung unter besonderer Berücksichtigung der gegenwärtigen Vorschläge zur Rechtsmittelreform, Tübingen 1975.

Fezer, Gerhard: Vereinfachte Verfahren im Strafprozeß,

in: Zeitschrift für die gesamte Strafrechtswissenschaft 106 (1994), S. 1–59.

Findley, Keith A./Scott, Michael S.: The Multiple Dimensions of Tunnel Vision in Criminal Cases,

in: Wisconsin Law Review 2006, S. 291–398.

Fischer, Johann: Die polizeiliche Vernehmung, Wiesbaden 1975.

Fischer, Thomas: Absprache-Regelung: Problemlösung oder Problem?,
in: Strafverteidiger Forum 2009, S. 177–188.
Fischer, Thomas: Unternehmensstrafrecht in der Revision?,
in: Strafverteidiger Forum 2010, S. 329–337.
Fischer, Thomas: Warum lässt das Revisionsrecht Fehlurteile zu?,
in: Barton/Dubelaar/Kölbel/Lindemann (Hg.): Vom hochgemuten, voreiligen Griff nach der Wahrheit. Fehlurteile im Strafprozess, Baden-Baden 2018, S. 253–273.
Frahm, Lorenz: Die allgemeine Kronzeugenregelung. Dogmatische Probleme und Rechtspraxis des § 46b StGB, Berlin 2014.
Franke, Herbert: Freispruch mangels Beweises und Unschuldsvermutung (Art. 6 Abs. 2 Menschenrechtskonvention), Köln 1965.
Friedrichsen, Gisela/Mauz, Gerhard: Er oder sie? Der Strafprozeß Böttcher/Weimar. Prozessberichte 1987 bis 1999 mit einer Dokumentation des Prozeßverlaufs und einem Nachwort herausgegeben von Gabriele Zwiehoff, Baden-Baden 2001.
Frisch, Wolfgang: Inhalt und Hintergrund des „Beruhens" im Revisionsrecht,
in: Rogall/Puppe/Stein/Wolter (Hg.): Festschrift für Hans-Joachim Rudolphi zum 70. Geburtstag, München 2004, S. 609–642.
Geipel, Andreas: Einleitung, in: *Miebach/Hohmann* (Hrsg.): Wiederaufnahme in Strafsachen, München 2016.
Geipel, Andreas: Handbuch der Beweiswürdigung, 3. Auflage, Münster 2017.
Gercke, Björn/Julius, Karl-Peter/Temming, Dieter/Zöller, Mark Alexander: Reihe Heidelberger Kommentar. Strafprozessordnung, 6. Auflage, Heidelberg u.a. 2019
(zitiert: *Bearbeiter*, in: HK-StPO).
Gerhardt, Rudolf: Der Einfluß der Medien auf das Strafverfahren aus medialer Sicht,
in: Brack/Hübner/Oehler/Stern (Hg.): Der Einfluß der Medien auf das Strafverfahren, München 1990, S. 19–45.
Gerhardt, Rudolf: Die Richter und das Medienklima. Welchen Einfluss hat die Gerichtsberichterstattung in den Medien auf das Strafverfahren und das Urteil,
in: Zeitschrift für Rechtspolitik 2009, S. 247–250.
Gilliéron, Gwladys: Strafbefehlsverfahren und plea bargaining als Quelle von Fehlurteilen, Zürich u.a. 2010.

Gilliéron, Gwladys/Killias, Martin: Strafbefehl und Justizirrtum: Frank Riklin hatte Recht!,

in: Niggli/Pozo/Queloz (Hg.): Festschrift für Franz Riklin. Zur Emeritierung und zugleich zum 67. Geburtstag, Zürich u.a. 2007, S. 379–398.

Gläser, Jochen/Laudel, Grit: Experteninterview und qualitative Inhaltsanalyse als Instrumente rekonstruierender Untersuchungen, 4. Auflage, Wiesbaden 2010.

Gostomzyk, Tobias: Informationelle Selbstbestimmung der öffentlichen Hand?,

in: Juristische Schulung 2002, S. 228–231.

Graf, Jürgen-Peter: Beck'scher Online-Kommentar Strafprozessordnung mit RiStBV und MiStra, 20. Edition, München 2015

(zitiert: *Bearbeiter*, in: BeckOK-StPO, 20. Ed.).

Graf, Jürgen-Peter: Beck'scher Online-Kommentar Strafprozessordnung mit RiStBV und MiStra, 29. Edition, München 2018

(zitiert: *Bearbeiter*, in: BeckOK-StPO, 29. Ed.).

Graf, Jürgen: Beck'scher Online-Kommentar Strafprozessordnung mit RiStBV und MiStra, 39. Edition, München 2021

(zitiert: *Bearbeiter*, in: BeckOK-StPO).

Graf, Jürgen: Strafprozessordnung mit Gerichtsverfassungsgesetz und Nebengesetzen. Kommentar, 3. Auflage, München 2018

(zitiert: *Bearbeiter*, in: Graf-StPO).

Gudjonsson, Gisli H.: The Psychology of Interrogations and Confessions. A Handbook, Chichester 2003.

Hamm, Rainer: Große Strafprozesse und die Macht der Medien, Baden-Baden 1997.

Hamm, Rainer: Schluss mit der Debatte über Ausnahmen vom Folterverbot!,

in: Neue Juristische Wochenschrift 2003, S. 946–947.

Hamm, Rainer/Pauly, Jürgen: Die Revision in Strafsachen, 8. Auflage, Berlin 2020.

Hannich, Rolf: Karlsruher Kommentar zur Strafprozessordnung mit GVG, EGGVG und EMRK, 8. Auflage, München 2019

(zitiert: *Bearbeiter*, in: KK-StPO).

Hasel, Lisa E./Kassin, Saul M.: On the Presumption of Evidentiary Independence. Can confessions corrupt eyewitness Identifications?,

in: Psychological Science 2009, S. 122–126.

Hassemer, Winfried: Der Einfluß der Medien auf das Strafverfahren aus strafrechtlicher Sicht,

in: Brack/Hübner/Oehler/Stern (Hg.): Der Einfluß der Medien auf das Strafverfahren, München 1990, S. 61–74.

Hassemer, Winfried: Einführung in die Grundlagen des Strafrechts, 2. Auflage, München 1990.

Hassemer, Winfried: Kronzeugenregelung bei terroristischen Straftaten. Thesen zu Art. 3 des Entwurfs eines Gesetzes zur Bekämpfung des Terrorismus,

in: Strafverteidiger 1986, S. 550–553.

Hassemer, Winfried: Vorverurteilung durch die Medien?,

in: Neue Juristische Wochenschrift 1985, S. 1921–1929.

Hauer, Judith: Geständnis und Absprache, Berlin 2007.

Heger, Martin/Pohlreich, Erol: Strafprozessrecht, 2. Auflage, Stuttgart 2018.

Heinrichs, Wilhelm: Freispruch und Menschenwürde,

in: Monatsschrift für Deutsches Recht 1956, S. 196–201.

Heintschel-Heinegg, Bernd von/Bockemühl, Jan: Kleinknecht/Müller/Reitberger. Kommentar zur Strafprozessordnung, Band 6 §§ 359–416, Loseblattsammlung, Köln, Stand September 2020

(zitiert: *Bearbeiter*, in: K/M/R-StPO).

Heinz, Wolfgang: Der Strafbefehl in der Rechtswirklichkeit,

in: Britz/Jung/Koriath/Müller (Hg.): Grundlagen staatlichen Strafens. Festschrift für Heinz Müller-Dietz zum 70. Geburtstag, München 2001, S. 271–311.

Hellebrand, Johannes: Geständniswiderruf und Wiederaufnahmeverfahren. Urteilsabsprachen unter dem Aspekt des Wiederaufnahmerechts nach der Rechtsprechung des BVerfG,

in: Neue Zeitschrift für Strafrecht 2008, S. 374–379.

Hellmann, Josef: Die Bindung des Strafrichters an Straf-, Zivil- und Verwaltungsgerichtsurteile, Münster 1954.

Hellwig, Albert: Justizirrtümer, Minden 1914.

Hermanutz, Max/Litzcke, Sven: Polizeiliche Vernehmungen – Bestandsaufnahme,

in: Hermanutz/Litzcke (Hg.): Vernehmung in Theorie und Praxis. Wahrheit – Irrtum – Lüge, 3. Auflage, Stuttgart u.a. 2012, S. 68–84.

Hermanutz, Max/Litzcke, Sven: Vernehmungsmethoden,

in: Hermanutz/Litzcke (Hg.): Vernehmung in Theorie und Praxis. Wahrheit – Irrtum – Lüge, 3. Auflage, Stuttgart u.a. 2012, S. 117–142.

Herzog, Felix: Krise der geistigen und sozialen Grundlagen des reformierten Strafprozesses,

in: Herzog (Hg.): Quo vadis Strafprozess? Baden-Baden 1998, S. 21–32.

Hettinger, Michael: Die Absprache im Strafverfahren als rechtsstaatliches Problem,

in: Juristenzeitung 2011, S. 292–301.

Hirschberg, Max: Das Fehlurteil im Strafprozeß. Zur Pathologie der Rechtsprechung, Stuttgart 1960.

Hoffmann, Anika/Leuschner, Fredericke: Rehabilitation und Entschädigung nach Vollstreckung einer Freiheitsstrafe und erfolgreicher Wiederaufnahme, Wiesbaden 2017.

Holtzendorff, Franz von: Das Verbrechen des Mordes und die Todesstrafe: criminalpolitische und psychologische Untersuchungen; auf Grundlage öffentlicher in Berlin und München gehaltener Universitätsvorträge, Berlin 1875.

Holtzendorff, Franz von: Entwurf einer Strafproceßordnung für die im engern Reichsrathe vertretenen Länder des österreichischen Kaiserstaats von 1862,

in: Allgemeine Deutsche Strafrechtszeitung zur Förderung einheitlicher Entwicklung auf den Gebieten des Strafrechts, des Strafprocesses und des Gefängnißwesens, sowie für strafgerichtliche Medizin 1862, S. 407–412.

Horgan, Allyson J./Russano, Melissa B./Meissner, Christian A./Evans, Jaqueline R.: Minimization and Maximization Techniques. Assessing the perceived Consequences of Confessing and Confession Diagnosticity,

in: Psychology, Crime & Law 2012, S. 65–78.

Hörnle, Tatjana: Rezension zu: *Meyer-Goßner*, Strafprozessordnung, Gerichtsverfassungsgesetz und ergänzende Bestimmungen, 49. Auflage, München 2006,

in: Goltdammer's Archiv für Strafrecht 2007, S. 440–444.

Hoyer, Andreas: Die Figur des Kronzeugen. Dogmatische, verfahrensrechtliche und kriminalpolitische Aspekte,

in: Juristenzeitung 1994, S. 233–240.

Huber, Barbara: Die angelsächsische Variante des Verhältnisses der Presse zur Strafjustiz,

in: Strafverteidiger 2005, S. 181–186.

Huber, Bertold/Mantel, Johanna: Aufenthaltsgesetz/Asylgesetz mit Freizügigkeitsgesetz/EU und ARB 1/80. Kommentar, 3. Auflage, München 2021

(zitiert: *Bearbeiter*, in: H/M-AufenthG/AsylG).

Hufen, Friedhelm: Staatsrecht II. Grundrechte, 8. Auflage, München 2020.

Huff, Martin: Notwendige Öffentlichkeitsarbeit der Justiz,

in: Neue Juristische Wochenschrift 2004, S. 403–407.

Huff, Martin: Saalöffentlichkeit auch in Zukunft ausreichend – Keine Änderung des § 169 S. 2 GVG,

in: Neue Juristische Wochenschrift 2001, S. 1622–1623.

Hussmann, Karl: Das falsche Geständnis, Kiel 1935.

Huttenlocher, Peter: Dealen wird Gesetz – die Urteilsabsprache im Strafprozess und ihre Kodifizierung. Zugleich eine kritische Untersuchung der aktuellen Gesetzesvorschläge des BMJ, der BRAK, des DAV, der Generalstaatsanwälte u.a., Hamburg 2007.

Hutzler, Doris: Ausgleich struktureller Garantiedefizite im Strafbefehlsverfahren. Eine Analyse der zürcherischen, schweizerischen und deutschen Regelungen, unter besonderer Berücksichtigung der Geständnisfunktion, Baden-Baden 2010.

Jaeger, Michael: Der Kronzeuge unter besonderer Berücksichtigung von § 31 BtMG, Frankfurt am Main u.a. 1986.

Jahn, Friedrich-Adolf: Der Einfluß der Medien auf das Strafverfahren aus gesetzgeberischer Sicht,

in: Brack/Hübner/Oehler/Stern (Hg.): Der Einfluß der Medien auf das Strafverfahren, München 1990, S. 5–18.

Jahn, Matthias: Die Konsensmaxime in der Hauptverhandlung. Zur Rekonstruktion des Amtsermittlungsgrundsatzes in § 244 Abs. 2 StPO unter Berücksichtigung der aktuellen Gesetzesentwürfe zur Verständigung im Strafverfahren,

in: Zeitschrift für die gesamte Strafrechtswissenschaft 118 (2006), S. 427–461.

Jahn, Matthias: Entwicklungen und Tendenzen zwei Jahre nach Inkrafttreten des Verständigungsgesetzes,

in: Strafverteidiger 2011, S. 497–505.

Jahn, Matthias: Moralunternehmergewinne und Gewissheitsverluste,

in: Juristenzeitung 2011, S. 340–347.

Jahn, Matthias: Strafprozessrecht: Grundsatz der Tenorbeschwer – Fall Mollath,

in: Juristische Schulung 2016, S. 180–182.

Jahn, Matthias/Müller, Martin: Das Gesetz zur Regelung der Verständigung im Strafverfahren – Legitimation und Reglementierung der Absprachenpraxis,

in: Neue Juristische Wochenschrift 2009, S. 2625–2631.

Jakobs, Otto-Wilhelm: Verfassungsbeschwerde gegen die Art der Begründung gerichtlicher Entscheidungen,

in: Juristenzeitung 1971, S. 279–284.

Jansen, Gabriele: Zeuge und Aussagepsychologie, 2. Auflage, Heidelberg 2012.

Jehle, Jörg-Martin: Was und wie häufig sind Fehlurteile?,

in: Forensische Psychiatrie, Psychologie und Kriminologie 2013, S. 220–229.

Joecks, Wolfgang/Miebach, Klaus: Münchener Kommentar zum Strafgesetzbuch, Band 2 §§ 38–79b, 3. Auflage, München 2016

(zitiert: *Bearbeiter*, in: MüKo-StGB).

Judex (Hoffmann, Eduard): Irrtümer der Strafjustiz. Eine kriminalistische Untersuchung ihrer Ursachen, Hamburg 1963.

Jung, Heike: (Straf-)Justiz und Medien – eine unendliche Geschichte,

in: Goltdammer's Archiv für Strafrecht 2014, S. 257–265.

Kasper, Johannes/Arnemann, Carolin: Die Wiederaufnahme des Strafverfahrens zur Korrektur fehlerhafter Strafurteile – rechtliche Grundlagen, empirische Erkenntnisse und Reformbedarf,

in: Recht und Psychiatrie 34 (2016), S. 58–64.

Kasper, Johannes/Christoph, Stephan: Kronzeugenregelung und Strafverteidigung. Ergebnisse einer Befragung von Strafverteidigerinnen und Strafverteidigern zur Aufklärungs- und Präventionshilfe gem. § 46b,

in: Strafverteidiger 2016, S. 318–322.

Kasper, Johannes/Wengenroth, Lenard: Die neue „Kronzeugenregelung" in § 46b StGB: Voraussetzungen, Kritikpunkte und straftheoretische Bedeutung,

in: Goltdammer's Archiv für Strafrecht 2010, S. 453–472.

Kassin, Saul M.: Confession Evidence: Commonsense Myths and Misconceptions,

in: Criminal Justice Behavior 35 (2008), S. 1309–1322.

Kassin, Saul M./Kiechel, Katherine L.: The social Psychology of False Confessions: Compliance, internalization, and Confabulation,

in: Psychological Science 7 (1996), S. 125–128.

Kassin, Saul M./Meissner, Christian A./Norwick, Rebecca J.: „I'd know a False Confession If I saw one": A Comparative Study of College Students and Police Investigators,

in: Law and Human Behaviour 29 (2005), S. 211–227.

Kassin, Saul M./Wrightsman, Lawrence S.: The Psychology of Evidence and Trial Procedure, Beverly Hills (Kalifornien) 1985.

Katscher, Leopold: Schuldlos verurteilt, Leipzig 1894.

Katsoglou, Kyriakos: Das Fehlurteil gibt es nicht. Zur Aufgabe des Tatrichters,

in: Juristenzeitung 2017, S. 123–132.

Kemme, Stefanie/Abdul-Rahman, Laila/Wodack, Oliver: Die Feststellung der Schuldfähigkeit alkoholisierter Tatverdächtiger im Ermittlungsverfahren: Sichtweisen von Polizeibeamten und Richtern,

in: Rechtspsychologie 2017, S. 175–195.

Kemme, Stefanie/Dunkel, Barbara: Strafbefehl und Fehlurteil – Erkenntnisse einer zu wenig beachteten Verbindung,

in: Strafverteidiger 2020, S. 52–59.

Kempf, Eberhard: Die Funktion von Strafrecht und Strafverteidigung in einer modernen Gesellschaft,

in: Neue Juristische Wochenschrift 1997, S. 1729–1736.

Kepplinger, Hans M./Jost, Pablo: Relevanz der Medieneffekte auf Angeklagte und Zeugen für Urteile in Strafverfahren,

in: Wohlrabe (Hg.): Litigation-PR. Wie Krisenkommunikation im Gerichtssaal der Öffentlichkeit funktioniert, Wiesbaden 2020, S. 181–194.

Kepplinger, Hans M./Zerback, Thomas: Der Einfluss der Medien auf Richter und Staatsanwälte,

in: Hestermann (Hg.): Von Lichtgestalten und Dunkelmännern. Wie die Medien über Gewalt berichten, Wiesbaden 2012, S. 153–176.

Kepplinger, Hans M/Zerback, Thomas: Der Einfluss der Medien auf Richter und Staatsanwälte. Art, Ausmaß und Entstehung reziproker Effekte,

in: Publizistik 54 (2009), S. 216–239.

Kett-Straub, Gabriele/Kudlich, Hans: Sanktionenrecht, 2. Auflage, München 2021.

Killias, Martin/Gilliéron, Gwladys/Dongois, Nathalie: Erreurs judiciaires en Suisse de 1995 à 2004. Rapport au Fonds national suisse de la recherche scientifique, Zürich u.a. 2007.

Kindhäuser, Urs/Neumann, Ulfrid/Paeffgen, Hans-Ullrich: Strafgesetzbuch. Kommentar, Band 1 Allgemeiner Teil §§ 1–79b, 5. Auflage, Baden-Baden 2017

(zitiert: *Bearbeiter*, in: K/N/P-StGB).

Kindhäuser, Urs/Schumann, Kay H.: Strafprozessrecht, 5. Auflage, Baden-Baden 2019.

Kinzig, Jörg: Das Recht der Sicherungsverwahrung nach dem Urteil des EGMR in Sachen M. gegen Deutschland,

in: Neue Zeitschrift für Strafrecht 2010, S. 233–239.

Kinzig, Jörg: Freispruch nach Untersuchungshaft – Folgerungen für die Fehlurteilsforschung,

in: Barton/Dubelaar/Kölbel/Lindemann (Hg.): Vom hochgemuten, voreiligen Griff nach der Wahrheit. Fehlurteile im Strafprozess, Baden-Baden 2018, S. 79–102.

Kinzig, Jörg/Vester, Thaya: Der Freispruch. Ein statistischer Überblick zu einem zwar seltenen, aber (nicht nur für den Beschuldigten) bedeutsamen Verfahrensausgang,

in: Strafverteidiger 2015, S. 261–264.

Kiwit, Walter: Fehlurteile im Strafrecht. Entstehung, Gesetzmäßigkeiten und Möglichkeiten zur Vermeidung, untersucht an Wiederaufnahmeverfahren im Oberlandesgerichtsbezirk Hamm aus der Zeit von 1950 bis 1958, Münster 1965.

Kleinknecht, Theodor: Das Fehlurteil im Strafprozeß. Gedanken zu dem gleichnamigen Buch von Max Hirschberg,

in: Goltdammer's Archiv für Strafrecht 1961, S. 45–54.

Kluth, Winfried/Hund, Michael/Maaßen, Hans-Georg: Handbuch Zuwanderungsrecht. Allgemeines Zuwanderungs- und Aufenthaltsrecht nach deutschem und europäischem Recht, 2. Auflage, München 2017.

Knack, Ralf: Rehabilitierung des Beschuldigten im Strafverfahren, Tübingen 2002.

Knauer, Christoph: Die Entscheidung des BVerfG zur strafprozessualen Verständigung (Urteil vom 19.032013 – 2 BvR 2628/10 – 2 BvR 2883/10, 2 BvR 2155/11, NStZ 2013, 295) – Paukenschlag oder Papiertiger?,

in: Neue Zeitschrift für Strafrecht 2013, S. 433–436.

Knauer, Christoph/Kudlich, Hans/Schneider, Hartmut: Münchener Kommentar zur Strafprozessordnung, Band 2 §§ 151–332 StPO, 1. Auflage, München 2016

(zitiert: *Bearbeiter*, in: MüKo-StPO).

Köbler, Gerhard: Juristisches Wörterbuch, 16. Auflage, München 2016.

Koffka, Else: Literaturbericht zu *Peters*, Karl: Fehlerquellen im Strafprozeß. Eine Untersuchung der Wiederaufnahmeverfahren in der Bundesrepublik Deutschland. Unter Mitarbeit von Heinrich *Foth* (u.a.) Bd. 1. Karlsruhe: C.F. Müller 1970. 1. Einführung und Dokumentation, 574 f.,

in: Zeitschrift für die gesamte Strafrechtswissenschaft 84 (1972), S. 676–689.

Kölbel, Ralf/Selters, Susanne: Achtung: Absprache! Zur Transparenz strafprozessualer Verständigung,

in: Juristische Rundschau 2009, S. 447–452.

König, Stefan: Kronzeuge – abschaffen oder regulieren?,

in: Strafverteidiger 2012, S. 113–115.

König, Stefan: Wieder da: Die „große" Kronzeugenregelung,

in: Neue Juristische Wochenschrift 2009, S. 2481–2484.

König, Stephan: Das Geständnis im postmodernen, konsensualen Strafprozess,

in: Neue Juristische Wochenschrift 2012, S. 1915–1919.

Koppenhöfer, Brigitte: Wie unabhängig von den Medien kann, darf, muß die Justiz sein?,

in: Strafverteidiger 2005, S. 172–174.

Köst, Ewald: Juristisches Wörterbuch, 6. Auflage, Bremen 1967.

Kotz, Peter: Die Wahl der Verfahrensart durch den Staatsanwalt. Eine empirische Untersuchung zu den Faktoren, die die Erhebung der öffentlichen Klage, den Antrag auf Erlaß eines Strafbefehls und die vorläufige Verfahrenseinstellung unter Anordnungen von Auflagen oder Weisungen beeinflussen, Frankfurt am Main 1983.

Kraheck-Brägelmann, Sibylle: Geständnisbereitschaft und -motivation jugendlicher Straftäter im Zusammenhang der polizeilichen Vernehmung,

in: Greuel/Fabian/Stadler (Hg.): Psychologie der Zeugenaussage. Ergebnisse der rechtspsychologischen Forschung, Weinheim 1997, S. 287–301.

Krekeler, Wilhelm/Löffelmann, Markus/Sommer, Ulrich: Reihe AnwaltKommentar. Strafprozessordnung, 2. Auflage, Bonn 2010

(zitiert: *Bearbeiter*, in: AnwK-StPO).

Kudlich, Hans: Ecclestone, Verständigungsgesetz und die Folgen – Reformbedarf für § 153a StPO?,

in: Zeitschrift für Rechtspolitik 2015, S. 10–12.

Kühl, Kristian: Unschuldsvermutung, Freispruch und Einstellung, München u.a. 1983.

Kühl, Kristian/Heger, Martin: Lackner/Kühl. Strafgesetzbuch Kommentar, 29. Auflage, München 2018.

Kühl, Stefan/Strodtholz, Petra/Taffertshofer, Andreas: Handbuch Methoden der Organisationsforschung. Quantitative und qualitative Methoden, 1. Auflage, Wiesbaden 2009

(zitiert: *Bearbeiter*, in: K/S/T, Handbuch Methoden der Organisationsforschung).

Kühne, Hans-Heiner: Der Beweiswert von Zeugenaussagen,

in: Neue Zeitschrift für Strafrecht 1985, S. 252–255.

Kunz, Karl-Heinz: Gesetz über die Entschädigung für Strafverfolgungsmaßnahmen. Kommentar, 4. Auflage, München 2010.

Lamprecht, Rolf: Von der Subjektivität des Richtens, in: Deutsche Richterzeitung 2004, S. 89–94.

Lange, Regina: Fehlerquellen im Ermittlungsverfahren. Eine Auswertung von 1110 Wiederaufnahmeverfahren, Heidelberg 1980.

Lassiter, G. Daniel/Diamond, Shari Seidman/Schmidt, Heather C./Elek, Jennifer K.: Evaluating videotaped confessions: Expertise provides no defense against the camera-perspective effect,

in: Psychological Science 18 (2007), S. 224–226.

Lassiter, G. Daniel/Geers, Andrew L./Handley, Ian M./Weiland, Paul E./Munhall, Patrick J.: Videotaped interrogations and confessions: A simple change in camera perspective alters verdicts in simulated trials,

in: Journal of Applied Psychology 87 (2002), S. 867–874.

Lassiter, G. Daniel/Geers, Andrew L./Munhall, Partick J./Handley, Ian M./ Beers, Melissa J.: Videotaped confessions: Is guilt is in the eye of the camera?,

in: Advances in Experimental Social Psychology 33 (2001), S. 189–254.

Leipold, Klaus/Wojtech, Michael: Strafbefehl bis zu zwei Jahren Freiheitsstrafe,

in: Zeitschrift für Rechtspolitik, S. 243–245.

Leitner, Werner: Videotechnik im Strafverfahren. Ein Petitum für mehr Dokumentation und Transparenz, Baden-Baden 2012.

Leo, Richard A./Drizin, Steven A.: The three errors: Pathways to false confessions and wrongful conviction,

in: Lassiter/Meissner (Hg.): Police Interrogations and False Confessions: Current Research, Practice, and Policy Recommendations, Washington DC 2010, S. 9–30.

Limbach, Jutta: Das Bundesverfassungsgericht und der Grundrechtsschutz in Europa,

in: Neue Juristische Wochenschrift 2001, S. 2913–2919.

Löffler, Karl: Die Opfer mangelhafter Justiz. Galerie der interessantesten Justizmorde aller Voelker und Laender, drei Bände, Jena 1868–1870.

Löffler, Karl: Rezension zu: Die Irrtümer der Strafjustiz und ihre Ursachen. Von Dr. Erich Sello, Justizrat. 1. Band: Todesstrafe und lebenslängliches Zuchthaus in richterlichen Fehlsprüchen neuerer Zeit. Hans Groß gewidmet. Berlin, Decker, 1901. XXIX und 23 S.,

in: Österreichische Zeitschrift für Strafrecht 1912, S. 183–209.

Lohsing, Ernst: Das Geständnis in Strafsachen, Halle 1905.

Maleika, Elke: Freiheitsstrafe und Strafbefehl: Eine unmögliche Kombination?, Aachen 2000.

Mangold, Otfried: Iniuria iudicis. Drittwirkungen des Fehlurteils im römischen Recht, Tübingen 2004.

Mannheim, Hermann: Beiträge zur Lehre von der Revision wegen materiellrechtlicher Verstöße im Strafverfahren, Berlin 1925.

Marsch, Hans-Peters: Grundregeln bei Absprachen im Strafverfahren,

in: Zeitschrift für Rechtspolitik 2007, S. 220–223.

Marxen, Klaus: Strafrecht im Medienzeitalter,

in: Juristenzeitung 2000, S. 294–299.

Marxen, Klaus: Veröffentlichung und Heimlichkeit des Strafverfahrens,

in: Goltdammer's Archiv für Strafrecht 2013, S. 99–110.

Marxen, Klaus/Tiemann, Frank: Wiederaufnahme in Strafsachen, 3. Auflage, Heidelberg 2014

Mayer, Horst: Interview und schriftliche Befragung. Grundlagen und Methoden empirischer Sozialforschung, 6. Auflage, München 2012.

McCann, Joseph T.: A conceptual Framework for identifying various Types of Confessions,

in: Behavioral Sciences & the Law 1998, S. 441–453.

Meier, Bernd-Dieter: Auskünfte gegenüber den Medien,

in: Bannenberg/Höpfel/Huber/et al. (Hg.): Alternativ-Entwurf Strafjustiz und Medien (AE-StuM). Entwurf eines Arbeitskreises deutscher, österreichischer und schweizerischer Strafrechtslehrer (Arbeitskreis AE), München 2004, S. 89–101.

Meyer-Goßner, Lutz: Rechtsprechung durch Staatsanwaltschaft und Angeklagten? Urteilsabsprachen im Rechtsstaat des Grundgesetzes,

in: Neue Zeitschrift für Strafrecht 2007, S. 425–432.

Meyer-Goßner, Lutz/Schmitt, Bertram: Strafprozessordnung. Gerichtsverfassungsgesetz, Nebengesetze und ergänzende Bestimmungen, 64. Auflage, München 2021.

Meyer, Dieter: Gesetz über die Entschädigung für Strafverfolgungsmaßnahmen. Taschenkommentar, 11. Auflage, Hürth 2020.

Miebach, Klaus: Die freie Beweiswürdigung der Zeugenaussage in der neueren Rechtsprechung des BGH,

in: Neue Zeitschrift für Strafrecht Rechtsprechungsreport 2014, S. 233–238.

Miebach, Klaus/Hohmann, Olaf: Handbuch der Wiederaufnahme in Strafsachen, München 2016.

Möllers, Karl-Dieter: Nichts ist unmöglich – Litigation-PR,

in: Anwaltsblatt 2010, S. 184–185.

Momsen, Carsten: Die Renaissance des Polygraphen? Wie effektiv lassen sich amerikanische Verteidigungsstrategien im deutschen Strafverfahren nutzen?,

in: Kriminalpolitische Zeitschrift 3 (2018), S. 142–151.

Momsen, Carsten: Intransparente Ermessensausübung, erschwerter Zugang zum Recht und defizitäre Fehlurteilskorrektur,

in: Kriminalpolitische Zeitschrift 6 (2018), S. 339–349.

Momsen, Carsten: Kann das Rechtsmittel der Revision nach geltendem Recht eine Fehlurteilskorrektur und -prävention leisten? Noch unveröffentlichtes Arbeitspapier aus dem Juni 2020. Das Manuskript liegt dem Verfasser vor und die Verwendung wurde autorisiert.

Momsen, Carsten/Bruckmann, Philipp: Buchrezension: Florian Ruhs, Rechtsbehelfe bei Verständigungen. Das Schicksal rechtswidriger Verständigungen im Revisions- und Wiederaufnahmeverfahren,

in: Zeitschrift für Internationale Strafrechtsdogmatik 2020, S. 244–248.

Momsen, Carsten/Moldenhauer, Gerwin: Absprachen im Strafprozess aus revisionsrechtlicher Sicht,

in: Juristische Arbeitsblätter 2002, S. 415–424.

Momsen, Carsten/Washington, Sarah L.: Verständigungsversuche, informelle Beweiswürdigung, informelle Verwertungsverbote. Zur Bindungswirkung nicht zustande gekommener Verfahrensabsprachen,

in: Stein/Greco/Jäger/Wolter (Hg.): Systematik in Strafrechtswissenschaft und Gesetzgebung. Festschrift für Klaus Rogall zum 70. Geburtstag am 10. August 2018, Berlin 2018, S. 591–610.

Momsen, Carsten/Washington, Sarah L.: Wahrnehmungsverzerrungen im Strafprozess – die Beweisprüfung im Zwischenverfahren der StPO und US-amerikanische Alternativen,

in: Goeckenjan/Puschke/Singelnstein (Hg.): Für die Sache – Kriminalwissenschaften aus unabhängiger Perspektive. Festschrift für Ulrich Eisenberg zum 80. Geburtstag, Berlin 2019, S. 453–474.

Moos, Ruth: Das Geständnis im Strafverfahren und in der Strafzumessung: Eine rechtssystematische Untersuchung unter besonderer Berücksichtigung des Alternativ-Entwurfes, Novelle zur Strafprozessordnung, Strafverfahren mit nichtöffentlicher Hauptverhandlung, Göttingen 1983.

Mosbacher, Andreas: Das Ideal richterlicher Wahrheitsfindung und die Betrübnisse des wirklichen Lebens,

in: Forensische Psychiatrie, Psychologie, Kriminologie 2015, S. 82–91.

Mosbacher, Andreas: Entscheidungsanmerkung zu BGH vom 16.11.2006 – 3 StR 139/06,

in: Juristische Rundschau 2007, S. 387–389.

Mosbacher, Andreas: Zur aktuellen Debatte um die Rügepräklusion. Zugleich ein Beitrag zur Zukunft der Widerspruchslösung,

in: Neue Zeitschrift für Strafrecht 2011, S. 606–611.

Mühlhoff, Uwe/Pfeiffer, Christian: Der Kronzeuge – Sündenfall des Rechtsstaats oder unverzichtbares Mittel der Strafverfolgung?,

in: Zeitschrift für Rechtspolitik 2000, S. 121–127.

Müller, Eckhart/Schlothauer, Reinhold/Schütrumpf, Matthias: Münchener Anwaltshandbuch Strafverteidigung, 2. Auflage, München 2014

(zitiert: *Bearbeiter*, in: MAH Strafverteidigung).

Müller, Klaus J.: Das Strafbefehlsverfahren (§§ 407 ff. StPO). Eine dogmatisch-kriminalpolitische Studie zu dieser Form des schriftlichen Verfahrens unter besonderer Berücksichtigung der gerichtlichen Entwicklung – zugleich ein Beitrag zum STVÄG 1987, Frankfurt am Main, Berlin u.a. 1993.

Müller, Martin: Probleme um eine gesetzliche Regelung der Absprachen im Strafverfahren, Köln und München u.a. 2008.

Nelles, Ursula: Kompetenzen und Ausnahmekompetenzen in der Strafprozessordnung. Zur organisationsrechtlichen Funktion des Begriffs „Gefahr in Verzug" im Strafverfahrensrecht, Berlin 1980.

Neuhaus, Ralf: Fehlerquellen im Ermittlungsverfahren aus Sicht der Verteidigung,

in: Barton/Kölbel/Lindemann (Hg.): Wider die wildwüchsige Entwicklung des Ermittlungsverfahrens, Baden-Baden 2015, S. 93–125.

Neuhaus, Ralf: Fehlerquellen im Ermittlungsverfahren aus Sicht der Verteidigung,

in: Strafverteidiger 2015, S. 185–194.

Neuling, Christian-Alexander: Inquisition durch Information. Medienöffentliche Strafrechtspflege im nichtöffentlichen Ermittlungsverfahren, Berlin 2005.

Niemöller, Martin: Anmerkung I zu BVerfG, Urteil vom 19.03.2013 – 2 BvR 2628/10,

in: Strafverteidiger 2013, S. 420–424.

Niemöller, Martin: Führt die Zurücknahme der Revision zum Verlust des Rechtsmittels?,

in: Strafverteidiger 2010, S. 597–602.

Oppen, Alexander von: Beiträge zur Kritik der Geschworenengerichte. Mit Beziehung auf die Procedur gegen die Mörder von Fualdes,

in: Archiv des Criminalrechts, Neue Folge, 1985, S. 180–219.

Ostendorf, Heribert: Der Wandel vom klassischen zum ökonomischen Strafprozess,

in: Zeitschrift für Internationale Strafrechtsdogmatik 2013, S. 172–180.

Ostendorf, Heribert: Strafprozessrecht – Rechtssystem und Rechtsanwendung, 3. Auflage, Baden-Baden 2018.

Oswald, Margit: Strafrichterliche Urteilsbildung,

in: Bliesener/Lösel/Köhnken (Hg.): Lehrbuch für Rechtspsychologie, Bern 2014, S. 244–270.

Pantke, Hans-Ulrich: Falsche Selbstanschuldigungen und falsche Geständnisse, Heidelberg 1963.

Peglau, Jens: Neues zur „Kronzeugenregelung“ – Beschränkung auf Zusammenhangstaten,

in: Neue Juristische Wochenschrift 2013, S. 1910–1913.

Peters, Karl: Fehlerquellen im Strafprozeß. Eine Untersuchung der Wiederaufnahmeverfahren in der Bundesrepublik Deutschland, 1. Band, Einführung und Dokumentation, Karlsruhe 1970.

Peters, Karl: Fehlerquellen im Strafprozeß. Eine Untersuchung der Wiederaufnahmeverfahren in der Bundesrepublik Deutschland, 2. Band, Systematische Untersuchungen und Folgerungen, Karlsruhe 1972.

Peters, Karl: Fehlerquellen im Strafprozeß. Eine Untersuchung der Wiederaufnahmeverfahren in der Bundesrepublik Deutschland, 3. Band, Wiederaufnahmerecht, Karlsruhe 1974.

Peters, Karl: Rezension zu: *Hirschberg, Max*: Das Fehlurteil im Strafprozeß. Zur Pathologie der Rechtsprechung. Stuttgart: Kohlhammer, 1960,

in: Juristenzeitung 1960, S. 230–231.

Peters, Karl: Strafprozeß. Ein Lehrbuch, 4. Auflage, Heidelberg 1985.

Peters, Karl: Untersuchungen zum Fehlurteil im Strafprozeß, Vortrag gehalten vor der Berliner Juristischen Gesellschaft am 2. Dezember 1966, Schriftenreihe der Juristischen Gesellschaft e.V. Berlin, Heft 29, Berlin 1967.

Peters, Karl: Wörterbuchartikel „Fehlurteil“,

in: Sieverts/Schneider (Hg.): Handwörterbuch der Kriminologie, Ergänzungsband, Berlin 1979, S. 259–272.

Peters, Karl: Zeugenlüge und Prozessausgang, Bonn 1939.

Pfeiffer, Gerd, Strafprozessordnung Kommentar, 5. Auflage, München 2005.

Pfister, Wolfgang: Deal und Fehlurteil,

in: Forensische Psychiatrie, Psychologie, Kriminologie 2013, S. 250–257.

Radtke, Henning: Konventionswidrigkeit des Vollzugs erstmaliger Sicherungsverwahrung nach Ablauf der früheren Höchstfrist? Innerstaatliche Wirkungen und Folgen des Urteils des EGMR vom 17.12.2009,

in: Neue Zeitschrift für Strafrecht 2010, S. 537–546.

Radtke, Henning/Hohmann, Olaf: Strafprozessordnung. Kommentar, 1. Auflage, München 2011

(zitiert: *Bearbeiter*, in: R/H-StPO).

Rengier, Rudolf: Strafrecht Allgemeiner Teil, 12. Auflage, München 2020.

Rengier, Rudolf: Strafrecht Besonderer Teil I. Vermögensdelikte, 23. Auflage, München 2021.

Rengier, Rudolf: Strafrecht Besonderer Teil II. Delikte gegen die Person und die Allgemeinheit, 22. Auflage, München 2021.

Rönnau, Thomas: Das deutsche Absprachemodell auf dem Prüfstand – zwischen Pest und Cholera, in: Zeitschrift für Internationale Strafrechtsdogmatik 2018, S. 167–177.

Roos, G.-J.: Ist der mangels Beweis Freigesprochene beschwert?,

in: Juristische Rundschau 1951, S. 200–202.

Roxin, Claus: Strafrechtliche und strafprozessuale Probleme der Vorverurteilung,

in: Neue Zeitschrift für Strafrecht 1991, S. 153–160.

Roxin, Claus/Arzt, Gunter/Tiedemann, Klaus: Einführung in das Strafrecht und Strafprozessrecht, 6. Auflage, Heidelberg 2013.

Roxin, Claus/Greco Luís: Strafrecht Allgemeiner Teil. Band I. Grundlagen. Der Aufbau der Verbrechenslehre, 5. Auflage, München 2020.

Roxin, Klaus/Schünemann, Bernd: Strafverfahrensrecht. Ein Studienbuch, 29. Auflage, München 2017.

Satzger, Helmut/Schluckebier, Wilhelm/Widmaier, Gunter: Strafgesetzbuch. Kommentar, 5. Auflage, Hürth u.a. 2020

(zitiert: *Bearbeiter*, in: S/S/W-StGB).

Satzger, Helmut/Schluckebier, Wilhelm/Widmaier, Gunter: Strafprozessordnung mit GVG und EMRK. Kommentar, 4. Auflage, Köln 2020

(zitiert: *Bearbeiter*, in: S/S/W-StPO).

Schleif, Thorsten: Urteil: Ungerecht. Ein Richter deckt auf, warum unsere Justiz versagt, München 2019.

Schlotthauer, Simone/Yundina, Elena: Schuld und Vorurteil. Zum Einfluss von Vorstrafen auf das Schuldurteil,

in: Recht und Psychiatrie 2016 (32), S. 34–49.

Schmidt-Bleibtreu, Bruno/Hofmann, Hans/Henneke, Hans-Günter: Grundgesetz Kommentar, 14. Auflage, Köln 2018

(zitiert: *Bearbeiter*, in: S/H/H-GG).

Schmidt, Rolf: Strafrecht Allgemeiner Teil. Grundlagen der Strafbarkeit. Aufbau des strafrechtlichen Gutachtens, 21. Auflage, Grasberg bei Bremen 2019

Scholz, Berndt: Die nicht glaubhafte Zeugenaussage,

in: Strafverteidiger 2004, S. 104–110.

Scholz, Berndt: Wie können nicht glaubhafte Zeugenaussagen entstehen? Mögliche interaktionale Bedingungen für nicht glaubhafte Zeugenaussagen,

in: Neue Zeitschrift für Strafrecht 2001, S. 572–580.

Schöneborn, Christian: Strafprozessuale Wiederaufnahmeproblematik. Eine funktional angelegte Aktenanalyse gescheiterter Wiederaufnahmeverfahren, Tübingen 1980.

Schröer, Norbert: Geständnis gegen Beziehung. Zur Geschichtsmotivierung in Beschuldigtenvernehmungen,

in: Reichertz/Schneider (Hg.): Sozialgeschichte des Geständnisses. Zum Wandel der Geständniskultur, Wiesbaden 2007, S. 195–227.

Schuhmann, Maurice: E-Justice – Die Vision einer modernen Justiz. Vor- und Nachteile sowie mögliche Entwicklungen, Berlin 2016.

Schulz, Joachim: Zur Berufung in Strafsachen,

in: Feltes/Pfeiffer/Steinhilper (Hg.): Kriminalpolitik und ihre wissenschaftlichen Grundlagen. Festschrift für Professor Dr. Hans-Dieter Schwind zum 70. Geburtstag, Heidelberg u.a. 2006, S. 431–446.

Schünemann, Bernd: Absprachen im Strafverfahren? Grundlagen, Gegenstände und Grenzen, Gutachten B für den 58. Deutschen Juristentag,

in: Verhandlungen des Achtundfünfzigsten Deutschen Juristentages München 1990, Band I, Teil B, München 1990, S. B 1–178.

Schünemann, Bernd: Der deutsche Strafprozeß im Spannungsfeld von Zeugenschutz und materieller Wahrheit,

in: Strafverteidiger 1998, S. 391–401.

Schünemann, Bernd: Der Richter im Strafverfahren als manipulierter Dritter? Zur empirischen Bestätigung von Perseveranz- und Schulterschlußeffekt,

in: Bierbrauer/Gottwald/Birnbreier-Stahlberger (Hg.): Verfahrensgerechtigkeit – Rechtspsychologische Forschungsbeiträge für die Justizpraxis, Köln 1995, S. 215–232.

Schünemann, Bernd: Die informellen Absprachen als Überlebenskrise des deutschen Strafverfahrens,

in: Arzt/Fezer/Weber (Hg.): Festschrift für Jürgen Baumann zum 70. Geburtstag, 22. Juni 1992, Bielefeld 1992, S. 361–382.

Schünemann, Bernd: Ein deutsches Requiem auf den Strafprozess des liberalen Rechtsstaats,

in: Zeitschrift für Rechtspolitik 2009, S. 104–107.

Schünemann, Bernd: Gedanken zur zweiten Instanz in Strafsachen,

in: Geisler/Kraatz/Kretschmer/Schneider/Sowada (Hg.): Festschrift für Klaus Geppert zum 70. Geburtstag am 10. März 2011, Berlin und New York 2011, S. 649–664.

Schünemann, Bernd: Hände weg von der kontradiktorischen Struktur der Hauptverhandlung!,

in: Strafverteidiger 1993, S. 607–609.

Schünemann, Bernd: Wetterzeichen vom Untergang der deutschen Rechtskultur. Die Urteilsabsprachen im Strafprozess als Abgesang auf die Gesetzesbindung der Justiz und den Beruf unserer Zeit zur Gesetzgebung, Berlin 2005.

Schünemann, Bernd: Wohin treibt der deutsche Strafprozess?,

in: Zeitschrift für die gesamte Strafrechtswissenschaft 114 (2002), S. 1–62.

Schwenn, Johann: Fehlurteile und ihre Ursachen – die Wiederaufnahme im Verfahren wegen sexuellen Missbrauchs,

in: Strafverteidiger 2010, S. 705–711.

Schwenn, Johann: Merkmale eines Fehlurteils, in: Forensische Psychiatrie, Psychologie, Kriminologie 2013, S. 258–263.

Sello, Erich: Die Irrtümer der Strafjustiz und ihre Ursachen, Band 1: Todesstrafe und lebenslängliches Zuchthaus in richterlichen Fehlsprüchen neuerer Zeit, Berlin 1911.

Sickor, Jens A.: Das Geständnis, Tübingen 2014.

Singelnstein, Tobias: Confirmation Bias – Die Bestätigungsneigung als kognitive Verzerrung bei polizeilichen Ermittlungen im Strafverfahren,

in: Strafverteidiger 2016, S. 830–836.

Sodan, Helge/Ziekow, Jan: Grundkurs Öffentliches Recht, 9. Auflage, München 2020.

Stalinski, Dirk: Aussagefreiheit und Geständnisbonus, Düsseldorf 2000.

Stamp, Frauke: Die Wahrheit im Strafverfahren. Eine Untersuchung zur prozessualen Wahrheit unter besonderer Berücksichtigung der Perspektive des erkennenden Gerichts in der Hauptverhandlung, Baden-Baden 1998.

Steffen, Wiebke: Analyse polizeilicher Ermittlungstätigkeit aus der Sicht des späteren Strafverfahrens, Wiesbaden 1976.

Stern, Steffen: Der Geständniswiderruf in der Strafverteidigerpraxis. Erkenntnisse und Einsichten anhand einer Fallstudie, Bielefeld 1986.

Sticher, Birgitta: Vernehmen kann jeder – oder? Einblicke in die Vernehmungsrealität der Berliner Schutzpolizei und Forderungen für die Aus- und Fortbildung,

in: Lorei (Hg.): Polizei und Psychologie, Kongressband der Tagung „Polizei und Psychologie“ am 3. und 4. April 2006 in Frankfurt am Main, Frankfurt am Main 2007, S. 377–398.

Stock, Jürgen/Kreuzer, Arthur: Drogen und Polizei. Eine kriminologische Untersuchung polizeilicher Rechtsanwendung, Godesberg 1996.

Strate, Gerhard: Der Verteidiger in der Wiederaufnahme,

in: Strafverteidiger 1999, S. 228–235.

Stratenwerth, Günter/Kuhlen, Lothar: Strafrecht Allgemeiner Teil. Die Straftat, 6. Auflage, München 2011.

Strübinger, Stephan: Entscheidungsanmerkung zu BGH vom 06.11.2007 – StR 370/07,
in: Juristenzeitung 2008, S. 798–800.
Stuckenberg, Carl-Friedrich: Untersuchungen zur Unschuldsvermutung, Berlin 1998.
Stürner, Rolf: Empfiehlt es sich, die Rechte und Pflichten der Medien präziser zu regeln und dabei den Rechtsschutz des einzelnen zu verbessern?,
in: Verhandlungen des 58. Deutschen Juristentages, Abteilung Medienrecht, Band 1 Gutachten, Teil A, München 1990, S. A 1–107.
Theile, Hans: Wahrheit, Konsens und § 257c StPO,
in: Neue Zeitschrift für Strafrecht 2012, S. 666–671.
Tillmanns, Lutz: Mediale Vermarktung von Verbrechen und Grundsätze eines *fair trial*,
in: Heldrich (Hg.): Medien zwischen Spruch und Informationsinteresse. Festschrift für Robert Schweizer zum 60. Geburtstag, Baden-Baden 1999, S. 227–269.
Tilmann, Job: Prozeßführung der Staatsanwaltschaft und Medien,
in: Strafverteidiger 2005, S. 175–176.
Töpper, Bernhard: Fernsehaufnahmen als Revisionsgrund,
in: Deutsche Richterzeitung 1989, S. 389.
Trechsel, Stefan: Gerechtigkeit im Fehlurteil,
in: Schweizerische Zeitschrift für Strafrecht 2000, S. 1–18.
Trentmann, Christian: Medien- und Öffentlichkeitsarbeit bei Strafverfahren – Fluch oder Segen? Die Problematik medialer Aktivitäten von Staatsanwaltschaft und Verteidigung (Litigation-PR),
in: Publizistik 60 (2015), S. 403–421.
Tröndle, Herbert: Zur Frage der Berufung in Strafsachen – Rückschau und Ausblick,
in: Goltdammer's Archiv für Strafrecht 1967, S. 161–182.
Trüg, Gerson: Erkenntnisse aus der Untersuchung des US-amerikanischen *plea bargaining*-Systems für den deutschen Absprachendiskurs,
in: Zeitschrift für die gesamte Strafrechtswissenschaft 120 (2008), S. 331–374.
Trüg, Gerson: Rechtsmissbrauch des Beweisantragsrechts,
in: Bockemühl/Gierhake/Müller/Walter (Hg.): Festschrift für Bernd von Heintschel-Heinegg zum 70. Geburtstag, München 2015, S. 447–458.
Tsujimoto, Norio: Eine inhaltliche Analyse der Verständigung im deutschen Strafprozess aus der Perspektive eines Außenstehenden,
in: Zeitschrift für Internationale Strafrechtsdogmatik 2012, S. 612–622.

Tversky, Amos/Kahnemann, Daniel: Judgment under Uncertainty: Heuristics and Biases,

in: Science (185) 1974, S. 1124–1131.

Velten, Petra: Fehlentscheidungen im Strafverfahren,

in: Goltdammer's Archiv für Strafrecht 2015, S. 387–409.

Volbert, Renate: Falsche Geständnisse bei Kapitaldelikten. Grundlagen,

in: Müller/Sander/Válková (Hg.): Festschrift für Ulrich Eisenberg zum 70. Geburtstag, München 2009, S. 205–212.

Volbert, Renate: Falsche Geständnisse. Über die möglichen Auswirkungen von Vorstellung, Vernehmung und Verständigung,

in: Forensische Psychiatrie, Psychologie, Kriminologie 2013, S. 230–239.

Volbert, Renate/Steller, Max: Handbuch der Rechtspsychologie. Handbuch der Psychologie, Band 9, Göttingen u.a. 2008.

Volk, Klaus: Die Wahrheit vor Gericht. Wie sie gefunden und geschunden, erkämpft und erkauft wird, München 2016.

Volk, Klaus: Kronzeugen praeter legem? Vernehmungspraxis, Vorteilsversprechen, Verdunkelungsgefahr,

in: Neue Juristische Wochenschrift 1996, S. 879–883.

Volk, Klaus/Engländer, Armin: Grundkurs StPO, 9. Auflage, München 2018.

Vrij, Aldert/Granhag, Pär A./Mann, Samantha/Leal, Sharon: Outsmarting the Liars: Toward a cognitive lie Detection Approach,

in: Current Directions in Psychological Science 2011, S. 28–32.

Wagner, Joachim: Strafprozeßführung über Medien, Baden-Baden 1987.

Walker, Clice/McCartney, Carole: Criminal Justice and Miscarriages of Justice in England and Wales,

in: Huff/Killias (Hg.): Wrongful Conviction – International Perspectives on Miscarriages of Justice, S. 183–212.

Walter, Tonio: Die Beweislast im Strafprozeß,

in: Juristenzeitung 2006, S. 340–349.

Weider, Hans-Joachim: Der verweigerte Deal – oder: Die Rache des Schwurgerichts?,

in: Strafverteidiger 2002, S. 397–398.

Weigend, Thomas: Anmerkung II zu BVerfG, Urteil vom 19.03.2013 – 2 BvR 2628/10,

in: Strafverteidiger 2013, S. 424–427.

Weigend, Thomas: Medienöffentlichkeit des Ermittlungsverfahrens,

in: Alternativ-Entwurf Strafjustiz und Medien (AE-StuM). Entwurf eines Arbeitskreises deutscher, österreichischer und schweizerischer Strafrechtslehrer (Arbeitskreis AE), München 2004, S. 33–52.

Weiler, Edgar: Medienwirkung auf das Strafverfahren,

in: Zeitschrift für Rechtspolitik 1995, S. 130–136.

Welp, Jürgen: Zwangsbefugnisse der Staatsanwaltschaft, überarbeitete und erweiterte Fassung zweier Vorträge, die der Verfasser 1975 auf Einladung der Juristischen Fakultäten in Göttingen und Augsburg gehalten hat, Tübingen 1976.

Werle, Gerhard: „Auflockerung" des Verfahrensrechts im Strafverfahren?,

in: Zeitschrift für Rechtspolitik 1985, S. 1–3.

Werner, Stephan: Zur Notwendigkeit der Verteidigeranwesenheit während der polizeilichen Beschuldigtenvernehmung, Frankfurt am Main 2008.

Wessels, Johannes: Die Aufklärungsrüge im Strafprozess,

in: Juristische Schulung 1969, S. 1–9.

Weßlau, Edda: Absprachen in Strafverfahren,

in: Zeitschrift für die gesamte Strafrechtswissenschaft 116 (2004), S. 150–171.

Wimmer, August: Justizirrtümer oder summarische Gerechtigkeit in Verkehrsstrafsachen,

in: Arndt (Hg.): Aktuelle Rechtsprobleme. Hubert Schorn zum 75. Geburtstag, Frankfurt am Main 1966, S. 99–115.

Wimmer, Peter: Es ist schon längst an der Zeit – ein Plädoyer für die Dokumentation von Aussageinhalten inner- und außerhalb der Hauptverhandlung,

in: Lüderssen (Hg.): Festschrift für Wolf Schiller zum 65. Geburtstag am 12. Januar 2014, Baden-Baden 2014, S. 691–710.

Wolf, Thomas: Zur Qualität forensischer Gutachten aus strafrechtlicher Sicht,

in: Forensische Psychiatrie, Psychologie, Kriminologie 2012, S. 235–242.

Wolter, Jürgen: Systematischer Kommentar zum Strafgesetzbuch, Band 2 §§ 38–79b StGB, 9. Auflage, Köln 2016

(zitiert: *Bearbeiter*, in: SK-StGB).

Wolter, Jürgen: Systematischer Kommentar zur Strafprozessordnung. Mit GVG und EMRK, Band 4 §§ 198–246 StPO, 5. Auflage, Köln 2015

(zitiert: *Bearbeiter*, in: SK-StPO).

Wolter, Jürgen: Systematischer Kommentar zur Strafprozessordnung. Mit GVG und EMRK, Band 5 §§ 246a–295 StPO, 5. Auflage, Köln 2016

(zitiert: *Bearbeiter*, in: SK-StPO).

Wolter, Jürgen: Systematischer Kommentar zur Strafprozessordnung. Mit GVG und EMRK, Band 6 §§ 296–332 StPO, 5. Auflage, Köln 2016

(zitiert: *Bearbeiter*, in: SK-StPO).

Wolter, Jürgen: Systematischer Kommentar zur Strafprozessordnung. Mit GVG und EMRK, Band 7 §§ 333–373a StPO, 5. Auflage, Köln 2018

(zitiert: *Bearbeiter*, in: SK-StPO).

Wolter, Jürgen: Systematischer Kommentar zur Strafprozessordnung. Mit GVG und EMRK, Band 8 §§ 374–500 StPO, 5. Auflage, Köln 2020

(zitiert: *Bearbeiter*, in: SK-StPO).

Wolter, Jürgen: Systematischer Kommentar zur Strafprozessordnung. Mit GVG und EMRK, Band 9 GVG; EGGVG, 5. Auflage, Köln 2016

(zitiert: *Bearbeiter*, in: SK-StPO).

Wolter, Jürgen: Systematischer Kommentar zur Strafprozessordnung. Mit GVG und EMRK, Band 10 EMRK, 5. Auflage, Köln 2019

(zitiert: *Bearbeiter*, in: SK-StPO).

Wulf, Peter: Strafprozessuale und kriminalpraktische Fragen der polizeilichen Beschuldigtenvernehmung auf der Grundlage empirischer Untersuchungen, Heidelberg 1984.

Quellenverzeichnis

Amtsrichterverband: Onlinequelle, Informationen zu PEBB§Y abrufbar unter: https://amtsrichterverband.net/themen/pebbsy.html

(zuletzt eingesehen am 01.09.2021).

Anger, Heike: Mehr Personal für die deutsche Justiz – doch es droht eine neue Arbeitsflut, handelsblatt.com vom 02.03.2020, Onlinequelle, abrufbar unter: https://www.handelsblatt.com/politik/deutschland/pakt1-fuer-den-rechtsstaat-mehr-personal-fuer-die-deutsche-justiz-doch-es-droht-eine-neue-arbeitsflut/25601660.html?ticket=ST-4471627-L1oKkBDT4G0Gqf4TIrjA-ap6

(zuletzt eingesehen am 01.09.2021).

Au, Casper von: Wie heute über Killerspiele diskutiert wird, sueddeutsche.de vom 27.11.2015, Onlinequelle, abrufbar unter: https://www.sueddeutsche.de/digital/computerspiele-und-gewalt-wie-heute-ueber-killerspiele-diskutiert-wird-1.2752427

(zuletzt eingesehen am 01.09.2021).

Badrnejad, Kian: Zu wenig Personal an deutschen Gerichten, ndr.de vom 11.06.2019, Onlinequelle, abrufbar unter: https://www.ndr.de/fernsehen/sendungen/panorama3/Ueberlastete-Justiz-zu-wenig-Personal-an-norddeutschen-Gerichten,justiz342.html

(zuletzt eingesehen am 01.09.2021).

Beck-online vom 25.10.2019: AG Würzburg: Empörung nach mildem Urteil gegen Todesfahrer, Onlinequelle, abrufbar unter: https://beck-online.beck.de/Print/CurrentDoc?vpath=bibdata/reddok/becklink/2014503.htm&printdialogmode=CurrentDoc&hlword=

(zuletzt eingesehen am 01.09.2021).

Berger, Melanie: Die Sprache der Finanzämter soll verständlicher werden, tagesspiegel.de vom 23.05.2018, Onlinequelle, abrufbar unter: https://www.tagesspiegel.de/gesellschaft/panorama/amtsdeutsch-die-sprache-der-finanzaemter-soll-verstaendlicher-werden/22594002.html

(zuletzt eingesehen am 01.09.2021).

bild.de vom 05.08.2011: 3.000 Euro „Entschädigung“ für Kindermörder, Onlinequelle, abrufbar unter: https://www.bild.de/news/inland/magnus-gaefgen/3000-euro-entschaedigung-fuer-kindermoerder-19226456.bild.html

(zuletzt eingesehen am 01.09.2021).

Bischoff, Katrin/Hense, Kerstin: Justiz in Corona-Zeiten: Das lange Warten auf Gerechtigkeit, berliner-zeitung.de vom 28.02.2021, Onlinequelle, abrufbar unter:https://www.berliner-zeitung.de/mensch-metropole/justiz-in-corona-zeiten-das-lange-warten-auf-gerechtigkeit-li.141527?pid=true

(zuletzt eingesehen am 01.09.2021).

Bongen, Robert/Hurst, Fabienne: Jörg Kachelmann: Verurteilung trotz Freispruch, daserste.ndr.de vom 26.10.2017, Onlinequelle, abrufbar unter: https://daserste.ndr.de/panorama/archiv/2017/Joerg-Kachelmann-Verurteilt-trotz-Freispruch,kachelmann228.html

(zuletzt abgerufen am 01.09.2021).

Brors, Peter: „Die blasen die Backen auf". Wie Deutschlands Straf- und Gesellschaftsrechtler um die Deutung des Falles Mannesmann streiten, handelsblatt.com vom 24.03.2004, Onlinequelle, abrufbar unter: https://www.handelsblatt.com/unternehmen/management/jurist-sagt-die-meinung-die-blasen-die-backen-auf/2315698.html

(zuletzt eingesehen am 01.09.2021).

Bundesgerichtshof: Homepage, Onlinequelle, Informationen abrufbar unter: https://www.bundesgerichtshof.de/DE/Home/home_node.html

(zuletzt eingesehen am 01.09.2021).

Bundesgerichtshof: Übersicht über den Geschäftsgang bei den Strafsenaten des Bundesgerichtshofes im Jahre 2015. Jahresstatistik, Onlinequelle, abrufbar unter: http://www.bundesgerichtshof.de/SharedDocs/Downloads/DE/Service/StatistikStraf/jahresstatistikStrafsenate2015.pdf?__blob=publicationFile

(zuletzt eingesehen am 01.09.2021).

Bundesgerichtshof: Übersicht über den Geschäftsgang bei den Strafsenaten des Bundesgerichtshofes im Jahre 2016. Jahresstatistik, Onlinequelle, abrufbar unter: http://www.bundesgerichtshof.de/SharedDocs/Downloads/DE/Service/StatistikStraf/jahresstatistikStrafsenate2016.pdf?__blob=publicationFile

(zuletzt eingesehen am 01.09.2021).

Bundesgerichtshof: Übersicht über den Geschäftsgang bei den Strafsenaten des Bundesgerichtshofes im Jahre 2017. Jahresstatistik, Onlinequelle, abrufbar unter: https://www.bundesgerichtshof.de/SharedDocs/Downloads/DE/Service/StatistikStraf/jahresstatistikStrafsenate2017.pdf?__blob=publicationFile&v=2

(zuletzt eingesehen am 01.09.2021).

Bundesgerichtshof: Übersicht über den Geschäftsgang bei den Strafsenaten des Bundesgerichtshofes im Jahre 2018. Jahresstatistik, Onlinequelle, abrufbar unter: https://www.bundesgerichtshof.de/SharedDocs/Downloads/DE/Service/StatistikStraf/jahresstatistikStrafsenate2018.pdf?__blob=publicationFile&v=3

(zuletzt eingesehen am 01.09.2021).

Bundesgerichtshof: Übersicht über den Geschäftsgang bei den Strafsenaten des Bundesgerichtshofes im Jahre 2019. Jahresstatistik, Onlinequelle, abrufbar unter: https://www.bundesgerichtshof.de/SharedDocs/Downloads/DE/Service/StatistikStraf/jahresstatistikStrafsenate2019.pdf?__blob=publicationFile&v=4

(zuletzt eingesehen am 01.09.2021).

Bundesministerium der Justiz und für Verbraucherschutz: Onlinequelle, Information zur Evaluierung des Gesetzes zur Regelung der Verständigung im Strafverfahren abrufbar unter: https://www.bmjv.de/DE/Ministerium/ForschungUndWissenschaft/EvaluierungVerstaendigungStrafverfahren/EvaluierungVerstaendigungStrafverfahren_node.html

(zuletzt eingesehen am 01.09.2021).

Bundesministerium der Justiz und für Verbraucherschutz: Pakt für den Rechtsstaat – Bund und Länder ziehen positive Zwischenbilanz, Artikel auf bmjv.de am 10.06.2021, Onlinequelle, abrufbar unter: https://www.bmjv.de/SharedDocs/Artikel/DE/2021/0610_Rechtsstaat.html

(zuletzt eingesehen am 01.09.2021).

Bundesministerium der Justiz und für Verbraucherschutz: Pakt für den Rechtsstaat, Artikel auf bmjv.de am 01.02.2019, Onlinequelle, abrufbar unter: https://www.bmjv.de/SharedDocs/Artikel/DE/2019/020119_Rechtsstaat.html

(zuletzt eingesehen am 01.09.2021).

Bundesrechtsanwaltskammer: Presseerklärung der BRAK Nr. 7 v. 02.06.2021. Freispruch unter Vorbehalt – Paradigmenwechsel im Hau-Ruck-Verfahren zu Lasten Verfahrensbeteiligter, Onlinequelle, abrufbar unter: https://brak.de/fuer-journalisten/pressemitteilungen-archiv/2021/presseerklaerung-7-2021/

(zuletzt eingesehen am 01.09.2021).

Bundesverfassungsgericht: Homepage, Onlinequelle, Informationen abrufbar unter: https://www.bundesverfassungsgericht.de/DE/Homepage/homepage_node.html

(zuletzt eingesehen am 01.09.2021).

Dahlkamp, Jürgen/Wassermann, Andreas: „Willst du mich umbringen?", SPIEGEL ONLINE vom 10.09.2006, Onlinequelle, abrufbar unter: https://www.spiegel.de/panorama/willst-du-mich-umbringen-a-79301c55-0002-0001-0000-000048826326?context=issue

(zuletzt eingesehen am 01.09.2021).

Der Regierende Bürgermeister von Berlin – Senatskanzlei: Pressemitteilung auf berlin.de vom 12.01.2021, Onlinequelle, abrufbar unter: https://www.berlin.de/rbmskzl/aktuelles/pressemitteilungen/2021/pressemitteilung.1038942.php (zuletzt eingesehen am 01.09.2021).

Deutscher Richterbund: Pensionierungswelle rollt auf Justiz zu – Tausende Stellen fehlen, drb.de vom 28.12.2018, Onlinequelle, abrufbar unter: https://www.drb.de/positionen/themen-des-richterbundes/belastung

(zuletzt eingesehen am 01.09.2021).

Dierlamm, Alfred: Stellungnahme des Mitglieds des Strafrechtsausschusses der Bundesrechtsanwaltskammer, Protokoll der öffentlichen Anhörung zum Gesetzesentwurf der Bundesregierung, BT-Drs. 16/6268, S. 5–6, Web-Archiv des Deutschen Bundestages vom 25.03.2009, Onlinequelle, abrufbar unter: http://webarchiv.bundestag.de/cgi/show.php?fileToLoad=1667&id=1134

(zuletzt eingesehen am 01.09.2021).

Eberle, Lukas: Metzelders Parallelwelt, SPIEGEL ONLINE vom 29.04.2021, Onlinequelle, abrufbar unter: https://www.spiegel.de/panorama/justiz/christoph-metzelder-wie-die-richterin-das-urteil-begruendet-a-1e632028-6599-41b2-8c1f-6eb5af6237bb

(zuletzt eingesehen am 01.09.2021).

faz.net vom 14.12.2006: Fall Stephanie: Chronik einer Leidensgeschichte, Onlinequelle, abrufbar unter: https://www.faz.net/aktuell/gesellschaft/fall-stephanie-chronik-einer-leidensgeschichte-1304990.html

(zuletzt eingesehen am 01.09.2021).

faz.net vom 19.03.2004: Rechtsprofessor wertet Prämien als kriminelles Delikt, Onlinequelle, abrufbar unter: https://www.faz.net/aktuell/wirtschaft/studie-rechtsprofessor-wertet-praemien-als-kriminelles-delikt-1147927.html

(zuletzt eingesehen am 01.09.2021).

faz.net vom 22.04.2004: „Wir sind kein Scherbengericht", Onlinequelle, abrufbar unter: https://www.faz.net/aktuell/wirtschaft/mannesmann-prozess-wir-sind-kein-scherbengericht-1177543.html

(zuletzt eingesehen am 01.09.2021).

faz.net vom 24.10.2002: Bewährungsstrafe und Mahnung: Tennisidol muss sich als braver Steuerzahler beweisen, Onlinequelle, abrufbar unter: https://www.faz.net/aktuell/sport/becker-prozess-bewaehrungsstrafe-und-mahnung-tennisidol-muss-sich-als-braver-steuerzahler-beweisen-183592.html

(zuletzt eingesehen am 01.09.2021).

faz.net vom 31.05.2011: Chronologie: Der Fall Kachelmann, Onlinequelle, abrufbar unter: https://www.faz.net/aktuell/gesellschaft/chronologie-der-fall-kachelmann-1641661.html

(zuletzt eingesehen am 01.09.2021).

FOCUS ONLINE vom 04.10.2016: Böhmermann-Affäre: Eine Chronologie, Onlinequelle, abrufbar unter: https://www.focus.de/kultur/kino_tv/boehmermann-affaere-eine-chronologie_id_6027191.html

(zuletzt eingesehen am 01.09.2021).

Gärtner, K.: Bekommt Mörder Gäfgen heute 10.000 Euro? Herr Richter, verhindern Sie das!, bild.de vom 03.08.2011, Onlinequelle, abrufbar unter: https://www.bild.de/news/inland/magnus-gaefgen/bekommt-kinder-moerder-gaefgen-heute-10-000-euro-19206584.bild.html

(zuletzt eingesehen am 01.09.2021).

Geiger, Stefan: Interview zu Fehlurteilen. „Kein Mensch würde Richter", stuttgarter-zeitung.de vom 04.11.2012, Onlinequelle, abrufbar unter: https://www.stuttgarter-zeitung.de/inhalt.interview-zu-fehlurteilen-kein-mensch-wuerde-richter.16065407-e8a5-4097-bc7a-17c455f1f010.html (zuletzt eingesehen am 01.09.2021).

Generalstaatsanwaltschaft Berlin: Offizieller Twitter-Account, Onlinequelle, Informationen abrufbar unter: https://twitter.com/GStABerlin?ref_src=twsrc%5Egoogle%7Ctwcamp%5Eserp%7Ctwgr%5Eauthor

(zuletzt eingesehen am 01.09.2021).

Grotlüschen, Anke: Studie: 14 Prozent von funktionalem Analphabetismus betroffen, UHH Newsletter auf uni-hamburg.de vom März 2011, Onlinequelle, abrufbar unter: https://www.uni-hamburg.de/newsletter/archiv/Maerz-2011-Nr-24/Studie-14-Prozent-von-funktionalem-Analphabetismus-betroffen.html

(zuletzt eingesehen am 01.09.2021).

Handel, Stephan: Die Last des eigenen Lügengebirges, sueddeutsche.de vom 17.05.2010, Onlinequelle, abrufbar unter: https://www.sueddeutsche.de/muenchen/der-fall-guenther-kaufmann-die-last-des-eigenen-luegengebirges-1.754181

(zuletzt eingesehen am 01.09.2021).

handelsblatt.com vom 22.09.2003: Streitfall Mannesmann-Verfahren, Onlinequelle, abrufbar unter: https://www.handelsblatt.com/finanzen/banken-versicherungen/banken/justiz-schelte-und-internationales-aufsehen-streitfall-mannesmann-verfahren/2274388.html
(zuletzt eingesehen am 01.09.2021).

Hausschild, Jana: Wenn der Lügendetektor lügt, SPIEGEL ONLINE vom 08.04.2018, Onlinequelle, abrufbar unter: https://www.spiegel.de/wissenschaft/mensch/polygrafen-vor-gericht-wenn-der-luegendetektor-luegt-a-1200239.html
(zuletzt eingesehen am 01.09.2021).

Heinz, Wolfgang: Konstanzer Inventar Sanktionsforschung 2017. Kriminalität und Kriminalitätskontrolle in Deutschland – Berichtsstand 2015 im Überblick, Konstanz 2017, Onlinequelle, abrufbar unter: https://www.uni-konstanz.de/rtf/kis/Kriminalitaet_und_Kriminalitaetskontrolle_in_Deutschland_Stand_2015.pdf (zuletzt eingesehen am 01.09.2021).

Hoffmann, Anika/Leuschner, Frederike: Rehabilitation und Entschädigung nach Vollstreckung einer Freiheitsstrafe und erfolgreicher Wiederaufnahme, Kriminologische Zentralstelle, BM-Online, Band 11, Elektronische Schriftenreihe der KrimZ, Wiesbaden 2017, Onlinequelle, abrufbar unter: https://krimz.de/fileadmin/dateiablage/E-Publikationen/BM-Online/bm-online11.pdf
(zuletzt eingesehen am 01.09.2021).

Innocence Project: Onlinequelle, Informationen abrufbar unter: https://www.innocenceproject.org/about/ und https://www.innocenceproject.org/all-cases/1
(zuletzt eingesehen am 01.09.2021).

Janisch, Wolfgang: Ohne jeden Zweifel, sueddeutsche.de vom 17.05.2015, Onlinequelle, abrufbar unter: https://www.sueddeutsche.de/politik/fehlurteile-ohne-jeden-zweifel-1.2479505
(zuletzt eingesehen am 01.09.2021).

Junkmann, Andreas: Klage über Personalmangel. Amtsgericht Ebersberg mangelt es an Fachkräften, sueddeutsche.de vom 03.11.2019, abrufbar unter: https://www.sueddeutsche.de/muenchen/erding/ebersberg-klage-ueber-personalmangel-1.4666256
(zuletzt eingesehen am 01.09.2021).

Kammergericht Berlin: Homepage, Informationen über Veranstaltungsangebote im Rechtsreferendariat, Onlinequelle, abrufbar unter: https://www.berlin.de/gerichte/kammergericht/karriere/rechtsreferendariat/vorbereitungsdienst/zusatzangebote/schluesselqualifikationen/
(zuletzt eingesehen am 01.09.2021).

Kammergericht Berlin: Homepage, Informationen über Zusatzangebote im Rechtsreferendariat, Onlinequelle, abrufbar unter: https://www.berlin.de/gerichte/kammergericht/karriere/rechtsreferendariat/vorbereitungsdienst/zusatzangebote/

(zuletzt eingesehen am 01.09.2021).

Kammergericht Berlin: Homepage, Onlinequelle, Informationen abrufbar unter: https://www.berlin.de/gerichte/kammergericht/

(zuletzt eingesehen am 01.09.2021).

Laudon, Mirko: Die Reid-Methode: unzulässig, aber effektiv, strafakte.de vom 04.10.2013, Onlinequelle, abrufbar unter: https://www.strafakte.de/strafprozessrecht/reid-methode-polizei-vernehmung-technik/

(zuletzt eingesehen am 01.09.2021).

Legal Tribune Online vom 02.03.2015: Edathy-Prozess wird nach Geständnis eingestellt, Onlinequelle, abrufbar unter: https://www.lto.de/recht/nachrichten/n/edathy-prozess-einstellung-gegen-geldauflage-5000-euro-nach-gestaendnis/

(zuletzt eingesehen am 01.09.2021).

Legal Tribune Online vom 04.12.2019: Haftentschädigung soll auf 75 Euro pro Tag erhöht werden, Onlinequelle, abrufbar unter: https://www.lto.de/recht/justiz/j/rechtsausschuss-bundesrat-haftentschaedigung-von-25-auf-75-euro-pro-tag-erhoehen/

(zuletzt eingesehen am 01.09.2021).

Mielke, Michael: Freispruch für Günther Kaufmann, welt.de vom 27.01.2005, Onlinequelle, abrufbar unter: https://www.welt.de/print-welt/article397412/Freispruch-fuer-Schauspieler-Guenther-Kaufmann.html

(zuletzt eingesehen am 01.09.2021).

PONS Online-Wörterbuch: Stichwort: Miscarriage, Onlinequelle, abrufbar unter: https://de.pons.com/übersetzung/englisch-deutsch/miscarriage

(zuletzt eingesehen am 01.09.2021).

Projekt: Fehlurteil und Wiederaufnahme: Onlinequelle, Informationen abrufbar unter: https://www.wiederaufnahme.com/das-projekt

(zuletzt eingesehen am 01.09.2021).

Rath, Christian: Freispruch zweiter Klasse, taz.de vom 31.05.2011, Onlinequelle, abrufbar unter: https://taz.de/Prozess-gegen-Joerg-Kachelmann/!5119565/

(zuletzt eingesehen am 01.09.2021).

rheinpfalz.de vom 18.06.2019: Gegen die Angst vor Formularen, Onlinequelle, abrufbar unter: https://www.rheinpfalz.de/lokal/ludwigshafen_artikel,-gegen-die-angst-vor-formularen-_arid,1468906.html

(zuletzt eingesehen am 01.09.2021).

Roland Rechtsschutz-Versicherungs-AG/Deutscher Richterbund/Institut für Demoskopie Allensbach: Roland Rechtsreport 2019. Sonderbericht: Das deutsche Rechts- und Justizsystem aus Sicht von Richtern und Staatsanwälten (S. 36–73), Onlinequelle, abrufbar unter: https://www.roland-rechtsschutz.de/media/roland-rechtsschutz/pdf-rr/042-presse-pressemitteilungen/roland-rechtsreport/roland_rechtsreport_2019.pdf

(zuletzt eingesehen am 01.09.2021).

Rückert, Sabine: Böse Eloquenz, ZEIT ONLINE vom 03.04.2008, Onlinequelle, abrufbar unter: https://www.zeit.de/2008/15/Interview-Koehnken

(zuletzt eingesehen am 01.09.2021).

Rückert, Sabine: Ein anständiger Mann, ZEIT ONLINE vom 20.03.2003, Onlinequelle, abrufbar unter: https://www.zeit.de/2003/13/Metzler-Anwalt

(zuletzt eingesehen am 01.09.2021).

Rückert, Sabine: Unrecht im Namen des Volkes, ZEIT ONLINE vom 02.05.2002, Onlinequelle, abrufbar unter: https://www.zeit.de/2002/19/200219_irrtum.xml?utm_referrer=https%3A%2F%2Fwww.google.de%2F

(zuletzt eingesehen am 01.09.2021).

Schattauer, Göran: Umfrage-Schock: 45 Prozent der Deutschen misstrauen der Justiz, FOCUS-Online vom 01.01.2019, Onlinequelle, abrufbar unter: https://www.focus.de/politik/gerichte-in-deutschland/exklusive-erhebung-fuer-focus-online-umfrage-schock-45-prozent-der-deutschen-haben-wenig-oder-kaum-vertrauen-in-die-justiz_id_10120663.html

(zuletzt eingesehen am 01.09.2021).

Schmitz, Heinrich: Vom Rechtsstaat vernichtet, theeuropean.de vom 30.04.2013, Onlinequelle, abrufbar unter: https://www.theeuropean.de/heinrich-schmitz/6822-fehlurteile-in-der-deutschen-justiz

(zuletzt eingesehen am 01.09.2021).

Seher, Dietmar: Justiz beklagt Personalmangel, derwesten.de vom 18.08.2014, Onlinequelle, abrufbar unter: https://www.derwesten.de/politik/justiz-beklagt-personalmangel-id9713794.html

(zuletzt eingesehen am 01.09.2021).

SPIEGEL ONLINE vom 26.02.2017: Kauder beklagt Vernachlässigung der Justiz, Onlinequelle, abrufbar unter: https://www.spiegel.de/politik/deutschland/volker-kauder-heiko-maas-kuemmert-sich-nicht-genug-um-personalmangel-der-justiz-a-1136344.html

(zuletzt eingesehen am 01.09.2021).

SPIEGEL ONLINE vom 29.02.2016: Chronologie: Der Fall Hoeneß, Onlinequelle, abrufbar unter: https://www.spiegel.de/panorama/justiz/uli-hoeness-chronologie-zum-fall-der-steuerhinterziehung-a-1079799.html
(zuletzt eingesehen am 01.09.2021).

statista.com: Verteilung der erledigten Ermittlungsverfahren von der Staatsanwaltschaft beim Landgericht und von der Amtsanwaltschaft in Deutschland nach Ergebnis im Jahr 2019, Onlinequelle, abrufbar unter: https://de.statista.com/statistik/daten/studie/408932/umfrage/abgeschlossene-ermittlungsverfahren-von-staatsanwaltschaften-in-deutschland-nach-ergebnis/
(zuletzt eingesehen am 01.09.2021).

Statistisches Bundesamt: Rechtspflege Staatsanwaltschaften 2015, Fachserie 10, Reihe 2.6, Onlinequelle, abrufbar unter: https://www.statistischebibliothek.de/mir/servlets/MCRFileNodeServlet/DEHeft_derivate_00029074/2100260157004_korr13122016.pdf
(zuletzt eingesehen am 01.09.2021).

Statistisches Bundesamt: Rechtspflege Staatsanwaltschaften 2016, Fachserie 10, Reihe 2.6, Onlinequelle, abrufbar unter: https://www.statistischebibliothek.de/mir/servlets/MCRFileNodeServlet/DEHeft_derivate_00033159/2100260167004.pdf;jsessionid=8A2C72D4323E4CBB74D07897193AD6F9
(zuletzt eingesehen am 01.09.2021).

Statistisches Bundesamt: Rechtspflege Staatsanwaltschaften 2017, Fachserie 10, Reihe 2.6, Onlinequelle, abrufbar unter: https://www.statistischebibliothek.de/mir/servlets/MCRFileNodeServlet/DEHeft_derivate_00040935/2100260177004.pdf;jsessionid=07686F64F9F275638BA56722752B14D9
(zuletzt eingesehen am 01.09.2021).

Statistisches Bundesamt: Rechtspflege Staatsanwaltschaften 2018, Fachserie 10, Reihe 2.6, Onlinequelle, abrufbar unter: https://www.destatis.de/DE/Themen/Staat/Justiz-Rechtspflege/Publikationen/Downloads-Gerichte/staatsanwaltschaften-2100260187004.pdf?__blob=publicationFile
(zuletzt eingesehen am 01.09.2021).

Statistisches Bundesamt: Rechtspflege Staatsanwaltschaften 2019, Fachserie 10, Reihe 2.6, Onlinequelle, abrufbar unter: https://www.destatis.de/DE/Themen/Staat/Justiz-Rechtspflege/Publikationen/Downloads-Gerichte/staatsanwaltschaften-2100260197004.pdf?__blob=publicationFile
(zuletzt eingesehen am 01.09.2021).

Statistisches Bundesamt: Rechtspflege Strafgerichte 2011, Fachserie 10, Reihe 2.3, Onlinequelle, abrufbar unter: https://www.statistischebibliothek.de/mir/servlets/MCRFileNodeServlet/DEHeft_derivate_00010102/2100230117004.pdf
(zuletzt eingesehen am 01.09.2021).
Statistisches Bundesamt: Rechtspflege Strafgerichte 2012, Fachserie 10, Reihe 2.3, Onlinequelle, abrufbar unter: https://www.statistischebibliothek.de/mir/servlets/MCRFileNodeServlet/DEHeft_derivate_00012139/2100230127004.pdf
(zuletzt eingesehen am 01.09.2021).
Statistisches Bundesamt: Rechtspflege Strafgerichte 2013, Fachserie 10, Reihe 2.3, Onlinequelle, abrufbar unter: https://www.statistischebibliothek.de/mir/servlets/MCRFileNodeServlet/DEHeft_derivate_00013689/2100230137004.pdf
(zuletzt eingesehen am 01.09.2021).
Statistisches Bundesamt: Rechtspflege Strafgerichte 2014, Fachserie 10, Reihe 2.3, Onlinequelle, abrufbar unter: https://www.statistischebibliothek.de/mir/servlets/MCRFileNodeServlet/DEHeft_derivate_00018377/2100230147004.pdf
(zuletzt eingesehen am 01.09.2021).
Statistisches Bundesamt: Rechtspflege Strafgerichte 2015, Fachserie 10, Reihe 2.3, Onlinequelle, abrufbar unter: https://www.statistischebibliothek.de/mir/servlets/MCRFileNodeServlet/DEHeft_derivate_00030944/2100230157004.pdf
(zuletzt eingesehen am 01.09.2021).
Statistisches Bundesamt: Rechtspflege Strafgerichte 2016, Fachserie 10, Reihe 2.3, Onlinequelle, abrufbar unter: https://www.statistischebibliothek.de/mir/servlets/MCRFileNodeServlet/DEHeft_derivate_00032945/2100230167004.pdf
(zuletzt eingesehen am 01.09.2021).
Statistisches Bundesamt: Rechtspflege Strafgerichte 2017, Fachserie 10, Reihe 2.3, Onlinequelle, abrufbar unter: https://www.statistischebibliothek.de/mir/servlets/MCRFileNodeServlet/DEHeft_derivate_00039699/2100230177004_korr14112018.pdf
(zuletzt eingesehen am 01.09.2021).
Statistisches Bundesamt: Rechtspflege Strafgerichte 2018, Fachserie 10, Reihe 2.3, Onlinequelle, abrufbar unter: https://www.destatis.de/DE/Themen/Staat/Justiz-Rechtspflege/Publikationen/Downloads-Gerichte/strafgerichte-2100230187004.pdf?__blob=publicationFile
(zuletzt eingesehen am 01.09.2021).

Statistisches Bundesamt: Rechtspflege Strafgerichte 2019, Fachserie 10, Reihe 2.3, Onlinequelle, abrufbar unter: https://www.destatis.de/DE/Themen/Staat/Justiz-Rechtspflege/Publikationen/Downloads-Gerichte/strafgerichte-2100230197004.pdf?__blob=publicationFile
(zuletzt eingesehen am 01.09.2021).
stern.de vom 30.04.2021: Lebenslänglich trotz Bewährung – so urteilt die Presse über den Metzelder-Schuldspruch, Onlinequelle, abrufbar unter: https://www.stern.de/panorama/stern-crime/christoph-metzelder--so-urteilt-die-presse-ueber-den-spruch-der-richterin-30506980.html
(zuletzt eingesehen am 01.09.2021).
Strafrechtsausschuss der Bundesrechtsanwaltskammer: Entwurf eines Gesetzes zur Verbesserung der Wahrheitsfindung im Strafverfahren durch verstärkten Einsatz von Bild-Ton-Technik, BRAK-Stellungnahme Nr. 1/2010, Onlinequelle, abrufbar unter: https://brak.de/zur-rechtspolitik/stellungnahmen-pdf/stellungnahmen-deutschland/2010/februar/stellungnahme-der-brak-2010-01.pdf
(zuletzt eingesehen am 01.09.2021).
Strafrechtsausschuss der Bundesrechtsanwaltskammer: Stellungnahme der Bundesrechtsanwaltskammer zum Referentenentwurf eines Gesetzes über die Strafzumessung bei Präventions- und Aufklärungshilfe (§ 46b StGB-E; Stand 18. April 2006), BRAK-Stellungnahme Nr. 23/2006, Onlinequelle, abrufbar unter: https://brak.de/zur-rechtspolitik/stellungnahmen-pdf/stellungnahmen-deutschland/2006/juli/stellungnahme-der-brak-2006-23.pdf
(zuletzt eingesehen am 01.09.2021).
Strafrechtsausschuss der Bundesrechtsanwaltskammer: Vorschlag einer gesetzlichen Regelung der Urteilsabsprache im Strafverfahren, BRAK-Stellungnahme Nr. 25/2005, Onlinequelle, abrufbar unter: https://brak.de/w/files/stellungnahmen/Stn25_05-2005.pdf
(zuletzt eingesehen am 01.09.2021).
Strafrechtsausschuss des Deutscher Anwaltvereins: Stellungnahme zum Referentenentwurf eines Gesetzes zur Änderung des Strafgesetzbuchs – Strafzumessung bei Präventions- und Aufklärungshilfe (§ 46b StGB-E) des Bundesministeriums für Justiz vom 18.04.2006, DAV-Stellungnahme Nr. 39/2006, Onlinequelle, abrufbar unter: https://www.yumpu.com/de/document/read/18089936/2006-39-deutscher-anwaltverein
(zuletzt eingesehen am 01.09.2021).
sueddeutsche.de vom 19.05.2010: „Ich halte das für eine Sauerei“, Onlinequelle, abrufbar unter: https://www.sueddeutsche.de/wirtschaft/mannesmann-prozess-ich-halte-das-fuer-eine-sauerei-1.904606
(zuletzt eingesehen am 01.09.2021).

sueddeutsche.de vom 30.06.2020: Senator: Berlin hat keine IT-Programme für Strafakten, Onlinequelle, abrufbar unter: https://www.sueddeutsche.de/panorama/justiz-berlin-senator-berlin-hat-keine-it-programme-fuer-strafakten-dpa.urn-newsml-dpa-com-20090101-200630-99-623737

(zuletzt eingesehen am 01.09.2021).

Unentgeltliche Beratung im Strafbefehlsverfahren – Projekt der Vereinigung Berliner Strafverteidiger e.V. und der FU Law Clinic „Praxis der Strafverteidigung“: Onlinequelle, Informationen zum Projekt abrufbar unter: https://www.strafbefehlsberatung.de/projekt

(zuletzt eingesehen am 01.09.2021).

welt.de vom 30.06.2008: Der Fall Gäfgen – eine Chronik, Onlinequelle, abrufbar unter: https://www.welt.de/politik/article2161834/Der-Fall-Gaefgen-eine-Chronik.html

(zuletzt eingesehen am 01.09.2021).

Wikipedia – Die freie Enzyklopädie: Stichwort: Analphabetismus, Onlinequelle, abrufbar unter: https://de.wikipedia.org/wiki/Analphabetismus

(zuletzt eingesehen am 01.09.2021).

Wikipedia – Die freie Enzyklopädie: Stichwort: Court TV, Onlinequelle, abrufbar unter: https://en.wikipedia.org/wiki/Court_TV

(zuletzt eingesehen am 01.09.2021).

Wikipedia – Die freie Enzyklopädie: Stichwort: Justizirrtum, Onlinequelle, abrufbar unter: https://de.wikipedia.org/wiki/Justizirrtum

(zuletzt eingesehen am 01.09.2021).

Wirth, Klaus: Saarbrücken: Saarländischer Rundfunk zeigt Doku über Soldatenmord von Lebach, rheinpfalz.de vom 11.05.2020, Onlinequelle, abrufbar unter: https://www.rheinpfalz.de/lokal/saarland_artikel,-saarbrücken-saarländischer-rundfunk-zeigt-doku-über-soldatenmord-von-lebach-_arid,5063959.html?reduced=true

(zuletzt eingesehen am 01.09.2021).

Wörterbuch Duden Online: Stichwort: Fehlurteil, Onlinequelle, abrufbar unter: https://www.duden.de/rechtschreibung/Fehlurteil

(zuletzt eingesehen am 01.09.2021).

ZEIT ONLINE vom 27.02.2014: Christian Wulff freigesprochen, Onlinequelle, abrufbar unter: https://www.zeit.de/gesellschaft/zeitgeschehen/2014-02/wulff-urteil-korruption-groenewold

(zuletzt eingesehen am 01.09.2021).